2026
제29회 시험대비 전면개정

박문각 주택관리사

기본서 **1차**
공동주택시설개론

김용규 외 박문각 주택관리연구소 편저

합격까지 박문각
합격 노하우가 다르다!

이 책의 머리말

공동주택시설개론은 일반 건축설비와 건축구조, 2개의 부분으로 구성되어 있습니다. 때문에 건축설비 및 구조와 관련된 전문적인 용어와 내용으로 되어 있어 전공자가 아닌 일반 수험생이 내용을 익히는 데 상당한 어려움을 갖고 시작하는 과목입니다.

공동주택시설개론을 보다 쉽게 학습하기 위해서는 주요 용어에 대한 원리를 쉽게 이해하고 기억해야 합니다. 그 다음 중요 내용에 대한 원리를 이해하고 그와 관련된 내용의 기본적 사항들을 반복 학습하여 익혀야 합니다. 본 교재는 그런 과정을 충실히 익힐 수 있도록 되도록 쉽게 내용을 풀어서 본문을 구성하였습니다.

공동주택시설개론은 그 내용이 광범위하여 암기 위주보다 이해가 우선되어야 합니다. 본 과목에 대한 개론적인 내용은 물론, 건축구조설계기준, 건축표준시방서, 건축관련법규 등에서도 출제되기 때문에 전반적인 내용을 알고 있어야 합니다. 본 교재는 광범위한 내용 중 되도록 부족함이 없이, 그렇다고 너무 많은 양이 아닌 필요한 내용을 실었습니다.

본 교재는 전공자들이 보기에 적합한 다른 교재들과는 달리 주택관리사(보) 수험생 여러분이 공부하기에 적합하도록 내용을 구성했습니다. 본 교재와 함께 강의를 듣는다면 분명 목표한 점수를 획득할 수 있을 것이라 확신합니다.

교재의 특징은 다음과 같습니다.

01 **필요한 그림을 충분히 반영하였습니다.**

꼭 기본적으로 알아야 할 내용은 그림과 함께 학습하도록 하였습니다.

02 **주택관리사(보) 시험과 관련된 기본 내용, 설계기준, 시방기준의 기본용어와 내용을 최대한 반영하였습니다.**

시험에 필요한 내용을 충실히 반영하여 고득점을 원하는 수강생, 그리고 기본적인 점수를 얻고자 하는 수험생 모두 학습이 가능하도록 용어설명과 내용을 충실히 실었습니다. 용어는 가급적 내용과 함께 익히는 것이 좋습니다.

03 단계별 학습이 가능하도록 구성했습니다.

출제 경향은 물론, 개론적인 기본 내용, 설계기준, 표준시방서 그리고 OX 문제, 기출예제를 통한 점검 등을 통하여 기본과 내용확장이 가능하도록 하였습니다.

주택관리사(보) 시험을 준비하는 수험생이 본 교재를 통하여 기초적인 이론과 아울러 심화된 이론을 익히는 데 도움이 되길 바라며, 수험생 여러분의 합격이 꼭 이루어지기를 바랍니다.

2025년 9월

편저자 김용규

자격안내

자격개요

주택관리사보는 공동주택의 운영·관리·유지·보수 등을 실시하고 이에 필요한 경비를 관리하며, 공동주택의 공용부분과 공동소유인 부대시설 및 복리시설의 유지·관리 및 안전관리 업무를 수행하기 위해 주택관리사보 자격시험에 합격한 자를 말한다.

변천과정

1990년	주택관리사보 제1회 자격시험 실시
1997년	자격증 소지자의 채용을 의무화(시행일 1997. 1. 1.)
2006년	2005년까지 격년제로 시행되던 자격시험을 매년 1회 시행으로 변경
2008년	주택관리사보 자격시험의 시행에 관한 업무를 한국산업인력공단에 위탁(시행일 2008. 1. 1.)

주택관리사제도

❶ 주택관리사 등의 자격

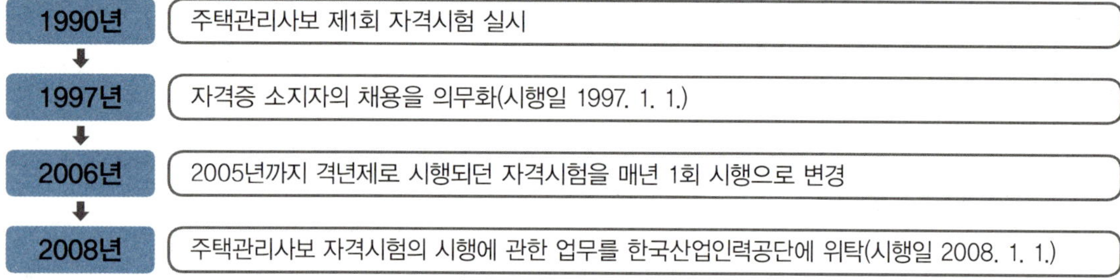

주택관리사보 주택관리사보가 되려는 자는 국토교통부장관이 시행하는 자격시험에 합격한 후 시·도지사로부터 합격증서를 발급받아야 한다.

주택관리사 주택관리사는 주택관리사보 합격증서를 발급받고 대통령령으로 정하는 주택관련 실무경력이 있는 자로서 시·도지사로부터 주택관리사 자격증을 발급받은 자로 한다.

❷ 주택관리사 인정경력

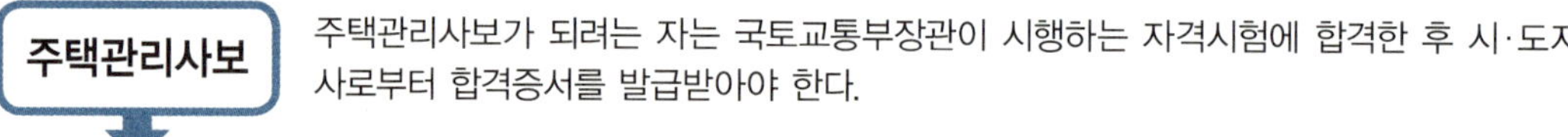

시·도지사는 주택관리사보 자격시험에 합격하기 전이나 합격한 후 다음의 어느 하나에 해당하는 경력을 갖춘 자에 대하여 주택관리사 자격증을 발급한다.

- 사업계획승인을 받아 건설한 50세대 이상 500세대 미만의 공동주택의 관리사무소장으로 근무한 경력 3년 이상
- 사업계획승인을 받아 건설한 50세대 이상의 공동주택의 관리사무소의 직원(경비원, 청소원, 소독원 제외) 또는 주택관리업자의 직원으로 주택관리업무에 종사한 경력 5년 이상
- 한국토지주택공사 또는 지방공사의 직원으로 주택관리업무에 종사한 경력 5년 이상
- 공무원으로 주택관련 지도·감독 및 인·허가 업무 등에 종사한 경력 5년 이상
- 주택관리사단체와 국토교통부장관이 정하여 고시하는 공동주택관리와 관련된 단체의 임직원으로 주택관련 업무에 종사한 경력 5년 이상
- 위의 경력들을 합산한 기간 5년 이상

법적 배치근거

공동주택을 관리하는 주택관리업자·입주자대표회의(자치관리의 경우에 한함) 또는 임대사업자(「민간임대주택에 관한 특별법」에 의한 임대사업자를 말함) 등은 공동주택의 관리사무소장으로 주택관리사 또는 주택관리사보를 다음의 기준에 따라 배치하여야 한다.

- **500세대 미만의 공동주택:** 주택관리사 또는 주택관리사보
- **500세대 이상의 공동주택:** 주택관리사

주요업무

공동주택을 안전하고 효율적으로 관리하여 공동주택의 입주자 및 사용자의 권익을 보호하기 위하여 입주자대표회의에서 의결하는 공동주택의 운영·관리·유지·보수·교체·개량과 리모델링에 관한 업무 및 이와 같은 업무를 집행하기 위한 관리비·장기수선충당금이나 그 밖의 경비의 청구·수령·지출 업무, 장기수선계획의 조정, 시설물 안전관리계획의 수립 및 건축물의 안전점검에 관한 업무(단, 비용지출을 수반하는 사항에 대하여는 입주자대표회의의 의결을 거쳐야 함) 등 주택관리서비스를 수행한다.

진로 및 전망

주택관리사는 주택관리의 시장이 계속 확대되고 주택관리사의 지위가 제도적으로 발전하면서 공동주택의 효율적인 관리와 입주자의 편안한 주거생활을 위한 전문지식과 기술을 겸비한 전문가집단으로 자리매김하고 있다.

주택관리사의 업무는 주택관리서비스업으로서, 자격증 취득 후 아파트 단지나 빌딩의 관리소장, 공사 및 건설업체·전문용역업체, 공동주택의 운영·관리·유지·보수 책임자 등으로 취업이 가능하다.

과거 주택건설 및 공급 위주의 주택정책이 국가경제적인 측면에서 문제가 되었다는 점에서 지금은 공동주택의 수명연장 및 쾌적한 주거환경 조성을 우선으로 하는 주택관리의 시대가 되었다. 이러한 시대적 변화에 맞추어 전문자격자로서 주택관리사의 역할이 어느 때보다 중요해지고 있으며, 공동주택의 리모델링의 활성화로 주택관리사들이 전문기법을 연구·발전시켜 국가경제발전에도 크게 기여하게 될 것이다.

자격시험안내

시험기관

소관부처　국토교통부 주택건설공급과

실시기관　한국산업인력공단(http://www.Q-net.or.kr)

응시자격 및 결격사유

❶ 응시자격: 없음

　※ 단, 시험시행일 현재 주택관리사 등의 결격사유에 해당하는 자와 부정행위를 한 자로서 당해 시험시행일로부터 5년이 경과되지 아니한 자는 응시 불가능

❷ 주택관리사보 결격사유(공동주택관리법 제67조 제4항)

다음 각 호 어느 하나에 해당하는 사람은 주택관리사 등이 될 수 없으며 그 자격을 상실한다.

> 1. 피성년후견인 또는 피한정후견인
> 2. 파산선고를 받은 사람으로서 복권되지 아니한 사람
> 3. 금고 이상의 실형의 선고를 받고 그 집행이 끝나거나(집행이 끝난 것으로 보는 경우를 포함) 집행이 면제된 날부터 2년이 지나지 아니한 사람
> 4. 금고 이상의 형의 집행유예를 선고받고 그 집행유예기간 중에 있는 사람
> 5. 주택관리사 등의 자격이 취소된 후 3년이 지나지 아니한 사람(제1호 및 제2호에 해당하여 주택관리사 등의 자격이 취소된 경우는 제외)

시험방법

❶ 주택관리사보 자격시험은 제1차 시험 및 제2차 시험으로 구분하여 시행
❷ 제1차 시험문제: 객관식 5지 택일형, 과목당 40문항을 출제
❸ 제2차 시험문제: 객관식 5지 택일형 및 주관식 단답형, 과목당 40문항을 출제(객관식 24문항, 주관식 16문항)

시험의 일부면제

❶ 2025년도 제28회 제1차 시험 합격자(2026년도 제1차 시험에 한함, 별도 서류제출 없음)
❷ 2025년도 제1차 시험 합격자가 2026년도 제1차 시험 재응시를 원할 경우, 응시 가능하며 불합격하여도 전년도 제1차 시험 합격에 근거하여 2026년도 제2차 시험에 응시 가능

　※ 다만, 2026년도 제1차 시험의 시행일 기준으로 결격사유에 해당하는 사람에 대해서는 면제하지 아니함

합격기준

❶ 제1차 시험 절대평가, 제2차 시험 상대평가(공동주택관리법 제67조 제5항)

국토교통부장관은 선발예정인원의 범위에서 대통령령으로 정하는 합격자 결정 점수 이상을 얻은 사람으로서 전과목 총득점의 고득점자 순으로 주택관리사보 자격시험 합격자를 결정

❷ 시험합격자의 결정(공동주택관리법 시행령 제75조)

> **1. 제1차 시험**
> 과목당 100점을 만점으로 하여 모든 과목 40점 이상이고 전 과목 평균 60점 이상의 득점을 한 사람
> **2. 제2차 시험**
> ① 과목당 100점을 만점으로 하여 모든 과목 40점 이상이고 전 과목 평균 60점 이상의 득점을 한 사람. 다만, 모든 과목 40점 이상이고 전 과목 평균 60점 이상의 득점을 한 사람의 수가 법 제67조 제5항 전단에 따른 선발예정인원에 미달하는 경우에는 모든 과목 40점 이상을 득점한 사람
> ② 법 제67조 제5항 후단에 따라 제2차 시험 합격자를 결정하는 경우 동점자로 인하여 선발예정인원을 초과하는 경우에는 그 동점자 모두를 합격자로 결정. 이 경우 동점자의 점수는 소수점 둘째자리까지만 계산하며, 반올림은 하지 아니함

시험과목

(2025. 03. 28. 제28회 시험 시행계획 공고 기준)

시험구분		시험과목	시험범위	시험시간
제1차 (3과목)	1교시	회계원리	세부 과목 구분 없이 출제	100분
		공동주택 시설개론	• 목구조·특수구조를 제외한 일반건축구조와 철골구조 • 장기수선계획 수립 등을 위한 건축적산 • 홈네트워크를 포함한 건축설비개론	
	2교시	민 법	• 총칙 • 물권 • 채권 중 총칙·계약총칙·매매·임대차·도급·위임·부당이득·불법행위	50분
제2차 (2과목)		주택관리 관계법규	「주택법」·「공동주택관리법」·「민간임대주택에 관한 특별법」·「공공주택 특별법」·「건축법」·「소방기본법」·「화재예방, 소방시설설치·유지 및 안전관리에 관한 법률」·「승강기 안전관리법」·「전기사업법」·「시설물의 안전 및 유지관리에 관한 특별법」·「도시 및 주거환경정비법」·「도시재정비 촉진을 위한 특별법」·「집합건물의 소유 및 관리에 관한 법률」 중 주택관리에 관련되는 규정	100분
		공동주택 관리실무	시설관리, 환경관리, 공동주택회계관리, 입주자관리, 공동주거관리이론, 대외업무, 사무·인사관리, 안전·방재관리 및 리모델링, 공동주택 하자관리(보수공사 포함) 등	

※ 1. 시험과 관련하여 법률·회계처리기준 등을 적용하여 답을 구하여야 하는 문제는 시험시행일 현재 시행 중인 법령 등을 적용하여 정답을 구하여야 함
　2. 회계처리 등과 관련된 시험문제는 「한국채택국제회계기준(K-IFRS)」을 적용하여 출제
　3. 기활용된 문제, 기출문제 등도 변형·활용되어 출제될 수 있음

2025년 제28회 주택관리사(보) 1차 시험 과목별 총평

회계원리

제28회 시험은 재무회계 32문제(80%), 원가·관리회계 8문제(20%), 이론형 11문제(27.5%), 계산형 29문제(72.5%)가 출제되었습니다.

신유형으로 출제된 외부감사의견을 묻는 문제를 제외하면 이론형 문제의 난이도가 낮았으며, 계산형 문제는 대부분 각 단원별 주요 거래의 핵심이론과 계산구조만 알면 단순계산이 가능한 문제들이어서 전반적으로 지난해보다는 약간 쉽게 출제되었다고 볼 수 있습니다.

재무회계에서는 회계상 거래, 감사의견, 원장마감 방법, 유동부채 및 금융부채 분류, 감가상각 방법 등 단순 암기형 문제가 10문제, 선입 선출법, 재고자산 총매입액, 은행계정조정표, 기본주당이익 계산 등 단순계산형 문제가 7문제 출제되어 이번 제28회 시험이 지난해에 비해 약간 쉽게 느껴질 수 있는 부분이었습니다.

반면 유효이자율을 추정하여 사채이자비용을 계산하는 응용형 심화 문제, 제18회 이후 처음 출제된 소매재고법은 실전에서 어렵게 느껴졌을 것이며, 원가이익률, 유형자산교환, 재평가모형, 투자부동산, 사채 발행 및 상각후원가금융자산, 기타포괄손익−공정가치 측정 금융자산, 어음할인, 제품보증충당부채, 위탁판매수수료, 결산정리사항 T계정 구조, 건설계약손익, 추정변경 후 감가상각비, 매출채권회전율, 유동비율 계산문제 등은 기본이론강의, 문제풀이강의 및 각종 특강에서 많은 연습을 했던 문제들로 큰 어려움은 없었으나 계산과정의 숙달이 안 되어 있는 수험생들에게는 어렵다고 느껴졌을 수 있겠습니다.

원가·관리회계는 이론형 1문제, 계산형 7문제가 출제되었고 대부분 각 단원별 핵심이론만 정리되어 있으면 쉽게 해결할 수 있는 문제들이 출제되었습니다. 당기제품제조원가, 부문별원가계산, 기말재공품 평가, 목표이익달성 판매수량, 전부 및 변동원가계산 이익 차이, 특별주문, 재료구입예산 등 최근의 출제경향과 다르지 않고 평이한 문제들로 출제되었습니다.

공동주택 시설개론

문제 출제 유형을 분류하자면 난이도 상급의 문제 10문제, 중급 24문제, 하급 6문제, 옳은 것을 선택하는 문제 5문제, 괄호넣기식 선택 4문제, 숫자가 지문에 포함된 문제 18문제, 계산문제 총 3문제로 적산 1문제와 설비 2문제 정도 출제되었습니다. 제28회 시험 문제는 제27회보다 그동안 치른 시험경향과는 많이 다른 설비관련법, 표준시방서에서 상당히 많이 출제되어 수험생분들은 많이 당황했을 것입니다. 만약 이번 제28회처럼 다시 나온다면 보다 기초를 튼튼히 하지 않으면 어려워지는 시험이 될 것입니다. 숫자가 지문에 포함된 문제는 제27회 11문제에서 제28회 18문제로 비중이 훨씬 높아졌다는 것은 그만큼 시험이 보다 관련 법 규정 등의 출제와 함께 많이 어려워졌다는 뜻입니다. 강의 중에 강조하는 중요 숫자를 암기하는 것이 필요하리라 생각됩니다. 난이도 중상 정도의 문제와 난이도 상의 문제를 합한 다면 16문제 이상으로 중요 내용에 대한 이해와 숙지가 되어 있지 않으면 수험생 분들은 상당히 어려운 시험으로 느꼈을 것이라 생각합니다.

설비편에서는 기본적인 개념을 구체적으로 잘 이해하는 지를 확인하는 문제 외에 강의 시간에 다루기 어려운 관련 법 규정이 다수 출제되어 정답 선택이 어려울 수 밖에 없어 제27회보다 월등히 난이도가 높은 시험이었습니다. 구조편은 중요 개념과 내용의 문제들 뿐 아니라 표준시방서에서 5문항의 출제문제와 그동안 출제되지 않았던 철근 표면 표시규격, 용접기호 문제가 출제되어 어려움을 더 했습니다.

결론적으로 제28회 시험문제는 기본 개념과 내용에 대해서 깊이가 깊어져 난이도가 대폭 상승되어 출제되었습니다. 수치를 묻는 문제도 늘었고, 계산문제도 역시 적산 1문제, 설비에서 2문제가 출제되었는데 한 문제 역시 그동안 출제되지 않았던 형식의 문제가 출제되어 난이도를 높이는 데 기여했습니다.

민법

제28회 주택관리사(보) 민법 시험은 최근 5년 이내에 치러진 민법 시험 중에서 가장 쉽게 출제된 시험으로 기억됩니다. 특히 물권법과 채권법이 쉽게 출제되어서 수험생 입장에서 실수를 했더라도 70점 이상 획득할 수 있었던 시험으로 생각됩니다.

제28회 주택관리사(보) '민법'의 출제경향은 다음과 같습니다.

첫째, 민법총칙은 총 24문항이 출제되었습니다. 24문항 중에서 대부 분은 난이도 하, 중으로 분석되며, 비법인사단 1문제 정도 난이도 상으로 분류됩니다. 항상 강조하듯이 민법총칙에서 고득점의 획득이 전체 고득점으로 이어질 것으로 보입니다.

둘째, 물권법은 총 8문항이 출제되었습니다. 물권법 8문항 중에서 7문항은 수업시간에 매번 다루었던 부분에서 출제되었고, 소유권 중에서 상린관계 1문제가 출제된 점이 특이한 점입니다. 공부를 충분히 한 수험생이라면 8문항 중에서 6문항은 쉽게 맞혔으리라고 생각됩니다.

셋째, 채권법은 총 8문항이 출제되었습니다. 채권법이 8문항으로 출제되고 시험이 상대평가로 전환된 이후에 치러진 시험 중에서 가장 쉽게 출제된 채권법입니다. 부당이득, 불법행위 2문제를 제외하고는 과거의 기출문제 등을 반복하여 출제하였습니다. 채권법이 쉽게 출제되어서 전체적으로 이번 제28회 주택관리사(보) 민법은 쉽게 느껴집니다.

이러한 특징으로 인하여 제28회 주택관리사(보) 민법은 고득점이 많은 관계로 다른 1차 과목의 점수를 보충하는 효자 과목이 된 듯합니다.

주택관리사(보) 자격시험 5개년 합격률

▷ **제1차 시험** (단위: 명)

구 분	접수자(A)	응시자(B)	합격자(C)	합격률(C/B)
제24회(2021)	17,011	13,827	1,760	12.73%
제25회(2022)	18,084	14,410	3,137	21.76%
제26회(2023)	18,982	15,225	1,877	12.33%
제27회(2024)	20,809	17,023	2,017	11.84%
제28회(2025)	22,406	18,683	2,952	15.8%

▷ **제2차 시험** (단위: 명)

구 분	접수자(A)	응시자(B)	합격자(C)	합격률(C/B)
제23회(2020)	2,305	2,238	1,710	76.4%
제24회(2021)	2,087	2,050	1,610	78.5%
제25회(2022)	3,494	3,408	1,632	47.88%
제26회(2023)	3,502	3,439	1,610	46.81%
제27회(2024)	2,992	2,913	1,612	55.33%

출제경향 분석 및 수험대책

📖 출제경향 분석

분야	구분	제24회	제25회	제26회	제27회	제28회	총계	비율(%)
건축설비	급수설비	4	3	5	3	3	18	9
	급탕설비	1	1	1	2	1	6	3
	배수 및 통기설비	3	1	1	2	1	8	4
	위생기구 및 배관용 재료	0	2	1	0	0	3	1.5
	오수정화설비	1	1	0	1	1	4	2
	소방설비	2	3	2	2	1	10	5
	가스설비	1	1	0	1	1	4	2
	냉·난방설비	3	5	4	5	4	21	10.5
	전기설비	4	2	5	2	4	17	8.5
	운송설비	0	0	1	1	0	2	1
	건축물 에너지절약설계기준 등	1	1	0	1	4	7	3.5
건축구조	구조총론	2	1	2	2	1	8	4
	기초구조	2	1	1	2	2	8	4
	철근콘크리트	3	3	3	3	5	17	8.5
	철골구조	2	4	2	2	2	12	6
	조적식구조	1	1	3	1	1	7	3.5
	지붕공사	1	1	0	1	1	4	2
	방수공사	2	2	2	2	1	9	4.5
	창호 및 유리공사	2	3	2	2	2	11	5.5
	수장공사	0	1	0	0	1	2	1
	미장 및 타일공사	2	1	2	2	2	9	4.5
	도장공사	1	0	1	1	0	3	1.5
	적산(표준품셈)	2	2	2	2	2	10	5
총 계		40	40	40	40	40	200	100

공동주택시설개론의 출제비율은 건축설비 50%, 건축구조 50%이며, 대부분의 장에서 골고루 출제되고 있습니다. 건축설비편에서는 냉난방설비의 출제비중이 증가하였고, 제28회는 내용상 어렵지 않았지만 제20회 이후 출제되지 않았던 공기조화 및 냉동설비 부분에서 1문제가 출제되었을 뿐 아니라 급수 관련법과 도시가스 관련, 엘리베이터 관련법 등이 출제되어 어려움을 가중시켰습니다. 건축구조편은 기초구조, 철근콘크리트구조, 철골구조, 창호 및 유리공사, 미장 및 타일공사, 적산 등에서 2문제 이상 출제되었습니다. 다만 제28회에서는 구조총론, 조적구조와 방수공사에서 2문제 출제되던 기존 경향과 달리, 1문제만 출제되었고 철근콘크리트 부분도 3문제에서 5문제 출제로 증가하였으며, 출제빈도가 극히 낮은 수장공사에서는 1문제가 출제되었습니다. 철근콘크리트의 비중이 높아졌고, 다른 장보다 양이 많고 내용도 많다는 것을 알 수 있습니다.

적산은 항상 개념문제 1문제, 계산문제나 할증률에 관한 문제가 1문제 출제되지만 제28회에는 적산 개념과 원가에 관한 내용보다 할증률과 계산문제가 출제되었습니다. 또한 기존 출제경향과 달리 표준시방서 부분에서 출제되었고 기본개념보다는 심화개념 문제가 출제되었습니다. 숫자에 관한 문제도 의외의 부분에서 출제되어 난이도를 상승시켰습니다. 이번 제28회 시험은 설비편에서 급수설비, 냉난방설비, 전기설비 부분에서 집중 출제되었고, 상대적으로 소방설비 분야, 배수 및 통기설비, 위생기구 및 배관설비 등은 출제 수가 줄었습니다. 관련 법 출제 수가 증가했지만, 여전히 폭넓고 보다 깊이 있는 학습이 필요합니다.

✒ 수험대책

1 충분한 시간 확보가 필요합니다.

공동주택시설개론은 전 부분에 대한 개념과 그 내용에 대해서 출제되고 때로는 관련법과 전문적인 내용도 출제되기 때문에 그 양이 많고 이과 공부를 하지 않았으면 개념적으로 이해하는 시간이 필요합니다. 공부기간을 짧게 잡는 것이 아니라 길고 충분한 시간을 확보할 필요가 있습니다. 시간을 너무 작게 잡으면 많은 양에 당황할 수 있습니다.

2 기본적인 개념과 내용에 충실해야 합니다.

많은 수험생들이 문제를 접할 때 당황하는 것은 전문적인 지식을 요구하는 내용이나 의외의 부분에서 출제된 문제인데 이런 문제가 25%를 넘었지만 이런 부분보다는 기본 개념과 그에 따른 내용에 집중하는 것이 좋습니다. 원리를 이해하고 그 개념에 따른 내용들을 이해하는 것이 암기하는 것보다 전체 암기량을 줄여주고 같은 내용이라도 난이도를 높여서 출제되었을 때 문제에 대한 적응력이 훨씬 좋고 우수한 성적을 획득할 수 있습니다. 원리를 이해하는 데에는 충분한 시간을 확보해야 하는데 따로 시간을 내는 것보다 대중교통이나 자가용 등 이동시 또는 산책시 주요 소제목을 떠올려보고 그에 따른 개념과 내용을 떠올려보는 연습을 하는 것이 좋습니다.

3 숫자는 중요 부분과 함께 암기하는 것이 좋습니다.

내용에 있는 모든 숫자를 암기할 수 없고, 또 그리 출제되는 것이 아니기 때문에 주요 부분 숫자를 중요 내용과 함께 암기하는 것이 좋습니다. 개인적으로 숫자를 출제하는 것은 출제자의 편의성이지 수준을 측정하기에 적합하지 않다고 생각하지만 그래도 제28회에는 많은 문제가 출제되었기 때문에 그에 따른 대비가 필요합니다. 이 부분은 교재에 정리되어 있는 것과 강의 시간에 강조하는 것을 중심으로 반복해서 암기하고, 문제풀이를 통해 확인하면 될 것입니다.

4 공부의 가장 기본은 집중과 복습입니다.

1차 과목만 해도 3과목으로 시험에 합격할 수준으로 공부한다면 수험 기간은 짧은 기간이 아니기 때문에 수면, 식사, 체력관리가 중요합니다. 이해와 암기를 잘하기 위해 가장 중요한 것은 잡념을 버리고 집중하는 것 입니다. 암기도 집중력이 높을수록 암기가 잘되고 장기기억에서도 좋은 효과를 냅니다. 또한 전체 내용을 빠르게 보는 것도 중요하지만 반드시 앞에서 본 내용에 대한 복습과 정리가 필요합니다. 반복은 장기기억을 가능하게 할 뿐 아니라 빠른 문제풀이도 가능하게 합니다.

5 기출지문 정리와 함께 시험에 대한 경험이 필요합니다.

시험의 난이도가 점차 상승하면서 문제풀이시 지문상의 주요 내용에 대한 정오를 빠르게 구별할 수 있어야 합니다. 이를 위해 핵심예상문제와 동형모의고사 뿐만 아니라 실전모의고사, 기출문제 특강, 기출지문 특강 등을 수강하는 것이 좋고, 주요 지문의 정리 및 주요 부분 암기 등을 통하여 문제 풀이 시간을 단축하고, 의외의 문제를 풀기 위한 시간을 확보하여 실수를 줄이면 목표점수 확보에 안정적으로 접근할 수 있습니다.

단계별 학습전략 Process 4

STEP 1
시험준비 단계

시험출제 수준 및 경향 파악

사전준비 없이 막연한 판단으로 공부를 시작하면 비효율적이고 시험에 실패할 위험도 크다. 따라서 기출문제의 꼼꼼한 분석을 통해 출제범위를 명확히 하고, 출제 빈도 및 경향을 정확히 가늠하여 효율적인 학습방법을 찾는 것이 합격을 위한 첫 걸음이다.

최적의 수험대책 수립 및 교재 선택

시험출제 수준 및 경향을 정확하게 파악하였다면, 수험생 본인에게 적합한 수험방법을 선택해야 한다. 본인에게 맞지 않는 수험방법은 동일한 결과를 얻기 위해 몇 배의 시간과 노력을 들여야 한다. 따라서 본인의 학습태도를 파악하여 자신에게 맞는 학습량과 시간 배분 및 학습 장소, 학원강의 등을 적절하게 선택해야 한다. 그리고 내용이 충실하고 본인에게 맞는 교재를 선택하는 것도 합격을 앞당기는 지름길이 된다.

STEP 2
실력쌓기 단계

과목별 학습시간의 적절한 배분

주택관리사보 자격시험을 단기간에 준비하기에는 내용도 방대하고 난도도 쉽지 않다. 따라서 과목별 학습목표량과 학습시간을 적절히 배분하는 것이 중요한데, 취약과목에는 시간을 좀 더 배분하도록 한다. 전체 일정은 기본서, 객관식 문제집, 모의고사 순으로 학습하여 빠른 시일 내에 시험 감각을 키우는 것을 우선으로 해야 한다.

전문 학원 강사의 강의 수강

학습량도 많고 난도도 높아 독학으로 주택관리사보 자격시험을 공략하기란 쉽지 않다. 더욱이 법률 과목은 기본개념을 파악하는 것 자체가 쉽지 않고, 해당 과목의 전체적인 흐름을 이해하고 핵심을 파악하기보다는 평면적·단순 암기식 학습에 치우칠 우려가 있어 학습의 효율성을 떨어뜨리고 시험기간을 장기화하는 원인이 될 수 있다. 이러한 독학의 결점이나 미비점을 보완하기 위한 방안으로 전문학원 강사의 강의를 적절히 활용하도록 한다.

수험생 스스로 사전 평가를 통하여 고득점을 목표로 집중학습할 전략과목을 정하도록 한다.
그러나 그보다 더 중요한 것은 취약과목을 어느 수준까지 끌어올리느냐 하는 것이다.

STEP 3

실력점검 단계

취약과목을 집중 공략

개인차가 있겠지만 어느 정도 공부를 하고 나면 전략과목과 취약과목의 구분이 생기기 마련이다. 고득점을 보장하는 전략과목 다지기와 함께 취약과목을 일정 수준까지 끌어올리려는 노력이 무엇보다 필요하다. 어느 한 과목의 점수라도 과락이 되면 전체 평균점수가 아무리 높다고 해도 합격할 수 없기 때문에 취약과목을 어느 수준까지 끌어올리느냐가 중요하다고 하겠다.

문제 해결력 기르기

각 과목별 특성을 파악하고 전체적인 흐름을 이해했다면 습득한 지식의 정확도를 높이고, 심화단계의 문제풀이를 통해 실력을 높일 필요가 있다. 지금까지 학습해 온 내용의 점검과 함께 자신의 실력으로 굳히는 과정을 어떻게 거치느냐에 따라 시험의 성패가 결정될 것이다.

STEP 4

최종 마무리 단계

합격을 좌우하는 마지막 1개월

시험 1개월 전은 수험생들이 스트레스를 가장 많이 받는 시점이자 수험생활에 있어 마지막 승부가 가늠되는 지점이다. 이 시기의 학습효과는 몇 개월 동안의 학습효과와 비견된다 할 수 있으므로 최대한 집중력을 발휘하고 혼신의 힘을 기울여야 한다. 이때부터는 그 동안 공부해 온 것을 시험장에서 충분히 발휘할 수 있도록 암기가 필요한 사항은 외우고 틀린 문제들은 점검하면서 마무리 교재를 이용하여 실전감각을 배양하도록 한다.

시험 당일 최고의 컨디션 유지

시험 당일 최고의 컨디션으로 실전에 임할 수 있어야 공부한 모든 것들을 제대로 쏟아 낼 수 있다. 특히 시험 전날의 충분한 수면은 시험 당일에 명석한 분석 및 판단력을 발휘하는 데 큰 도움이 됨을 잊지 말아야 한다.

교재 구성 및 활용

01 단원별 출제경향을 체계적으로 분석

최근 5개년의 기출문제를 분석한 출제분포를 표로 정리하여 출제경향의 변화된 주요 흐름을 한눈에 파악할 수 있도록 구성하였습니다. 나아가 수험대책을 제시함으로써 제29회 시험을 정확히 예측하고 학습방향을 바로잡을 수 있도록 하였습니다.

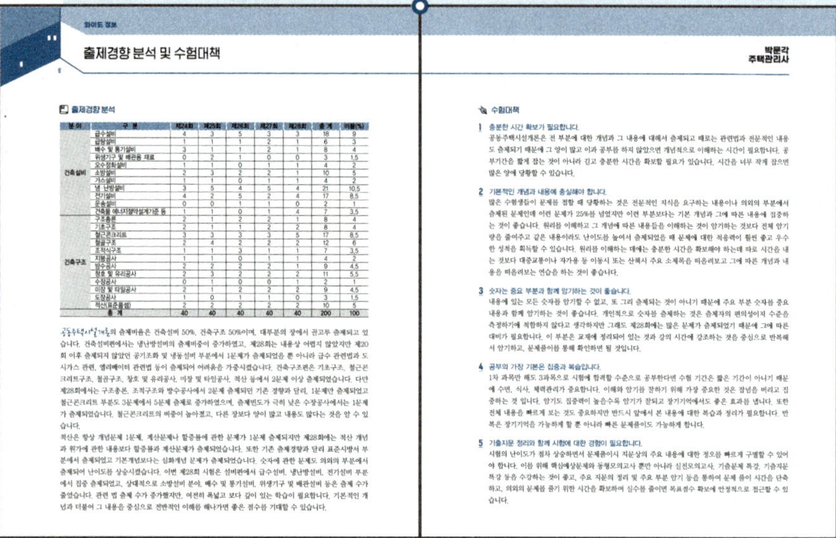

02 방대한 학습분량을 효율적으로 서술

2단 본문구성으로 보다 효율적인 학습이 가능하도록 하였으며, 다양한 본문 요소들을 통해 방대한 학습분량을 체계적으로 분류하고 논리적으로 서술하여 내용 파악이 용이하도록 구성하였습니다.

① **보충학습·알아두기**: 추가로 학습해야 하는 사항을 놓치지 않도록 체계적으로 정리

② **일러스트**: 복잡한 내용들의 이해를 도울 수 있는 일러스트 수록

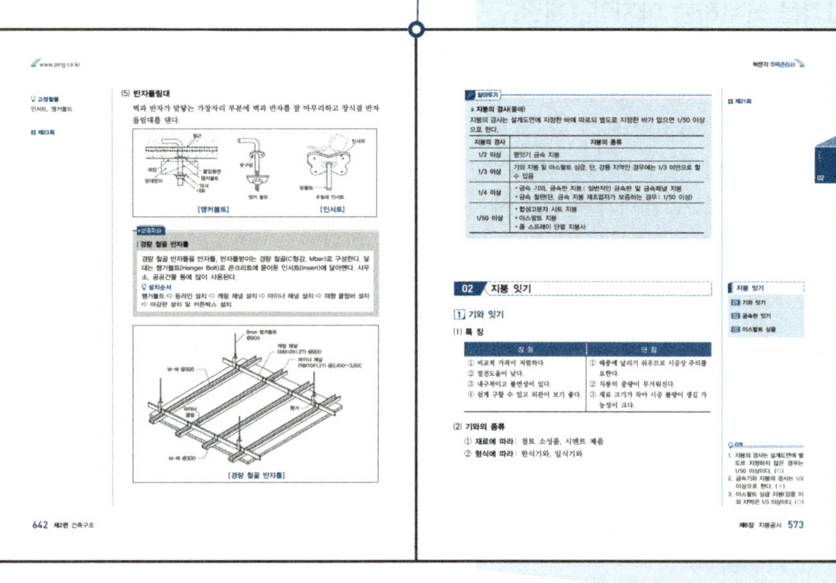

03 핵심지문 OX

각 본문의 이론 학습을 마친 후 공부한 내용을 잘 이해했는지 확인할 수 있도록 OX 문제를 수록하였습니다. 시험에 출제되었거나 출제 가능성이 높은 지문들을 OX 문제로 구성하여 실전에 대비할 수 있도록 하였습니다.

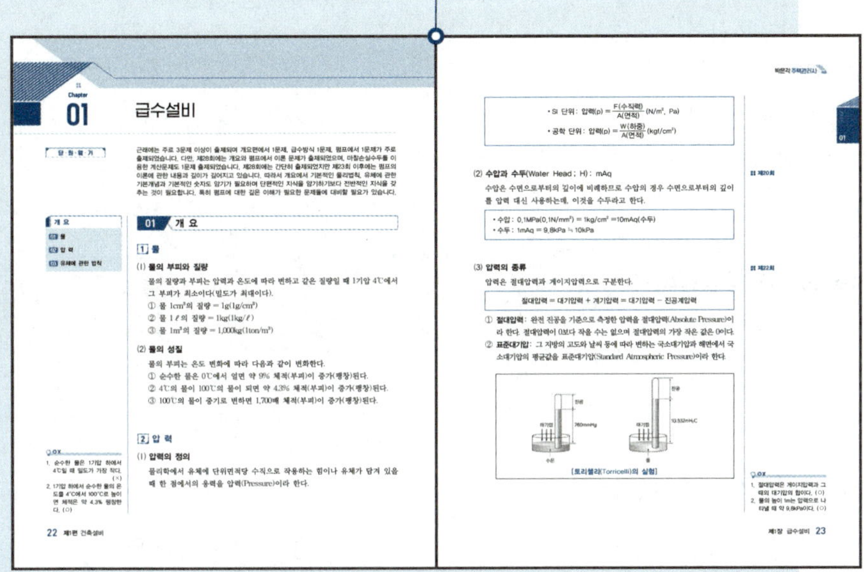

04 예제를 통한 실전감각 기르기

최근에 출제되었던 문제들 중, 철저한 기출경향 분석을 바탕으로 출제 빈도와 난도 면에서 중요도가 높은 대표적인 유형의 문제들을 엄선하여 수록함으로써, 기출유형을 쉽게 파악할 수 있도록 하였습니다. 또한, 정확하고 명쾌한 해설로 문제풀이에 도움이 될 수 있도록 하였습니다.

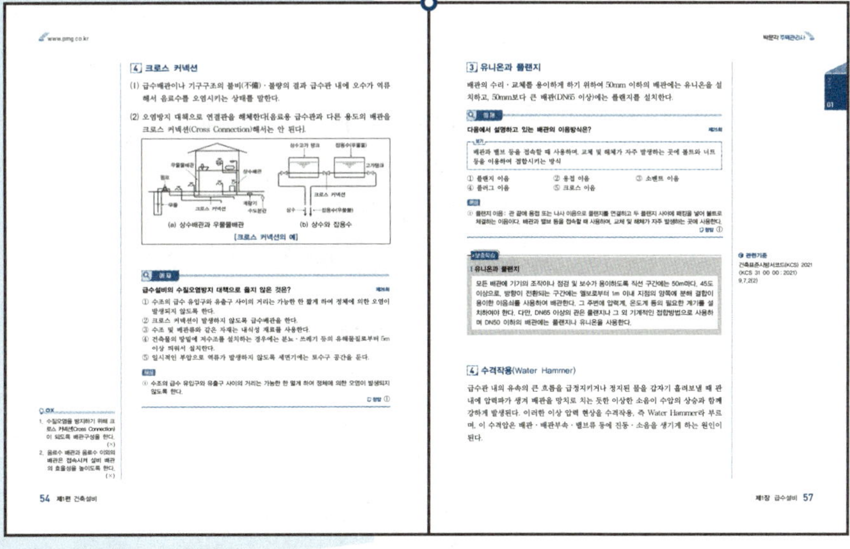

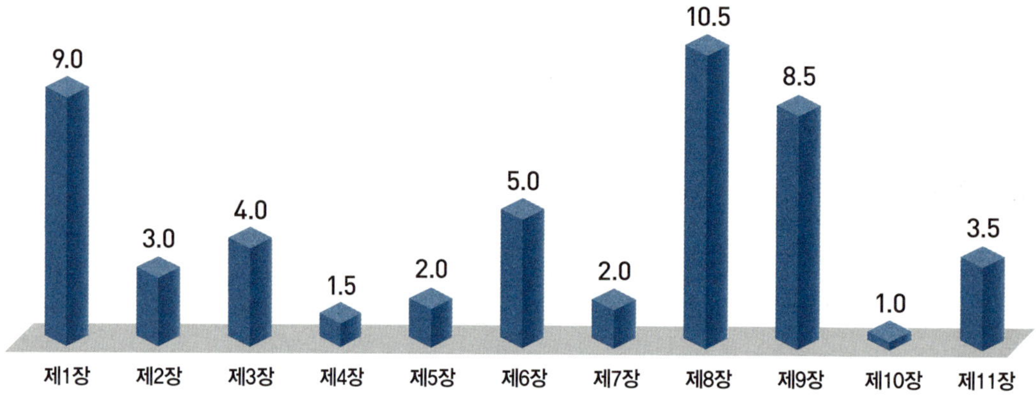

⚲ 최근 5년간 기출문제 분석

건축설비편은 모든 단원에서 골고루 출제된다. 제25회 이후부터 난방설비의 비중이 높아지고 있다. 제28회에서도 냉난방설비의 출제비중이 증가하였고, 제28회는 내용상 어렵지 않았지만 제20회 이후 출제되지 않았던 공기조화 및 냉동설비 부분에서 1문제가 출제되었을 뿐 아니라 급수 관련법과 도시가스 관련, 엘리베이터 관련법 등이 출제되어 어려움을 가중시켰다. 보일러, 조명부분에서 용어 관련 문제수준이 높아져 대비가 필요하다. 기본개념 숙지와 함께 세부내용에 대한 심도 있는 이해가 있어야 좋은 점수를 기대할 수 있다.

건축설비

근래에는 주로 3문제 이상이 출제되며 개요편에서 1문제, 급수방식 1문제, 펌프에서 1문제가 주로 출제되었습니다. 다만, 제28회에는 개요와 펌프에서 이론 문제가 출제되었으며, 마찰손실수두를 이용한 계산문제도 1문제 출제되었습니다. 제28회에는 간단히 출제되었지만 제23회 이후에는 펌프의 이론에 관한 내용과 깊이가 깊어지고 있습니다. 따라서 개요에서 기본적인 물리법칙, 유체에 관한 기본개념과 기본적인 숫자도 암기가 필요하며 단편적인 지식을 암기하기보다 전반적인 지식을 갖추는 것이 필요합니다. 특히 펌프에 대한 깊은 이해가 필요한 문제들에 대비할 필요가 있습니다.

01 개 요

1 물

(1) 물의 부피와 질량

물의 질량과 부피는 압력과 온도에 따라 변하고 같은 질량일 때 1기압 $4℃$에서 그 부피가 최소이다(밀도가 최대이다).

① 물 $1cm^3$의 질량 $= 1g(1g/cm^3)$

② 물 1ℓ 의 질량 $= 1kg(1kg/\ell)$

③ 물 $1m^3$의 질량 $= 1,000kg(1ton/m^3)$

(2) 물의 성질

물의 부피는 온도 변화에 따라 다음과 같이 변화한다.

① 순수한 물은 $0℃$에서 얼면 약 9% 체적(부피)이 증가(팽창)된다.

② $4℃$의 물이 $100℃$의 물이 되면 약 4.3% 체적(부피)이 증가(팽창)된다.

③ $100℃$의 물이 증기로 변하면 1,700배 체적(부피)이 증가(팽창)된다.

2 압 력

(1) 압력의 정의

물리학에서 유체에 단위면적당 수직으로 작용하는 힘이나 유체가 담겨 있을 때 한 점에서의 응력을 압력(Pressure)이라 한다.

$$\bullet \text{SI 단위 : 압력}(p) = \frac{F(\text{수직력})}{A(\text{면적})} \ (N/m^2, \ Pa)$$

$$\bullet \text{공학 단위 : 압력}(p) = \frac{W(\text{하중})}{A(\text{면적})} \ (kgf/cm^2)$$

(2) 수압과 수두(Water Head ; H) : mAq

수압은 수면으로부터의 깊이에 비례하므로 수압의 경우 수면으로부터의 깊이를 압력 대신 사용하는데, 이것을 수두라고 한다.

- 수압 : $0.1MPa(0.1N/mm^2) = 1kg/cm^2 = 10mAq(\text{수두})$
- 수두 : $1mAq = 9.8kPa ≒ 10kPa$

(3) 압력의 종류

압력은 절대압력과 게이지압력으로 구분한다.

절대압력 = 대기압력 + 계기압력 = 대기압력 − 진공계압력

① **절대압력** : 완전 진공을 기준으로 측정한 압력을 절대압력(Absolute Pressure)이라 한다. 절대압력이 0보다 작을 수는 없으며 절대압력의 가장 작은 값은 0이다.
② **표준대기압** : 그 지방의 고도와 날씨 등에 따라 변하는 국소대기압과 해면에서 국소대기압의 평균값을 표준대기압(Standard Atmospheric Pressure)이라 한다.

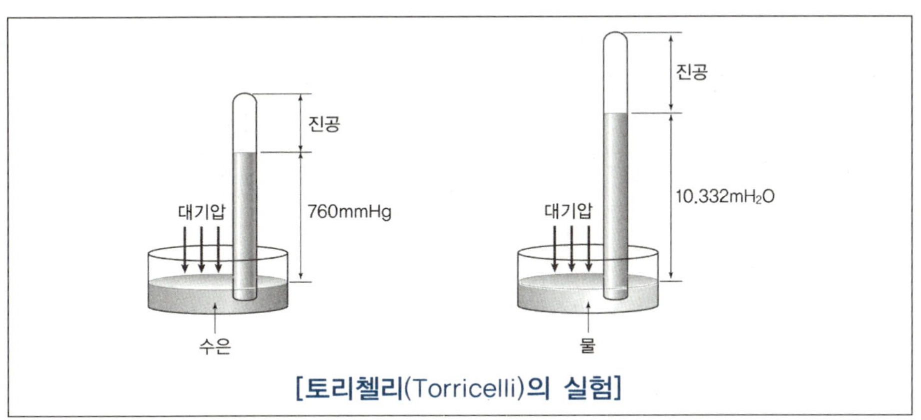

[토리첼리(Torricelli)의 실험]

◯ OX

1. 절대압력은 게이지압력과 그 때의 대기압의 합이다. (◯)
2. 물의 높이 1m는 압력으로 나타낼 때 약 9.8kPa이다. (◯)

🔗 표준대기압

> - 1atm = 760mmHg
>   = 1,013.25mbar = 1,013HPa
>   = 101,325Pa = 101,325N/m² = 101.325kN/m² = 101.325kPa
>   = 1.03323kg/cm² = 10.3323mAq = 10.3323mH₂O
>   = 14.7psi = 14.71b/in²
> - 1bar = 1,000mmbar = 10⁵Pa
> - 1torr = 1mmHg

③ **계기압력**: 대기압력을 기준으로 대기압과의 차이를 측정한 압력이 계기압력 (Gauge Pressure)이다. 압력 단위 뒤에 G 또는 g를 쓰거나 생략한다.

④ **진공계**: 대기압을 기준으로 대기압 이하의 압력을 진공계(Vacuum Gauge) 라 하며 또는 진공압력이라 한다. 여기서 압력 단위는 뒤에 반드시 V 또는 v를 쓴다.

■■ 제18회, 제21회, 제25회, 제27회

(4) 마찰손실수두(Friction Loss)

① 마찰손실계수에 비례한다.

② 관의 길이에 비례한다.

③ 유속의 제곱에 비례한다.

④ 관의 직경에 반비례한다.

⑤ 중력가속도에 반비례한다.

$$H = f \frac{l}{d} \frac{v^2}{2g}$$

H : 마찰손실수두(m)　　　　　　d : 관의 직경(관경)(m)

f : 마찰손실계수　　　　　　　　v : 유속(m/s)

l : 관의 길이(m)　　　　　　　g : 중력가속도(9.8m/s²)

💡 OX

1. 마찰손실은 관의 길이, 손실 계수(마찰계수)에 비례하고 관경에 반비례한다. (○)
2. 유체의 마찰력은 접촉되는 고체 표면의 크기, 거칠기, 속도의 제곱에 반비례한다. (×)
3. 배관 내를 흐르는 물과 배관 표면과의 마찰력은 물의 속도에 반비례한다. (×)

3 유체에 관한 법칙

(1) 연속의 법칙

유량은 배관의 단면적과 유속의 곱으로 이루어지며, 배관의 어느 곳에서도 유량은 일정하다. 배관의 단면적을 증가시키면 유속이 감소하며, 반대로 단면적을 감소시키면 유속은 증가한다(여기서, 배관의 단면적은 직경의 제곱에 비례한다).

✐ **Q(유량)가 일정할 때**

$$A_1 v_1 = A_2 v_2$$

$$A : \text{관의 단면적(m}^2), \quad v : \text{유속(m/s)}$$

$$D = \sqrt{\frac{4Q}{\pi v}} = 1.13\sqrt{\frac{Q}{v}}$$

$$D : \text{관경(m)}, \quad Q : \text{유량(m}^3\text{/s)}, \quad v : \text{유속(m/s)}$$

(2) 사이펀의 원리

① 대기압을 이용하여 굽은 관으로 높은 곳에 있는 액체를 낮은 곳으로 옮기는 장치를 사이펀(Siphon)이라고 하며 그 작용을 사이펀작용이라고 한다.

② 사이펀작용은 흔히 건축설비에서 하자의 원인이 되기도 하는데 자기사이펀작용에 의한 S트랩의 봉수 파괴 원인은 사이펀작용 때문에 발생한다.

[통기관의 역할]

:: 제26회

💡 **연속의 법칙 응용**

- $Q = Av$
- $v = \dfrac{Q}{A}$
- $A = \dfrac{Q}{v}$

💡 **OX**

동일한 양의 물이 배관 내를 흐를 때 배관의 단면적이 2배가 되면 물의 속도는 1/4배가 된다.

($\times$)

예제

건축설비의 기초사항에 관한 내용으로 옳은 것을 모두 고른 것은? 제26회

> ㉠ 순수한 물은 1기압 하에서 4℃일 때 밀도가 가장 작다.
> ㉡ 정지해 있는 물에서 임의의 점의 압력은 모든 방향으로 같고 수면으로부터 깊이에 비례한다.
> ㉢ 배관에 흐르는 물의 마찰손실수두는 관의 길이와 마찰계수에 비례하고 유속의 제곱에 비례한다.
> ㉣ 관경이 달라지는 수평관 속에서 물이 정상 흐름을 할 때, 관경이 클수록 유속이 느려진다.

① ㉠, ㉡   ② ㉢, ㉣
③ ㉠, ㉡, ㉢   ④ ㉡, ㉢, ㉣
⑤ ㉠, ㉡, ㉢, ㉣

해설

㉠ 순수한 물은 1기압 하에서 4℃일 때 밀도가 가장 크다.

정답 ④

제13회

알아두기

1. 베르누이 정리에 의하면, 유속이 빠른 곳이 정압이 작다.

   ■ 베르누이 정리

   속도수두, 위치수두, 압력수두의 합은 일정하다.

$$\frac{P_1}{\gamma} + Z_1 + \frac{v_1^2}{2g} = \frac{P_2}{\gamma} + Z_2 + \frac{v_2^2}{2g}$$

2. 워터 해머(Water Hammer)를 방지하기 위해 배관 내 유속은 2m/s 이내로 하는 것이 바람직하다.

3. 액체의 압력은 임의의 면에 대하여 수직으로 작용하며, 액체 내 임의의 점에서 압력 세기는 어느 방향이나 동일하게 작용한다(파스칼의 원리).

4. 일정량의 기체 체적과 압력의 곱은 기체의 절대온도에 비례한다(보일 · 샤를의 법칙).

5. 유체의 마찰력은 접촉되는 고체 표면의 크기, 거칠기, 속도의 제곱에 비례한다.

6. **열역학 제1법칙** : 에너지보존법칙이라고도 하며, 기체에 가해준 열에너지는 내부에너지의 증가와 외부에 한 일의 합과 같다.

7. **열역학 제2법칙** : 열은 고온 물체에서 저온 물체로 자연적으로 이동하지만, 저온 물체에서 고온 물체로는 그 자체만으로는 이동할 수 없다.

♡ OX

정지해 있는 물에서 임의의 점의 압력은 모든 방향으로 같고 수면으로부터 깊이에 비례한다. (○)

02 급수의 일반사항

급수설비란 생활에 필요한 물을 알맞게 처리하여 필요한 곳에 공급하는 제반설비 기기와 장치 등을 의미한다.

1 용수(用水)

(1) 용수의 분류

① **상수**(上水) : 세면용, 목욕용, 주방용, 보일러용, 음료수 등이다.
② **잡용수**(雜用水), **중수**(中水) : 살수용, 공조용, 변기용, 청소용, 냉방용 등이다.

(2) 수돗물(上水)

① 급수원으로는 상수도를 많이 이용하고 있으며, 수도법에 규정된 수질이 확보되어 위생상 안전한 음료수를 공급받을 수 있다.
② 상수도는 취수시설, 정수시설, 송수시설, 배수시설 등으로 구성되어 일반건축물에 공급된다.

(3) 중수(中水) = **잡용수**

① 중수는 상수(上水)와 하수(下水)의 중간을 칭한다.
② 중수원(中水源)으로는 건물의 배수처리수, 빗물, 우물물, 하천수 등이 이용되고 있으며, 음료수와 같은 수준의 수질이 요구되지 않는다.
③ 국내에서는 최근에 수자원의 부족과 자원의 효율적 이용 측면에서 상수계통의 배수를 재이용 처리하여 잡용수로 사용하는 예가 늘고 있다. 이를 중수시스템이라고 한다.

> **중수설치시 이점**
> 1. **수량측면** : 상수의 소비가 절약되어 작은 댐 건설 효과
> 2. **수질측면** : 하수량이 감소하여 하천의 수질 개선
> 3. **경제성** : 물 사용의 절약으로 댐 및 하수처리장 건설비용 절약

2 정수법

천연수에 함유되어 있는 불순물 등을 물리적 또는 화학적인 방법에 의하여 제거하거나 살균하여 사용목적에 알맞은 물로 만드는 방법을 정수법이라 한다.

> 정수과정 : 채수 ⇨ 침전 ⇨ 폭기 ⇨ 여과 ⇨ 멸균 ⇨ 급수

(1) **침전**(沈澱, Sediment)

불순물을 가라앉히는 방법이다.
① **중력침전법** : 수중의 불순물을 중력에 의해 단순히 가라앉히는 방법이다.
② **약품침전법** : 황산, 반토, 명반 등을 사용하여 불순물을 가라앉혀 침전시키는 방법이다.

(2) **폭기**(曝氣, Aeration)

① 깊은 우물 등의 지하수에는 철이 중탄산제1철[$Fe(HCO_3)_2$], 수산화제1철[$Fe(OH)_2$] 또는 황산제1철($FeSO_4$)의 형태로 녹아있는데, 물을 공중에 뿜어 공기와 접촉시켜서 산화시킴으로써 불용성(不溶性)의 제2철[$Fe(OH)_3$]로 만든 다음 침전·여과에 의해 철분을 제거한다.
② 물속에 녹아있는 암모니아, 황화수소, 탄산가스, 그밖에 유독가스나 취기(臭氣) 등도 폭기에 의해 제거할 수 있다.

(3) **여과**(濾過, Filtration)

모래층과 자갈층에 원수를 통해서 수중의 부유물·세균 등을 제거하는 방법으로 완속여과법과 급속여과법이 있다.
① **완속여과법** : 중력에 의해 물을 느린 속도(3~6m/d)로 통과시켜 여과하는 방법이다.
② **급속여과법** : 원수를 120~150m/d의 빠른 속도로 여과층을 통과시켜 여과하는 방법으로 탁도나 색도가 높은 물을 처리하는 데 적합하다.

(4) **멸 균**

잔존 세균을 제거시키기 위하여 염소(Cl_2), 표백분, 클로라민, 오존, 차아염소산나트륨, 자외선 등을 사용하여 멸균시킨다.

3 수질(水質)

(1) 물의 경도(Hardness of Water)

① **개 요**

　㉠ 경도란 물속에 녹아있는 칼슘, 마그네슘 등의 염류의 양을 탄산칼슘($CaCO_3$)의 농도로 환산하여 나타낸 것이다.

　㉡ 경도의 표시는 백만분율(mg/ℓ, ppm)과 도(度)를 사용한다.

　㉢ 탄산칼슘 이외의 탄산마그네슘과 같은 염류는 탄산칼슘의 양으로 환산하여 구한다.

② **경도의 분류**

　㉠ 경도에는 일시경도, 영구경도, 총경도가 있다.

> 총경도 = 일시경도 + 영구경도

　㉡ 일시경도

　　ⓐ 탄산염을 함유하고 끓이면 염류를 침전시킨다.

　　ⓑ 물을 끓임으로써 제거할 수 있기 때문에 일시경도라고 한다.

　　ⓒ 이것은 보일러나 온수배관 내에 물때나 스케일 생성의 원인이 될 수 있다.

　㉢ 영구경도

　　ⓐ 황산칼슘, 염화칼슘을 함유하는데 끓여도 침전하지 않는다.

　　ⓑ 물을 끓인다고 제거되는 것이 아니기 때문에 영구경도라고 부른다.

　　ⓒ 영구경도는 물때 및 스케일의 생성은 없지만 부식의 원인이 된다.

　㉣ 총경도란 일시경도와 영구경도의 합을 말한다.

③ **탄산칼슘의 함유량에 따른 분류**

　㉠ 연수(軟水, Soft Water)

　　ⓐ 단물이라고도 하며, 탄산칼슘의 함유량이 $90mg/\ell$ 이하인 물로서 연수는 쉽게 비누 거품을 일으키지만 음료용으로는 적합하지 않다.

　　ⓑ 세탁·염색·기관용에 적합하다.

　　ⓒ 철, 아연, 동 및 납의 부식을 야기시킨다.

　　ⓓ 경수를 끓이면 연수가 되며 보통 수돗물, 빗물, 하천 하류의 물이 이에 해당한다.

　㉡ 적수(積水, Moderate Hard Water): 탄산칼슘의 함유량이 $90\sim110mg/\ell$ 인 물로서 마시기에 적당한 물이다.

ⓒ 경수(硬水, Hard Water)

   ⓐ 센물이라고도 하며, 칼슘·마그네슘·탄산칼슘 등의 광물질 함유량이 비교적 많이 포함된 천연수로 경도 110mg/ℓ 이상인 물이다.

   ⓑ 비누의 용해가 어렵고 열교환기나 배관계통 등에 사용하면 그 내면에 석회질의 침전에 의한 스케일이 생성된다.

   ⓒ 세탁·표백·염색에는 부적합하고 그밖에 양조·제지공업 등에도 적당하지 않다.

ⓔ 보일러 용수로서는 경도가 40ppm 이하의 연수가 필요하며, 경도를 낮추기 위해서 경수 연화기(Water Softner)를 사용한다. 만약 보일러의 급수에 경도가 높은 물을 사용하면 다음과 같은 현상이 발생한다.

   ⓐ 관내에 스케일이 많이 낀다.

   ⓑ 전열효율이 저하된다.

   ⓒ 과열의 원인이 된다.

   ⓓ 보일러의 수명이 단축된다.

→ 보충학습

| 극연수와 경수연화법

1. **극연수**(증류수, 멸균수) : 탄산칼슘의 함유량이 0ppm에 가까운 순수한 물로서 연관, 황동관(놋쇠관)을 침식시키므로 극연수를 쓸 때에는 안팎을 모두 도금한 파이프를 사용해야 한다.

2. **경수의 연화법**

  (1) 일시적 경도 : 물을 끓이거나 소량의 석회수를 공급하여 중탄산염으로부터 이산화탄소를 흡수하여, 불용성의 탄산염을 탱크 내에 침전시켜 제거한다.

$$Ca(HCO_3)_2 + Ca(OH)_2 = 2CaCO_3 + 2H_2O$$

  (2) 영구 경도의 제거 : 황산칼슘을 제거하려면 소다회(탄산나트륨 Na_2CO_3)를 가하며, 황산마그네슘을 제거하려면 소다회와 소석회를 가하면 된다.

  (3) 공업용수로 사용하기 위해 지오라이트 또는 퍼뮤티트라는 주로 알루미늄과 나트륨의 규산염으로 된 천연 광석을 강판으로 만든 원통형 탱크에 충전하여, 여과조를 만들고 그 속에 경수를 통과시켜 여과한 후 경도를 제거하는 방식이 흔히 사용된다.

(2) pH

① 물이 이온화되어 있는 수소이온농도를 표기하는 수단이다.

② 수소이온농도를 그 역수의 상용대수값으로 표시하며, 그 범위에 따라 산성, 중성, 알칼리성으로 구분한다.

> pH < 7 : 산성
> pH = 7 : 중성
> pH > 7 : 알칼리성

③ 먹는물은 pH 5.8 이상, pH 8.5 이하이어야 한다.

먹는샘물의 수질기준

1. 심미적 영향물질에 관한 기준

(1) 경도(硬度)는 1,000mg/L(수돗물의 경우 300mg/L, 먹는염지하수 및 먹는해양심층수의 경우 1,200mg/L)를 넘지 아니할 것. 다만, 샘물 및 염지하수의 경우에는 적용하지 아니한다.

(2) 과망간산칼륨 소비량은 10mg/L를 넘지 아니할 것

(3) 냄새와 맛은 소독으로 인한 냄새와 맛 이외의 냄새와 맛이 있어서는 아니 될 것. 다만, 맛의 경우는 샘물, 염지하수, 먹는샘물 및 먹는물공동시설의 물에는 적용하지 아니한다.

(4) 동은 1mg/L를 넘지 아니할 것

(5) 색도는 5도를 넘지 아니할 것

(6) 세제(음이온 계면활성제)는 0.5mg/L를 넘지 아니할 것. 다만, 샘물·먹는샘물, 염지하수·먹는염지하수 및 먹는해양심층수의 경우에는 검출되지 아니하여야 한다.

(7) 수소이온 농도는 pH 5.8 이상 pH 8.5 이하이어야 할 것. 다만, 샘물, 먹는샘물 및 먹는물공동시설의 물의 경우에는 pH 4.5 이상 pH 9.5 이하이어야 한다.

(8) 아연은 3mg/L를 넘지 아니할 것

(9) 염소이온은 250mg/L를 넘지 아니할 것(염지하수의 경우에는 적용하지 아니한다)

(10) 증발잔류물은 수돗물의 경우에는 500mg/L, 먹는염지하수 및 먹는해양심층수의 경우에는 미네랄 등 무해성분을 제외한 증발잔류물이 500mg/L를 넘지 아니할 것

(11) 철은 0.3mg/L를 넘지 아니할 것. 다만, 샘물 및 염지하수의 경우에는 적용하지 아니한다.

(12) 망간은 0.3mg/L(수돗물의 경우 0.05mg/L)를 넘지 아니할 것. 다만, 샘물 및 염지하수의 경우에는 적용하지 아니한다.

:: 제19회, 제25회

🔷 관련기준
먹는물 수질기준 및 검사 등에 관한 규칙[별표 1]

💡 OX

먹는물 수질기준 및 검사 등에 관한 규칙상 먹는물의 수질기준 중 수돗물의 경도는 300mg/L를 넘지 않아야 한다. (○)

⒀ 탁도는 1NTU(Nephelometric Turbidity Unit)를 넘지 아니할 것. 다만, 지하수를 원수로 사용하는 마을상수도, 소규모급수시설 및 전용상수도를 제외한 수돗물의 경우에는 0.5NTU를 넘지 아니하여야 한다.

⒁ 황산이온은 200mg/L를 넘지 아니할 것. 다만, 샘물, 먹는샘물 및 먹는물공동시설의 물은 250mg/L를 넘지 아니하여야 하며, 염지하수의 경우에는 적용하지 아니한다.

⒂ 알루미늄은 0.2mg/L를 넘지 아니할 것

2. **방사능에 관한 기준**(염지하수의 경우에만 적용한다)
  ⑴ 세슘(Cs − 137)은 4.0mBq/L를 넘지 아니할 것
  ⑵ 스트론튬(Sr − 90)은 3.0mBq/L를 넘지 아니할 것
  ⑶ 삼중수소는 6.0Bq/L를 넘지 아니할 것

03 급수량 산정과 급수압력

1 개 요

⑴ 급수설비를 설계하는 데 있어서 제일 먼저 급수량을 예측·산정하여야 하는데, 이는 각종 기기용량 및 관경결정의 기초가 되기 때문이다.

⑵ 급수량의 산정방법으로서는 인원에 의한 방법, 건물유효면적에 의한 방법 및 기구 수에 의한 방법 등이 있지만, 수수조 등의 기기가 있는 경우에는 통상 인원에 의한 방법이 사용되고 있다.

⑶ 1일 중에서 최대사용시간을 피크 아워(Peak Hour)라 하고 피크 로드(Peak Load)는 피크 아워의 사용수량으로서 1일 사용수량의 10~20% 정도이다.

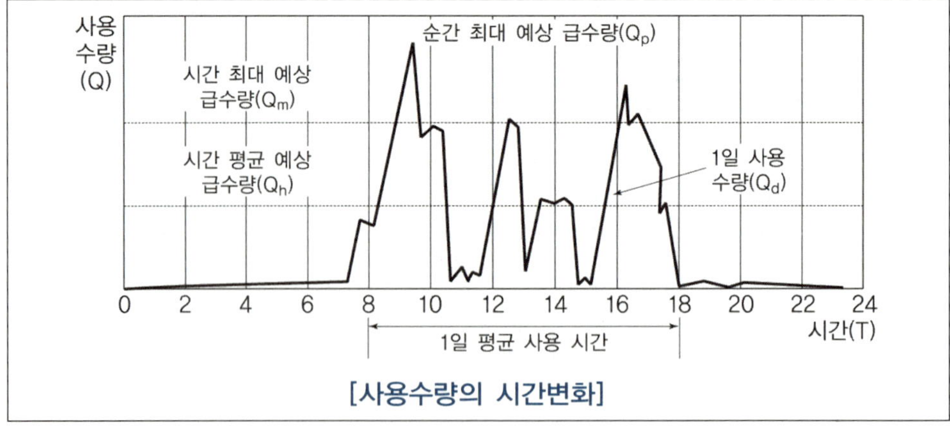

[사용수량의 시간변화]

2 급수량 산정

(1) 사용인원 수에 의한 급수량

급수하고자 하는 건물의 급수 대상 인원을 파악할 수 있을 때 이용된다.

> 1일 급수량(Q_d) = 사용인원 수 × 1인 1일당 급수량(ℓ/d)

(2) 건물면적에 의한 산정

급수 대상 인원이 불분명한 경우에 이용된다.

> 1일 급수량(Q_d) = 건물의 연면적(m^2) × 유효면적 비율(%)
> × 유효면적당 거주인원(인/m^2) × 1인 1일당 급수량(m^3)

(3) 위생기구 수에 의한 산정

건물에 사용되는 기구 수와 동시사용률을 고려하여 산정한다. 위생기구 1개당 1일 사용수량을 산출하여 전체 기구 수를 곱함으로써 그 건물의 1일 사용 급수량을 산출한다.

> 1일 급수량(Q) = 기구당 사용수량 × 가구 수(개) × 동시사용수량(%)

🔗 건물 종류별 사용수량 및 총면적에 대한 유효면적 비율

건물 종류	1일 평균 사용수량	1일 평균 사용시간(h)	유효면적당 인원(인/m^2)	유효면적/ 연면적(%)
사무소, 은행, 병원	100~120	8	0.2	55~57
	고급 1,000 이상, 중급 500 이상, 기타 250 이상	10	3.8인/bed	45~48
교회, 사원	10	2	–	53~55
극 장	20	5	–	–
영화관	10	3	1.5인 객석	–
백화점	3	8	1.0	55~60
점 포	100	7	0.16	–
주 택	200~250	8~10	0.16	50~53
아파트	200~250	8~10	0.16	45~50
기숙사	120	8	0.2	–

💡 시간최대예상급수량은 시간평균예상급수량의 1.5~2배로 결정하며, 순간최대예상급수량은 시간평균예상급수량의 3~4배로 결정된다.

💡 유효면적

어느 건물의 연면적에서 화장실, 복도, 계단, 창고, 기계실 등 사람이 거주하지 않는 부분을 제외한 면적으로 순수하게 그 건물의 용도에 사용되는 부분의 면적을 말한다.

호 텔	250~300	10	0.17	—
여 관	200	10	0.24	—
초등 · 중학교	40~50	5~6	0.25~0.14	58~60
고등학교 이상	80	6	0.1	—
연구소	100~200	8	0.06	—
도서관	25	6	0.4	—
공 장	60~100	8	0.1~0.3	—

🔗 기구의 동시사용률(%)

기구 수	2	4	8	12	16	24	32	40	50	70	100
동시사용률(%)	100	70	55	48	45	42	40	39	38	35	33

∷ 제27회

> **동시사용률**(Simultaneous Usage Factor of Fixture)
> 설치되어 있는 위생기구는 동시에 사용되는 것이 아니기 때문에 관경이 필요 이상 커지는 것을 방지하기 위하여 전체 위생기구 중 실제로 동시에 사용되는 비율을 나타낸 것을 말한다.

∷ 제10회

> **1인당 1일 평균 급수 사용량 순서**
> 호텔(손님) > 주택(거주자) > 기숙사(거주자) > 극장(객석) > 백화점(손님)
> 💡 공동주택(아파트)의 1일 평균 사용수량은 160~250 ℓ/day · 인 정도이다.

3 급수압력

(1) 각종 급수 기구의 기능유지와 사용목적에 따라 적정한 급수압이 요구된다.

(2) 급수압력이 필요 이상으로 높은 경우 수격작용(Water Hammering)과 같은 소음 · 진동이 일어나며, 그로 인해 수전의 손상과 누수가 생긴다.

(3) 급수음을 소음으로서 중요시하는 호텔 객실 부분이나 아파트에서는 수압을 내려 350kPa(일반적으로 300~400kPa), 역으로 다소의 소음은 무시할 수 있는 사무소 빌딩에서는 700kPa 정도(일반건물은 400~500kPa)까지를 한계압력으로 하고 있다.

(4) 어느 경우라도 유수음(流水音)을 낮게 억제하기 위해서 급수관경을 크게, 유속을 느리게 할 필요가 있다.

💡 OX

1. 급수설계시에는 최상층을 기준으로 최소 필요압력을 결정한다. (○)
2. 세대 내 급수압력은 0.6~0.7MPa 정도이다. (×)
3. 동시사용률은 위생기기의 개수가 증가할수록 커진다. (×)

🔗 위생기구의 최저 필요 급수압력

위생기구	최저 필요 수압(kPa)
욕조, 온도조절 혼합수도꼭지	55
비데, 온도조절 혼합수도꼭지	55
연합기구	55
식기세척기, 가정용	55
음수기	55
세탁기	55
세면기	55
샤워기	70
샤워기, 균형압력, 온도조절 혼합수도꼭지	130
호스연결용 수도꼭지	55
싱크, 가정용	55
청소용 싱크	55
소변기, 세정 밸브	100
대변기, 블로우 아웃, 세정 밸브	170
대변기, 세정 탱크	100
대변기, 사이펀, 세정 밸브	100
대변기, 세정탱크, 밀결형	55
대변기, 탱크, 원피스	130

4 급수 방식

제15회, 제17회, 제20회, 제27회

급수 방식에는 수도직결 방식, 고가(옥상)탱크 방식, 압력탱크 방식, 탱크가 없는 부스터 방식 등 4가지가 있다.

(1) 수도직결 방식

도로에 매설되어 있는 수도본관에서 수도관을 연결하여 건물 내의 필요한 곳에 직접 급수하는 방식으로 1·2층 정도의 낮은 건축물이나 주택과 같은 소규모 건축물에 주로 이용된다.

OX

1. 수도직결 방식은 시설비 및 위생적인 측면에서 유리하나, 단수시 급수가 불가능하다는 단점이 있다. (○)
2. 수도직결 방식은 해당 주택이 정전되었을 때 물 공급이 불가능하다. (×)

① **특 징**

㉠ 위생성 및 유지·관리 측면에서 가장 바람직한 방식이다.

㉡ 시설비가 저렴하고 기계실이 필요 없다.

㉢ 정전 등으로 인한 단수의 염려가 없다.

㉣ 저수조가 없으므로 단수시 급수할 수 없다.

㉤ 급수압은 수도본관의 압력에 따라 급수압이 변한다.

② **수도본관의 최저 필요압력**

$$P \geq P_1 + P_2 + \frac{h}{100}$$

P : 수도본관의 최저 필요압력(MPa)

P_1 : 기구별 최저 소요압력(MPa)

P_2 : 관내마찰손실수두(MPa)

h : 수도본관에서 최고층 급수기구까지의 높이(m)

:: 제16회, 제26회

⑵ **고가(옥상)탱크 방식**

① 상수 ⇨ 지하저수조 ⇨ 양수 펌프 ⇨ 옥상탱크 ⇨ 각 수전으로 공급하는 방식이다.

② 우물물이나 수돗물을 일단 지하 저수조에 모은 후 이것을 양수펌프를 이용하여 고가탱크(옥상탱크)로 올려 그 수위를 이용하여 탱크에서 밑으로 세운 급수관에 의해 하향 급수하는 방식이다.

③ 중규모 이상의 건축물에 가장 일반적으로 적용되는 방식이다.

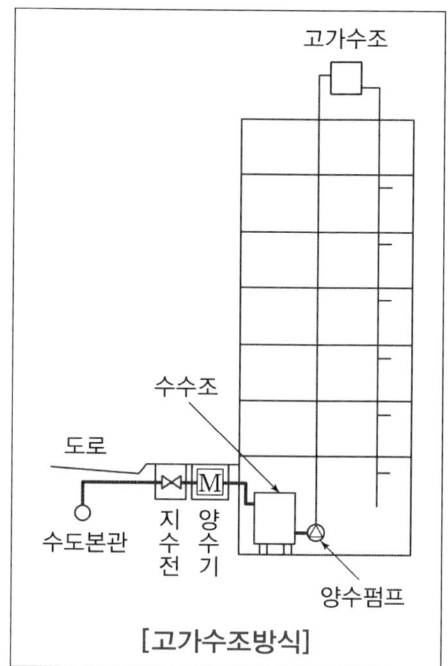

ⓐ 고가탱크 방식의 특징

장 점	단 점
ⓐ 대규모 급수설비에 가장 적합하다(아파트, 사무소 등에 적합).	ⓐ 급수오염 가능성이 크다.
ⓑ 항상 일정한 수압으로 급수할 수 있다.	ⓑ 설비비·경상비가 높다.
ⓒ 저수량을 확보하여 일정시간 동안 급수가 가능하다(급수 중단시).	ⓒ 구조물 보강이 필요하다.
ⓓ 수압의 과대 등에 따른 밸브류 등 배관 부속품의 파손이 적다.	ⓓ 저수 시간이 길어지면 수질이 나빠지기 쉽다.

ⓛ 저수조(수수조, 受水槽)의 용량: 저수조는 수도 본관에 펌프를 직결하는 것이 금지되어 있기 때문에 고가수조에 양수하기 위하여 일단 저수하는 수조이다.

$$V_s = Q_d \times (0.25 \sim 0.5) + 소화용수 + 냉각탑\ 보급수$$

단, 소화용수는 저수조에 1, 옥상탱크에 1/3을 저장한다.
Q_d는 1일 사용수량이다.

ⓒ 고가탱크의 구조

ⓐ 고가수조는 대개 콘크리트제 또는 강판제로 한다.

ⓑ 최근 고층건축에서는 중량절감 혹은 부식방지 등의 이유로 FRP제가 많이 사용되고 있다.

ⓒ 고가탱크 주변의 배관

- 플로트스위치(Float Switch), 전극봉: 수위조절용 스위치
- 넘침관(Overflow Pipe), 월류관, 일수관: 스위치의 고장으로 급수가 계속될 때 탱크 위로 넘쳐흐르지 않고 안전수위를 확보하도록 배관을 통해 물을 배출하는 관으로 양수관보다 2배 정도 크기가 큰 관으로 한다.
- 마그넷스위치(Magnet Switch): 전동기 제어용 스위치

ⓓ 고가탱크의 용량: 1시간당 최대사용수량(피크로드) × 1~3시간(m³) (피크로드의 지속시간)

ⓔ 고가수조의 설치 높이

$$H \geq H_1 + H_2$$
H: 고가 수조의 저수면에서 최고층 기구까지의 높이
H_1: 최고층 기구의 최저 수요 수압에 상당하는 수두(mAq)
H_2: 고가수조의 저수면에서 최고층 기구까지의 관내마찰손실수두(mAq)

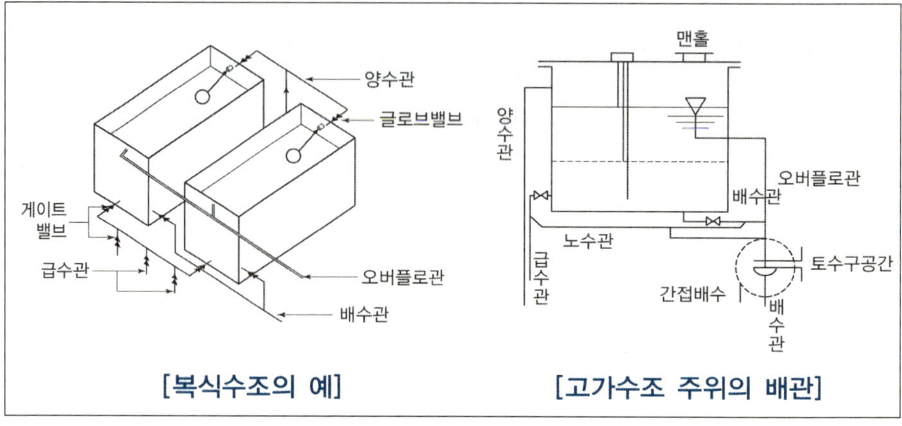

저수조의 설치기준(제9조의2 관련)

1. 저수조의 맨홀부분은 건축물(천정 및 보 등)로부터 100센티미터 이상 떨어져야 하며, 그 밖의 부분은 60센티미터 이상의 간격을 띄울 것

2. 물의 유출구는 유입구의 반대편 밑부분에 설치하되, 바닥의 침전물이 유출되지 않도록 저수조의 바닥에서 띄워서 설치하고, 물칸막이 등을 설치하여 저수조 안의 물이 고이지 않도록 할 것

3. 각 변의 길이가 90센티미터 이상인 사각형 맨홀 또는 지름이 90센티미터 이상인 원형 맨홀을 1개 이상 설치하여 청소를 위한 사람이나 장비의 출입이 원활하도록 하여야 하고, 맨홀을 통하여 먼지나 그 밖의 이물질이 들어가지 않도록 할 것. 다만, 5세제곱미터 이하의 소규모 저수조의 맨홀은 각 변 또는 지름을 60센티미터 이상으로 할 수 있다.

4. 침전찌꺼기의 배출구를 저수조의 맨 밑부분에 설치하고, 저수조의 바닥은 배출구를 향하여 100분의 1 이상의 경사를 두어 설치하는 등 배출이 쉬운 구조로 할 것

5. 5세제곱미터를 초과하는 저수조는 청소·위생점검 및 보수 등 유지관리를 위하여 1개의 저수조를 둘 이상의 부분으로 구획하거나 저수조를 2개 이상 설치할 것

6. 저수조는 만수시 최대수압 및 하중 등을 고려하여 충분한 강도를 갖도록 하고, 제5호에 따라 1개의 저수조를 둘 이상의 부분으로 구획하는 경우에는 한쪽의 물을 비웠을 때 수압에 견딜 수 있는 구조일 것

7. 저수조의 물이 일정 수준 이상 넘거나 일정 수준 이하로 줄어들 때 울리는 경보장치를 설치하고, 그 수신기는 관리실에 설치할 것

8. 건축물 또는 시설 외부의 땅밑에 저수조를 설치하는 경우에는 분뇨·쓰레기 등의 유해물질로부터 5미터 이상 띄워서 설치하여야 하며, 맨홀 주위에 다른 사람이 함부로 접근하지 못하도록 장치할 것. 다만, 부득이하게 저수조를 유해물질로부터 5미터 이상 띄워서 설치하지 못하는 경우에는 저수조의 주위에 차단벽을 설치하여야 한다.

:: 제26회

9. 저수조 및 저수조에 설치하는 사다리, 버팀대, 물과 접촉하는 접합부속 등의 재질은 섬유보강플라스틱·스테인리스스틸·콘크리트 등의 내식성(耐蝕性) 재료를 사용하여야 하며, 콘크리트 저수조는 수질에 영향을 미치지 않는 재질로 마감할 것

10. 저수조의 공기정화를 위한 통기관과 물의 수위조절을 위한 월류관(越流管)을 설치하고, 관에는 벌레 등 오염물질이 들어가지 아니하도록 녹이 슬지 않는 재질의 세목(細木) 스크린을 설치할 것

11. 저수조의 유입배관에는 단수 후 통수과정에서 들어간 오수나 이물질이 저수조로 들어가는 것을 방지하기 위하여 배수용(排水用) 밸브를 설치할 것

12. 저수조를 설치하는 곳은 분진 등으로 인한 2차 오염을 방지하기 위하여 암·석면을 제외한 다른 적절한 자재를 사용할 것

13. 저수조 내부의 높이는 최소 1미터 80센티미터 이상으로 할 것. 다만, 옥상에 설치한 저수조는 제외한다.

14. 저수조의 뚜껑은 잠금장치를 하여야 하고, 출입구 부분은 이물질이 들어가지 않는 구조여야 하며, 측면에 출입구를 설치할 경우에는 점검 및 유지관리가 쉽도록 안전발판을 설치할 것

15. 소화용수가 저수조에 역류되는 것을 방지하기 위한 역류방지장치가 설치되어야 한다.

(3) 압력탱크 방식

① 상수 ⇨ 저수조 ⇨ 급수펌프 ⇨ 압력탱크 ⇨ 각 수전에 공급하는 방식이다.

② 저수조의 물을 급수펌프로 보내면 압력탱크 내부는 압축된 공기로 인하여 압력이 높아지게 된다. 이 압력으로 급수가 필요한 장소에 물을 공급하게 된다.

③ 고가탱크식보다 수압변동이 심하고 조작상 최고·최저 압력차가 크므로 급수압이 일정하지 않으나 국부적으로 고압을 필요로 하는 경우에 이용된다. 예를 들면 지하가·고속도로 밑의 건물·실내체육관 등에 설치하는 경우가 많다.

④ 최근에는 에어콤프레서가 필요하지 않은 격막(다이아프램)식 압력탱크가 증가하고 있다.

㉠ 특 징

장 점	단 점
ⓐ 높은 곳에 탱크를 설치할 필요가 없으므로 건축물의 구조를 강화할 필요가 없다. ⓑ 국부적으로 고압을 필요로 하는 경우에 적합하다. ⓒ 탱크의 설치 위치에 제한을 받지 않는다. ⓓ 고가시설 등이 불필요하므로 외관상 깨끗하다.	ⓐ 최고·최저압력의 차가 커서 급수압이 일정하지 않다. ⓑ 취급이 어렵고, 다른 방식에 비해 고장이 많다. ⓒ 탱크는 압력에 견디어야 하므로 제작비가 비싸다. ⓓ 에어콤프레서를 설치하여 때때로 공기를 공급해야 한다. ⓔ 펌프의 양정이 커서 시설비가 많이 든다. ⓕ 고장이나 정전시 즉시 급수가 중단된다.

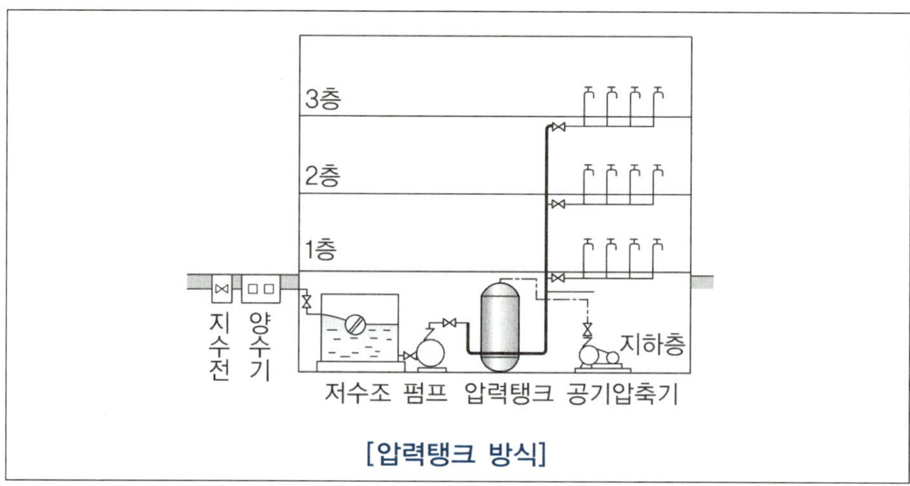

[압력탱크 방식]

㉡ 압력탱크의 구조

ⓐ 압력계 : 탱크 내의 수압 및 공기압을 측정하는 계기이다.

ⓑ 수면계 : 탱크 속의 수면의 높이를 측정하는 계기이다.

ⓒ 안전밸브 : 물 또는 공기의 압력이 지나치게 클 때 낮추어 탱크의 파열을 방지하는 장치이다.

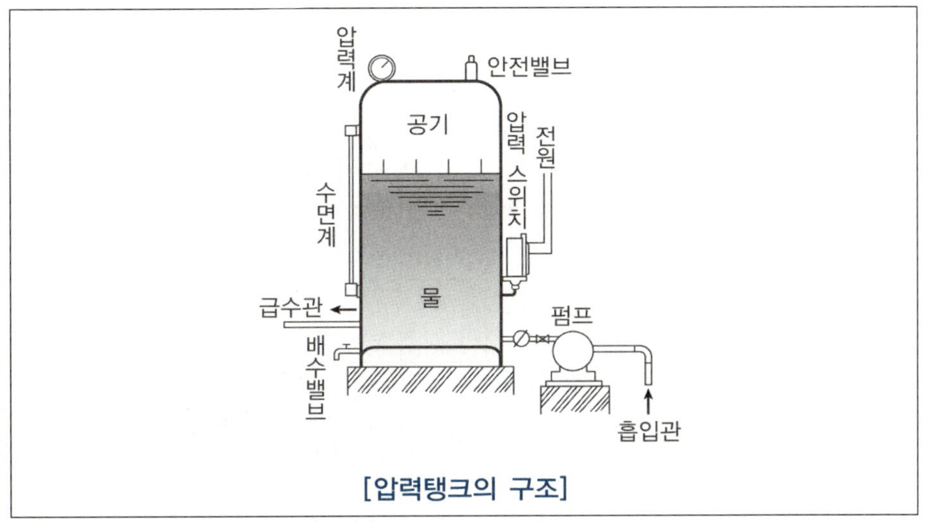

[압력탱크의 구조]

ⓒ 양수펌프의 양정 : 양수펌프의 양수량은 순간 최대급수량으로 한다.

$$H = H_1 + H_2 + H_3 + H_4$$

H : 양수펌프의 양정(m)

H_1 : 펌프 흡입부로부터 최정상부에 있는 기구까지의 실제높이

H_2 : H 의 배관 등에 있어서 마찰손실수두(mAq)

H_3 : 최정상부에 있는 기구의 필요압력수두(mAq)

H_4 : 펌프의 기동·정지시의 압력차의 수두(mAq)로서 10~20(m)범위로 하며, 평균 15(m)정도이다.

⑷ 탱크가 없는 부스터(Booster) 방식(펌프직송 방식)

수도본관으로부터 물을 일단 물받이 탱크에 저수한 후 급수펌프만으로 건물 내에 급수하는 방식으로 부스터 펌프 여러 대를 병렬로 연결하고 배관 내의 압력을 감지하여 펌프를 운전하는 방식이다.

장 점	단 점
① 옥상탱크나 압력탱크가 필요 없다.	① 펌프의 단락이 잦다.
② 옥상탱크 방식에 비해 수질오염의 가능성이 작은 편이다.	② 자동제어설비에 비용이 많이 든다(자동제어시스템이어서 고장시 수리가 어렵다).
③ 최상층의 수압도 크게 할 수 있다.	③ 압력탱크처럼 고장이나 정전시 즉시 급수가 중단된다.
④ 옥상탱크가 없어짐에 따른 건설원가 절감 및 공간활용 증대된다.	
⑤ 건축설계가 자유롭다.	

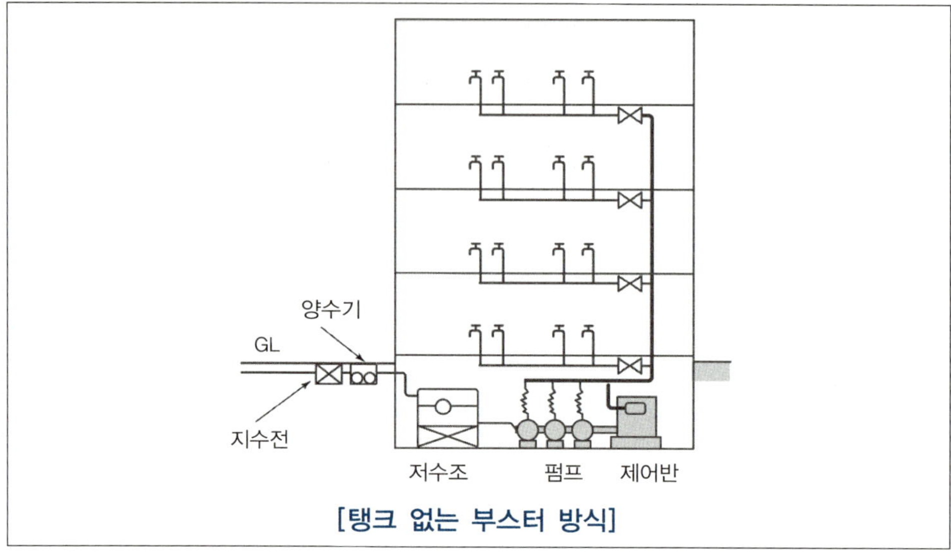

(5) 부스터 펌프의 제어 방식

① **대수제어 방식**(Step Control)

㉠ 건물의 규모에 따라 여러 대의 펌프를 병렬로 설치하고 일정한 회전속도로 대수를 조절하기 위해 압력탱크나 압력스위치에 의한 ON/OFF 제어에 의해 펌프를 시동 또는 정지시키는 방식이다.

㉡ 이 방식은 부스터 방식 중 가장 저렴하지만 압력편차가 설정압력의 $\pm 0.1 \sim 0.2$MPa로 다소 큰 편이다. 일반적으로 2~3대의 펌프로 구성된다.

② **속도제어 방식**(Invert Control)

㉠ 이 방식은 펌프의 회전수 제어에 의해 급수량을 제어하는 방식으로 압력편차가 설정압력의 ± 0.02MPa로 아주 작아 일정한 급수압력을 유지할 수 있다는 장점을 갖고 있다.

㉡ 인버터 채용으로 전력비가 절감되며 운전비용이 저렴할 뿐만 아니라 수격작용이 없어 안정적인 운전이 가능하다.

∅ **급수방식의 비교**

급수조건 방식	수도직결 방식	고가(옥상) 탱크 방식	압력탱크 방식	탱크가 없는 부스터 방식
수질오염	1	3	2	2
급수압력의 변화	수도본관의 압력에 따라 변화	거의 일정	변화 큼(압력수조 출구에 압력 조정밸브를 설치하면 거의 일정)	거의 일정
단수시 급수	급수 불가능	저수조와 고가탱크 내 물을 이용할 수 있음	저수조의 물을 이용할 수 있음	저수조의 물을 이용할 수 있음
옥상탱크의 면적	불필요	필요	불필요	불필요
설비비	1	3	2	3
유지관리	1	2	3	3
적용 건물	2~3층 이하의 소규모 건물	중대규모 건물	소규모 건물	중대규모 건물

5 급수배관 방식

배관방식에 따라 급수배관 방식을 분류하면 상향 급수배관법, 하향 급수배관법, 상하향 혼용 급수배관법 등이 있다.

(1) 상향 급수배관법

수도직결식 또는 압력탱크 방식의 경우 지하실의 천장에 수평주관을 설치하고 여기에 상향 수직관을 연결하여 각층 급수 개소로 지관을 분기하는 방식으로 특징은 다음과 같다.

① 수평주관을 지하층 천장에 노출 배관하므로 보수가 편리하다.

② 상향 수직관은 압력이 감소하는 것을 줄이기 위하여 상층일수록 관경을 크게 한다.

③ 수도직결식, 압력탱크식, 부스터 방식 등이 이에 해당된다.

(2) 하향 급수배관법

고가탱크 방식에 사용되는 배관법으로서 최상층의 천장에 은폐 배관된 수평주관에 하향 수직관을 연결하여 각 층으로 분기관을 뽑아 각 급수 개소로 배관하는 방식이다.

① 배관이 천장은 은폐 배관되므로 점검, 수리는 불편하다.

② 급수압은 일정하다.

(3) 상하향 혼용 급수배관법

1·2층은 상향식, 3층 이상은 고가수조에서 하향식으로 배관하는 방식이다.

6 초고층 건물의 급수 방식

초고층 건물의 경우 옥상탱크의 설치가 너무 높으면 최상층과 최하층의 수압차가 일정치 않아 아래층은 수압이 증대되어 수격작용이 일어나 물을 사용하기가 곤란하다. 그러므로 중간에 탱크를 설치하거나 감압밸브 등을 설치하여 급수압을 적절하게 조정해 주어야 하며, 그러기 위해서는 급수계통을 건물의 상·하층으로 구분하여 급수압이 고르게 될 수 있도록 급수조닝(Zoning)을 할 필요가 있다.

(1) 급수조닝(Zoning)의 압력(수직거리)

옥상탱크에서 최하층 급수 기구까지의 수직거리를 아파트·호텔은 30~40m(300~400kPa), 사무소 건물은 40~50m(400~500kPa) 정도로 제한하고 있다.

(2) 급수조닝(Zoning)의 필요성

① 수격작용(Water Hammer) 방지

② 저층부의 적절한 수압 유지

③ 소음이나 진동 방지

④ 기구의 부속품 등의 파손 방지

(3) 급수조닝(Zoning)의 방식

① **중간수조에 의한 방식**

  ㉠ 세퍼레이트(Separate) 방식 : 저수탱크에서 각 조닝의 탱크로 독립하여 양수시킨다.

  ㉡ 부스터(Booster) 방식 : 저수탱크에서 직상의 존(Zone)에 양수하고, 또한 그 탱크에서 상층의 탱크로 양수하기 때문에 탱크는 위에 둘수록 작게 한다.

 ⓒ 스필 백(Spill Back) 방식: 저수탱크에서 최상층의 고가탱크로 양수하고, 밑의 존의 탱크에 자연 중력으로 점차 급수한다. 고가탱크가 커지므로 내진적으로 문제가 될 수 있다.

② **감압밸브에 의한 방식**: 대형의 것을 급수주관에 설치하는 경우와 각 층의 지관마다 소형의 것을 설치하는 경우가 있다.

③ **압력탱크 급수 방식이나 펌프직송 방식**

 ㉠ 각 존마다 급수계통을 분류, 저층 계통의 배관에 감압밸브를 설치하는 일이 행해지고 있다.

 ㉡ 최상층에 고가탱크를 설치하지 않는 경우는 중간 탱크에서 압력탱크나 펌프직송 방식으로 급수하는 방식이 채용된다.

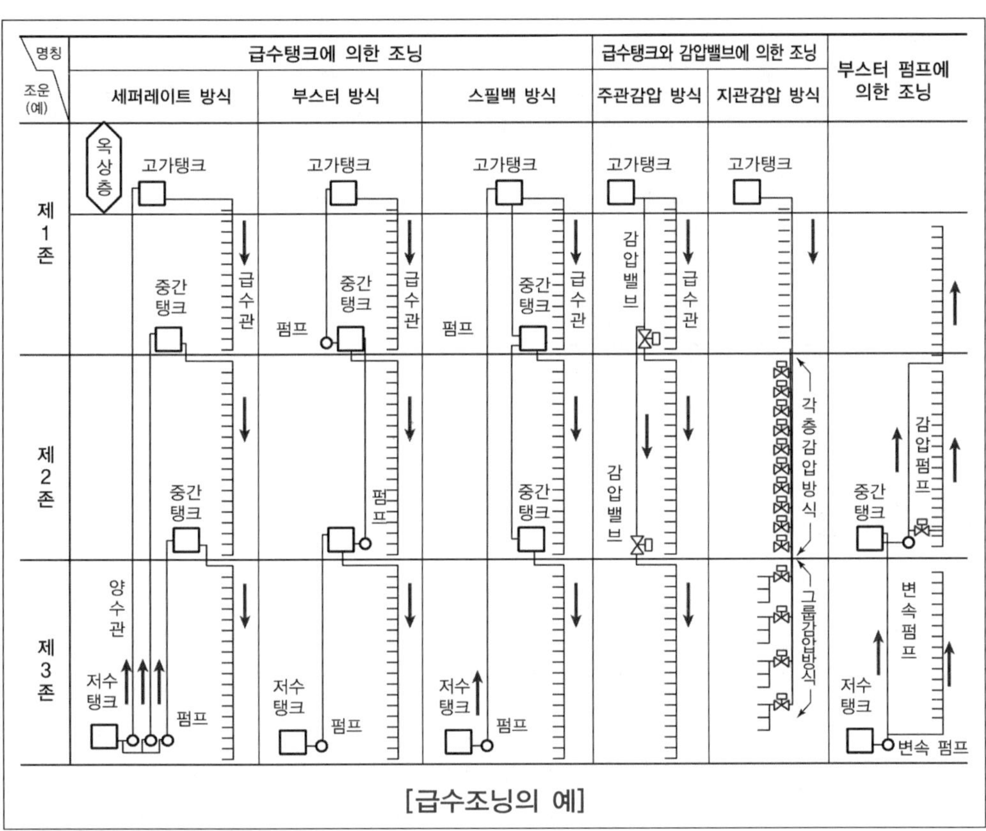

[급수조닝의 예]

구 분	중간수조식	감압밸브식	중간수조 · 감압밸브 병용 방식
장 점	• 수압이 일정 • 감압밸브 방식에 비해 에너지 절약	• 수조, 펌프 등을 필요하지 않음. 스페이스, 설비비 감소 가능 • 각 층 감압밸브 방식에서 정밀하게 조닝 가능	• 정밀한 조닝에 대처할 수 있음 • 감압밸브가 고장나도 최고 사용압력을 억제할 수 있음
단 점	• 중간 수조실, 양수펌프 등이 필요 • 정밀한 조닝은 곤란	• 감압밸브가 고장나면 높은 수압이 기구에 직접 작용 • 감압밸브의 관리가 필요	• 감압밸브의 관리가 필요
적용건물 및 방식	• 사무실, 호텔 등의 건물에 많음 • 세퍼레이트 방식이 일반적	• 사무실 등의 일반 건물에서는 주관 감압밸브 방식이 일반적 • 아파트에서는 각 호 감압밸브 방식도 사용	• 아파트 등에 많음

7 급수관경 결정

배관의 유량은 배관계에 접속하는 기구의 급수량과 기구 급수 부하단위를 활용하여 산출한다. 일반적으로 소규모 건물의 설계시의 관경 결정, 중규모 이상인 건물의 설계 도중에 관경을 개략적으로 계산할 때는 관균등표에 의한 방법이 사용된다. 그러나 중규모 이상인 건물의 급수주관이나 급수지관의 관경을 결정할 때는 순간 최대 유량을 구해 관의 마찰저항선도에 의해 구하는 것이 일반적이다.

1. **호칭지름**(呼稱徑, Nominal Pipe Size) : 관의 크기를 나타내는 숫자로 NPS와 DN으로 구분된다. NPS(Nominal Pipe Size)는 [inch] 단위계에서 관의 표준 크기를 나타내는 것으로 [inch]를 붙이지 않고 사용하는 무차원 숫자이다.
2. DN(Diameter Nominal)은 ISO에서 정한 것으로, [mm] 단위를 사용할 때의 표준 크기를 나타내며 역시 [mm]를 붙이지 않고 사용한다.

3. 급수부하

① 기구급수부하단위(Water Supply Fixture Unit, WSFU) 공중용과 개인용의 각 위생기구에 대하여 물소비량을 기준으로 부여된 1에서 10까지 숫자. 1은 토수량이 가장 적은 기구를, 10은 토수량이 가장 많은 기구를 의미한다. 동시사용유량을 계산하는데 사용한다.

② 급수관의 관지름이나 장비의 용량을 결정하기 위해서 해당 구간을 흐르는 부하유량을 산출하여야 하며, 부하유량은 위생기구별 물 소비량을 기준으로 정해진 표의 기구급수부하단위(Water Supply Fixture Unit, WSFU)를 기준으로 한다.

③ 급수 관지름: 관지름은 말단의 급수기구를 사용하는 데 지장이 없도록, 그 구간에 필요한 동시사용유량과 관마찰저항을 고려하여 결정한다.

기구급수부하단위(Water Supply Fixture Unit, WSFU)

제24회

관련기준
SAREK 표준 401-2013

접속관지름은 안지름을 말한다. 그러므로 동관이나 강관의 호칭지름이 DN15인 경우는 안지름이 15mm가 되지 않으므로 DN20을 써야 한다.

기구명	기구접속 관지름(DN)		일반건물			다중이용시설			주거용 건물 (3 이상 거주단위)		
	급 수	급 탕	전 체	급 수	급 탕	전 체	급 수	급 탕	전 체	급 수	급 탕
대변기(FV), 6L/회	25	—	5.0	5.0	—	8.0	8.0	—	5.0	5.0	—
대변기(FV), 13L/회	25	—	8.0	8.0	—	10.0	10.0	—	7.0	7.0	—
대변기(FT), 13L/회	15	—	5.5	5.5	—	7.0	7.0	—	3.0	3.0	—
세면기	10	10	1.0	0.8	0.8	1.0	0.8	0.8	0.5	0.4	0.4
샤 워	15	15	2.0	1.5	1.5	—	—	—	2.0	1.5	1.5
주방싱크 (가정용)	15	15	1.5	1.1	1.1	—	—	—	1.0	0.8	0.8
욕조 또는 욕조/샤워 조합	15	15	—	—	—	—	—	—	3.5	2.6	2.6

① **균등표에 의한 약산법**: 급수주관의 관경 결정에는 사용되지 않지만, 옥내급수관과 같은 간단한 배관의 관경 계산에 사용하는 방법으로 관경균등표와 동시사용률을 적용하여 계산하는 약산법이다.

㉠ 각 위생기구의 접속관경을 표에서 구한다.

㉡ 각 접속관경을 균등표에서 DN15 상당관수로 환산한다.

㉢ 말단 위생기구부터 DN15A 환산 상당관수를 누계한다.

㉣ 누계 값에 동시사용율을 곱한다. 대변기(세정밸브)의 누계 값은 별도로 누계하여 동시사용율을 곱한다.

㉤ 위에서 구한 값을 이용하여 균등표에서 관경을 구한다.

📎 일반배관용 스테인리스강관 균등표

DN	13	20	25	32	40
13	1	—	—	—	—
20	2.5	1	—	—	—
25	5.1	2.1	1	—	—
30	8.1	3.2	1.6	1	—
40	15.3	6.1	3.0	1.9	1
50	21.9	8.8	4.3	2.7	1.4

② **마찰저항선도에 의한 방법**

　㉠ 급수배관 내를 흐르는 수량과 허용마찰과 관경을 구하는 방법이다.

　㉡ 이 방법은 수도직결 방식의 급수법에서는 구할 수 없는 대규모 건축의 급수배관, 횡주관, 주관 등의 관경에 이용된다.

> **마찰저항선도에서의 관경 결정의 순서**
> 1. 급수배관의 경로 설정
> 2. **각 구간별 순간 최대급수량**(동시사용유량) **설정** : 기구급수부하단위를 이용하여 급수배관계의 해당 구간별 순간 최대급수량을 산정하게 된다. 이때 순간 최대급수량은 해당 구간에 접속된 위생기구들의 동시사용률을 고려하고 있기 때문에 동시사용유량이라 한다.
> 3. 각 구간별 배관 길이 및 상당길이 산정
> 4. 각 구간별 허용마찰손실 산정(국부저항)
> 5. 유속을 체크하여 필요에 따라 관경 수정(권장유속)

> **급수관 지름 산정방법**
> 1. **순간최대유량** : 급수관의 관지름을 결정하기 위해서는 가장 먼저 급수량을 예측하여야 하며, 관지름 산정에 필요한 급수량은 순간최대유량이다.
> 2. 위생기구의 최저 필요압력은 세정 밸브식 대변기는 100kPa, 세정 탱크식 대변기는 55kPa, 블로아웃식 대변기는 170kPa로 하며, 이 이외의 기구는 위생기구의 최저 필요 급수압력표를 참조한다.
>   　💡 수직 높이에 의한 압력변화는 높이 1m당 9.8kPa로 계산한다.
> 3. **권장유속** : 배관 내의 유속이 클 경우 흐름이 난류가 되어 공동현상이 발생되고 기포의 방출과 워터해머로 인해 소음이 발생한다. 이러한 소음을 방지하기 위해 건물 내 배관의 최대허용유속은 3.0m/s 이하로 하며, 가능한 한 2.4m/s 이하로 한다. 전자밸브나 급폐쇄밸브, 자동개폐밸브와 푸쉬 버튼과 같이 급격히 닫히는 급수기구가 있는 배관은 1.2m/s 이하로 한다.

🔷 관련기준

SAREK 표준 401−2013

💡 OX

1. 관경을 결정하기 위하여 기구 급수부하단위를 이용하여 동시 사용유량을 산정한다. (○)
2. 기구급수부하단위는 같은 종류의 기구일 경우 공중용이 개인용보다 크다. (○)
3. 국부저항은 배관이나 덕트에서 직관부 이외의 구부러지는 부분, 분기부 등에서 발생하는 저항이다. (○)

◈ 관련기준
건축설비설계기준코드(KDS)
2021
〈KDS 31 30 15 : 2021〉

급수설비 고려사항

1. 급수배관의 연결

각 위생기구나 기기의 급수관과 급탕관 연결점에서 서로 다른 배관으로 물이 흐르지 않도록 한다.

2. 위생기구의 최저 필요 급수압력과 유량

최대부하에서 위생기구의 급수 토출량이 [표 4.3 − 1]의 값 이상이 되도록 급수배관설비를 설계하고 배관 관지름을 결정한다.

∅ **표 4.3 − 1 위생기구의 필요 급수압력과 유량**

급수용 위생기구	유량(L/s)	유동 압력(kPa)
욕 조	0.25	55
비 데	0.1	55
식기세척기, 가정용	0.17	55
세면기	0.1	55
샤워기	0.18	70
샤워기(압력식, 온도감지 혹은 압력식/혼합밸브)	0.18	130
호스연결용 수도꼭지	0.3	55
싱크, 가정용	0.15	55
싱크, 청소용	0.18	55
소변기, 밸브	0.75	100
대변기, 세정밸브	1.6	100
대변기, 세정탱크, 밀결형	0.18	55

💡 필요 급수압력은 유동압력이다.

3. 최대 물소비량

(1) 모든 위생기구와 위생기구 이음쇠의 최대 유량과 소비량은 [표 4.4 − 1]에 따른다.

(2) 예 외

① 1회 세척당 13L 이하의 블로아웃 대변기

② 야채 살수

③ 1회 세척당 17L 이하의 의료용 싱크

④ 청소용 싱크

⑤ 비상용 샤워기

⌀ **표 4.4 − 1 위생기구 최대 물소비량**

위생기구	최대 물소비량
공중세면기(전자감지기)	감지주기당 1L
소변기	1 세정당 2L
대변기	1 세정당 6L

💡 소비량 허용 값은 위생기구 관련 참고 표준으로 결정되어야 한다.

4. 기구급수관의 최소 관지름

기구급수관의 최소 관지름을 [표 4.5 − 1]에 나타내었다. 기구급수관의 길이는 연결지점에서 기구까지 760mm 이하로 한다.

⌀ **표 4.5 − 1 기구급수관의 최소 관지름**

위생기구	최소 관지름(DN)
욕 조	15
비 데	10
주방싱크	15
식기세척기, 가정용	15
음수기	10
호스부착용 수도꼭지	15
세탁기	15
세면기	10
샤워기, 단일헤드	15
세정 싱크	20
청소 싱크	15
소변기, 세정탱크	15
소변기, 세정밸브	20
대변기, 세정탱크	10
대변기, 세정밸브	25
대변기, 원피스	15

5. 상수도관 수압

상수도관의 수압이 변동하는 경우 건물의 급수설비는 상수도관의 최저 수압을 기준으로 한다.

6. 급수가압장치

상수도관이나 기타 급수원의 수압이 위생기구에 필요한 최소 압력과 유량을 공급하기에 부족한 경우에는 부스터펌프나 고가수조 등의 가압급수장치를 설치하여야 한다.

7. 위생기구의 최대급수압력 제한

위생기구에 수압이 550kPa 이상 걸릴 경우에는 감압밸브를 설치하거나 급수 조닝을 하여 최대압력을 550kPa 이하로 제한하여야 한다.

8. 워터해머흡수기 설치

워터해머가 발생하지 않도록 급수설비의 유속을 제어하여야 한다. 급폐쇄밸브가 설치된 곳에는 워터해머흡수기를 설치하여야 한다. 워터해머흡수기는 SPS – KARSE B 0021 – 0183을 따른다.

9. 급수의 오염방지

(1) 음용수 배관과 비음용수 배관을 크로스 커넥션 시켜서는 안 된다.

(2) 위생기구의 급수배관은 역류되지 않게 설치하여야 한다.

(3) 위생기구나 물 사용기기가 상수도관에 직접 연결된 경우에는 역류방지 조치를 취하여야 한다.

(4) 급수관을 냉온수배관 계통과 같은 비음용배관 계통의 보급수용으로 연결할 때는 역류방지 조치를 하여야 한다.

(5) 음용수용 수조의 내부 표면을 음용수의 맛이나 냄새, 색깔 또는 음용수 질을 변화시킬 수 있는 물질로 도장하거나 수리해서는 안 된다.

(6) 음용수를 다루는 펌프와 필터, 연수기, 탱크 및 기타 기구는 위해성물질로부터 보호한다.

(7) 음용수용 저수조 상부에는 저수조에 관계없는 장치나 배관 등을 설치해서는 안 된다.

(8) 모든 음용수 개방구와 토출구는 토수구공간이나 역류방지기 또는 진공브레이커로 역류되지 않게 하여야 한다. 토수구 공간은 SAREK 표준 403 – 2017을 따른다.

10. 차단밸브

다음 급수관에는 차단밸브를 설치하여야 한다.

(1) 위생기구에 연결된 기구급수관

(2) 급수 관련 기구나 장치에 연결된 급수관

(3) 수직관에 연결된 각 층 급수관

:: 제14회, 제26회

04 급수설비의 오염

급수시스템 내에서 오염의 가능성이 있기 때문에 오염되지 않도록 계획하여야 한다. 급수설비의 오염 원인은 다음과 같이 분류할 수 있다.

(1) 저수탱크에 유해물질의 침입에 의한 발생

(2) 배관의 부식

(3) 배수의 급수설비로의 역류

(4) 크로스 커넥션

1 저수탱크에 유해물질의 침입에 의한 발생

(1) 상수용 저수조는 전용으로 설치한다.

(2) 천장, 바닥 및 주변의 벽은 보수점검이 쉽도록 여유 있는 공간을 확보한다(천장 최소 1m 이상, 기타 최소 60cm 이상).

(3) 저수탱크는 완전히 밀폐하고, 맨홀 뚜껑을 통하여 다른 물이나 먼지 등이 들어가지 않도록 한다.

(4) 수조의 급수 유입구와 유출구 사이의 거리는 가능한 한 멀리(길게)하여 정체에 의한 오염이 발생되지 않도록 한다.

(5) 저수탱크 내에는 다른 목적의 배관을 하지 않는다.

(6) 저수탱크에 부착된 오버플로관은 철망 등을 씌워 벌레 등의 침입을 막는다.

(7) 저수탱크 내면은 위생상 지장이 없는 도료 또는 공법으로 처리한다.

(8) 저수조 등에는 필요 이상 다량의 물이 저장되지 않도록 한다.

(9) 건축물의 땅 밑에 저수조를 설치하는 경우에는 분뇨·쓰레기 등의 유해물질로부터 5m 이상 띄워서 설치한다.

2 배관의 부식

배관의 부식은 설비의 수명이 짧아지는 것은 물론, 물을 오염시켜 건강에도 나쁜 영향을 준다.

(1) 철의 부식은 물속의 용존 산소와 염($鹽$)류에 의하여 많이 발생하고 온도와 pH의 영향이 크다.

(2) 산화는 70℃ 전후에서 최대이고, pH가 낮을수록 크다.

(3) 이종금속 사이의 부식

금속의 이온화경향차에 의해 이온화 경향이 빠른 금속이 부식이 빠르다.

(4) 전기적 작용에 의한 부식

외부 전원으로부터 누설된 전류에 의하여 발생한다.

(5) 이온 변화에 의한 부식

금속의 이온화에 의해 산화부식이 된다.

(6) 응력에 의한 부식

금속재료에 응력이 가해질 때 빠르게 부식된다.

(7) 유속에 의한 부식

3 배수의 급수설비로의 역류

(1) 배수의 역류는 단수시 급수관 내의 일시적 부압이 형성되어 역사이펀(Back Siphon Action)이 일어나 상수계통으로 배수가 역류되는 현상이다.

(2) 방지책

① 위생기구의 넘침선(Overflow Line)과 수전류의 토수구 사이에 토수구 공간을 확보한다.

② 진공방지기(Vacuum Breaker, 역류방지기)를 설치하여 급수관 내에 생긴 부압에 대해 자동적으로 공기를 보충하여 이를 방지한다.

③ 대변기의 플러시 밸브(세정밸브, 세척밸브)에 진공방지기를 부착한다.

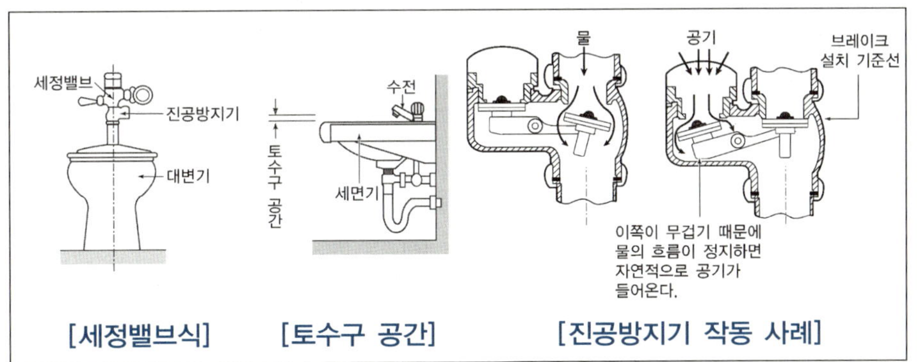

4 크로스 커넥션

(1) 급수배관이나 기구구조의 불비(不備)·불량의 결과 급수관 내에 오수가 역류해서 음료수를 오염시키는 상태를 말한다.

(2) 오염방지 대책으로 연결관을 해체한다[음료용 급수관과 다른 용도의 배관을 크로스 커넥션(Cross Connection)해서는 안 된다].

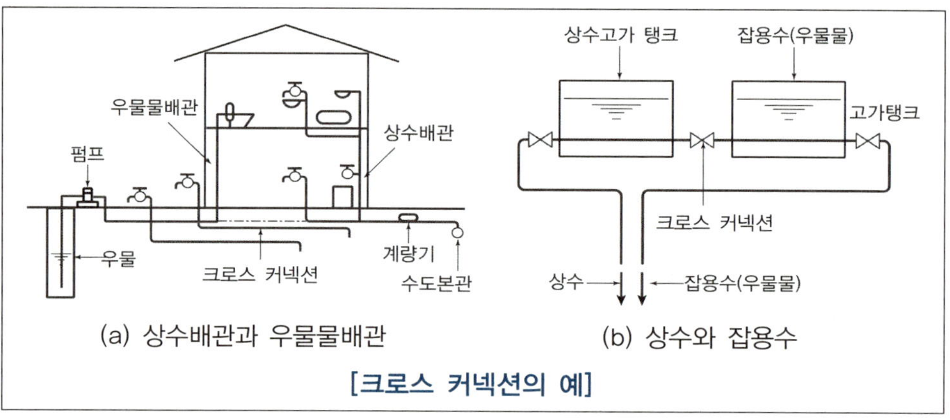

[크로스 커넥션의 예]

🔍 예제

급수설비의 수질오염방지 대책으로 옳지 않은 것은? 제26회

① 수조의 급수 유입구와 유출구 사이의 거리는 가능한 한 짧게 하여 정체에 의한 오염이 발생되지 않도록 한다.
② 크로스 커넥션이 발생하지 않도록 급수배관을 한다.
③ 수조 및 배관류와 같은 자재는 내식성 재료를 사용한다.
④ 건축물의 땅밑에 저수조를 설치하는 경우에는 분뇨·쓰레기 등의 유해물질로부터 5m 이상 띄워서 설치한다.
⑤ 일시적인 부압으로 역류가 발생하지 않도록 세면기에는 토수구 공간을 둔다.

해설

① 수조의 급수 유입구와 유출구 사이의 거리는 가능한 한 멀게 하여 정체에 의한 오염이 발생되지 않도록 한다.

정답 ①

05 급수배관 시공시 주의사항

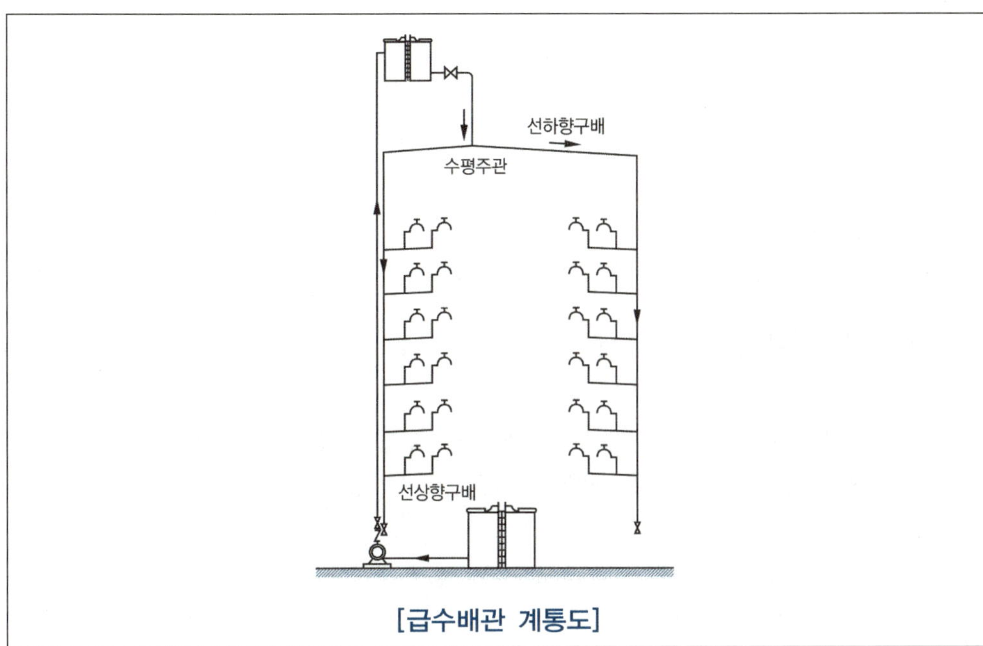

[급수배관 계통도]

1 배관의 기울기(물매, 경사, 구배)

(1) 급수관은 수리, 기타 필요에 따라 관 속의 물을 완전히 배제할 수 있으며 공기가 정체하지 않도록 기울기를 주어 배관해야 한다.

(2) 최소 1/250 이상의 기울기가 되도록 하고, 관의 하단에는 배수(Drain) 밸브를 설치한다.

> **각 설비의 기울기**
> 1. 급수 : 1/250
> 2. 저수조 · 산화조 밑면 : 1/100
> 3. 급탕 − 강제순환식 : 1/200
>   − 중력순환식 : 1/150
> 4. 옥상방수 − 보호누름 ○ : 1/50∼1/100
>   − 보호누름 × : 1/20∼1/50
> 5. 배수 : 1/50∼1/100

(3) **급수관의 배관구배**

　① **하향배관법의 수평주관** : 선하향구배(고가탱크식 급수배관의 횡주관)

　② **각 층의 수평(횡)주관** : 선상향구배

> 💡 **상향배관법의 수평주관**
> 선상향구배(앞올림물매)

2 밸브(Valve)

(1) 공기빼기 밸브

① **설치목적** : 관에 공기가 있으면 물을 사용할 때 소리가 나고 급수에도 지장이 있다. 이때 밸브가 굴곡배관이 되어 공기가 정체되는 부분에 설치되어 공기를 제거하므로 물의 흐름을 원활하게 한다.

② **설치장소**
　㉠ 굴곡배관시 상단부
　㉡ 방열기 상단부(저온수 난방에는 반드시 설치)

🔖 배수밸브
굴곡배관에서 물이 고여 정체되는 부분에 설치

(2) 지수(止水) 밸브(Stop Valve) 설치

① **설치목적**
　㉠ 국부적 단수로 급수계통의 수량 및 수압조정을 위해서 설치
　㉡ 배관 계통의 수리를 위해서 설치

② **설치장소**
　㉠ 수평주관에서의 각 수직관의 분기점
　㉡ 각 층 수평주관의 분기점
　㉢ 급수관의 분기점
　㉣ 집단기구의 분기점
　㉤ 위생기구에 개별로 설치

③ **사용 밸브** : 슬루스 밸브(Sluice Valve = Gate Valve)

📌 관련기준
건축표준시방서코드(KCS) 2021
⟨KCS 31 00 00 : 2021⟩

(3) 일반배관

① **수평관**
　㉠ 상향 급수배관 방식의 경우 진행방향에 따라 올라가는 기울기로 하고 하향 급수배관 방식의 경우는 진행방향에 따라 내려가는 기울기로 하되, 역류가 가능한 배관에는 25 m마다 체크 밸브를 설치하여 역류에너지를 분담하도록 한다.
　㉡ 공기 및 물이 전부 빠질 수 있게 균일한 기울기로 배관한다.
　㉢ 공기가 모일 수 있는 부분에는 공기빼기 밸브, 물이 고일 수 있는 부분에는 배수밸브를 설치한다.

② 급수관과 배수관이 평행으로 매설될 경우 양 배관의 수평간격은 500mm 이상으로 하고 급수관은 배수관 위에 매설한다.

③ 수직배관에는 그 상단에 수격방지기를 부착하여 수격현상으로 인한 소음과 진동을 방지하도록 한다.

3 유니온과 플랜지

배관의 수리 · 교체를 용이하게 하기 위하여 50mm 이하의 배관에는 유니온을 설치하고, 50mm보다 큰 배관(DN65 이상)에는 플랜지를 설치한다.

예제

다음에서 설명하고 있는 배관의 이음방식은? 제25회

> **보기**
> 배관과 밸브 등을 접속할 때 사용하며, 교체 및 해체가 자주 발생하는 곳에 볼트와 너트 등을 이용하여 접합시키는 방식

① 플랜지 이음 ② 용접 이음 ③ 소벤트 이음
④ 플러그 이음 ⑤ 크로스 이음

해설

① 플랜지 이음 : 관 끝에 용접 또는 나사 이음으로 플랜지를 연결하고 두 플랜지 사이에 패킹을 넣어 볼트로 체결하는 이음이다. 배관과 밸브 등을 접속할 때 사용하며, 교체 및 해체가 자주 발생하는 곳에 사용한다.

정답 ①

보충학습

유니온과 플랜지

모든 배관에 기기의 조작이나 점검 및 보수가 용이하도록 직선 구간에는 50m마다, 45도 이상으로, 방향이 전환되는 구간에는 엘보로부터 1m 이내 지점의 양쪽에 분해 결합이 용이한 이음쇠를 사용하여 배관한다. 그 주변에 압력계, 온도계 등의 필요한 계기를 설치하여야 한다. 다만, DN65 이상의 관은 플랜지나 그 외 기계적인 접합방법으로 사용하며 DN50 이하의 배관에는 플랜지나 유니온을 사용한다.

관련기준

건축표준시방서코드(KCS) 2021
〈KCS 31 00 00 : 2021〉
9.7.2(2)

4 수격작용(Water Hammer)

급수관 내의 유속의 큰 흐름을 급정지키거나 정지된 물을 갑자기 흘려보낼 때 관 내에 압력파가 생겨 배관을 망치로 치는 듯한 이상한 소음이 수압의 상승과 함께 강하게 발생된다. 이러한 이상 압력 현상을 수격작용, 즉 Water Hammer라 부르며, 이 수격압은 배관 · 배관부속 · 밸브류 등에 진동 · 소음을 생기게 하는 원인이 된다.

(1) 원 인

① 플러시 밸브나 수전류를 급격히 열고 닫을 때 일어나기 쉽다.

② 관경이 작을수록 일어나기 쉽다.

③ 수압이 과대하거나, 관내의 유속이 빠를수록 일어나기 쉽다.

④ 배관에 굴곡부가 많을수록 일어나기 쉽다.

⑤ 감압 밸브를 사용할 경우 일어나기 쉽다.

⑥ 파이프 속에 유수가 갑자기 정지한 경우 일어나기 쉽다.

(2) 방지대책

① 수전류 등의 개폐하는 시간을 느리게 한다(밸브 조작을 서서히 열고 잠근다).

② 관경을 크게 하고 관내의 유속을 될 수 있는 대로 느리게 한다.

③ 굴곡 배관을 될 수 있는 대로 억제한다.

④ 기구류(수전류) 가까이에 공기실(Air Chamber)을 설치한다.

⑤ 수격방지기를 설치한다.

(3) 수격작용 방지설비

① 공기실(Air Chamber)을 설치한다.

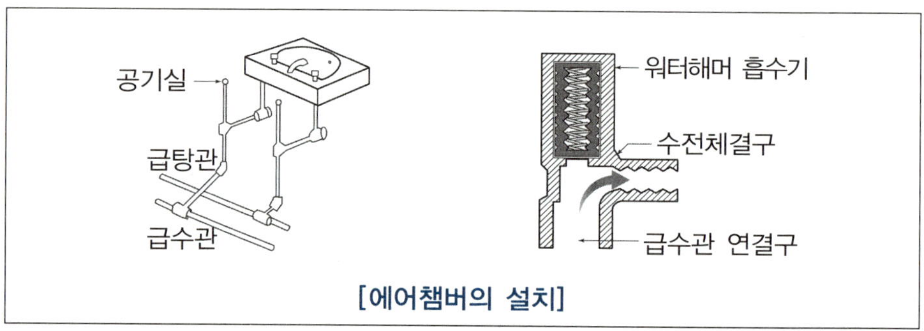

[에어챔버의 설치]

② 수격작용 방지기구(Water Hammer Arrester)를 설치한다.

③ 스윙 체크 밸브 대신에 충격 흡수식 체크 밸브로 교체한다. 스모렌스키 체크 밸브는 리프트형 체크 밸브에 스프링과 안내깃을 내장한 완충식 체크 밸브로 펌프의 토출구 및 수직배관에 사용된다.

④ 플렉시블 조인트를 추가로 설치한다.

5 수주(水柱)분리(Water Column Separation)

수주분리란 관로(管路)에 관성력과 중력이 작용하여 물 흐름이 끊기는 현상을 말한다. 수주분리가 일어나면 분리된 수주가 다시 결합할 때에 수격을 발생시킨다. 따라서 급수펌프와 고가탱크가 평면적으로 떨어져 있을 때 수주분리가 발생하지 않도록 수평주관은 되도록 낮은 곳에 설치한다.

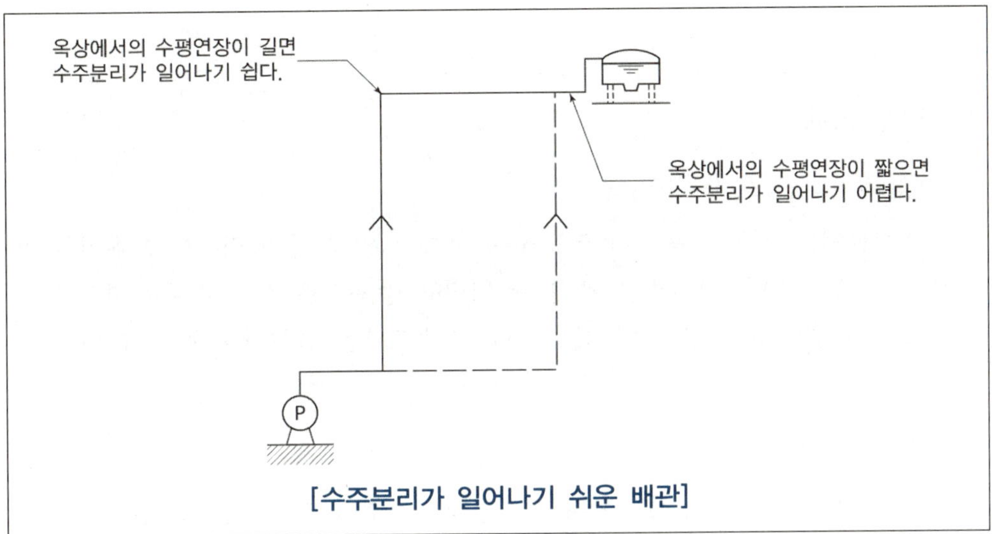

[수주분리가 일어나기 쉬운 배관]

6 슬리브(Sleeve)

바닥이나 벽을 관통하는 배관의 경우 콘크리트를 칠 때, 미리 철관의 슬리브를 넣고 이 슬리브 속으로 관을 통과시켜 배관을 한다. 슬리브 배관을 하면 관의 신축에 무리가 생기지 않고, 관의 수리·교체시 편리하다.

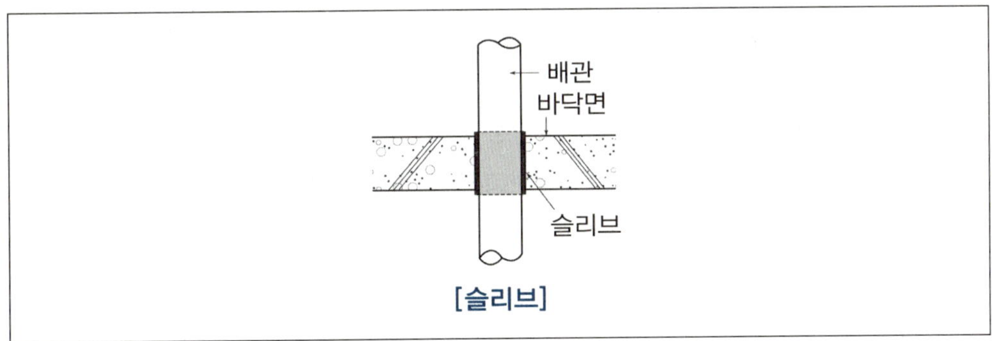

[슬리브]

7 방식피복(防蝕被覆)

연관이나 특히 납땜 이음부분은 알칼리성에 쉽게 침식되므로 콘크리트 속에 매설하는 배관은 내알칼리성 도장(塗裝)하고 그 위에 아스팔트 주트를 감는 등 방식피복을 철저히 해야 한다. 피복관에는 틈막이를 한 후 보통 페인트를 2회, 피복이 안 된 관에는 2~3회 정도 칠한다.

8 관의 보호

(1) 방동(防凍) · 방로(防露)피복

급수배관에는 겨울철 동파나 결로를 방지하기 위해 관의 외부를 보온재로 피복을 하여야 한다. 시공법은 우선 관 외벽을 방수지로 감고, 보온두께는 가는 관일 경우 20mm, 굵은 관일 경우 50mm, 탱크류는 설치장소에 따라 25mm~75mm 정도이다.

(2) 보온재 조건

열전도율이 적고, 온도변화가 적고(내구성), 비중이 적고, 기계적 강도가 커야 한다.

9 수압시험

접합부 및 기타 부분에서의 누수의 유무, 수압에 대한 저항 등 시공의 불량 여부를 파악하기 위해 수압시험을 한다.

(1) 검사 시기와 방법

① 배관공사 후 피복하기 전
② 지하 매설관을 매설 전
③ 배관의 개구부 말단을 막고 실시(플러그, 캡을 이용)
④ **탱크 및 급수관인 경우**: 시험기준에 따름

06 펌프(Pump)

1 펌프의 종류

🔗 **펌프의 종류**

터보형	원심 펌프	볼류트 펌프
		터빈 펌프
	축류 펌프	라인 펌프
	사류 펌프	–
용적형	회전 펌프	기어 펌프
		나사 펌프
		베인 펌프
	왕복 펌프	피스톤 펌프
		플런저 펌프
		다이어프램 펌프
		윙 펌프
특수형	–	와류 펌프
		제트 펌프
		에어리프트 펌프
		기타 특수 펌프

(1) 왕복(동) 펌프

실린더 속에서 피스톤, 플런저, 버킷 등의 왕복운동으로 물을 빨아올려 송출하는 방식이다.

① **왕복(동) 펌프 특징**

　㉠ 양수량 조절이 어렵다.

　㉡ 양수량이 적고 양정(揚程)이 클 때 적합하다.

　㉢ 수압의 변동이 격심하다.

　㉣ 규정 이상의 왕복운동을 하면 효율이 나빠진다.

② **왕복 펌프의 종류**

　㉠ 피스톤 펌프(Piston Pump): 피스톤을 왕복시킴으로써 급수하는 펌프 (모래가 있는 물은 양수하지 못함)

∷ 제23회, 제25회, 제28회

💡**OX**

용적형 펌프에는 벌(볼)류트 펌프와 터빈 펌프가 있다. (×)

ⓛ 플런저 펌프(Plunger Pump) : 플런저를 왕복시킴으로써 급수하는 펌프 (용량이 적고 압력이 높은 곳에 사용)

ⓒ 워싱턴 펌프(Worthington Pump) : 보일러증기압(1MPa 이하의 고압)을 동력으로 하여 보일러 내에 급수하는 펌프(구조가 간단하고 고장이 적다. 보일러 보급수용으로 사용)

(2) **원심**(와권) **펌프**(Centrifugal Pump)

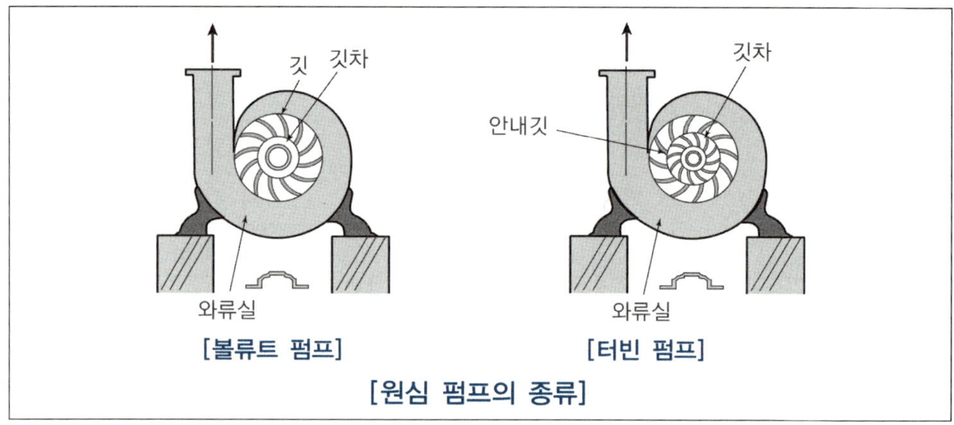

① **원심 펌프의 특징**

㉠ 회전운동으로 작동한다.

㉡ 구조가 간단하고 취급이 용이하다.

㉢ 고속운전에 적합하다.

㉣ 양수량 조절이 용이하다.

㉤ 양수량이 많고, 양정은 고·저 모두 이용한다.

㉥ 진동이 적다.

② **원심 펌프의 종류**

㉠ 볼류트 펌프(Volute Pump)

ⓐ 축에 날개차(Impeller)가 달려 있어 원심력으로 양수한다.

ⓑ 20m 이하의 저양정에 사용한다.

ⓒ 급탕, 냉온수, 냉각기 등의 양정이 낮은 순환용 펌프로 많이 사용한다.

㉡ 터빈 펌프(Turbine Pump)

ⓐ 축과 날개 이외에 안내 날개(Guide Vane)가 달려 있어 물의 흐름을 조절한다.

ⓑ 20m 이상의 고양정에 상용한다.

ⓒ 임펠러의 수에 따라 단단 터빈 펌프(20m 이하의 저양정에 이용)와 다단 터빈 펌프(20m 이상의 고양정에 이용)로 구분한다.

(3) **심정 펌프**(Deep Well Pump)

① **보어 홀 펌프**(Bore Hole Pump) : 날개차(Impeller)와 스트레이너는 물 속에 있고 모터는 땅 위에 있어, 지상의 모터와 물 속의 임펠러를 긴 축으로 연결하여 작동시킨다. 깊은 우물의 양수에 사용하는 입형 다단 터빈 펌프로 고장이 많고 수리가 어렵다.

② **수중모터 펌프**(Submerged Pump) : 모터와 터빈이 수중에서 작용하는 펌프이다.

(4) **라인 펌프**(Line Pump)

축류 펌프의 일종으로 강제순환 방식의 급탕, 난방설비에 설치하여 온수순환용으로 사용한다.

(5) **오수 펌프**

지하층 등에 설치된 대소변기에서 사용된 오수·오물 잔재의 고형물이나 천조각 등이 섞인 물을 배제하는 데 사용하는 펌프로 와권 펌프에 속한다. 논클로그(Non − Clog)와 블레이드레스(Bladeless)형이 있다.

(6) **기타 펌프**

① **마찰 펌프** : 케스캐이드(Cascade) 펌프 또는 회사명을 따서 웨스코 펌프라고도 하며, 둘레 가장자리에 많은 홈을 가진 회전자가 고속도로 회전하여 케이싱 주벽과의 마찰에너지에 의해 압력이 생겨 송수하는 펌프이다.

② **논클로그 펌프**(Non − Clog Pump) : 오물잔재의 고형물이나 천조각 등이 섞인 물을 배제하며 양수하는 데 사용하는 펌프(오수 배수용 펌프)

③ **기어 펌프**(Gear Pump) : 기름반송용으로 쓰이는 펌프

④ **제트 펌프**(Jet Pump) : 노즐에서 고압의 증기 또는 물을 고속으로 분사시키면 노즐의 끝부분이 압력이 낮아져서 물을 흡상하여 송수하는 펌프(소화용 펌프로도 사용)

⑤ **에어리프트 펌프**(Airlift Pump) : 양수관의 하단에 압축공기관을 연결하여 우물 저부에 공기를 불어 넣고 물과 공기를 혼합시켜 물의 비중을 가볍게 한 후, 기포의 부력으로 양수관 내를 통해서 물을 상승시켜 양수하는 펌프

2 펌프의 양정과 소요동력

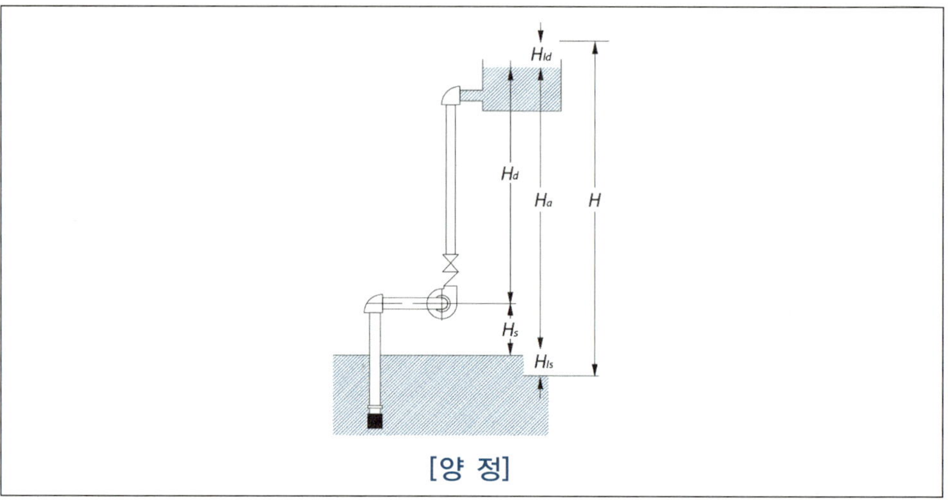

(1) **펌프 양정**: 물을 뿜어 올리는 높이(m)

① 펌프의 실양정 = 흡입양정 + 토출양정

② 펌프의 전양정 = 실양정(흡입양정 + 토출양정) + 마찰손실수두

(2) 펌프의 흡상높이

펌프의 이론상 흡상높이는 대기압에 상당하는 수두로서 10.33m이나 실제의 흡상높이는 6~7m 정도이다. 해발이나 수온에 따라 다르다.

🔗 **물의 온도에 따른 펌프의 흡상높이**

수온(℃)	0	20	50	60	70	80	90	100
이론상의 흡입높이(m)	10.33	9.685	9.042	7.894	7.308	5.562	2.926	0
실제 흡입높이(m)	7.0	6.5	4.0	2.5	0.5	0	0	0

(3) 펌프의 소요동력

1. 펌프축동력(kW) $= \dfrac{WQH}{6{,}120E}$ (kW)

2. 펌프축마력(Hp) $= \dfrac{WQH}{4{,}500E}$ (Hp)

W : 물의 단위용적중량(1,000kg/m³) H : 펌프의 전양정(m)
Q : 양수량(m³/min) E : 펌프의 효율

💡 **OX**

펌프의 실양정은 흡입양정, 토출양정, 배관손실부하의 합이다.

(×)

(4) 펌프의 관경

$$D = \sqrt{\frac{4Q}{\pi v}} = 1.13\sqrt{\frac{Q}{v}}$$

D : 관경(m)　　　　　Q : 유량(m³/s)　　　　　v : 유속(m/s)

③ 펌프의 운전

제24회, 제26회

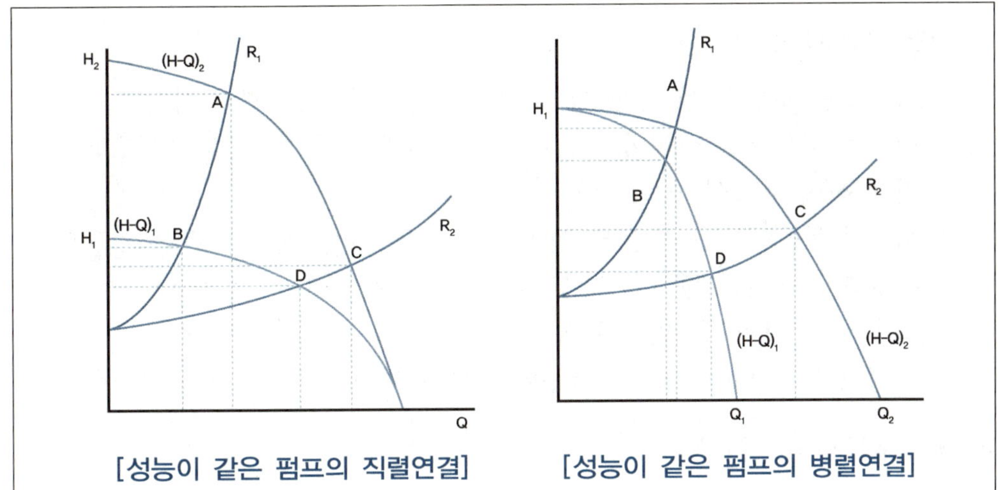

[성능이 같은 펌프의 직렬연결]　　　[성능이 같은 펌프의 병렬연결]

(1) 펌프의 직렬운전

동일특성을 갖는 펌프 2대를 직렬로 연결하여 운전할 때 배관의 마찰저항이 없다면 유량은 변하지 않고 양정이 2배로 높아지겠지만, 실제의 운전에서는 배관의 마찰손실의 정도에 따라 크게 변화한다. 비교적 유량이 적은 관로저항곡선의 경우 비교적 높은 양정을 얻을 수 있으며, 유량이 큰 관로저항곡선의 경우에는 유량과 토출압력 모두 큰 이점을 얻기 힘든 특징이 있다.

(2) 펌프의 병렬운전

동일특성을 갖는 펌프를 병렬로 연결할 경우에 배관의 마찰저항이 없다면 유량이 2배로 증가할 것이다. 그러나 실제로는 배관의 마찰손실의 정도에 따라 유량과 양정의 증가량이 크게 달라진다. 유량과 양정이 모두 증가하나 증가폭은 배관계 저항조건에 따라 달라진다.

OX

1. 펌프의 전양정은 회전수에 반비례한다. (×)
2. 펌프의 양수량은 회전수의 제곱에 비례한다. (×)
3. 동일 특성을 갖는 펌프를 직렬로 연결하면 유량은 2배로 증가한다. (×)
4. 급수 펌프를 2대로 병렬연결하면 운전시 유량과 양정이 모두 증가하나 증가폭은 배관계 저항조건에 따라 달라진다. (○)

:: 제27회

🔗 상사의 법칙

$$Q' = \left(\frac{N'}{N}\right)Q, \quad H' = \left(\frac{N'}{N}\right)^2 H, \quad P' = \left(\frac{N'}{N}\right)^3 P$$

유량(Q)은 회전수(N)에 비례하고, 양정(H)은 회전수의 제곱에 비례하며, 축동력(P)은 회전수의 3제곱에 비례한다.

4 펌프 설치시 주의사항과 이상현상

(1) 펌프 설치시 주의사항

① 흡입구는 수면 위에서 관경의 2배 이상 물속에 잠기게 한다.

② 펌프는 되도록 흡상높이를 낮추어 설치한다(설치위치를 낮추어 흡입량을 작게 하면 효율이 좋다).

③ 펌프와 전동기의 축을 일직선상으로 배치하면 동력전달의 효율이 증대된다.

④ 흡입관 토출관의 중량이 직접 펌프에 미치지 않도록 한다.

⑤ 펌프의 회전방향을 원동기 쪽에서 보아 우회전하도록 한다.

⑥ 양정이 높을 때는 펌프 토출구에 게이트 밸브, 체크 밸브를 설치한다.

:: 제19회, 제21회, 제24회

(2) 캐비테이션(공동현상)

① **정 의**

배관 내부에서 유체가 흐르고 있을 때에 배관 어느 지점에서의 압력이 그 때의 액체의 포화증기압보다 낮아지게 되면, 액체는 국부적으로 증발을 일으켜 기포가 발생하게 된다. 이러한 현상이 생기면 펌프의 운전 성능은 현저히 저하되거나 양수가 불능상태로 되고 격심한 소음과 진동이 발생하게 되는데 이렇게 펌프의 운전이 불안정해지는 현상을 캐비테이션이라 한다.

② **대 책**

㉠ 배관 내 유속을 낮게 하며, 펌프의 회전속도를 줄인다.

㉡ 수온 상승을 방지한다.

㉢ 흡입수조는 가급적 높게 설치하고 펌프는 최대한 낮게 설치한다.

㉣ 흡입배관의 마찰저항을 감소시킨다.

(3) 서징현상(맥동현상)

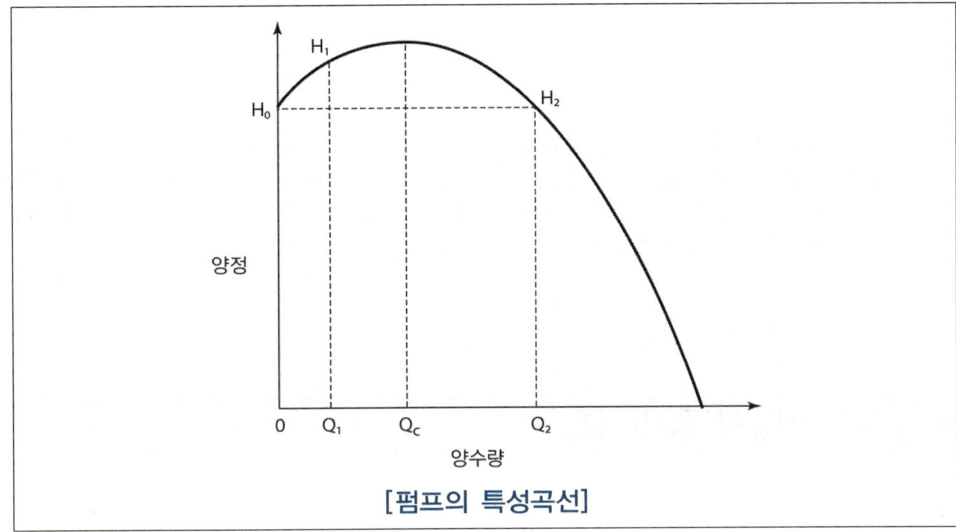

[펌프의 특성곡선]

① **정의**: 펌프를 적은 유량 범위의 상태에서 가동시키게 되면 송출유량과 송출압력의 주기적인 변동이 반복되면서 소음과 진동이 심해지는 현상을 서징현상이라 하며, 이러한 현상이 지속되면 시스템의 운전상태가 불안정하게 되고, 심한 경우에는 기계장치나 배관의 파손을 가져올 수 있다.

② **서징현상이 발생하기 쉬운 조건**

　㉠ 펌프의 특성곡선이 산형일 때 상승부(최고 양정의 좌측부분)에서 펌프가 운전될 경우

　㉡ 토출 배관이 길고 배관 도중에 물탱크나 기체 상태의 공기탱크가 있을 때

　㉢ 유량조절밸브가 탱크의 뒤쪽(출구쪽)에 있을 때

　㉣ 관로에 불필요한 잔류공기가 있을 때

예제

급수설비의 펌프에 관한 내용으로 옳은 것은?　제26회

① 흡입양정을 크게 할수록 공동현상(Cavitation) 방지에 유리하다.
② 펌프의 실양정은 흡입양정, 토출양정, 배관 손실수두의 합이다.
③ 서징현상(Surging)을 방지하기 위해 관로에 있는 불필요한 잔류 공기를 제거한다.
④ 펌프의 전양정은 펌프의 회전수에 반비례한다.
⑤ 펌프의 회전수를 2배로 하면 펌프의 축동력은 4배가 된다.

해설

① 흡입양정을 작게 할수록 공동현상(Cavitation) 방지에 유리하다.
② 펌프의 전양정은 흡입양정, 토출양정, 배관 손실수두의 합이다.
④ 펌프의 전양정은 펌프의 회전수의 제곱에 비례한다.
⑤ 펌프의 회전수를 2배로 하면 펌프의 축동력은 3제곱에 비례하므로 8배가 된다.

정답 ③

단·원·열·기

제27회 시험에서는 2문제가 출제되었지만, 제28회에는 1문제가 출제되어, 매년 1문제 정도 출제되는 장으로 전반적인 이해가 필요한 장입니다. 간혹 가열기의 용량을 계산하는 문제도 가끔 출제되며, 급탕방식에 대한 간단한 이해와 급탕량을 균등하게 공급하기 위한 급탕배관의 이해와 배관시 주의사항에 대한 이해 등 전반적인 이해가 필요합니다.

관련기준

건축설비설계기준코드(KDS) 2021

〈KDS 31 30 20 : 2021〉

01 급탕의 일반사항

1 정 의

급탕설비란 기름, 가스, 전기 등의 열원으로 가열장치의 물을 가열하여 온수를 만들어 욕실, 주방 등에 필요한 개소에 공급하는 것을 말한다.

> **급탕설비의 기본원칙**
>
> 1. **급탕 오염 방지** : 급탕설비는 온수가 오염되지 않게 하여야 한다.
> 2. **급탕관 크기** : 배관은 최대 급탕부하시에 위생기구에 필요 급탕량을 공급할 수 있는 크기로 하여야 한다.
> 3. **사용 온도변화** : 냉수와 온수를 혼합하여 사용할 때 압력차에 의한 온도변화가 작아야 한다.
> 4. **급탕관 재료** : 배관은 내식성과 내열성이 있는 재료로 한다.
> 5. **배관 신축** : 급탕배관의 신축으로 배관이나 다른 기기가 손상될 우려가 있는 경우에는 신축이음이나 신축곡관 등을 사용하여 이를 방지하여야 한다.
> 6. **환탕배관 설치** : 배관거리가 30m 이상인 중앙식 급탕방식에는 급탕온도 유지를 위해 환탕관과 급탕순환펌프를 설치하거나 급탕관 가열장치를 설치하여야 한다.
> 7. **급탕장치의 점검** : 급탕장치는 보수 점검 등 유지관리가 쉬워야 한다.
> 8. **압력 도피 장치** : 급탕탱크 방식의 급탕배관에는 온도상승에 의한 압력을 도피시킬 수 있는 팽창탱크를 설치한다.
> 9. **급탕온도** : 급탕배관 내의 급탕온도는 레지오넬라균의 서식을 방지하기 위하여 55~60℃로 유지할 수 있게 하여야 한다.

2 용 도

① **음료용**
② **목욕용** : 세면기, 욕조, 샤워, 비데 등에 사용
③ **세정용** : 주방싱크, 소독용, 보온용, 식품세정기 등에 사용

3 급탕온도

일반적으로 60~70℃ 정도의 온수를 공급하고 사용자가 냉수와 혼합하여 사용하며, 어린이나 심신장애인의 세면용, 목욕용, 샤워용 등은 안전을 위하여 45℃ 정도로 공급한다. 그리고 주방의 식기세정기 등과 같이 고온수가 필요한 곳은 그 사용개소에서 재가열하여 사용한다.

⌘ 용도별 사용온도

용 도	음료용	목욕용	세면·수세용	주방·일반용	접시 씻기용	세탁면·모직물	린넨 및 면직물	수영장용	세차용	샤 워
사용온도(℃)	50~55	42~45	40~42	45	80	33~37	49~52	21~27	24~30	43

4 급탕량

급탕량은 급탕설비에서 가열기·저탕조 등의 용량 결정의 기준이 된다. 건물 내에서 사용되는 탕의 양은 건물의 종류나 용도, 급탕기구의 사용상태에 따라 다르며 하루 동안에도 시간대에 따라 차이가 많고 계절에 따라서도 다르다.

5 급탕설비용 기기

(1) 보일러

주철제 보일러와 강판제 보일러가 쓰인다.

(2) 저탕조(Tank Heater, Storage Tank)

① 온수탱크로 탕물을 저장함과 동시에 히터역할을 한다.

② **저탕조의 용량계산**

　㉠ 직접 가열식일 때: V = (1시간 최대 급탕량 − 온수보일러의 탕량) × 1.25

　㉡ 간접 가열식일 때: V = 1시간 최대 급탕량 × (0.6~0.9)

:: 제19회, 제23회

(3) 온수순환 펌프

① **소형건물**: 라인 펌프

② **대규모 용량**: 볼류트 펌프(원심 펌프)를 사용한다.

예제

500인이 거주하는 아파트에서 급수온도는 5℃, 급탕온도는 65℃일 때, 급탕가열장치의 용량(kW)은 약 얼마인가? (단, 1인 1일당 급탕량은 100L/d · 인, 물의 비열은 4.2kJ/kg · K, 1일 사용량에 대한 가열능력 비율은 1/7, 급탕가열장치 효율은 100%, 이 외의 조건은 고려하지 않는다)

제23회

① 50　　　　　　　　　　　　　② 250

③ 500　　　　　　　　　　　　④ 1,000

⑤ 3,000

해설

가열기의 능력은 1일 최대 급탕량에 1일의 최대 급탕량에 대한 가열기의 비율, 온도차를 곱하여 구한다.

$$H = \frac{Q_d \times r \times c \times (t_h - t_c)}{3,600}$$

H: 가열기 능력(kW)
Q_d: 1일 최대 급탕량(L/d)
r: 1일 최대 급탕량에 대한 가열기 비율
c: 비열(kJ/kg · K)
t_h: 급탕의 온도
t_c: 급수 온도

$$= \frac{500(인) \times 100(L / d) \times (1 / 7) \times 4.2(kJ/kg \cdot K) \times (65℃ - 5℃)}{3,600}$$

$$= 500$$

정답 ③

02 급탕방식

1. **개별식**: 순간온수기, 저탕형 탕비기, 기수혼합식
2. **중앙식**: 직접가열식, 간접가열식

1 개별식(국소식)

필요한 개소에 탕비기를 설치하여 소요장소에 온수를 공급하는 방법으로 소규모 급탕에 적합하다.

:: 제17회, 제19회, 제22회, 제23회

(1) 특 징

장 점	단 점
① 긴 배관이 필요 없기 때문에 배관 중의 열 손실이 작다.	① 급탕 개소마다 가열기(탕비기)의 설치 공간이 필요하다.
② 수시로 필요할 때 원하는 높은 온도의 물을 쉽게 얻을 수 있다.	② 급탕 규모가 크면 비효율적이다.
③ 급탕 개소가 적을 경우 시설비가 저렴하고 유지관리도 용이하다.	③ 소형온수보일러는 수압의 변동이 생겨 사용이 불편하다.
④ 주택·작은 사무실 등 소규모 건축물에 적합하고 난방겸용의 온수보일러를 이용할 수 있다.	④ 가스탕비기를 쓰는 경우 건축의장 등 구조적으로 제약을 받기 쉽다.
⑤ 급탕 개소의 증설이 비교적 쉽다.	

(2) 종 류

① **순간온수기**(즉시탕비기)

    ㉠ 급탕관의 일부를 가스나 전기로 가열시켜 직접 온수를 얻는 방법이다.

    ㉡ 급탕기구 수가 적고 급탕 범위가 좁은 주택의 욕실, 부엌의 싱크, 이발소 등에 적합하다. 팽창탱크를 필요로 하지 않는다.

    ㉢ 가열온도: 60~70℃

1. 개별식 급탕방식은 긴 배관이 필요 없으므로 배관에서의 열손실이 적다. (○)
2. 개별식은 중앙식에 비해 배관에서의 열손실이 작다. (○)

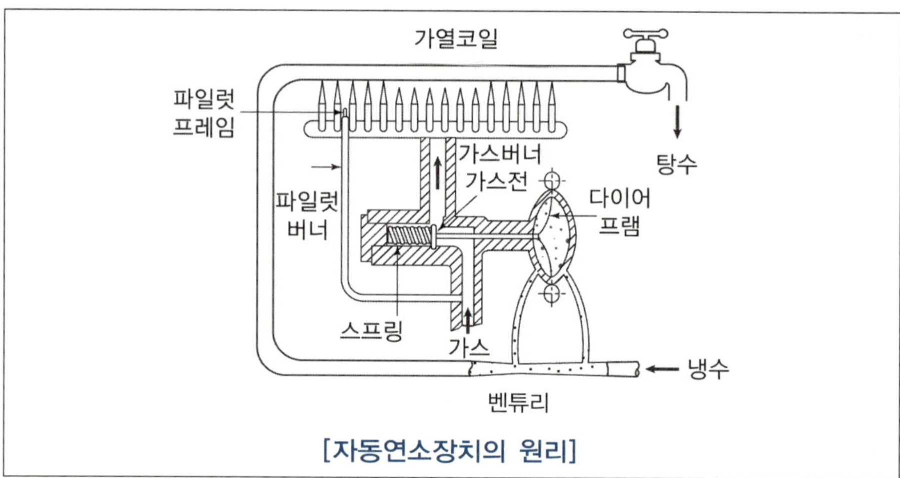

[자동연소장치의 원리]

② **저탕형 탕비기**

  ㉠ 가열된 온수를 저탕기(貯湯器) 내에 저장하여 두는 것으로 탕비로부터의 열손실은 비교적 많지만, 많은 온수를 일시에 필요로 하는 곳에 적당하다.

  ㉡ 바이메탈을 이용한 자동온도조절기(Thermostat)에 의해 저탕온도를 조절한다.

  ㉢ 비등점(100℃)에 가까운 온수를 얻을 수 있다(팽창탱크가 필요하다).

  ㉣ 용도: 일반용(기숙사, 여관 등), 음료용

③ **기수혼합식**(氣水混合式) **탕비기**

  ㉠ 보일러에서 생긴 증기를 급탕용의 물속에 직접 불어넣어서 온수를 얻는 방법이다.

  ㉡ 열효율: 100%, 사용증기압력: 0.1~0.4MPa

  ㉢ 고압증기의 사용으로 소음이 크다[소음을 줄이기 위해 스팀사일런서(Steam Silencer)를 사용].

  ㉣ 보일러에 항상 새로운 물을 보급해야 하며 사용 장소의 제약을 받는다.

  ㉤ 용도: 공장, 병원 등의 큰 욕조, 수세장 청소용

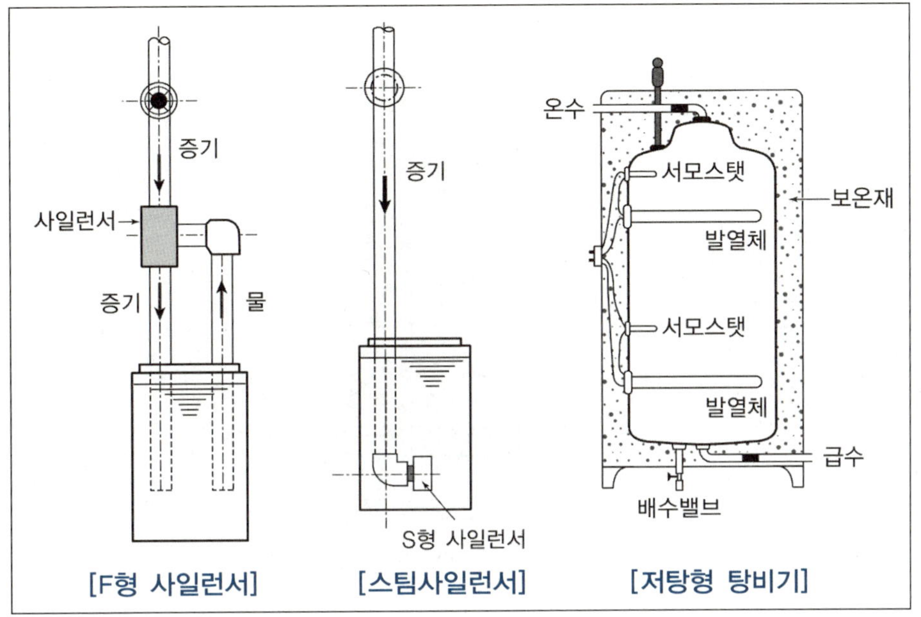

2 중앙식

제24회, 제27회

지하실 등 일정한 장소에 급탕장치를 설치하여 배관에 의해서 필요한 각 사용 장소에 공급하는 방법으로 대규모 급탕에 적합하다.

(1) 특 징

장 점	단 점
① 연료비가 적게 든다(석탄·중유·가스 사용). ② 열효율이 좋다. ③ 가열장치의 유지관리가 다른 기계장치와 동시에 되므로 기기의 관리가 편하다. ④ 기구의 동시사용률을 고려하여 가열장치의 총용량을 적게 할 수 있다. ⑤ 배관에 의해 필요개소에 어디든지 급탕할 수 있다.	① 설비규모가 크기 때문에 처음 설치시 설비비가 많이 든다. ② 전문기술자가 필요하다. ③ 급탕공급관이 길어 열손실이 크다. ④ 시공 후의 기구증설에 따른 배관 변경 공사를 하기 어렵다.

OX

1. 중앙식 급탕공급방식에서 간접 가열식은 직접 가열식과 비교하여 열효율은 좋지만, 보일러에 공급되는 냉수로 인해 보일러 본체에 불균등한 신축이 생길 수 있다. (×)
2. 중앙식 급탕방식은 초기에 설비비가 많이 소요되나, 기구의 동시이용률을 고려하여 가열장치의 총용량을 적게 할 수 있다. (○)
3. 중앙식은 국소식(개별식)에 비해 배관에서의 열손실이 크다. (○)

(2) 종 류

① 직접 가열식

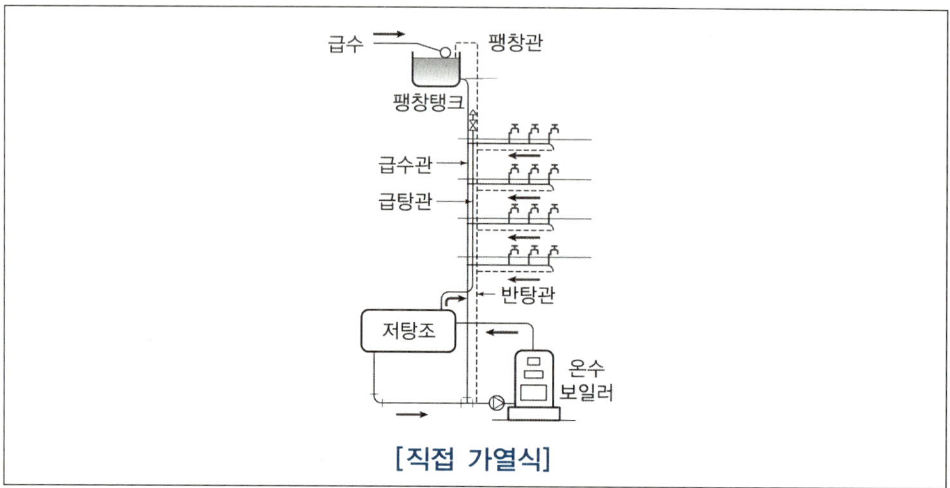

㉠ 온수 보일러에서 직접 가열하여 저탕조를 통하여 수전까지 공급하는 방식이다.

㉡ 열효율면에서는 경제적이다.

㉢ 계속적인 급수로 항상 새로운 물이 들어오게 되어 보일러의 신축이 불균일하고 수질에 의해 보일러 내면에 스케일이 생겨서 전열효율이 저하되며 보일러의 수명이 단축된다.

㉣ 급탕하는 건물의 높이에 해당하는 정수압이 보일러에 작용하여 높은 압력을 필요로 하므로 고층건물에서 저압보일러는 부적당하다.

㉤ 주택 또는 소규모 건물에 실용적이다.

② 간접 가열식

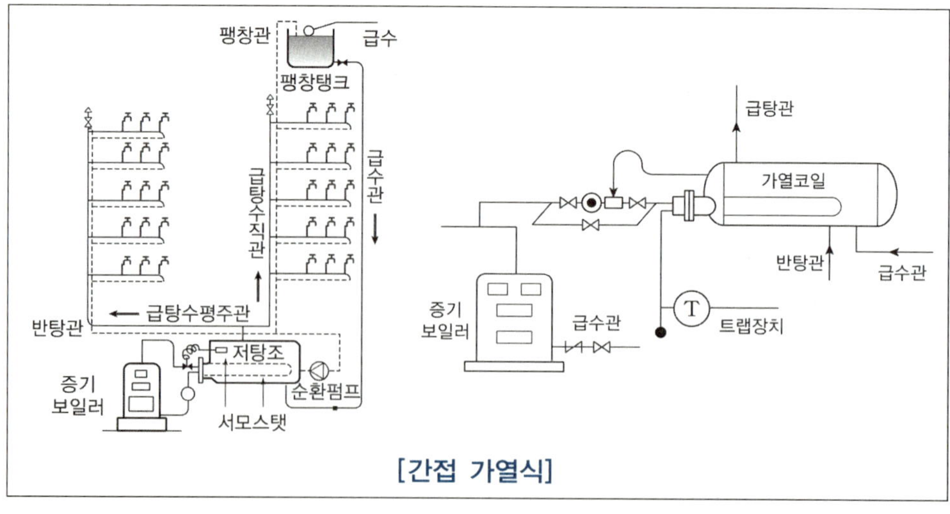

㉠ 저탕조 내에 가열코일을 설치하고 이 코일에 증기 또는 온수를 통해서 저탕조의 물을 간접적으로 가열하는 방식이다.
㉡ 난방용 보일러의 증기사용시 급탕용 보일러가 불필요하다.
㉢ 보일러 내면에 스케일이 거의 생기지 않는다.
㉣ 가열코일에 쓰이는 증기는 건물의 높이에 관계없이 저압으로도 충분하기 때문에 고압용 보일러가 불필요하다.
㉤ 대규모 급탕설비에 적합하다.

🖉 중앙식 급탕법의 비교

구 분	직접 가열식	간접 가열식
보일러	급탕용 보일러, 난방용 보일러에 각각 설치	난방용 보일러로 급탕까지 가능
보일러 내의 스케일	많이 생긴다	거의 생기지 않는다
보일러 내의 압력	고압	저압
규 모	중소규모 건물	대규모 건물
저탕조 내의 가열코일	불필요	필요
열효율	높다	약간 떨어진다
가열장소	온수 보일러	저탕조

🔍 예 제

급탕설비에 관한 내용으로 옳지 않은 것은? 제28회

① 기수혼합식은 증기에서 발생하는 소음을 줄이기 위해 스트레이너를 사용한다.
② 급탕온도를 일정하게 유지하기 위해 자동온도조절장치를 설치한다.
③ 중앙식 급탕방식 중 간접 가열식은 저탕조 내에 가열코일을 설치하고, 이 코일에 증기 등을 공급하여 저탕조 내의 물을 가열하는 방식이다.
④ 스위블 조인트는 엘보를 사용하여 배관의 신축을 흡수하는 방식이다.
⑤ 순간온수기는 벤튜리(Venturi)의 압력차에 의한 다이어프램의 구동으로 작동된다.

해설
① 기수혼합식은 증기에서 발생하는 소음을 줄이기 위해 스팀 사일런서를 사용한다.

🗋 정답 ①

제15회, 제16회, 제20회, 제21회

03 급탕배관

1 배관방식

(1) 단관식(One Pipe System, 1관식)

공급관(供給管)뿐인 배관방식(온수를 급탕밸브까지 운반하는 배관을 단관식으로만 설치)으로, 순환관(Retern Pipe)이 없어서 배관이 짧고(15m 이내) 간단하여 설비비가 적게 듦으로 주택이나 소규모 건물에 많이 이용된다.

① 배관 길이가 짧아 경제적이다.

② 온수가 공급되기 전 처음에는 찬물이 나온다.

(2) 순환식(Two Pipe System, 복관식 또는 2관식)

저탕조를 중심으로 회로배관을 형성하고 탕물이 항상 순환하고 있으므로 급탕전을 열면 곧 뜨거운 물이 나오는 장점이 있다. 급탕관의 길이가 길때 관내 온수의 냉각을 방지하기 위하여 보일러에서 급탕밸브까지의 순환관을 배관하는 방식으로 대규모 건물에 주로 사용된다.

① 시설비는 다소 비싸다.

② 온수공급관과 환탕관이 분리되어 있다.

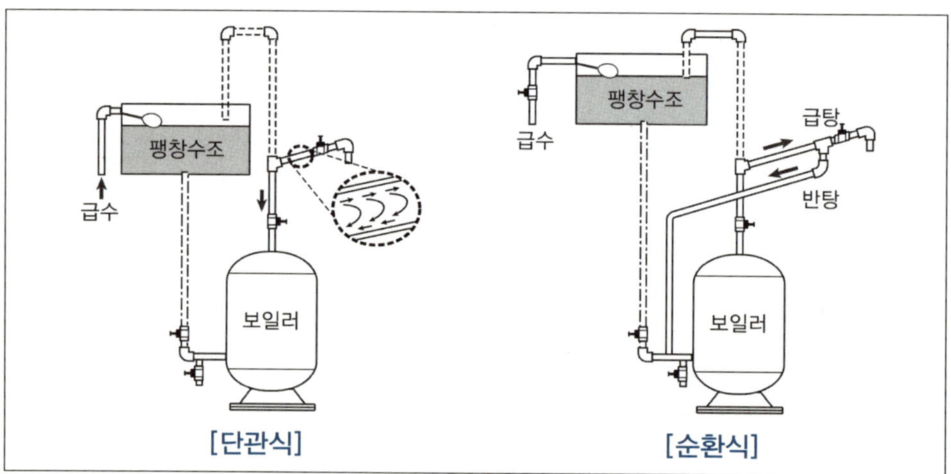

OX

중앙식에서 온수를 빨리 얻기 위해 단관식을 적용한다. (×)

🔖 관련기준
건축설비설계기준코드(KDS)
2021
〈KDS 31 30 20 : 2021〉

설 계

4.1 급탕배관

4.1.1 급탕관 지름

급탕관의 관지름은 급탕부하단위(FU) 값에 의한 순간최대유량으로 구해야
한다.

4.1.2 환탕관 지름

(1) 환탕관의 유량은 다음과 같이 급탕배관의 열손실을 구하여 계산하여야 한다.

$$Q = q / (\rho C_p \Delta t)$$

여기서, Q = 환탕류량(L/s)

q = 급탕배관 열손실(kW)

ρ = 물의 밀도(= 0.99kg/L)

C_p = 물의 비열(= 4.18kJ · k)

Δt = 허용 온도차(K)

(2) 허용온도차 Δt는 공동주택의 경우 5K 이하로 하고 그 외는 5~10K로 하
는 것을 권장한다. 급탕유량을 구하는 간단한 방법으로 배관 길이에 30W/m를
곱하여 계산할 수도 있다.

4.1.4 급탕배관 길이

급탕열원에서 급탕 위생기구까지의 배관길이는 15m 이하로 하여야 한다. 환
탕배관과 가열관은 급탕열원으로 간주한다.

4.1.5 급탕수도꼭지 위치

급탕수도꼭지는 위생기구의 왼쪽에 설치하여야 한다.

4.1.6 환탕유량의 균등 분배

환탕관에 수동 밸런싱 밸브를 설치하여 급탕배관에 설계환탕유량이 균등하
게 분배될 수 있도록 하여야 하며, 유량 균등분배가 가능한 경우에는 역순환
배관 방식도 가능하다.

2 순환방식

(1) **중력식**(Gravity Circulation System)

급탕관과 순환관의 물의 온도차에 의한 대류작용으로 자연순환되는 방식으로
소규모 건물에 적합하다.

(2) **강제식**(Forced Circulation System)

순환 펌프를 설치하여 이 펌프에 의해서 강제적으로 온수를 순환시키는 방식
으로 중규모 이상 건물의 중앙식 급탕법에 적당하다.

3 공급방식

(1) 상향 공급방식

온수 온도 강하가 적어 널리 이용된다.
① **급탕수평주관**: 선상향구배
② **복귀관**(환탕관): 선하향구배

(2) 하향 공급방식

온수가 옥상 부분까지 올라갔다가 내려오면서 공급하는 방식으로 아래층에서는 온도가 식기 쉽다(아래층의 온도 강하가 크다).
① **급탕관**: 선하향구배
② **반탕관**: 선하향구배

(3) 상·하향 혼용 공급방식

대규모 급탕설비에서는 배관 연장이 길어서 마찰손실이 커져 급탕의 순환이 느리다. 따라서 온수의 유통도 나빠지므로 수직 급탕주관을 통해 각층 기구에 급탕하며, 한편 최고층 수평관을 거쳐 필요한 위치에서 수직관을 내려 그 수직관에서도 각층 기구에 급탕하는 방식이다.

4 분기방식과 헤더방식

급탕주관에서 각 급탕기구에 연결하는 배관의 형태로는 종래 분기방식이 일반적이었으나 최근 특히 공동주택의 각 세대 내에서는 헤더방식이 일반화되고 있다. 헤더방식은 주관에서 분기하지 않으므로 분기로 인한 압력손실이 작아 각 기구에 상대적으로 균등한 온수공급이 가능하다.

5 온수공급의 균일성

(1) 급탕관의 각 분기관이 환탕관 주관에 접속되는 부분에 정유량(定流量) 밸브(또는 밸런싱 밸브)를 설치해서 각 급탕개소마다 거의 균등한 급탕량이 공급되게 한다.

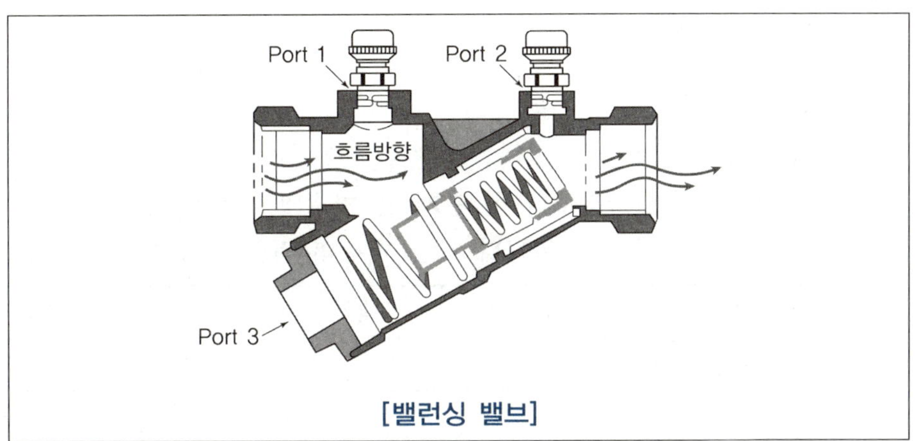

[밸런싱 밸브]

(2) 리버스 리턴(Reverse − Return) 방식(역환수 방식)

급탕·환탕관의 순환거리를 각 계통에 있어서 거의 같게 하여, 각 순환경로의 마찰손실수두를 가능한 한 같게 함으로써, 가열장치 가까이에 위치한 급탕계통의 단락현상(短洛現象)이 생기지 않도록 하여 전 계통의 탕의 순환을 촉진하는 방식이다.

유량 균등분배가 가능한 경우에 가능한 배관방법(참고 : 설계기준)

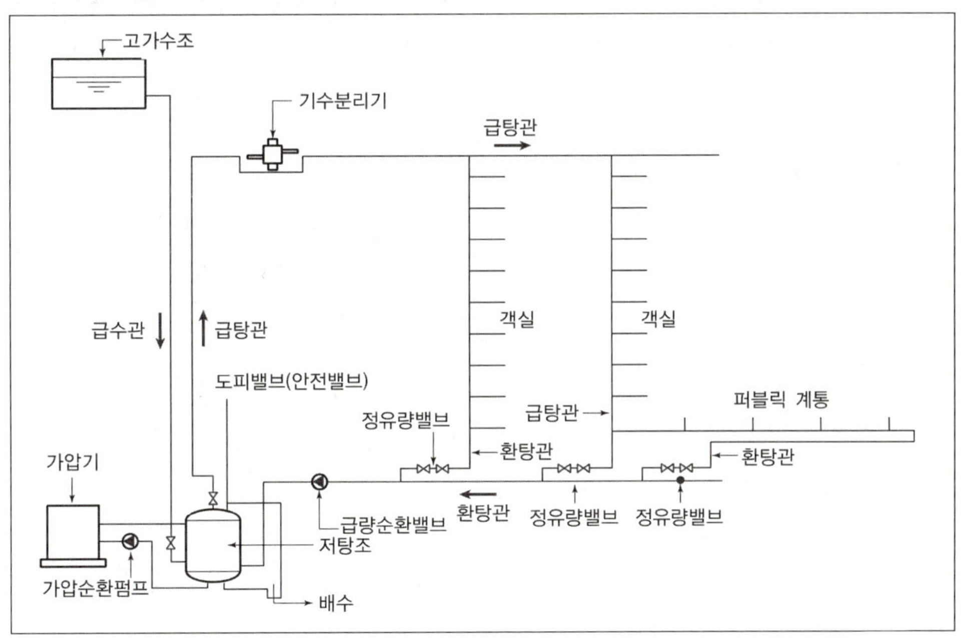

알아두기

환탕관에 수동 밸런싱 밸브를 설치하여 급탕배관에 설계환탕유량이 균등하게 분배될 수 있도록 하여야 하며, 유량 균등분배가 가능한 경우에는 역순환 배관 방식도 가능하다.

6 급탕배관 시공

(1) 급탕관의 관경

① 최소 DN20 이상

② 일반적으로 급수관경보다 한 단계 큰 치수의 것을 쓴다.

③ 환탕관(返湯管)은 급탕관보다 작은 치수의 것을 사용한다.

급탕관경[DN]	20~32	40	50	65~80
환탕관경[DN]	20	25	32	40

(2) 배관구배

급탕배관의 구배는 온수의 순환을 원활하게 하기 위해 가능한 한 급구배로 하는 것이 좋다.

① 상향식 배관인 경우 주탕관을 상향구배, 환탕관은 하향구배로 한다.

② **중력순환식**: 1/150, **강제순환식**: 1/200

(3) 배관재료

급탕배관에 사용되는 배관재는 급수배관과 거의 동일하지만, 급탕온도는 급수온도보다 높아 배관의 부식이 발생하기 쉽기 때문에 강관의 사용은 바람직하지 않다. 따라서 대부분 동관이나 스테인리스강관을 사용한다.

(4) 밸브의 설치

① 부득이 굴곡배관을 해야 할 경우 공기빼기 밸브(Air Vent Valve)를 설치함으로써 공기를 배제하여 온수의 흐름을 원활하게 한다.

② 배관 도중 필요한 곳에 슬루스 밸브(게이트 밸브)를 설치한다.

(5) 배관의 신축이음

① **목적**: 배관의 온수 온도에 의한 신축·팽창량을 흡수·처리하기 위해서 신축이음 혹은 신축곡관을 사용한다.

② **설치간격**

　㉠ 직선배관시 강관은 보통 30m, 동관은 20m마다 신축이음을 1개씩 설치하는 것이 좋다.

　㉡ 수직배관시는 10~20m마다 설치한다.

PART
01

③ **신축이음의 종류** : 그 종류에는 스위블이음, 신축곡관(U형 휨관), 슬리브형 신축이음, 벨로즈형 신축이음 등이 있다.

　㉠ 스위블이음(Swivel Joint)

　　ⓐ 난방배관의 주위에 설치하여 방열기 이동을 방지한다.

　　ⓑ 연결철물(엘보) 등을 2개 이상씩 설치하여 신축을 흡수한다.

　　ⓒ 신축과 팽창으로 누수의 우려가 있다.

　㉡ 신축곡관(Expansion Loop)

　　ⓐ 고압배관에도 사용할 수 있다(고압배관의 옥외배관에 적합).

　　ⓑ 다소 넓은 공간이 요구된다(1개의 신축길이가 큰 것이 결점).

　　ⓒ 신축이음시 누수가 가장 적고, 가장 우수한 방식이다.

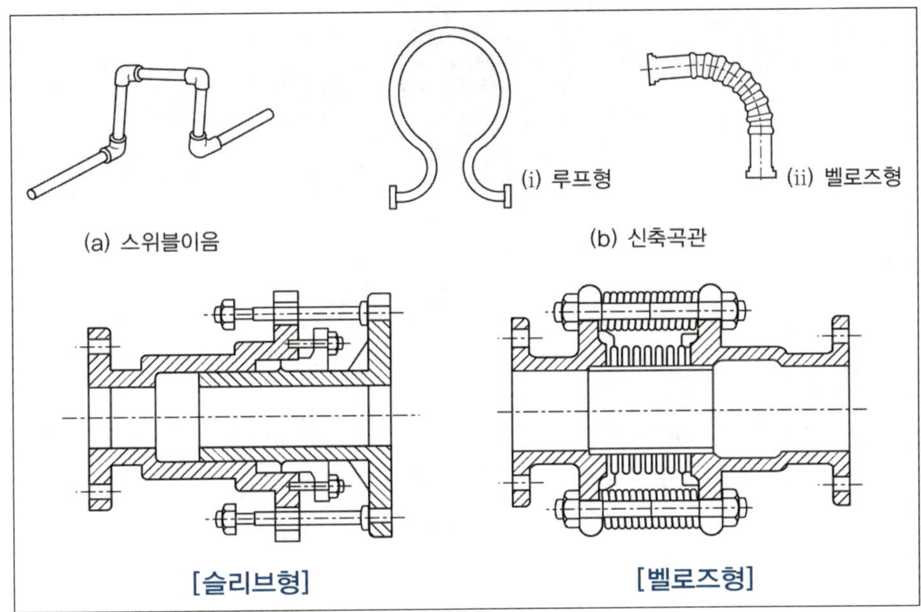

④ **슬리브형**(Sleeve Type)

　㉠ 배관의 고장이나 건물의 손상을 방지한다.

　㉡ 보수가 용이한 곳에 설치한다.

　㉢ 패킹 마모에 따른 누수가 되기 쉽다.

⑤ **벨로즈형**(Bellows Type)

신축이음, 스테인리스강 등으로 만든 벨로즈의 신축을 이용해서 관의 신축을 흡수하는 것으로 기밀성이 좋고 고온에도 잘 견디기 때문에 널리 이용되고 있다.

⑥ **볼 조인트**(Ball Joint)

  ㉠ 관 끝에 볼 부분을 만들고 이것을 케이싱으로 싸되 그 사이를 가스켓으로 밀봉한 것으로써 볼 부분이 케이싱 내에서 360° 회전하면서 회전과 굽힘 작용을 한다.

  ㉡ 이음을 2~3개 사용하면 관절작용을 하여 관의 신축을 흡수한다.

  ㉢ 볼 조인트는 고온이나 고압에 사용한다.

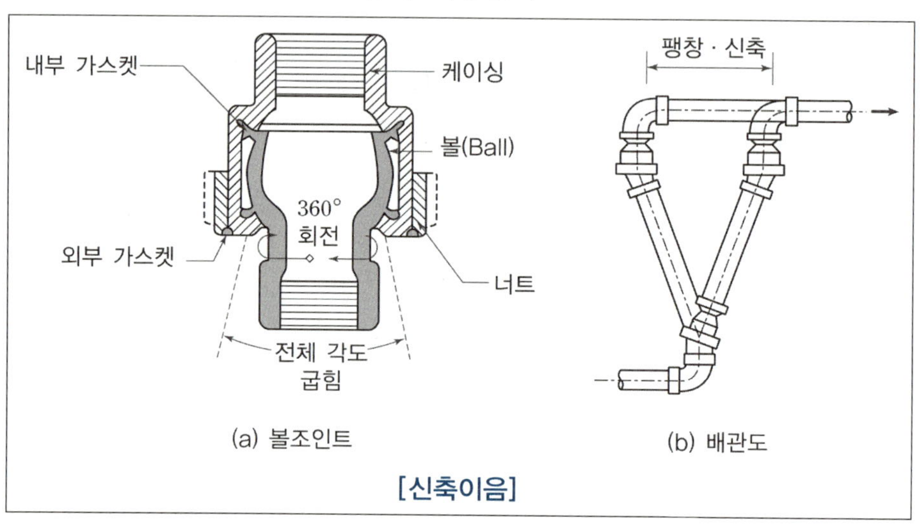

⑹ **팽창관과 팽창**(중력)**탱크**

:: 제27회

  ① **설치 목적** : 물은 가열하면 팽창하고, 비압축성이기 때문에 보일러, 급탕탱크 등 밀폐가열장치 내의 압력은 상승하며, 압력을 다른 곳으로 도피시키지 않는 한 용기가 파괴될 때까지 압력상승이 계속된다. 따라서 팽창된 만큼의 물이 빠져나갈 공간이 필요하게 되며 이 공간의 역할을 하는 것이 팽창탱크이다. 팽창탱크에는 개방식과 밀폐식이 있다.

  ② **팽창탱크의 역할**

    ㉠ 장치 내의 압력을 유지시킨다.

    ㉡ 운전 중, 장치 내를 소정의 압력으로 유지하여 온수 온도를 확보한다.

    ㉢ 팽창된 물의 배출을 억제하여 장치 내 열손실을 방지한다.

    ㉣ 장치의 운전정지 중에도 일정압력을 유지함으로써 공기의 침입을 방지한다.

    ㉤ 개방형 팽창탱크의 경우 장치 내의 공기 배출구와 온수보일러의 도피관으로 이용된다.

OX

수온변화에 의한 배관의 신축을 흡수하기 위하여 팽창탱크를 설치한다. (×)

③ **팽창탱크 및 팽창관(도피관)에 대한 유의사항**

　㉠ 팽창관(도피관)은 팽창탱크 수면보다 높게 입상하며, 그 높이는 아래 식에 의해 구한다.

　㉡ 팽창관의 관경은 동결을 고려하여 DN25 이상으로 하고, 그 외는 보일러의 전열면적을 고려하여 결정하고 있다.

　㉢ 팽창관에는 밸브류를 설치하지 않는다.

　㉣ 팽창관의 배수는 간접배수로 한다.

🔗 **온수의 팽창량**(개방식 팽창탱크의 팽창량)

$$\Delta V = \left\{ \left(\frac{\rho_c}{\rho_h} \right) - 1 \right\} V$$

V : 가열 전 급탕장치 내수량(L)
ΔV : 팽창량(L)
ρ_c : 가열 전 물의 밀도(kg/L)
ρ_h : 가열 후 물의 밀도(kg/L)

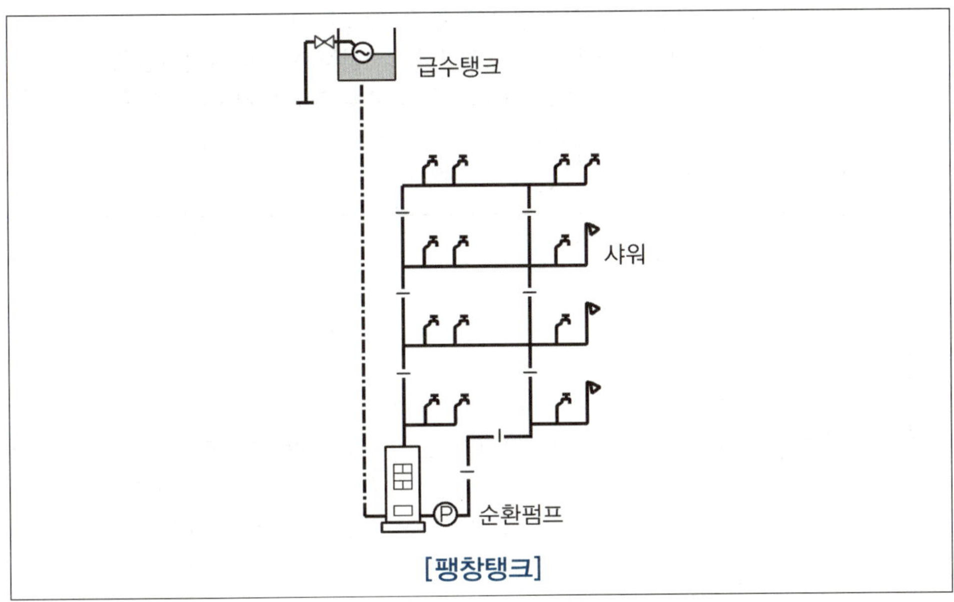

🔷 **관련기준**

건축설비설계기준코드(KDS)
〈KDS 31 25 25 : 2021〉

냉온수 배관

4.1.2 팽창탱크, 팽창관, 공기빼기관 및 세정관

(1) 일반사항

① 냉온수배관 계통에는 물의 팽창·수축에 대비하여 팽창탱크를 설치하고 장치에는 감압 밸브와 릴리프 밸브를 설치한다.

② 공기가 체류할 수 있는 배관계통에는 공기빼기 밸브를 설치한다.

③ 이물질 배출 배수밸브의 크기는 주관의 호칭 지름 25mm 이상인 것은 호칭 지름 25mm 이상으로 하고 그 외는 주관과 동일한 호칭 지름으로 한다.

④ 팽창탱크는 시스템 압력에 부합되어야 한다.

(2) 팽창탱크의 선정

① 팽창수량 계산은 설비공학 편람 제1권 기초편 제17장 배관설계, ASHRAE Handbook HVAC Systems and Equipment Chapter 13 Hydronic Heating and Cooling 등의 자료를 참조한다.

② 개방식 팽창탱크

㉠ 개방식 팽창탱크는 순환펌프의 흡입측에 팽창관을 접속시키며, 그 설치 높이는 배관계의 가장 높은 곳보다 1.2m 이상으로 한다.

㉡ 호칭지름 25mm 이상의 오버플로를 탱크의 상단에 설치한다.

㉢ 오버플로는 배수시스템으로 간접 배수하여야 한다.

③ 밀폐식 팽창탱크 : 밀폐식 팽창탱크 용량 선정은 한국설비기술협회 SPS − KARSE B0022 − 0184 표준, 설비공학 편람 제1권 기초편 제17장 배관설계, ASHRAE Handbook HVAC Systems and Equipment Chapter 13 Hydronic Heating and Cooling 등의 자료를 참조한다.

🔷 **관련기준**

건축표준시방서코드(KCS) 2021
〈KCS 31 30 20 : 2021〉

급탕설비공사

1. 펌프의 설치

3.5.1 온수순환용 원심펌프

(1) 펌프 고장시 자연순환이 가능하도록 펌프의 환수관에는 바이패스관의 설치를 권장한다.

(2) 기타 사항은 KCS 31 30 15(2.2.1) 급수용 원심펌프에 준한다.

2. 배 관

3.9.1 배관의 설치

(1) 배관이 천장, 벽 등의 구조체를 통과하는 부분에는 방화구획상 지장이 없는 방법으로 관의 진동이 구조체로 전파되지 않도록 고정한다.

(2) 배관에는 관의 신축이 가능하도록 신축접수를 설치한다. 신축접수가 설치되는 배관에는 일정구간에 고정점을 두고 신축시 소음과 진동이 발생하지 않도록 한다.

(3) 배관에는 균등한 기울기를 유지하여야 하고 역기울기 또는 공기고임 등으로 인하여 순환을 저해할 우려가 있는 경우에는 보완장치를 한다.

(4) 급탕계통에서는 온수의 원활한 순환을 저해하는 접속방법이나 시공방법을 사용해서는 안 된다.

3.9.2. 기기 주위의 배관

(1) 관에는 플랜지 및 밸브를 부착하여 기기류의 탈착을 쉽게 한다.

(2) 배관의 중량이 직접 기기에 걸리지 않도록 지지 및 고정한다.

(3) 배관과 보일러 또는 온수저장탱크와의 접속에는 반드시 역류방지기를 설치한다.

(4) 보일러 및 온수저장탱크의 배수는 간접배수로 한다.

(5) 팽창관은 단독배관으로 하고 밸브를 설치하지 않는다.

(6) 안전밸브의 배수는 간접배수로 한다.

(7) 온수탱크의 보급수관에는 급수관의 압력변화에 의한 환탕의 유입을 방지하도록 체크 밸브를 설치한다.

🔍 예제

급탕설비의 안전장치에 관한 설명으로 옳지 않은 것은?　　　제27회

① 팽창관 도중에는 배관의 손상을 방지하기 위해 감압밸브를 설치한다.
② 급탕온도를 일정하게 유지하기 위해 자동온도조절장치를 설치한다.
③ 안전밸브의 저탕조 등의 내부압력이 증가하면 온수를 배출하여 압력을 낮추는 장치이다.
④ 배관의 신축을 흡수 처리하기 위해 스위블 조인트, 벨로즈형 이음 등을 설치한다.
⑤ 팽창탱크의 용량은 급탕 계통 내 전체 수량에 대한 팽창량을 기준으로 산정한다.

해설

① 팽창관 도중에는 밸브를 설치하지 않는다.　　　🔲정답 ①

배수 및 통기설비

거의 매회에 배수설비와 통기설비 부문에서 1문제씩 출제되었지만 제28회에는 트랩 용어 관련 1문제가 출제되었습니다. 트랩과 통기설비에 대하여 주로 나왔지만 제24회에는 배수관의 관경결정과 관련한 문제가 출제되어 난이도를 높였습니다. 트랩과 통기관 관련 내용 외에 배수관련 용어, 관경결정 등 그 내용을 잘 정리하는 것이 중요합니다.

배수설비(排水設備)란 건물 내에서 사용한 물을 배수시키는 배수계통 일체에 해당하는 트랩·통기관·배수관·배수펌프 시설 등을 뜻한다. 위생기구를 배수관 혹은 하수관과 직접 접속하면, 배수관 내의 가스나 작은 벌레 등을 실내로 침입시키는 것이 되어 비위생적인 환경을 만들어 내는 것이 된다. 따라서, 가스의 실내 침입을 저지하기 위해서 배수관의 일부분을 배수시 물을 고이게 해두는 부속류를 설치하는데 이것이 배수트랩이다. 통기설비(通氣設備)는 배수관에서 발생한 하수 가스와 악취를 배기시키고 배수관의 흐름을 원활하게 하며 트랩(Trap)의 봉수(封水)를 보호하기 위함을 주목적으로 하는 설비이다.

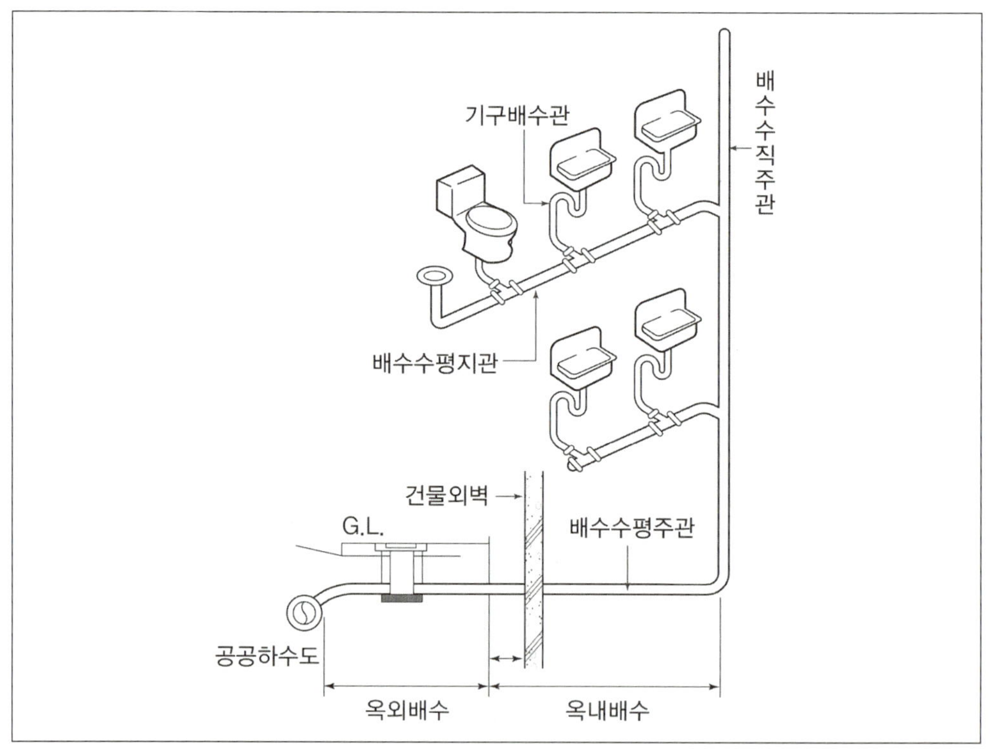

01 　배수설비

1 배수의 종류

(1) 발생처에 의한 분류

① **일반배수, 잡배수(雜排水)** : 주방의 싱크, 욕조 등에서 배출되는 소위 일반 구정물의 배수로 하수도 처리구역 이외에서는 합류처리시설에서 처리하거나 하수도에 방류한다.

② **오수(汚水)배수** : 주로 인체에서 나오는 배설물로 대변기·소변기·오물싱크·비데·변기 소독기 등에서 나오는 배수를 말하며 하수도 처리구역 이외에서는 그 부지 내의 오수 정화조에서 정화 처리하여야 한다.

③ **우수배수** : 옥상이나 마당에 떨어지는 빗물 배수로 그대로 방류하여도 된다.

④ **특수배수** : 수은, 방사능 등과 유독·유해물을 함유한 배수

(2) 사용개소에 의한 분류

① **옥내배수** : 건물 내에서 이루어지는 배수로 건물의 외벽면에서 1m까지의 배수

② **옥외배수** : 부지배수라고도 하며, 건물의 외벽면에서 1m 이상 떨어진 배수 수평면의 종단으로부터 공공하수도까지의 배수

(3) 배수처리방식에 의한 분류

① **합류배수방식** : 오수와 잡배수를 하나의 계통으로 배출하는 방식

② **분류배수방식** : 오수와 잡배수관을 별도의 계통으로 배출하는 방식

(4) 반송방식에 의한 구분

① **중력식배수** : 자연유하식이라고 하며, 지상배수에서 이용한다.

② **기계식배수** : 압송방식과 진공방식이 있다. 압송방식이 일반적으로 채용되며, 이것은 배수탱크에 배수를 모아 오수펌프에 의해 지상까지 압송하여 중력식의 배수계통으로 유도하는 방식이다.

> **하수도법**
> 1. **합류식하수관로** : 오수와 하수도로 유입되는 빗물·지하수가 함께 흐르도록 하기 위한 하수관로
> 2. **분류식하수관로** : 오수와 하수도로 유입되는 빗물·지하수가 각각 구분되어 흐르도록 하기 위한 하수관로

■■ 제20회

■■ 제14회, 제24회

💡**OX**

공공하수관보다도 낮은 곳의 배수는 중력식을 이용한다. (×)

예제

다음은 하수도법령상의 내용이다. (　　)에 들어갈 용어로 옳은 것은?　　제24회

보기

- (㉠)란 건물·시설 등의 설치자 또는 소유자가 해당 건물·시설 등에서 발생하는 하수를 유출 또는 처리하기 위하여 설치하는 배수설비·개인하수처리시설과 그 부대시설을 말한다.
- (㉡)란 오수와 하수도로 유입되는 빗물·지하수가 함께 흐르도록 하기 위한 하수관로를 말한다.
- (㉢)란 오수와 하수도로 유입되는 빗물·지하수가 각각 구분되어 흐르도록 하기 위한 하수관로를 말한다.

	㉠	㉡	㉢
①	하수관로	공공하수도	개인하수도
②	개인하수도	공공하수도	합류식하수관로
③	공공하수도	개인하수도	합류식하수관로
④	공공하수도	분류식하수관로	개인하수도
⑤	개인하수도	합류식하수관로	분류식하수관로

해설

⑤ ㉠: 개인하수도, ㉡: 합류식하수관로, ㉢: 분류식하수관로

정답 ⑤

보충학습

│하수도 연결

1. 위생기구가 있는 건물의 배수관은 공공하수도에 연결하거나 하수도법에 따른 개인하수처리시설에 연결한다.
2. 공공하수도나 하수처리시설의 기능에 해로운 배수는 안전하게 처리하여 배출시켜야 한다.
3. 60℃ 이상의 고온 배수는 60℃ 이하로 냉각시켜 건물 배수관에 배수시켜야 한다(시방기준은 45℃).
4. 급식시설에서는 오수관이나 배수관을 노출하지 않아야 한다.

2 배수관의 구배와 관경

(1) 배수관의 구배(기울기)

① 배수관 내의 배수가 정체하지 않도록 적당한 구배를 주어야 한다.

② **표준 구배**: 1/50~1/100

③ 옥내 배수관의 구배는 mm로 호칭되는 관경의 역수보다 원칙적으로 작으면 안 된다.

④ 구배를 너무 급하게 하면 수위가 낮아져 고형물이 남게 되고, 구배가 너무 완만하면 유속이 느려져 오물을 씻어내리는 힘이 약하게 된다.

⑤ 옥내 배수관의 최저 유속은 0.6m/s로, 평균 1.2m/s로써 최대 2.4m/s 이내가 되도록 구배를 잡는 것이 좋으며 관경이 작을수록 크게 한다.

🔗 배수수평관의 기울기

관지름(DN)	최소 기울기
65 이하	1/50
80~150	1/100
200 이상	1/200

🔗 **관련기준**
건축설비설계기준코드(KDS)
2021
〈KCS 31 30 25 : 2021〉

(2) 배수관의 관경 결정

① 기울기가 동일한 경우, 배수관의 관경이 너무 커지면 유속이 감소하고 배수능력이 저하되므로 적정한 크기로 하는 것이 합리적이다(유수가 얕아서 자정 유속 이하가 되어 관벽에 오물이 부착될 뿐만 아니라 비경제적이다).

② 유수면은 관경의 1/2~2/3(50~70%) 사이에 놓이게 한다.

::: 제24회

> **배수배관의 결정**
>
> 1. **기구배수부하**(Drain Fixture Unit, DFU) **단위 값**
>   ① 기구배수부하단위는 각 기구의 최대 배수용량을 세면기 최대 배수유량으로 나눈 값에 동시사용률 등을 고려하여 결정한다.
>   ② 다음 표의 기구배수부하단위 값은 오수관이나 배수관의 총 부하를 산출하기 위한 여러 종류의 상대적인 부하단위이며, 오수와 배수 및 통기관의 관지름 선정을 위하여 기구배수부하단위를 사용한다.

💡 **OX**

1. 기구배수부하단위는 각 기구의 최대 배수용량을 소변기 최대 배수유량으로 나눈 값에 동시사용률 등을 고려하여 결정한다. (×)
2. 옥내 배수관의 유속은 일반적으로 0.6~1.2m/s정도로 한다. (○)

🔗 표 4.1 - 2 기구와 기구그룹의 기구배수부하단위(DFU)

위생기구	최소 트랩 구경 (DN)	단독 주택	3가구 이상의 공동 주택	일반 건물	다중 이용 시설
샤워부스(DN50 트랩)	50	2.0	2.0	2.0	
세면기(DN32 배수)	32	1.0	1.0	1.0	1.0
대변기(6L/회, 세정탱크식)	80	3.0	3.0	4.0	6.0
대변기(6L/회, 세정밸브식)	80	3.0	3.0	4.0	6.0
대변기(13L/회, 세정탱크식)	80	4.0	4.0	6.0	8.0
대변기(13L/회, 세정밸브식)	80	4.0	4.0	6.0	8.0

2. [표 4.1 - 2]에 없는 기구

[표 4.1 - 2]에 없는 기구는 [표 4.1 - 3]에 따른 기구 배수관에 기초한 기구배수부하단위로 한다. 표에 없는 기구의 최소 트랩크기는 DN32 이상으로 한다.

🔗 표 4.1 - 3 기구배수관 또는 트랩의 기구배수부하단위(DFU)

기구배수관이나 트랩의 크기(DN)	기구배수부하단위 값
32	1
40	2
50	3
65	4
80	5
100	6

3. 연속 흐름의 DFU값

연속적으로 흐르는 배수관의 기구배수부하단위 값은 0.03L/s당 1DFU로 계산한다.

> 💡 1. 지중에 매설되거나 지하의 바닥 밑에 설치되는 배수관의 관지름은 경년사용에 따른 부식과 슬라임 등에 의한 막힘 방지와 용이한 청소를 위하여 DN50 이상이 바람직하다.
>
> 2. 단일 세면기의 배수관은 DN32보다 작아서는 안 되며, 배수관의 보호를 위해 여과기, 팝업스토퍼(Pop - Up Stopper), 격자형 철망 또는 이와 유사한 다른 장치들이 구비되어야 한다.

(3) 배수관의 최소 관경

① 배수관의 최소 관경은 30mm(DN32)로 한다.

② 기구배수관의 관경은 이것과 접속하는 기구의 트랩구경 이상으로 하여야 한다.

③ 배수수평지관의 관경은 이것과 접속하는 기구배수관의 최대 관경 이상으로 한다.

④ 배수수직관의 관경은 이것과 접속하는 배수수평지관의 최대 관경 이상으로 한다.

⑤ 배수수직관의 관경은 가장 큰 배수부하를 담당하는 최하층 관경을 최상층까지 동일하게 적용한다.

⑥ 배수관은 하류방향으로 관경이 축소되어서는 안 된다.

⑦ 지중 혹은 지하층 바닥에 매설하는 배수관은 50mm 이상으로 한다.

예제

옥내 배수관의 관경을 결정하는 방법으로 옳지 않은 것은?　　제24회

① 옥내 배수관의 관경은 기구배수부하단위법 등에 의하여 결정할 수 있다.

② 기구배수부하단위는 각 기구의 최대 배수유량을 소변기 최대 배수유량으로 나눈 값에 동시사용률 등을 고려하여 결정한다.

③ 배수수평지관의 관경은 그것에 접속하는 트랩구경과 기구배수관의 관경과 같거나 커야 한다.

④ 배수수평지관은 배수가 흐르는 방향으로 관경을 축소하지 않는다.

⑤ 배수수직관의 관경은 가장 큰 배수부하를 담당하는 최하층 관경을 최상층까지 동일하게 적용한다.

해설

② 기구배수부하단위는 각 기구의 최대 배수유량을 세면기 최대 배수유량으로 나눈 값에 동시사용률 등을 고려하여 결정한다.

　정답 ②

---

3 간접배수

(1) 직접배수의 경우는 배수관이 막히거나 트랩의 봉수가 파괴되면 배수관의 오수나 가스 등이 역류하여 보건위생상 위험하게 된다.

(2) 보건위생이 특별히 강조되는 의료에 관한 기기·냉동기·보일러 및 부속기기·탱크류·설비의 배관 등으로부터의 잡배수는 배수관에 직접 연결하지 않고 한번 대기 중에 끊어서 수수배수용기에 받고 배수관에 접속한다.

OX

배수는 기구배수관, 배수수평지관, 배수수직관의 순서로 이루어지며, 이 순서대로 관경은 작아져야 한다. (×)

⑶ 간접 배수는 배수의 역류나 증발에 의한 직접 오염을 피하기 위함이며 오염된 상수를 마시지 않도록 방지하기 위해 사용한다.

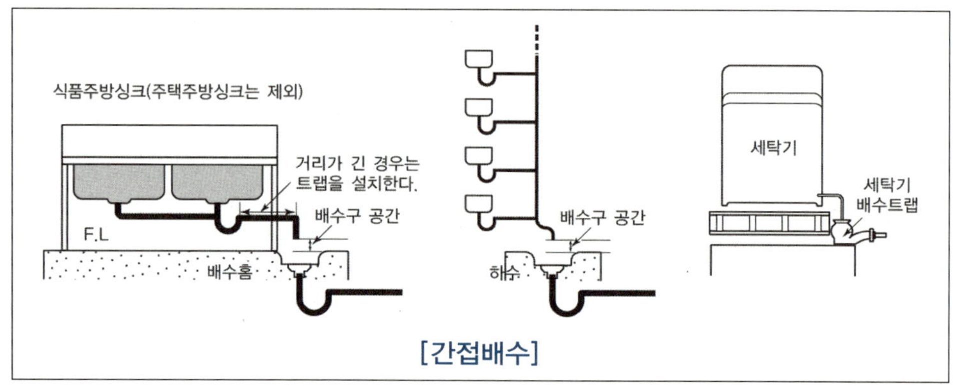

4 청소구(Clean Out)

배수배관의 관이 막혔을 때 이것을 점검·수리하기 위해 배관 굴곡부나 분기점에 반드시 설치해야 한다.

⑴ 청소구의 크기

배관경과 동일지름으로 하고, 관경이 100mm를 초과할 때 최소구경을 100mm로 한다.

⑵ 청소구를 필요로 하는 장소

제18회, 제27회

① 가옥배수관과 대지하수관이 접속되는 곳
② 배수수직관의 최하단부
③ 수평지관의 최상단부
④ 가옥배수 수평주관의 기점
⑤ 배관이 45° 이상의 각도로 구부러지는 곳
⑥ 수평관의 관경이 100mm 이하인 경우는 직진거리 15m 이내마다, 100mm 넘는 경우 직진거리 매 30m마다 설치한다.
⑦ 각종 트랩 및 기타 배관상 특히 필요한 곳

OX

1. 청소구는 배수수평지관의 최하단부에 설치해야만 한다. (×)
2. 청소구는 배수수평관이 긴 경우, 배수관의 관지름이 100mm 이하인 경우는 30m마다 1개씩 설치한다. (×)

5 트랩(Trap)

■■ 제15회

배수관은 급수관의 경우와 달리 관 속 가득히 흐르는 일이 거의 없고, 기구에서 배수되지 않을 때는 관 속이 비어 있게 된다. 하수본관 및 가옥 배수관 속의 유독가스 및 악취, 벌레 등이 실내로 침투하는 것을 방지하기 위하여 배수 계통의 일부에 봉수(封水)를 고이게 하는 기구를 트랩이라 한다.

(1) 트랩의 일반사항

■■ 제24회

① 봉수 깊이는 50~100mm로 한다.

② 기구 일체형이거나 내식성 재질이 아니면 기구 트랩 내부에는 격판이 없어야 한다.

③ 구조가 간단하고, 배수시 자기세정이 가능한 구조의 것으로 한다.

④ 뚜껑이 있는 트랩은 뚜껑을 열었을 때 배수관의 하류측으로부터 하수가스가 실내에 침입하지 않는 구조로 한다.

🔍 예제

배수트랩의 구비조건에 관한 내용으로 옳지 않은 것은?　　　제24회

① 자기사이펀작용이 원활하게 일어나야 한다.
② 하수 가스, 냄새의 역류를 방지하여야 한다.
③ 포집기류를 제외하고는 오수에 포함된 오물 등이 부착 및 침전하기 어려워야 한다.
④ 봉수 깊이가 항상 유지되는 구조이어야 한다.
⑤ 간단한 구조이어야 한다.

해설
① 자기사이펀작용은 S트랩 등의 봉수 파괴 원인이며, 트랩은 자기세정작용이 원활하게 일어나야 한다.
　　　　　　　　　　　　　　　　　　　　　　　　　　　　　　📖 정답 ①

(2) 종 류

■■ 제22회, 제23회

① **사이펀식트랩**: 관트랩의 일종으로 자기세정작용이 있지만 봉수가 파괴되기 쉬운 결점이 있다.

　㉠ S트랩: 세면기, 대변기, 소변기에 부착되어 바닥 밑의 배수횡지관에 접속하여 사용한다. 자기사이펀작용을 일으키기 쉬운 형태로 봉수가 유실되기 쉽다.

　㉡ P트랩: 위생기구에 가장 많이 쓰이는 형식으로 S트랩보다 유실될 우려가 적다. 배수입관에 접속하여 사용된다.

　㉢ U트랩: 주로 옥내 배수용이며 가옥트랩(House Trap) 또는 메인트랩(Main Trap)이라고도 하며, 배수횡지관 도중에 설치하는 것이다.

🗘 OX

1. 구조상 수봉식이 아니거나 가동부분이 있는 것은 바람직하지 않다. (○)
2. 정해진 봉수깊이 및 봉수면을 갖도록 설치하고 필요한 경우 봉수의 동결방지 조치를 한다. (○)
3. 자기사이펀작용이 원활하게 일어나야 한다. (×)

② **비사이펀식트랩** : 자기세정작용이 없는 트랩이다.

㉠ 드럼트랩(Drum Trap) : 주방 싱크의 배수용 트랩으로 다량의 물을 고이게 하므로 봉수가 잘 파괴되지 않으며 청소가 용이하다.

㉡ 벨트랩(Bell Trap) : 일명 플로어트랩(Floor Trap)이라 하며, 바닥배수용으로 쓰인다.

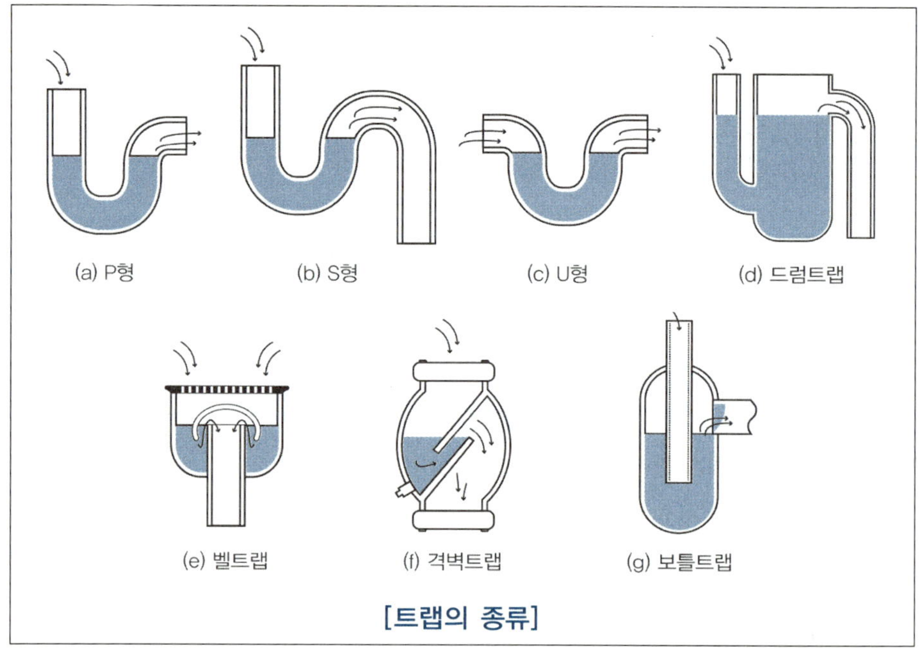

[트랩의 종류]

③ **저집기**(沮集器, Interceptor) : 저집기는 배수 중에 혼입한 여러 가지 유해물질이나 기타 불순물 등을 분리 수집함과 동시에 트랩의 기능을 발휘하는 기구이다.

㉠ 그리스 저집기(그리스트랩) : 주방 등에서 나오는 기름기가 많은 배수로부터 기름기를 제거·분리시킬 목적으로 이용된다.

㉡ 샌드 저집기(샌드트랩) : 배수 중의 진흙이나 모래가 다량으로 포함되는 곳에 사용한다. 벽돌공장, 블록공장 등에서 사용한다.

㉢ 헤어 저집기(헤어트랩) : 이발소, 미장원 등에 설치하여 배수관 내에 모발 등이 침투하여 막히는 것을 방지할 목적으로 사용한다.

㉣ 플라스터 저집기(플라스터트랩) : 치과의 기공실, 정형외과의 깁스실 등에서 배수관의 석고를 제거할 목적으로 사용한다.

㉤ 가솔린 저집기(가솔린트랩) : 가솔린을 많이 사용하는 곳에 사용하며, 배수에 포함된 가솔린을 트랩 수면 위에 뜨게 하여 휘발시킨다. 주차장, 차고 등의 바닥 배수용 트랩이다.

(3) 트랩의 봉수

① **봉수 깊이**(50~100mm 정도) : 유효봉수 깊이가 너무 낮으면 봉수를 손실하기 쉽고, 너무 깊게 하면 유수의 저항이 증가되어 통수능력이 감소되며 그에 따라 자정작용이 없어지게 된다.

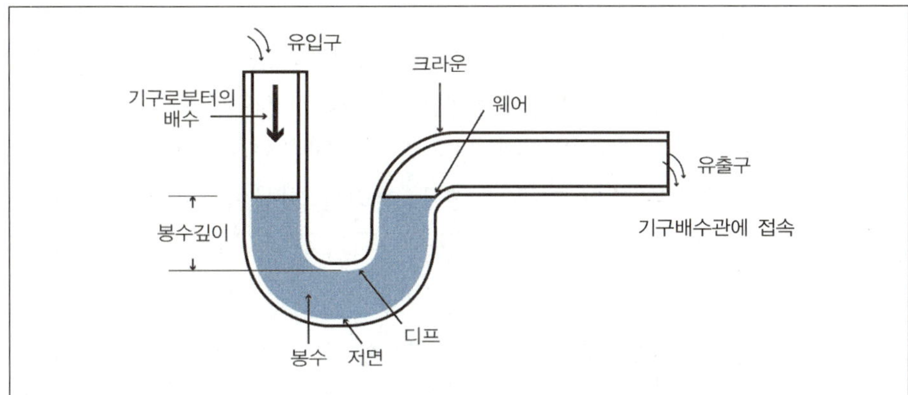

> **트랩의 봉수 보호**
> 1. 모든 트랩의 봉수에 250Pa 이상의 기압차가 생기지 않도록 배수관에 통기관을 설치한다. 트랩과 트랩이 있는 기구는 이 기준의 방법으로 통기한다.
> 2. 화학배수관의 통기관은 위생배관의 통기관과 분리하고 지붕 밖 대기로 인출하거나 기능이 확실한 통기밸브로 마감한다.
> 3. 위생배관의 통기관은 위생배관의 통기 이외의 다른 목적으로 사용하지 않아야 한다.

② **트랩의 봉수파괴 원인**

　㉠ 자기사이펀작용 : 다량의 물이 일시에 배수되면 트랩 내의 봉수가 이물의 흡인력에 의해 함께 흘러가는 작용을 말한다.

　㉡ 유도사이펀작용(감압에 의한 흡인작용, 흡출작용) : 수직관에 접근하여 트랩을 설치할 경우 배수수직관 상부에서 일시에 다량의 물이 낙하하면서 흡인력에 의해 트랩 내의 봉수를 끌어내는 작용을 말한다.

　㉢ 분출작용(토출작용, 역압에 의한 분출작용, 역사이펀작용) : 하층부의 배수수직관 가까이에 트랩을 설치할 경우 수직관 위로부터 일시에 다량의 물이 흐르게 되면 역으로 피스톤작용을 일으켜서 공기의 압축에 의하여 실내쪽으로 역류시키는 작용을 말한다.

　㉣ 모세관현상 : 트랩의 출구에 솜이나 천조각, 머리카락 등이 걸렸을 경우 모세관현상에 의해 봉수가 배출되는 작용을 말한다.

㉤ 증발 : 기구를 장시간 사용하지 않거나 바닥배수 설치 부분을 난방하게 되면 봉수부의 수면에서 봉수가 증발하여 수봉(水棒)이 파괴되기 쉽게 된다. 일반적인 트랩의 봉수는 약 1~2개월 동안은 안전하지만 장기간 사용하지 않을 때에는 파라핀유를 충만시켜서 동결방지를 겸하는 경우도 있다.

㉥ 운동량에 의한 관성 작용 : 유도사이펀작용과 역사이펀작용으로 반복적으로 봉수에 관성 작용이 일어나서 상하교환의 동요를 일으켜서 봉수가 없어진다. 강풍시 통기관 개구부에 가까운 기구트랩 또는 초고층 빌딩의 최하층 부분의 기구 트랩에 이러한 현상이 일어나기 쉽다.

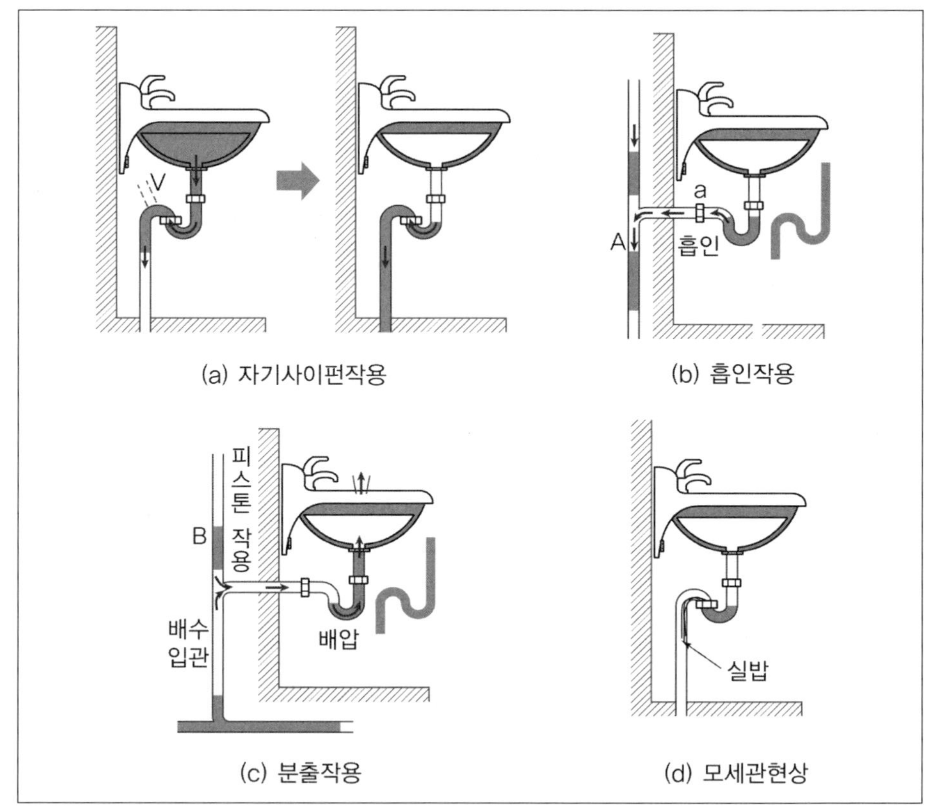

트랩의 봉수파괴에 대한 방지책
1. **자기사이펀작용** : 통기관 설치
2. **유인사이펀작용** : 통기관 설치
3. **분출작용** : 통기관 설치
4. **모세관현상** : 트랩 내 천 조각, 머리카락 등 고형물을 제거
5. **관성에 의한 배출** : 배관 말에 격자쇠를 설치

🔖 **관련기준**
건축설비설계기준코드(KDS)
2021
〈KDS 31 30 25 : 2021〉

트 랩

1. 기구트랩

(1) 이 절에서 허용하는 것이 아니면 각 위생기구마다 수봉식트랩을 설치한다. 기구는 이중트랩이 되지 않도록 한다.

(2) 예외 : 트랩일체형 기구에는 이 항을 적용하지 않아야 한다.

2. 금지트랩

(1) 다음 형식의 트랩은 금지한다.

① 봉수 유지를 위해 가동 부분이 있는 트랩

② 벨트랩

③ 정부 통기트랩

④ 내식성 재질이 아니고 기구 일체형이 아닌 내부 격판으로 봉수를 하는 트랩

(2) 예외 : 고체 포집기용 드럼트랩과 화학배수용 드럼트랩은 금지하지 않아야 한다.

3. 트랩 봉수

트랩의 봉수 깊이는 50mm 이상에서 100mm 이하로 하며 점검이 쉬운 기구의 특수 형식은 더 깊게 할 수 있다. 증발로 봉수가 파괴될 수 있는 경우에는 봉수 유지용 트랩 보급수 장치를 설치한다. 트랩 보급수 장치는 봉수 수위보다 높은 곳에서 트랩에 연결시켜야 한다.

4. 건물배수트랩

건물배수트랩은 설치하지 않아야 한다.

5. 기구트랩 관지름

기구트랩의 관지름은 기구가 원활히 배수하도록 최소 트랩 구경 이상으로 한다. 트랩의 관지름은 연결된 배수관보다 크지 않아야 한다.

6. 트랩 유지와 보호

트랩의 봉수를 유지할 수 있는 깊이로 트랩이 형성되어야 하며, 얼지 않게 보호한다.

7. 바닥 배수트랩

바닥 배수트랩은 내열과 내식성의 분리할 수 있는 스트레이너를 설치한다. 스트레이너의 개구 유효면적은 유출관 단면적 이상으로 한다. 트랩의 봉수가 증발되어 없어질 수 있는 경우는 트랩 보급수 장치를 설치한다.

배 관

3.10.1 일반 배수관

(1) 기구와 배수관은 누수, 누기되지 않도록 접속한다.

(2) 고온의 배수는 45℃ 미만으로 냉각한 후 배수한다.

⑶ 배수관은 수직관 및 수평관 모두 배수의 흐름방향으로 관지름을 축소하지 않는다. 단, 대변기의 배수구에 100mm × 75mm의 이경 관이음쇠를 사용하는 경우에는 관지름의 축소로 보지 않는다.

⑷ 배수 수직관은 어느 층에서나 최하부의 가장 큰 배수부하를 부담하는 부분의 관지름과 동일 관지름으로 한다.

⑸ 공동주택 등 주거용 건물은 배수에 의한 유수소음 차단을 위한 적절한 소음방지시설을 하거나 저소음 제품을 사용한다.

⑹ 배수지관 등이 합류하는 경우는 반드시 45도 이내의 예각으로 하고 수평 기울기로 합류시킨다.

⑺ 연관을 굽히는 경우는 단면이 원형을 잃지 않도록 가공하고 그 구부러진 부분에 다른 배수관을 접속시키지 않는다.

⑻ 배수수직관에는 필요에 따라 만수시험용 이음쇠를 설치한다.

⑼ 배수수직관의 최하부에는 도면 또는 특기에 따라 지지대를 설치한다.

⑽ 배수관에는 2중트랩을 사용하지 않는다.

⑾ 배수 수직관에는 가능한 오프셋을 설치하지 않는다.

⑿ 배수수평주관 또는 수평지관에는 T형 이음쇠, ST형 이음쇠, 크로스 이음쇠를 사용하지 않는다.

⒀ 배수계통 배관의 중간에는 유니온 또는 관 플랜지를 사용하지 않는다.

⒁ 우수 수직관에는 배수관을 연결하지 않는다.

⒂ 옥내배수관의 방향변환은 적정한 이형관을 사용하여 시공한다.

⒃ 부지 배수관의 접합부는 수밀하게 하고 식물의 뿌리 등이 파고들지 않도록 시공한다.

⒄ 성토지반 또는 불안정한 지반에 설치한 부지 배수관 또는 배수 수평주관은 견고한 기초 위에 배관한다. 또한 필요에 따라 지반침하 대책을 세워야 한다.

⒅ 동결의 염려가 있는 장소나 지역에서는 적절한 보호를 하며 건물의 외측에 노출시키거나 외벽의 중간에 은폐시켜 배관하지 않는다.

⒆ 배수관에는 구멍을 뚫어 나사를 내거나 용접하지 않는다.

⒇ 배수 수평관은 요철이 없이 시공하고 기울기는 다음 표 3.10−1에 의한다.

관지름(mm)	최소 기울기
65 이하	1/50
80~150	1/100
200 이상	1/200

(21) 부지배수관 및 배수수평관은 관지름이 200mm 이상에서 그 유속이 매 초당 0.6m를 밑돌지 않는 범위 내에서 위표에 규정된 완만한 기울기로 배관할 수 있다.

🛠 관련기준
건축설비설계기준코드(KDS)
〈KDS 31 30 05 : 2021〉
위생설비 일반사항

용어 해설

1. **건물배수 수평주관**(Building Drain) : 건물 외벽 1.0m까지의 배관부분으로서 부지배수관에 연결되는 배수설비의 가장 낮은 위치에 있는 잡배수와 오수 배관 부분을 말한다.

2. **부지배수관**(Building Sewer, House Sewer) : 건물배수 수평주관의 끝에서부터 공공하수도나 사설하수도, 개인 하수처리시설 또는 타 처리 장소까지 배수를 이송하는 배수관 부분을 말한다.

3. **결합통기관**(Yoke Vent Pipe) : 오배수 수직관 내의 압력변동을 방지하기 위하여 수직관 상향으로 통기수직관에 연결하는 통기관을 말한다.

4. **기구통기관**(Fixture Pipe) : 기구배수관에서 수직선과 45° 이내의 각도로 인출하여 세운 통기관으로서, 이 분기점에서 다른 통기관까지의 관을 말한다. 각개통기관과 공용통기관 등은 여기에 포함된다.

5. **도피통기관**(Relief Vent) : 배수관과 통기관 사이의 공기 순환이 주 기능인 통기관을 말한다.

6. **신정통기관**(Stack Vent) : 배수수직관에서 최상부의 배수수평관이 접속한 지점보다 더 상부 상향으로 그 배수수직관을 지붕 위까지 연장하여 이것을 통기관으로 사용하는 관을 말한다.

7. **기구급수부하단위**(Water Supply Fixture Unit, FU) : 각 위생기구에 대하여 물소비량을 기준으로 부여한 1에서 10까지의 숫자를 나타낸다. 1은 토수량이 가장 적은 기구를, 10은 토수량이 가장 많은 기구를 의미한다. 동시사용유량을 산정하는데 사용한다.

8. **기구배수부하단위**(Drainage Fixture Unit, DFU) : 배수설비에서 각종 위생기구의 확률적인 배수 단위를 나타낸다. 특정 기구의 기구배수부하단위 값은 배출량과 배수 작동시간 및 연속작동시의 평균시간에 좌우된다.

9. **봉수 깊이**(Depth of Trap Seal) : 트랩 내로 공기가 통과하기 위해 제거되어야 할 트랩 내의 액체 깊이를 말한다. 트랩의 위어와 디프 사이의 수직거리이다.

10. **브랜치 간격**(Branch Interval) : 배수수직관에 연결된 수평지관 사이의 수직 거리가 2.4m 이상인 간격을 말한다. 측정은 수직관에 연결된 최상층 수평지관으로부터 아래로 한다. 브랜치 간격은 두 개의 배수수평지관 간의 거리를 기준으로 1개 층으로 할 것인지 2개 층으로 할 것인지를 구분하는 것이다.

11. **사이펀작용**(Siphon Effect, Siphonage) : 트랩봉수가 사이펀원리로 흐르는 것을 말한다. 기구 자신의 배수에 의해 생기는 자기사이펀작용과 다른 기구의 배수에 의한 부압으로 생기는 유도사이펀작용이 있다.

12. **수도꼭지**(Faucet) : 각종 위생기구에 부착하여 물을 공급하는 기구이다. 과거 수전, 가랑 등으로 불리던 모든 기구를 포함하며, 관이나 밸브의 호칭지름과 같이 15, 20 등으로 표시한다.

13. **역류방지기**(Backflow Preventer) : 오염된 물이 배압이나 역사이펀작용으로 음용수 계통으로 역류하는 것을 차단하여 급수계통을 오염으로부터 보호해 주는 기구를 말한다. 역류방지 밸브와 진공브레이커로 대별된다.

▪▪ 제16회, 제22회, 제23회

02 통기설비

1 통기관의 설치목적

(1) 사이펀작용이나 배압에 의한 트랩의 봉수를 보호한다.

(2) 배수관 내의 기압을 일정하게 유지한다.

(3) 배수관 내를 대기압으로 유지시켜 자연유하에 의한 배수의 흐름을 원활히 한다.

(4) 배수관 내의 악취를 실외로 배출하여 신선한 공기를 유통시켜 관내 청결을 유지한다. 이 중에서도 통기관의 가장 중요한 역할은 트랩의 봉수를 보호하는 것이다.

> **✎ 알아두기**
>
> ■ **종국유속**(終局流速, 終速度, Terminal Velocity)
>
> 배수수직관 내를 하강하는 배수는 처음에는 중력에 의해 점차 그 유속이 증가하여 어느 정도까지는 유속이 증가하지만 관벽 및 관내의 공기와의 마찰로 인한 저항을 받고, 결국에는 관 내벽 및 공기와의 마찰저항과 평형되는 유속, 거의 일정한 유속으로 된다. 이 유속을 종국유속이라고 한다.
>
> ■ **도수현상**(跳水現象)
>
> 배수수직관을 흘러내려 온 배수는 배수수평주관으로 들어간 직후에는 대략 직각을 흐름의 방향이 변화하기 때문에 흐름속도는 급격히 낮아지고 흐름깊이가 커진다. 또한 입관 중심부의 공기가 유인되어 수평주관 내로 들어온다. 배수수평주관 내에 들어온 배수의 흐름은 잠시 불안정한 가운데 혼란을 계속하며, 배수량이 아주 작은 경우 이외에는 도수현상(跳水現象)을 일으키게 된다.

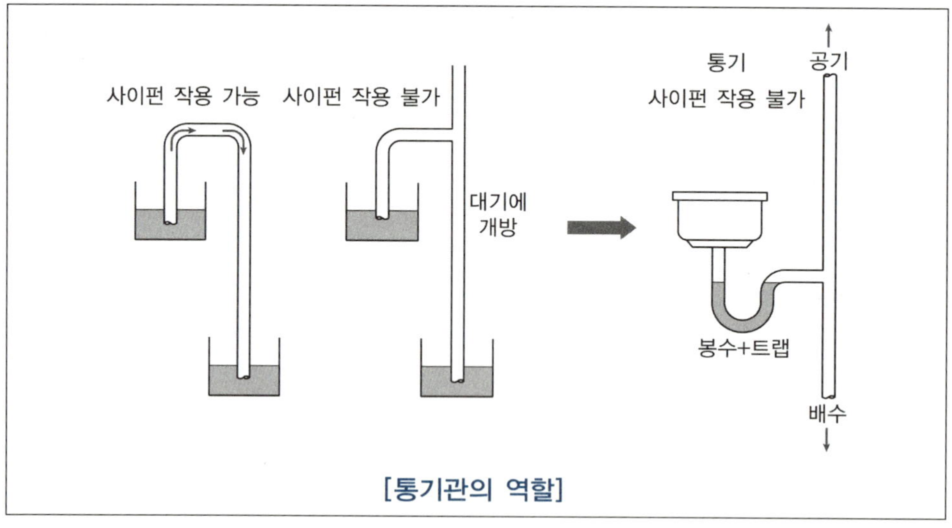

[통기관의 역할]

2 통기관의 종류

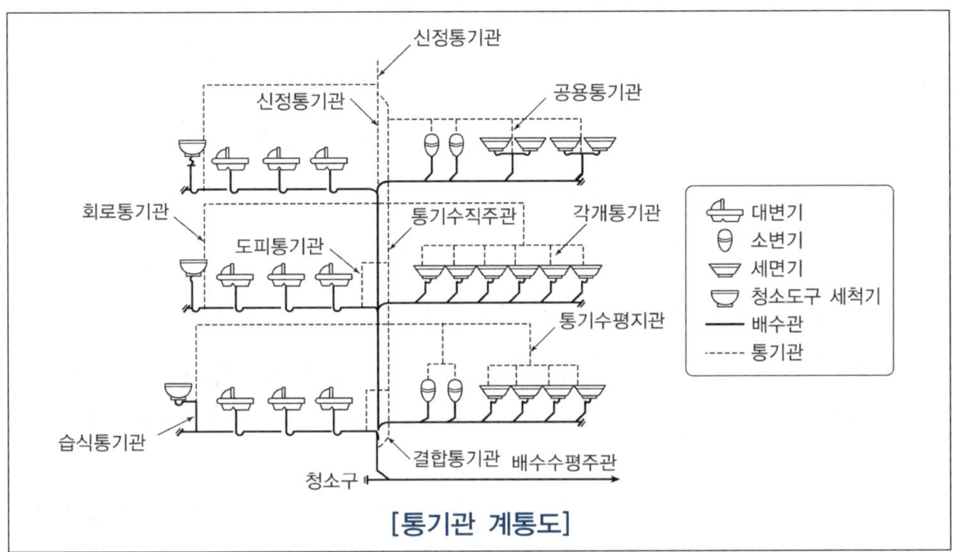

[통기관 계통도]

(1) 각개통기관(各個通氣管, Individual Vent Pipe)

① 각 위생기구마다 통기관을 세우는 것으로 가장 이상적인 통기방식이나 시설비가 많이 든다.

② 각각의 트랩과 트랩 달린 기구에는 각개통기관을 설치할 수 있다. 트랩의 기구배수관이나 통기할 트랩 달린 기구에는 각개통기관을 연결한다.

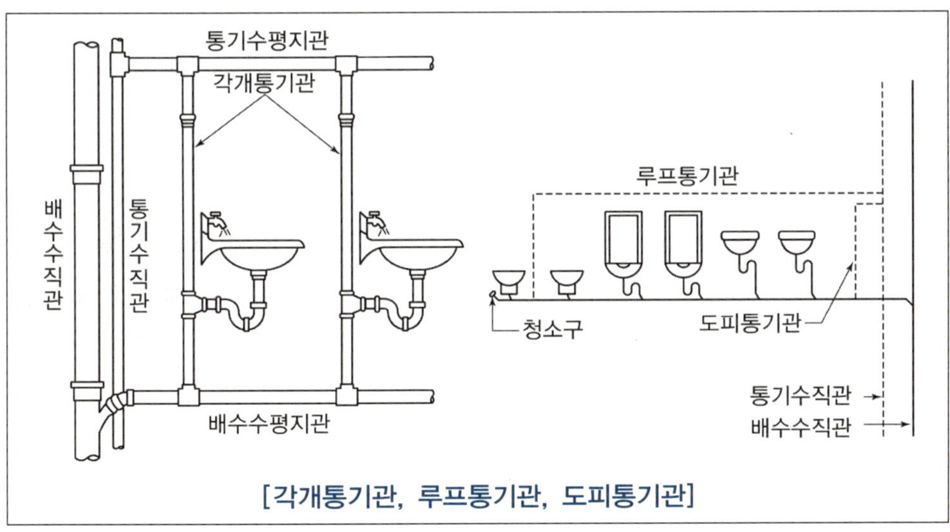

[각개통기관, 루프통기관, 도피통기관]

각개통기관이 배수관에 접속되는 지점은 기구의 최고수면과 배수수평지관이 배수수직관에 접속되는 점을 연결한 동수구배선보다 아래에 있도록 한다. (×)

(2) **루프통기관**(회로통기관, 환상통기관, Loop Vent Pipe)

① 2개 이상 8개 이내의 트랩을 보호하기 위하여 설치한다.

② 배수수평지관의 최상류(最上流)기구의 하류측으로부터 통기관을 입상하여 통기수평지관으로 하며, 그 말단을 통기수직관에 접속하는 방식이다(최상류 두 기구 사이에서 회로통기관을 연결한다).

③ 최하류 기구배수관과 최상류 기구배수관 사이에 연결하는 배수수평지관은 통기관으로 간주한다.

(3) **도피통기관**(逃避通氣管, Relief Vent Pipe)

① 회로통기관의 통기 능률을 촉진시키기 위하여 설치한다.

② 배수수평지관 최하류의 기구배수관 접속점 바로 밑 하류에서 도피통기관을 빼낸다.

③ 상부수평지관의 오수나 배수를 받는 배수수직관에 4개 이상의 대변기 배수를 받아 연결하여 회로통기를 하는 배수수평지관에는 도피통기관을 설치한다.

(4) **습식통기관**(습윤통기관, Wet Vent Pipe)

최상류 위생기구 바로 아래에 연결되어 통기와 배수의 역할을 함께하는 통기관이다.

(5) **공용통기관**(共用通氣管, Common Vent Pipe)

2개의 위생기구가 같은 레벨로 설치되어 있을 때 배수관이 교점에서 접속되어 수직으로 세운 통기관을 말한다.

(6) **결합통기관**(結合通氣管, Yoke Vent Pipe)

① 고층건물의 경우 배수수직주관과 통기수직주관을 접속하는 통기관이다.

② 브랜치 간격의 수가 11 이상인 건물의 오수와 배수수직관에는 최상부층에서 시작하여 매 10개의 브랜치 간격마다 도피통기관(결합통기관)을 설치한다.

③ 결합통기관의 관경은 통기수직관의 관경과 같아야 한다.

(7) **신정통기관**(伸頂通氣管, Stack Vent Pipe)

① 배수수직주관을 옥상 부분까지 연장하여 통기관으로 사용하는 부분을 말한다.

② 신정통기관의 관경은 배수수직관경 이상으로 한다.

:: 제27회

♡ OX

1. 루프통기관은 기구배수관을 통하여 배수수평지관에 연결된 2~8개 기구의 통기를 한 개의 통기관으로 담당한다. (○)

2. 도피통기관은 배수수평지관의 최상류에 있는 기구배수관 바로 하류측에 세운 통기관이다. (×)

3. 신정통기관은 모든 위생기구마다 설치하는 통기관이다. (×)

4. 신정통기관은 배수수직관 상부에서 관경을 축소하지 않고 연장하여 대기 중에 개방하는 통기관이다. (○)

5. 결합통기관은 배수수직관 내의 압력변화를 완화하기 위하여 배수수직관과 통기수직관을 연결하는 통기관이다. (○)

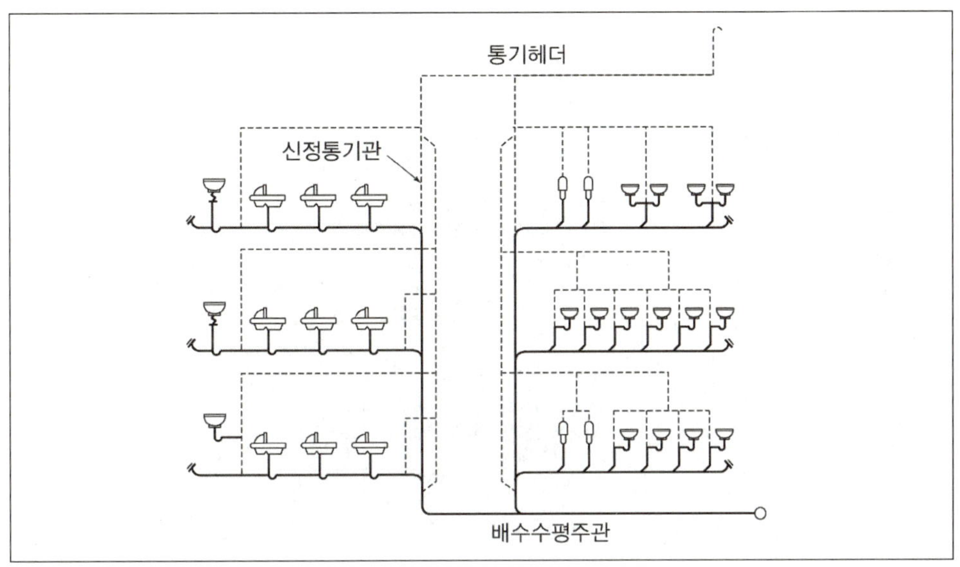

⑻ 통기헤더(Vent Header)

통기수직관과 신정통기관을 대기 중에 개구하기 전 두 개의 관을 하나의 관으로 통합한 관 부분을 말한다.

⑼ 특수통기관

별도의 통기 입관을 사용하지 않고 통기관은 신정통기관만으로 하며, 배수수평지관과 배수주직관과의 접속부에 특수이음쇠를 설치한다고 하여 특수통기방식이라고 한다. 유럽에서 주로 발달한 방식으로 소벤트 방식과 섹스티아 방식이 여기에 속한다.

① **소벤트 방식**(Sovent System) : 이 방식은 스위스의 Fritz Sommer가 1961년 개발한 것으로 통기관을 따로 설치하지 않고 신정통기관만으로 배수와 통기를 겸하고 있는 시스템이다. 이 시스템은 공기혼합이음쇠와 공기분리이음쇠를 이용한 배수 및 통기 겸용 기능을 갖추고 있다.

② **섹스티아 방식**(Sextia System) : 프랑스의 Rogger Legg 등이 1967년 개발한 것으로, 섹스티아 방식은 층수의 제한 없이 고층·저층에 모두 사용이 가능하다. 이음을 통해 배수수직관에 선회력을 주어 기압 유지하며, 신정통기관 이외의 통기관은 필요하지 않으므로 통기 및 배수 계통이 간단하고 배수 관경이 적어도 되며 소음도 적다. Sextia Fitting에는 6개의 위생 기구와 1개의 대변기의 접속이 가능하다. 섹스티아 이음쇠와 섹스티아 밴드로 구성된다.

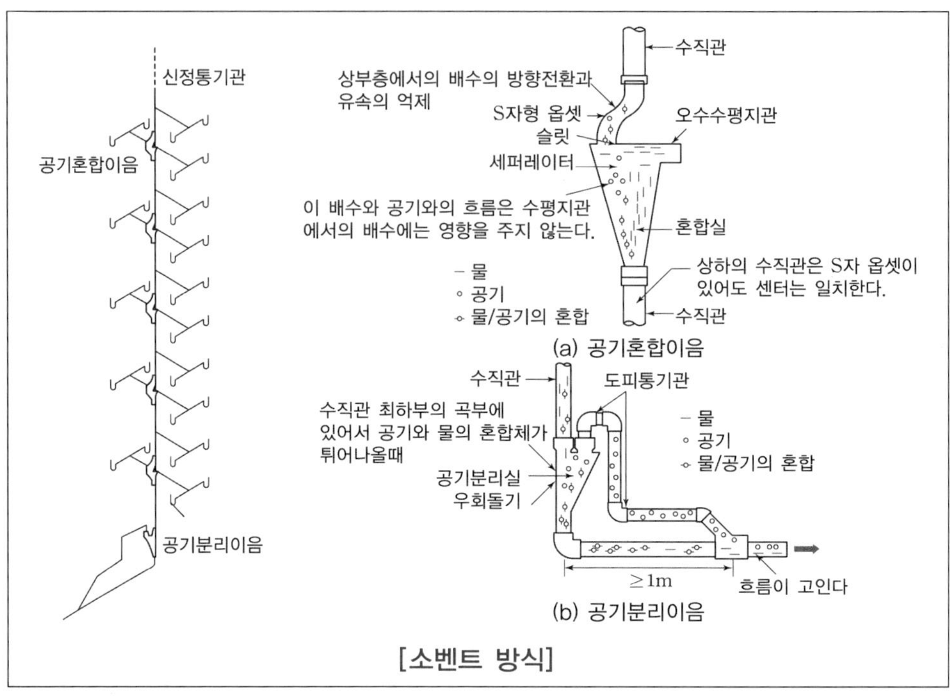
신정통기관
공기혼합이음
공기분리이음
수직관
상부층에서의 배수의 방향전환과
유속의 억제
S자형 옵셋
슬릿
세퍼레이터
오수수평지관
이 배수와 공기와의 흐름은 수평지관
에서의 배수에는 영향을 주지 않는다.
물
공기
물/공기의 혼합
혼합실
상하의 수직관은 S자 옵셋이
있어도 센터는 일치한다.
수직관
(a) 공기혼합이음
수직관
도피통기관
수직관 최하부의 곡부에
있어서 공기와 물의 혼합체가
튀어나올때
물
공기
물/공기의 혼합
공기분리실
우회돌기
≥1m
흐름이 고인다
(b) 공기분리이음
[소벤트 방식]

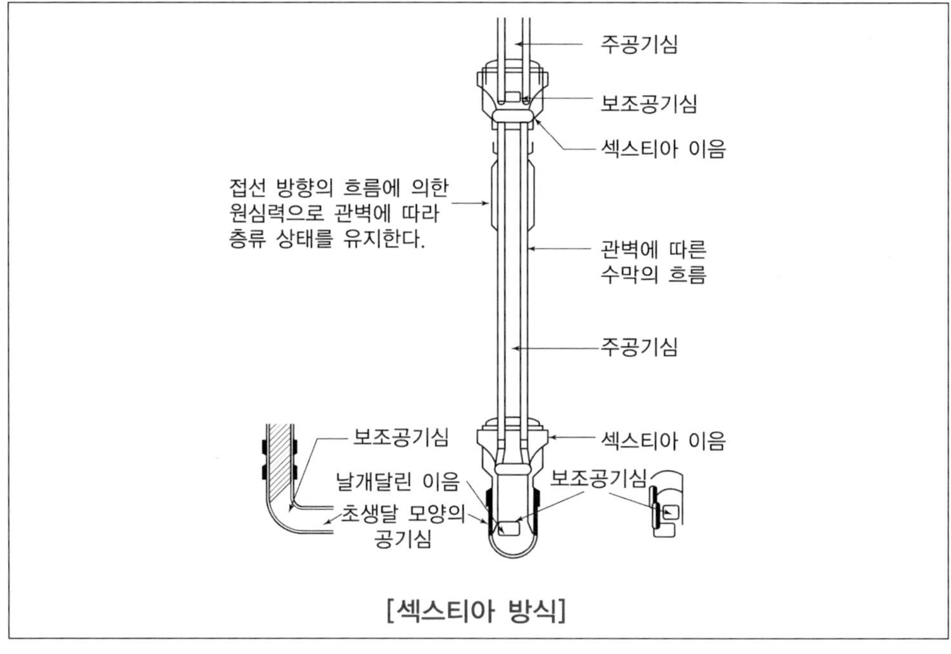
주공기심
보조공기심
섹스티아 이음
접선 방향의 흐름에 의한
원심력으로 관벽에 따라
층류 상태를 유지한다.
관벽에 따른
수막의 흐름
주공기심
보조공기심
섹스티아 이음
날개달린 이음
초생달 모양의
공기심
보조공기심
[섹스티아 방식]

3 통기관의 관지름 선정

(1) 신정통기관과 통기수직관의 크기

어떠한 경우에도 관지름이 담당 배수관 관지름의 1/2보다 크고 DN32 이상이어야 한다.

제19회

(2) 신정통기관이나 통기수직관 이외의 통기관

① 각개통기관과 통기지관, 회로통기관 그리고 도피통기관의 관지름은 담당 배수관 관지름의 1/2 이상으로 한다.
② 통기관은 DN32 이상으로 한다. 배관길이가 12m 이상인 통기관은 통기관의 전 배관길이에 대해 한 단계 큰 관지름으로 한다.

4 통기관 배관상의 주의사항

(1) 통기수직관 설치

브랜치 간격의 수가 5개 이상인 모든 배수수직관에는 통기수직관을 설치한다.

관련기준
건축표준시방서코드(KCS) 2021
〈KCS 31 30 25 : 2021〉

제26회

(2) 통기관의 개구부

① 통기관이 사람이 사용하는 옥상을 관통하는 경우 통기관의 말단을 사람의 키보다도 높은 약 2m 이상 세우거나, 옥상을 사용하지 않는 경우는 0.15m 이상 세우면 된다.
② 통기관의 대기개구부는 직접 외기에 개방하여야 하며, 건물의 문·창·환기 인입구 등의 개구부로부터 3m 이상 띄우든가, 또는 개구부의 위쪽에서 0.6m 이상 높게 하여야 한다.
③ 한냉지 및 적설지(積雪地)에서의 통기관 말단의 개구부는 동결이나 적설에 의해 막히지 않도록, 통기관의 지름은 75mm(DN80) 이상, 높이는 지붕면으로부터 300mm 이상 떨어진 위치에 개구부를 둔다.

(3) 금지해야 하는 통기관의 배관

① 바닥 아래의 통기배관은 금지한다.
② 통기관은 기구의 오버플로우면 이상(150mm 이상)으로 입상시킨 다음 통기수직관에 연결한다.
③ 간접 배수통기관은 단독으로 대기 중에 개구한다.

④ 오물정화조의 개구부는 단독으로 대기 중에 개구한다.

⑤ 오수 피트나 잡배수 피트는 각개(개별)통기관을 설치한다.

⑥ 가솔린트랩의 통기관은 단독으로 대기 중에 개구하여야 한다.

⑦ 통기수직관을 빗물수직관과 연결해서는 안 된다(통기수직관과 빗물수직관의 겸용을 금한다).

⑧ 통기관과 실내환기용 덕트와 연결해서는 안 된다.

⑨ 2중 트랩이 되지 않도록 한다.

⑩ 각개통기관은 동수구배선 위에서 배수관에 접속한다.

⑪ 각개통기관은 트랩 위어에서 관지름의 2배 이내의 거리에는 통기관을 설치하지 않아야 한다.

⑫ 배수수평관과 통기관의 연결은 배수관 단면의 수직중심선 상부에서 45°이내의 각도에서 접속한다.

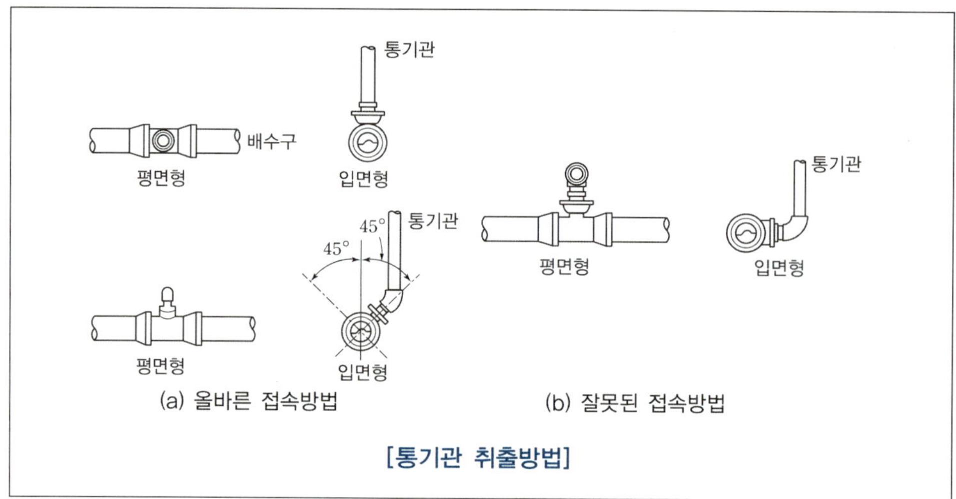

🔍 예제

통기방식에 관한 설명으로 옳지 않은 것은?　　　제26회

① 외부에 개방되는 통기관의 말단은 인접건물의 문, 개폐 창문과 인접하지 않아야 한다.

② 결합통기관은 배수수직관과 통기수직관을 연결하는 통기관이다.

③ 각개통기관의 수직올림위치는 동수구배선보다 아래에 위치시켜 흐름이 원활하도록 하여야 한다.

④ 통기수직관은 빗물수직관과 연결해서는 안 된다.

⑤ 각개통기방식은 기구의 넘침면보다 15cm 정도 위에서 통기수평지관과 접속시킨다.

해설

③ 각개통기관의 수직올림위치는 동수구배선보다 위에 위치시켜 흐름이 원활하도록 하여야 한다.

　정답 ③

5 배관의 설계 및 시공

(1) 배수 및 통기수직주관은 파이프 샤프트(P.S : Pipe Shaft) 내에 배관한다.

(2) 변기는 될 수 있는 대로 수직주관 가까이에 설치한다.

(3) 배수 및 통기배관의 시험

건물 인도 후에 발생하는 누수는 급수계통의 누수와 같은 형태로 건물이나 비품 등에 막대한 손상을 줄 뿐만 아니라 비위생적이며 또한 취기도 발생시켜 인체에도 악영향을 미치는 결과가 된다. 따라서 이와 같은 사태를 방지하기 위해서는 건물 내 오수·잡배수·통기관의 배관공사 또는 일부를 완료한 때는 만수시험 또는 기압시험을 한다. 또 위생기구 등의 설치가 완료된 후에는 모든 트랩에 물을 채운 후, 오수, 잡배수, 통기배관계통에 연기시험 또는 박하시험을 해야 한다. 그 후 통수시험을 해야 한다.

> **시험 및 검사**
>
> 3.11.1 제품시험 및 검사
>
> KCS 31 30 15에 따른다.
>
> 3.11.2 현장시험 및 검사
>
> (1) 기기 및 기구의 설치 및 부착검사
>
>   KCS 31 30 15[3.8.2(1)]에 따른다.
>
> (2) 건물 내 배수통기계통의 시험
>
>   KCS 31 30 15(3.8)의 시험 및 검사에 따른다.
>
>   ① 만수시험: 시험대상 부분의 최고 개구부를 제외한 기구와의 연결부를 모두 밀폐하고 개방부까지 물을 가득 채워 KCS 31 30 15의 배관시험의 기준치에 따르고 배관에서의 누수를 검사한다. 또한 펌프를 사용하여 시험할 경우 시험수압은 30kPa로 한다.
>
>   ② 기압시험: 공기압축기 또는 시험기를 배수관의 1개의 개구부에 접속하고 그 밖의 개구부를 밀폐시킨 후 공기를 개구부에서 그 계통에 압송하고, KCS 31 30 15(3.15) 배관시험의 기준치에 따라 배관의 누설 유무를 검사한다.
>
> (3) 건물 내 배수 및 통기계통의 최종시험
>
>   시공이 완료된 배수 및 통기계통은 만수시험 또는 기압시험을 하며, 또 위생기구 등의 설치를 완료한 후에는 전체의 트랩을 봉수하고 전 계통 또는 계통마다 연기시험을 행하고, 연기시험 완료 후에는 통수시험 및 유하시험을 행하며 특기사항이 있는 경우는 박하시험을 행한다.

◆ 관련기준

건축표준시방서코드(KCS) 2021
〈KCS 31 30 25 : 2021〉

① 연기시험: 시험대상 부분의 전체트랩을 수봉한 후 1개 또는 여러 개의 연기발생기를 사용하고 그 계통에 농도가 짙은 연기를 송입하고 최소 유지시간 15분 후에 시험압력 250Pa을 유지하면서 배관과 트랩 및 기구와의 연결부에서 누설을 검사한다.

② 박하시험: 시험대상 부분의 전체트랩을 수봉한 후 수직관 7.5m에 대해서 박하유 50g을 4L 이상의 뜨거운 물에 녹이고 그 용액을 수직관 최상부 통기부에서 주입하고 그 통기구를 밀봉한 후 최소 유지시간 15분 후 시험압력 250Pa를 유지하면서 배관, 트랩 및 기구와의 접합부에서 누설을 검사한다.

③ 통수시험: 각 기구의 사용 상태에 맞는 수량으로 배수하고 계통의 이상 유무를 검사한다.

④ 유하시험: 기구배수관의 안지름에 알맞은 바깥지름의 속이 빈 볼을 유하시키고 배수관의 접속 상황을 검사한다.

(4) 부지배수관의 시험

공공하수도 등에 연결하기 직전에 맨홀부분에서 밀폐한 다음 배수관을 만수시키고 최소 유지시간 30분 후에 배관의 누수를 검사한다. 그리고 부지의 상황에 따라 부분적인 만수시험을 한다.

(5) 건물 내 우수배수관의 시험

우수수직관, 우수수평지관 및 우수수평주관의 시험은 위 (2)의 ① 또는 ②에 의한다.

(6) 탱크의 만수시험은 급수설비공사 KCS 31 30 15의 만수시험에 따른다.

(7) 운전시험은 급수설비공사 KCS 31 30 15의 운전시험에 의한다.

(8) 관공서 검사는 급수설비공사 KCS 31 30 15의 관공서 검사에 의한다.

🔗 계통별 수압시험 기준

시험방법	수압 · 만수 시험						기압 시험
최소사용 압력, 최소 유지 시간	1.0 MPa	사용 압력의 1.5배	설계 도서에 기재된 펌프 양정의 1.5배	가압 송수 장치의 최고 사용 압력의 1.5배	30kPa	만수	35kPa
계 통	60	60	60	60	30	30	15
급수 · 급탕 — 직 결	○						
급수 · 급탕 — 고가수조 이하 연결배관		○*					
급수 · 급탕 — 양수관			○*				
배수 — 건물 내 오수, 배수관					○	↔	○
배수 — 택지배수관						○**	
배수 — 건물 내 빗물 배수관					○		○
배수 — 배수펌프 토출관			○*				

* 최소 0.75MPa로 한다.

** 시험수두는 시험구간 내의 최하부에서 최상부의 수두로 한다.

위생기구 및 배관용 재료

01 위생기구

1 위생기구의 정의와 조건

(1) 위생기구 정의

위생기구는 물받이 기구 및 그에 따르는 장치를 총칭한 것으로 급수기구·물받이 용기·배수기구 및 부속품을 말한다. 이에는 대변기, 소변기, 세면기, 싱크대, 욕조 등이 있다.

(2) 위생기구가 갖춰야 할 조건

① 흡습성·부식성이 없고 내구성이 있는 재료일 것
② 마무리 외관이 미적임과 동시에 위생적일 것
③ 기구의 제작·제조가 용이하며, 또 부착이 손쉽게 완전히 접속될 것
④ 오염방지를 배려한 기구일 것
⑤ 조립이 간단하고 확실할 것

2 위생기구의 재질

(1) 도기의 장·단점

장 점	단 점
① 경질이고 산·알칼리에도 침식되지 않으며 내구성이 풍부하다. ② 겉면이 백색이고 평활하여 조금만 더러워져도 눈에 잘 띄고 청소하기 쉬우므로 위생적이다. ③ 흡수성이 없고 오수나 악취 등이 흡수되지 않으며 변질도 안 된다. ④ 제작기술의 향상에 따라 매우 복잡한 형태의 기구도 제작할 수 있다.	① 탄력성이 없고 충격에 약하므로 파손되기 쉽다. ② 파손되면 보수할 수 없다. ③ 팽창계수가 아주 작으므로 금속기구(급·배수관)나 콘크리트와의 접속에는 특수공법이 요구된다. ④ 형상을 만들어 고온도로 구어내야 하므로 $10\sim15\%$의 수축이 있고 수축률이 일정하지 않아 정밀한 치수를 기대할 수 없다.

(2) 기타 재료

재 질	특 징	용 도
스테인레스 강판	① 깨지기 쉬운 도기의 약점을 보강 ② 가공성이 좋다.	싱크, 욕조 등
법랑철기	금속 표면에 유리질의 유약을 도포한 것으로 금속으로서의 견고성과 표면의 아름다움, 내식성을 갖추고 있다.	욕조, 세면기, 싱크 등
플라스틱	경량이고, 가공성이 뛰어나서 곡선형상도 쉽게 제작할 수 있다.	욕조 등

3 위생기구의 종류

(1) 대변기

① 대변기 세정방식에 따른 분류

　㉠ 세출식(洗出式, Wash Out Type)

　　ⓐ 오물을 변기바닥의 얕은 수면에 일시적으로 받아 변기 가장자리의 여러 곳에서 토출되는 세정수로 오물을 씻어내리는 방식이다.

　　ⓑ 악취가 심하며 오물이 부착되기 쉽다.

　　ⓒ 동양식 변기에 가장 많이 사용한다.

　㉡ 세락식(洗落式, Wash Down Type)

　　ⓐ 오물을 직접 트랩 내의 유수(溜水)부에 낙하시켜 물의 낙차에 의하여 오물을 배출하는 방식이다.

　　ⓑ 오물은 유수 중에 매몰하기 때문에 취기의 발산은 비교적 적지만 용변시 물이 튀어오고 유수면이 좁아 더러움이 부착하기 쉽다.

　　ⓒ 일반적으로 보급형 양식변기에 주로 사용한다.

　㉢ 사이펀식(Syphon Type)

　　ⓐ 양식 대변기로서 변좌에 앉아 용변을 보며 오물을 직접 유수 중에 낙하시켜 굴곡된 배수로의 저항에 따라 세정수에 의해 배수로 내를 만수하여 사이펀작용을 일으켜 흡인·배출되는 방식이다.

　　ⓑ 세락식보다 배출능력이 우수하므로 유수면을 약간 넓혀 취기의 발산도 적고 오물이 부착되지 않는다. 그러나 소음이 큰 것이 단점이다.

　　ⓒ 트랩의 봉수 깊이: 65mm 이상

　㉣ 사이펀 볼텍스식(Syphon Vortex Type)

　　ⓐ 사이펀작용에 물의 회전운동을 주어 와류작용을 가한 방식이다.

　　ⓑ 유수면이 넓고 취기의 발산 및 오물의 부착이 적으며, 세정시 공기가 혼입되지 않기 때문에 세정음이 아주 조용하다.

　　ⓒ 근래에 도입이 많이 이루어지고 있는 방식이다.

　㉤ 사이펀 제트식(Syphon Jet Type)

　　ⓐ 트랩 입구측에 제트구멍이 있어 급수구에서 유입될 물의 일부가 제트 구멍에서 분출하여 배수로 관내를 재빠르게 만수시켜 사이펀식의 자기사이펀작용을 보다 촉진시켜 흡인작용으로 세정하는 방식이다.

　　ⓑ 취기의 발산이나 오물이 부착하는 경우는 거의 없고 성능이 가장 우수하다.

　　ⓒ 트랩의 봉수 유효 깊이: 75mm 이상

ⓗ 블로아웃식(Blow Out Type)

    ⓐ 변기 가장자리에서 세정수를 적게 내뿜고 분수(噴水) 구멍에서 높은 압력으로 물을 뿜어내어 그 작용으로 오물을 밀어내어 배출하는 방식이다.

    ⓑ 배수로가 크고 굴곡도 작아서 막힐 염려가 없으나 높은 급수압력을 필요로 하기 때문에 세정음이 크다.

    ⓒ 주택이나 호텔 등에서의 사용은 바람직하지 않다.

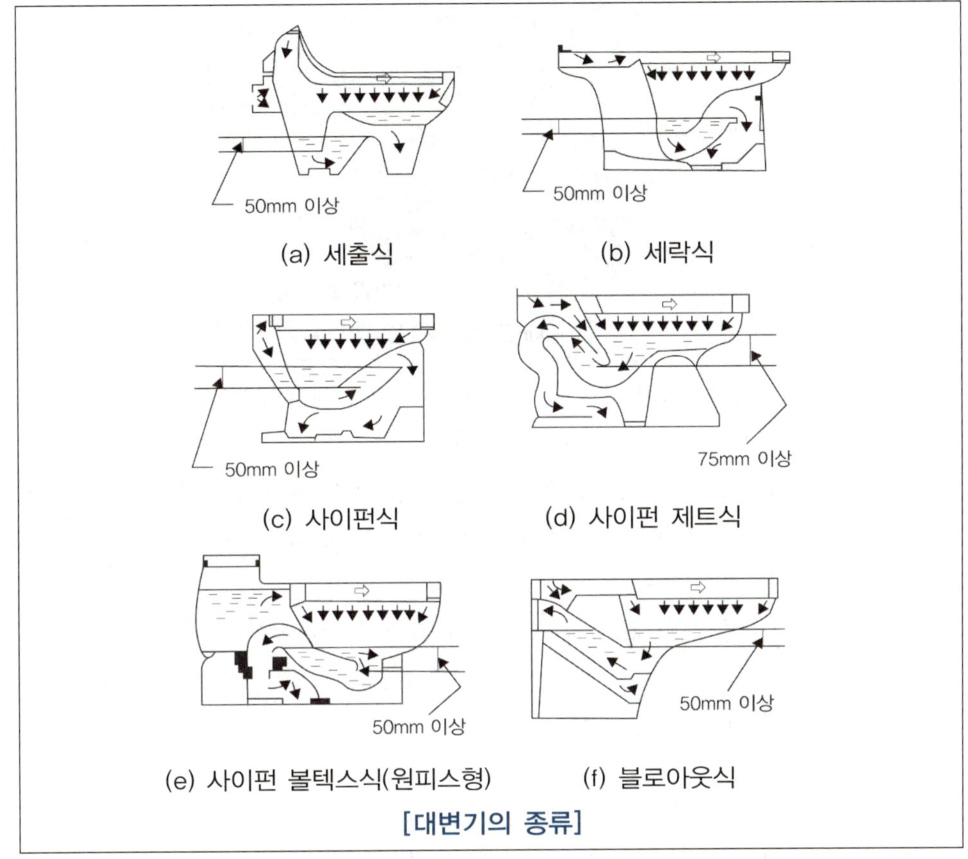

[대변기의 종류]

② **대변기 세정 급수방식에 따른 분류** : 대변기에서 사용되는 세정수를 대변기에 공급하는 방식은 크게 세정 밸브(Flush Valve)방식과 시스턴(Cistern ; 세정탱크)방식이 있으며, 시스턴방식(세정탱크)은 다시 로우 탱크(Low Tank)방식과 하이 탱크(High Tank)방식으로 분류된다.

  ㉠ 세정 밸브식(Flush Valve, 플러시 밸브식, 세척 밸브)

    ⓐ 급수관에서 세정 밸브를 거쳐 변기 급수구에 직결되고, 세정 밸브의 핸들을 작동함으로써 일정량의 물이 분사되어 변기 속을 세정하는 방식이다.

제15회, 제18회, 제23회
OX

블로아웃식 대변기는 사이펀 볼텍스식 대변기에 비해 세정음이 작아 주택이나 호텔 등에 적합하다. (×)

ⓑ 역사이펀작용을 방지하기 위해 진공방지기(Vaccum Breaker)를 설치해야 한다.

ⓒ 급수관의 관경: 25mm

ⓓ 급수관의 수압: 100kPa

ⓔ 학교, 사무실 등에 적합하다.

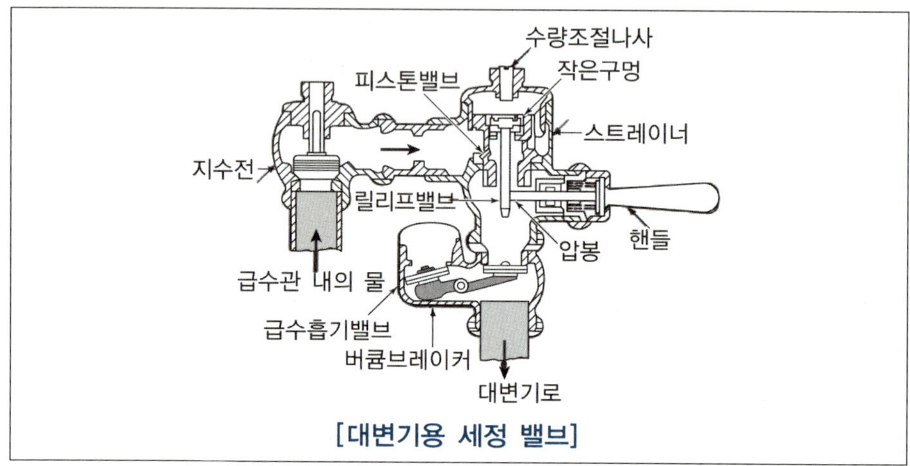

ⓛ 하이 탱크식(High Tank System): 하이 탱크식은 고수조식(高水槽式) 또는 하이 시스턴식이라고도 한다.

ⓐ 높은 곳에 하이 탱크(세정 탱크)를 설치하고 급수관을 통하여 물을 채운 다음, 이물을 세정관(洗淨管)을 통하여 변기에 분사하여 세정하는 방식이다.

ⓑ 하이 탱크의 표준높이: 1.9m(최소 1.6m 이상)

ⓒ 탱크 용량: 15ℓ

ⓓ 급수관의 관경: 10~15mm

ⓔ 세정관의 관경: 32mm

ⓕ 특 징

- 변기의 설치면적을 적게 할 수 있다.
- 세정시 소음이 많이 난다.
- 탱크 내 고장이 있을 때 수리가 곤란하다.
- 단수시 사용이 곤란하다.
- 쇠사슬과 레버의 고장이 많다.

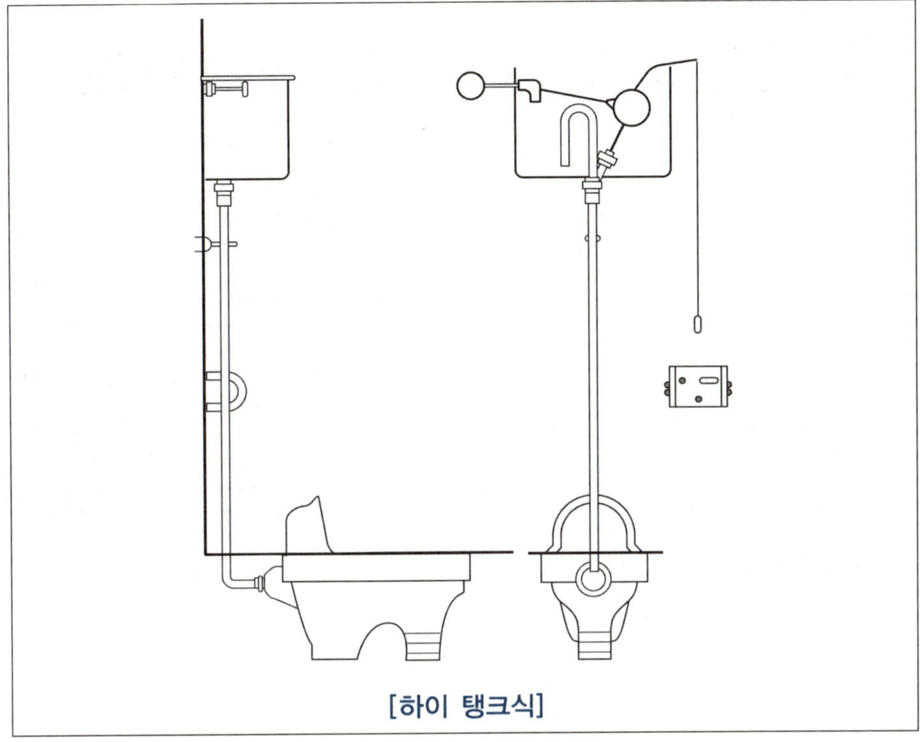

ⓒ 로우 탱크식(Low Tank System) : 저수조식 또는 로우 시스턴식이라고
  도 한다.

   ⓐ 세정수(洗淨水)의 수압이 낮으므로 세정관이 굵어야 하며(50mm),
      저항을 줄이고 단시간에 소요량의 물을 분사하여 세정하는 방식이다.

   ⓑ 급수관의 관경 : 15mm 정도

   ⓒ 세정관의 관경 : 50mm

   ⓓ 특 징

      • 세정시 소음이 적어 주택, 호텔 등에 적합하다.

      • 저압의 지역에서도 사용할 수 있다.

      • 탱크가 낮은 위치에 있으므로 고장이 났을 경우 수리하기 쉬우며,
        단수(斷水)가 되더라도 물을 공급하여 세정할 수 있다.

      • 변기 설치면적이 넓고 세정수량이 많은 것이 단점이다.

⊘ 각 세정 방식의 특징

항 목	세정 밸브식	하이 탱크식	로우 탱크식
수압의 제한	있음(100kPa)	없음	없음
급수관경의 제한	25mm 이상	15mm	15mm
설치장소	별로 크지 않음	차지하지 않음	크게 차지함
소 음	약간 큼	상당히 큼	적음
구 조	복잡함	간단함	간단함
수 리	곤란함	곤란함	용이함
공 사	용이함	곤란함	용이함
연속사용	할 수 있음	할 수 없음	할 수 없음

(2) 위생설비의 유닛(Unit)화

① 위생설비 유닛의 목적

㉠ 공사기간을 단축시킨다.

㉡ 공정을 단순화 및 합리화시킨다.

㉢ 시공정도를 향상시킨다.

㉣ 재료비와 인건비를 절감할 수 있다.

② 위생설비 유닛의 필수조건

㉠ 대량 생산성이 높고 제작공정이 단순할 것

㉡ 경량이고 운반에 편리한 형상이며, 견고할 것

㉢ 현장에서 조립과 설치가 간단할 것

㉣ 현장에서의 작업을 최소한으로 할 것

㉤ 방수 끝내기가 필요한 경우는 완전할 것

㉥ 본관과의 배관접속이 쉽고, 유닛 내부의 배관도 복잡하지 않을 것

㉦ 배관이 방수를 관통하지 않고 바닥 위에서 처리할 수 있을 것

02 배 관

배관은 건축설비의 유체 이송을 위한 관을 배치하는 일의 총칭을 말하며, 재료로서 관 재료가 차지하는 비중은 매우 광범위할 뿐 아니라 설비 설계도면에서도 다양하게 도시된다. 최근 금속재료와 비금속재료의 개발로 관재료가 새롭게 생산됨은 물론 사용용도의 범위도 매우 넓다.

1 개 요

(1) 관의 분류

유체의 수송에 사용되는 관은 재질에 따라 강관·주철관·동관·연관·합성수지관·콘크리트관 등으로 크게 분류되며, 각종 관은 다시 용도 및 사용압력 등에 따라 다양한 종류로 세분된다.

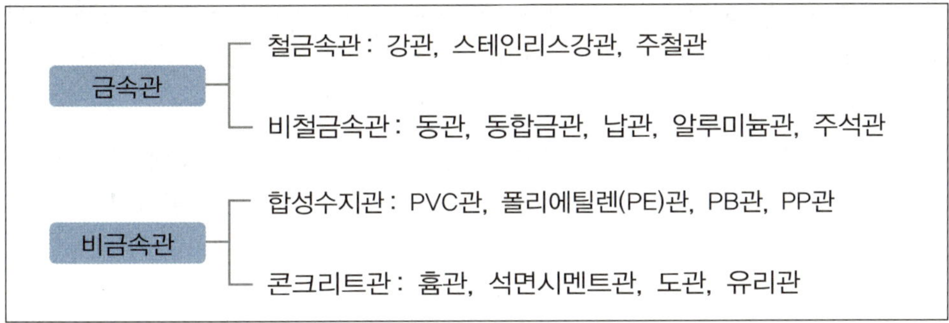

(2) 관의 굵기와 호칭법

① 관의 굵기는 일반적으로 호칭지름이 사용된다.

② 계열에 따라 미터단위(mm)와 인치단위(″)의 2가지 단위로 표시된다.

③ **호칭지름의 기호** : A(DN) − mm, B(NPS) − ″

④ 호칭지름은 관지름과 다르므로 관의 강도 및 유량문제를 다룰 때는 호칭지름이 아닌 실제의 관지름, 즉 바깥지름이나 안지름이 사용된다.

단 위	기 호	호칭지름 기호 표시의 예									
미터계열 (mm)	A	15A	20A	25A	32A	40A	50A	65A	80A	100A	… 200A
인치계열 (inch)	B	1/2B	3/4B	1B	11/4B	11/2B	2B	21/2B	3B	4B	… 8B

(3) 관의 두께

① 동일 규격의 관에서 호칭지름마다 한 가지 두께만을 규격화하여 사용하는 관도 있으나 대부분의 관은 2종류 이상의 두께를 제조하고 있다.

② 관 재료의 강도 및 성질 또는 접촉하는 유체의 제반 성질이 매우 다양하기 때문에 관의 두께를 한 가지로만 통일시킨다는 것은 불가능하기 때문이다.

③ 관을 치수별로 몇 가지의 두께를 정해놓고, 그 중에서 알맞은 것을 선택하여 사용하도록 하고 있다.

::: 제15회

2 배관재료의 종류와 특성

(1) 강관(Steel Pipe)

강관은 강도가 크고 충격에 대하여 강인하기 때문에 건축물에서 물이나 증기·가스를 공급하는 배관은 물론 산업설비에서도 각종 유체의 수송용으로 광범위하게 사용되고 있다. 그러나 다른 종류의 관에 비하여 부식이 잘 되어 내용연수가 비교적 짧은 단점이 있다.

① **특 징**

㉠ 기계적 성질이 우수하다(인장강도가 크며, 충격에 대해 강인하다).

㉡ 굴곡성이 좋고, 관의 접합이 비교적 쉽다(시공이 용이하다).

㉢ 고온이나 저온에서도 강도가 크다.

㉣ 주철관이나 납관에 비해 가볍다.

㉤ 가격이 비교적 저렴하다.

㉥ 단점으로 다른 관에 비해 부식이 잘 되어 내용연수가 짧다.

② **접합 방법**

㉠ 나사접합: DN50 이하의 관이음에 사용된다.

㉡ 플랜지접합: 고압 파이프라인 또는 밸브, 펌프, 열교환기 및 각종 기기를 접속시킬 때, 관을 자주 해체하거나 교환할 필요가 있을 때 사용한다.

㉢ 용접접합: 접속부의 모양에 따라 맞대기용접식과 슬리브용접식이 있고 재질에 따라 일반 배관용과 특수 배관용이 있다.

③ **관의 두께**: 강관의 두께는 스케줄 번호(Schedule Number)로 나타내며 스케줄 번호에는 SCH10, 20, 30, 40, 60, 80 등이 있고, 번호가 클수록 관의 두께가 두꺼워진다[P/S × 10(P: 최대사용압력, S: 허용응력)].

④ **강관종류**

　㉠ 배관용 탄소강관

　　ⓐ 사용압력이 비교적 낮은 증기·물·증기·기름·가스·공기 등의 배관에 사용되는 관으로서 백관과 흑관이 있다.

　　　• 백관 : 부식을 방지하기 위해 관의 내·외면에 아연도금을 한 관으로 물 수송 배관에 주로 사용된다. 그러나 온수계통의 사용은 금한다.

　　　• 흑관 : 도금을 하지 않은 관으로 증기·가스 배관에 사용되며 가스관이라고도 한다.

　　ⓑ 수도용 아연도금강관

　　ⓒ 압력배관용 탄소강관(SPPS, 1.0~9.8MPa까지 작용하는 수압관·보일러 증기관·고층건물의 물배관·소방용 배관에 사용)

　　ⓓ 고압배관용 탄소강관

　　ⓔ 내식성 급수용 강관(SPCR)

　　ⓕ 배관용 아크용접 탄소강관

　　ⓖ 고온배관용 탄소강관 등

　㉡ 배관용 라이닝 및 도복장 강관 : 강관을 유체 및 대기 환경의 부식으로부터 방어하여 관의 내구성과 관속을 흐르는 유체의 영향을 최소한으로 줄이기 위하여 관 내면에 경질염화비닐이나 폴리에틸렌의 합성수지로 라이닝(Lining)하거나 내·외면에 코팅(Coating) 또는 피복(被服)을 한 관으로서, 목적에 따라 여러 용도에 사용되고 있다.

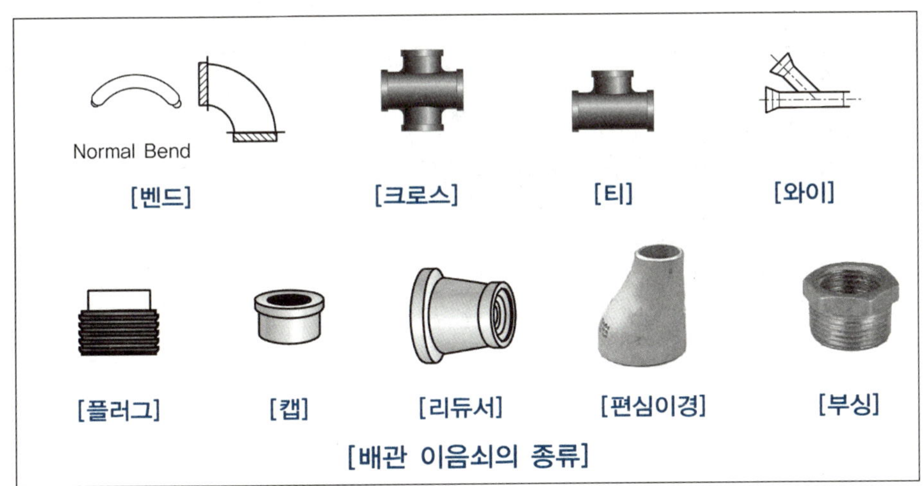

OX

탄소강관은 내식성 및 가공성이 우수하며, 관두께에 따라 K, L, M형으로 구분된다. (×)

:: 제14회, 제25회

⑤ **강관의 이음분류**

　㉠ 같은 지름의 관을 직선으로 접합할 때 : 소켓, 유니온, 플랜지, 니플, 커플링

　㉡ 서로 다른 지름의 관을 이을 때 : 리듀서(레듀서), 편심레듀서(이경소켓), 부싱, 이경엘보, 이경티

　㉢ 관을 도중에서 분기할 때 : T, Y, 크로스

　㉣ 배관의 굴곡 : 엘보, 벤드

　㉤ 관 끝을 막을 때 : 플러그, 캡

(2) 스테인리스 강관

스테인리스 강관은 용도에 따라 배관용 · 구조용 · 열교환기용으로 제조된다.

① **특 징**

　㉠ 내식성이 우수하여 사용환경에 제약이 적으며 위생적이다.

　㉡ 내열성 · 내마모성 · 내충격성이 우수하다.

　㉢ 기계적 강도가 높다.

　㉣ 마찰손실이 적다.

　㉤ 표면이 아름다워 의장성이 뛰어나다.

② **종 류**

　㉠ 일반배관용 스테인리스 강관

　㉡ 배관용 스테인리스 강관

　㉢ 스테인리스 위생관

　㉣ 배관용 아크용접 대구경 스테인리스 강관

:: 제18회

③ **관의 접합**

　㉠ 프레스식접합

　㉡ 클립식접합

　㉢ 커플링접합

　㉣ 드레서형 스냅링식접합

　㉤ 나사식이음

　㉥ 플랜지접합

　㉦ TIG(Tungsten Inert Gas)용접접합 등이 있다.

♀ OX

스테인리스 강관은 철에 크롬 등을 함유하여 만들어지기 때문에 강관에 비해 기계적 강도가 우수하다. (○)

(3) 주철관

주철관(Cast Iron Pipe)은 강관에 비해 내압성, 내마모성이 우수하고 내식성 내구성이 좋으므로 지중에 매설하는 수도용이나 배수용으로 널리 사용되어 왔으며, 가스공급용 배관이나 화학공업용 등에도 많이 사용되고 있다.

① **특 징**

  ㉠ 내식성·내마모성이 크다.

  ㉡ 압축에는 강하고 인장에 약하고 충격에도 약하다.

  ㉢ 다른 배관재에 비하여 열팽창계수가 작다.

  ㉣ 소음(Noise)을 흡수하는 성질이 있으므로 옥내 배수용으로 적합하다.

  ㉤ 마찰저항이 크고 단위길이당 무게가 무겁다.

② **용도**: 급수관, 오배수관, 가스공급관, 지중 매설배관(콘크리트 바닥 매설), 화학공업용 배관 등

③ **관의 접합**

  ㉠ 소켓접합

  ㉡ 플랜지접합

  ㉢ 메커니컬접합(Mechanical Joint): 주철관의 기계적접합은 소켓접합과 플랜지접합의 장점을 채택한 방법

  ㉣ 빅토릭접합(Victoric Joint): 빅토릭형 주철관을 고무링과 금속제 칼러(Collar)를 사용하여 잇는 접합법으로, 관 속의 압력이 증가함에 따라 고무링은 더욱 더 관 벽에 밀착하게 되어 누수를 방지한다.

  ㉤ 타이튼이음: 소켓과 삽입부 틈새에 삽입되는 원형단면의 고무링에 의해 접합되고 기밀이 유지된다.

  ㉥ 노허브이음: 종래의 소켓이음을 개량한 것으로 주로 소구경에 적용되며, 안정성이 우려된다.

(4) 연관(Lead Pipe)

연관은 알칼리 이외에는 내식성이 크고 굴곡가공이 용이하며 절연성이 좋아 가공이 용이해서 급배수설비와 가스배관으로 이용되지만, 중량이 크고 가격이 고가이며 알칼리에 약하므로 매설시 방식 피복이 필요하다는 단점을 가지고 있다.

① **특 징**

  ㉠ 산에는 강하나 알칼리에 약하므로 피복하지 않고는 콘크리트 속에 매설할 수 없다.

  ㉡ 부식에 강해, 해수, 천연수 등에 견딘다.

  ㉢ 전성이 좋고, 굴곡이 용이하고 가공이 용이하여 널리 사용되고 있다.

　　　② 초산, 진한 염산, 증류수, 극연수 등에 침식된다.

　　　⑩ 열에 약하며 급탕배관에 부적합하다.

　② **용도**: 화공배관, 가스배관, 수도관, 기구배수관용

　③ **관의 접합**

　　　㉠ 플라스턴접합: 용융점이 낮은 플라스턴 합금을 녹여 연관을 접합하는 방법

　　　💡 **플라스턴**
　　　주석(Sn) 40%와 납(Pb) 60%로 된 합금

　　　㉡ 납땜접합

⑸ **동관**(Copper Pipe)

동관은 내식성이 우수하고 열전도율이 높으며, 가격이 저렴하지만, 외력에 약하고, 특히 동산화물은 인체에 해롭다. 최근에는 건축물의 급수·급탕·난방 등에 사용된다.

　① **특 징**

　　　㉠ 내식성이 우수하며 내구연수(耐久年數)가 길다.

　　　㉡ 관 내면이 매끄러워 마찰손실이 적으며 스케일 생성이 적다.

　　　㉢ 전·연성이 좋아 배관의 가공이나 시공이 용이하다.

　　　㉣ 신율(伸率)과 유연성이 좋아 진동이나 지진에 안전하고, 동결파손에도 강하다.

　　　㉤ 위생적이다(부식에 의한 오염의 우려가 적다).

　　　㉥ 열 및 전기의 전도율이 양호하다.

　　　㉦ 두께가 얇고 가벼워서 설치물을 경량화시킬 수 있다.

　　　㉧ 타격에 의해 찌그러지기 쉬운 단점이 있다.

　② **용도**: 급수관, 급탕관, 급유관, 압력계관, 냉매관, 열교환기용관

　③ **두께**: K, L, M, N형이 있으며 K형이 가장 두껍고, N형이 가장 얇다. N형은 KS 규격에는 없다.

　④ **관의 접합**: 납땜(솔더링, Soldering)접합, 경납땜(브레이징, Brazing)접합, 끼워넣기접합, 플랜지접합, 플래어접합, 유니온접합 등이 있다.

⑹ **경질염화비닐관**

　① **특 징**

　　　㉠ 산·알칼리성에 강하며 내해수·내약품성이 우수하다.

　　　㉡ 전기 절연성이 크고 금속관과 같은 전식(電蝕)작용의 염려가 없다.

　　　㉢ 관 내면에 스케일이 잘 끼지 않으며, 이로 인해 항상 유량이 일정하다.

　　　㉣ 관내 마찰 손실이 적고, 굴곡·접합·용접 등의 배관 가공이 용이하다.

ⓜ 무독·무취로 위생적이다.

ⓑ 가볍고 강하다.

ⓢ 열과 충격에 약하다.

ⓞ 열팽창률이 크다.

ⓩ 자외선에 약하다.

② 두께에 따라 VG1(두꺼운 관), VG2(얇은 관)로 나뉘며, 배수에는 VG2를 보편적으로 사용하고, VG1은 저압 수도 배관에 사용한다.

③ **관의 접합**: 경질염화비닐관과 이음쇠의 접합은 이음쇠 내부가 테이퍼로 된 TS이음관을 사용해서 접착제에 의해 TS(Taper Solvent)이음을 한다.

> **경질염화비닐관이음 방법**
> 1. PVC관의 이음방법에는 냉간이음, 열간이음, 플랜지이음, 용접이음, 나사이음 등이 있다.
> 2. 냉간이음에는 TS식이음과 고무링이음이 있다.
> 3. 열간이음에는 1단 슬리브이음과 2단 슬리브이음이 있다.
> 4. 열간이음은 지름이 작은 관에서 보수할 때 일부 사용되고 있다.

(7) **가교화폴리에틸렌관**(X － L)

내열성, 내약품성, 내구성, 유연성, 내화성이 우수하며, 온수온돌 파이프로 이용한다.

(8) **폴리에틸렌관**(PE관)

PVC관의 특성을 가지고 있으면서 화학적·물리적 성질이 PVC관보다 우수하다. 용도에 따라 일반용·수도용·가스용·하수도용 폴리에틸렌관이 있다.

① **특 징**

㉠ PVC관의 2/3 정도로 가볍다.

㉡ 충격에 강하고 내한성(耐寒性)이 우수하다.

㉢ 내열성과 보온성이 PVC관보다 우수하다.

㉣ 내약품성·위생성이 우수하다.

㉤ 전기의 절연성이 커서 전식(電蝕)작용을 일으키지 않는다.

㉥ 인장강도가 온도의 상승에 따라 현저하게 저하한다.

② **관의 접합**: 메커니컬이음, 열융착이음 또는 전기융착이음이 있다.

(9) 폴리부틸렌관

① 일반건물 내에서 급수배관의 재질로는 동관과 스테인리스강관이 널리 사용되고 있으나, 근래에는 저렴하고 위생적인 폴리부틸렌(PB)관이 보편적으로 사용되고 있다.

② **관의 접합**: 메커니컬접합, 열융착이음, 전기융착이음

(10) 콘크리트관

① **용 도**

㉠ 내식성이 강해서 배수관, 해수수송관, 모래운반관에 이용된다.

㉡ 콘크리트 제품으로 가격이 싸며, 배수관에 사용하기도 한다.

② **종 류**

㉠ 원심력 철근콘크리트관(흄관): 상·하수도 배수용

㉡ 석면 시멘트관(Eternit Pipe): 아스베스토스(석면)와 포틀랜드 시멘트를 1:5의 비율로 혼합

㉢ 철근콘크리트관: 옥외 배수관

㉣ 도관: 두께에 따라 보통관, 후관(厚管), 특후관으로 분류된다. 보통관은 일반용 배수관에 사용되며, 후관은 도시하수관, 특후관은 철도배수관 등에 사용된다.

> **배관재료**
> 1. 강관은 기계적 성질이 우수하며 고온이나 저온에서도 강도가 크며, 스케줄 번호가 클수록 살두께가 두껍다.
> 2. 주철관은 내구성이 크며, 다른 배관재에 비하여 열팽창계수가 적고, 소음(Noise)을 흡수하는 성질이 있으므로 옥내 배수용으로 적합하다.
> 3. 스테인리스강관은 내식성이 우수하여 사용환경에 제약이 적으며, 관의 두께를 얇게 할 수 있어 단위길이당 무게가 가볍다.
> 4. 동관은 내식성이 우수하며, 관 내면이 매끄러워 마찰손실이 적으며, 스케일 생성이 적고, 신율(伸率)과 유연성이 좋아 진동이나 지진에 안전하고, 동결 파손에도 강하다. 배관용 동관의 두께는 K형, L형, M형의 3종류가 있으며, K형이 두께가 가장 두꺼우며 순차적으로 얇아진다.
> 5. 일반용 경질염화비닐관은 일반의 유체를 수송하는 관으로, 호칭지름과 두께에 따라 일반관(VG1)과 얇은관(VG2)의 2종류가 있다.

3 배관의 부식 원인

① 철합금, 동합금, 알루미늄 합금의 산화로 인한 부식
② 용존산소에 의한 부식
③ **접촉된 다른 금속 간에 일어나는 부식**: 두 금속이 이온화 경향의 차이가 크고 관이 접촉할 때 접촉점 부근에서 많이 일어난다.
④ **전식(電蝕)**: 지하 매설관 등이 외부로부터 전류가 관으로 유입되어 일어나는 현상

03 밸브

밸브

01 스톱 밸브류
02 볼 탭
03 플로트 밸브
04 체크 밸브
05 스트레이너
06 감압 밸브

1 스톱 밸브류

(1) 슬루스 밸브(Sluice Valve)

일명 게이트 밸브(Gate Valve)라고도 하며, 유체의 마찰손실이 적어 급수·급탕 배관에 많이 사용한다.

① 유체의 흐름에 따른 관내마찰 저항손실이 작다.
② 밸브를 반 정도 열고 사용하면 와류(渦流)가 생겨 유체저항이 커지기 때문에 유량조절에는 적합하지 않다.
③ 찌꺼기가 체류해서는 안 되는 난방배관에 적합하며, 유량조절용으로는 부적합하다.
④ 핸들회전력이 글로브 밸브보다 가벼우므로 대형 및 고압 밸브로 사용된다.
⑤ 원통지름 그대로 열리므로 양정이 크게 되어 개폐에 시간이 걸린다.

■■ 제16회, 제25회

(2) 글로브 밸브(Globe Valve)

① 스톱 밸브(Stop Valve)라고도 하며, 밸브의 형식이 구(球) 같아서 붙여진 이름이다.
② 구조상 유량조절과 흐름의 개폐용으로 사용된다.
③ 유체는 밸브의 아래로부터 유입하여 밸브시트 사이를 통해 흐르므로 유체의 흐름방향이 갑자기 바뀌기 때문에 저항이 커진다.
④ 슬루스 밸브에 비해 양정이 작아 개방시간이 짧고, 누설이 적으며, 제작이 비교적 쉬운 장점이 있다.

■■ 제25회

💡 글로브 밸브는 마찰손실이 크기 때문에 급탕배관에는 사용하기 곤란하다.

⑤ 유체의 저항 손실이 크고, 관내의 유체를 완전히 배출시키는 경우에도 유체
   가 잔류하는 단점이 있다(급탕배관이나 저압의 증기난방에 부적합하다).
⑥ 유체의 흐름과 평행하게 밸브가 개폐된다.
⑦ 앵글 밸브는 유체의 흐름을 직각으로 바꿀 때 사용되는 밸브의 일종으로
   글로브 밸브보다 감압현상이 적은 것이 특징이다.
⑧ **용도**: 수도 본관에서 유로를 폐쇄하는 경우나 유량조절에 적합하다.

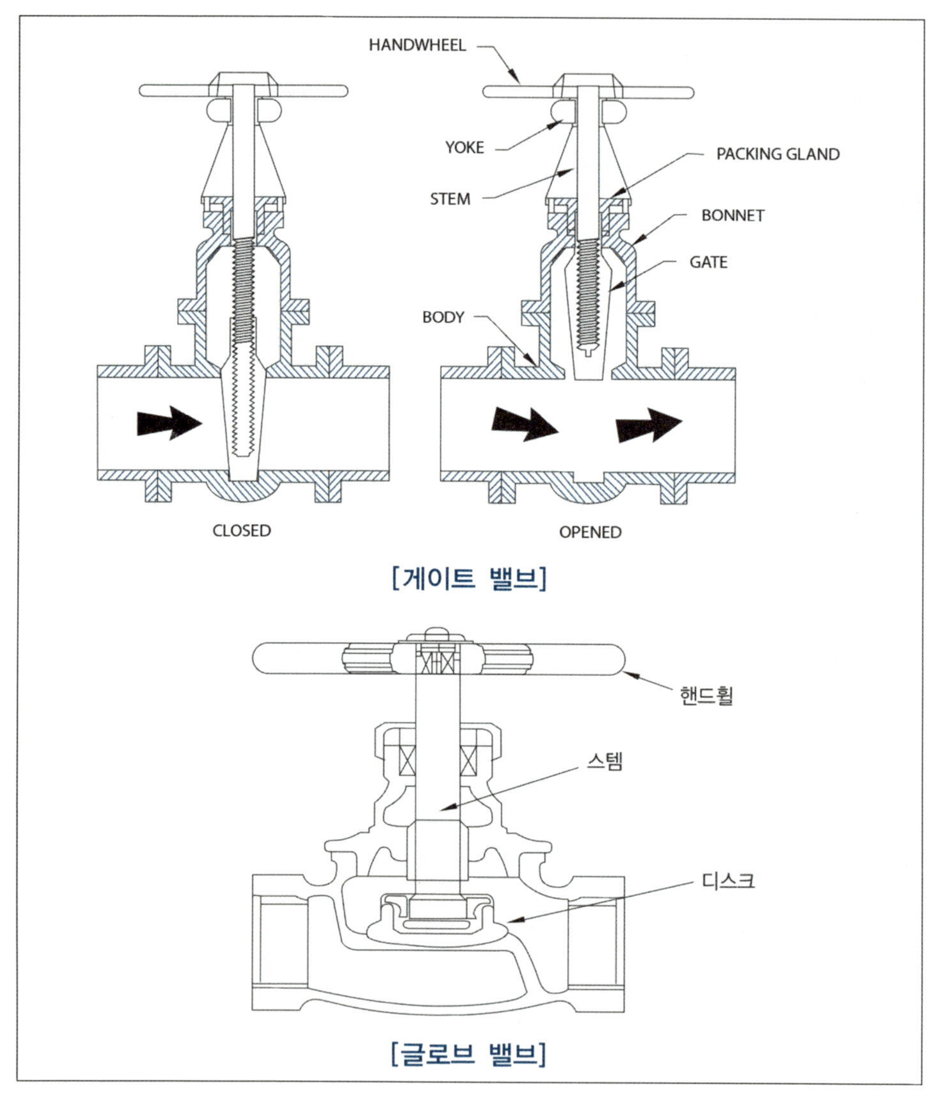

(3) 버터플라이 밸브

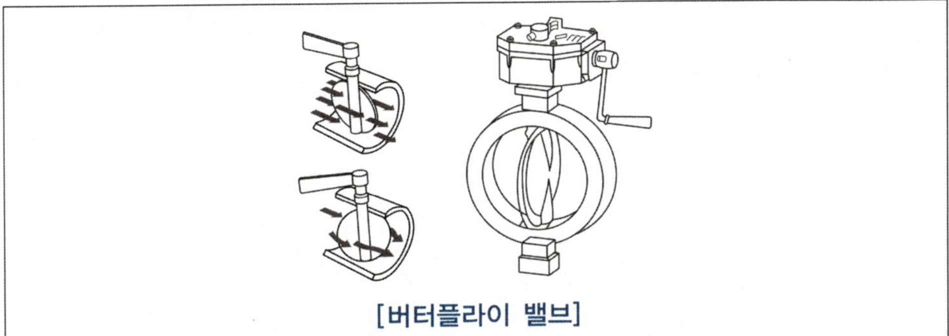

[버터플라이 밸브]

① 원통형 몸체 속에서 밸브봉을 축으로 원형판이 회전함으로써 개폐되는 밸브로 나비 밸브라고도 한다.
② 볼 밸브와 마찬가지로 90° 회전으로 개폐되며, 주로 저압유체의 유량조절 밸브로 사용되고 있다.
③ 구조가 단순하고, 밸브 전체의 크기가 작아 설치면적이 작다.
④ 중량이 가볍고 단가가 싸다.
⑤ 완전폐쇄가 곤란한 단점이 있다.

(4) 콕

① 원통 또는 원뿔에 구멍을 뚫고 축(밸브봉)을 중심으로 90° 회전함에 따라 개폐되는 밸브로서 플러그 밸브(Plug Valve)라고도 한다.
② 유체 저항이 적으며 개폐시간도 적다.
③ **종류**: 글래드 콕, 메인 콕 등이 있다.

(5) 볼 밸브(Ball Valve)

① 볼 밸브는 통로가 연결된 파이프와 같은 모양과 단면으로 되어있는 중간에 둥근 볼(Ball)의 회전에 의하여 유체의 흐름을 조절하는 밸브이다.
② 밸브 몸체가 크기 때문에 넓은 공간이 필요하며 90° 회전에 의해 완전 개폐 작용이 되는 구조이다.
③ 유체저항이 적고, 밸브의 조작이 간단하다.

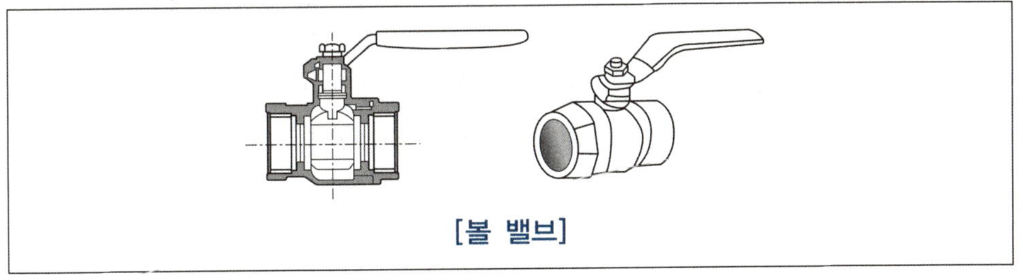

[볼 밸브]

2 볼탭(Balltap)

급수관의 끝에 부착된 동제의 부자(浮子)에 의하여 수조 내의 수면이 상승했을 때 자동적으로 수전을 멈추고 수면이 내려가면 부자가 내려가 수전을 여는 장치이다.

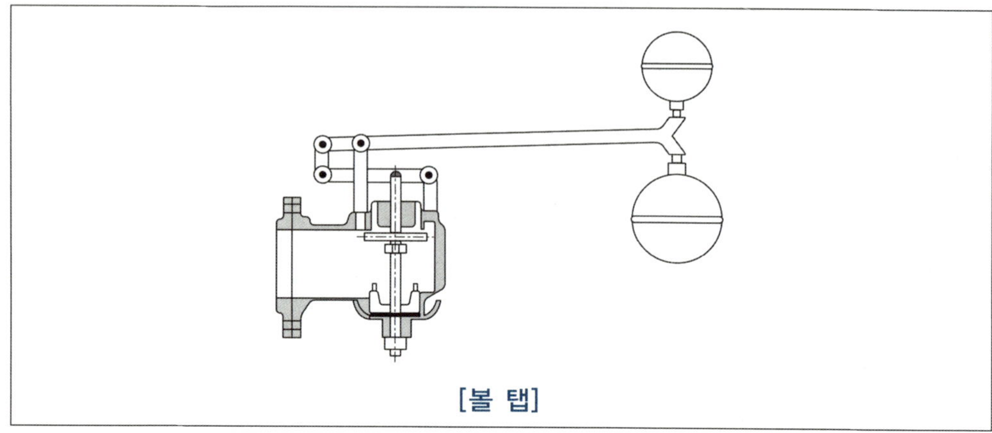

[볼 탭]

3 플로트 밸브(Float Valve)

플로트 밸브는 저수조, 감압수조 등에 중력으로 공급되는 물을 탱크 내 소정의 수위로 유지하는 밸브이며, 그 구조는 플로트의 상하운동에 따라 레버를 개폐시켜 물의 공급제어를 행하는 것이다.

:: 제25회, 제26회

4 체크 밸브

(1) 일명 역지변이라고 하며 유체 역류방지용으로 사용한다.

(2) **종 류**

① **스윙형** : 디스크가 스윙하여 개폐작용 수평배관에 주로 사용하며 수직배관에도 사용 가능하다.

② **리프트형** : 디스크가 밸브 시트면에 수직으로 승강하는 형식이며, 수평배관에 사용된다.

③ **스모렌스키형** : 리프트형 체크밸브에 스프링과 안내깃을 내장한 자폐식으로 펌프의 토출측 및 수직배관에 사용. 수격작용(Water Hammer)방지 효과가 있다.

④ **기타** : 볼형 체크 밸브(리프트식 체크 밸브에 디스크 대신 볼을 사용한 것),
푸트 체크 밸브(펌프 흡입측의 말단부분에 설치하여 흡입관 내에 물이 떨
어지는 것을 방지하는 것).

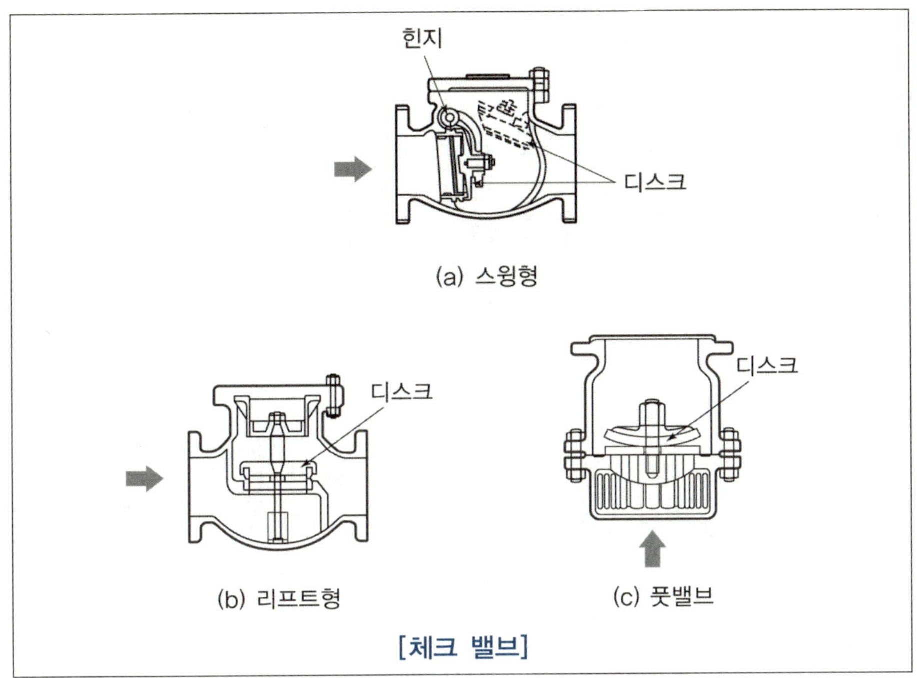

5 스트레이너(Strainer, 여과기)

조절밸브 · 유량계 · 열교환기 등의 기기 앞에 설치하여 배관 속의 먼지, 흙, 모래,
쇠부스러기 기타 불순물 등을 여과시켜줌으로써 기기의 성능을 보호하는 기구이다.
모양에 따라 Y형, U형, V형, T형 등이 있다.

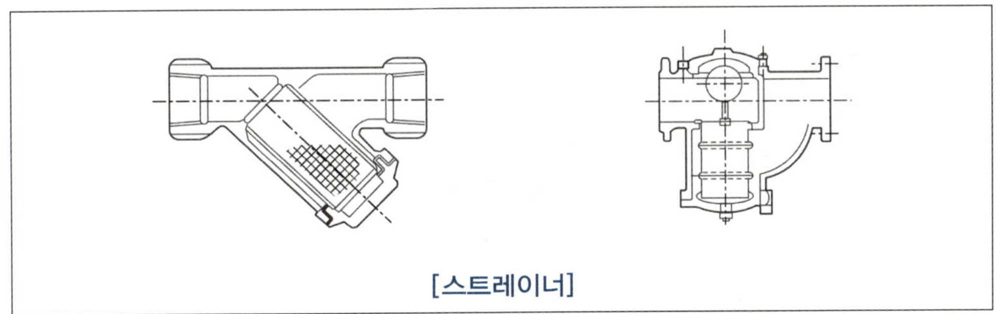

6 감압 밸브(Pressure Reducing Valve)

고압배관과 저압배관 사이에 설치하고 고압측(1차측)의 압력변동에 관계없이 또한 저압측(2차측)의 사용량에 관계없이, 자동으로 유량을 조절하여 저압측의 압력을 일정하게 유지하는 밸브이다.

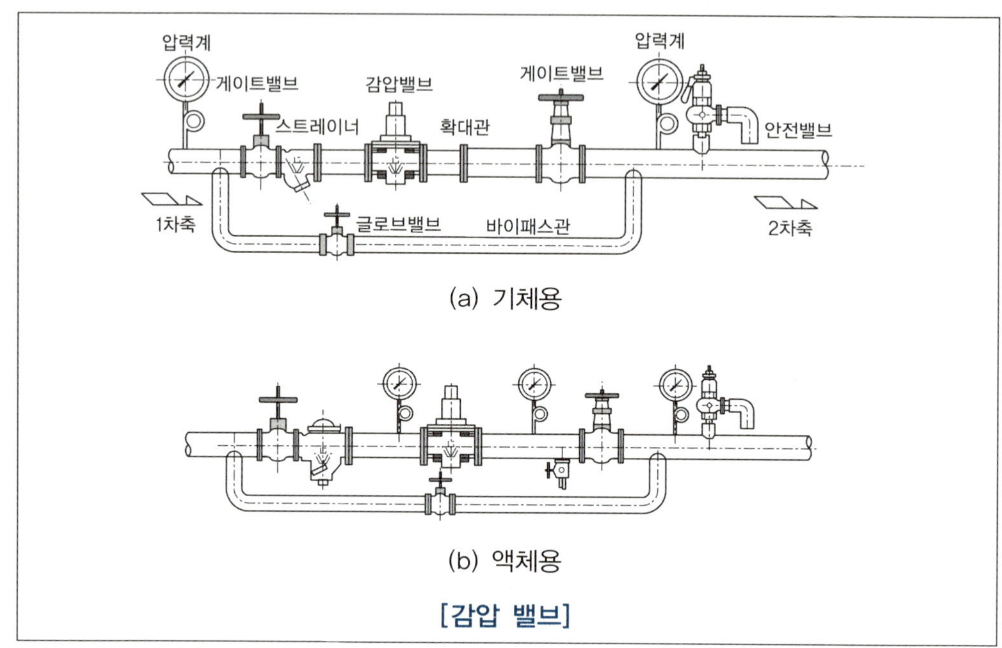

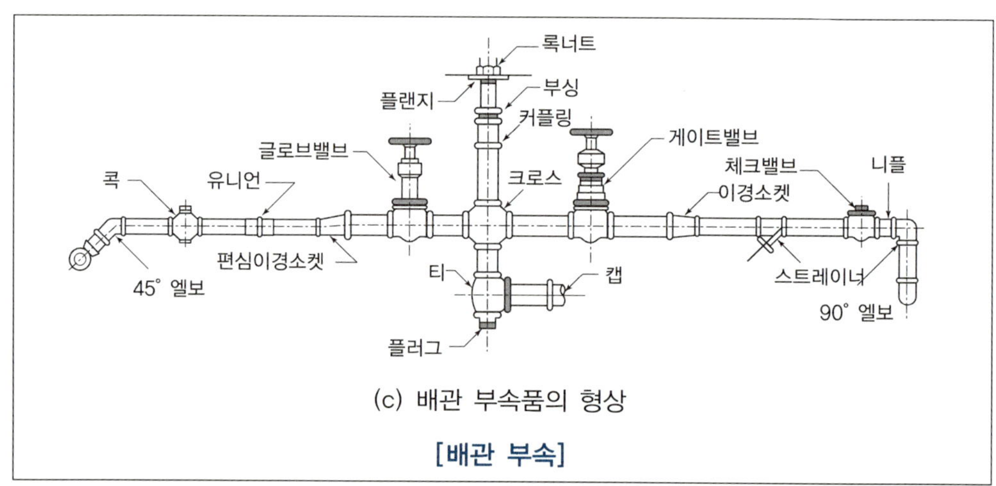

🔍 예 제

배관의 부속품에 관한 설명으로 옳지 않은 것은? 제25회

① 볼 밸브는 핸들을 90도 돌림으로써 밸브가 완전히 열리는 구조로 되어 있다.
② 스트레이너는 배관 중에 먼지 또는 토사, 쇠 부스러기 등을 걸러내기 위해 사용한다.
③ 버터플라이 밸브는 밸브 내부에 있는 원판을 회전시킴으로써 유체의 흐름을 조절한다.
④ 체크 밸브에는 수평·수직 배관에 모두 사용할 수 있는 스윙형과 수평배관에만 사용하는 리프트형이 있다.
⑤ 게이트 밸브는 주로 유량조절에 사용하며 글로브 밸브에 비해 유체에 대한 저항이 큰 단점을 갖고 있다.

해설

⑤ 글로브 밸브는 주로 유량조절에 사용하며 게이트 밸브에 비해 유체에 대한 저항이 큰 단점을 갖고 있다.

정답 ⑤

매회 1문제 정도 출제된다고 생각하면 되지만 출제가 안 될 때도 있습니다. 내용이 많지 않고 주로 수질오염관련 용어에 관해서 출제됩니다. 제23회 때는 특이하게 하수도법에서 출제가 되었습니다. 제28회에는 오수정화설비 관련 전반적인 내용으로 출제되었습니다. 수질 관련용어, 오수처리방법과 시설 등을 함께 준비하는 것이 바람직합니다.

01 개 요

건물에서 급수·급탕용 등의 목적으로 사용된 후에는 오염되어 더러운 물이 되므로 건물에서 신속하게 배출된다. 건물에서 배출되는 배수는 각종 유해물질로 인해 건물 안에서 생활하는 거주자의 위생에 해로운 영향을 미칠뿐 아니라, 그대로 하천이나 바다와 같은 곳에 흘러가게 되면 하천수 및 해수를 오염시키게 된다. 도시와 같이 인구가 밀집되어 있는 곳에서 배출되는 배수량은 하천의 자정능력을 훨씬 초과하기 때문에 인위적으로 미생물을 투입하여 오수를 정화시킨 후 하천에 방류시켜야 한다. 이와 같이 오수를 정화시키는 설비를 오수정화설비라 한다.

1 정 의

오수처리설비는 설비의 처리범위에 따라 단독정화조와 오수처리시설로 구분되는데, 단독정화조는 수세식 대·소변기에서 배출되는 오수를 정화하는 시설을 말하며, 오수처리시설은 대·소변뿐 아니라 욕조, 싱크 등에서 배출되는 잡배수까지 처리하는 시설을 말한다.

> **하수도법 제2조 【정 의】** 1. "하수"라 함은 사람의 생활이나 경제활동으로 인하여 액체성 또는 고체성의 물질이 섞이어 오염된 물(이하 "오수"라 한다)과 건물·도로 그 밖의 시설물의 부지로부터 하수도로 유입되는 빗물·지하수를 말한다. 다만, 농작물의 경작으로 인한 것은 제외한다.
> 2. "분뇨"라 함은 수거식 화장실에서 수거되는 액체성 또는 고체성의 오염물질(개인하수처리시설의 청소과정에서 발생하는 찌꺼기를 포함한다)을 말한다.

3. "하수도"라 함은 하수와 분뇨를 유출 또는 처리하기 위하여 설치되는 하수관로·공공하수처리시설·하수저류시설·분뇨처리시설·배수설비·개인하수처리시설 그 밖의 공작물·시설의 총체를 말한다.
4. "공공하수도"라 함은 지방자치단체가 설치 또는 관리하는 하수도를 말한다. 다만, 개인하수도는 제외한다.
5. "개인하수도"라 함은 건물·시설 등의 설치자 또는 소유자가 해당 건물·시설 등에서 발생하는 하수를 유출 또는 처리하기 위하여 설치하는 배수설비·개인하수처리시설과 그 부대시설을 말한다.
6. "하수관로"라 함은 하수를 공공하수처리시설로 이송하거나 하천·바다 그 밖의 공유수면으로 유출시키기 위하여 지방자치단체가 설치 또는 관리하는 관로와 그 부속시설을 말한다.
12. "배수설비"라 함은 건물·시설 등에서 발생하는 하수를 공공하수도에 유입시키기 위하여 설치하는 배수관과 그 밖의 배수시설을 말한다.
13. "개인하수처리시설"이라 함은 건물·시설 등에서 발생하는 오수를 침전·분해 등의 방법으로 처리하는 시설을 말한다.

2 오수 오염도의 지표

제19회, 제25회

배출되는 오수의 오염 정도를 규정하기 위해서는 오염도를 나타내는 지표가 필요한데, 오염도의 지표로서 다음과 같은 것들이 이용된다. 이들 지표의 단위로는 pH를 제외하고는 mg/L, 또는 ppm이 이용된다.

(1) 생물화학적 산소요구량(BOD, Biochemical Oxygen Demand)

① 20℃에서 5일 동안 미생물이 유기물을 산화분해하는데 소비되는 용존(溶存) 산소의 양을 말한다. 수중의 BOD량은 호기성 미생물에 의한 분해에 의해서 일어나며 생물학적으로 분해 가능한 유기물 오염의 간접적인 지표로 사용된다.

② BOD 농도가 높다는 것은 오수 속에 유기물이 다량 함유되어 미생물이 이것을 분해·안정화시키는 데 많은 양의 산소를 소모한다는 것을 말한다. 따라서 수질오염의 정도를 측정하는 지표로 널리 사용되고 있다.

③ **BOD제거율**: 생물화학적 산소요구량 제거율은 정화조의 오수처리능력을 나타내는 항목으로 아래 표의 정화조의 BOD제거율 측정방법과 같이 나타낸다.

> **정화조의 생물화학적 산소요구량 제거율 측정방법**
>
> 1. 시료는 수세식 화장실에 유입되기 전의 세정수와 정화조의 소독실로 유입
>   되기 전의 유출수를 채취하여야 한다.
> 2. BOD 제거율(%) 산정방법 등
>   ① BOD 제거율(%) 산정방식
>
> $$\text{BOD 제거율(\%)} = \frac{\text{유입수의 BOD(mg/L)} - \text{유출수의 BOD(mg/L)}}{\text{유입수의 BOD(mg/L)}} \times 100$$
>
>   ② 유입수의 BOD(mg/L) 산정방법
>
> $$\text{유입수의 BOD(mg/L)} = \frac{\text{생분뇨의 BOD(mg/L)}}{\text{희석배율}}$$
>
>   이 경우 생분뇨의 BOD은 20,000(mg/L)로 한다.
>   ③ 희석배율 산정방법
>
> $$\text{희석배율} = \frac{\text{생분뇨의 염소이온농도}}{\text{유출수의 염소이온농도} - \text{세정수의 염소이온농도}}$$
>
>   이 경우 생분뇨의 염소이온농도는 5,500(mg/L)로 한다.

(2) 화학적 산소요구량(COD, Chemical Oxygen Demand)

폐수 중 유기물질을 강한 산화제[과망간산칼륨($KMnO_4$)과 중크롬산칼륨($K_2Cr_2O_7$)]으로 산화시키는 데 필요한 산소의 양으로서 측정한다. 일반적으로 오수의 COD 값은 BOD 값보다 높은데, 이것은 미생물에 의해서는 분해되지 않는 유기물까지 화학적으로 산화되기 때문이다.

> **BOD와 COD의 비교**
>
> 1. BOD : 미생물을 이용한 측정, 생분해성 유기물질에 한정, 측정분석기간이 장기 (5일 이상) 소요
> 2. COD : 산화제를 이용한 측정, 유기물질 외에 무기물도 일부 포함, 단시간 (2시간 전후) 내에 측정 가능

(3) 용존산소량(DO, Dissolved Oxygen)

오수 중에 녹아 있는 산소량으로 DO가 클수록 정화능력이 우수한 수질임을 의미한다. 용존산소는 주로 공기 중의 산소에 의하여 수면을 통해 공급된다.

(4) SS[Suspended Solids, 부유물질(浮遊物質)]

오수 속에 포함되어 있는 $0.1\mu m$ 이상의 고형물질로서 물에 용해되지 않는 것을 말한다. 부유물질은 탁도(濁度)를 유발하는 원인물질로서 수계(水界)에서 어개류(魚介類)의 호흡, 일광의 수중투과, 조류(藻類)의 동화작용 등을 방해한다.

> 1. 패류(貝類): 연체동물문에 속하는 동물 중 패각(貝殼)이 있는 종류의 총칭
> 2. 어개류(魚介類): 어개류(魚介類)라고 할 때는 새우나 게 등 석회질이나 키틴질의 껍데기가 있는 절지동물도 포함된다.

(5) 스컴(Scum)

정화조 내의 오수 표면 위에 떠오르는 오물찌꺼기로 액면으로부터 월류시켜 제거하거나 스컴 수집기로 긁어모아 제거하며, 스컴을 분리한 물은 부상 분리조의 하부로부터 빼낸다.

(6) 활성오니(活性汚泥, Activated Sludge)

하수나 폐수에 생기는 세균 등의 미생물로 이루어진 오니, 유기물질이나 무기물질을 섭취·분해하는 능력을 갖는다는 점이 일반오니와의 차이다.

(7) pH

물의 액성, 즉 산성 또는 알칼리성의 정도를 나타내는 지표로서 수소이온농도의 역수의 상용대수값으로 나타낸다.

$$pH = \log \frac{1}{[H^+]} = -\log[H^+]$$

pH 7이면 중성, 7보다 크면 알칼리성, 7보다 작으면 산성이다. 배수기준에서는 pH 5.8~pH 8.5로 규정하고 있다.

🔍 예제

하수설비에 관한 내용으로 옳지 않은 것은?　　　　　제28회

① SS는 오수 중의 용존산소량을 나타낸다.
② 합류식 하수관로는 오수와 하수도로 유입되는 빗물·지하수가 함께 흐르도록 하기 위한 하수관로를 말한다.
③ 부패탱크방식 정화조의 산화조는 호기성균을 이용한다.
④ BOD는 오수 중의 유기물이 미생물에 의해 분해될 때 소비되는 산소량을 나타낸다.
⑤ 오수처리시설에 사용되는 스크린은 오수의 여과과정에서 고형물 또는 이형물을 제거하기 위함이다.

해설

① DO는 오수 중의 용존산소량을, SS는 부유물질을 나타낸다.

　　　　　🔖 정답 ①

💡 **OX**

SS는 오수 중의 용존산소량을 나타낸다. (×)

3 배수처리시설의 오염에 대한 평가지표

하수·폐수 및 분뇨처리시설과 같은 종말처리시설에 적용되는 기준으로 BOD, COD, SS, 총 질소, 총 인 등 5개 항목이 설정되어 있으며 비교적 배출허용기준에 비해 엄격하게 규제하고 있다.

🔖 관련기준
하수도법 시행규칙 제3조 제1항 제3호 [별표 3]

🔗 **개인하수처리시설의 방류수수질기준**

구 분	1일 처리용량	지 역	항 목	방류수 수질기준
오수 처리 시설	50m³ 미만	수변구역	생물화학적 산소요구량(mg/L)	10 이하
			부유물질(mg/L)	10 이하
		특정지역 및 기타지역	생물화학적 산소요구량(mg/L)	20 이하
			부유물질(mg/L)	20 이하
	50m³ 이상	모든 지역	생물화학적 산소요구량(mg/L)	10 이하
			부유물질(mg/L)	10 이하
			총 질소(mg/L)	20 이하
			총 인(mg/L)	2 이하
			총 대장균군 수(개/mL)	3,000 이하
정화조	11인용 이상	수변구역 및 특정지역	생물화학적 산소요구량 제거율(%)	65 이상
			생물화학적 산소요구량(mg/L)	100 이하
		기타지역	생물화학적 산소요구량 제거율(%)	50 이상

1. 토양침투처리방법에 따른 정화조의 방류수수질기준은 다음과 같다.
   ① 1차 처리장치에 의한 부유물질 50% 이상 제거
   ② 1차 처리장치를 거쳐 토양침투시킬 때의 방류수의 부유물질 250mg/L 이하
2. 골프장과 스키장에 설치된 오수처리시설은 방류수수질기준 항목 중 생물화학적 산소요 구량은 10mg/L 이하, 부유물질은 10mg/L 이하로 한다. 다만, 숙박시설이 있는 골프장에 설치된 오수처리시설은 방류수수질기준 항목 중 생물화학적 산소요구량은 5mg/L 이하, 부유물질은 5mg/L 이하로 한다.

02 오수처리방법

1 물리적 처리방법

(1) **스크린**(Screen)

일종의 여과 장치로서 거칠고 큰 부유물질을 제거하는 정화 전처리(前處理) 방법이다.

(2) **침전**(沈澱, Sediment)

오수 중의 부유성 고형물을 침전 분리시키는 방법이다. 일반적으로 침전은 오·폐수를 처리할 때 대부분 채택하고 있으며, 유입수의 최초 침전지, 생물학적 처리 후의 2차 침전지, 그리고 슬러지 농축조 등에서 사용하고 있다.

(3) **부상**(浮上, Flotation)

물보다 가벼운 부유물질이 오·폐수 내에 많은 경우 입자의 표면에 공기방울을 접촉시켜 입자를 가라앉히는 대신에 떠오르게 하여 부유물질을 제거시키는 방법이다. 이러한 부상분리(浮上分離)는 폐수로부터 그리스(Grease) 등의 기름성분이나 섬유질 등의 밀도가 낮은 고형물질의 분리제거와 화학적 응집처리로 생긴 플록의 고액(固液)분리를 목적으로 많이 사용한다.

(4) **교반**(攪拌, Agitation)

폭기조 등에서 오수 중에 공기(산소)를 혼입시키기 위해서 기계적으로 균일하게 섞이도록 하는 방법

(5) **여과**(濾過, Filtration)

공극이 있는 매개층을 통하여 물을 통과시켜서 부유물을 제거시키는 방법으로 여과재로서는 모래, 활성탄, 규조토, 섬유 등의 다공질(多孔質) 여재가 있다.

2 화학적 처리방법

오수의 수질이 산성이나 알칼리성이 강할 때 산성제나 알칼리제를 혼입하여 중화하는 방법과 소독제를 투입하여 소독처리하는 방법이다(중화, 소독).

오수처리방법
01 물리적 처리방법
02 화학적 처리방법
03 생물학적 처리방법

제18회

OX

교반은 폭기조에서 공기를 기계적으로 혼입시키는 것이다. (○)

3 생물학적 처리방법

분뇨 및 오수의 처리과정 중에서 가장 중요한 작용을 하는 것이 생물화학적 처리방식이며, 그 중요한 작용을 하는 것이 미생물이다.

(1) 호기성(好氣性) 처리방법

① 산소가 있는 장소에서 생존하고, 생존에 필요한 산소를 오수 중 혹은 공기 중에서 받아 증식하는 미생물을 호기성 미생물이라 한다.

② 유기분해를 호기성 미생물에 의하여 처리함으로써 짧은 시간에 양호한 처리수를 얻을 수 있다.

③ 적은 공간을 차지하고 고급설비이다(살수여상, 폭기조, 평면 산화 등).

(2) 혐기성(嫌氣性) 처리방법

① 산소가 없는 장소에서 생존하는 혐기성 미생물에 의한 유기물 분해이므로 산소공급이 불필요하며 유지비가 적게 소요된다.

② 악취발생의 문제가 있다(소화조, 부패조, 2층조).

🔗 **처리방법의 종류**

처리시설	처리방법	처리시설	처리방법	처리공법
단독 정화조	부패탱크방법	오수 처리시설	장기간폭기방법	활성오니법
	폭기방법		표준활성오니방법	
	접촉폭기방법		분리접촉폭기방법	
	살수여상법		접촉안정방법	
	변형접촉폭기방법		접촉산화방법	고정 미생물막법
	산화형혐기성방법		살수여상방법	
	토양침투처리방법		회전원반접촉방법	
	무희석 가열식 부패 탱크방법		혐기성여상접촉폭기방법	
			현수미생물접촉법	

03 개인하수처리시설

개인하수처리시설
01 정화조
02 오수처리시설

1 정화조

정화조란 수세식 화장실의 대·소변기에서 배출되는 오수를 처리하는 설비를 말하며, 법적으로는 수세식 화장실을 설치한 건물에는 의무적으로 정화조를 설치하도록 되어 있다. 물론 정화조보다 처리능력이 좋은 오수처리시설을 설치한 건물이거나 그 지역이 하수종말처리시설의 처리범위 내에 있다면 정화조를 설치할 필요는 없다.

(1) 정화조의 정화순서(부패탱크 방식)

:: 제27회

(2) 정화조의 구조(부패탱크 방식)

정화조 구조물의 천장·바닥 및 주벽과 격벽은 내수(耐水) 재료로 만들고, 방수모르타르를 바르거나 방수제를 사용하여 누수가 없게 해야 한다. 또한 구조물의 부패조, 산화조, 소독조 윗부분에는 방수 재료로 만든 맨홀(Manhole)뚜껑을 설치하여야 한다.

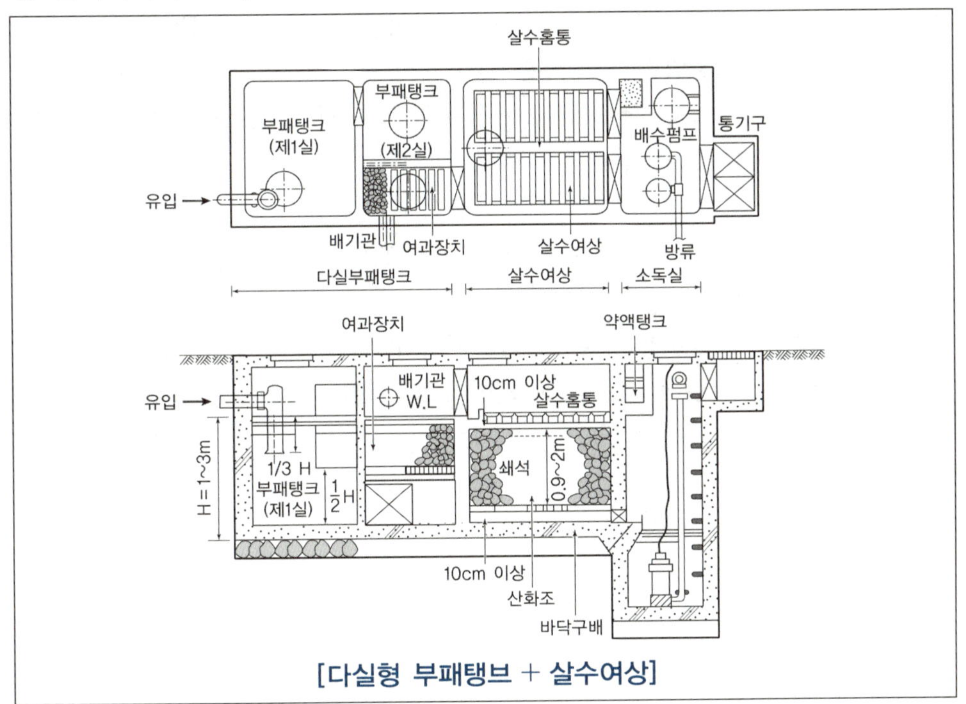

[다실형 부패탱브 + 살수여상]

① **부패조** : 여기에서는 혐기성균을 생육시켜 소화작용과 침전작용이 이루어져야 한다.
  ㉠ 2개 이상의 부패조와 예비여과조로 구성된다.
  ㉡ 제1·2부패조와 예비여과조의 용적비는 4:2:1 또는 4:2:2이다.
  ㉢ 공기(산소)를 차단하여 혐기성균(10~16℃에서 활동이 가장 활발하다)으로 하여금 오물을 소화시킨다.
  ㉣ 오수 저유 깊이는 1.2m 이상 3m 이내로 한다.
  ㉤ 부패조의 유효량은 유입오수량이 2일분(48시간) 이상을 기준으로 한다.
  ㉥ 벽 내부에는 방수모르타르를 바른다.

② **여과조** : 오수 속의 부유물을 걸러 제거하는 탱크이다.
  ㉠ 부패조와 산화조 사이에 설치된다.
  ㉡ 오수는 하부에서 위로 흐르게 한다.
  ㉢ 오수 속의 부유물이 쇄석층에서 제거된다.
  ㉣ 쇄석층의 깊이는 수심의 1/2(또는 1/3)로 하고, 쇄석의 크기는 5~7.5cm 정도이며, 쇄석층 윗면은 오수면보다 10cm 낮다.

③ **산화조** : 부패조에서 1차 처리된 오수를 호기성균을 생육시켜 안정된 물질로 산화분해한다. 특히 산화를 촉진시키기 위해서는 공기의 유통이 잘되게 산소공급을 풍부하게 해야 한다.
  ㉠ 산소의 공급으로 호기성균에 의해 산화(분해)처리시킨다.
  ㉡ 살수홈통의 밑면과 쇄석층 윗면과의 거리는 10cm 이상, 쇄석층의 두께는 90cm 이상 2m 이내, 쇄석층의 밑면과 정화조의 바닥과의 간격은 10cm 이상으로 한다.
  ㉢ 배기관의 높이는 지상 3m 이상으로 한다.
  ㉣ 산화조는 살수여상형으로 하고 배기관 및 송기구를 설치하여 통기설비를 갖춘다.
  ㉤ 산화조의 밑면은 소독조를 향해 1/100 정도로 내림구배로 한다.
  ㉥ 산화조의 용량(= 산화조 쇄석층의 용량) : 부패조의 용량의 1/2 이상으로 한다.

④ **소독조**
  ㉠ 산화조에서 나오는 오수를 멸균시킨다.
  ㉡ 소독액 : 차아염소산나트륨, 표백분

2 오수처리시설

오수처리시설이란 수세식 화장실의 대·소변기에서 배출되는 오수를 비롯하여, 세면기, 샤워기, 주방싱크 등에서 배출되는 잡배수까지 처리하는 시설로, 일반적으로 정화조보다 대용량의 시설이 된다.

(1) 오수처리시설 중 전처리(前處理) 시설의 구조와 기능

∷ 제17회

① **스크리닝**(Screening)

    ㉠ 스크린은 오수 중의 크기가 비교적 큰 부유물(비닐 및 천조각, 나무토막, 종이조각 등)을 배수관로(排水管路)에서 제거하는 장치로서 펌프 및 기타 기기의 고장이나 막힘 등을 방지하기 위해 설치한다.

    ㉡ 스크린의 눈의 폭은 유효 간극에 따라 50mm 정도의 거친 스크린과 20mm 정도의 가는 스크린이 있다.

    ㉢ 스크린에는 협잡물 등을 제거할 수 있는 장치를 설치하여야 하며, 최근에는 동력을 이용한 자동스크린이 이용되고 있다.

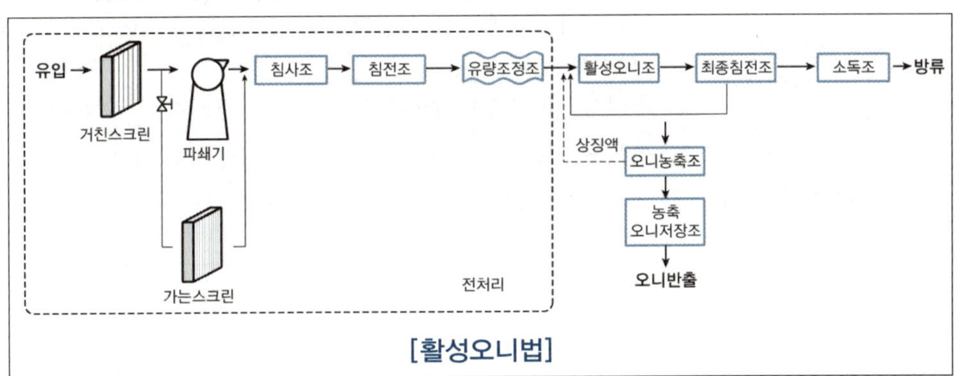

② **파쇄기**(Crusher) : 접촉재, 여과재 등이 없고 눈막힘을 일으킬 염려가 거의 없는 장기폭기방식이나 표준활성오니방식 같은 경우, 오수 중의 협잡물(挾雜物)을 세단(細斷)하여 처리조 내에 넣고 최종적으로 오니와 함께 제거하는 것이 가능하다. 이와 같이 협잡물의 파쇄, 세단을 목적으로 설치하는 것이 파쇄장치이다.

③ **침사조**(沈沙槽, Grit Chamber) : 침사조는 오수 중의 모래를 제거하여 펌프류나 기기류의 마모나, 처리조 내에 모래가 퇴적하여 유효용량을 감소시키는 것을 방지하기 위해 설치하는 장치이다. 침사조에는 폭기식과 중력침전식이 있다.

④ **침전분리조**(沈澱分離槽, Precipitation Separation Tank) : 침전분리조는 오수 중의 협잡물이나 침전하기 쉬운 고형물을 침전분리하는 기능과 침전분리한 것을 저류하여 놓는 기능을 갖고 있다.

⑤ **유량조정조**(流量調整槽, Flow Equalization Tank) : 유량조정조는 오수의 유량 변동이나 수질 변동을 완충하여 처리기능의 안정화를 피하기 위해 설치한다.

⑵ 오수처리시설의 종류

① 활성오니법

㉠ 표준활성오니법 : 유입수와 활성오니를 폭기조에서 혼합하여 8시간 정도 폭기(Aeration)시킨 후 침전지에서 처리수와 오니를 분리시켜 처리하는 방법이다.

㉡ 장기폭기방식 : 활성오니법의 한 방법으로 폭기조의 용량을 크게 하고 활성오니의 체류 일수(日數)를 길게 하여 또다시 산소를 보급하게 되면 생명이 다 된 세포물질 자체가 산화하여 이산화탄소와 물로 분해되어 잉여오니의 발생량이 극히 적게 된다.

구 분	장 점	단 점
표준활성오니 방식	ⓐ 장기폭기방식에 비해 건설비가 적게 든다. ⓑ 처리시스템 변형이 용이하다.	ⓐ 유지관리가 어렵고 비용이 많이 든다. ⓑ 슬러지(Sludge) 발생량이 많다.
장기폭기방식	ⓐ 안정적 처리가 가능하다. ⓑ 유지관리가 용이하다. ⓒ 슬러지(Sludge) 발생량이 적다.	ⓐ 시설비가 많이 든다. ⓑ 넓은 면적이 필요하다.

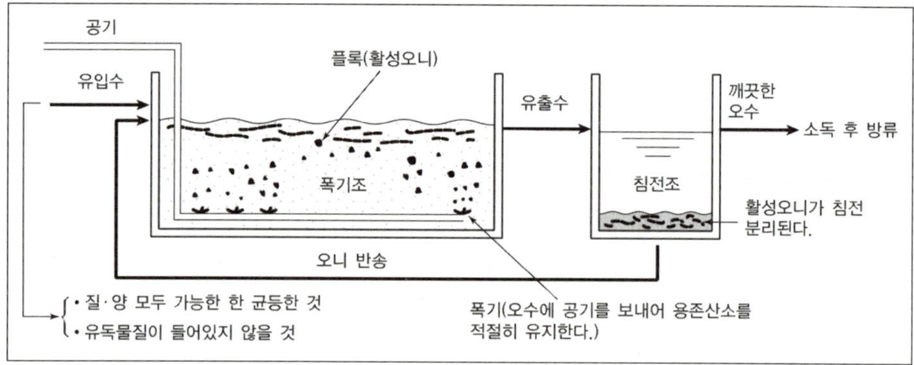

② **생물막법** : 활성오니법이 호기성 미생물을 오수 중에 떠돌아다니게 하면서 오수를 처리하는 것에 반해, 생물막법은 고체 표면에 호기성 미생물을 번식시키면서 미생물의 막을 형성시켜 오수 속 유기물을 산화·분해하는 방법이다.

구 분	장 점	단 점
살수여상방식	㉠ 안정적 처리가 가능하다. ㉡ 수온이 낮아도 처리가 가능하다.	㉠ 대량처리가 어렵다. ㉡ 장애의 발생요인이 많다. ㉢ 악취가 발생한다.
회전원판접촉 방식	㉠ 효율이 비교적 높다. ㉡ 유지비가 저렴하고, 관리가 용이하다. ㉢ 슬러지(Sludge) 발생이 적다.	㉠ 기계장치의 점검을 자주 할 필요가 있다. ㉡ 외기온이나 수온이 저하되면 효율이 떨어진다.
접촉폭기방식 (접촉 산화방식)	㉠ 안정적 처리가 가능하다. ㉡ 슬러지(Sludge) 발생이 적다. ㉢ 처리 효율이 높다.	㉠ 접촉재 비용이 많이 든다. ㉡ 폭기가 너무 강하면 생물이 부유하게 되므로 그에 대한 세밀한 조정이 필요하다.

하수도법 시행령 제24조【개인하수처리시설의 설치】 ① 법 제34조 제2항 전단에서 "그 시설의 규모·처리방법 등 대통령령이 정하는 중요한 사항"이란 다음 각 호의 어느 하나에 해당하는 것을 말한다.

1. 개인하수처리시설의 규모 또는 처리용량
2. 개인하수처리시설의 구조
3. 개인하수처리시설 본체의 교체

② 법 제34조 제4항에 따른 개인하수처리시설의 설치기준은 다음 각 호의 구분에 따른다.

1. 하수처리구역 밖
   가. 1일 오수 발생량이 $2m^3$를 초과하는 건물·시설 등(이하 "건물 등"이라 한다)을 설치하려는 자는 오수처리시설(개인하수처리시설로서 건물 등에서 발생하는 오수를 처리하기 위한 시설을 말한다. 이하 같다)을 설치할 것
   나. 1일 오수 발생량 $2m^3$ 이하인 건물 등을 설치하려는 자는 정화조(개인하수처리시설로서 건물 등에 설치한 수세식 변기에서 발생하는 오수를 처리하기 위한 시설을 말한다. 이하 같다)를 설치할 것
2. 하수처리구역 안(합류식 하수관로 설치지역만 해당한다): 수세식 변기를 설치하려는 자는 정화조를 설치할 것

③ 제2항에 따른 개인하수처리시설의 설치기준에 관한 세부내용은 별표 1의6과 같다.

④ 제2항 제1호에도 불구하고「환경정책기본법」제38조 제1항에 따른 특별대책지역 또는「한강수계 상수원수질개선 및 주민지원 등에 관한 법률」제4조 제1항,「낙동강수계물관리 및 주민지원 등에 관한 법률」제4조 제1항,「금강수계물관리 및 주민지원 등에 관한 법률」제4조 제1항 및「영산강·섬진강수계물 관리 및 주민지원 등에 관한 법률」제4조 제1항에 따른 수변구역에서 수세식 변기를 설치하거나 1일 오수 발생량이 $1m^3$를 초과하는 건물 등을 설치하려는 자는 오수처리시설을 설치하여야 한다.

⑤ 제2항부터 제4항까지의 규정에 따른 개인하수처리시설의 설치기준에 관한 오수 발생량 산정기준은 환경부장관이 정하여 고시한다.

하수도법 시행규칙 제33조【개인하수처리시설의 관리기준】 ① 법 제39조 제2항에 따른 개인하수처리시설의 관리기준은 다음 각 호와 같다. 다만, 공공하수처리시설 또는 「물환경보전법」 제48조에 따른 공공폐수처리시설로 오수를 유입시켜 처리하는 지역에 설치된 개인하수처리시설에는 제1호와 제4호를 적용하지 아니하고, 해당 지역에 설치된 오수처리시설은 제3호에 따른 내부청소를 연 1회 이상 하여야 한다.

1. 다음 각 목의 구분에 따른 기간마다 그 시설로부터 배출되는 방류수의 수질을 자가측정하거나 「환경분야 시험·검사 등에 관한 법률」 제16조에 따른 측정대행업자가 측정하게 하고, 그 결과를 기록하여 3년 동안 보관할 것
    가. 1일 처리용량이 $200m^3$ 이상인 오수처리시설과 1일 처리대상 인원이 2천 명 이상인 정화조 : 6개월마다 1회 이상
    나. 1일 처리용량이 $50m^3$ 이상 $200m^3$ 미만인 오수처리시설과 1일 처리대상 인원이 1천명 이상 2천명 미만인 정화조 : 연 1회 이상
2. 정화조는 연 1회 이상 내부청소를 할 것. 다만, 영 제4조 제1호부터 제5호까지와 제10호에 따른 구역 또는 지역에서 다음 각 목의 어느 하나에 해당하는 영업을 하는 건물 등에 설치된 정화조는 6개월마다 1회 이상 내부청소를 하여야 한다.
    가. 「관광진흥법」 제3조에 따른 관광숙박업 또는 관광객 이용시설업(관광유람선업과 외국인전용 관광기념품판매업은 제외한다)
    나. 「식품위생법」 제36조 제1항 제3호에 따른 식품접객업{제과점영업과 다방영업(주로 차 종류를 조리·판매하는 영업을 말한다)은 제외한다}
    다. 「공중위생관리법」 제2조 제1항 제2호에 따른 숙박업
3. 오수처리시설은 그 기능이 정상적으로 유지될 수 있도록 침전 찌꺼기와 부유 물질 제거 등 내부청소를 하여야 하며, 청소 과정에서 발생된 찌꺼기를 탈수하여 처리하거나 법 제45조 제1항에 따른 분뇨수집·운반업자에게 위탁하여 처리할 것
4. 1일 처리대상 인원이 500명 이상인 정화조에서 배출되는 방류수는 염소 등으로 소독할 것

② 특별자치시장·특별자치도지사·시장·군수·구청장은 제1항에도 불구하고 업소의 휴업·폐업, 건물 전체의 사용 중지, 그 밖에 부득이한 사유로 내부청소 기간을 지킬 필요가 없다고 인정되면 기간을 연장하여 줄 수 있다.
③ 개인하수처리시설의 소유자나 관리자는 개인하수처리시설을 운영할 때에 다음 각 호의 행위를 하여서는 아니 된다.
1. 정화조의 경우에 수세식변기에서 나오는 오수가 아닌 그 밖의 오수를 유입시키는 행위
2. 전기 설비가 되어 있는 개인하수처리시설의 경우에 전원을 끄는 행위

Memo

보통 2~3문제가 출제되며, 소방설비의 분류 등에서 1문제 그리고 옥내소화전설비와 스프링클러설비, 피난설비 등에서 2문제로 출제빈도가 높지만 제28회에서는 스프링클러 설치기준에 관한 1문제가 출제되었습니다. 개요에서의 화재분류, 소방설비 분류 그리고 소화설비에서 소화기, 옥내소화전설비와 가압송수장치, 스프링클러설비, 자동화재탐지설비 등 골고루 정리가 필요합니다. 숫자 암기도 중요합니다.

🔖 관련기준

화재안전기술기준(NFTC)

01 화재의 분류와 소화 방법

1 화재의 정의와 분류

(1) 정 의

「소방기본법」상 화재란 사람의 의도에 반하거나 고의에 의하여 발생하는 연소현상으로서 소화기구·소화설비 또는 동등 이상의 시설을 이용하여 소화할 필요가 있는 연소현상을 말한다.

(2) 화재의 분류

🔗 소화기구 및 자동소화장치의 화재안전기술기준(NFTC 101)

A급화재	나무, 섬유, 종이, 고무, 플라스틱류와 같은 일반 가연물이 타고 나서 재가 남는 화재를 말한다. 일반화재에 대한 소화기의 적응 화재별 표시는 'A'로 표시한다.
B급화재	인화성 액체, 가연성 액체, 석유 그리스, 타르, 오일, 유성도료, 솔벤트, 래커, 알코올 및 인화성 가스와 같은 유류가 타고 나서 재가 남지 않는 화재를 말한다. 유류화재에 대한 소화기의 적응 화재별 표시는 'B'로 표시한다.
C급화재	전류가 흐르고 있는 전기기기, 배선과 관련된 화재를 말한다. 전기화재에 대한 소화기의 적응 화재별 표시는 'C'로 표시한다.
D급화재	마그네슘, 티타늄, 지르코늄, 나트륨, 리튬, 칼륨 등과 같은 가연성 금속에서 발생하는 화재를 말한다. 금속화재에 대한 소화기의 적응 화재별 표시는 'D'로 표시한다.
K급화재	주방에서 동식물유를 취급하는 조리기구에서 일어나는 화재를 말한다. 주방화재에 대한 소화기의 적응 화재별 표시는 'K'로 표시한다.

💡 OX

주방화재(C급화재)란 주방에서 동식물유를 취급하는 조리기구에서 일어나는 화재를 말한다. 주방화재에 대한 소화기의 적응 화재별 표시는 'C'로 표시한다.
(×)

② 연소의 4요소와 소화의 원리

(1) 연소의 3요소와 연소의 4요소

① 화재가 발생하려면 연소의 3요소인 가연물질(고체ㆍ액체 및 기체상태의 가연물질), 점화원(활성화에너지ㆍ최초점화에너지) 및 산소공급원(산소ㆍ공기ㆍ오존ㆍ산화제 등)이 구비되어야만 한다.

② 연소의 3요소 중 1가지만 제거하든가 변화를 가하게 하여 연속적인 연소현상을 정지하게 하는 방법(행위)을 소화(消火)라 한다.

③ 연소의 4요소란 연소의 3요소인 가연물질ㆍ점화원ㆍ산소공급원 외에 연속적인 연쇄반응을 말한다.

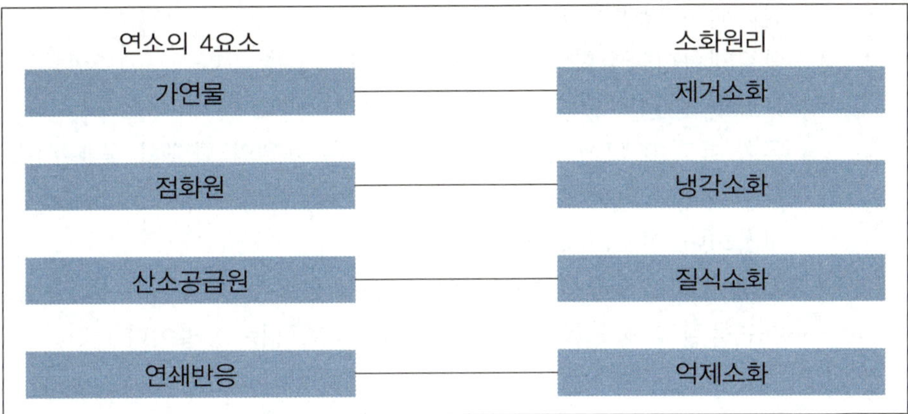

(2) 소화의 원리

화재로서의 연소현상이 진행되기 위해서는 다른 안전한 장소로 이동 또는 제거시키는 방법이다.

① **제거소화**

㉠ 가연물질을 점화원이 없는 안전한 장소로 신속하게 이동시키거나 제거하여 소화시키는 방법이다.

㉡ 산림의 화재, 촛불, 석유화학공장에서의 화재, 유전의 화재에 적용된다.

② **냉각소화**

㉠ 연소물로부터 열을 빼앗아 발화점 또는 인화점 이하의 온도로 떨어뜨려 연소를 중단시키는 소화방법이다.

㉡ 물분무소화설비, 스프링클러설비, 옥내ㆍ옥외소화전설비 등이 대표적이다.

③ **질식소화**

㉠ 가연물이 연소할 때 불연성 가스(이산화탄소)를 대량 살포하게 되면 연소 중인 가연물질에 공급되는 공기 중 산소의 양을 15V% 이하로 하면 산소 결핍에 의하여 자연적으로 연소상태가 정지되므로 이러한 방법을 이용한 질식소화방법이 많이 사용된다. 이렇게 하여 가연물질의 연소(화재)시 연소에 필요한 산소의 농도를 최저한계 산소농도(V%) 이하로 하면 소화된다.

㉡ 이산화탄소소화설비, 물분무소화설비, 분말소화설비가 있다.

④ **억제소화**(화학적소화, 연쇄반응 차단소화)

㉠ 할로겐화합물소화약제에 의해 연쇄반응이 있는 불꽃연소에 부촉매효과를 나타내게 하여 연쇄적 화학반응이 중단되어 불꽃연소에 의한 화재가 진화되는 방법이다.

㉡ 할로겐화합물소화약제, 분말소화약제 등이 있다.

⑤ **기타 소화 방법**

㉠ 유화 효과(에멀션 효과) : 농도가 짙은 중유의 화재시 물분무헤드로 무상주수하게 되면 불연성 유화층(乳化層; 에멀션 층, Emulsion Layer)이 형성되어 연소저지의 효과가 있다.

㉡ 희석 효과 : 수용성 가연물의 화재에 있어서 대량 방수를 통해 수용성 가연물질의 농도를 낮추어 화재를 소화하는 방법이다.

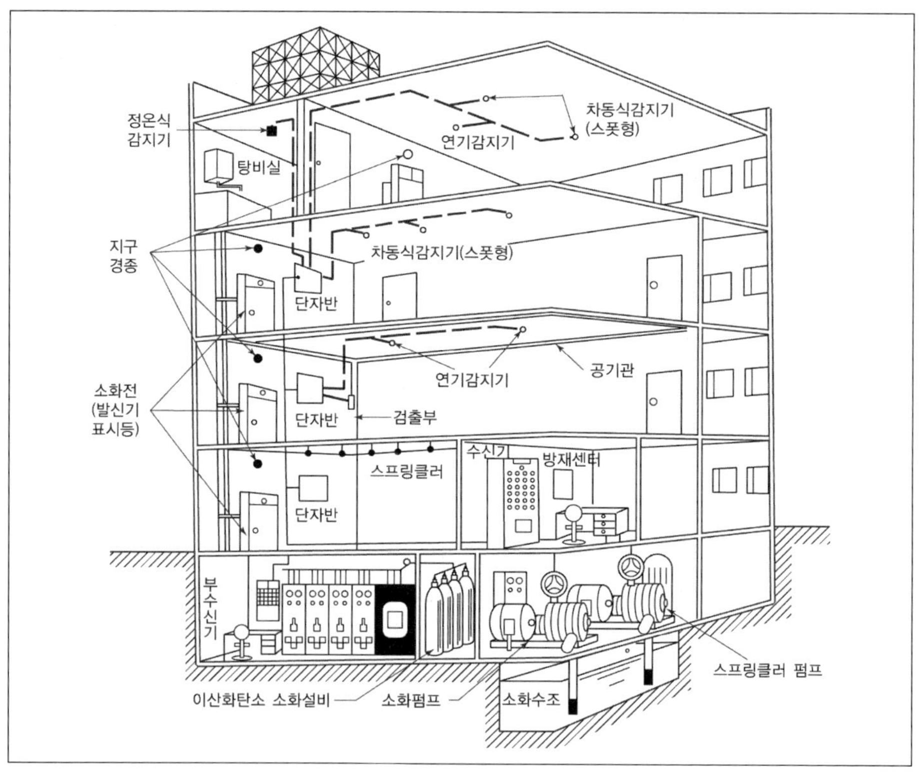

3 소방설비의 종류와 소화기구

(1) 소방설비의 종류

🔗 소방설비

▪▪ 제19회, 제22회, 제25회,
　　제26회

🔵 관련기준
소방시설 설치 및 관리에 관한
법률 시행령[별표1]

소화설비	물 또는 그 밖의 소화약제를 사용하여 소화하는 기계·기구 또는 설비	
	소화기구	① 소화기 ② 간이소화용구: 에어로졸식 소화용구, 투척용 소화용구, 소공간용 소화용구 및 소화약제 외의 것을 이용한 간이소화용구 ③ 자동확산소화기
	자동소화장치	① 주거용 주방자동소화장치 ② 상업용 주방자동소화장치 ③ 캐비닛형 자동소화장치 ④ 가스자동소화장치 ⑤ 분말자동소화장치 ⑥ 고체에어로졸자동소화장치
	옥내소화전설비(호스릴옥내소화전설비를 포함한다)	
	스프링클러설비등	① 스프링클러설비 ② 간이스프링클러설비(캐비닛형 간이스프링클러설비를 포함한다) ③ 화재조기진압용 스프링클러설비
	물분무등소화설비	① 물분무소화설비 ② 미분무소화설비 ③ 포소화설비 ④ 이산화탄소소화설비 ⑤ 할론소화설비 ⑥ 할로겐화합물 및 불활성기체(다른 원소와 화학반응을 일으키는 어려운 기체를 말한다) 소화설비 ⑦ 분말소화설비 ⑧ 강화액소화설비 ⑨ 고체에어로졸소화설비
	옥외소화전설비	

	화재발생 사실을 통보하는 기계·기구 또는 설비	
경보설비	단독경보형 감지기	
	비상경보설비	① 비상벨설비 ② 자동식사이렌설비
	시각경보기	
	자동화재탐지설비	
	비상방송설비	
	자동화재속보설비	
	통합감시시설	
	누전경보기	
	가스누설경보기	
	화재알림설비	
피난구조 설비	화재가 발생할 경우 피난하기 위하여 사용하는 기구 또는 설비	
	피난기구	① 피난사다리 ② 구조대 ③ 완강기 ④ 간이완강기 ⑤ 그 밖에 화재안전기준으로 정하는 것
	인명구조기구	① 방열복, 방화복(안전모, 보호장갑 및 안전화를 포함한다) ② 공기호흡기 ③ 인공소생기
	유도등	① 피난유도선 ② 피난구유도등 ③ 통로유도등 ④ 객석유도등 ⑤ 유도표지
	비상조명등 및 휴대용비상조명등	
소화용수 설비	화재를 진압하는 데 필요한 물을 공급하거나 저장하는 설비	
	상수도소화용수설비	
	소화수조·저수조, 그 밖의 소화용수설비	

소화활동 설비	화재를 진압하거나 인명구조활동을 위하여 사용하는 설비
	제연설비
	연결송수관설비
	연결살수설비
	비상콘센트설비
	무선통신보조설비
	연소방지설비

🔍 예 제

소방시설 설치 및 관리에 관한 법률에서 정하고 있는 소방시설에 관한 내용으로 옳지 않은 것은?

제22회

① 비상콘센트설비, 연소방지설비는 소화활동설비이다.
② 연결송수관설비, 상수도소화용수설비는 소화용수설비이다.
③ 옥내소화설비, 옥외소화설비는 소화설비이다.
④ 시각경보기, 자동화재속보설비는 경보설비이다.
⑤ 인명구조기구, 비상조명등은 피난구조설비이다.

해설

② 소화용수설비에는 상수도소화용수설비와 소화수조 · 저수조, 그 밖의 소화용수설비 등이 있다. 연결송수관설비는 소화활동설비이다.

정답 ②

(2) 소화기구

제18회

소화기구란 화재를 소화하기 위하여 사용되는 소화기(자동식 · 수동식소화기), 간이소화용구로 구분되고 있으며, 이들에 대한 정의는 다음과 같다.

① **수동식소화기**: 사람이 직접 조작하여 소화약제를 방출하는 것을 말한다.
② **자동확산소화기**: 화재를 감지하여 자동으로 소화약제를 방출 · 확산시켜 국소적으로 소화하는 소화기를 말한다.
③ **간이 소화용구**
　㉠ 에어로졸식소화용구, 투척용소화용구 및 소화약제 외의 것을 이용한 소화용구를 말한다.
　㉡ (구) 화재에 대한 소화능력단위가 1단위 미만으로서 초기소화를 목적으로 사용되고 있으며, 소화약제에 의한 간이소화용구 · 팽창질석 또는 팽창진주암, 마른 모래 등을 말한다.

OX

소화활동설비에는 제연설비, 무선통신보조설비, 연결송수관설비, 비상콘센트설비, 옥내소화전설비가 있다. (×)

02 소화설비

1 소화기구

(1) 수동식소화기

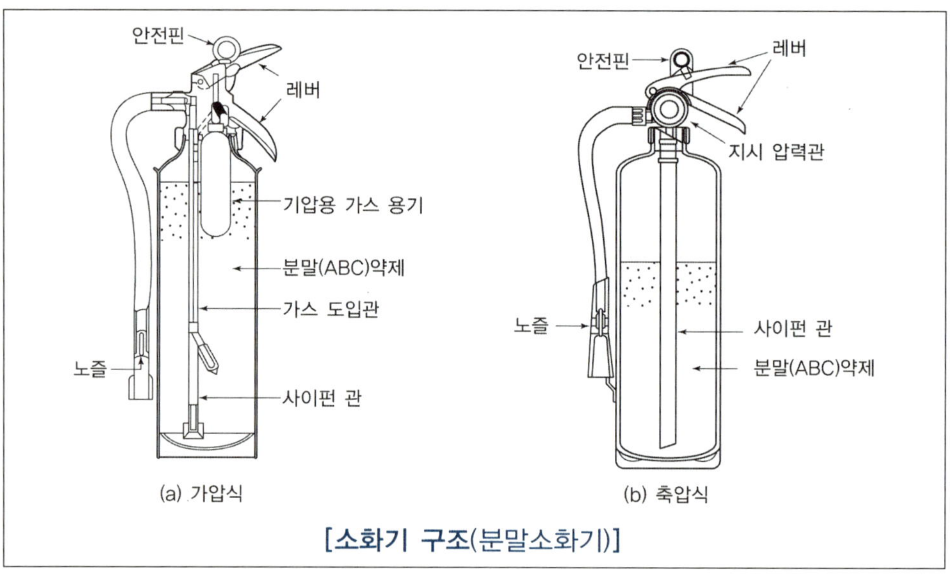

[소화기 구조(분말소화기)]

🔗 **소화기**

소화기의 정의			소화약제를 압력에 따라 방사하는 기구로서 사람이 수동으로 조작하여 소화하는 것으로 소형소화기와 대형소화기가 있다.
종류	능력단위에 따른 분류	소형 소화기	능력단위가 1단위 이상이고 대형소화기의 능력단위 미만인 소화기
		대형 소화기	화재시 사람이 운반할 수 있도록 운반대와 바퀴가 설치되어 있고 능력단위가 A급 10단위 이상, B급 20단위 이상인 소화기
	가압방식에 따른 분류	축압식	① 소화기: 본체용기 중에 소화약제와 함께 소화약제의 방출원이 되는 압축가스(질소 등)을 봉입한 방식의 소화기 ② 지시압력계가 부착되어 사용가능 범위가 0.7~0.98MPa로 녹색으로 되어 있다.
		가압식	소화약제의 방출원이 되는 가압가스를 소화기 본체용기와는 별도의 전용 용기에 충전하여 장치하고 소화기 가압용 가스용기의 작동봉판을 파괴하는 등의 조작에 의하여 방출되는 가스의 압력으로 소화약제를 방사하는 방식의 소화기

🔷 **관련기준**

소화기구 및 자동소화장치의 화재안전기술기준(NFTC 101)

💡 **OX**

"대형소화기"란 화재시 사람이 운반할 수 있도록 운반대와 바퀴가 설치되어 있고 능력단위가 A급 10단위 이상, B급 20단위 이상인 소화기를 말한다. (○)

배치기준	① 각층마다 설치 ② 수동식소화기까지의 보행거리(소방대상물의 각 부분으로부터) 　㉠ 소형수동식소화기: 20m 이내 　㉡ 대형수동식소화기: 30m 이내 배치 　💡 다만, 가연성물질이 없는 작업장의 경우에는 작업장의 실정에 맞게 보행거리를 완화하여 배치할 수 있으며, 지하구의 경우에는 화재발생의 우려가 있거나 사람의 접근이 쉬운 장소에 한하여 설치할 수 있다. ③ 소방대상물의 각층이 2 이상의 거실로 구획된 경우: 층마다 설치하되, 바닥면적이 33m² 이상으로 구획된 각 거실(아파트의 경우에는 각 세대를 말한다)에도 배치 ④ 높이 1.5m 이하의 곳에 비치

💡 소화기구(자동확산소화기를 제외한다)는 거주자 등이 손쉽게 사용할 수 있는 장소에 바닥으로부터 높이 1.5m 이하의 곳에 비치하고, 소화기에 있어서는 "소화기", 투척용소화용구에 있어서는 "투척용소화용구", 마른모래에 있어서는 "소화용모래", 팽창질석 및 팽창진주암에 있어서는 "소화질석"이라고 표시한 표지를 보기 쉬운 곳에 부착할 것. 다만, 소화기 및 투척용소화용구의 표지는 「축광표지의 성능인증 및 제품검사의 기술기준」에 적합한 축광식표지로 설치하고, 주차장의 경우 표지를 바닥으로부터 1.5m 이상의 높이에 설치할 것

① **소화기 능력단위에 의한 분류**: 소화기는 능력단위 수치가 1 이상이어야 한다. 대형 소화기는 다음 ㉠과 ㉡의 소화기를 말한다.

　㉠ 소화능력단위의 크기에 의한 구분

화재의 종류	능력단위	화재의 종류	능력단위
일반화재	10	전기화재	적응
유류화재	20	−	−

　㉡ 충전하는 소화약제량(kg, L)에 의한 구분

소화기의 종류		충전하는 소화약제의 양	소화기의 종류	충전하는 소화약제의 양
물		80ℓ	이산화탄소	50kg
포	화학포	80ℓ	할로겐화합물	30kg
	기계포	20ℓ	분 말	20kg
강화액		60ℓ	−	−

② **간이소화용구**: 에어로졸식소화용구, 투척용소화용구, 소공간용 소화용구 및 소화약제 외의 것을 이용한 소화용구를 말한다.

🔗 소화약제 외의 것을 이용한 간이소화용구의 능력단위

간이소화용구		능력단위
마른 모래	삽을 상비한 50L 이상의 것 1포	0.5 단위
팽창질석 또는 팽창진주암	삽을 상비한 80L 이상의 것 1포	

⑵ 자동식 소화기

자동식 소화기는 고층 아파트의 주방에 설치하는 소화기로서 소화약제 저장기, 수신부, 탐지부, 가스누설차단장치 및 방사노즐 등으로 구성되어 있으며 가스누설을 감지하였을 때 자동으로 경보 및 가스를 차단하여 가스폭발 등을 예방하는 기능과 화재발생시 경보, 가스차단 및 화재를 진압하는 기능이 있다.

> **주거용 주방자동소화장치**
> 1. 소화약제 방출구는 환기구(주방에서 발생하는 열기류 등을 밖으로 배출하는 장치를 말한다)의 청소부분과 분리되어 있어야 하며, 형식승인 받은 유효설치 높이 및 방호면적에 따라 설치할 것
> 2. 감지부는 형식승인 받은 유효한 높이 및 위치에 설치할 것
> 3. 차단장치(전기 또는 가스)는 상시 확인 및 점검이 가능하도록 설치할 것
>   💡 **구기준**
>   가스차단장치는 주방배관의 개폐밸브로부터 2m 이하의 위치에 설치하되, 상시 확인 및 점검이 가능하도록 설치할 것(기출)
> 4. 가스용 주방자동소화장치를 사용하는 경우 탐지부는 수신부와 분리하여 설치하되, 공기보다 가벼운 가스를 사용하는 경우에는 천장면으로 부터 30cm 이하의 위치에 설치하고, 공기보다 무거운 가스를 사용하는 장소에는 바닥면으로 부터 30cm 이하의 위치에 설치할 것
> 5. 수신부는 주위의 열기류 또는 습기 등과 주위온도에 영향을 받지 아니하고 사용자가 상시 볼 수 있는 장소에 설치할 것

2 일반 소화설비

구 분	옥내소화전	옥외소화전	연결송수관설비	스프링클러설비
수평거리(m)	25	40	50	2.6(공동주택)
방수압력(MPa)	0.17	0.25	0.35	0.1
방수량 (ℓ/min)	130	350	−	80
저수량(m³)	2.6 × N (1 ~ 2)	7 × N (1 − 2)	소화활동설비	1.6 × N (Apt 기준개수 10)

(1) 옥내소화전설비

① 함 및 방수구

㉠ 건물의 내부(주로 복도)에 설치하는 고정식 소화설비이다.

㉡ 소화전 높이: 개폐 밸브는 바닥에서 1.5m 이하

㉢ 설치 간격(유효반경): 특정소방대상물의 층마다 설치하되, 해당 특정소방대상물의 각 부분으로부터 하나의 옥내소화전 방수구까지의 수평거리가 25m(호스릴옥내소화전설비를 포함한다) 이하가 되도록 할 것. 다만, 복층형 구조의 공동주택의 경우에는 세대의 출입구가 설치된 층에만 설치할 수 있다.

㉣ 호스릴옥내소화전설비의 경우 그 노즐에는 노즐을 쉽게 개폐할 수 있는 장치를 부착할 것

㉤ 옥내소화전설비의 위치를 표시하는 표시등은 함의 상부에 설치하되, 국민안전처장관이 고시하는 「표시등의 성능인증 및 제품검사의 기술기준」에 적합한 것으로 할 것

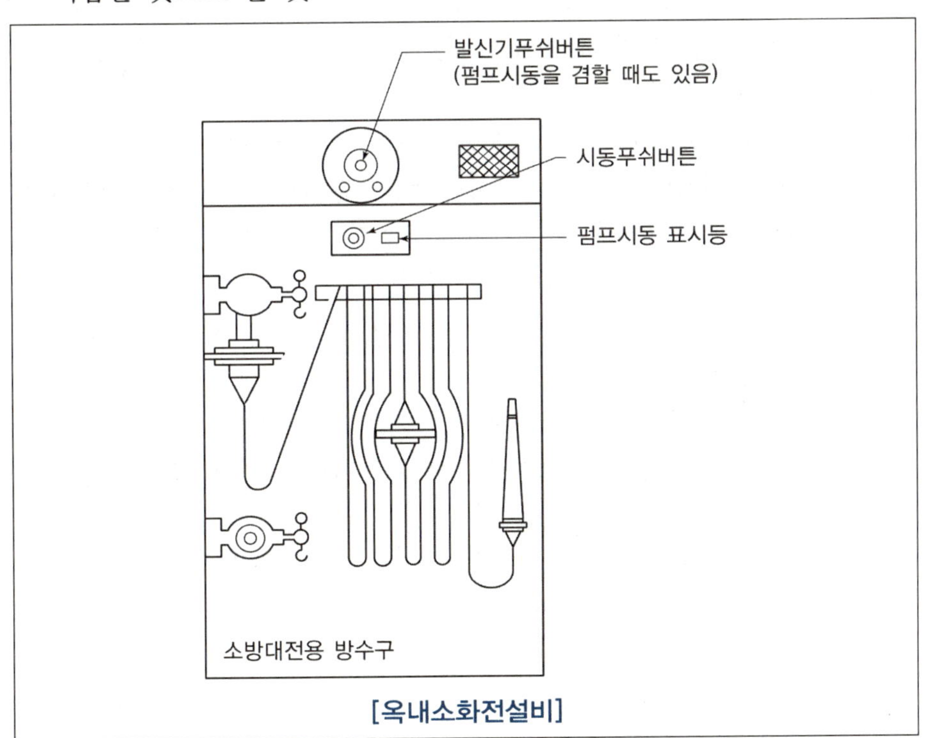

② 표준치

㉠ 방수압력: 0.17MPa 이상

㉡ 방수량: 130ℓ/min

㉢ 노즐의 구경: 13mm

제18회, 제19회, 제24회, 제25회

PART
01

관련기준

옥내소화전설비의 화재안전성능기준(NFPC 102)

OX

옥내소화전 송수구의 설치높이는 바닥으로부터의 높이 1.5m에 설치하여야 한다. (×)

⏜ 호스의 구경 : 40mm(호스릴옥내소화전설비의 경우 : 25mm)

⏝ 호스의 길이 : 15m × 2본 또는 30m

⒦ 수원의 수량(소화수량)

$$Q = 옥내\ 소화전\ 1개의\ 방수량 × 20(분) × N(개)$$
$$= 130(\ell/min) × 20(min) × N(개)$$
$$= 2.6(m^2) × N$$

[Q = 수원의 유효 수량(m^2), N = 옥내소화전의 설치개수가 가장 많은 층의 설치개수(5개 이상 설치된 경우에는 2개)]

③ **배 관**

㉠ 배관과 배관이음쇠는 다음 각 호의 어느 하나에 해당하는 것 또는 동등 이상의 강도·내식성 및 내열성을 국내·외 공인기관으로부터 인정받은 것을 사용하여야 하고, 배관용 스테인리스 강관(KS D 3576)의 이음을 용접으로 할 경우에는 텅스텐 불활성 가스 아크 용접(Tungsten Inertgas Arc Welding) 방식에 따른다. 다만, 본 조에서 정하지 않은 사항은 「건설기술 진흥법」제44조 제1항의 규정에 따른 건축기계설비공사 표준설명서에 따른다.

㉡ ㉠에도 불구하고 다음 각 호의 어느 하나에 해당하는 장소에는 소방청장이 정하여 고시한 「소방용합성수지배관의 성능인증 및 제품검사의 기술기준」에 적합한 소방용합성수지배관으로 설치할 수 있다.

ⓖ 배관을 지하에 매설하는 경우

ⓗ 다른 부분과 내화구조로 구획된 덕트 또는 피트의 내부에 설치하는 경우

ⓘ 천장(상층이 있는 경우에는 상층바닥의 하단을 포함한다. 이하 같다)과 반자를 불연재료 또는 준불연재료로 설치하고 그 내부에 습식으로 배관을 설치하는 경우

㉢ 급수배관은 전용으로 하여야 한다. 다만, 옥내소화전의 기동장치의 조작과 동시에 다른 설비의 용도에 사용하는 배관의 송수를 차단할 수 있거나, 옥내소화전설비의 성능에 지장이 없는 경우에는 다른 설비와 겸용할 수 있다.

㉣ 펌프의 흡입측 배관은 다음 각 호의 기준에 따라 설치하여야 한다.

ⓖ 공기고임이 생기지 아니하는 구조로 하고 여과장치를 설치할 것

ⓗ 수조가 펌프보다 낮게 설치된 경우에는 각 펌프(충압펌프를 포함한다)마다 수조로부터 별도로 설치할 것

㉤ 펌프의 토출측 주배관의 구경은 유속이 4m/s 이하가 될 수 있는 크기 이상으로 하여야 하고, 옥내소화전방수구와 연결되는 가지배관의 구경은 40mm(호스릴옥내소화전설비의 경우에는 25mm) 이상으로 하여야 하며, 주배관 중 수직배관의 구경은 50mm(호스릴옥내소화전설비의 경우에는 32mm) 이상으로 하여야 한다.

㉥ 연결송수관설비의 배관과 겸용할 경우의 주배관은 구경 100mm 이상, 방수구로 연결되는 배관의 구경은 65mm 이상의 것으로 하여야 한다.

④ **배관구경**

종 류	가지배관	주배관
일 반	40mm 이상	50mm 이상
연결송수관 겸용	65mm 이상	100mm 이상

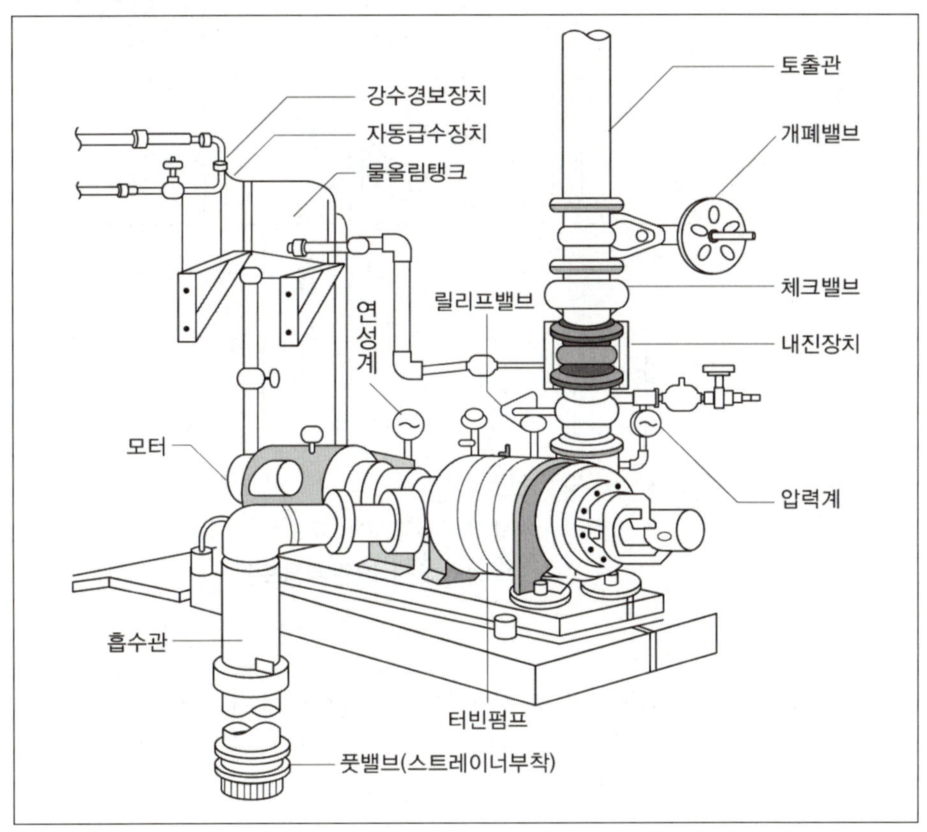

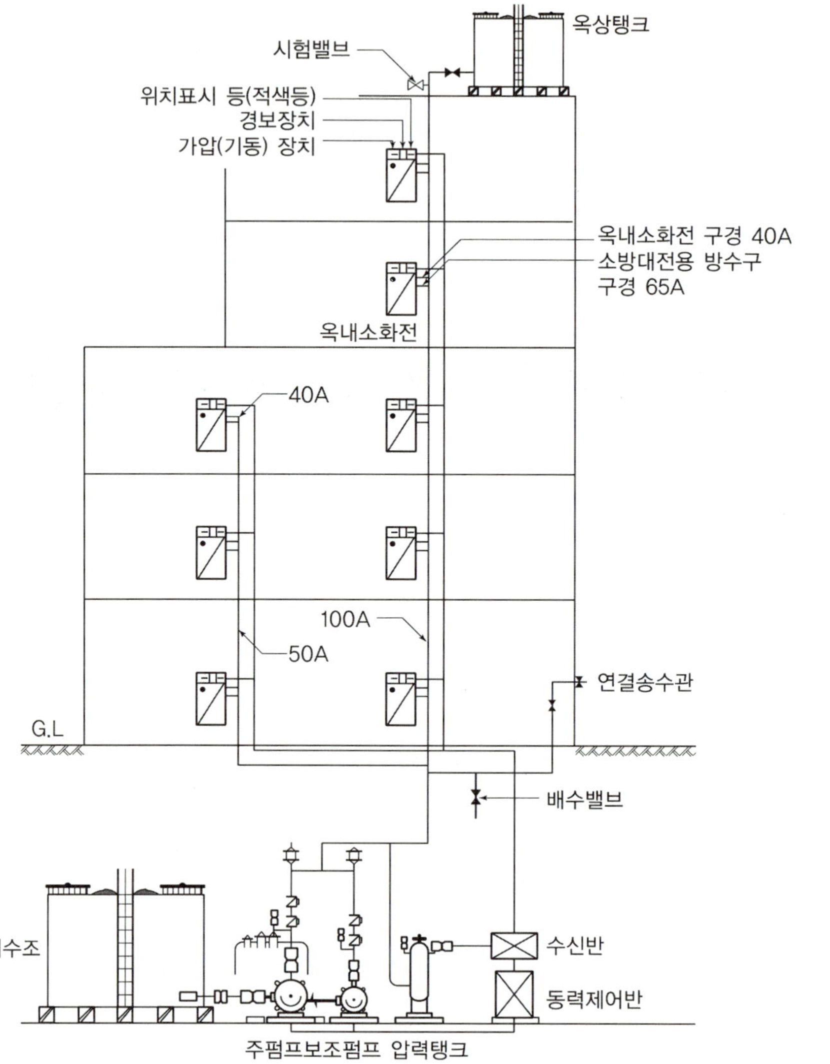

[옥내소화전 배관계통도]

⑤ **옥내소화전설비의 위치를 표시하는 적색표시등의 설치기준**: 불빛은 부착 면으로부터 15° 이상의 범위 안에서 부착지점으로부터 10m 이내의 어느 곳에서도 쉽게 식별할 수 있어야 한다.

⑥ 가압송수장치의 종류

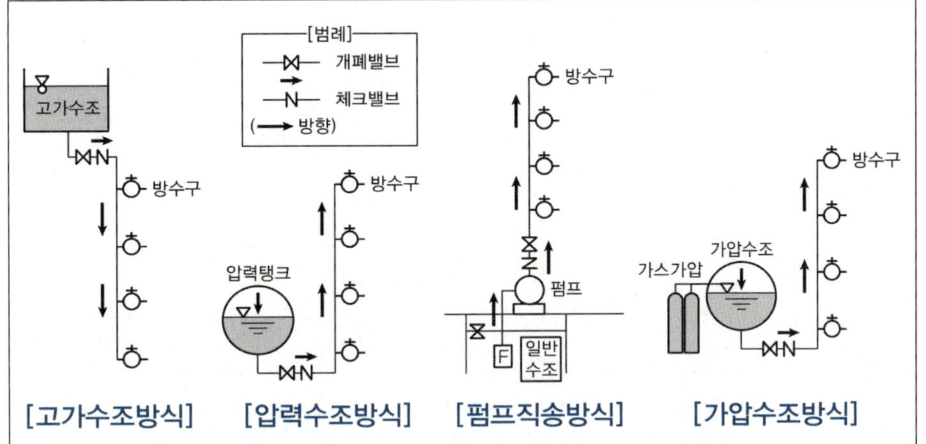

㉠ 고가수조: 구조물 또는 지형지물 등에 설치하여 자연낙차의 압력으로 급수하는 수조

㉡ 압력수조: 소화용수와 공기를 채우고 일정 압력 이상으로 가압하여 그 압력으로 급수하는 수조

㉢ 가압수조: 가압원인 압축공기 또는 불연성 고압기체에 따라 소방용수를 가압시키는 수조

⑦ 가압송수장치 관련 용어 설명

㉠ 압력계: 배관 내의 압력을 측정하며, 펌프의 토출측 주배관과 압력챔버에 설치된다.

㉡ 진공계: 배관 내의 부(−)의 압력을 측정하며, 펌프의 흡입측 배관에 설치하여 펌프의 진공상태를 확인한다.

㉢ 연성계: 배관 내의 부(−)의 압력과 정(+)의 압력을 측정하며, 펌프의 토출측 또는 흡입측 배관에 설치하여 사용한다.

㉣ 충압펌프: 옥내소화전이나 스프링클러설비 등에서 배관 내의 압력이 누설되었을 경우에 누설된 압력을 보충하는 기능을 한다.

㉤ 체절운전: 펌프의 성능시험을 목적으로 펌프 토출측의 개폐밸브를 닫은 상태에서 펌프를 운전하는 것으로 펌프의 토출측 배관이 모두 막힌 상태에서 펌프가 계속 기동(작동)하여, 최고점의 압력에서 펌프가 공회전하는 운전이다.

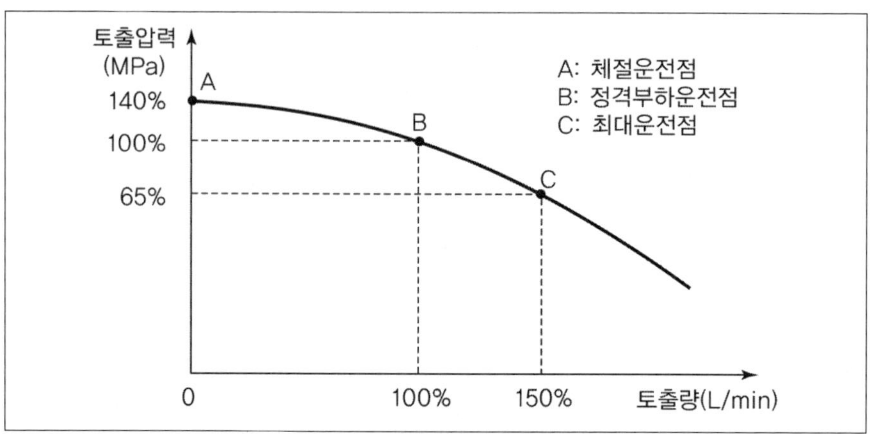

💡 펌프의 성능은 체절운전시 정격토출압력의 140%를 초과하지 아니하고, 정격토출량의 150%로 운전시 정격토출압력의 65% 이상이 되어야 한다.

ⓗ 기동용 수압개폐장치 : 소화설비의 배관 내 압력변동을 검지하여 자동적으로 펌프를 기동 및 정지시키는 것으로서 압력챔버 또는 기동용압력스위치 등을 말한다.

   ⓐ 기능 : 펌프를 이용하는 가압송수장치의 토출측 배관에 연결되어 배관 내의 압력변동을 검지하여 펌프를 자동적으로 기동 또는 정지시키기 위해 설치하는 주요 구성품이다.

   ⓑ 종 류
      • 압력챔버
      • 전자식 기동용 압력스위치
      • 부르돈관 기동용 압력스위치

ⓢ 급수배관 : 수원 및 옥외송수구로부터 옥내소화전방수구에 급수하는 배관을 말한다.

ⓞ 분기배관 : 배관 측면에 구멍을 뚫어 둘 이상의 관로가 생기도록 가공한 배관으로서 확관형 분기배관과 비확관형 분기배관을 말한다.

ⓩ 확관형 분기배관 : 배관의 측면에 조그만 구멍을 뚫고 소성가공으로 확관시켜 배관 용접이음자리를 만들거나 배관 용접이음자리에 배관이음쇠를 용접 이음한 배관을 말한다.

ⓩ 비확관형 분기배관 : 배관의 측면에 분기호칭내경 이상의 구멍을 뚫고 배관이음쇠를 용접 이음한 배관을 말한다.

ⓚ 개폐표시형밸브 : 밸브의 개폐 여부를 외부에서 식별할 수 있는 밸브를 말한다.

옥내소화전설비의 화재안전성능기준(NFPC 102) **제5조【가압송수장치】** ① 전동기 또는 내연기관에 따른 펌프를 이용하는 가압송수장치는 다음 각 호의 기준에 따라 설치하여야 한다. 다만, 가압송수장치의 주펌프는 전동기에 따른 펌프로 설치해야 한다.

2. 동결방지조치를 하거나 동결의 우려가 없는 장소에 설치할 것
3. 특정소방대상물의 어느 층에 있어서도 해당 층의 옥내소화전(2개 이상 설치된 경우에는 2개의 옥내소화전)을 동시에 사용할 경우 각 소화전의 노즐선단에서 0.17Mpa 이상의 방수압력으로 분당 130L 이상의 소화수를 방수할 수 있는 성능인 것으로 할 것. 다만, 하나의 옥내소화전을 사용하는 노즐선단에서의 방수압력이 0.7MPa을 초과할 경우에는 호스접결구의 인입측에 감압장치를 설치해야 한다.
4. 펌프의 토출량은 옥내소화전이 가장 많이 설치된 층의 설치개수(옥내소화전이 2개 이상 설치된 경우에는 2개)에 130ℓ/min를 곱한 양 이상이 되도록 할 것
5. 펌프는 전용으로 할 것
6. 펌프의 토출측에는 압력계를 설치하고, 흡입측에는 연성계 또는 진공계를 설치할 것
7. 펌프의 성능은 체절운전시 정격토출압력의 140퍼센트를 초과하지 않고, 정격토출량의 150퍼센트로 운전시 정격토출압력의 65퍼센트 이상이 되어야 하며, 펌프의 성능을 시험할 수 있는 성능시험배관을 설치할 것
8. 가압송수장치에는 체절운전시 수온의 상승을 방지하기 위한 순환배관을 설치할 것
9. 기동장치로는 기동용수압개폐장치 또는 이와 동등 이상의 성능이 있는 것을 설치할 것. 다만, 학교·공장·창고시설(제4조 제2항에 따라 옥상수조를 설치한 대상은 제외한다)로서 동결의 우려가 있는 장소에 있어서는 기동스위치에 보호판을 부착하여 옥내소화전함 내에 설치할 수 있다.
10. 제9호 단서의 경우에는 주펌프와 동등 이상의 성능이 있는 별도의 펌프로서 내연기관의 기동과 연동하여 작동되거나 비상전원을 연결한 펌프를 추가 설치할 것
11. 수원의 수위가 펌프보다 낮은 위치에 있는 가압송수장치에는 물올림장치를 설치할 것
12. 기동용수압개폐장치를 기동장치로 사용할 경우에는 충압펌프를 설치할 것
13. 내연기관을 사용하는 경우에는 제어반에 따라 내연기관의 자동기동 및 수동기동이 가능하고, 상시 충전되어 있는 축전지설비와 펌프를 20분 이상 운전할 수 있는 용량의 연료를 갖출 것
14. 가압송수장치가 기동이 된 경우에는 자동으로 정지되지 않도록 할 것
15. 가압송수장치는 부식 등으로 인한 펌프의 고착을 방지할 수 있도록 청동 또는 스테인리스 등 부식에 강한 재질을 사용할 것

② 고가수조의 자연낙차를 이용한 가압송수장치를 설치하는 경우 고가수조의 자연낙차수두(수조의 하단으로부터 최고층에 설치된 소화전 호스 접결구까지의 수직거리를 말한다)는 제1항 제3호에 따른 방수압 및 방수량이 20분 이상 유지되도록 해야 한다.

💡 **OX**

펌프의 흡입측에는 진공계를, 토출측에는 연성계를 설치한다. (×)

③ 압력수조를 이용한 가압송수장치를 설치하는 경우 압력수조의 압력은 제1항 제3호에 따른 방수압 및 방수량이 20분 이상 유지되도록 해야 한다.
④ 가압수조를 이용한 가압송수장치는 소방청장이 정하여 고시한 「가압수조식가압송수장치의 성능인증 및 제품검사의 기술기준」에 적합한 것으로 설치하되, 가압수조의 압력은 제1항 제3호에 따른 방수압 및 방수량이 20분 이상 유지되도록 해야 한다.

🔍 예 제

화재안전기준상 옥내소화전설비에 관한 용어의 정의로 옳지 않은 것은? 제19회

① 고가수조란 구조물 또는 지형지물 등에 설치하여 자연낙차의 압력으로 급수하는 수조를 말한다.
② 충압펌프란 배관 내 압력손실에 따른 주펌프의 빈번한 기동을 방지하기 위하여 충압역할을 하는 펌프를 말한다.
③ 기동용 수압개폐장치란 소화설비의 배관 내 압력변동을 검지하여 자동적으로 펌프를 기동 및 정지시키는 것으로서 압력챔버 또는 기동용 압력스위치 등을 말한다.
④ 체절운전이란 펌프의 성능시험을 목적으로 펌프 토출측의 개폐밸브를 닫은 상태에서 펌프를 운전하는 것을 말한다.
⑤ 진공계란 대기압 이상의 압력과 대기압 이하의 압력을 측정할 수 있는 계측기를 말한다.

해설

⑤ 연성계란 대기압 이상의 압력과 대기압 이하의 압력을 측정할 수 있는 계측기를 말하며, 진공계란 대기압 이하의 압력을 측정할 수 있는 계측기를 말한다.

정답 ⑤

(2) 옥외소화전설비

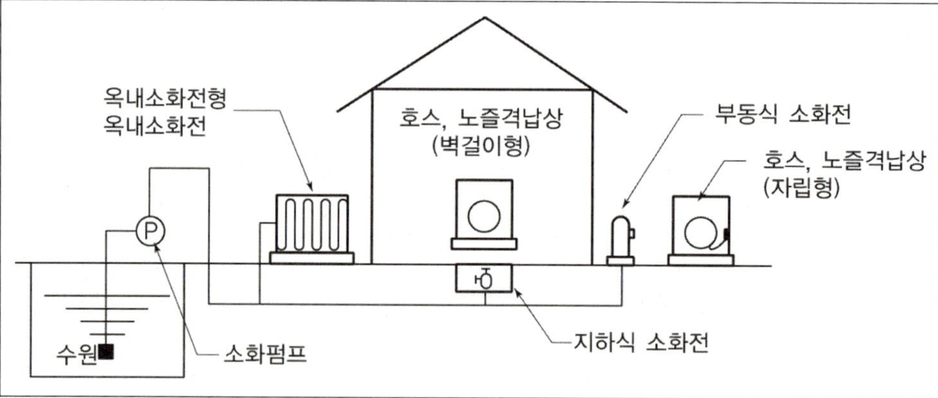

대규모 건축물의 1, 2층의 소화를 목적으로 한 것으로 인접건물로의 연소방지에서 사용되며, 옥외소화전은 소화전·호스와 노즐을 수납한 소화전함·배관·가압송수장치·수원으로 구성된다.

① **설치 위치**

　㉠ 옥외에 설치한 고정식 소화설비이다.

　㉡ 유효 반경: 건물의 외부 각 부분으로부터 1개의 호스접결구까지의 거리가 40m 이하가 되도록 한다.

② **표준치**

　㉠ 방수압력: 0.25MPa 이상

　㉡ 방수량: $350\,\ell/\mathrm{min}$

　㉢ 호스의 구경: 65mm

　㉣ 수원의 수량: $Q = 350(\ell/\mathrm{min}) \times 20(\mathrm{min}) \times N(개) = 7\mathrm{m}^3 \times N$

　　N은 소화전의 수(최대 2개)이다.

(3) 스프링클러설비

■■ 제14회, 제15회, 제17회

스프링클러설비는 화재가 발생했을 때 수조의 물을 펌프가 배관을 통하여 송수(送水)하여 헤드로 물을 방수시키는 자동소화설비로서 소방대상물의 천장, 벽 등에 헤드를 설치하며, 화재의 감지는 감지기 또는 폐쇄형 스프링클러헤드에 의하여 화재를 인식하여 헤드로 물을 송수하는 설비로서, 설비의 주요 구성요소는 수원, 가압송수장치, 유수검지장치(또는 일제개방밸브), 헤드, 배관, 수신반, 제어반 등으로 구성되어 있다.

① **스프링클러의 장·단점**

장 점	단 점
㉠ 초기화재의 진압에 절대적이다. ㉡ 소화약제가 물이므로 경제적이고 소화 후 복구가 용이하다. ㉢ 감지부의 구조가 기계적이므로 오보 및 오동작이 적다. ㉣ 시설이 반영구적이다. ㉤ 완전자동으로 사람이 없는 야간에도 자동으로 화재를 방어한다. ㉥ 주로 고층 건축물, 지하층, 무창층(無窓層) 등 소방차의 진입이 곤란한 곳에 설치된다.	㉠ 초기에 시설비용이 많이 든다. ㉡ 물로 인한 수손 피해가 크다. ㉢ 유지관리에 유의해야 한다.

② **표준치**

　㉠ 방수압력: 0.1MPa 이상

　㉡ 방수량: $80\,\ell/\mathrm{min}$ 이상

ⓒ 헤드 하나의 수평거리 : 3.2m

ⓓ 수원의 수량 : $Q = 80(\ell/min) \times 20min \times N(개) = 1.6(m^3) \times N(헤드 개수)$

🔗 스프링클러의 종류 및 특성

폐쇄형	습식	소화용수가 채워져 있는 배관에 폐쇄형 스프링클러헤드를 부착하여 화재의 열로 인하여 스프링클러헤드가 개방되면 즉시 방수되도록 하는 시스템
	건식	압축공기 또는 질소가 들어 있는 배관에 폐쇄형 스프링클러헤드가 부착되어 있는 스프링클러시스템으로서 스프링클러헤드가 개방되어 압축공기가 방출되면 수압에 의하여 건식유수검지장치가 개방되고 배관 내로 소화용수가 흘러 개방된 스프링클러헤드를 통하여 물이 방사된다. 💡 특히 동파의 우려가 있는 장소에 적합하다.
	준비 작동식	배관 내를 누설감시용 물이나 또는 압축공기, 질소가스 등을 채워 두거나 또는 대기압상태의 공기가 들어 있는 배관에 폐쇄형 스프링클러헤드를 부착한 스프링클러시스템으로서 스프링클러헤드가 설치되어 있는 동일지역 내에 화재감지설비가 설치되어 있다.
	부압식	가압송수장치에서 준비작동식유수검지장치의 1차측까지는 항상 정압의 물이 가압되고, 2차측 폐쇄형 스프링클러헤드까지는 소화수가 부압으로 되어 있다가 화재시 감지기의 동작에 의해 정압으로 변하여 유수가 발생하면 작동하는 스프링클러설비로, 비화재시 헤드 개방으로 인한 수손을 방지하기 위해 설치한다.
개방형	일제 살수식	일제개방밸브를 통하여 급수배관과 연결되어 있는 배관에 개방형 스프링클러헤드를 부착한 스프링클러시스템으로 일제개방밸브는 스프링클러헤드가 설치되어 있는 동일 구역 내의 감지장치에 의하여 개방되며, 일제개방밸브가 개방될 때 배관으로 소화용수가 흘러 그 배관에 부착된 모든 스프링클러헤드를 통하여 방사된다.

> **알람밸브(자동경보밸브)**
> 알람밸브 중심으로 1차측과 2차측에 각 1개씩의 압력계가 부착되어 항상 같은 압력값을 지시하고 있다가 헤드가 개방되면 2차측의 압력이 감소되면서 알람밸브가 개방되어 수신반에 화재표시등을 점등시킴과 동시에 경보를 발령하게 된다.

💡 **OX**

폐쇄형 습식스프링클러설비는 별도로 설치되어 있는 화재감지기에 의해 유수검지장치가 작동되어 물이 송수되는 구조로 되어 있다. (×)

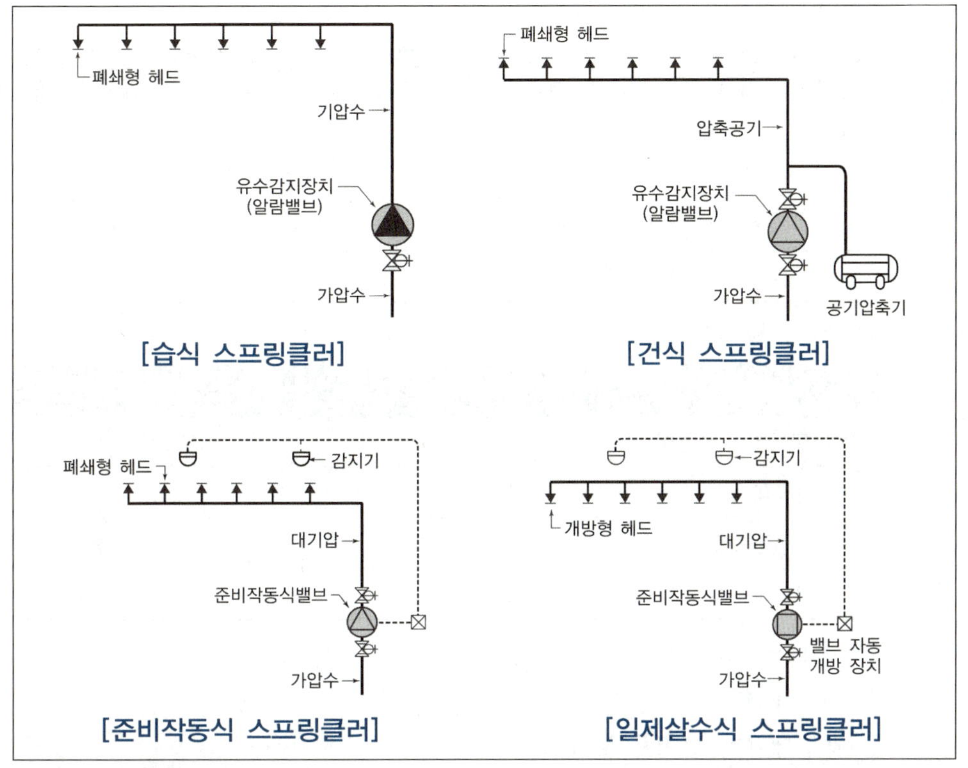

방 식		1차측	유수검지 장치	2차측	감지기 유무	수동기동 장치	적용장소
폐쇄형	습 식	가압수	알람밸브	가압수	없음	없음	일반거실
	건 식	가압수	건식밸브	가압공기	없음	없음	주차장 (동결우려)
	준비 작동식	가압수	프리액션밸브	대기압	있음	있음	주차장 (동결우려)
개방형	일제 살수식	가압수	일제개방밸브	개방상태	있음	있음	무대부, 공장

③ **스프링클러헤드**

㉠ 헤드의 구성요소

ⓐ 프레임(Frame): 몸 전체를 지지한다.

ⓑ 가용편(Fuse, 감열체): 평상시 물 분사구를 막고 있음

ⓒ 디플렉터(Deflector): 방수구에서 유출된 물을 고르게 세분시키는 작용을 한다.

1. 주차장에 설치되는 스프링클러는 습식 이외의 방식으로 하여야 한다. (○)

2. 준비작동식은 1차 및 2차측 배관에서 헤드까지 가압수가 충만되어 있다. (×)

ⓛ 폐쇄형 헤드의 표시온도

설치장소의 최고주위온도	표시온도(℃)
39℃ 미만	79℃ 미만
39℃ 이상 64℃ 미만	79℃ 이상 121℃ 미만
64℃ 이상 106℃ 미만	121℃ 이상 162℃ 미만
106℃ 이상	162℃ 이상

ⓒ 설치장소별 헤드의 간격

장 소	수평거리(R)	헤드간격(S)
무대부, 특수가연물	1.7m 이하	2.4m 이하
랙크식 창고	2.5m 이하	3.5m 이하
기타구조	2.1m 이하	3m 이하
내화구조	2.3m 이하	3.2m 이하

ⓒ 헤드의 설치방향에 따른 분류

ⓐ 하향형 스프링클러

ⓑ 상향형 스프링클러

ⓒ 상하형 스프링클러

④ **헤드의 분기방식에 따른 분류**

㉠ 하향식 헤드

ⓐ 상기분기 방식(회향식) : 하향식 헤드는 가지배관의 상부에서 분기해야 하는 것이 원칙이다(배관 내의 이물질이 가지배관 내의 하부에 침전되어 가압수가 헤드로 방수될 때에 이물질이 헤드의 오리피스를 막는 일이 없도록 하기 위함이다).

ⓑ 측면분기방식, 하부분기방식 : 수원의 수질이 「먹는물관리법」 제5조의 규정에 의한 먹는물수질기준에 적합하고 덮개가 있는 저수조로부터 물을 공급받는 경우에는 가지배관의 측면 또는 하부에 분기할 수 있다.

㉡ 상향분기방식 : 상향식 헤드(건식, 준비작동식)

> 1. **연결살수설비** : 하나의 송수구역에 설치하는 개방형의 헤드 수는 10개 이하로 하여야 한다.
> 2. **스프링클러설비** : 한쪽 가지배관에 설치되는 헤드의 개수는 8개 이하로 한다.

가압송수장치(제5조 정리)

1. 기동장치로는 기동용수압개폐장치 또는 이와 동등 이상의 성능이 있는 것으로 설치할 것. 다만, 기동용수압개폐장치 중 압력챔버를 사용할 경우 그 용적은 100L 이상의 것으로 할 것

2. 가압송수장치의 정격토출압력은 하나의 헤드선단에 0.1MPa 이상 1.2MPa 이하의 방수압력이 될 수 있게 하는 크기일 것

3. 가압송수장치의 송수량은 0.1MPa의 방수압력 기준으로 $80\,\ell/min$ 이상의 방수성능을 가진 기준개수의 모든 헤드로부터의 방수량을 충족시킬 수 있는 양 이상의 것으로 할 것. 이 경우 속도수두는 계산에 포함하지 아니할 수 있다.

4. 제10호의 기준에 불구하고 가압송수장치의 1분당 송수량은 폐쇄형스프링클러헤드를 사용하는 설비의 경우 제4조 제1항 제1호에 따른 기준개수에 $80\,\ell$를 곱한 양 이상으로도 할 수 있다.

5. 기동용수압개폐장치를 기동장치로 사용하는 경우에는 다음의 각 목의 기준에 따른 충압펌프를 설치할 것
   ① 펌프의 토출압력은 그 설비의 최고위 살수장치(일제 개방밸브의 경우는 그 밸브)의 자연압보다 적어도 0.2MPa이 더 크도록 하거나 가압송수장치의 정격토출압력과 같게 할 것
   ② 펌프의 정격토출량은 정상적인 누설량보다 적어서는 아니되며 스프링클러설비가 자동적으로 작동할 수 있도록 충분한 토출량을 유지할 것

6. **유수검지장치의 설치**: 유수검지장치를 실내에 설치하거나 보호용 철망 등으로 구획하여 바닥으로부터 0.8m 이상 1.5m 이하의 위치에 설치하되, 그 실 등에는 개구부가 가로 0.5m 이상 세로 1m 이상의 출입문을 설치하고 그 출입문 상단에 '유수검지장치실'이라고 표시한 표지를 설치할 것

7. **배관의 구분**
   ① 스프링클러설비의 배관은 입상관, 수평주행배관(Feed Main), 교차배관(Cross Main), 가지배관(Branch Line) 등으로 구성되어 있다.

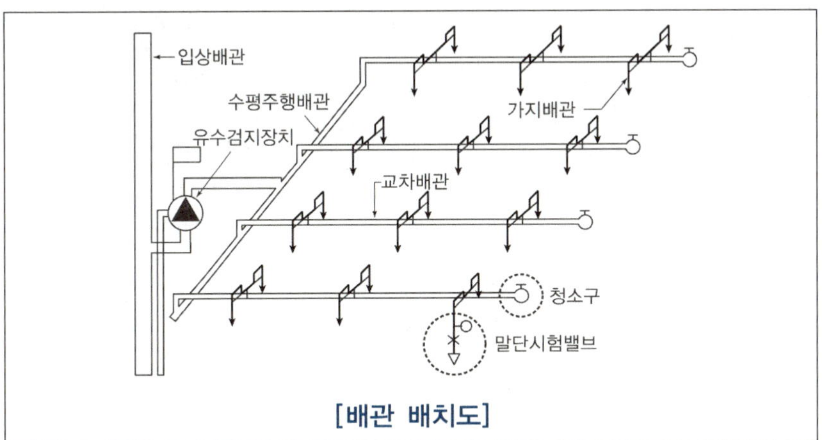

   ② 주배관(가압송수장치 ~ 입상배관) ⇨ 수평주행배관 ⇨ 교차배관 ⇨ 가지배관 순으로 시공

🔧 **관련기준**
스프링클러설비의 화재안전성능기준(NFPC 103)

💡 스프링클러헤드에 공급되는 물은 유수검지장치를 지나도록 할 것. 다만, 송수구를 통하여 공급되는 물은 그러하지 아니하다.

OX

1. 스프링클러헤드의 방수압력은 0.1~1.2MPa이고, 방수량은 $80\,\ell/min$ 이상이어야 한다. (○)

2. 유수검지장치란 유수현상을 자동적으로 검지하여 신호 또는 경보를 발하는 장치를 말한다. (○)

8. **저수량** : 기준개수 − 10개(Apt의 경우) 1.6m²를 곱한 양이 될 것
   - 스프링클러설비의 수원은 산출된 유효수량 외에 유효수량의 1/3 이상을 옥상에 설치하여야 한다.
9. 연결송수관설비의 배관과 겸용할 경우의 주배관은 구경 100mm 이상, 방수구로 연결되는 배관의 구경은 65mm 이상의 것으로 하여야 한다.
10. **감열체** : 정상상태에서 스프링클러헤드의 방수구를 막고 있으나, 화재발생시 열에 의하여(일정한 온도에 도달하면) 스스로 파괴·용해되어 스프링클러헤드로부터 이탈됨으로써 방수구가 개방되도록 해 물이 방사가 가능하도록 하는 부품을 말한다.
    - 공동주택·노유자시설의 거실, 오피스텔·숙박시설의 침실, 병원의 입원실은 조기반응형 스프링클러헤드를 설치하여야 한다.
11. **스프링클러설비** : 한쪽 가지배관에 설치되는 헤드의 개수는 8개 이하로 설치
12. 습식스프링클러설비 및 부압식스프링클러설비 외의 설비에는 상향식스프링클러헤드를 설치할 것. 다만, 다음의 어느 하나에 해당하는 경우에는 그렇지 않다.
    ① 드라이펜던트 스프링클러헤드를 사용하는 경우
    ② 스프링클러헤드의 설치장소가 동파의 우려가 없는 곳인 경우
    ③ 개방형 스프링클러헤드를 사용하는 경우
13. 하향식 헤드를 설치하는 경우에 가지배관으로부터 헤드에 이르는 헤드 접속배관은 가지관 상부에서 분기할 것(회향식으로 설치).
14. 폐쇄형 스프링클러헤드는 그 설치장소의 평상시 최고 주위온도에 따라 정해진 표시온도의 것으로 설치하여야 한다.
15. 스프링클러헤드는 살수가 방해되지 아니하도록 스프링클러헤드로부터 반경 60cm 이상의 공간을 보유할 것. 다만, 벽과 스프링클러헤드 간의 공간은 10cm 이상으로 한다.

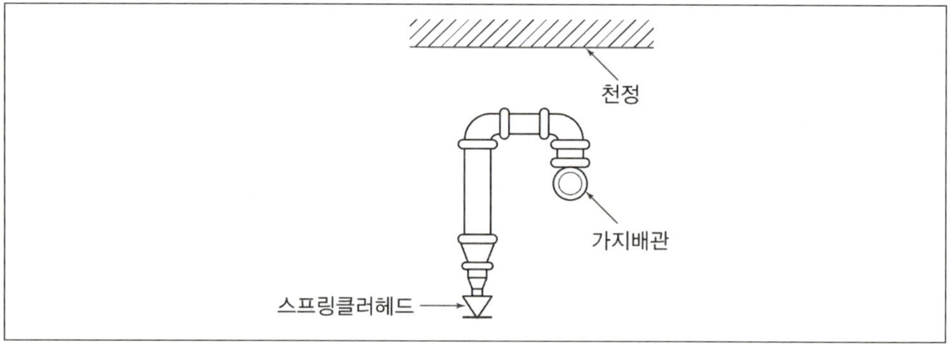

예제

스프링클러설비에 관한 내용으로 옳지 않은 것은?　　　　　　제26회

① 충압펌프란 배관 내 압력손실에 따른 주펌프의 빈번한 기동을 방지하기 위하여 충압역할을 하는 펌프를 말한다.

② 건식스프링클러헤드란 물과 오리피스가 분리되어 동파를 방지할 수 있는 스프링클러헤드를 말한다.

③ 유수검지장치란 유수현상을 자동적으로 검지하여 신호 또는 경보를 발하는 장치를 말한다.

④ 가지배관이란 헤드가 설치되어 있는 배관을 말한다.

⑤ 체절운전이란 펌프의 성능시험을 목적으로 펌프 토출측의 개폐밸브를 개방한 상태에서 펌프를 운전하는 것을 말한다.

해설

⑤ 체절운전이란 펌프의 성능시험을 목적으로 펌프 토출측의 개폐밸브를 폐쇄한 상태에서 펌프를 운전하는 것을 말한다.

　　　　　　　　　　　　　　　　　　　　　　　　　　　　　정답 ⑤

---

(4) 드렌처(Drencher)설비

① 건축물의 외벽, 창, 지붕 등에 설치하여 인접건물에 화재가 발생하였을 때 수막(Water Curtain)을 만들어 건물을 화재의 연소로부터 보호할 수 있는 방화설비이다.

② **설치간격**: 수평거리 2.5m 이하, 수직거리 4m 이하 1개씩 설치

③ **방수압력**: 0.1MPa 이상

④ **방수량**: 80 ℓ/min

⑤ **저수량**: 1.6(m³) × N(가장 많이 설치된 제어밸브의 드렌처헤드의 설치개수)

(5) 연결송수관설비(Siamese Connection): 소화활동설비

제19회, 제27회

고층건물의 화재시 소방대 전용 소화전인 송수구를 통하여 건물 내의 소화전에 송수하는 설비이다.

① **송수구**

ㄱ 설치 위치: 소방차의 접근이 용이하고 노출된 장소

ㄴ 설치 높이: 0.5~1m

ㄷ 구경: 65mm의 쌍구형

ㄹ 송수구는 연결송수관의 수직배관마다 1개 이상을 설치

　　　　ⓜ 송수구로부터 연결송수관설비의 주배관에 이르는 연결배관에 개폐밸브를 설치할 때에는 그 개폐상태를 쉽게 확인 및 조작할 수 있는 옥외 또는 기계실 등의 장소에 설치할 것. 이 경우 개폐밸브에는 그 밸브의 개폐상태를 감시제어반에서 확인할 수 있도록 급수개폐밸브 작동표시 스위치(이하 "탬퍼스위치"라 한다)를 다음의 기준에 따라 설치해야 한다.

② **배 관**

　　㉠ 주배관의 구경 : 100mm 이상

　　㉡ 습식설비 : 지면으로부터의 높이가 31m 이상인 소방대상물 또는 지상 11층 이상인 소방대상물

　　㉢ 연결송수관설비의 배관과 겸용 : 주배관의 구경이 100mm 이상인 옥내소화전설비·스프링클러설비 또는 물분무설비의 배관과 겸용할 수 있다. 다만, 층수가 30층 이상의 특정소방대상물은 스크링클러설비의 배관과 겸용할 수 없다.

③ **방수구**

　　㉠ 특정소방대상물의 층마다 설치(아파트의 1층 및 2층은 설치하지 아니할 수 있다)

　　㉡ 설치 높이 : 0.5~1m

　　㉢ 설치 위치

　　　　ⓐ 아파트 또는 바닥면적이 1,000m² 미만인 층 : 계단(계단의 부속실을 포함하며 계단이 2 이상 있는 경우에는 그 중 1개의 계단)으로부터 5m 이내

　　　　ⓑ 바닥면적 1,000m² 이상인 층(아파트 제외)에 있어서는 각 계단(계단의 부속실을 포함하며 계단이 3 이상 있는 층의 경우에는 그 중 2개의 계단) : 5m 이내 설치, 그 방수구로부터 그 층의 각 부분까지의 거리가 다음 각목의 기준을 초과하는 경우에는 그 기준 이하가 되도록 방수구를 추가하여 설치할 것

　　　　　　• 지하가(터널은 제외) 또는 지하층의 바닥면적의 합계 3,000m² 이상 : 수평거리 25m

　　　　　　• ⓐ에 해당하지 아니한 것 : 수평거리 50m

　　㉣ 11층 이상의 방수구는 쌍구형(제외 : 아파트 용도로 사용되는 층, 스프링클러설비가 유효하게 설치되어 있고 방수구가 2개소 이상 설치된 층)

     ⑩ 방수구의 위치표시 : 표시등이나 발광식 또는 축광식 표지
        ⓐ 표시등을 설치하는 경우 : 함의 상부에 설치, 불빛은 부착면으로부터 15° 이상의 범위 안에서 부착지점으로부터 10m 이내의 어느 곳에서도 쉽게 식별할 수 있는 적색등으로 할 것
        ⓑ ⓐ에 따른 적색등은 사용전압의 130%인 전압을 24시간 연속하여 가하는 경우에도 단선, 현저한 광속변화, 전류변화 등의 현상이 발생되지 아니할 것
        ⓒ 발광식 또는 축광식 표지를 설치하는 경우에는 유도등 및 유도표지의 화재안전기준 제8조 제3항의 기준에 적합할 것

④ **표준치**
    ㉠ 방수압력 : 0.35MPa 이상
    ㉡ 노즐 구경 : 19mm
    ㉢ 호스 구경 : 65mm
    ㉣ 소방 펌프의 송수압력 : 0.7MPa

🔍 예제

화재안전기준상 연결송수관설비에 관한 내용으로 옳지 않은 것은?   제19회

① 송수구는 지면으로부터 높이가 0.5m 이상 1m 이하의 위치에 설치해야 한다.
② 송수구는 화재층으로부터 지면으로 떨어지는 유리창 등이 송수 및 그 밖의 소화작업에 지장을 주지 아니하는 장소에 설치해야 한다.
③ 송수구는 구경 65mm의 쌍구형으로 해야 한다.
④ 주배관의 구경은 80mm로 해야 한다.
⑤ 방수구는 개폐기능을 가진 것으로 설치하여야 하며, 평상시 닫힌 상태를 유지해야 한다.

해설
④ 주배관의 구경은 100mm로 해야 한다.

🗐 정답 ④

⑹ **연결살수설비**

소방대가 건물 외벽 또는 외부에 있는 송수구를 통해 지하층 등의 천장에 설치되어 있는 헤드까지 송수하여 화재를 진압하는 소방시설이다.

03 특수소화설비

1 물분무소화설비

(1) 물을 분무상으로 분산 방사하여 연소면을 덮어 물의 증발작용이 가속화되어 증발열에 따른 냉각소화작용이 뛰어나다.

(2) 물에서 수증기로 변할 때 수증기의 부피가 1,700배로 팽창하면서 연소면을 둘러쌈으로 공기의 공급을 차단하는 질식소화작용, 에멀션소화작용으로 보통의 방수로써는 소화할 수 없는 가연물, 유류, 전기화재에 유효하다.

(3) **적용대상물**

통신기기실, 차고, 주차장, 특수 가연물 취급소, 전기기기 등

2 포(말)소화설비

(1) 유류 화재시 연소면을 포말(泡沫, 거품, Foam)로 기름을 덮어서 산소의 공급을 차단하여 질식소화하고 포에 포함되어 있는 물에 의한 냉각소화효과가 있다.

(2) **적용 대상물**

비행기 격납고, 위험물 저장 탱크, 주차장, 차고 등 유류 화재의 소화에 적합하다.

3 분말소화설비

(1) 온도나 습도가 높은 여름이나 온도가 낮은 겨울철, 소화약제의 저장·취급 및 유지관리가 원활하지 못한 이들의 단점을 보완하기 위해서 연구·개발된 소화약제가 분말소화약제이다.

(2) 분말소화약제는 가연물질의 연소에서의 연쇄반응을 억제·차단하는 억제소화작용과 화학반응을 일으키는 과정에서 발생되는 물질에 의한 질식작용 또는 화학반응시 주위로부터 흡수하는 흡수열 등의 작용을 가지는 미세한 가루상태의 물질로 되어있다.

(3) 소염(消焰)작용이 크고 속효성이 있으므로 기름 등의 표면화재에 가장 효과적이며, 전기절연성이 높아 고전압의 전기화재에도 적합하다.

⑷ 적용대상물

전기·기름화재에 유효하므로 보일러실, 전기실, 난로, 자동차 차고 등에 적합하다.

종 별	주성분	색 상	소화대상	소화성능
제1종 분말소화약제	탄산수소나트륨($NaHCO_3$)	백색	B급, C급	60
제2종 분말소화약제	탄산수소칼륨($KHCO_3$)	담회색	B급, C급	118
제3종 분말소화약제	제1인산암모늄($NH_4H_2PO_4$)	담홍색	A급, B급, C급	100
제4종 분말소화약제	탄산수소칼륨 + 요소 [$KHCO_3$ + $(NH_2)_2CO$]	회색	B급, C급	150

4 이산화탄소소화설비

⑴ 이산화탄소는 완전산화물질이므로 활성을 가지지 않기 때문에 산소와 반응할 수 없다. 또한 질식성을 가지고 있기 때문에 가연물질의 연소에 필요한 산소의 공급을 차단하거나, 액화이산화탄소의 경우 기체상의 이산화탄소로 전환하는 과정에서 주위로부터 많은 기화열을 흡수하는 성질을 가지고 있으므로 화재에 대하여 냉각소화작용을 갖는다.

⑵ 적용대상물

통신기계실, 미술관, 중요도서, 문화재, 전기화재, 기름화재 등 물로 인한 피해가 없어야 할 곳에 사용한다.

5 할로겐화물소화설비

⑴ 증발하기 쉬운 증발성 액체설비로서 액체가 증발되면서 냉각작용과 산소함유율을 저하시켜 질식시킨다.

⑵ 부촉매효과에 의한 억제소화효과가 우수하다.

⑶ 인체에 거의 무해하고 2차적인 피해가 적어 가장 우수한 소화설비이다.

⑷ 적용대상물

컴퓨터실, 통신기기실, 변전실 등에 사용한다.

04 자동화재탐지설비 등

건물 내에 화재 발생하였을 때 자동으로 감지하여 내부 관계인에게 알리는 장치로 감지기, 중계기, 발신기, 수신기 등으로 구성되어 있다.

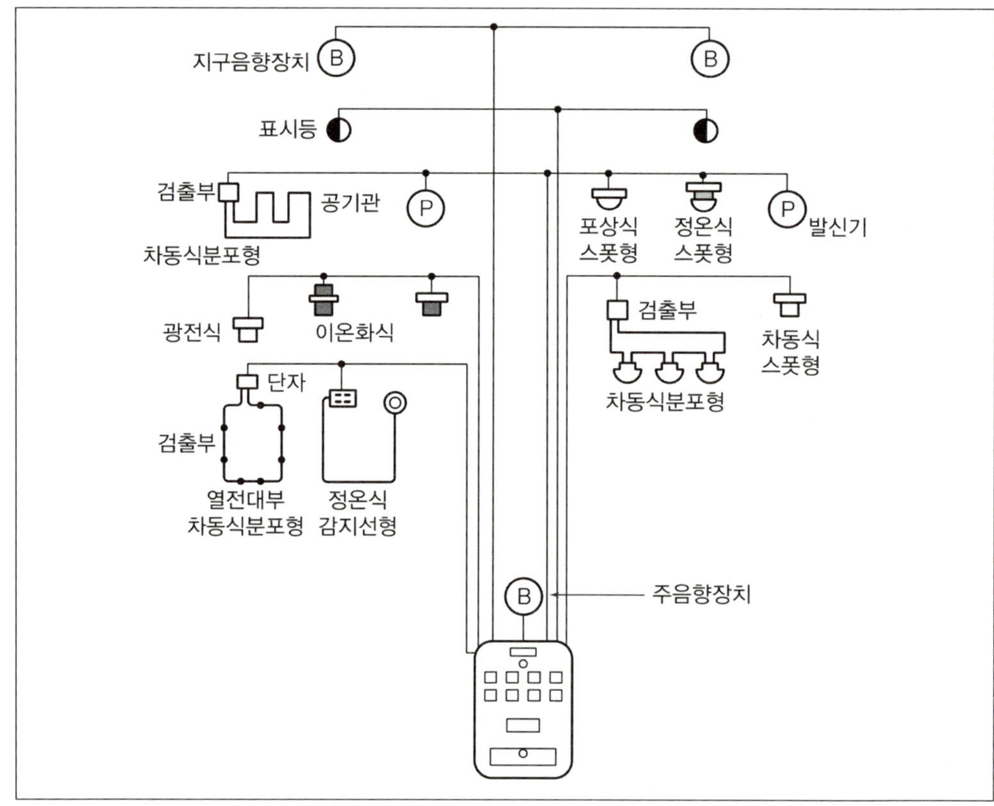

:: 제17회

1 감지기

감지기의 분류		열감지기, 연기감지기, 불꽃감지기
열 감지기	감지방식	정온식, 차동식, 보상식
	감지범위	스폿(Spot)형, 분포형
	감지소자	공기챔버식, 바이메탈식, 반도체식, 공기관식, 열전대식, 열반도체식 등
연기감지기		이온화식, 광전식

(1) 정온식 감지기

① 실온이 일정 온도 이상으로 상승하였을 때 작동하는 것으로 실온이 높을 때에는 화재가 발생하면 비교적 조기에 발견이 될 수 있으나 실온이 낮은 경우에는 감지되기까지 시간이 걸린다.

② 보일러실, 주방 등의 열원기를 사용하는 곳에 적합하다.

(2) 차동식 감지기

차동식 감지기는 실내 온도의 상승률 즉, 상승속도가 일정한 값을 넘었을 때 동작하는 것으로 난방, 기상의 변화와 같이 보통의 온도변화와 같이 정상적으로 상승하는 온도에 변화 이상으로 변화할 때 동작한다.

① **차동식 스폿형 감지기**

㉠ 공기팽창식의 경우 감지기 내에 공기실이 설치되어 화재시 온도 상승으로 팽창하여 접점에 닿아 화재 신호를 발신한다.

㉡ 주차장, 사무실, 응접실 등 비교적 온도 변화가 적은 장소에 적합하다.

> **리크 밸브**
> 감지기에서 작은 온도변화나 기압의 변화시 불필요하게 팽창한 공기를 배출시켜 화재경보를 발하는 것을 막는다. 리크 밸브가 막히면 실내의 온도나 기압이 적게 변화해도 팽창된 공기를 배출시킬 수 없어 비화재보를 발한다.

② **차동식 분포형 감지기**

㉠ 공기관식은 천장에 돌아가면서 가느다란 동파이프를 배관하여 화재시 동파이프 내의 공기가 팽창하여 감압실의 접점에 닿아 화재 신호를 발생한다.

㉡ 공장, 창고, 강당, 체육관 등의 넓은 실내에 적합하다.

(3) 보상식 감지기

① 정온식(바이메탈)과 차동식(공기팽창식) 감지기를 결합한 형태이다.

② 공기의 팽창 및 금속의 용융을 이용한다.

✐ 열감지기

정온식 열감지기	실내온도가 일정 온도 이상으로 상승하였을 때 작동. 열기를 취급하는 보일러실이나 주방에 설치	
	스폿형	금속의 팽창, 반도체식 등
	감지선형	일국소의 주위 온도가 일정한 온도 이상이 되는 경우에 작동하는 것으로서 외관이 전선으로 되어 있는 것
차동식 열감지기	실내온도의 급격한 변화시 감지, 작동. 거실, 사무실에 설치	
	스폿형	공기팽창방식, 반도체방식
	분포형	공기관식, 열전대식, 열반도체식
보상식 열감지기	스폿형	

(4) 연기 감지기

① **종류**: 화재발생시에 생기는 연기 발생 감지에 의한 화재감지기로 이온화식과 광전식의 두 종류로 구분되고 있다.

    ㉠ 이온화식: 검지부에 연기가 들어가는 데 따라 이온전류가 변화하는 것

    ㉡ 광전식: 검지부에 연기가 들어가는 데 따라 광전소자의 입사광량이 변화하는 것을 이용하여 화재를 감지하는 것

② **연기감지기 설치장소**: 무대 등 천장고가 높은 곳에 이용한다

    ㉠ 계단·경사로 및 에스컬레이터 경사로

    ㉡ 복도(30m 미만의 것은 제외)

    ㉢ 엘리베이터 승강로(권상기실이 있는 경우에는 권상기실), 린넨슈트, 파이프 피트 및 덕트 기타 이와 유사한 장소

    ㉣ 천장 또는 반자의 높이가 15m 이상 20m 미만인 장소

▮▮ 제20회

2 발신기

화재발생 신호를 수신기에 수동으로 발신하는 장치

(1) 조작이 쉬운 장소에 설치하고, 스위치는 바닥으로부터 0.8m 이상 1.5m 이하의 높이에 설치할 것

(2) 특정소방대상물의 층마다 설치하되, 해당 특정소방대상물의 각 부분으로부터 하나의 발신기까지의 수평거리가 25m 이하가 되도록 할 것. 다만, 복도 또는 별도로 구획된 실로서 보행거리가 40m 이상일 경우에는 추가로 설치하여야 한다.

(3) 발신기의 위치를 표시하는 표시등은 함의 상부에 설치하되, 그 불빛은 부착면으로부터 15° 이상의 범위 안에서 부착지점으로부터 10m 이내의 어느 곳에서도 쉽게 식별할 수 있는 적색등으로 해야 한다.

3 수신기

각 경계구열별로 배치된 감지기, 발신기, 중계기에 의해 보내어진 감지신호 또는 화재 신호를 수신하여 기록, 표시에 의해 화재가 발생한 구역(경계구역)을 판별하고 관계자에게 경보를 발신하기 위해 설치된 장치

(1) 경비실 등 상시 사람이 근무하는 장소에 설치할 것. 다만, 사람이 상시 근무하는 장소가 없는 경우에는 관계인이 쉽게 접근할 수 있고 관리가 쉬운 장소에 설치할 수 있다.

(2) 수신기의 조작스위치는 바닥으로부터의 높이가 0.8m 이상 1.5m 이하인 장소에 설치

4 음향장치

(1) 주 음향장치는 수신기의 내부 또는 그 직근에 설치할 것

(2) 층수가 11층(공동주택의 경우에는 16층) 이상의 특정소방대상물은 다음 각 목에 따라 경보를 발할 수 있도록 하여야 한다.
① 2층 이상의 층에서 발화한 때에는 발화층 및 그 직상 4개 층에 경보를 발할 것
② 1층에서 발화한 때에는 발화층·그 직상 4개 층 및 지하층에 경보를 발할 것
③ 지하층에서 발화한 때에는 발화층·그 직상층 및 그 밖의 지하층에 경보를 발할 것

(3) 정격전압의 80% 전압에서 음향을 발할 수 있는 것으로 할 것. 다만, 건전지를 주전원으로 사용하는 음향장치는 그렇지 않다.

(4) 음량은 부착된 음향장치의 중심으로부터 1m 떨어진 위치에서 90dB 이상이 되는 것으로 해야 한다.

자동화재탐지설비의 경보방식(일반적인 경우)

발화층	경보가 되는 층
2층 이상의 층	발화층 + 직상층
1층	2층 + 1층 + 지하층
지하층	발화층 + 직상층 + 기타 지하층

자동화재탐지설비의 경보방식(고층의 경우)

발화층	경보가 되는 층
2층 이상의 층에서 발화	발화층 및 그 직상 4개 층
1층에서 발화한 때	발화층, 그 직상 4개 층, 지하층
지하층에서 발화한 때	발화층, 그 직상층 및 기타의 지하층

5 전 원

(1) 전원은 전기가 정상적으로 공급되는 축전지, 전기저장장치(외부 전기에너지를 저장해 두었다가 필요한 때 전기를 공급하는 장치) 또는 교류전압의 옥내 간선으로 하고, 전원까지의 배선은 전용으로 할 것

(2) 개폐기에는 "자동화재탐지설비용"이라고 표시한 표지를 할 것

(3) 자동화재탐지설비에는 그 설비에 대한 감시상태를 60분간 지속한 후 유효하게 10분 이상 경보할 수 있는 축전지설비(수신기에 내장하는 경우를 포함한다) 또는 전기저장장치(외부 전기에너지를 저장해 두었다가 필요한 때 전기를 공급하는 장치)를 설치하여야 한다. 다만, 상용전원이 축전지설비인 경우 또는 건전지를 주전원으로 사용하는 무선식 설비인 경우에는 그렇지 않다.

6 경계구역 면적

(1) 하나의 경계구역의 면적은 600m² 이하로 하고 한 변의 길이는 50m 이하로 할 것. 다만, 해당 특정소방대상물의 주된 출입구에서 그 내부 전체가 보이는 것에 있어서는 한 변의 길이가 50m의 범위 내에서 1,000m² 이하로 할 수 있다.

(2) 스프링클러설비·물분무등소화설비 또는 제연설비의 화재감지장치로서 화재감지기를 설치한 경우의 경계구역은 해당 소화설비의 방호구역 또는 제연구역과 동일하게 설정할 수 있다.

> 누전경보기의 화재안전성능기준(NFPC 205)
>
> 제3조 【정 의】 이 기준에서 사용하는 용어의 정의는 다음과 같다.
> 1. "누전경보기"란 내화구조가 아닌 건축물로서 벽, 바닥 또는 천장의 전부나 일부를 불연재료 또는 준불연재료가 아닌 재료에 철망을 넣어 만든 건물의 전기설비로부터 누설전류를 탐지하여 경보를 발하며 변류기와 수신부로 구성된 것을 말한다.
> 2. "수신부"란 변류기로부터 검출된 신호를 수신하여 누전의 발생을 해당 특정소방대상물의 관계인에게 경보하여 주는 것(차단기구를 갖는 것을 포함한다)을 말한다.
> 3. "변류기"란 경계전로의 누설전류를 자동적으로 검출하여 이를 누전경보기의 수신부에 송신하는 것을 말한다.
>
> 제4조 【설치방법 등】 누전경보기는 다음 각 호의 방법에 따라 설치하여야 한다.
> 1. 경계전로의 정격전류가 60A를 초과하는 전로에 있어서는 1급 누전경보기를, 60A 이하의 전로에 있어서는 1급 또는 2급 누전경보기를 설치할 것
> 2. 변류기는 특정소방대상물의 형태, 인입선의 시설방법 등에 따라 옥외 인입선의 제1지점의 부하측 또는 제2종 접지선측의 점검이 쉬운 위치에 설치할 것
> 3. 변류기를 옥외의 전로에 설치하는 경우에는 옥외형으로 설치할 것

05 피난설비

1 유도등 및 유도표지

피난설비
- **01** 유도등 및 유도표지
- **02** 비상조명등

제20회, 제22회, 제23회

(1) 피난구유도등

① 피난구의 바닥으로부터 높이 1.5m 이상의 곳에 설치

② 조명도는 피난구로부터 30m의 거리에서 문자와 색채를 쉽게 식별할 수 있는 것

(2) 복도통로유도등

① 복도에 설치할 것

② 구부러진 모퉁이 및 보행거리 20m마다 설치할 것

③ 바닥으로부터 높이 1m 이하의 위치에 설치할 것

④ **조도** : 1lx 이상

(3) 거실통로유도등

① 거실의 통로에 설치할 것. 다만, 거실의 통로가 벽체 등으로 구획된 경우에는 복도통로유도등 설치

② 구부러진 모퉁이 및 보행거리 20m마다 설치할 것

③ 바닥으로부터 높이 1.5m 이상의 위치에 설치할 것. 다만, 거실통로에 기둥이 설치된 경우 높이 1.5m 이하의 위치에 설치할 수 있다.

OX

1. 피난구유도등은 피난구의 바닥으로부터 높이 1.5m 이상으로서 출입구에 인접하도록 설치해야 한다. (○)
2. 복도통로유도등은 바닥으로부터 높이 1.2m의 위치에 설치해야 한다. (×)

⑷ 계단통로유도등

① 각층의 경사로 참 또는 계단참마다(1개 층에 경사로 참 또는 계단참이 2 이상 있는 경우에는 2개의 계단참마다)설치할 것
② 바닥으로부터 높이 1m 이하의 위치에 설치할 것

⑸ 객석유도등

객석의 통로, 바닥 또는 벽에 설치하고 그 조도는 통로바닥의 중심선에서 측정하여 0.2lx 이상이어야 한다.

⌘ 유도등의 형식승인 및 제품검사의 기술기준

종 류	조도측정기준
복도통로용	바닥면으로부터 높이 1m로 0.5m 떨어진 위치에서 1lx 이상
거실통로용	바닥면으로부터 높이 2m로 0.5m 떨어진 위치에서 1lx 이상
바닥매립용	유도등의 바로 윗부분 1m 높이에서 1lx 이상
계단통로용	바닥면으로부터 높이 2.5m로 수평거리 10m에서 0.5lx 이상

⑹ 유도표지

① 계단에 설치하는 것을 제외하고는 각 층마다 복도 및 통로의 각 부분으로부터 하나의 유도표지까지의 보행거리가 15m 이하가 되는 곳과 구부러진 모퉁이의 벽에 설치할 것
② 피난구유도표지는 출입구 상단에 설치하고, 통로유도표지는 바닥으로부터 높이 1m 이하의 위치에 설치할 것
③ 주위에는 이와 유사한 등화·광고물·게시물 등을 설치하지 아니할 것
④ 유도표지는 부착판 등을 사용하여 쉽게 떨어지지 않도록 설치할 것
⑤ 축광방식의 유도표지는 외광 또는 조명장치에 의하여 상시 조명이 제공되거나 비상조명등에 의한 조명이 제공되도록 설치할 것

⑺ 비상전원

① 축전지로 할 것
② 유도등을 20분 이상 유효하게 작동시킬 수 있는 용량으로 할 것. 다만, 다음의 소방대상물의 경우 그 부분에서 피난층에 이르는 부분의 유도등을 60분 이상 유효하게 작동시킬 수 있는 용량으로 하여야 한다.
　㉠ 지하층을 제외한 층수가 11층 이상의 층
　㉡ 지하층 또는 무창층으로서 용도가 도매시장·소매시장·여객자동차터미널·지하역사 또는 지하상가

2 비상조명등

(1) 소방대상물의 각 거실과 그로부터 지상에 이르는 복도·계단 및 그 밖의 통로에 설치할 것

(2) 조도는 비상조명등이 설치된 장소의 각 부분의 바닥에서 1lx 이상이 되도록 할 것

(3) 비상전원은 비상조명등을 20분 이상 유효하게 작동시킬 수 있는 용량으로 할 것. 다만 다음 소방대상물의 경우에는 그 부분에서 피난층에 이르는 부분의 비상조명등을 60분 이상 유효하게 작동시킬 수 있는 용량으로 하여야 한다.
　① 지하층을 제외한 층수가 11층 이상의 층
　② 지하층 또는 무창층으로서 용도가 도매시장·소매시장·여객자동차터미널·지하역사 또는 지하상가

06 　공동주택의 화재안전기준

1 소화기구 및 자동소화장치

(1) 소화기는 다음의 기준에 따라 설치해야 한다.
　① 바닥면적 100m²마다 1단위 이상의 능력단위를 기준으로 설치할 것
　② 아파트등의 경우 각 세대 및 공용부(승강장, 복도 등)마다 설치할 것
　③ 아파트등의 세대 내에 설치된 보일러실이 방화구획되거나, 스프링클러설비·간이스프링클러설비·물분무등소화설비 중 하나가 설치된 경우에는 「소화기구 및 자동소화장치의 화재안전기술기준(NFTC 101)」 [표 2.1.1.3] 제1호 및 제5호를 적용하지 않을 수 있다.
　④ 아파트등의 경우 『소화기구 및 자동소화장치의 화재안전기술기준(NFTC 101)』 2.2에 따른 소화기의 감소 규정을 적용하지 않을 것

(2) 주거용 주방자동소화장치는 아파트등의 주방에 열원(가스 또는 전기)의 종류에 적합한 것으로 설치하고, 열원을 차단할 수 있는 차단장치를 설치해야 한다.

2 옥내소화전설비

옥내소화전설비는 다음의 기준에 따라 설치해야 한다.

∷ 제27회

⌖ OX

주거용 주방자동소화장치는 아파트등의 주방에 열원(가스 또는 전기)의 종류에 적합한 것으로 설치하고, 열원을 차단할 수 있는 차단장치를 설치해야 한다.
(○)

(1) 호스릴(Hose Reel) 방식으로 설치할 것

(2) 복층형 구조인 경우에는 출입구가 없는 층에 방수구를 설치하지 아니할 수 있다.

(3) 감시제어반 전용실은 피난층 또는 지하 1층에 설치할 것. 다만, 상시 사람이 근무하는 장소 또는 관계인이 쉽게 접근할 수 있고 관리가 용이한 장소에 감시제어반 전용실을 설치할 경우에는 지상 2층 또는 지하 2층에 설치할 수 있다.

3 스프링클러설비

스프링클러설비는 다음의 기준에 따라 설치해야 한다.

(1) 폐쇄형스프링클러헤드를 사용하는 아파트등은 기준개수 10개(스프링클러헤드의 설치개수가 가장 많은 세대에 설치된 스프링클러헤드의 개수가 기준개수보다 작은 경우에는 그 설치개수를 말한다)에 1.6m³를 곱한 양 이상의 수원이 확보되도록 할 것. 다만, 아파트등의 각 동이 주차장으로 서로 연결된 구조인 경우 해당 주차장 부분의 기준개수는 30개로 할 것

(2) 아파트등의 경우 화장실 반자 내부에는 「소방용 합성수지배관의 성능인증 및 제품검사의 기술기준」에 적합한 소방용 합성수지배관으로 배관을 설치할 수 있다. 다만, 소방용 합성수지배관 내부에 항상 소화수가 채워진 상태를 유지할 것

(3) 하나의 방호구역은 2개 층에 미치지 아니하도록 할 것. 다만, 복층형 구조의 공동주택에는 3개 층 이내로 할 수 있다.

(4) 아파트등의 세대 내 스프링클러헤드를 설치하는 천장·반자·천장과 반자사이·덕트·선반등의 각 부분으로부터 하나의 스프링클러헤드까지의 수평거리는 2.6m 이하로 할 것

(5) 외벽에 설치된 창문에서 0.6m 이내에 스프링클러헤드를 배치하고, 배치된 헤드의 수평거리 이내에 창문이 모두 포함되도록 할 것. 다만, 다음의 기준에 어느 하나에 해당하는 경우에는 그렇지 않다.
① 창문에 드렌처설비가 설치된 경우
② 창문과 창문 사이의 수직부분이 내화구조로 90cm 이상 이격되어 있거나, 「발코니 등의 구조변경절차 및 설치기준」 제4조 제1항부터 제5항까지에서 정하는 구조와 성능의 방화판 또는 방화유리창을 설치한 경우
③ 발코니가 설치된 부분

⑹ 거실에는 조기반응형 스프링클러헤드를 설치할 것

⑺ 감시제어반 전용실은 피난층 또는 지하 1층에 설치할 것. 다만, 상시 사람이 근무하는 장소 또는 관계인이 쉽게 접근할 수 있고 관리가 용이한 장소에 감시제어반 전용실을 설치할 경우에는 지상 2층 또는 지하 2층에 설치할 수 있다.

⑻ 「건축법 시행령」 제46조 제4항에 따라 설치된 대피공간에는 헤드를 설치하지 않을 수 있다.

⑼ 「스프링클러설비의 화재안전기술기준(NFTC 103)」 2.7.7.1 및 2.7.7.3의 기준에도 불구하고 세대 내 실외기실 등 소규모 공간에서 해당 공간 여건상 헤드와 장애물 사이에 60cm 반경을 확보하지 못하거나 장애물 폭의 3배를 확보하지 못하는 경우에는 살수방해가 최소화되는 위치에 설치할 수 있다.

4 물분무소화설비

물분무소화설비의 감시제어반 전용실은 피난층 또는 지하 1층에 설치해야 한다. 다만, 상시 사람이 근무하는 장소 또는 관계인이 쉽게 접근할 수 있고 관리가 용이한 장소에 감시제어반 전용실을 설치할 경우에는 지상 2층 또는 지하 2층에 설치할 수 있다.

5 포소화설비

포소화설비의 감시제어반 전용실은 피난층 또는 지하 1층에 설치해야 한다. 다만, 상시 사람이 근무하는 장소 또는 관계인이 쉽게 접근할 수 있고 관리가 용이한 장소에 감시제어반 전용실을 설치할 경우에는 지상 2층 또는 지하 2층에 설치할 수 있다.

6 옥외소화전설비

옥외소화전설비는 다음의 기준에 따라 설치해야 한다.

⑴ 기동장치는 기동용수압개폐장치 또는 이와 동등 이상의 성능이 있는 것을 설치할 것

(2) 감시제어반 전용실은 피난층 또는 지하 1층에 설치할 것. 다만, 상시 사람이 근무하는 장소 또는 관계인이 쉽게 접근할 수 있고 관리가 용이한 장소에 감시제어반 전용실을 설치할 경우에는 지상 2층 또는 지하 2층에 설치할 수 있다.

7 자동화재탐지설비

(1) 감지기는 다음 기준에 따라 설치해야 한다.

① 아날로그방식의 감지기, 광전식 공기흡입형 감지기 또는 이와 동등 이상의 기능·성능이 인정되는 것으로 설치할 것

② 감지기의 신호처리방식은 「자동화재탐지설비 및 시각경보장치의 화재안전기술기준(NFTC 203)」 1.7.2에 따른다.

③ 세대 내 거실(취침용도로 사용될 수 있는 통상적인 방 및 거실을 말한다)에는 연기감지기를 설치할 것

④ 감지기 회로 단선시 고장표시가 되며, 해당 회로에 설치된 감지기가 정상작동될 수 있는 성능을 갖도록 할 것

(2) 복층형 구조인 경우에는 출입구가 없는 층에 발신기를 설치하지 아니할 수 있다.

8 비상방송설비

비상방송설비는 다음의 기준에 따라 설치해야 한다.

(1) 확성기는 각 세대마다 설치할 것

(2) 아파트등의 경우 실내에 설치하는 확성기 음성입력은 2W 이상일 것

9 피난기구

(1) 피난기구는 다음의 기준에 따라 설치해야 한다.

① 아파트등의 경우 각 세대마다 설치할 것

② 피난장애가 발생하지 않도록 하기 위하여 피난기구를 설치하는 개구부는 동일 직선상이 아닌 위치에 있을 것. 다만, 수직 피난방향으로 동일 직선상인 세대별 개구부에 피난기구를 엇갈리게 설치하여 피난장애가 발생하지 않는 경우에는 그렇지 않다.

③「공동주택관리법」제2조 제1항 제2호(마목은 제외함)에 따른 "의무관리대상 공동주택"의 경우에는 하나의 관리주체가 관리하는 공동주택 구역마다 공기안전매트 1개 이상을 추가로 설치할 것. 다만, 옥상으로 피난이 가능하거나 수평 또는 수직 방향의 인접세대로 피난할 수 있는 구조인 경우에는 추가로 설치하지 않을 수 있다.

(2) 갓복도식 공동주택 또는「건축법 시행령」제46조 제5항에 해당하는 구조 또는 시설을 설치하여 수평 또는 수직 방향의 인접세대로 피난할 수 있는 아파트는 피난기구를 설치하지 않을 수 있다.

(3) 승강식 피난기 및 하향식 피난구용 내림식 사다리가「건축물의 피난·방화구조 등의 기준에 관한 규칙」제14조에 따라 방화구획된 장소(세대 내부)에 설치될 경우에는 해당 방화구획된 장소를 대피실로 간주하고, 대피실의 면적규정과 외기에 접하는 구조로 대피실을 설치하는 규정을 적용하지 않을 수 있다.

10 유도등

유도등은 다음의 기준에 따라 설치해야 한다.

(1) 소형 피난구 유도등을 설치할 것. 다만, 세대 내에는 유도등을 설치하지 않을 수 있다.

(2) 주차장으로 사용되는 부분은 중형 피난구유도등을 설치할 것

(3)「건축법 시행령」제40조 제3항 제2호 나목 및「주택건설기준 등에 관한 규정」제16조의2 제3항에 따라 비상문자동개폐장치가 설치된 옥상 출입문에는 대형 피난구유도등을 설치할 것

(4) 내부구조가 단순하고 복도식이 아닌 층에는「유도등 및 유도표지의 화재안전기술기준(NFTC 303)」2.2.3 및 2.3.1.1.1 기준을 적용하지 아니할 것

11 비상조명등

비상조명등은 각 거실로부터 지상에 이르는 복도·계단 및 그 밖의 통로에 설치해야 한다. 다만, 공동주택의 세대 내에는 출입구 인근 통로에 1개 이상 설치한다.

12 특별피난계단의 계단실 및 부속실 제연설비

특별피난계단의 계단실 및 부속실 제연설비는 「특별피난계단의 계단실 및 부속실 제연설비의 화재안전기술기준(NFTC 501A)」 2.22의 기준에 따라 성능확인을 해야 한다. 다만, 부속실을 단독으로 제연하는 경우에는 부속실과 면하는 옥내 출입문만 개방한 상태로 방연풍속을 측정할 수 있다.

13 연결송수관설비

(1) 방수구는 다음의 기준에 따라 설치해야 한다.

① 층마다 설치할 것. 다만, 아파트등의 1층과 2층(또는 피난층과 그 직상층)에는 설치하지 않을 수 있다.

② 아파트등의 경우 계단의 출입구(계단의 부속실을 포함하며 계단이 2 이상 있는 경우에는 그 중 1개의 계단을 말한다)로부터 5m 이내에 방수구를 설치하되, 그 방수구로부터 해당 층의 각 부분까지의 수평거리가 50m를 초과하는 경우에는 방수구를 추가로 설치할 것

③ 쌍구형으로 할 것. 다만, 아파트등의 용도로 사용되는 층에는 단구형으로 설치할 수 있다.

④ 송수구는 동별로 설치하되, 소방차량의 접근 및 통행이 용이하고 잘 보이는 장소에 설치할 것

(2) 펌프의 토출량은 2,400 ℓ/min 이상(계단식 아파트의 경우에는 1,200 ℓ/min 이상)으로 하고, 방수구 개수가 3개를 초과(방수구가 5개 이상인 경우에는 5개)하는 경우에는 1개마다 800 ℓ/min(계단식 아파트의 경우에는 400 ℓ/min 이상)를 가산해야 한다.

14 비상콘센트

아파트등의 경우에는 계단의 출입구(계단의 부속실을 포함하며 계단이 2개 이상 있는 경우에는 그 중 1개의 계단을 말한다)로부터 5m 이내에 비상콘센트를 설치하되, 그 비상콘센트로부터 해당 층의 각 부분까지의 수평거리가 50m를 초과하는 경우에는 비상콘센트를 추가로 설치해야 한다.

07 고층건축물의 화재안전기준

1 고층건축물

> **건축법 제2조【정 의】** 19. "고층건축물"이란 층수가 30층 이상이거나 높이가 120m 이상인 건축물을 말한다.
> **건축법 시행령 제2조【정 의】** 15. "초고층 건축물"이란 층수가 50층 이상이거나 높이가 200m 이상의 건축물을 말한다.
> 15의2. "준초고층 건축물"이란 고층건축물 중 초고층 건축물이 아닌 것을 말한다.

2 스프링클러설비

(1) 수원은 스프링클러설비 설치장소별 스프링클러헤드의 기준개수에 $3.2m^3$를 곱한 양 이상이 되도록 하여야 한다. 다만, 50층 이상인 건축물의 경우에는 $4.8m^3$를 곱한 양 이상이 되도록 해야 한다.

(2) 스프링클러설비의 수원은 (1)에 따라 산출된 유효수량 외에 유효수량의 3분의 1이상을 옥상(옥내소화전설비가 설치된 건축물의 주된 옥상을 말한다. 이하 같다)에 설치해야 한다.

(3) 급수배관은 전용으로 설치하여야 한다.

(4) 50층 이상인 건축물의 스프링클러설비 주배관 중 수직배관은 2개 이상(주배관 성능을 갖는 동일호칭배관)으로 설치하고, 하나의 수직배관이 파손 등 작동 불능시에도 다른 수직배관으로부터 소화용수가 공급되도록 구성해야 하며, 각각의 수직배관에 유수검지장치를 설치해야 한다.

(5) 50층 이상인 건축물의 스프링클러헤드에는 2개 이상의 가지배관해야 양방향으로부터 소화용수가 공급되도록 하고, 수리계산에 의한 설계를 해야 한다.

(6) 비상전원을 설치할 경우 자가발전설비, 축전지설비(내연기관에 따른 펌프를 사용하는 경우에는 내연기관의 기동 및 제어용 축전지를 말한다) 또는 전기저장장치(외부 전기에너지를 저장해 두었다가 필요한 때 전기를 공급하는 장치)로서 스프링클러설비를 유효하게 40분 이상 작동할 수 있을 것. 다만, 50층 이상인 건축물의 경우에는 60분 이상 작동할 수 있어야 한다.

관련기준
고층건축물의 화재안전기술기준 (NFTC 604)

3 비상방송설비

(1) 비상방송설비의 음향장치는 다음 기준에 따라 경보를 발할 수 있도록 해야 한다.
① 2층 이상의 층에서 발화한 때에는 발화층 및 그 직상 4개 층에 경보를 발할 것
② 1층에서 발화한 때에는 발화층·그 직상 4개 층 및 지하층에 경보를 발할 것
③ 지하층에서 발화한 때에는 발화층·그 직상층 및 기타의 지하층에 경보를 발할 것

(2) 비상방송설비에는 그 설비에 대한 감시상태를 60분간 지속한 후 유효하게 30분 이상 경보할 수 있는 축전지설비(수신기에 내장하는 경우를 포함한다) 또는 전기저장장치(외부 전기에너지를 저장해 두었다가 필요한 때 전기를 공급하는 장치)를 설치할 것

4 자동화재탐지설비

(1) 감지기는 아날로그방식의 감지기로서 감지기의 작동 및 설치지점을 수신기에서 확인할 수 있는 것으로 설치해야 한다. 다만, 공동주택의 경우에는 감지기 별로 작동 및 설치지점을 수신기에서 확인할 수 있는 아날로그방식 외의 감지기로 설치할 수 있다.

(2) 자동화재탐지설비의 음향장치는 다음의 기준에 따라 경보를 발할 수 있도록 해야 한다.
① 2층 이상의 층에서 발화한 때에는 발화층 및 그 직상 4개 층에 경보를 발할 것
② 1층에서 발화한 때에는 발화층·그 직상 4개 층 및 지하층에 경보를 발할 것
③ 지하층에서 발화한 때에는 발화층·그 직상층 및 기타의 지하층에 경보를 발할 것

(3) 자동화재탐지설비에는 그 설비에 대한 감시상태를 60분간 지속한 후 유효하게 30분 이상 경보할 수 있는 축전지설비(수신기에 내장하는 경우를 포함한다) 또는 전기저장장치(외부 전기에너지를 저장해 두었다가 필요한 때 전기를 공급하는 장치)를 설치해야 한다. 다만, 상용전원이 축전지설비인 경우에는 그렇지 않다.

5 연결송수관설비

(1) 연결송수관설비의 배관은 전용으로 한다. 다만, 주배관의 구경이 100mm 이상인 옥내소화전설비와 겸용할 수 있다.

(2) 연결송수관설비의 비상전원은 자가발전설비, 축전지설비(내연기관에 따른 펌프를 사용하는 경우에는 내연기관의 기동 및 제어용 축전지를 말한다) 또는 전기저장장치(외부 전기에너지를 저장해 두었다가 필요한 때 전기를 공급하는 장치)로서 연결송수관설비를 유효하게 40분 이상 작동할 수 있어야 할 것. 다만, 50층 이상인 건축물의 경우에는 60분 이상 작동할 수 있어야 한다.

6 옥내소화전설비

(1) 수원은 그 저수량이 옥내소화전의 설치개수가 가장 많은 층의 설치개수(5개 이상 설치된 경우에는 5개)에 5.2m³(호스릴옥내소화전설비를 포함한다)를 곱한 양 이상이 되도록 해야 한다. 다만, 층수가 50층 이상인 건축물의 경우에는 7.8m³를 곱한 양 이상이 되도록 해야 한다.

(2) 수원은 (1)에 따라 산출된 유효수량 외에 유효수량의 3분의 1 이상을 옥상(옥내소화전설비가 설치된 건축물의 주된 옥상을 말한다. 이하 같다)에 설치해야 한다. 다만, 「옥내소화전설비의 화재안전기술기준 (NFTC 102)」 제4조 제2항 제3호 또는 제4호에 해당하는 경우에는 그렇지 않다.

(3) 전동기 또는 내연기관을 이용한 펌프방식의 가압송수장치는 옥내소화전설비 전용으로 설치해야 하며, 옥내소화전설비 주펌프 이외에 동등 이상인 별도의 예비펌프를 설치해야 한다.

(4) 급수배관은 전용으로 해야 한다. 다만, 옥내소화전설비의 성능에 지장이 없는 경우에는 연결송수관설비의 배관과 겸용할 수 있다.

(5) 50층 이상인 건축물의 옥내소화전 주배관 중 수직배관은 2개 이상(주배관 성능을 갖는 동일 호칭배관)으로 설치해야 하며, 하나의 수직배관의 파손 등 작동 불능시에도 다른 수직배관으로부터 소화용수가 공급되도록 구성해야 한다.

(6) 비상전원은 자가발전설비, 축전지설비(내연기관에 따른 펌프를 사용하는 경우에는 내연기관의 기동 및 제어용 축전지를 말한다) 또는 전기저장장치(외부 전기에너지를 저장해 두었다가 필요한 때 전기를 공급하는 장치)로서 옥내소화전설비를 유효하게 40분 이상 작동할 수 있을 것. 다만, 50층 이상인 건축물의 경우에는 60분 이상 작동할 수 있어야 한다.

관련기준
피난기구의 화재안전기술기준
(NFTC 301)

제21회

소방대상물의 설치장소별 피난기구의 적응성

설치 장소별 구분 \ 층별	1층	2층	3층	4층 이상 10층 이하
노유자시설	미끄럼대 · 구조대 · 피난교 · 다수인피난장비 · 승강식 피난기	미끄럼대 · 구조대 · 피난교 · 다수인피난장비 · 승강식 피난기	미끄럼대 · 구조대 · 피난교 · 다수인피난장비 · 승강식 피난기	구조대 · 피난교 · 다수인피난장비 · 승강식 피난기
의료시설 · 근린생활시설 중 입원실이 있는 의원 · 접골원 · 조산원			미끄럼대 · 구조대 · 피난교 · 피난용트랩 · 다수인피난장비 · 승강식 피난기	구조대 · 피난교 · 피난용트랩 · 다수인피난장비 · 승강식 피난기
「다중이용업소의 안전관리에 관한 특별법 시행령」 제2조에 따른 다중이용업소로서 영업장의 위치가 4층 이하인 다중이용업소		미끄럼대 · 피난사다리 · 구조대 · 완강기 · 다수인피난장비 · 승강식 피난기	미끄럼대 · 피난사다리 · 구조대 · 완강기 · 다수인피난장비 · 승강식 피난기	미끄럼대 · 피난사다리 · 구조대 · 완강기 · 다수인피난장비 · 승강식 피난기
그 밖의 것			미끄럼대 · 피난사다리 · 구조대 · 완강기 · 피난교 · 피난용트랩 · 간이완강기 · 공기안전매트 · 다수인피난장비 · 승강식 피난기	피난사다리 · 구조대 · 완강기 · 피난교 · 간이완강기 · 공기안전매트 · 다수인피난장비 · 승강식 피난기

🔗 소방 관련 용어 정의

소화기구 및 자동소화장치			
	소화약제		소화기구 및 자동소화장치에 사용되는 소화성능이 있는 고체·액체 및 기체의 물질
	소화기		소화약제를 압력에 따라 방사하는 기구로서 사람이 수동으로 조작하여 소화하는 것으로 소형소화기와 대형소화기가 있음
	자동확산소화기		화재를 감지하여 자동으로 소화약제를 방출 확산시켜 국소적으로 소화하는 소화기
	자동소화장치		소화약제를 자동으로 방사하는 고정된 소화장치로서 법 제37조 또는 제40조에 따라 형식승인이나 성능인증을 받은 유효설치 범위(설계방호체적, 최대설치높이, 방호면적 등을 말한다) 이내에 설치하여 소화하는 것
		주거용 주방자동소화장치	주거용 주방에 설치된 열발생 조리기구의 사용으로 인한 화재 발생시 열원(전기 또는 가스)을 자동으로 차단하며 소화약제를 방출하는 소화장치
		상업용 주방자동소화장치	상업용 주방에 설치된 열발생 조리기구의 사용으로 인한 화재 발생시 열원(전기 또는 가스)을 자동으로 차단하며 소화약제를 방출하는 소화장치
		캐비닛형 자동소화장치	열, 연기 또는 불꽃 등을 감지하여 소화약제를 방사하여 소화하는 캐비닛형태의 소화장치
		가스자동소화장치	열, 연기 또는 불꽃 등을 감지하여 가스계 소화약제를 방사하여 소화하는 소화장치
		분말자동소화장치	열, 연기 또는 불꽃 등을 감지하여 분말의 소화약제를 방사하여 소화하는 소화장치
		고체에어로졸 자동소화장치	열, 연기 또는 불꽃 등을 감지하여 에어로졸의 소화약제를 방사하여 소화하는 소화장치

옥내소화전설비	고가수조	구조물 또는 지형지물 등에 설치하여 자연낙차의 압력으로 급수하는 수조
	압력수조	소화용수와 공기를 채우고 일정압력 이상으로 가압하여 그 압력으로 급수하는 수조를 말한다.
	충압펌프	배관 내 압력손실에 따른 주펌프의 빈번한 기동을 방지하기 위하여 충압역할을 하는 펌프
	정격토출량	정격토출압력에서의 펌프의 토출량
	정격토출압력	정격토출량에서의 펌프의 토출측 압력
	진공계	대기압 이하의 압력을 측정하는 계측기
	연성계	대기압 이상의 압력과 대기압 이하의 압력을 측정할 수 있는 계측기
	체절운전	펌프의 성능시험을 목적으로 펌프 토출측의 개폐밸브를 닫은 상태에서 펌프를 운전하는 것
	기동용수압 개폐장치	소화설비의 배관 내 압력변동을 검지하여 자동적으로 펌프를 기동 및 정지시키는 것으로서 압력챔버 또는 기동용압력스위치 등
	급수배관	수원 및 옥외송수구로부터 옥내소화전방수구에 급수하는 배관
	개폐표시형밸브	밸브의 개폐여부를 외부에서 식별이 가능한 밸브
	가압수조	가압원인 압축공기 또는 불연성 고압기체에 따라 소방용수를 가압시키는 수조
스프링클러설비	개방형 스프링클러헤드	감열체 없이 방수구가 항상 열려져 있는 스프링클러헤드
	폐쇄형 스프링클러헤드	정상상태에서 방수구를 막고 있는 감열체가 일정온도에서 자동적으로 파괴·용해 또는 이탈됨으로써 방수구가 개방되는 스프링클러헤드
	조기반응형헤드	표준형스프링클러헤드보다 기류온도 및 기류속도에 조기에 반응하는 것
	측벽형 스프링클러헤드	가압된 물이 분사될 때 헤드의 축심을 중심으로 한 반원상에 균일하게 분산시키는 헤드
	건식 스프링클러헤드	물과 오리피스가 분리되어 동파를 방지할 수 있는 스프링클러헤드
	유수검지장치	습식유수검지장치(패들형을 포함한다), 건식유수검지장치, 준비작동식유수검지장치를 말하며 본체 내의 유수현상을 자동적으로 검지하여 신호 또는 경보를 발하는 장치

스프링클러설비	일제개방밸브	개방형스프링클러헤드를 사용하는 일제살수식 스프링클러설비에 설치하는 밸브로서 화재발생시 자동 또는 수동식 기동장치에 따라 밸브가 열려지는 것
	가지배관	스프링클러헤드가 설치되어 있는 배관
	교차배관	직접 또는 수직배관을 통하여 가지배관에 급수하는 배관
	주배관	각 층을 수직으로 관통하는 수직배관
	신축배관	가지배관과 스프링클러헤드를 연결하는 구부림이 용이하고 유연성을 가진 배관
	습식 스프링클러설비	가압송수장치에서 폐쇄형스프링클러헤드까지 배관 내에 항상 물이 가압되어 있다가 화재로 인한 열로 폐쇄형스프링클러헤드가 개방되면 배관 내에 유수가 발생하여 습식유수검지장치가 작동하게 되는 스프링클러설비
	부압식 스프링클러설비	가압송수장치에서 준비작동식유수검지장치의 1차측까지는 항상 정압의 물이 가압되고, 2차측 폐쇄형 스프링클러헤드까지는 소화수가 부압으로 되어 있다가 화재시 감지기의 작동에 의해 정압으로 변하여 유수가 발생하면 작동하는 스프링클러설비
	준비작동식 스프링클러설비	가압송수장치에서 준비작동식유수검지장치 1차측까지 배관 내에 항상 물이 가압되어 있고 2차측에서 폐쇄형스프링클러헤드까지 대기압 또는 저압으로 있다가 화재발생시 감지기의 작동으로 준비작동식유수검지장치가 작동하여 폐쇄형스프링클러헤드까지 소화용수가 송수되어 폐쇄형스프링클러헤드가 열에 따라 개방되는 방식의 스프링클러설비
	건식 스프링클러설비	건식유수검지장치 2차측에 압축공기 또는 질소 등의 기체로 충전된 배관에 폐쇄형스프링클러헤드가 부착된 스프링클러설비로서, 폐쇄형스프링클러헤드가 개방되어 배관 내의 압축공기 등이 방출되면 건식유수검지장치 1차측의 수압에 의하여 건식유수검지장치가 작동하게 되는 스프링클러설비
	일제살수식 스프링클러설비	가압송수장치에서 일제개방밸브 1차측까지 배관 내에 항상 물이 가압되어 있고 2차측에서 개방형스프링클러헤드까지 대기압으로 있다가 화재발생시 자동감지장치 또는 수동식 기동장치의 작동으로 일제개방밸브가 개방되면 스프링클러헤드까지 소화용수가 송수되는 방식의 스프링클러설비
	반사판 (디프렉타)	스프링클러헤드의 방수구에서 유출되는 물을 세분시키는 작용을 하는 것

스프링클러설비	연소할 우려가 있는 개구부	각 방화구획을 관통하는 컨베이어·에스컬레이터 또는 이와 유사한 시설의 주위로서 방화구획을 할 수 없는 부분
	소방부하	법 제2조 제1항 제1호에 따른 소방시설 및 방화·피난·소화활동을 위한 시설의 전력부하
	소방전원 보존형 발전기	소방부하 및 소방부하 이외의 부하(이하 비상부하라 한다) 겸용의 비상발전기로서, 상용전원 중단시에는 소방부하 및 비상부하에 비상전원이 동시에 공급되고, 화재시 과부하에 접근될 경우 비상부하의 일부 또는 전부를 자동적으로 차단하는 제어장치를 구비하여, 소방부하에 비상전원을 연속 공급하는 자가발전설비
자동화재탐지설비	경계구역	특정소방대상물 중 화재신호를 발신하고 그 신호를 수신 및 유효하게 제어할 수 있는 구역
	수신기	감지기나 발신기에서 발하는 화재신호를 직접 수신하거나 중계기를 통하여 수신하여 화재의 발생을 표시 및 경보하여 주는 장치
	중계기	감지기·발신기 또는 전기적접점 등의 작동에 따른 신호를 받아 이를 수신기의 제어반에 전송하는 장치
	감지기	화재시 발생하는 열, 연기, 불꽃 또는 연소생성물을 자동적으로 감지하여 수신기에 발신하는 장치
	발신기	화재발생 신호를 수신기에 수동으로 발신하는 장치
	시각경보장치	자동화재탐지설비에서 발하는 화재신호를 시각경보기에 전달하여 청각장애인에게 점멸형태의 시각경보를 하는 것
피난기구	피난사다리	화재시 긴급대피를 위해 사용하는 사다리
	완강기	사용자의 몸무게에 따라 자동적으로 내려올 수 있는 기구 중 사용자가 교대하여 연속적으로 사용할 수 있는 것
	간이완강기	사용자의 몸무게에 따라 자동적으로 내려올 수 있는 기구 중 사용자가 연속적으로 사용할 수 없는 것
	구조대	포지 등을 사용하여 자루형태로 만든 것으로서 화재시 사용자가 그 내부에 들어가서 내려옴으로써 대피할 수 있는 것
	공기안전매트	화재 발생시 사람이 건축물 내에서 외부로 긴급히 뛰어내릴 때 충격을 흡수하여 안전하게 지상에 도달할 수 있도록 포지에 공기 등을 주입하는 구조로 되어 있는 것
	다수인피난장비	화재시 2인 이상의 피난자가 동시에 해당층에서 지상 또는 피난층으로 하강하는 피난기구

:: 제20회, 제24회

피난기구	승강식 피난기	사용자의 몸무게에 의하여 자동으로 하강하고 내려서면 스스로 상승하여 연속적으로 사용할 수 있는 무동력 승강식 피난기
	하향식 피난구용 내림식사다리	하향식 피난구 해치에 격납하여 보관하고 사용시에는 사다리 등이 소방대상물과 접촉되지 않는 내림식 사다리
유도등 및 유도표지	유도등	화재시에 피난을 유도하기 위한 등으로서 정상상태에서는 상용전원에 따라 켜지고 상용전원이 정전되는 경우에는 비상전원으로 자동전환되어 켜지는 등
	피난구유도등	피난구 또는 피난경로로 사용되는 출입구를 표시하여 피난을 유도하는 등
	통로유도등	피난통로를 안내하기 위한 유도등으로 복도통로유도등, 거실통로유도등, 계단통로유도등
	복도통로유도등	피난통로가 되는 복도에 설치하는 통로유도등으로서 피난구의 방향을 명시하는 것
	거실통로유도등	거주, 집무, 작업, 집회, 오락, 그 밖에 이와 유사한 목적을 위하여 계속적으로 사용하는 거실, 주차장 등 개방된 통로에 설치하는 유도등으로 피난의 방향을 명시하는 것
	계단통로유도등	피난통로가 되는 계단이나 경사로에 설치하는 통로유도등으로 바닥면 및 디딤 바닥면을 비추는 것
	객석유도등	객석의 통로, 바닥 또는 벽에 설치하는 유도등
	피난구유도표지	피난구 또는 피난경로로 사용되는 출입구를 표시하여 피난을 유도하는 표지
	통로유도표지	피난통로가 되는 복도, 계단등에 설치하는 것으로서 피난구의 방향을 표시하는 유도표지
	피난유도선	햇빛이나 전등불에 따라 축광(이하 "축광방식"이라 한다)하거나 전류에 따라 빛을 발하는(이하 "광원점등방식"이라 한다) 유도체로서 어두운 상태에서 피난을 유도할 수 있도록 띠 형태로 설치되는 피난유도시설

매회 1문제 정도 출제되며 공급압력, 도시가스원료와 특징, 배관 시공 등에서 골고루 출제되고 배관의 시공관련 숫자에 대한 출제빈도가 높습니다. 비록 제28회에는 도시가스사업법령상 가스사용시설의 시설·기술·검사기준에 관하여 출제되었지만 예외적인 부분에서 출제된 것으로 보입니다. 도시가스 공급압력, LNG와 LPG의 특징과 차이점, 배관시 주의사항, 가스계량기와의 이격거리 등에 대해서 양이 많지 않기 때문에 정리해서 숫자부분은 암기하고 다른 부분은 이해한 뒤 실전문제로 확인연습하면 되겠습니다.

도시가스

01 도시가스의 종류

02 도시가스의 공급방식

■■ 제14회, 제15회

01　도시가스

관련 용어
1. 고(위)발열량 또는 총발열량은 연소시 발생되는 수증기의 잠열을 포함한 것이다.
2. 발열량은 통상 $1Nm^3$당의 열량으로 나타내는데, 여기에서 N은 표준상태를 나타내는 것으로, 가스에서의 표준상태란 $0℃$, 1atm을 말한다.
3. 이론공기량은 가스 $1m^3$를 완전 연소시키는 데 필요한 이론상의 최소 공기량이다.

1 도시가스의 종류

(1) **제조가스**

석탄·코크스·나프타·원유·천연가스·LPG 등을 원료로 사용해서 제조한 가스를 정제·혼합해서 소정의 발열량을 조정한 것이다.

(2) **천연가스**

천연가스는 지하로부터 발생하는 메탄 등을 주성분으로 하는 가연성 가스이며, 연료용에서 화학공업의 원료용에 이르기까지 다양하게 사용되고 있으며 도시가스로 사용되는 경우는 다음과 같다.

① 천연가스를 직접 공급한다($9,000 \sim 9,500kcal/m^3$)

② 천연가스를 공기와 희석하여 공급한다($4,500 \sim 6,000kcal/m^3$)

③ 천연가스를 LPG로 발열량을 증가시켜 공급한다($11,000kcal/m^3$)

④ 제조가스와 혼합하여 공급한다.

OX

고(위)발열량 또는 총발열량은 연소시 발생되는 수증기의 잠열을 제외한 것이다. (×)

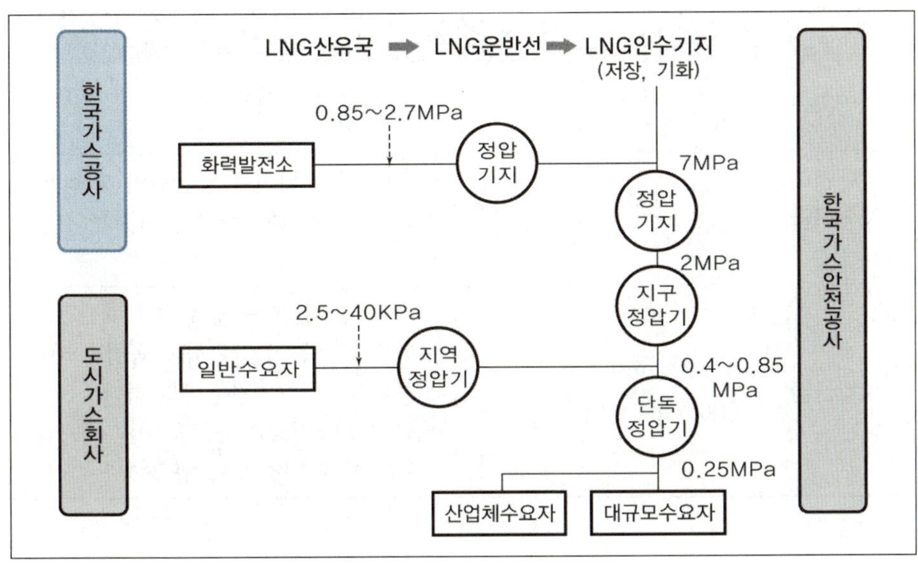

2 도시가스의 공급방식

국내의 경우 도시가스의 공급은 인도네시아로부터 도입되어 평택에서 액체상태로 하여 저장된 후 기화시설을 거쳐 지하간선 배관망을 통하여 도시가스 공급회사와 화력발전소에 2~7MPa의 고압으로 공급되고 있다.

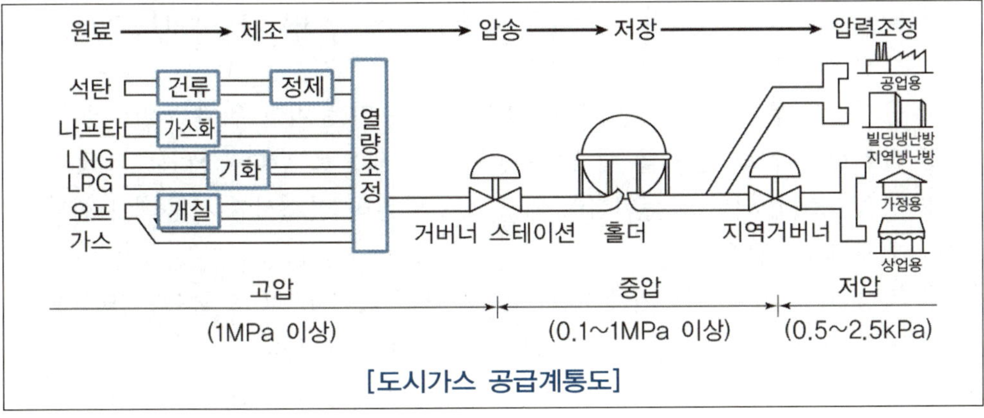

[도시가스 공급계통도]

가스공급방식	공급압력	특 징
고압공급	1MPa 이상 ($10kg/cm^2$ 이상)	대량의 가스를 광범위한 지역에 공급하는 경우에 이용된다.
중앙공급	1MPa 미만~0.1MPa 이상 ($10kg/cm^2$~$1kg/cm^2$)	구역이 다소 넓거나 공급량이 다소 많으며 저압공급으로는 배관비가 많아지는 경우에 이용된다.
저압공급	0.1MPa 미만 ($1kg/cm^2$ 미만)	• 홀더 압력을 이용해서 저압 배관만으로 공급하므로 계통이 간단하고 공급구역이 좁으며 공급량이 적은 경우 적합하다. • 50~250mmAq(0.5~2.5kPa)의 가스압으로 소규모 수용가에 보통 공급한다.

도시가스의 원료와 특징

01 LPG

02 LNG

:: 제23회

02 도시가스의 원료와 특징

1 LPG(액화석유가스, Liquefied Petroleum Gas)

(I) LPG의 특성

성분은 석유 중에 비교적 액화하기 쉬운 프로판(C_3H_8), 부탄(C_4H_{10})이 주성분으로, 액화하면 체적이 약 1/250로 된다.

① 공기보다 무거워서(비중이 1.5~2) 가스 경보기는 바닥 위 30cm에 설치한다.

② 발열량이 크고 연소할 때 많은 공기량을 필요로 한다(LNG보다 크다).

③ 생성가스에 의한 중독위험이 있으므로 완전히 연소시켜 사용해야 한다(연소시 환기 필요).

④ 정상 압력 밑에서는 기체지만, 액화하면 용적이 1/250로 줄어든다(상온 상압하에서는 기체상태로 저장, 운반, 취급이 용이하다).

⑤ 가스가 샐 때 무색, 무취이므로 벤젠, 메갑탄 등의 부취제를 봄베(Bombe) 내에 봉입한다.

⑥ 액화 및 기화가 용이하다.

(2) 공급 방식

배관 공급과 용기(봄베) 공급방식이 있다.

① **용량 표시**: kg/h(도시가스 용량표시: m^3/h)

② **용기(봄베)설치시 주의사항**

  ㉠ 봄베는 통풍이 양호한 옥외에 설치한다.

  ㉡ 반경 2m 이내에는 화기의 접근을 피한다.

  ㉢ 직사광선을 피해 40℃ 이하로 보관한다.

  ㉣ 충격을 주어서는 안 된다.

  ㉤ 습기로 인한 부식을 방지하도록 한다.

2 LNG(액화천연가스, Liquefied Natural Gas)

(1) 개 요

① 메탄(CH_4)을 주성분으로 하는 가연성 천연가스의 액화물로서, 지하에서 산출된 천연가스를 $-162℃$까지 냉각하여 액화한 것으로 부피는 약 1/600로 줄어들게 된다.

② 공급방식은 주로 배관에 의한다.

(2) 특 징

① 메탄(CH_4)을 주성분으로 한다.

② 무독성·무공해로 발열량이 높다.

③ 공기보다 가벼워서 창으로 배기되므로 LPG보다 안전성이 높다.

④ 가스경보기는 천장에서 30cm 내에 설치한다.

⑤ 배관을 통하여 공급하여야 하기 때문에 대규모 저장시설이 필요하다.

03 도시가스의 배관 설계

1 가스 기구 설치 위치

① 용도에 적합하고 사용하기 쉬울 것

② 열에 의한 주위의 손상 등이 없을 것

③ 연소에 의한 급·배기가 가능할 것

④ 가스 기구의 손질이나 점검이 용이할 것

2 배관시 주의사항

① 배관의 굴곡부에는 어느 곳에나 90° 엘보를 사용한다.

② 응축수 유입방지를 위해 배관은 본관을 향해 하향구배로 한다(횡주관: 1/ 100~ 1/200).

③ 건축 내의 배관시 관리검사가 용이하도록 노출 배관한다.

④ 공급관이 하중에 견디기 위하여 관지름을 20mm 이상으로 한다.

⑤ 배관의 길이가 길면 도중에 신축이음을 한다.

⑥ 시공 및 관리가 용이한 곳에 배관한다.

⑦ 필요한 밸브(콕, 배수밸브) 등의 설치가 용이한 곳을 택한다.

⑧ 외부로부터 부식과 손상이 될 우려가 있는 장소를 피하고 가능하면 온도변화를 받지 않는 장소를 택한다.

⑨ 건물의 주요 구조부를 관통하지 말아야 한다.

⑩ 인접 전기설비와는 반드시 일정 거리를 유지해야 한다.

⑪ 건물의 규모가 크고 배관 연장이 긴 경우에는 계통을 나누어 배관한다.

⑫ 초고층 건물의 상층부로 공기보다 무거운 가스를 공급할 경우, 압력이 떨어지는 것을 고려해야 한다.

04 배관의 시공

1 배관의 재료 및 부식방지 조치

(1) **지하매설배관**

폴리에틸렌피복강관, 가스용폴리에틸렌관(최고사용압력 0.4MPa 이하인 배관)

(2) **건축물 내의 매설배관**

동관·스테인레스 강관·가스용 금속플렉시블호스 등 내식성재료를 사용한다.

(3) 지상노출배관의 재료는 배관의 안전성을 확보할 수 있는 것으로 한다.

2 배관의 표시

(1) **배관 외부**

사용가스명·최고사용압력 및 가스흐름방향을 표시(단, 지하에 매설하는 배관은 흐름방향을 표시하지 아니할 수 있다)

(2) **지상배관**

부식방지도장 후 표면색상을 황색으로 도색[예외: 지상배관의 경우 건축물의 내·외벽에 노출된 것으로서 바닥(2층 이상의 건물의 경우, 각층의 바닥)에서 1m의 높이에 폭 3cm의 황색띠를 2중으로 표시한 경우]

(3) **지하매설배관**

황색(저압 이하 배관) 또는 적색(중압 이상인 배관)

3 배관의 설치

(1) 본관 및 공급관은 건축물의 내부 또는 기초 밑에 설치하지 않는다. 다만, 그 건축물에 가스를 공급하기 위한 저압의 공급관으로서 다음의 안전조치기준에 적합하게 설치하는 경우에는 그 건축물 내부에 설치할 수 있다.
① 배관의 접합은 용접으로 할 것
② 배관은 벽면 등에 견고하게 고정 설치할 것

:: 제21회, 제22회

:: 제27회

③ 배관은 환기가 잘 되거나 기계환기설비를 설치할 장소에 설치할 것. 다만, 환기가 잘 되지 않거나 기계환기설비의 설치가 곤란하여 가스누출경보기를 설치하거나 용접부에 대하여 비파괴시험을 실시하여 이상이 없는 경우에는 그렇지 않다.

④ 차량통행 등에 의하여 손상을 받을 우려가 있는 배관부분은 방호조치를 할 것

(2) 배관은 내진설계기준에 의하여 설계하고 지진의 영향으로부터 안전한 구조일 것

(3) 지하매설배관의 설치

지하매설배관을 설치하는 경우 배관의 외면과 지면·노면 또는 측면 사이에는 다음과 같은 기준의 거리를 유지한다.

위 치	매설심도	예 외
공동주택 등의 부지 내	0.6m 이상	—
폭 8m 이상의 도로	1.2m 이상	도로에 매설된 저압인 배관에서 횡으로 분기하여 수요가에게 직접 연결되는 배관의 경우: 1m 이상
폭 4m 이상 8m 미만인 도로	1m 이상	도로에 매설된 저압인 배관에서 횡으로 분기하여 수요가에게 직접 연결되는 배관의 경우: 0.8m 이상
위에 해당하지 아니하는 곳	0.8m 이상	암반·지하매설물 등에 의하여 매설깊이의 유지가 곤란하다고 시·도지사가 인정하는 경우: 0.6m 이상 가능

4 실내배관의 설치

(1) 배관은 환기가 잘 되지 않는 천장·벽·바닥·공동구 등에는 설치하지 않을 것. 다만, 그 건축물에서 가스를 사용하기 위한 저압의 배관으로서 스테인레스강관, 동관(보호관으로 보호조치한 경우에 한한다), 가스용금속플렉시블호스(못박음 등에 의하여 배관의 손상우려가 있는 부분은 금속제의 보호관 또는 보호판으로 보호조치를 한 경우에 한한다)를 이음매(용접이음매를 제외한다)없이 설치하는 경우에는 천정·벽·바닥에 설치할 수 있다. <구기준>

(2) 배관의 이음부(용접이음매를 제외한다)의 이격거리

이격거리	배관이음부(용접이음매 제외)
60cm	전기계량기, 전기개폐기
30cm	전기점멸기, 전기접속기
15cm	굴뚝(단열 ×), 절연조치 하지 않은 전선
10cm	절연전선

5 입상관의 설치

입상관은 화기(그 시설 안에서 사용되는 자체화기를 제외한다)와 2m 이상의 우회거리를 유지하고 환기가 양호한 장소에 설치해야 하며 입상관의 밸브는 분리가 가능한 것으로서 바닥으로부터 1.6m 이상 2m 이내에 설치할 것. 다만, 보호상자 안에 설치하는 경우에는 그렇지 않다.

6 배관의 고정 등

(1) 호칭지름이 13mm 미만의 것

1m마다 설치

(2) 13mm 이상 33mm 미만의 것

2m마다 설치

(3) 33mm 이상의 것

3m마다 고정 장치를 설치(배관과 고정 장치 사이에는 절연조치를 해야 한다). 다만, 호칭지름 100mm 이상의 것에는 산업자원부장관이 정하여 고시하는 바에 따라 3m를 초과하여 설치할 수 있다.

(4) 건축물의 벽을 관통하는 부분의 배관에는 보호관 및 부식방지피복을 할 것

7 가스계량기

제25회

(1) 가스계량기는 당해 도시가스 사용에 적합한 것을 사용한다.

(2) 가스계량기의 설치장소

① 가스계량기는 화기(그 시설 안에서 사용하는 자체화기를 제외한다)와 2m 이상의 우회거리를 유지하는 곳으로서 수시로 환기가 가능한 장소에 설치하되, 직사광선 또는 빗물을 받을 우려가 있는 곳에 설치하는 경우에는 격납상자 안에 설치할 것

② 가스계량기($30m^3/hr$ 미만에 한한다)의 설치높이는 바닥으로부터 1.6m 이상 2m 이내에 수직·수평으로 설치하고 밴드·보호가대 등 고정장치로 고정시킬 것. 다만, 격납상자 내에 설치하는 경우에는 설치 높이의 제한을 하지 않는다.

OX

호칭지름이 13mm 미만이 배관은 1m마다, 13mm 이상 33mm 미만의 배관은 2m마다 고정장치를 설치한다. (○)

③ 가스계량기와의 이격거리

60cm 이상	전기계량기, 전기개폐기
30cm 이상	굴뚝(단열조치를 하지 않은 경우), 전기점멸기, 전기접속기
15cm 이상	절연조치를 하지 아니한 전선

정 리

1. 가스계량기 설치

① 화기와 2m 이상 우회거리 유지

② 설치높이 : 1.6m 이상 2m 이내(예외 : 격납상자에 설치하는 경우)

③ 가스계량기와 배관이음부의 이격거리

이격거리	가스계량기
60cm	전기계량기 전기개폐기
30cm	굴뚝(단열 ×) 전기점멸기 전기접속기
15cm	저압전선(절연 ×)

2. 측정 방식

① 직접 측정방식

㉠ 건식 계량기 : 막식, 회전식

㉡ 습식 계량기

② 간접 측정방식 : 터빈식, 오리피스식

---

8 호 스

(1) 호스의 길이는 연소기까지 3m 이내로 하되, 호스는 "T"형으로 연결하지 아니할 것

(2) 배관용호스와 중간밸브 등 및 연소기와의 접촉부분은 호스밴드 등으로 견고하게 조일 것

예제

도시가스설비에 관한 내용으로 옳은 것은?
제25회

① 가스계량기는 절연조치를 하지 않은 전선과는 10cm 이상 거리를 유지한다.
② 가스사용시설에 설치된 압력조정기는 매 2년에 1회 이상 압력조정기의 유지·관리에 적합한 방법으로 안전점검을 실시한다.
③ 가스배관은 움직이지 않도록 고정 부착하는 조치를 하되 그 호칭지름이 13mm 미만의 것에는 2m마다 고정 장치를 설치한다.
④ 가스계량기와 화기(그 시설 안에서 사용하는 자체화기는 제외) 사이에 유지하여야 하는 거리는 2m 이상이다.
⑤ 가스계량기와 전기계량기 및 전기개폐기와의 거리는 30cm 이상 유지한다.

해설

① 가스계량기는 절연조치를 하지 않은 전선과는 15cm 이상 거리를 유지한다.
② 가스사용시설에 설치된 압력조정기는 매 1년에 1회 이상 압력조정기의 유지·관리에 적합한 방법으로 안전점검을 실시한다.
③ 가스배관은 움직이지 않도록 고정 부착하는 조치를 하되 그 호칭지름이 13mm 미만의 것에는 1m마다 고정 장치를 설치한다.
⑤ 가스계량기와 전기계량기 및 전기개폐기와의 거리는 60cm 이상 유지한다.

정답 ④

냉 · 난방설비

제20회부터는 공기조화설비의 내용이 습공기선도(결국 습도에 관련 내용) 이외에는 출제되지 않았는데 제28회에 다시 1문제가 출제되어 제29회부터는 본격적으로 출제될 것으로 보입니다. 제28회에는 벽체표면온도 관한 계산문제와 온수온돌 규격관련 문제와 냉동설비, 환기설비 기준 등 4문제가 출제되었습니다. 보통 3문제 정도 출제되었지만, 제29회에는 공기조화와 냉동설비 포함하여 5문제까지도 출제될 수 있을 것으로 예상됩니다. 먼저 온도와 열, 열의 이동에 대한 기본개념의 이해를 바탕으로 냉동에 관한 기본 이론의 개념을 파악하고, 공기조화와 난방설비의 증기난방과 온수난방의 특징과 주요부품의 차이, 바닥복사난방에 관한 이해, 보일러의 종류와 용량계산 등을 정리합니다.

온 도

01 온도의 종류

02 도 일

01 온 도

차고 더운 감각의 정도를 온도라 하며, 열이란 일종의 에너지의 표현이지만 두 온도의 상대적 차이이고, 온도란 절대적 지표이다. 열의 이동은 온도차에 의해서, 즉 고온의 물체에서 저온의 물체로 이동하게 되는 에너지를 열이라 한다.

1 온도의 종류

(1) 섭씨 온도

스위스의 천문학자 셀시우스(Celsius)가 고안한 것으로 1기압 하에서 얼음의 융해점을 0℃, 물의 비점을 100℃라 하고 그 사이를 100등분한 것이 섭씨(Celsius)온도이다.

(2) 화씨 온도

독일의 물리학자 파렌하이트(Fahrenheit)가 고안한 것으로 얼음의 융해점을 32°F, 물의 비점을 212°F로 하여 그 사이를 180등분한 것이 화씨(Fahrenheit)온도이다.

⑶ 절대 온도

스코틀랜드의 물리학자 켈빈(Kelvin)이 고안한 것으로 물의 어는점이나 끓는
점을 사용하지 않고 에너지에 비례하도록 온도를 정의한 것으로 열역학적으로
생각할 수 있는 최저 온도로서 분자의 열운동이 완전히 정지할 때를 절대 0도,
즉 0K라 한다.

⑷ 각 온도와의 관계

① 절대온도$[K] = ℃ + 273$

② 섭씨온도$[℃] = \dfrac{5}{9}(℉ - 32)$

③ 화씨온도$[℉] = \dfrac{9}{5}℃ + 32$

2 도일[난방도일(HD ; Heating Degree Day), 냉방도일(CD ; Cooling Degree Day)]

① 어느 지역에 있는 건물의 실내를 난방 또는 냉방할 때, 실내 설정온도와 그
   지역의 하루 평균기온과의 온도차를 난방 및 냉방 전체기간에 걸쳐 더한
   것을 도일(度日, Degree Day)이라 하며, 냉방도일과 난방도일이 있다.
② 실내의 평균기온과 외기의 평균기온과의 차에 일수(Days)를 곱한 것이다.
③ 어느 지방의 난방(냉방)도일을 알면 그 지방이 얼마나 추운 곳(더운 곳)인
   지, 난방연료비가 얼마나 소요될 것인지를 알 수 있으며 지방마다 다르다.
④ 외기온도와 실내설정온도와의 온도차가 클수록 또 난방(냉방)기간이 길수
   록 그 값은 커진다.
⑤ 연료소비량을 추정하는 데 사용하며, 난방(냉방)도일이 클수록 연료의 소
   비량도 많아진다고 볼 수 있다.

$$HD = \sum(t_i - t_o) \times days(℃ \cdot day)$$
$$t_i = 실내평균온도(℃),\ t_o = 실외평균온도(℃)$$

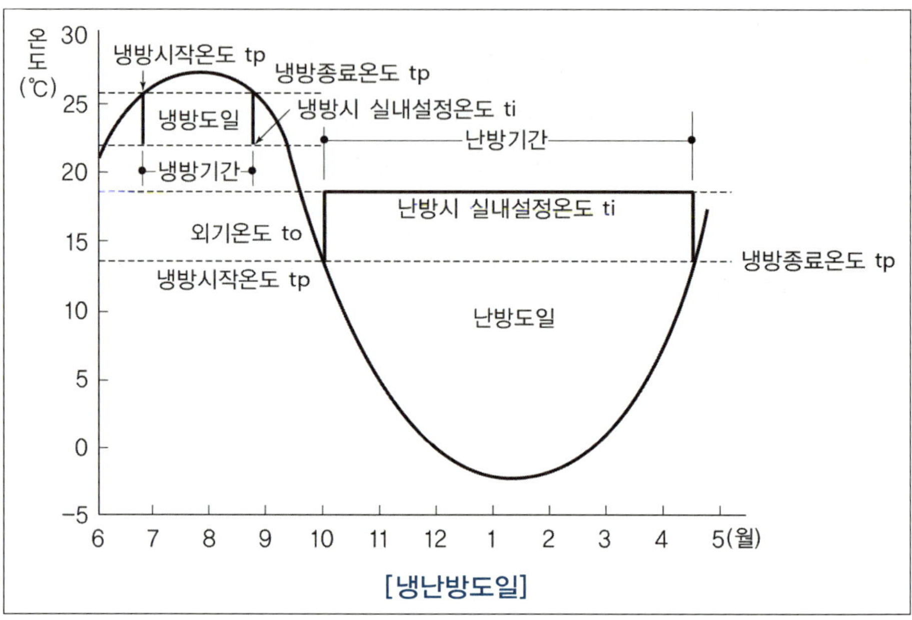

[냉난방도일]

02 열

1 열량(Heat Quantity)

물의 온도를 높이는 데 소요되는 열의 양으로, 표준기압(760mmHg)하에 순수한 1kg의 물을 14.5℃에서 15.5℃로 온도를 1K 올리는 데 필요한 열량은 4.18kJ이다.

$$Q = mc\Delta t = 질량 \times 비열 \times 온도의\ 차$$
$$= 질량 \times 엔탈피의\ 차$$

(1) 비 열

단위 질량의 물체 온도를 1K 상승시키는 데 필요한 열량(단위: kJ/kg·K, kcal/kg·℃)

1. 1kcal = 4.2kJ, 1kJ = 0.24kcal
2. 1kW = 1kJ/s = 860kcal/h
3. **물의 비열**: 4.18kJ/kg·K
   공기: 1.01kJ/kg·K(0.24kcal/kg·℃)

(2) **열용량**(Heat Capacity)(kJ/K, Kcal/℃)

물체를 가열하여 따뜻하게 할 때 물체의 온도를 1K 올리기 위해서 필요한 열량. 같은 물질로 이루어진 물체의 열용량은 질량에 비례하고, 다른 물질이지만 질량이 같은 물체는 비열에 비례한다.

> • 열용량이 크면 예열시간과 난방지속시간은 길어진다.
> • 열용량이 크다 ⇨ 온수난방, 복사난방(온수), 외단열

열용량	예열시간	난방지속시간	난방구분	난방방식	단열구분	온도변화
크 다	길다	길다	지속난방	온수·복사	외단열	작다
작 다	짧다	짧다	간헐난방	증기	내단열	크다

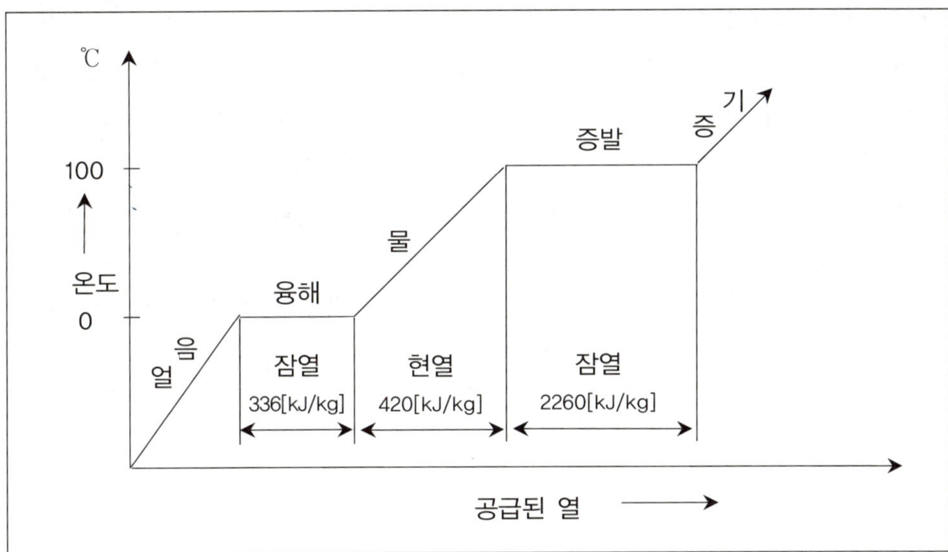

(3) **현열**(顯熱, Sensible Heat)

상태는 변하지 않고 온도가 변하면서 출입하는 열을 말한다. 온수난방에서 이용된다.

💡 **현열을 이용한 난방**(온수난방)
온도를 조절할 수 있기 때문에 난방부하변동에 따른 방열량 조절이 용이하다.

(4) **잠열**(潛熱, Latent Heat)

온도는 변하지 않고 상태가 변하면서 출입하는 열을 말한다. 증기난방에서 이용된다.

💡 **OX**
열용량은 어떤 물질 1kg을 1℃ 올리기 위하여 필요한 열량을 의미하며 단위는 kJ/kg·K이다.
(×)

> 0℃ 얼음 1kg ⇨ 0℃ 물 80kcal/kg = 336kJ/kg
> 100℃ 물 1kg ⇨ 100℃ 증기 539kcal/kg = 2,257kJ/kg

💡 **잠열을 이용한 난방**(증기난방)
온도조절이 곤란하여 방열량 조절이 용이하지 않다.

∷ 제25회

(5) 비용적(比容積, 비체적)

공기 1kg이 차지하는 용적(체적)을 의미하는 것으로, 공기의 온도가 바뀌게 되면 비용적의 값도 달라진다. 비용적은 공기 1kg에 대한 공기의 용적을 나타내므로, 비용적의 역수를 취하면 공기 $1m^3$에 대한 공기의 무게 즉 비중량이 된다. 비용적의 단위는 m^3/kg, 비중량의 단위는 kg/m^3이다.

(6) 엔탈피(Enthalpy)

엔탈피(Enthalpy)란 물질의 내부 에너지를 뜻하며, 어느 온도를 기준으로 측정한 것을 그 값으로 하고 있다. 습공기에서는 온도가 0℃이고 수분을 전혀 포함하고 있지 않은 건공기를 기준으로 하여 그 상태를 엔탈피 '0'으로 하고 있다.

① 습공기 엔탈피는 0℃ 건조공기와 0℃의 물의 엔탈피를 0(기준치)으로 하고, 건조공기 1kg당의 kJ로 표시되고 있다.

② 절대습도 x[lg/kg[DA])의 습공기의 엔탈피는, 건조공기 1kg의 엔탈피와 $x$kg의 수증기 엔탈피의 합이다.

> $$i = (건공기의 \ 엔탈피) + (수증기의 \ 엔탈피)$$
> $$= C_{pa} \cdot t + \gamma x$$
>
> i : 습공기의 엔탈피(kJ/kg)
> C_{pa} : 건조공기의 정압비열(1kJ/kgK))
> t : 건구온도(℃)
> γ : 0℃인 물을 0으로 한 수증기의 엔탈피(kJ/kg)
> x : 건공기 1kg 속에 포함되어 있는 수증기량(= 절대습도)(kg/kgDA)

💡 공기가 가지고 있는 엔탈피(열량) 중, 공기의 온도에 관한 것이 현열, 습도에 관한 것이 잠열이다.

(7) 현열비(顯熱比, SHF : Sensible Heat Factor)

습공기의 상태변화시 엔탈피 변화량(Δi)에 대한 현열변화량($C_{pa} \times \Delta x$)의 비율을 현열비(SHF)라 한다.

💡 **OX**

현열이란 온도는 변하지 않고 상태가 변하면서 출입하는 열로서 증기난방에 이용된다. (×)

$$SHF = \frac{C_{pa} \cdot \Delta t}{\Delta i} = \frac{q_s}{q_s + q_L}$$

C_{pa} : 공기의 정압비열(kJ/kg · K)

Δt : 온도변화량(℃)

Δi : 엔탈피의 변화량(kJ/kg · K)

q_s : 현열부하(kJ/h)

q_L : 잠열부하(kJ/h)

〇 현열비 $= \dfrac{현열}{현열 + 잠열}$

(8) **열수분비**(熱水分比)

열수분비란 온도 및 습도의 상태가 변화된 공기의 엔탈피 변화량과 수분(절대습도) 변화량의 비율을 나타낸 것이다.

$$U = \frac{\Delta i}{\Delta x}$$

Δi : 엔탈피 변화량(kJ/kg)

Δx : 절대습도 변화량(kg/kgDA)

:: 제7회

1. **온열 4요소** : 기온, 습도, 복사, 기류(풍속)
2. **유효온도**
   ① 주벽으로부터의 복사라는 요소를 제외하고 기온, 습도, 기류의 3요소를 총합하여 열환경을 평가하는 것
   ② 실내기후로는 습도 40~60%, 풍속 0.5m/s 이하인 경우 겨울철에는 17~22℃, 여름철에는 19~24℃가 적당
3. **수정유효온도** : 벽면의 온도가 온열감에 영향을 미치는 계절이나 겨울철에 유효온도에 복사를 더한 것을 수정유효온도라고 한다.
4. **신유효온도** : 온열환경의 주요소인 기온, 습도, 복사, 기류에 인체의 착의량, 대사량을 더한 6가지 요소를 고려한 온도

2 열의 이동과 단열

(1) 열의 이동

① **대류**(對流, Convection)
   ㉠ 열의 세 가지 전달 과정 중 하나로 열 때문에 유체가 위아래로 뒤바뀌며 움직여 열을 전달하는 현상이다.
   ㉡ 이러한 대류를 이용한 난방에는 온풍난방, 증기난방, 온수난방 방식이 있으며, 실내의 상하온도차가 발생한다.

〇 **대류난방**

온풍난방, 증기난방, 온수난방

② **복사**(輻射, Thermal Radiation) : 열을 빛과 같은 전자기파의 형태로 이동시키는 열전달 방식 중 한 가지 방식으로 중간에 매질(전달매체)이 없어도 고체 표면에서 온도가 낮은 고체표면으로 전달된다. 이러한 복사를 이용한 난방방식을 복사난방이라 하며, 이러한 복사의 특성 때문에 복사난방은 실온이 낮아도 난방효과가 있고, 창을 개방상태로 두어도 열손실이 적으며, 실내의 상하온도차가 작아 외기의 침입이 많고 층고가 높은 실내 난방에 적합하다.

③ **전도**(傳導, Heat Conduction) : 온도가 다른 두 물체를 접촉시켰을 때 물질의 이동 없이 온도가 높은 곳에서 온도가 낮은 곳으로 열이 전달되는 현상이다.

(2) 벽체에서의 열이동(전열)

① **열전달** : 고체 벽과 이에 접하는 공기층과의 전열현상

  ㉠ 열전달률(W/m² · K) : 벽 표면과 유체 간의 열의 이동정도

② **열전도** : 물체에 온도차가 있을 때 열이 고온측에서 저온측으로 물체를 통하여 이동하는 현상

  ㉠ 열전도율(W/m · K) : 고체 내부에서 열을 전달하는 정도를 나타내는 값을 나타내며, 물체의 고유성질로서 전도에 의한 열의 이동정도를 말한다. 전도율의 역수 $1/\lambda$을 열전도비저항(단위 : m · K/W, mh℃/kcal)이라 한다.

> **열전도저항**(Resistance Of Thermal Conduction, $\dfrac{d}{\lambda}$)
>
> 임의 두께를 갖는 물체의 열전도율을 그 물체의 두께에 대해 나눈 값을 열전도저항이라 하며 열전도의 난이도를 나타낸다(단위 : m² · K/W).

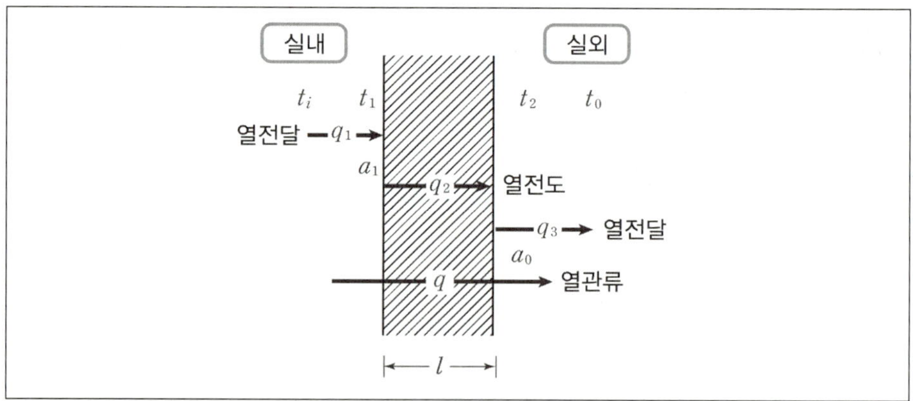

③ **열관류** : 고체로 격리된 공간의 한쪽에서 다른 한쪽으로의 전열을 말하며 열통과라고도 한다.

㉠ 열관류율(W/m² · K) : 벽, 창 등과 같은 구조체를 통해 온도가 높은 실내에서 온도가 낮은 실외로 열이 이동할 때, 구조체의 재질에 따라 이동하는 정도에 차이가 있다. 즉, 재질에 따라 열의 관류($貫流$, 통과)가 쉽게 되는 경우도 있고 어렵게 되는 경우도 있는데, 이와 같이 열관류가 이루어지는 정도를 수치로 나타낸 것을 열관류율($熱貫流率$)이라 한다. ⇨ 값이 작을수록 단열상 유리하며, 벽의 두께가 증가하면 열관류율은 감소한다.

제18회, 제23회, 제26회, 제27회

$$K = \cfrac{1}{\cfrac{1}{\alpha_i} + \cfrac{l}{\lambda} + \cfrac{1}{\alpha_0}}$$

K : 열관류율(W/m² · K)

α_i : 내표면 열전달율(W/m² · K)

l : 재료의 두께(m)

λ : 재료의 열전도율(W/m · K)

α_0 : 외표면 열전달률(W/m² · K)

1. 열관류율과 단열재 두께

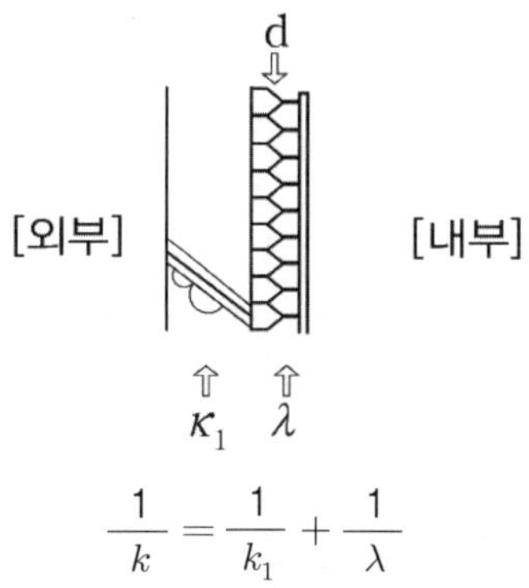

$$\frac{1}{k} = \frac{1}{k_1} + \frac{1}{\lambda}$$

[전체 열관류저항 = 벽체열관류저항 + 단열재의 열전도저항]

k : 전체 열관류저항(W/m² · K)

k_1 : 벽체 열관류율(W/m² · K)

λ : 단열제의 열전도율(W/m · K)

d : 벽체의 두께

2. 실내측 표면온도의 산출

$$실내측\ 표면온도 = 실내공기온도 - \frac{[열관류율 \times (실내공기온도 - 외기온도)]}{열전달율}$$

예제

다음과 같은 조건의 벽체에서 실내측 표면온도(℃)는 얼마인가? (단, 계산결과 값은 소수점 둘째자리에서 반올림함)

제28회

보기

- 실내온도 : 23℃
- 외기온도 : −5℃
- 실내측 표면 열전달율 : 8.0W/m² · K
- 벽체 열관류율 : 0.5W/m² · K

① 19.8   ② 20.3   ③ 20.8
④ 21.3   ⑤ 21.8

해설

$$\text{실내측 표면온도} = \text{실내공기온도} - \frac{[\text{열관류율} \times (\text{실내공기온도} - \text{외기온도})]}{\text{열전달율}}$$

$$= 23 - \frac{[0.5 \times 23 - (-5)]}{8.0} = 20.8(℃)$$

▷ 정답 ③

3 단 열

(1) 단열재의 구비조건

① 열전도율이 낮아야 한다(열관류율이 낮아야 한다).

② 흡수율이 낮아야 한다.

③ **비중** : 재료가 밀실하여 비중이 커지면 열전도율도 커지는 경향이 있다.

④ **예외** : 유리면, 암면 등과 같은 섬유질 단열재는 겉보기 비중과 섬유량이 작아지면, 내부에 간극이 많아지므로, 대류가 발생하여 열전도율은 증대한다. 이 때문에 섬유질 단열재는 겉보기 비중이 클수록 단열성이 좋아진다. 또한, 다공질 단열재의 경우에는 독립기포가 미세하고 균일하며, 기포막이 얇을수록 열전도율은 작아진다.

⑤ 내화성이 커야 한다.

(2) 단열부위

단열은 크게 분류하여 벽의 내측과 외측면에 할 수 있다.

① **내단열**

    ㉠ 빠른 시간에 더워지므로 간헐난방을 하는 곳에 특히 많이 쓰인다(열용량이 작다).

   ⓛ 내부결로를 방지하기 위하여 고온측(실내측)에 방습막을 설치하는 것이 좋다. 표면 결로는 발생하지 않으며, 한쪽의 벽돌벽이 차가운 상태로 있기 때문에 외단열보다 결로 발생 가능성이 많다.

   ⓒ 강당이나 집회장에 유리하다.

② **외단열**

   ㉠ 지속난방에 유리하며, 내단열보다 결로의 위험을 반감시킬 수 있다(열용량이 크다).

   ⓛ 내단열보다 공사비가 비싸며, 한랭지 시공에 적합하다.

   ⓒ 벽체의 습기문제뿐만 아니라 열적 문제에서도 유리한 방법이다.

   ⓔ 단열재를 건조한 상태로 유지시켜야 하며, 내단열보다 단열효과가 우수하다.

   ⓜ 내구성과 외부충격을 견디고, 외관의 표면처리도 보기 좋아야 한다.

   ⓗ 내단열에 비해 시공이 어렵다.

(3) 열 교

벽이나 바닥, 지붕 등의 건축물 부위에 단열이 연속되지 않는 부분이 있을 때, 이 부분이 열적 취약부위가 되어 이 부위를 통한 열의 이동이 많아지며, 이것을 열교(Heat Bridge) 또는 냉교(Cold Bridge)라고 한다.

① 단열재가 불연속됨이 없도록 철저한 단열시공이 이루어져야 한다.

② 발생하는 부위는 표면온도가 낮아지므로 결로가 쉽게 발생한다.

③ 구조체 단열 구조의 지지부재들, 중공벽의 연결철물이 통과하는 구조체, 벽체와 지붕 또는 바닥과의 접합부위, 창틀 등에서 많이 발생한다.

---

03 습도와 결로

1 습도와 온도

(1) 습도 관련 용어

① **습도**: 대기 중에 포함되어 있는 수증기량의 비율

② **절대습도**(Absloute Humidity): 수증기를 포함하지 않은 공기(건공기) 1kg과 수증기 x kg을 포함하는 습공기 $1 + x$ kg이 있을 때 그 공기는 절대습도 x kg/kg′ 또는 kg/kg(DA)이라 한다.

③ **상대습도**(Relative Humidity) : 대기 중의 수증기 비율은 어느 일정 용량의 공기가 포함되어 있는 수증기압과 이때 기온에 대해 최대 함유된 포화수증기압과의 비

$$\Phi = \frac{p_w}{p_{ws}} \times 100$$

Φ : 상대습도(%)

p_w : 습공기의 수증기 분압(mmHg, kg/cm^2)

p_{ws} : 포화습공기의 수증기 분압(mmHg, kg/cm^2)

$$상대습도(\%) = \frac{실제\ 수증기압}{그\ 온도에서의\ 포화수증기압} \times 100$$
$$= \frac{현재\ 공기\ 속에\ 포함된\ 수증기량}{현재\ 기온에서의\ 포화수증기량} \times 100$$

④ **결로** : 실내공기가 벽면이나 유리에 접촉하여 냉각되는 것이 원인이며, 공기 중 수증기가 응축하여 물방울로 되어 나타나는 현상

⑤ **비교습도**(포화도) : 상대습도에서의 수증기 분압 대신 절대습도를 적용시킨 것을 비교습도 또는 포화도라 한다.

$$\Psi = \frac{x}{x_s} \times 100$$

Ψ : 비교습도(포화도)(%)

x : 습공기의 절대습도[kg/kg(DA)]

x_s : 포화습공기의 절대습도[kg/kg(DA)]

:: 제21회

(2) 온도 관련 용어

① **건구**(乾球)**온도**(DB : Dry Bulb Temperature) : 온도계의 온감부가 건조한 상태로 측정한 공기의 온도를 건구온도라 하고, 일상생활에서 말하고 있는 온도로서 공기의 온도를 나타내는 지표이다.

② **습구**(濕球)**온도**(WB : Wet Bulb Temperature) : 물에 젖어 있는 온감부의 천의 수분이 증발함으로써 온감부에서 잠열을 빼앗긴다. 따라서 공기 중에 포함된 수증기량이 적고, 온도가 높을수록 온감부 천의 수분 증발이 많아져 습구온도는 떨어지게 된다.

　㉠ 습구온도는 포화공기에서는 증발이 이루어지지 않으므로 건구온도와 같다.

　㉡ 불포화의 공기에서는 습구온도는 건구온도보다 낮다.

ⓒ 습도가 낮은 만큼 증발량이 크게 되기 때문에 그 차는 크게 나타난다. 이것으로 건구온도와 습구온도의 차를 읽어 습도를 구하게 된다.

③ **노점(露店)온도**(Dew Point Temperature)

　㉠ 공기 중의 수증기가 포화상태에 도달하게 되는 때의 온도이다.

　㉡ 물체의 표면온도가 노점온도 이하면 표면에 결로를 발생시킨다.

　㉢ 공기 중의 수증기량이 많을수록 노점온도는 높게 된다(결로가 발생하기 쉽다).

　㉣ 어떤 온도의 공기를 냉각하면, 상대습도가 점차로 높게 된다.

> **건구온도와 습구온도**
> 1. 습구온도는 포화공기에서는 증발이 이루어지지 않으므로 건구온도와 같다.
> 2. 불포화의 공기에서는 습구온도는 건구온도보다 낮다.
> 3. 상대습도가 낮을수록 습구온도는 낮아진다.

2 결 로

공기 중의 수증기에 의해서 발생되는 일종의 습윤상태를 말하는 것으로, 습공기가 차가운 벽이나 천장, 바닥 등에 닿으면 공기 중의 수증기가 응축되어 물방울로 맺히는데 이것을 결로라 한다.

(1) 결로의 원인과 발생

① 실내외 온도차이(실내외 온도차가 클수록 심하다)

② 실내습기의 과다발생

③ 생활습관에 의한 환기부족

④ 구조체의 열적 특성

⑤ 단열시공의 불완전 등의 시공상의 불량

⑥ 시공 직후의 미건조상태에 따른 결로

(2) 원인제거 방법

① 습한 공기를 제거하는 환기에 의한 방법

② 건물 내부의 표면온도를 올리는 난방에 의한 방법

③ 구조체를 통한 열손실방지와 보온역할에 의한 단열에 의한 방법

OX

1. 건구온도가 일정한 경우, 상대습도가 높을수록 노점온도는 높아진다. (×)
2. 상대습도 50%인 습공기의 건구온도는 습구온도보다 낮다. (×)
3. 상대습도 100%인 습공기의 건구온도와 노점온도는 같다. (○)
4. 절대습도의 변화 없이 건구온도만 상승시키면 노점온도는 낮아진다. (×)

(3) 결로의 분류

결로는 발생부위에 따라 다음 두 가지로 분류된다.

① **표면결로**
  ㉠ 표면결로는 건물의 표면온도가 접촉하고 있는 공기의 노점온도(포화온도)보다 낮을 때 그 표면에 발생한다.
  ㉡ 방지대책으로 벽 표면온도를 실내공기의 노점온도보다 높게 하거나, 실내외 수증기 발생억제 및 환기를 통한 발생 습기를 배제시키는 방법이 있다.

② **내부결로**
  ㉠ 실내가 외부보다 습도가 높고 벽체에 투습력이 있으면 벽체 내에 수증기압구배(句配, 기울기)가 발생한다. 또한, 겨울철에 창문을 항상 닫고 있고, 외부온도가 실내온도보다 낮으면 벽체 내에 온도구배가 생긴다. 벽체 내의 어느 부분의 건구온도가 그 부분의 노점온도보다 낮을 때 내부결로가 발생한다.
  ㉡ 방지대책으로는 벽체 내부온도를 그 부분의 노점온도보다 높게 하거나, 외단열보다는 내단열이 내부결로가 발생하기 쉬우므로, 이때 적절한 투습저항을 갖춘 방습층을 내단열의 실내측(고온측)에 설치하는 방법이 있다.

:: 제21회

(4) 결로방지계획

① 실내측 벽의 표면온도를 실내공기의 노점온도보다 높게 한다.
② 벽에 방습층을 설치한다.
③ 난방에 의한 수증기발생을 억제한다.
④ 벽체의 열관류저항을 크게 한다.
⑤ 가구를 벽체에서 10cm 이상 이격시킨다.
⑥ 환기를 잘한다.
⑦ 단열강화에 의한 열저항 증대와 시공을 완벽히 한다.
⑧ 각 실간의 온도차를 적게 한다.

04 　공기조화설비

1 정 의

공기조화란 주어진 실내 또는 특정 공간에서 사람 또는 물품을 대상으로 온도, 습도, 환기, 청정도 및 기류 등을 그 공간의 용도에 적합한 상태로 조정하는 것을 말한다.

2 공기선도(i − x 선도)

수증기를 포함하고 있는 공기에 대한 각종 상태를 그래프로 나타낸 것이 공기선도(空氣線圖)이다. 공기선도는 수증기가 포함되어 있는 공기에 대해 나타낸 것이므로 습공기선도(濕空氣線圖)라고 한다. 공기선도는 아래 그림과 같이 공기의 건구온도, 습구온도, 절대습도, 상대습도, 노점온도, 비용적, 비엔탈피 등을 나타내고 있으며, 이 각 요소들 중에 어느 두 가지를 알면 나머지 모든 요소를 알 수 있다.

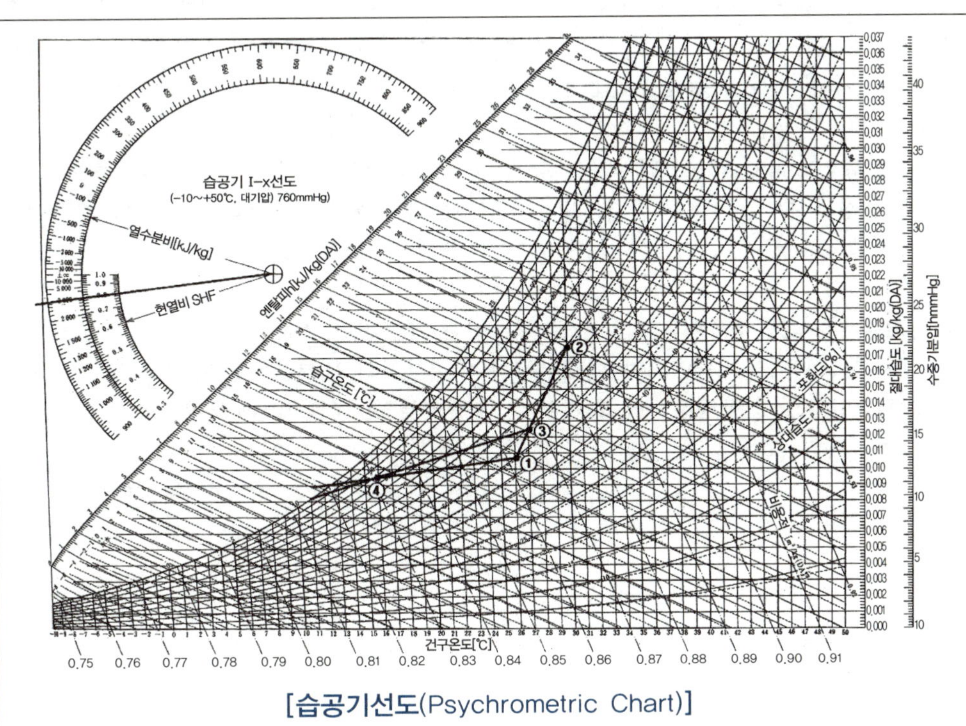

[습공기선도(Psychrometric Chart)]

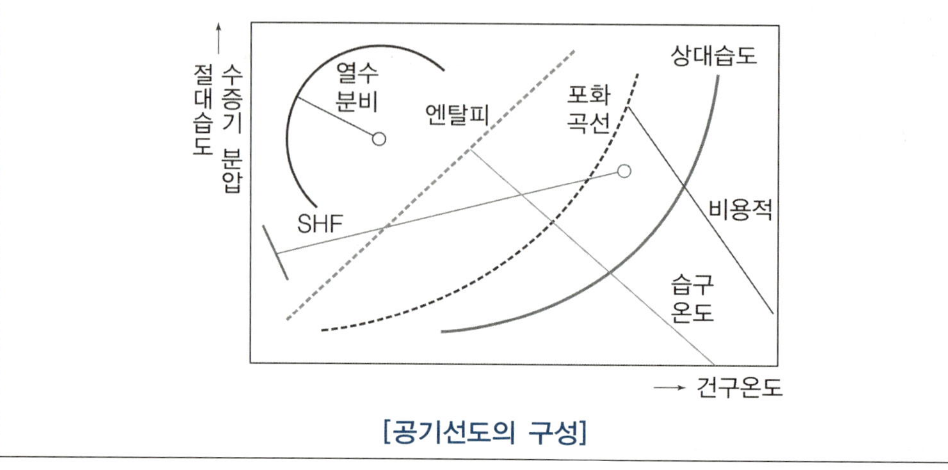

[공기선도의 구성]

3 공기조화의 부하

일반적으로 열부하라고 통틀어서 이야기하는 냉방부하 및 난방부하는 공기조화 단계에 따라 포함되는 부하의 요소가 다르게 되며, 각 단계별 부하는 크게 실내부하, 장치부하 그리고 열원부하로 분류된다. 공기조화부하에는 냉방부하와 난방부하가 모두 포함되며 1년 중 가장 큰 부하인 최대부하와 일정기간 또는 1년 동안의 부하를 누적한 기간부하로 구분된다.

1. **최대부하**(Peak Load) : 연중 가장 춥거나 더울 때에도 장치의 용량이 부족하지 않게 선정될 수 있는 특정한 날 또는 시간의 외기 온습도조건을 가정하여 계산된 부하량으로써 냉, 난방 장치용량의 선정, 배관 및 덕트시스템의 설계에 사용되는 부하량
2. **공조부하** : 냉방부하와 난방부하로 구분하여 계산한다. 부하의 종류는 실내부하와 장치부하로 나눌 수 있으며 실내부하는 외피부하와 내부부하로 구분된다.
3. **장치부하** : 실내 발생부하에 환기부하, 송풍기부하, 덕트 및 배관에서의 열취득과 각종기기의 효율 등을 감안한 부하를 말한다.

(1) 실내부하

여름철 실내의 온습도를 직접적으로 올라가게 하는 요소 및 겨울철 실내의 온습도를 직접적으로 내려가게 하는 요소를 실내부하라 한다.

① 냉방부하

부하의 종류		내 용	열
실부하	외피부하	전열부하(온도차에 의하여 외벽, 천장, 바닥, 유리 등을 통한 관류 열량)	현열
		일사에 의한 부하	현열
		틈새바람에 의한 부하	현열, 잠열
	내부부하	실내 발생열 ㉠ 조명기구 ㉡ 인체 ㉢ 기타 열원기기	현열 현열, 잠열 현열, 잠열
외기부하		환기부하(신선 외기에 의한 부하)	현열, 잠열
장치부하		송풍기부하	현열
		덕트의 열획득	현열
		재열부하	현열
		혼합 손실(2중 덕트의 냉·온풍 혼합손실)	현열
열원 부하		배관 열획득	현열
		펌프에서의 열획득	현열

② **난방부하**: 난방부하도 냉방부하와 같이 계산을 하나 유리창을 통한 일사의 취득, 인체나 기기의 발열은 실온을 상승시키는 요인으로 작용하기 때문에 안전율로 생각하고 일반적으로는 고려하지 않는다. 따라서 구조체(벽, 바닥, 지붕, 창, 문)를 통한 열손실과 환기를 통한 열손실의 합이 난방부하가 된다.

(2) 장치부하

실내에서 직접 발생되는 요소는 아니지만 실내를 쾌적한 상태로 유지하기 위하여 공조기 등과 같은 장치에서 처리해야 하는 요소가 있으며, 상기 실내부하에 이러한 요소까지 포함시킨 것을 장치부하라 한다. 장치부하에 포함되는 요소는 이 외에도 공조기 내 송풍기에서 발생되는 송풍기 발열, 공조기에서 발생된 냉온풍이 덕트 속을 통과하면서 발생되는 덕트 열손실 등이 있다.

제17회

♀ **냉방부하**(Cooling Load)

실내에서 목표로 하는 온도, 습도 및 청정도를 유지하기 위한 냉각, 감습 및 환기 등에 필요한 열량

♀ **난방부하**(Heating Load)

실내에서 목표로 하는 온도, 습도 및 청정도를 유지하기 위한 가열, 가습 및 환기 등에 필요한 열량

(3) 열원부하

열원기기와 공조기를 연결하는 배관에서의 열손실과 열원기기에서 만들어진 냉온수를 공조기에 보내는 역할을 하는 펌프의 발열까지 포함시킨 것을 열원부하라고 한다.

𝒫 부하의 종류와 구성 요소

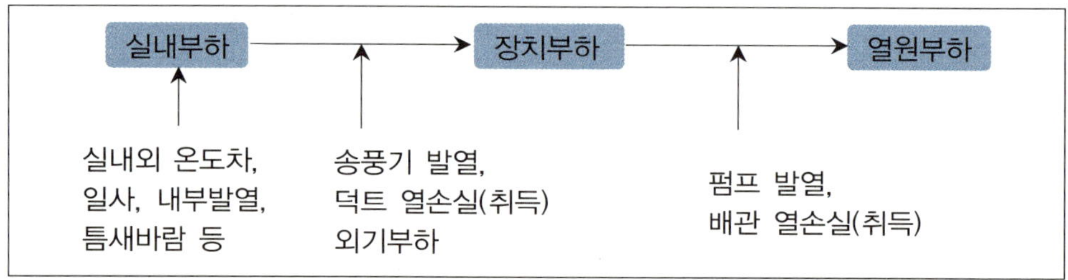

(4) 부하 계산

① 냉방부하 계산

㉠ 유리창을 통한 일사 열부하

㉡ 구조체(벽, 바닥, 지붕, 유리)를 통한 열관류부하(상당외기온도 고려)

　💡 상당외기온도는 일사의 영향을 받은 벽체의 온도가 올라가면서 부하에 영향을 미치는 것으로, 냉방부하 산정시 상당외기온도를 적용해야 한다.

㉢ 실내 발생열 부하

　ⓐ 인체에 의한 발생열

　ⓑ 조명에 의한 발생열

　ⓒ 기기로부터의 발생열 : 사무기기(컴퓨터, 프린터, 복사기 등), 전동기, 커피포트

㉣ 틈새바람에 의한 외기부하

② 난방부하 계산

㉠ 벽, 바닥 등 구조체를 통한 열손실량

㉡ 환기에 의한 열손실량

> 🔖 **알아두기**
>
> 1. **현열과 잠열 부하** : 인체, 기타열원기기, 틈새바람에 의한 부하, 환기부하
> 2. **냉방부하에서만 고려되는 부하** : 실내 발생열(조명기구, 인체, 기타 열원기기), 일사에 의한 부하

:: 제15회

💡 **상당온도차**(Equivalent Temperature Differential)

외기온도에 일사(햇빛)의 영향을 고려하여 정한 실내외의 유효온도차를 말하며, 대표적인 벽체의 종류에 따라서 표면색, 방위, 시간표로 표시한 수치표가 있고 벽체에서의 침입열량을 계산할 때에 사용된다.

:: 제16회

💡 **건물의 냉방부하계산에 관한 기출지문**

1. 냉방부하 계산시 재실자 발열, 전등의 발열 등 실내 취득열도 고려한다.
2. 실내외 온도차가 클수록 건물 열손실은 증가한다.
3. 벽체의 열관류율값이 낮을수록 건물 열손실은 감소한다.
4. 최대 열부하계산으로 공조기 송풍량을 결정할 수 있다.
5. 냉방부하에는 실내부하, 장치부하, 외기부하 등이 포함된다.

공조조닝 기준

1. 실내의 용도 및 사용시간대는 주간, 주 · 야간, 24시간, 간헐운전으로 분류한다.
2. 열부하 특성에 따른 조닝은 내부와 외주부 부하가 공존하는 실, 내부발열이 상대적으로 큰 실, 외주부 부하가 상대적으로 큰 실, 층고가 높은 대 공간으로 한다.
3. 실내공기 환경조건은 청정지역, 준청정지역, 일반지역으로 조닝한다.
4. 실내온습도조건은 일반온습도조건, 정밀온습도조건, 항온항습조건으로 조닝한다.
5. 열부하 특성별은 외주부는 외벽에서 3m~6m 이내, 내주부는 외벽에서 3m~6m 이후(건물 조건에 따라 결정)로 조닝한다.

𝒫 조닝의 종류

외부존	방위별 조닝	건물의 외부존은 일사에 의한 영향이 크므로 방위 또는 시각별로 구획
	층별 조닝	지하층과 지상층과는 별도의 제품으로 구획
내부존	용도에 따른 시간별 조닝	용도에 따라 사용시간대가 다른 경우 적용
	관리별 조닝	운전경비 등 임대료 산정을 위하여 구획
	부하 특성별 조닝	부하의 종류를 고려하여 구획
	온습도 설정별 조닝	온습도 조건에 따라 구획
	현열비별 조닝	현열비 차이가 큰 실이 복합된 경우 적용
	부하변동별 조닝	내부 부하에 큰 변동이 있는 경우 적용
	외기의 비율별 조닝	외기와 환기의 혼합비율에 따라 구획
	용량별 조닝	대규모 건물에서 용량이 클 경우 적용
	소음별 조닝	소음 허용치가 다른 경우 적용
	취기별 조닝	취기가 있는 실은 별도로 구획
	배기별 조닝	연구소와 병원 등에서 적용
	공기의 청정도별 조닝	온습도 이외에 먼지를 처리해야 하는 경우
	생산 제품의 종류별 조닝	산업용 공기조화에 적용

𝒫 공조용 실내온 · 습도 조건(국토행양부고시 제2008 − 652호)

용 도	난 방	냉 방	
	건구온도(℃)	건구온도(℃)	상대습도(%)
공동주택	20~22	26~28	50~60

4 공기조화 설비방식

(1) 공조방식의 종류와 특징

구 분	열원 방식	시스템 명칭
중앙방식	전공기방식	정풍량 단일덕트방식
		변풍량 단일덕트방식
		이중덕트방식
	수 - 공기방식	덕트병용 팬코일유닛방식
		유인(인덕션)유닛방식
		복사냉난방방식
	수방식	팬코일유닛방식
개별방식	냉매방식	룸에어컨 패키지유닛방식(중앙식) 패키지유닛방식(터미널유닛방식)

① **전공기**(全空氣)**방식** : 실내에 열을 공급하는 매체로 공기를 사용한 것이 공기 방식이다. 중앙공조기에서 온도·습도·청정도 등이 조절된 공기를 만들고, 이 공기를 공조가 요구되는 각 실에 송풍하여 공조를 행하는 방식으로, 냉방의 경우 실내에 공급되어 온도가 올라간 공기는 중앙공조기로 되돌아와 차갑게 된 후 다시 실내로 공급된다.

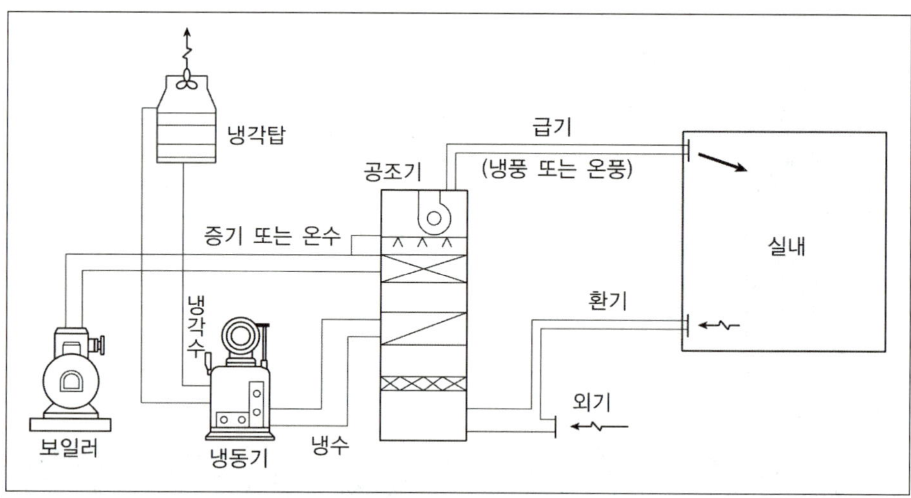

장 점	① 모든 공기가 공조기 필터를 통과하여 청정도가 높은 공조, 냄새제어, 소음제어 용이 ② 장치가 집중되어 운전 및 유지·보수가 용이 ③ 열회수 용이 ④ 겨울철 가습이 용이 ⑤ 외기 냉방 용이
단 점	① 덕트 크기가 커지므로 설치공간이 많이 필요 ② 다른 방식에 비해 반송동력이 크다. ③ 대형의 공조기계실이 필요
적 용	① 고도의 청정도가 요구되는 클린룸, 병원의 수술실 등 ② 고도의 온습도 조절이 필요한 컴퓨터실 ③ 유해가스나 냄새의 배출을 위해 배기풍량을 많이 설정해야 하는 연구실, 레스토랑 등

② **공기 − 수방식**: 중앙장치에서 가열 및 냉각된 물과 공기가 각 실에 설치되어 있는 기기(터미널 유닛)로 반송되어 실내 온습도를 조절하는 방식으로, 열원장치에서 만든 냉수, 온수 또는 증기를 실내에 설치한 열교환 유닛으로 보내서 실내 공기를 냉각 또는 가열한다. 또한 공기방식과 마찬가지로 공조기에서 냉각감습 또는 가열가습한 외기를 실내로 송풍한다.

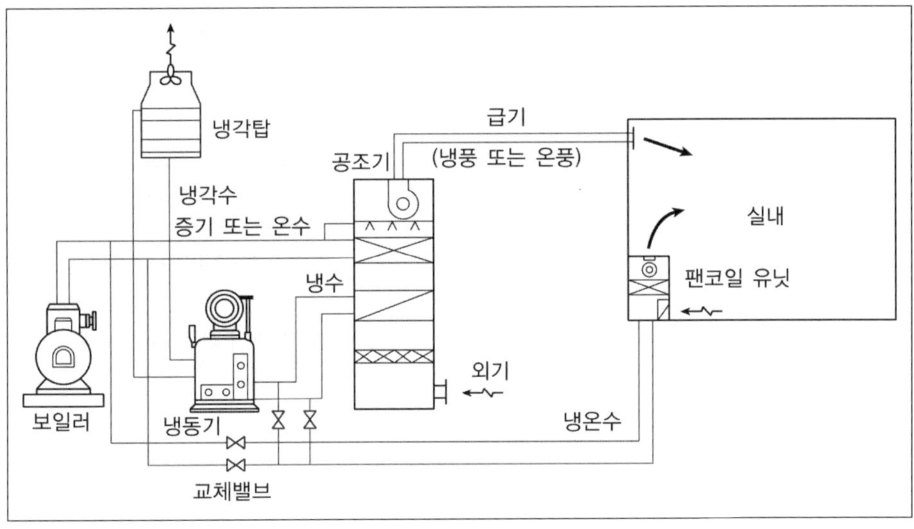

장 점	㉠ 각 실에 설치된 유닛별로 제어하면 개별제어가 가능하다. ㉡ 전공기방식에 비해 덕트공간, 공조실공간 및 반송동력이 작다.
단 점	㉠ 전공기방식보다 상대적으로 실내 송풍량이 적으므로 전공기방식에 비해 실내 청정도가 떨어진다. ㉡ 실내 수(水)배관이 필요하므로 누수 우려가 있다. ㉢ 외기냉방, 폐열회수 곤란 ㉣ 필터 보수, 기기 점검이 증대하여 관리량이 증가한다. ㉤ 실내기기를 바닥에 설치할 경우 바닥 유효면적이 감소한다.
적 용	다수의 존을 가지면서 고도의 온습도 조절이 필요하지 않은 사무소, 병원, 호텔 등 대다수의 건물에 널리 이용되고 있다.

③ **수방식** : 중앙장치에서 처리된 냉수 또는 온수를 실내에 설치된 기기(팬코일유닛, 컨벡터 등)에 순환시켜 냉난방하는 방식으로, 실내의 열은 처리가 가능하지만 외기를 공급하지 못하기 때문에 공기의 정화 및 환기를 충분히 할 수 없다. 냉온수가 이송되는 배관의 수에 따라 2관식과 4관식 등이 있다.

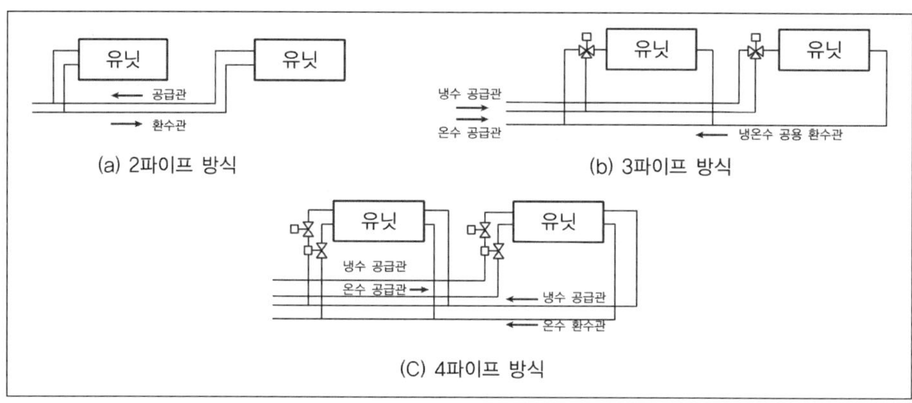

장 점	㉠ 많은 개수의 팬코일유닛·컨벡터 등을 모두 개별적으로 조정할 수 있으므로 개별제어·개별운전이 용이하다. ㉡ 덕트공간 및 공조기 설치공간이 불필요하여 공간에 대한 활용도에 여유가 있다. ㉢ 열매의 반송은 주로 송풍기가 아닌 펌프에 의해 이루어지므로 반송동력이 작다. ㉣ 장래의 부하증가, 증축 등에 대해서는 유닛을 증설함에 따라 쉽게 대응할 수 있어 융통성이 있다.
단 점	㉠ 기기가 분산되어 있으므로 유지보수가 어렵다. ㉡ 습도·청정도·실내 기류분포에 대한 제어가 곤란하다. ㉢ 덕트가 없어 외기 냉방 불가능하다. ㉣ 실내에 물배관, 전기배선, 필터 등이 필요하며 이에 대한 정기적인 점검이 필요하다.
적 용	높은 청정도 및 습도조절이 불필요한 사무소, 호텔 등

④ **냉매방식** : 이 방식은 냉매에 의해 실내공기를 냉각·가열하는 방법으로, 옥외의 공기나 물과 열교환해서 배열 또는 흡열한다. 여름에는 냉매와 직접 팽창에 의해 실내공기를 냉각, 감습하지만, 겨울에는 열펌프로서 가열하는 경우와 다른 열원장치에서 만든 증기, 온수 또는 전열에 의해 가열하는 경우가 있다.

장 점	㉠ 유닛에 냉동기가 내장되어 있으므로 유닛별 개별운전이 가능하다. ㉡ 장래의 부하증가, 증축 등에 대하여 유닛을 증설함에 따라 쉽게 대응할 수 있어 융통성이 있다. ㉢ 취급이 간단하다.
단 점	㉠ 습도, 청정도, 기류제어가 곤란하다. ㉡ 유닛에 냉동기가 내장되어 있으므로 소음, 진동이 발생하기 쉽다. ㉢ 타 방식에 비해 기기의 수명이 짧다.
적 용	㉠ 주택, 호텔의 객실, 점포 등 비교적 소규모 건물 ㉡ 24시간 계통인 전산실, 경비실

(2) 각 공조방식별 특징

① **정풍량 단일덕트방식**(Constant Air Volume Single Duct) : 가장 기본적인 공조방식으로서 전공기방식 중 가장 단순한 공조방식으로 구조가 간단하다. 중앙공조기로부터 각 실에 이르기까지 풍량을 조절하는 기구가 없으므로 실내에 공급되는 풍량은 항상 일정하며 실내에서 부하가 변동되면 송풍공기의 온도를 변화시켜 대응한다. 단일덕트방식에도 덕트 풍속에 따라 저속덕트방식과 고속덕트방식이 있으며, 일반적으로 저속덕트방식이 채택되고 있으나, 건축적으로 덕트 설치공간이 제한되는 경우에는 고속덕트방식을 적용한다.

장 점	㉠ 설비비는 일반적으로 계통수가 적을 경우 다른 방식보다 적게 든다. ㉡ 공조기가 중앙에 집중되므로 보수 관리가 용이하다.
단 점	㉠ 존별 부하가 심한 곳은 정확한 실내온도 유지가 곤란하다. ㉡ VAV 방식보다 송풍동력이 커서 전기 사용량이 증가한다. ㉢ 실내 부하 증가에 대한 처리성이 불리하다. ㉣ 최대부하로 장비를 선정하므로 기기용량이 크다.
적 용	㉠ 전공기 방식과 같다. ㉡ 부하변동이 균일하지 않은 경우에도 체류시간이 짧고, 엄밀한 온도제어가 필요하지 않은 장소, 즉 건물의 공용부분(로비, 엘리베이터 홀, 복도 등), 전시실, 휴게실 등에 사용한다.

② **변풍량 단일덕트방식**(VAV방식, Variable Air Volume System) : 정풍량방식이 풍량을 일정하게 하여 송풍온도를 변화시켜 부하의 변동에 대처하는데 반하여, 변풍량방식은 취출온도를 일정하게 하여 부하에 따라 송풍량을 변화시키는 것에 의하여 실온을 제어하는 것이다. 취출공기의 양을 조절함으로써 송풍기 동력을 줄일 수 있어 최근 에너지절약방식의 유력한 방법 중 하나로 채택되고 있다.

장 점	㉠ 각 실, 각 존마다 변풍량유닛을 설치, 그 부분의 부하 변동에 따라 송풍량을 조절하게 되는 등, 에너지 낭비를 방지할 수 있다. ㉡ 부하변동에 대해 제어응답이 신속하게 이루어져 적절한 송풍량이 공급되므로 쾌적성이 향상된다.
단 점	㉠ 부하가 감소되면 송풍량이 작아지므로 그로 인해 환기(換氣)가 불충분해질 염려가 있다. ㉡ 자동제어가 복잡하고, 부속기기류가 필요해 설치비가 많이 든다.

③ **이중덕트방식**(Dual Duct System) : 중앙의 공조기에서 냉풍과 온풍을 동시에 제조하여 각 실 또는 각 존에 공급하고, 각 실·각 존마다의 부하에 따라 혼합유닛에서 냉풍과 온풍을 적절히 혼합하여 송풍온도를 조절하는 방식이다. 에너지 절약문제로 최근에는 이용하는 건물이 매우 적다.

장 점	㉠ 개별조절이 가능하다. ㉡ 냉·난방을 동시에 할 수 있으므로 계절마다 냉·난방의 전환이 필요하지 않다. ㉢ 온도, 공기정화, 환기효과 등에 대하여 고도의 처리가 가능하다. ㉣ 일정량의 급기량이 확보되므로 실내의 기류분포가 양호하다. ㉤ 실내에 열매수(熱媒水) 배관이나 공조용 동력배선이 불필요하다.
단 점	㉠ 설비비·운전비가 많이 든다. ㉡ 덕트가 이중이므로 차지하는 면적이 넓다. ㉢ 습도의 완전한 조절이 힘든다. ㉣ 중간기에는 냉·온풍 혼합에 의한 에너지 낭비가 발생한다.
적 용	고급 사무소 건물, 냉난방부하 분포가 복잡한 건물

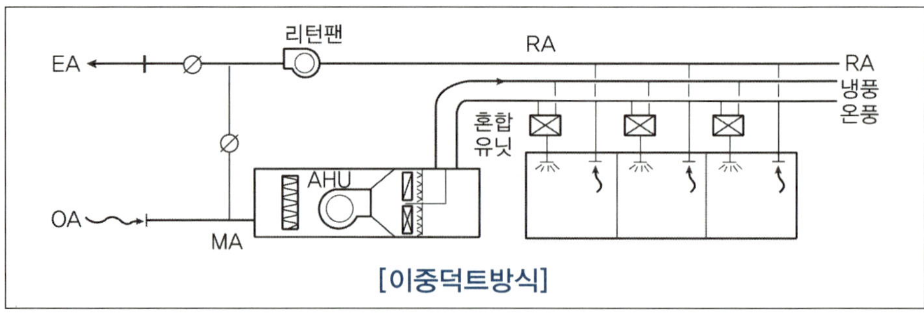

[이중덕트방식]

④ **각층유닛방식**

장 점	㉠ 송풍덕트가 짧게 되고, 주 덕트의 수평 이동은 각 층의 복도부분에 한정되므로 설치가 용이하다. ㉡ 사무실과 병원 등의 각 층에 대하여 시간차 운전 등 부분운전에 적합하다. ㉢ 각 층 슬래브의 관통덕트가 없게 되므로 방재상 유리하다. ㉣ 중앙기계실의 면적을 적게 차지하고 송풍기 동력도 적게 든다. ㉤ 외기용 공조기가 있는 경우에는 습도제어가 쉽다.
단 점	㉠ 공조기가 각 층에 설치되므로 설비비가 높아지며 관리하기가 불편하다. ㉡ 각 층마다 공조기를 설치해야 할 공간이 필요하다. ㉢ 각 층의 공조기로부터 소음 및 진동이 발생한다. ㉣ 각 층에 수배관을 해야 하므로 누수의 우려가 있다.

⑤ **멀티존유닛방식**

장 점	㉠ 각 존마다 제어할 수 있다. ㉡ 연간을 통해 냉·난방이 가능하다.
단 점	㉠ 각 존마다 독립된 덕트가 필요하므로 덕트 스페이스가 커진다. ㉡ 부하변동에 따라 혼합손실이 많아진다.

⑥ **유인유닛방식**(Induction Unit System): 중앙에 설치된 1차 공조기에서 냉각·감습 또는 가열·가습한 1차 공기를 고속, 고압으로 실내의 유인유닛에 보내어 유닛의 노즐에서 불어내고 그 압력으로 실내의 2차 공기를 유인하여 혼합 분출한다. 유인된 2차 공기는 유닛 내의 코일에 의해 냉각·가열하는 방식이다. 이 방식은 열매에 따라 전공기식과 수·공기식이 있다.

장 점	㉠ 각 유닛마다 제어가 가능하므로 개별실제어가 가능하다. ㉡ 고속덕트를 사용하므로 덕트스페이스를 적게 할 수 있다. ㉢ 1차 공기와 2차 냉온수를 공급하므로 실내환경 변화에 대응이 용이하다. ㉣ 유인유닛에는 회전부분이 없어 동력(전기) 배선이 필요 없다. ㉤ 1차 공기량이 타방식의 1/3 정도이며 2/3는 실내환기가 유인되므로 덕트 스페이스가 적다.
단 점	㉠ 각 유닛마다 수배관을 해야 하므로 누수의 염려가 있다. ㉡ 냉각·가열을 동시에 하는 경우 혼합손실이 발생한다. ㉢ 유인성능 및 스페이스의 문제 등으로 고성능 필터의 사용이 곤란하다. ㉣ 송풍량이 적어서 외기 냉방의 효과가 적다. ㉤ FCU와 같이 개별운전을 할 수 없고 노즐에서의 공기 분출소음이 크다.
적 용	방이 많은 건물의 외부존 사무실, 호텔, 병원

⑦ **덕트병용 팬코일유닛방식** : 실내의 외주부(Perimeter Zone)에 팬코일유닛을 설치하여 외벽을 통해 들어오는 일사부하 및 실내외 온도차에 의해 발생되는 전도열부하 등을 담당하게 하고, 실내 내주부(Interior Zone)에서 발생하는 인체부하, 조명부하, 기기부하 등은 중앙공조기에서 처리한 공기가 담당하게 하는 방식으로 사무소 건물을 비롯한 다양한 용도의 건물에서 현재 가장 많이 채택하고 있는 시스템이다.

장 점	㉠ 외주부의 창문 밑에 설치하면 콜드 드래프트(Cold Draft)를 방지할 수 있다. ㉡ 개별제어가 가능하므로 부분부하가 많은 건물에서 경제적인 운전이 가능하다. ㉢ 실내부하 변경에 대하여 팬코일유닛의 증감으로 쉽게 대응할 수 있다. ㉣ 전공기방식에 비해 외주부 부하에 상당하는 풍량을 줄일 수 있으므로 덕트 설치 공간이 작아도 된다. ㉤ 열매로서 물을 이용하므로 공기를 이용할 때보다 이송동력이 적다.
단 점	㉠ 수배관으로 인한 누수의 염려가 있다. ㉡ 부분부하시 도입외기량이 부족하여 실내공기의 오염이 심하다. ㉢ 실내에 설치된 팬코일유닛 내의 팬으로부터 소음이 있다.
적 용	사무실 건물을 비롯한 다양한 용도의 건물에서 현재 많이 사용

⑧ **복사냉난방방식**(Panel Air System) : 천장 패널 및 바닥 등에 매설한 배관에 냉수 또는 온수를 보내어 실내 현열부하의 50~70%를 처리하고, 동시에 외기를 포함한 공기를 냉각·감습하거나 가열·가습하여 송풍함으로써 잔여 실내 현열부하와 잠열부하를 처리한다.

장 점	㉠ 복사를 이용하므로 쾌감도를 높일 수 있다. ㉡ 냉방시 조명부하나 일사에 의한 부하를 쉽게 처리할 수 있어 실내온도의 제어성을 높일 수 있다. ㉢ 건물의 축열을 기대할 수 있다. ㉣ 실내 바닥 위에 기기가 없으므로 공간의 유효이용률을 높일 수 있다.
단 점	㉠ 방열면 및 그에 따르는 배관설비, 제어설비가 필요하다. ㉡ 제어가 부적당하게 되면 냉각면에 결로가 생길 염려가 있다. 특히 잠열부하가 많은 공간에는 부적당하다. ㉢ 배관을 건물에 매입하는 경우 단열을 완벽히 해야 한다. ㉣ 방의 모양을 바꿀 때에 융통성이 적다. ㉤ 공기식에 비하여 풍량이 적으므로 보통 이상의 환기량을 필요로 하는 건물에는 부적당하다.
적 용	유럽과 미국에서 고층건물의 고급사무실에 많이 이용되고 있다.

⑨ **팬코일유닛방식**: 중앙공조기로부터 공급되는 공기 없이 팬코일유닛만으로 부하를 처리하는 방식으로 외기의 공급은 없이 실내공기만이 계속 팬코일유닛으로 흡입되고 다시 토출되는 것을 반복하게 되므로 원리적으로 환기는 불가능하다. 이 방식은 건물의 등급이 그다지 높지 않은 사무소 건물 등에 많이 채택된다.

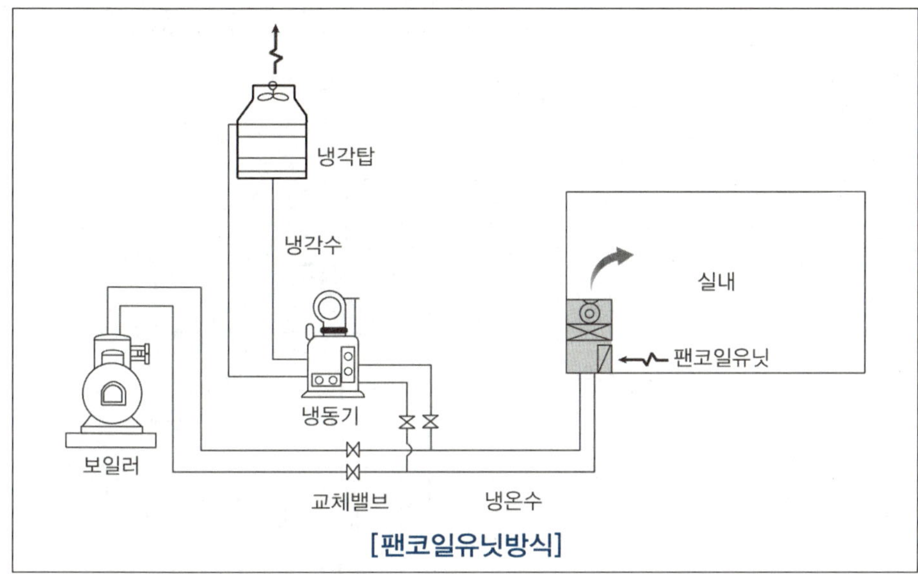

[팬코일유닛방식]

⑩ **패키지방식**: 패키지유닛이란 열원기기인 냉동기와 공조기기인 공조기 역할을 겸한 것으로 소용량의 냉동기, 송풍기, 필터, 가습기, 자동제어기기를 일체화시킨 것을 말한다. 패키지유닛에는 가정용 에어컨이라 불리는 소용량부터 대형 회의실이나 강당에 사용되는 대용량까지 다양한 기종이 있다. 설치방법에 대해서도 바닥설치형, 벽걸이형, 천장매입형 등 다양하게 있어 건축물의 조건에 따라 선택할 수 있다.

5 공기조화기

공기조화기(공조기)는 냉동기, 보일러 등의 열원기기로부터 냉수·온수·증기를 공급받아 냉풍·온풍을 생산하는 기기이다. 이러한 과정에서 공기 온도 외에도 가습·감습과 같은 습도조절, 필터를 이용한 청정도 조절 등도 동시에 행하게 된다. 공조기에는 이런 목적을 달성하기 위하여 냉온수코일, 송풍기, 필터 등이 내장되어 있다. 공조기에는 넓은 범위의 공조를 담당할 수 있는 중앙식 공기조화기로 흔히 에어핸들링유닛(AHU, Air Handling Unit)과 좁은 범위의 공조를 담당하게 되는 팬코일유닛(FCU, Fan Coil Unit) 등이 있으며, 대형 에어컨 및 소형 가정용 에어컨과 같은 패키지 에어컨은 냉동기가 내장되어 있는 공기조화기라고 할 수 있다.

(1) 에어핸들링유닛의 종류와 구성 요소

① **내부 형태별 공조기의 종류**

　㉠ 수평형: 각 구성요소가 수평적으로 배열되어 있어 공조실의 면적에 여유가 있을 때 적용하며 천장 높이가 비교적 낮아도 무방하다.

　㉡ 수직형: 공조실 조건이 ㉠과 반대일 경우에 적용한다.

　㉢ 복합형: 수직형과 수평형의 복합형태를 하고 있다.

② **주요 구성요소**

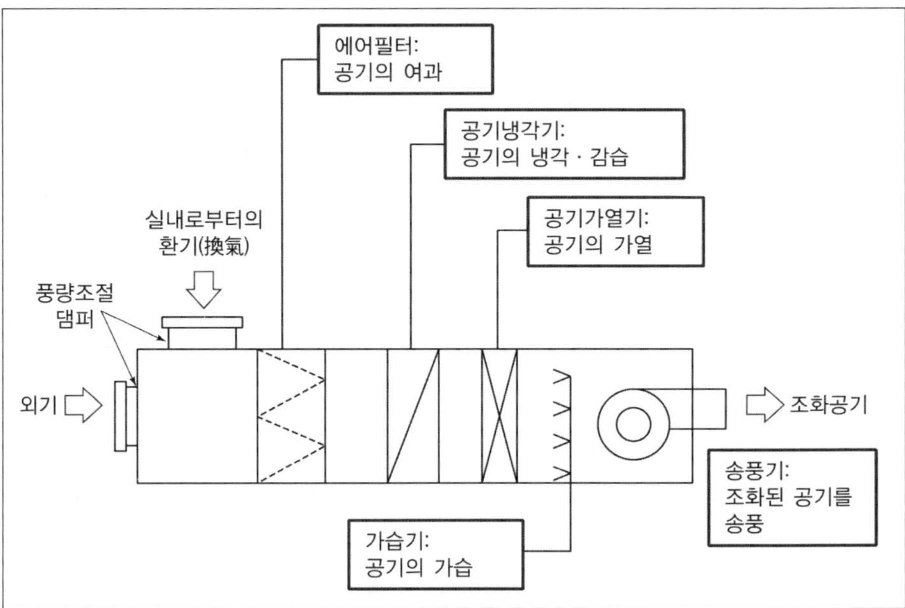

공기여과기(Air Filter)	정전식(靜電式), 여과식, 충돌점착식
공기 가열기(Air Heater)	온수코일, 증기코일, 전기히터
공기 냉각기(Air Cooler)	공기코일(냉수형, 직접 팽창형 또는 DX형)
공기 가습기(Air Humidifier)	증기취출식, 물분무식, 기화식
공기 감습기(Air Dehumidifier)	공기세정기(Air Washer), 공기코일(냉수형, 직접 팽창형 또는 DX형)
송풍기	㉠ 다익송풍기(시로코팬, Sirocco Fan) ㉡ 익형송풍기(Air Foil Fan) ㉢ 리미트로드팬(Limit Load Fan)

(2) 송풍기의 동력

$$L_2(W) = L_1\left(\frac{N_2}{N_1}\right)^3 = \frac{Q \cdot \Delta P}{60 \times \eta_t}\left(\frac{N_2}{N_1}\right)^3$$

Q : m^3/min $\qquad$ η_t : 전압효율

(3) 상사의 법칙

상사의 법칙 또는 비례법칙은 회전수가 감소했을 경우, 양수량(송풍량, Q)은 펌프의 회전수(N)에 비례해서 감소하고, 양정(압력, P)은 회전수의 자승에 비례해서 감소하며, 축동력은 회전수의 3승에 비례해서 감소하게 된다.

🔗 송풍기 상사의 법칙

변 수	정 수	법 칙	공 식
회전속도 $N_1 \Rightarrow N_2$	송풍기의 크기	풍량은 회전속도에 비례	$Q_2 = Q_1\left(\dfrac{N_2}{N_1}\right)$
		압력은 회전속도의 2제곱에 비례	$P_2 = P_1\left(\dfrac{N_2}{N_1}\right)^2$
		동력은 회전속도의 3제곱에 비례	$L_2 = L_1\left(\dfrac{N_2}{N_1}\right)^3$

(4) 송풍량

$$송풍량(m^3/h) = \frac{현열부하(kW)}{밀도(kg/m^3) \times 비열(kJ/kg \cdot K) \times 온도차(K)} \times 3,600s/h$$

🔍 예제

풍량 1,200m²/h, 전압 300Pa, 회전수 500rpm, 전압효율 0.5인 송풍기의 회전수를 1,000rpm 으로 변경할 경우 송풍기 축동력(kW)은? 제17회

해설

동력은 회전속도의 3제곱에 비례한다.

$$L_2(W) = L_1\left(\frac{N_2}{N_1}\right)^3 = \frac{Q \cdot \Delta P}{60 \times \eta_t}\left(\frac{N_2}{N_1}\right)^3 = \frac{1,200/60 \times 300}{60 \times 0.5}\left(\frac{1,000}{500}\right)^3$$
$$= 1,600(W) = 1.6kW$$

Q : m^3/min $\qquad$ η_t : 전압효율

🔖 정답 1.6kw

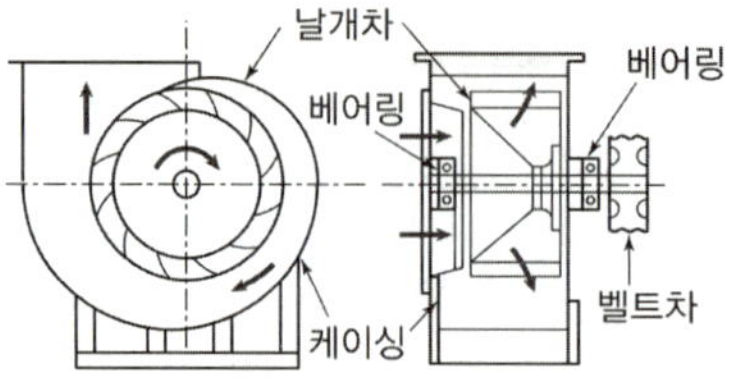

[다익 송풍기(Sirocco Fan)]

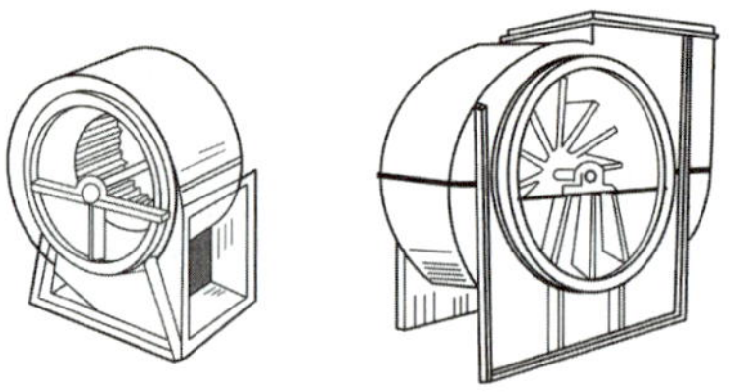

[리밋로드 송풍기(Limit Load Fan)]

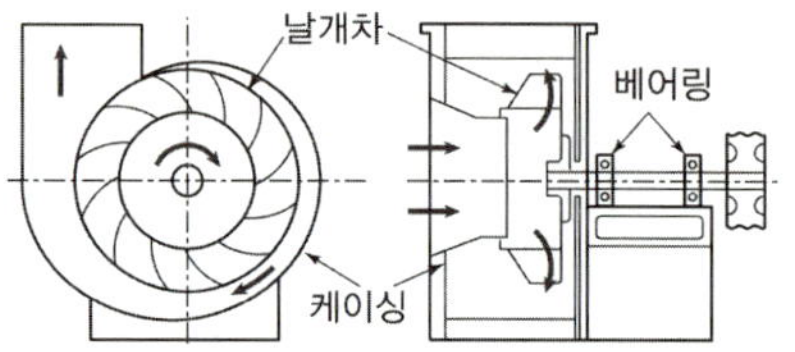

[터보 송풍기(Turbo Fan)]

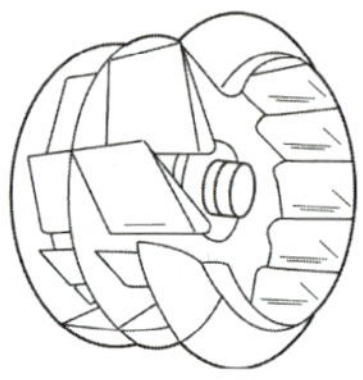

[익형 송풍기(Air Foil Fan)]

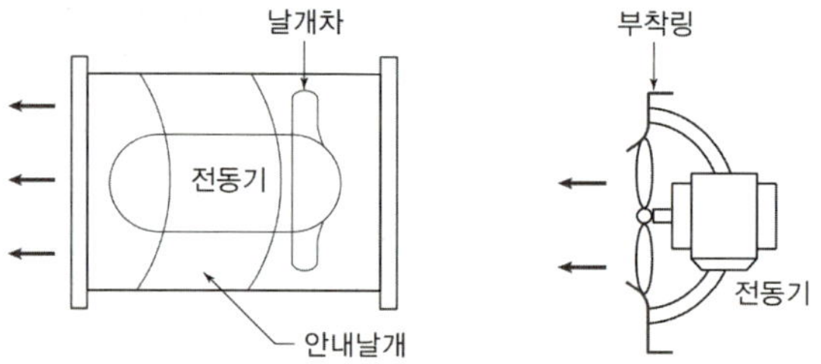

[축류 송풍기]

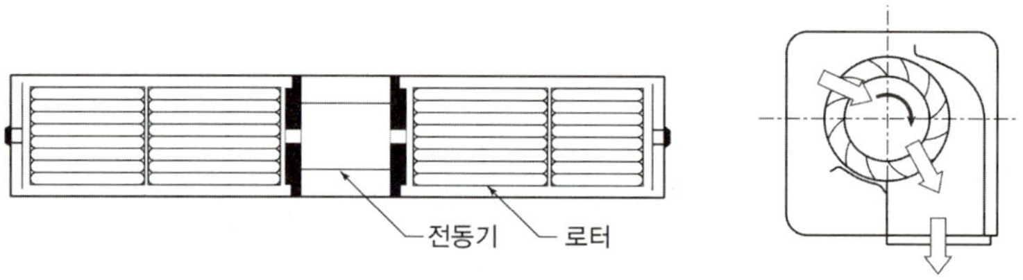

[관류 송풍기]

[송풍기의 종류]

6 공기분배장치

공기분배장치는 실내 공간의 공기조화를 위해 중앙의 공기조화장치에서 잘 조절된 공기를 실내로 보내기 위한 제반 장치를 말하는 것으로 송풍기, 덕트, 외기 출입구, 취출구, 흡입구, 댐퍼 등으로 구성되어 있다.

(1) 외기 취입구

① 루버는 유효개구율(루버의 전체면적에 대한 실제로 공기가 통과하는 면적의 비율)이 45% 이상 되도록 해야 한다.

② 보행자 통로에 접해 있는 배기용 루버는 풍속을 0.5m/s 이하가 되도록 유지해야 한다.

(2) 취출구(분출구)와 흡입구

① 취출구의 역할은 조화된 공기를 충분히 혼합하고 적당한 기류를 발생시켜 대상 장소에 도달하도록 하는 공기분포장치이다. 그러므로 재실자를 대상으로 거주역은 바닥에서 1.5m~1.8m 높이까지 적당한 온도, 습도의 분포와 적당한 속도의 기류를 지닌 것이 요구된다. 기류속도가 여름에는 0.5m/s, 겨울에는 0.3m/s 정도가 적당하고 최소 0.1m/s 정도가 필요하다.

② 흡입구는 실내공기를 흡입하여 외기 취입구에 의해 취입된 외기와 함께 공조기기로 내보내기 위해서 실내에 낮게 설치한다. 이 낮은 흡입구의 흡입속도는 2.0~3.0m/s 정도이다.

   ㉠ 복류취출구: 주로 천장에 설치해 기류를 방사형태로 취출시키는 것으로 아네모스탯(Anemostat)형과 팬(Pan)형이 있다. 기류의 유인성 및 확산 성능면에서 아네모스탯형이 더 우수하여 일반적인 건물에서 가장 많이 사용되고 있다.

   ㉡ 축류취출구: 기류를 축과 같이 직선상으로 취출하는 것으로 주로 벽이나 천장에 설치한다. 노즐형, 펑커루버형, 라인형과 격자모양으로 되어 있는 그릴형이 있다.

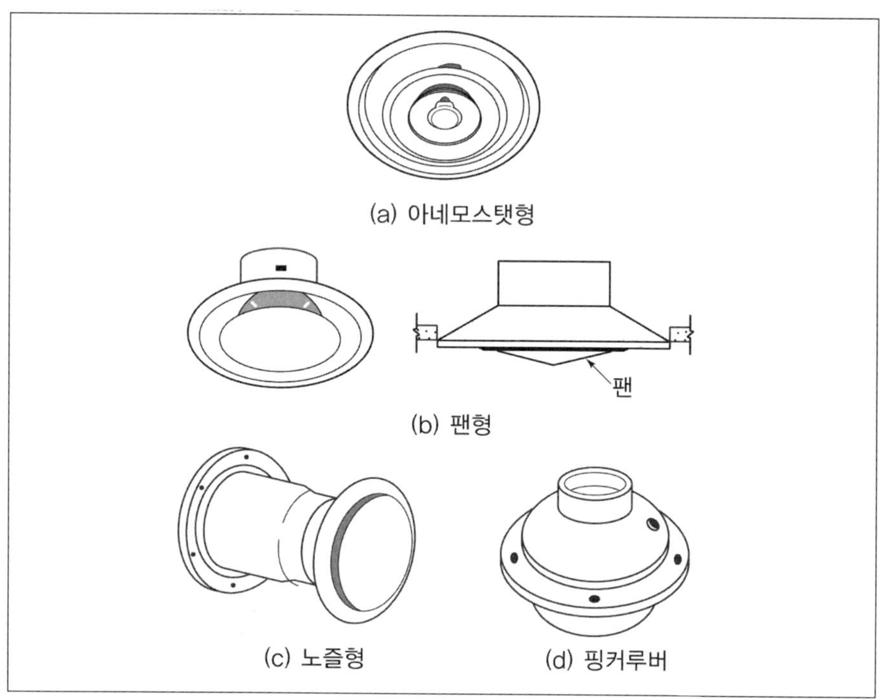

ⓐ 노즐형(Nozzle Diffuser) : 노즐을 분기덕트에 접속하여 급기를 취출한다. 노즐은 구조가 간단하여 도달거리가 길고 다른 형식에 비하여 소음발생이 적어 극장, 로비, 공장 등에서 취출풍속 5m/s 이상으로도 사용되고 있다.

ⓑ 펑커루버(Punka Louver) : 취출부분이 움직여지므로 기류의 추출방향을 자유롭게 조절할 수 있어 차량, 주방 및 공장 등에서 국소냉방에 주로 사용된다. 따라서 운송수단과 같이 사람이 열을 발산하면서 장시간 체류하는 곳을 대상으로 한다.

ⓒ 라인형 : 취출부분이 가늘고 길기 때문에 건축계획상 천장디자인이 선형일 경우 조화시키기 쉽다. 또 가늘고 긴 형태로 인해 창 부분의 천장에 설치하게 되면 창을 통해 일사부하를 신속하게 제거할 수 있어 효과적이다.

ⓓ 베인(Vane)격자형 : 건물의 천장이나 벽뿐 아니라 패키지 에어컨의 취출구에도 일반적으로 적용되는 종류로, 날개의 각도를 조절함으로써 기류의 방향 및 도달거리를 조정할 수 있다.

ⓒ 흡입구 : 흡입구의 종류는 취출구에 비해 적은 편이다. 앞에서 설명한 취출구 종류 중 베인격자형이 흡입구로 많이 사용되지만, 취출구가 복류형인 경우 천장 디자인을 위해 흡입구도 같은 복류형을 사용하는 것이 일반적이다.

영화관이나 극장과 같이 천장이 높은 건물에서는 난방시 따뜻한 공기가 상부에 정체되어 실제로 사람이 거주하는 하부에는 난방이 제대로 되지 않을 수 있으므로 상하온도분포를 개선하기 위해 흡입구를 바닥에 설치하는 경우, 이 바닥에 설치하는 흡입구를 머쉬룸(Mushroom)형 흡입구라 한다.

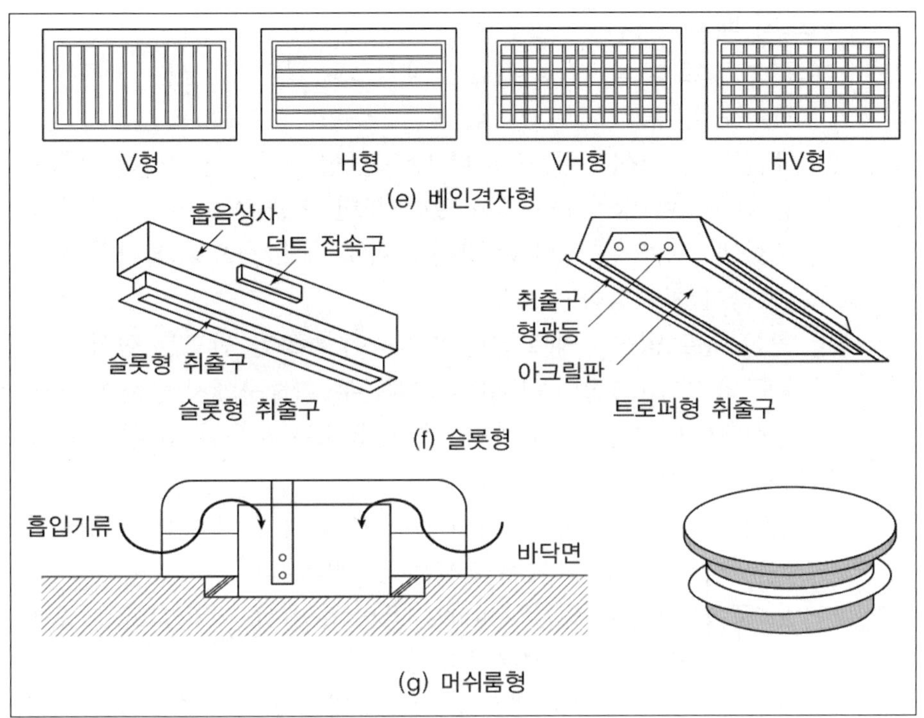

7 덕트(Duct)

덕트는 공조기에서 제조된 냉풍 및 온풍을 각 공조구역까지 이송시키는 것을 주목적으로 하는데 이 경우 공조용 덕트라 한다. 덕트에는 공조용 이외에도 환기를 주목적으로 하는 환기용 덕트, 화재가 발생했을 때 연기를 배출시키는 것을 목적으로 하는 배연(排煙)용 덕트 등이 있다.

(1) 덕트의 종류

① 풍속에 의한 분류

　㉠ 고속덕트: 주덕트 속의 풍속이 15m/s 이상, 정압이 50mmAq 이상, 송풍용 덕트

　㉡ 저속덕트: 주덕트 속의 풍속이 15m/s 이하, 정압이 50mmAq 이하, 송풍용 덕트, 환기용 덕트

② **형상에 의한 분류**

㉠ 장방형 덕트 : 주로 저속용

㉡ 원형 덕트 : 고속덕트인 경우, 덕트 내의 압력이 높기 때문에 덕트의 강도를 크게 해서 공기누설을 막을 필요 때문에 고속용으로 사용한다.

③ **덕트의 배치 방식**

㉠ 간선 덕트 방식 : 가장 간단한 방식으로 설비비가 싸며 덕트 스페이스가 작아도 된다.

㉡ 개별 덕트 방식 : 취출구마다 덕트를 단독으로 설비하는 방식으로 가정용 온풍로에 많이 사용되고 있다. 또한 풍량 조절이 용이하며 최근 공기조화에 채용되는 멀티 존 방식도 바로 이 방식으로 설비비가 ㉠ 방식보다 많이 차지한다.

㉢ 환상 덕트 방식 : 덕트 끝을 연결하여 루프를 만드는 형식으로 말단 취출구의 압력 조절이 용이하다. 말단부 취출구에서 풍량이 불균형을 개량한 방식인데 제각기 주덕트를 단독으로 사용할 수 없는 단점이 있다.

④ **덕트의 부속기기**

㉠ 댐퍼 : 덕트 도중에 설치하여 풍량 조절 및 유체 흐름의 개폐 등에 사용하는 것으로 배관계에서의 밸브에 해당된다.

ⓐ 풍량조절댐퍼(VD, Volume Damper) : 공조용 덕트 도중에 설치하고, 풍량 조절에 사용한다.

ⓑ 방화댐퍼(FD, Fire Damper) : 화재시 연기의 확산을 방지하기 위해 사용하며, 건물의 방화구획을 관통하는 부분이나 불을 사용하는 주방의 배기후드 흡입구 등에 설치한다.

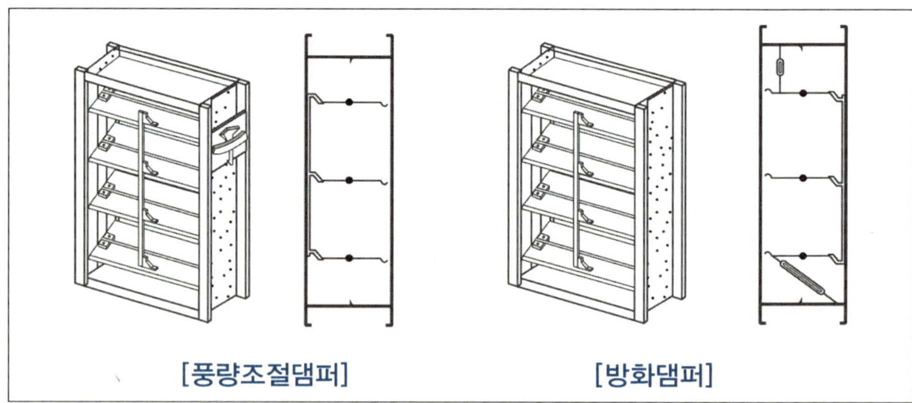

㉡ 캔버스이음(Canvas Connection) : 송풍기의 진동이 덕트나 장치에 전달되는 것을 방지하기 위해 송풍기의 추출측과 흡입측에 설치한다.

8 냉동기

:: 제15회, 제19회

난방을 위한 증기 및 온수를 제조하는 것을 보일러라 하고, 냉방을 위한 냉수를 생산하는 것을 냉동기라 하며, 냉동기에서 냉수가 제조되는 원리는 어떤 물체가 증발을 할 때 그 주변으로부터 증발에 필요한 증발열을 빼앗는 잠열을 이용한 것이다. 증발을 하는 물체로 주로 이용되는 것이 프레온 가스 또는 물이다. 냉동기에는 냉동방식에 따라 크게 압축식 냉동기와 흡수식 냉동기가 있다.

(1) 압축식 냉동기

:: 제16회

압축식 냉동기는 압축기, 응축기, 팽창밸브, 증발기의 4가지 주요 요소로 구성되어 있다. 액체상태로 증발기에 들어온 냉매는 증발기에서 증발하면서 증발기로 들어온 냉방용 냉수를 냉각시키고 자신은 기체가 되어 압축기로 간다.

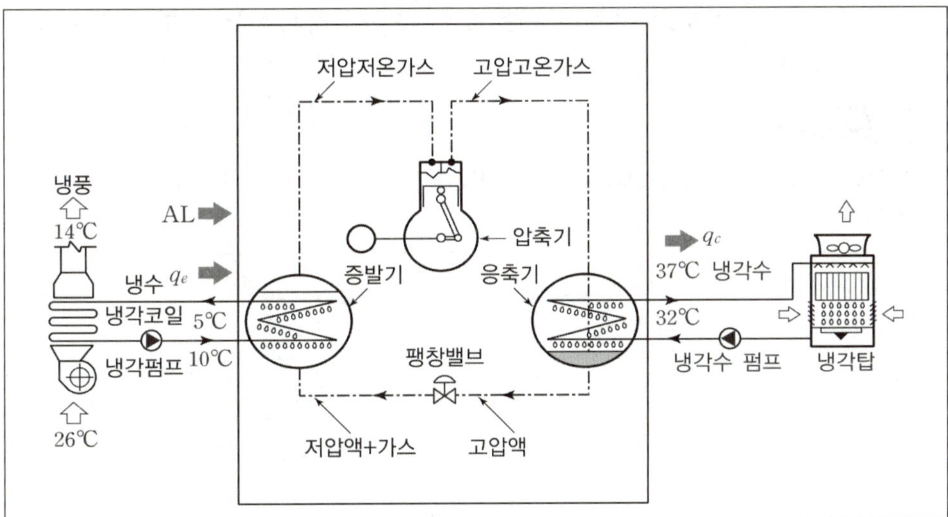

① **압축식 냉동기의 주요 구성**

　　㉠ 압축기(Compressor): 압축기로 들어간 기체냉매는 압축기의 작용에 의해 압축이 되면서 고온·고압의 기체가 된다. 압축기는 응축기에서 쉽게 응축할 수 있도록 온도 및 압력을 높이는 역할을 한다.

　　㉡ 응축기(Condenser): 압축기에서 고온·고압의 기체냉매를 상온의 물 또는 공기를 접촉시켜 열을 제거하고 응축·액화하는 일을 한다. 응축용으로 물을 사용할 경우 그 물을 냉각수라 한다.

　　㉢ 팽창밸브(Expansion Valve): 응축기에서 응축·액화하여 넘어온 고온·고압의 냉매액이 팽창밸브를 통과하면서 고압인 냉매를 팽창시켜 저압으로 만들고 저압이 되는 과정에서 액체인 냉매가 증발열을 빼앗기면서 냉매를 저온으로 만들게 된다.

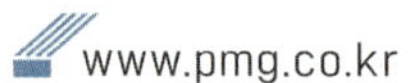

㉣ 증발기(Evaporator) : 팽창밸브에서 압력과 온도를 내린 저온·저압의 냉매가 피냉각 물질로부터 열을 빼앗아 증발하여 냉동 목적을 달성한다.

:: 제18회, 제28회

② **압축식 냉동기의 종류** : 종류는 왕복동식, 회전식(스크류식), 터보식(원심식)이 있다.

㉠ 왕복식 냉동기 : 압축기가 피스톤과 실린더 구조로 되어 있어 피스톤이 실린더 내에서 왕복운동을 하면서 냉매를 압축하는 형식

㉡ 회전냉동기 : 회전식은 냉매의 압축을 기기의 회전운동에 의해 행하는 형식으로 압축기 형태에 따라 로타리형, 스크롤형, 스크류형이 있다.

㉢ 원심냉동기 : 원심냉동기는 날개 형태의 기기(임펠러)가 돌면서 생기는 원심력으로 냉매를 압축하는 원리에 따라 그 이름이 원심냉동기로 되어 있지만, 압축기 분류상 터보압축기의 한 종류이므로 터보냉동기라고도 한다.

예제

다음은 압축식 냉동기의 냉동사이클을 나타낸 것이다. (ㄱ)~(ㄷ)에 들어갈 내용으로 옳은 것은?
제28회

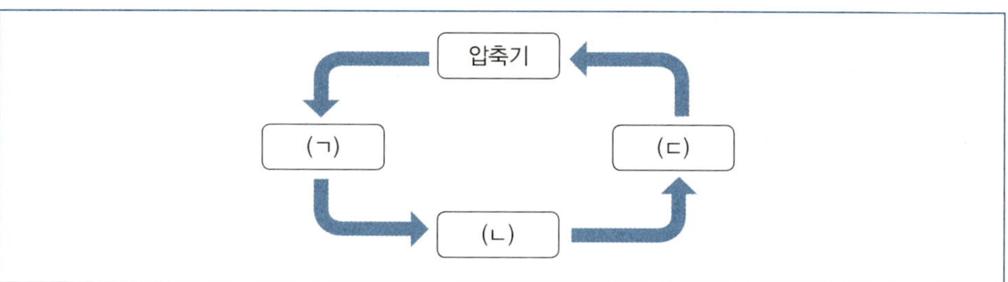

① ㄱ: 응축기, ㄴ: 팽창밸브, ㄷ: 증발기
② ㄱ: 응축기, ㄴ: 증발기, ㄷ: 팽창밸브
③ ㄱ: 증발기, ㄴ: 팽창밸브, ㄷ: 응축기
④ ㄱ: 증발기, ㄴ: 응축기, ㄷ: 팽창밸브
⑤ ㄱ: 팽창밸브, ㄴ: 증발기, ㄷ: 응축기

해설

① 압축식 냉동기의 냉동사이클은 압축기 ⇨ 응축기 ⇨ 팽창밸브 ⇨ 증발기의 순서로 이루어진다.

정답 ①

⑵ **흡수식 냉동기**

:: 제17회

① **흡수식 냉동기의 원리** : 이 원리는 물이 대기압(760mmHg)에서 100℃에서 끓어 수증기가 되지만, 진공상태(6.5mmHg)에서는 5℃에서 증발되는 특성과 흡수제인 리튬브로마이드용액(LiBr)의 비등점이 1,265℃가 되어 냉매와

는 엄청난 차이가 있어 리튬브로마이드용액과 냉매와의 분리가 용이하고 리튬브로마이드용액이 냉매를 흡수하는 흡수력이 강한 점을 이용한 것이다.

㉠ 증발기: 냉매(물)을 넣은 밀폐된 용기의 내부에서 전열관을 설치하여 냉수를 흐르게 하고 용기내부를 6.5mmHg 정도의 진공으로 유지하면 냉매는 5℃에서 증발하고, 그 증발잠열에 의해 전열관 내부의 냉수가 냉각된다.

㉡ 흡수기: 증발기에서 증발이 계속되면 수증기 분압이 점점 높아져 증발 온도도 상승하게 된다. LiBr 수용액을 넣은 용기(흡수기)를 증발기와 연결하면 증발된 냉매가 LiBr 수용액에 흡수되어 증발 압력 및 온도는 일정하게 유지된다.

㉢ 재생기: 흡수액이 냉매인 물을 많이 흡수하게 되면 흡수액의 농도가 묽어져서 흡수가 원활하게 이루어지지 않으므로 주기적으로 농도를 원래 상태로 복귀시켜야 한다. 따라서 흡수액을 재생기로 보내 고온으로 가열하여 흡수액에 포함되어 있던 수분을 증발시켜 제거함으로써 흡수액의 농도를 환원시킨다. 재생기에서 농도가 환원된 흡수액은 다시 흡수기로 보내진다.

㉣ 응축기: 흡수액으로부터 증발, 제거된 수증기는 응축기로 보내져 상온의 물(냉각수)과 접촉함으로써 물로 환원되어 증발기로 되돌려지면서 냉매로서의 순환이 다시 이루어지게 된다.

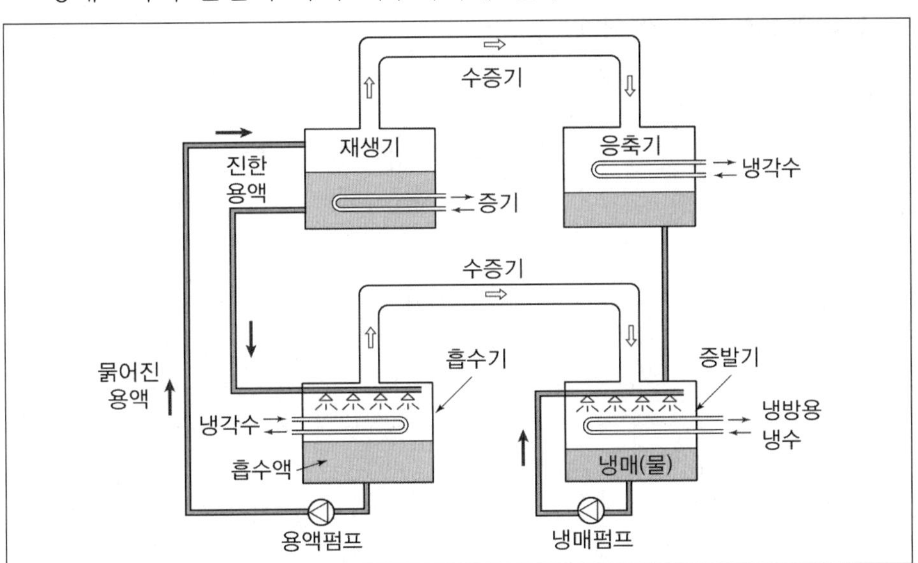

② **흡수식 냉동기의 특징**

장 점	㉠ 전력 소비가 적고 수변전설비는 적어도 된다. ㉡ 진동·소음이 적다. ㉢ 10% 가까이 용량 제어가 가능하다.
단 점	㉠ 압축식에 비해 설치면적, 높이, 중량이 크다. ㉡ 압축식에 비해 예냉시간이 길다.

> **냉동능력**
> 1. **냉동능력**(冷凍能力, Refrigerating Capacity) : 냉동기가 단위시간 동안 증발기에서 흡수할 수 있는 열량으로 단위로는 kJ/h, kcal/h, 냉동톤(Refrigeration Ton : 간단히 RT로 표시), Btu/min 등이 있다.
> 2. **1냉동Ton** : 표준기압에서 0℃의 순수한 물 1톤을 24시간(1일) 동안에 0℃의 얼음으로 만드는 냉동기의 능력을 말하며, 미터계의 냉동톤(RT)과 미국 냉동톤(US RT) 및 영국 냉동톤(BS RT)이 있다.
>
> $$\bullet\ 1RT = \frac{1{,}000 \times 79.68}{24} = 3{,}320\,kcal/h$$
>
> $$\bullet\ 1냉동Ton = \frac{79.7 \times 1{,}000}{24} = 3{,}320\,kcal/h ≒ 3860[W]$$
>
> $$\bullet\ 1US\ RT = 12{,}000\,Btu/h = 3{,}024\,kcal/h$$

(3) 몰리에르선도와 성적계수

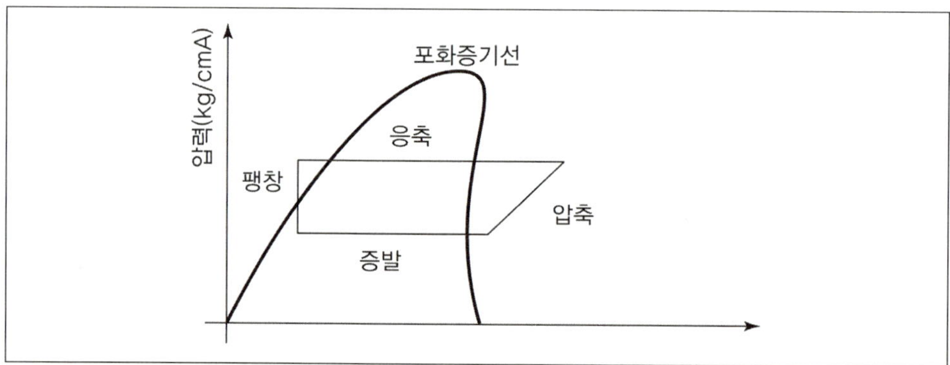

① 엔탈피와 압력의 관계로 표시
② COP(성적계수) : 냉동기의 성능을 나타내는 것으로 냉동에 쓰이는 일(증발엔탈피)를 외부에서 공급한 엔탈피(압축)엔탈피로 나누는 것
③ 증발압력이 높을수록, 응축압력이 낮을수록 성적계수는 높아진다.
④ 증발온도는 가능하면 높을수록, 응축온도는 가능하면 낮을수록 성적계수는 높아진다. 즉, 증발기와 응축기의 온도차가 작을수록 성적계수는 증가한다.

④ 냉동 COP < 히트펌프의 난방 COP

> **냉동기의 냉동순환 과정**
> 1. **팽창밸브**: 고온고압 액체 ⇨ 저온저압 액체(단열팽창)
> 2. **증발기**: 저온저압 액체 ⇨ 저온저압 기체(잠열흡수, 냉동냉각, 등온등압과정)
> 3. **압축기**: 저온저압 기체 ⇨ 고온고압 기체
> 4. **응축기**: 고온고압 기체 ⇨ 고온고압 액체(잠열방출, 등은동압과정)
> 5. **히트펌프**: 4방밸브에 의해 증발기는 응축기로 전환, 겨울철에 난방 실시

(4) **히트 펌프**(Heat Pump, 열펌프)

제14회

저온의 열원으로부터 열을 흡수하여 보다 높은 온도를 가진 또 다른 공간으로 열을 방출하는 시스템이다. 열펌프는 압축식 냉동싸이클을 여름에는 냉방용으로 운전하고 겨울에는 4방밸브에 의해 냉매의 흐름방향을 바꾸어 난방용으로 운전하는 것이다. 냉매의 흐름방향을 바꾸면 증발기는 응축기로, 응축기는 증발기로 그 기능이 바뀐다.

9 냉각탑

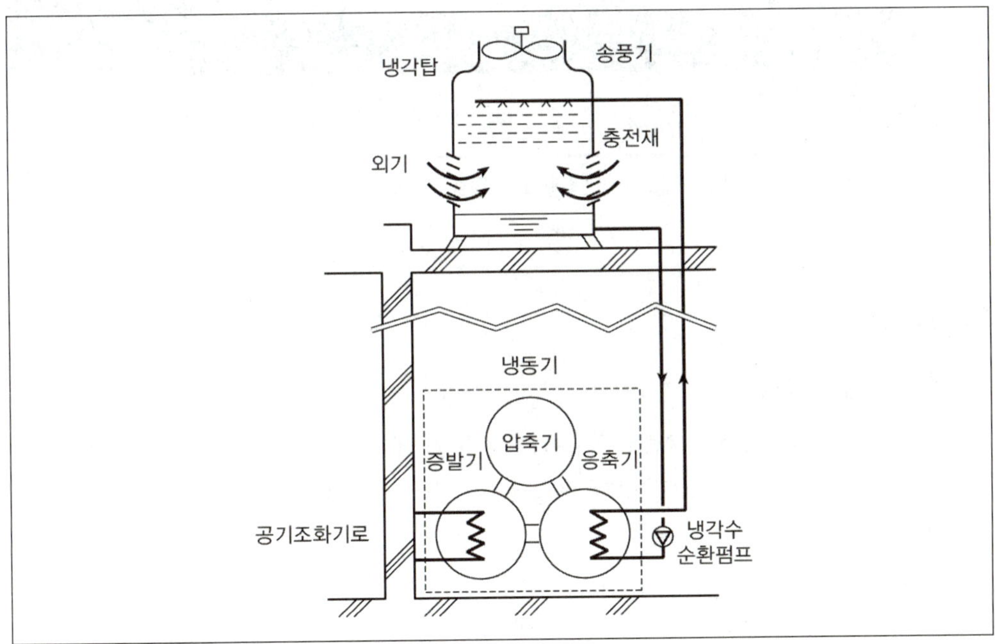

냉각탑은 냉동기의 응축기에서 사용되는 냉각수를 냉각시키는 역할을 하는 것이다.

(1) 개방식 냉각탑

냉각수가 외기와 접촉하면서 냉각이 되는 경우를 개방식 냉각탑이라 한다.

① **대향류형**: 냉각수와 공기가 서로 마주보는 형태로 접촉하게 된다. 설치면적이 적게 필요하고, 효율이 가장 높다는 장점 때문에 가장 널리 사용되고 있다.

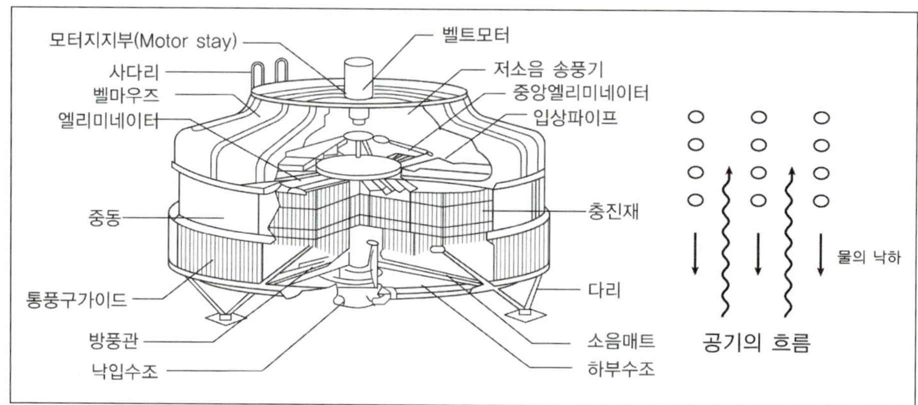

② **직교류형**: 냉각수와 공기가 직각방향으로 접촉한다. 설치면적 및 중량은 대향류형에 비해 크지만 높이가 낮아서 고도를 제한하고 싶을 경우에 적합하다.

냉동기의 종류	터보 냉동기, 스크류 냉동기	흡수식 냉동기
냉각탑의 용량 선정 (냉동기의 냉방 능력 대비)	1.2~1.3배	1.5~1.8배

💡 냉각탑의 용량 비교: 압축식 냉동기 < 흡수식 냉동기

10 열교환기

(1) 열교환기의 종류

① **셀 앤드 튜브(Shell And Tube)형 열교환기**: 다수의 전열관을 관판에 확관 또는 용접 등으로 고정시켜 원통형 용기에 삽입한 구조로 공동주택의 중앙 공급식에서 많이 이용한다.

② **판형 열교환기**: 얇은 스테인레스(STS)판을 다수 배열하여, 그 사이에 교대로 난방수(급탕수·피가열수)와 중온수(가열수)를 흘려 열교환하는 형태로서 지역난방 공급지역의 각 단지별 기계실에 설치하여 난방용 또는 급탕용 열교환기로 각광받고 있다.

③ **스파이럴(Spiral)형 열교환기**: 스테인레스강판을 2중의 나선형으로 감아서 가공하여 두 개의 유체가 흐르는 통로를 형성시켜 열교환을 하도록 한 구조이다.

(2) 전열교환기와 현열교환기

① **전열교환기**: 현열과 잠열을 모두 교환하는 열교환기를 말한다. 일반적으로 공조가 되고 있는 실내로부터 배기와 환기를 위해 외부로부터 도입되는 외기와의 사이에서 현열과 잠열을 동시에 교환할 수 있어 전열(全熱)교환기라는 이름이 붙었다. 일반적으로 공기조화된 공기량의 약 30%가 배출되는데 이 배출되는 공기의 배열을 유효하게 회수함으로써 에너지 절약을 꾀하는 것이 전열교환기이다.

② **현열교환기**: 현열을 교환하는 것으로 쉘 앤 튜브(Shell And Tube)형, 판형, 스파이럴(Spiral)형 교환기 등이 있다.

11 축냉(축열)설비

축냉설비는 야간에 심야전기를 이용하여 냉동장치를 가동하여 얼음이나 물 또는 상변화물질 등의 축냉매체에 냉열을 저장하였다가 이를 주간시간의 냉방에 이용하는 설비

(1) 빙축열 시스템

빙축열 시스템은 전력요금이 싸고 전력부하가 적은 야간의 심야전력을 이용하여 얼음을 생성, 저장하였다가 주간에 이 얼음을 녹여서 건물의 냉방에 활용하는 시스템으로서 주로 얼음의 융해열(79.5kcal/kg)을 이용한다. 주야간의 전력 불균형을 해소하고 적은 비용으로 쾌적한 환경을 조성할 수 있다.

(2) 수축열 시스템

수축열 시스템은 축열조에 얼음이 아닌 물의 현열을 이용하여 축냉 및 방냉하는 시스템으로 축열방식이 간단하여 운전관리가 용이하고 냉동기의 고효율 운전이 가능해 최근 수축열시스템을 채택하는 사례가 증가되고 있다.

05 난방설비

1 개 요

(1) 난방방식의 분류

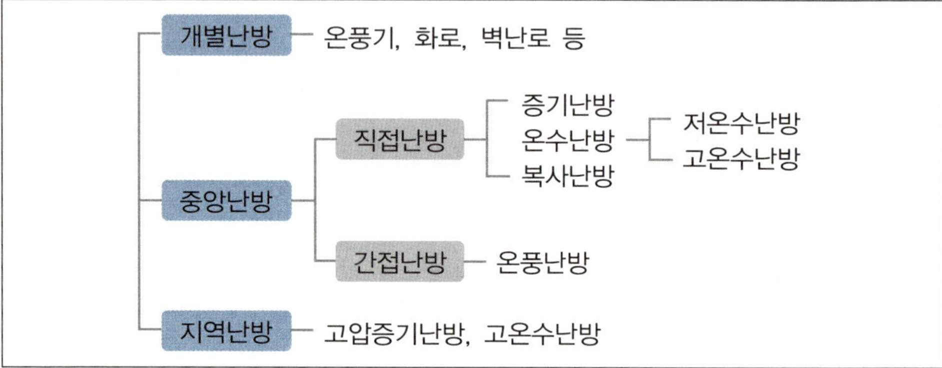

① **개별식 난방법**: 열원 기기(소형 보일러, 난로)를 실내에 직접 설치하여 열의 대류 및 복사에 의해 난방하는 것으로 주택과 같은 소규모 건물의 특정 방만을 난방하는 경우에 적합하다.

② **중앙식 난방법**: 특정 장소에 열원 기기를 설치하여 각 방에 온수·증기·온풍 등을 공급하여 난방하는 것으로, 공급관에서 다소 열 손실이 있으나 이용이 편리하고 열효율이 높아 대규모 건물에 적합하다.

   ㉠ 직접난방: 실내에 온풍로를 직접 설치하거나 방열체를 설치하여 이것에 증기나 온수 등의 열매를 보내어 직접 실내 공기를 덥히는 방식으로 공기정화의 능력이 약하며, 실내공기의 정화는 환기나 틈새바람에 의하여 이루어져야 한다. 열매에 따라 증기난방, 온수난방, 복사난방으로 분류할 수 있다.

   ㉡ 간접난방: 특정 공기를 가열하여 가열된 공기를 덕트를 통하여 각 실에 공급하여, 실내의 공기와 혼합하여 실내온도를 적정치로 하는 난방방식이다.

   ㉢ 대류난방: 따뜻한 공기의 대류에 의해 실내를 난방하는 방식이며, 주철 방열기·베이스보드 히터·대류방열기·팬 컨벡터 등의 방열기를 사용하며, 방열기의 방열량 중 $70 \sim 75\%$가 대류에 의한 것이다.

   ㉣ 복사난방: 실내의 바닥, 벽, 천장 등을 직접 가열하여 방열체로 하거나, 벽, 천장 등에 가열판 등을 설치하여 방사하는 열복사에 의하여 실내를 난방하는 방식이며, 방열체 방열량의 $50 \sim 70\%$가 복사에 의한 것이다. 복사난방의 방열면을 복사패널이라 한다.

㉤ 온풍난방 : 가열장치에 의하여 가열된 공기로 실내 공기온도를 적정하게 유지시키는 것으로 온풍기(Warm Air Furnace), 유닛히터(Unit Heater) 등이 있다. 최근에는 에너지절약형 온풍기의 개발로 소규모 건물의 개별난방에 많이 사용되고 있으며, 가스연료의 일반화로 온풍난방이 증가될 것으로 보인다.

③ **지역난방** : 특정 장소에 열원설비를 하여 도시의 일정지역이나 여러 건물을 대상으로 다량의 고압증기나 고온수를 만들어 공급하는 방식이다.

(2) 난방방식의 비교

🖉 **난방방식의 비교**

분 류	열매 종류	주요 열전달 방법	쾌감도	수직 온도 분포	온습도 조절
증기난방	증기	대류	2	2	3
온수난방	온수	대류	1	2	3
	고온수	대류	2	2	3
복사난방	온수	복사	1	1	3
온풍난방	공기	대류	3	3	1

💡 1. 성능은 1, 2, 3의 순서로 양호함을 나타냄
  2. 온수, 고온수, 증기 난방의 평가는 방열기를 이용한 대류난방으로 본 것임

① **난방효과**

㉠ 실내 상하의 온도차는 복사난방의 경우가 가장 적고, 따라서 가장 쾌적한 난방효과가 얻어진다.

㉡ 대류복사에서는 방열기의 표면온도가 높을수록 상하온도차가 커지므로 보통 온수난방보다 증기난방쪽이 난방효과가 나쁘다. 따라서 홀이나 대회의실 같이 천장이 높은 방에 대해서는 복사난방이 적합하다.

㉢ 난방효과 : 복사난방 ⇨ 온수난방 ⇨ 증기난방

② **열용량**

㉠ 온수난방이나 복사난방 장치는 장치자체나 관내보유수량 등의 열용량이 증기난방에 비해 크므로 예열이나 방열량의 조정에 시간이 걸리며, 간헐운전이나 단시간 사용의 경우에 예열부하가 크다는 결점이 있다. 그러나, 열용량이 크기 때문에 가열을 정지한 후에도 어느 정도의 시간동안은 난방효과가 계속되는 이점이 있다.

㉡ 증기난방 장치는 열용량이 비교적 적기 때문에 초기에 방열기가 소요열량을 방열하기까지의 시간이 짧아 간헐운전에 적합하다.

💡**OX**

대류(온풍)난방은 가습장치를 설치하여 습도조절을 할 수 있다.
(○)

③ **부하에 대한 조절**
  ㉠ 증기난방은 방열기입구 밸브 조절에 의한 방열량 조절이 어렵다.
  ㉡ 온수난방은 방열기입구 밸브 조절에 의한 방열량 조절이나 장치전체의 순환수량을 일정하게 한 채로 온수온도를 조절함으로써 방열량을 조절할 수 있다.

④ **설비비용**
  ㉠ 온수난방은 증기난방에 비해 소요방열면적이 커지고 배관이 굵어져 설비비가 증가한다.
  ㉡ 증기난방은 증기조절용 배관 부속류들이 많이 사용되어 설비비가 추가된다.
  ㉢ 특수한 건축구조를 필요로 하게 되어 대류난방에 비해 설비비가 많이 든다.

⑤ **적용제한**: 온수난방에서는 보일러 및 방열기에 대해 건물의 층고에 따라 수압이 걸리므로 고층건물에 대해서는 적용이 제한된다.

⑥ **부식 및 동결**
  ㉠ 온수를 쓰는 경우 일반적으로 보일러 및 관내면의 부식이 적다. 그러나 혹한지에서는 동결의 위험이 있으므로 운전정지 후 장치 내의 보유수량을 전부 배수하거나 부동액을 사용하는 경우도 있다.
  ㉡ 증기를 쓰는 경우에는 방열기 및 관내에 물이 거의 없으므로 동파의 위험은 없다(다만, 관말증기트랩 등에 방출되지 않고 남아 있는 응축수가 동결하여 증기트랩이 파손되는 일이 있다). 또한, 증기의 환수관은 다른 것에 비해 부식이 빠르다.

:: 제16회, 제27회

2 보일러(Boiler)

(1) 보일러의 종류

① **주철제 보일러**
  ㉠ 주철제의 단위 부재(Section)를 니플 또는 볼트로 연결·조립하며, 섹션 수를 증가시키면 간단히 용량에 따라 그 크기를 구성할 수 있다.
  ㉡ 사용 압력
    ⓐ 증기인 경우: 0.1MPa 이하
    ⓑ 온수인 경우: 50mAq 이하의 저압용에만 사용으로 제한

ㄷ 특 징

ⓐ 내식성이 우수하고 수명이 길다.

ⓑ 취급이 간편하고 분할 반입이 용이하다.

ⓒ 섹션의 증감에 의해 보일러의 능력변경이 가능하다.

ⓓ 가격이 싸다.

ⓔ 내압력이 낮아 중소규모 건축의 난방, 급탕용, 증기보일러, 온수보일러로서 널리 사용된다.

② **노통 연관식 보일러**

ㄱ 강판제 보일러의 일종으로 강판으로 된 원통 속에 노통(爐桶, 연소통)과 다수의 연관을 배치한 것으로 연소 가스는 수증의 연관(煙管)을 2~3회 흐름방향을 바꾸어 통과하여 물에 열을 주고 연돌로 흐른다.

ㄴ 사용 압력: 0.7~1.0MPa

ㄷ 특 징

ⓐ 보유수량이 많아 부하변동에 유리하다.

ⓑ 설치가 간단하나 수명이 짧고 가격이 고가이다.

ⓒ 중·대규모 건축물의 난방용 증기 및 온수 보일러로 채용되고 있다 (아파트, 학교, 사무소 등).

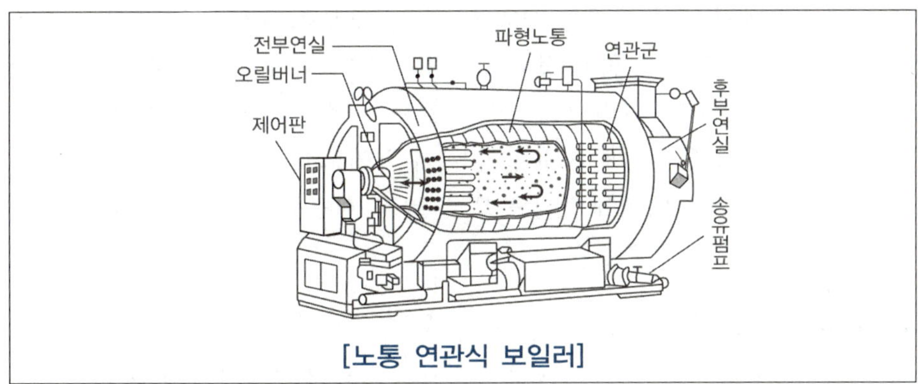

[노통 연관식 보일러]

③ **수관식 보일러**

ㄱ 동력용의 고압증기를 대량으로 발생시키는 데 적합하며, 구조는 하부의 물 드럼과, 상부의 기수(증기) 드럼 2개의 드럼이 있고, 이것들을 서로 연결하는 다수의 수관으로 구성되어 있다.

ㄴ 사용압력: 증기압력 1MPa 이상

ㄷ 특 징

ⓐ 보유수량이 적어 증기발생속도가 빠르며 예열 시간이 짧다.

ⓑ 연소상태가 좋고 보일러의 열효율이 좋다.

:: 제19회

ⓞX

1. 지역난방에 주로 사용되는 보일러는 수관식보다는 노통 연관식 또는 입형 강판제 보일러가 더 적합하다. (×)

2. 노통 연관 보일러는 부하변동에 대해 안정성이 있고, 수면이 넓어 급수조절이 용이하다. (○)

ⓒ 설치면적이 넓고 다른 보일러에 비해 고가이며, 급수처리가 까다롭다.

ⓓ 고압·고온형에 알맞으며 고압증기를 대량으로 사용하는 대규모 건축물에 적합하다.

ⓔ 건축에 쓰이는 수관식 보일러는 고압증기를 대량으로 사용하는 병원, 호텔, 지역난방용으로도 사용된다.

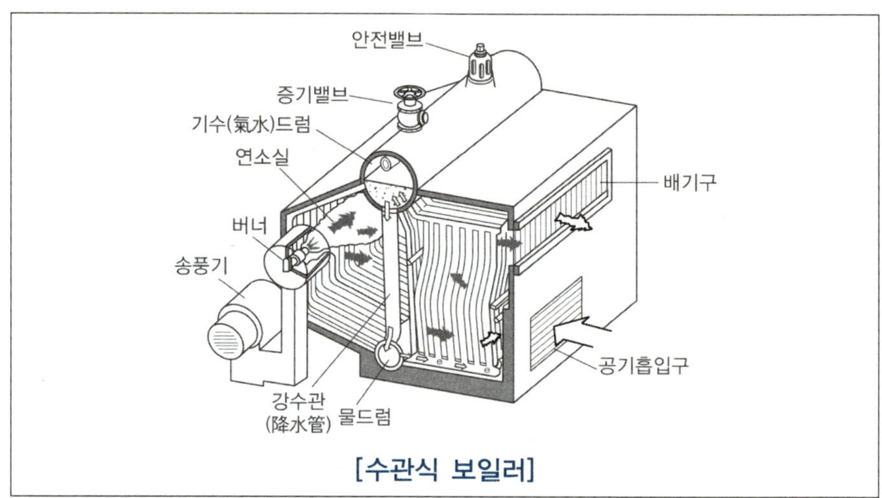

④ **관류식 보일러**: 긴 관을 코일 모양으로 만든 가열관을 설치하고, 순환펌프에 의해 관내를 흐르는 동안에 예열, 증발부, 과열부의 순서로 관류하면서 과열증기를 얻기 위한 것이며, 보유수량이 적기 때문에 가동시간이 짧고 부하변동에 따라 압력변동을 일으키므로 응답이 빠른 자동제어기기를 필요로 하나, 보일러수의 보유량이 극히 적어도 되고 증기발생이 빨라 소형이라도 충분하기 때문에 난방용으로 널리 사용된다.

:: 제26회

(2) 보일러의 능력

① **화상면적**(Grate Area): 연료를 연소하는 화격자(Fire Grate)의 면적을 말한다.

② **전열면적**(Heating Surface): 보일러의 연소실에서 연료의 연소로 발생하는 열에 의해 보일러를 형성하는 판(板), 또는 관의 면이 한쪽은 가열되고, 그 반대쪽은 열을 물에 전하는 면적(m^2)을 말한다.

③ **연소율**(Rate of Combustion): 고체연료를 사용할 경우 화상면적 $1m^2$당 1시간의 연소량, 액체연료의 경우 전열면적 $1m^2$당 1시간의 연소량을 그 보일러에 대한 연소율이라 한다.

♀ OX

수관식 보일러는 고압 및 대용량에 적합하여 지역난방과 같은 대규모 설비나 대규모 공장 등에서 사용된다. (○)

④ **증발량**(Quantity of Evaporation): 단위시간에 발생하는 증기량을 말한다.

㉠ 실제 증발량(kg/h): 단위시간에 발생하는 증발량

㉡ 상당 증발량(환산 증발량): 실제증발량이 흡수한 전열량을 가지고 100℃의 온수에서 같은 온도의 증기로 만들 수 있는 증발량으로서 실제증발량(Wa)을 기준증발량(2,257kJ/kg)으로 환산한 증발량(kg/h)를 말하며 보일러의 출력을 나타낸다.

:: 제27회

$$G_e = \frac{G(h_2 - h_1)}{2,257} \ (kg/h)$$

여기서, G_e : 상당증발량(kg/h)
G : 실제증발량(kg/h)
h_2 : 발생증기의 엔탈피(kJ/kg)
h_1 : 급수엔탈피(kJ/kg)

㉢ 보일러 마력(B.H.P ; Boiler Horse Power)

ⓐ 1시간에 100℃의 물 15.65kg을 전부 증기로 증발시키는 능력을 1보일러 마력이라 한다.

ⓑ 1보일러 마력 $= 15.65kg/h \times 539kcal/kg ≒ 8,434kcal/h ≒ 9.8kW$

㉣ 보일러 톤: 1시간에 100℃의 물 1,000ℓ를 완전히 증발시킬 수 있는 능력을 1보일러 톤이라 한다.

1보일러 톤 $= 539,000kcal/h = 64$ B.H.P
(1보일러 톤은 64보일러 마력에 해당한다)

㉤ 상당 방열면적(EDR, m²): 보일러의 출력을 방열기의 표준방열량을 나누어 방열면적으로 표시한 값을 말한다.

♡ **참 조**
방열기편

(3) 보일러의 용량결정

① **보일러의 부하**

$$H_B = H_r + H_h + H_p + H_a$$

여기서, H_B : 보일러부하 H_r : 방열기부하(난방부하)
H_h : 급탕부하 H_p : 배관계통의 열손실부하
H_a : 예열부하

♡ **OX**

1. 환산증발량은 100℃의 물을 102℃의 증기로 증발시키는 것을 기준으로 하여 보일러의 실제증발량을 환산한 것이다. (×)
2. 보일러 1마력은 1시간에 100℃의 물 15.65kg을 증기로 증발시킬 수 있는 능력을 말한다. (○)

:: 제14회, 제21회

② **보일러 출력**(kW)

　㉠ 정미 출력: 난방부하 + 급탕부하

　㉡ 상용 출력: 난방부하 + 급탕부하 + 배관부하

　㉢ 정격 출력: 난방부하 + 급탕부하 + 배관부하 + 예열부하

:: 제20회

③ **보일러 효율**(E, %): 보일러의 연소실에 공급된 연료 중 몇 %가 유효한 열로서 증기 혹은 물에 전해주었는가를 나타내는 비율이다.

$$보일러의\ 효율 = \frac{W_a(h_2 - h_1)}{G_f \times H} \times 100(\%) = \frac{정격출력}{연료소모량 \times 연료의\ 발열량} \times 100(\%)$$

W_a : 증발량(kg/h)　　　　　　G_f : 연료소모량[kg(Nm³)/h]

h_1 : 급수엔탈피(kJ/kg)　　　　H : 연료의 발열량[kJ/kg(Nm³)]

h_2 : 발생증기의 엔탈피(kJ/kg)

💡 1. 저위발열량은 연소직전 상변화에 포함되는 증발잠열을 뺀 실제로 효용되는 연료의 발열량을 말한다.

　2. 이코노마이저(Economizer)는 보일러 배기가스에서 회수한 열로 급수를 예열하는 장치이다.

:: 제13회

④ **연료 소비량**: 석탄·가스·증기를 열원으로 하는 가열장치의 연료소비량은 다음과 같다.

$$G_f = \frac{H_m}{H_o \eta}$$

여기서, G_f : 연료소비량

　　　　H_m : 보일러의 정격출력(kcal/h)

　　　　H_o : 발열량

　　　　η : 보일러 효율(%)

🔍 **예제**

가스보일러에서 10℃의 물 10,000kg을 70℃로 가열할 때 가스소비량은? (단, 가스의 발열량은 42,000kJ/m³, 물의 비열은 4.2kJ/kg℃, 가스보일러의 효율은 80%이다) 제13회

해설

$$가스소비량 = \frac{급탕량 \times 비열 \times 온도차}{가스연료의\ 발열량 \times 보일러의\ 효율}$$

$$= \frac{10,000 \times 4.2 \times (70 - 10)}{42,000 \times 0.8} = 75m^3$$

📎 **정답** 75m³

💡 **OX**

1. 저위발열량은 연소직전 상변화에 포함되는 증발잠열을 포함한 열량을 말한다.(×)

2. 정격출력은 난방부하, 급탕부하, 예열부하의 합이다. (×)

3. 이코노마이저(Economizer)는 에너지 절약을 위하여 배열에서 회수된 열을 급수 예열에 이용하는 방법을 말한다. (○)

(4) 보일러실의 조건

① 보일러의 위치

㉠ 건물 중앙부 난방부하 중심에 위치하는 것이 좋다.

㉡ 굴뚝 위치는 보일러에 가깝게 설치한다.

㉢ 연료의 반·출입이 편리한 위치이어야 하며 충분한 공간을 가져야 한다.

㉣ 보일러실에 될 수 있으면 보일러 기사실·전기실을 가깝게 두어 조직상 연락이 편하도록 한다.

② 보일러실의 구조

㉠ 내화 구조이어야 한다.

㉡ 2개 이상의 출입구가 있어야 하며, 하나는 보일러의 반·출입이 용이해야 한다.

㉢ 천장의 높이는 보일러의 최상부에서 1.2m 이상이어야 한다.

㉣ 보일러 외벽에서 벽까지 거리는 0.45m 이상이어야 한다.

㉤ 채광, 통풍이 용이해야 한다.

㉥ 정온식 감지기를 부착한다.

예제

난방용 보일러에 관한 설명으로 옳은 것은? 제27회

① 상용출력은 난방부하, 급탕부하 및 축열부하의 합이다.

② 환산증발량은 $100℃$의 물을 $102℃$의 증기로 증발시키는 것을 기준으로 하여 보일러의 실제증발량을 환산한 것이다.

③ 수관보일러는 노통연관보일러에 비해 대규모 시설에 적합하다.

④ 이코노마이저(Economizer)는 보일러 배기가스에서 회수한 열로 연소용 공기를 예열하는 장치이다.

⑤ 저위발열량은 연료 연소시 발생하는 수증기의 잠열을 포함한 것이다.

해설

① 상용출력은 난방부하, 급탕부하 및 배관손실부하의 합이다.

② 환산증발량은 $100℃$의 물을 $100℃$의 증기로 증발시키는 것을 기준으로 하여 보일러의 실제증발량을 환산한 것이다.

④ 이코노마이저(Economizer)는 보일러 배기가스에서 회수한 열로 급수를 예열하는 장치이다.

⑤ 저위발열량은 연소직전 상변화에 포함되는 증발잠열을 뺀 실제로 효용되는 연료의 발열량을 말한다.

정답 ③

3 난방방식

(1) 증기난방(Steam Heating)

① 증기난방의 특징

장 점	단 점
㉠ 증기잠열을 이용하므로 열의 운반능력이 크다. ㉡ 방열기의 방열면적은 온수난방보다 작게 할 수 있으며, 관경이 작아도 된다. ㉢ 설비비, 유지비가 싸다. ㉣ 열용량이 작으므로 온수난방의 경우보다 예열 시간이 짧고 증기순환이 빠르다. ㉤ 층고에 관계없이 증기공급이 원활하다. ㉥ 한랭지에 난방 운전을 정지하였을 때 동결에 의한 파손의 위험이 적다.	㉠ 난방의 쾌감도가 낮다. ㉡ 증기의 유량 제어가 어려워 실온 조절이 용이치 않다(방열기의 방열량 제어가 힘들다). ㉢ 방열기의 표면온도가 높아 접촉하면 화상의 우려가 있다(유아시설의 난방에는 적합하지 않다). ㉣ 환수관의 부식이 심하여 수명이 짧다. ㉤ 스팀 해머의 발생이 우려된다. ㉥ 먼지 등의 상승으로 비위생적이어서 병원의 난방에는 부적합하다. ㉦ 증기트랩의 고장 및 응축수 처리에 배관상 기술을 요하는 자격이 필요하다.

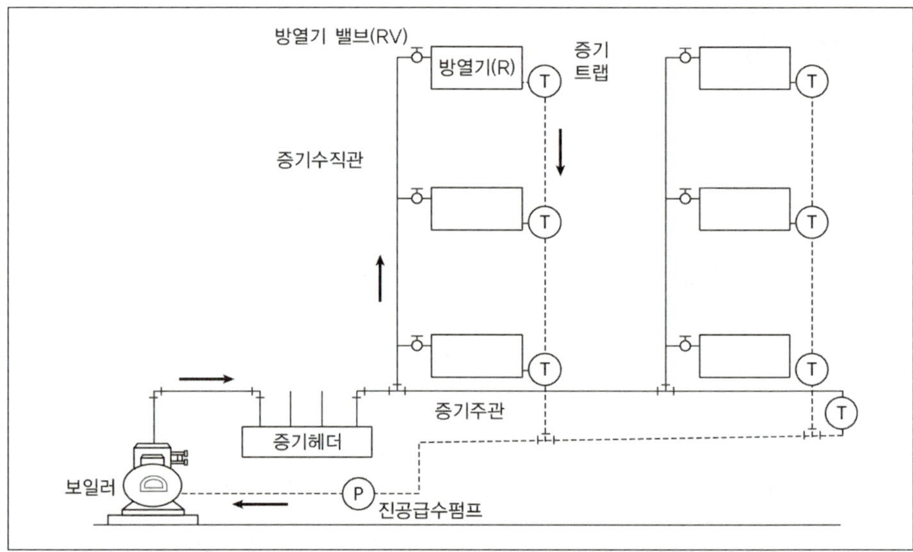

② 증기난방의 분류

분 류	증기압력	응축수 환수방식	환수관 배치에 의한 방식	배관방식
종 류	고압식 저압식 진공식	중력환수식 기계환수식 진공환수식	습식환수배관 건식환수배관	단관식 복관식

  ㉠ 사용 증기 압력에 따른 분류

    ⓐ 고압식: 게이지 압력 0.1MPa

    ⓑ 저압식: 게이지 압력 0~0.1MPa

    ⓒ 진공식: 게이지 압력 0.1MPa에서 진공압 20mmHg 정도의 증기를 이용

      💡 고압식은 지역난방(District Heating)이나 공장 등에서 쓰이며, 배관을 가늘게 할 수 있으나 온도가 높기 때문에 난방에 의한 쾌감도는 낮다. 보통은 저압식과 진공식이 많이 쓰인다.

  ㉡ 응축수 환수방식에 의한 분류

    ⓐ 중력환수식

      • 열을 방출한 증기는 응축수로 바뀌는데 이 응측수를 펌프를 사용하지 않고 중력 및 대류 작용에 의해 보일러로 환수하는 방식이다.

      • 방열기는 보일러 수면보다 상부에 설치해야 한다.

      • 공기빼기 밸브를 반드시 설치해야 한다.

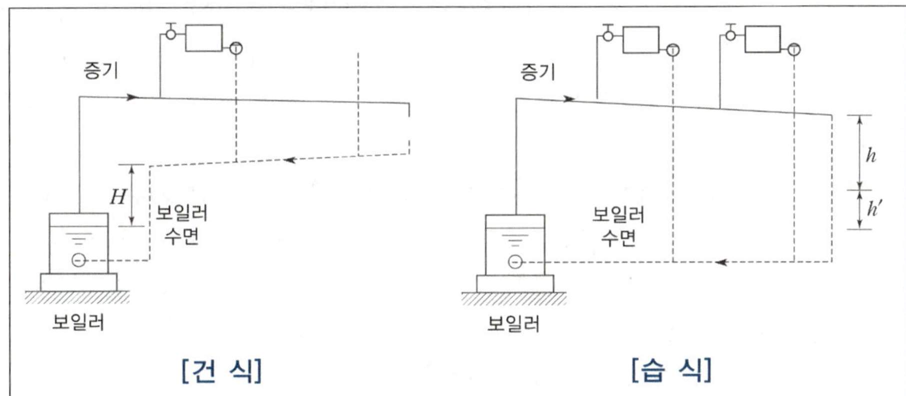

:: 제26회

    ⓑ 기계환수식

      • 이 방식은 환수관 말단의 수수탱크에 응축수를 모아 펌프를 이용하여 보일러에 환수하는 방식이다.

      • 보일러의 위치는 방열기와 동일한 바닥면 또는 높은 위치가 되어도 지장이 없다.

      • 응축수 수수탱크의 설치 높이는 최저 위치에 있는 방열기보다 낮은 위치에 있어야 한다.

    ⓒ 진공환수식

      • 말단에 진공펌프를 설치하여 응축수와 공기를 흡인해서 보일러에 급수하는 방식이다.

      • 환수의 흐름이 원활해지므로 환수관의 관경이 작아도 되며 공기빼기 밸브가 필요하지 않다.

- 증기의 순환이 가장 빠르며 방열기, 보일러 설치위치에 제한을 받지 않는다.
- 대규모 난방에서 이 방식이 많이 채택된다.

ⓒ 배관방식에 의한 분류

ⓐ 단관식 : 증기와 응축수가 동일 배관 내에서 서로 역류하는 방식으로 흐르도록 한 것으로 소규모 건물의 일부에서 사용되며, 스팀 해머가 우려된다.

ⓑ 복관식

- 널리 채택되는 난방방식으로 증기 공급관과 환수관을 각각 설치된다.
- 증기관과 환수관이 연결되는 곳에 트랩을 설치하여 증기가 환수관에 혼입되는 것을 방지한다.

ⓔ 증기의 공급방식에 의한 분류

ⓐ 상향 공급식 : 증기 주관을 최하층에 설치하고 여기에서 분기관을 수직으로 올려 증기를 밑에서 위로 향하여 공급한다. 증기와 물(응축수)이 역방향으로 흐르기 때문에 다른 방식에 비하여 관경을 크게 하여야 한다.

ⓑ 하향 공급식 : 증기 주관을 최상층에 설치해 분기관을 아래 수직으로 증기를 공급하는 방식이다. 이 배관에서 증기와 응축수는 동일 방향으로 흐르므로 관경이 상향 급기식에 비해 작아도 된다.

③ **증기난방에 배관법**

㉠ 냉각레그(Cooling Leg, 냉각다리)

ⓐ 여분의 증기를 냉각하여 완전한 응축수로 트랩에 보내는 역할을 한다.

ⓑ 보온 피복을 하지 않는다.

ⓒ 냉각면적을 넓히기 위해 1.5m 이상의 길이가 되도록 한다.

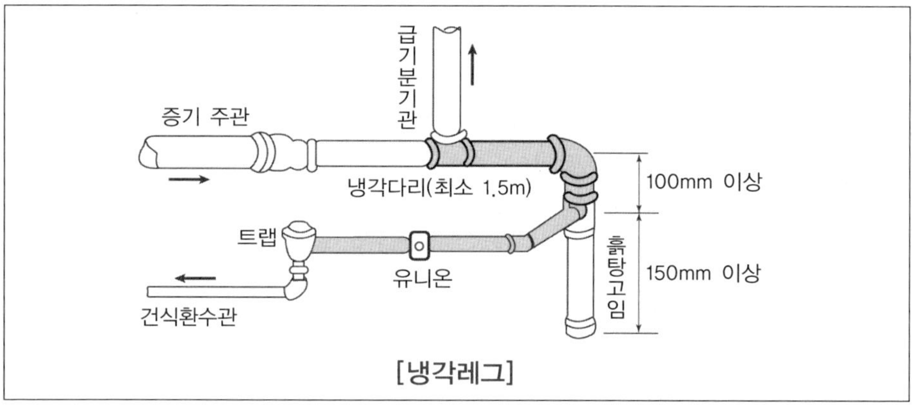

ⓛ 하트포드 접속법(Hartford Connection)

ⓐ 저압증기 난방장치에서 환수관을 보일러 하단에 적접 접속하면, 보일러 내의 증기압력에 의해 보일러 내의 수면이 안전수위 이하로 내려간다. 또 환수관의 일부가 파손되어 누수될 경우, 보일러 내의 수면이 안전 수위 이하가 되고 보일러는 빈 상태로 된다. 이 경우에 보일러 내의 안전 수위를 확보하기 위한 배관법으로, 밸런스관을 설치하고, 안전저수면보다 높은 위치에서 이 밸런스관에 환수관을 접속시키는 방법이다.

ⓑ 설치 목적

• 보일러의 안전 수위 확보

• 빈불 때기 방지

• 증기압과 환수압의 균형을 유지

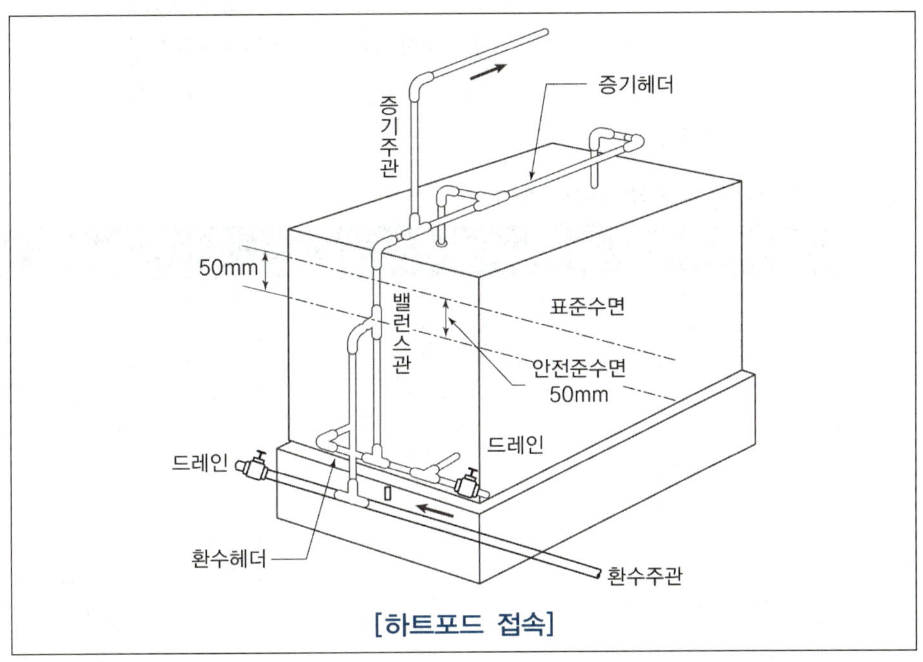

[하트포드 접속]

ⓒ 리프트 이음(Lift Fitting)

ⓐ 진공 환수식 난방에서 방열기보다 높은 곳에 환수관을 설치할 때나 환수주관보다 높은 곳에 진공펌프를 설치할 때에 환수관의 응축수를 끌어올릴 수 있는 배관 방법이다.

ⓑ 입상관(Lift Pipe)의 길이는 1.5m 이내로 하고 주관보다 한 치수 작은 관을 사용한다.

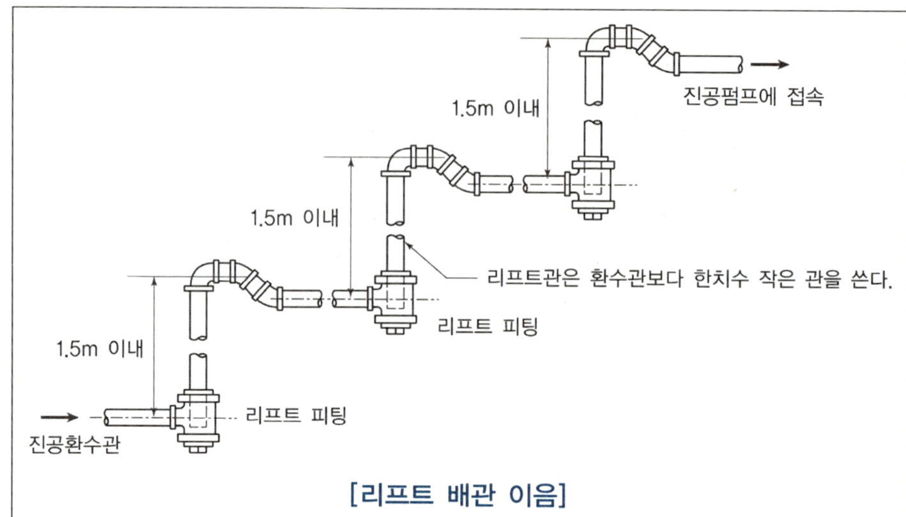

[리프트 배관 이음]

㉣ 증기 헤더(Steam Header) : 보일러에서 발생한 증기를 각 계통으로 분배할 때는 일단 이 스팀 헤더에 보일러로부터 증기를 모은 다음 각 계통별로 분배한다.

■■ 제17회, 제23회

🔗 증기난방과 온수난방의 비교

내 용	증기난방	온수난방
열매온도	높다	낮다
열용량	작다	크다
예열시간	짧다	길다
난방지속시간	짧다	길다
열운반 능력	크다	작다
관 경	작다	크다
방열기면적	작다	크다
설치 유지비	작다	크다
수격작용 (Steam Hammer)	발생	발생하지 않음
난방부하 조정·제어	어려움	용이
쾌감도	불쾌(사무소·학교·백화점 등)	쾌적(아파트·호텔·병원)
열방식	잠열	현열
보일러 취급	복잡	간단
소 음	크다	작다
관부식	크다	작다

(2) 온수난방(Hot Water Heating System)

① 온수난방의 특징

장 점	단 점
㉠ 난방부하의 변동에 따라 온수온도와 순환수량을 쉽게 조절할 수 있다.	㉠ 증기난방에 비해서 방열기면적과 배관의 관경이 커야 하므로 설비비가 약간 비싸다.
㉡ 온수의 현열을 이용하므로 증기난방에 비해 쾌감도가 좋다.	㉡ 공기의 정체에 따른 순환 저해원인이 생기는 수가 있다.
㉢ 방열기 표면온도가 낮으므로 표면에 부착한 먼지가 타서 냄새가 나는 일이 적다.	㉢ 예열 시간이 길다.
㉣ 보일러 취급이 용이하고 안전하여 화상의 염려가 적다.	㉣ 한랭시 난방을 정지하는 경우 동결이 우려 된다.
㉤ 증기난방에 비해 관 부식이 적다.	㉤ 예열 및 온수 순환이 길다.
㉥ 스팀 해머(Steam Hammer)가 생기지 않아 소음이 없다.	
㉦ 소규모 건물에서는 증기난방에 비해 시공이 용이하고 유지비가 저렴하다.	

예 제

난방방식에 관한 설명으로 옳지 않은 것은? 제23회

① 대류(온풍)난방은 가습장치를 설치하여 습도조절을 할 수 있다.
② 온수난방은 증기난방에 비해 예열시간이 길어서 난방감을 느끼는 데 시간이 걸려 간헐운전에 적합하지 않다.
③ 온수난방에서 방열기의 유량을 균등하게 분배하기 위하여 역환수방식을 사용한다.
④ 증기난방은 응축수의 환수관 내에서 부식이 발생하기 쉽다.
⑤ 증기난방은 온수난방보다 열매체의 온도가 높아 열매량 차이에 따른 열량조절이 쉬우므로, 부하변동에 대한 대응이 쉽다.

해설

⑤ 증기난방은 온수난방보다 열매체의 온도가 높아 열매량 차이에 따른 열량조절이 어려워, 부하변동에 대한 대응이 곤란하다.

정답 ⑤

② 온수난방의 분류

㉠ 환수방식에 의한 분류

ⓐ 중력순환식

- 펌프를 이용하지 않고 온수의 온도차에 의한 밀도차에 따라 배관 내를 온수가 자연 순환하는 방식이다.
- 방열기의 위치는 항상 보일러보다 높은 위치에 설치해야 한다.

OX

온수난방은 현열을, 증기난방은 잠열을 이용하는 개념의 난방방식이다. (○)

- 장치가 간단하고 취급이 간편하기 때문에 주택 등 소규모 건축에 많이 채용되며, 자연순환력이 약하기 때문에 큰 건축물에는 사용할 수 없다.
  ⓑ 강제순환식 : 순환펌프를 이용하여 온수를 강제적으로 순환하는 방식으로, 온수를 확실하게 순환시킬 수 있어 대규모 건축물에 한정시키지 않고 널리 사용한다.
- ㉡ 배관방식에 의한 분류
  ⓐ 단관식 : 온수공급관과 환수관이 동일하다. 주관이 1개이다.
  ⓑ 복관식 : 온수공급관과 환수관을 각각 별도로 설치하고 역환수배관방식(Reverse Return)을 채택하면, 각 방열기마다 온수의 유량을 균등하게 분배하게 되므로, 배관도중의 열손실을 무시한다면, 각 방열기에 공급하므로 온수 온도가 일정하게 할 수 있다.

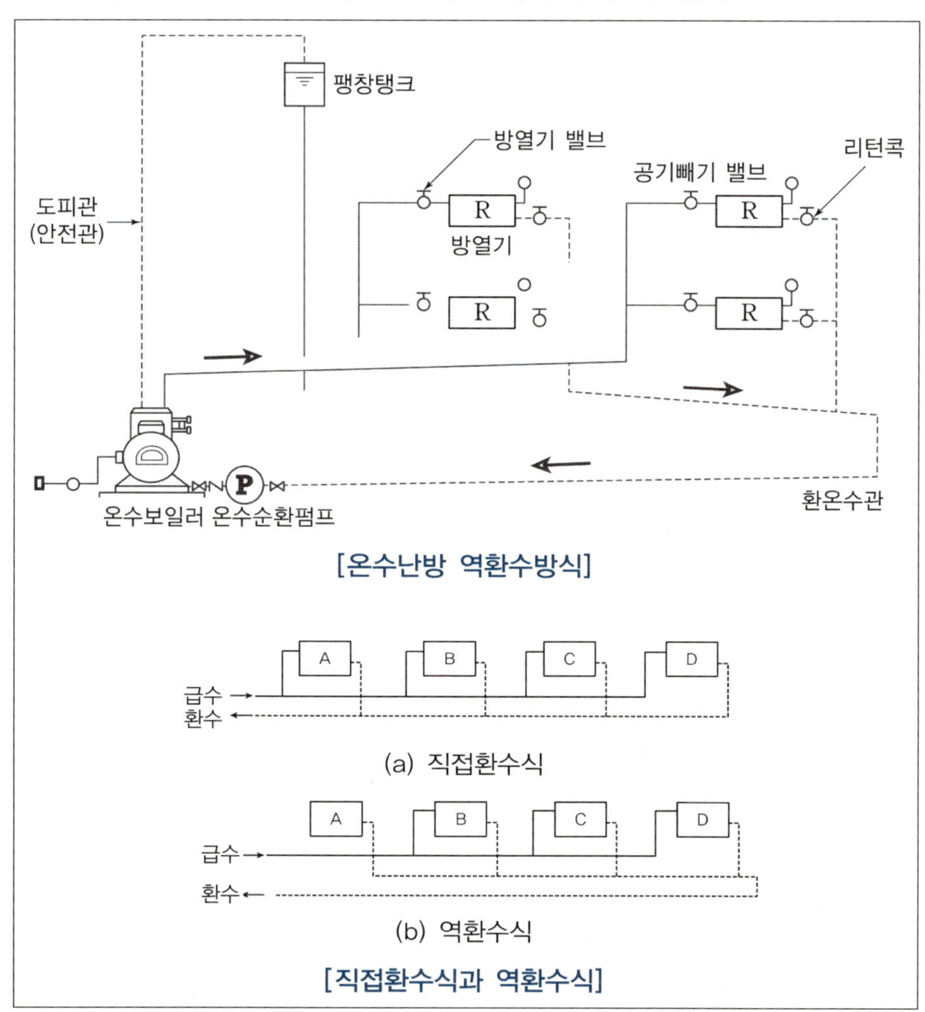

ⓒ 공급방식에 의한 분류 : 방열기에 대한 온수의 공급방향에 따라서 상향식과 하향식으로 분류한다.

② 온수의 온도에 의한 분류

ⓐ 보통온수식 : 80℃ 미만의 온수를 열매로 하여 난방에 직접 사용할 수 있다. 개방식 팽창탱크를 설치하여 온수 온도를 100℃ 이하로 제한한다.

ⓑ 고온수식

- 고온수 보일러로 생산한 100℃ 이상의 고온수를 각 방열기에 보내어 난방하는 방법을 고온수 난방이라 한다.
- 고온수를 생산하는 방법에는 다음과 같은 2가지가 있다.
  - 고온수 보일러로 고온수를 생산하여 공급하는 방법
  - 열교환기에 고압증기를 보내서 고온수를 공급하는 방법
- 고온수의 온도범위는 보통 100~230℃까지이며 난방의 쾌감도와 위험성 때문에 공급온도는 보통 100~180℃가 적당하다.
- 고온수 난방은 일반적으로 지역난방에 사용한다. 대규모 아파트단지 등 지역난방의 경우 고온수를 열교환기에 의해 저온수로 변환하여 배관망을 구성하여 사용한다.
- 대기압 이상으로 장치 내를 가압하여 온수 온도를 100℃ 이상으로 한다. 포화압력 이상으로 유지해야 하므로 강판제 보일러와 밀폐식 팽창탱크의 사용이 필수적이다.

특 징	문제점
① 고압증기의 흡입으로 온수순환력이 커지므로 관경을 가늘게 할 수 있다.	① 순환펌프의 용량이 커진다.
② 보일러와 동일 높이의 방열기에도 온수의 순환이 가능하다.	② 높은 건물에 공급이 곤란하다.
③ 열매 온도가 높기 때문에 방열기의 면적이 적어도 된다.	③ 유황분이 많은 연료를 사용할 때 부식의 염려가 있다.
④ 지역난방의 경우나 배관 총길이가 길고 아파트와 같이 분산된 건물의 난방에 적합하다.	④ 예열시간이 길어 연료소비량이 크다.

③ **팽창탱크** : 물의 온도 변화에 따른 체적의 증감에 대처하기 위하여 설치한다.

㉠ 종 류

ⓐ 개방식(보통 온수난방)

- 방열기보다 높은 위치에 설치한다.

OX

100℃를 넘는 온수를 이용하여 난방을 할 때는 대기압을 초과하는 압력으로 배관계 전체를 가압할 필요가 있다. (○)

- 최상단부의 배관에서 팽창탱크까지의 높이는 1m 이상으로 설치한다.
- 팽창탱크의 용량은 온수 팽창량의 2~2.5배가 되도록 한다.

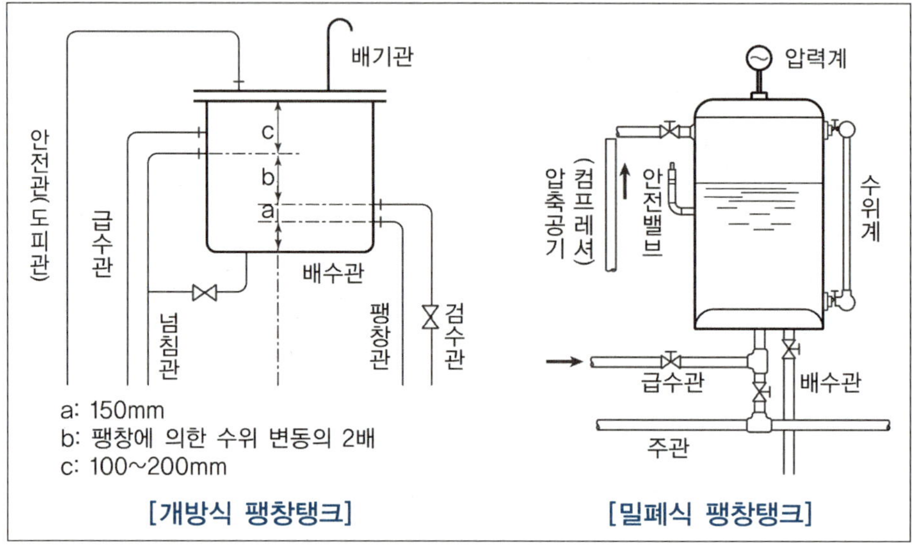

ⓑ 밀폐식(고온수난방)
- 주로 고온수난방과 지역난방에 이용된다.
- 압력을 감지하여 자동적으로 밸브를 팽창수를 배출한다.

🔗 **온수의 순환수량**

$$G = \frac{Q}{(t_1 - t_2) \cdot C} \ (kg/h)$$

여기서, Q : 방열기의 방열량(kJ/h)
t_1 : 방열기 입구의 온수 온도(℃)
t_2 : 방열기 출구의 온수 온도(℃)
C : 비열(kJ/kg · K)

∷ 제18회, 제20회, 제23회, 제24회, 제27회

(3) **복사난방**(Panel Heating)

바닥, 천장, 벽 등에 관을 매설하고 온수나 증기를 공급하여 그 복사열에 의해서 실내를 난방하는 방법이다.

💡 **OX**

수온변화에 따른 온수의 용적 증감에 대응하기 위하여 팽창탱크를 설치한다. (○)

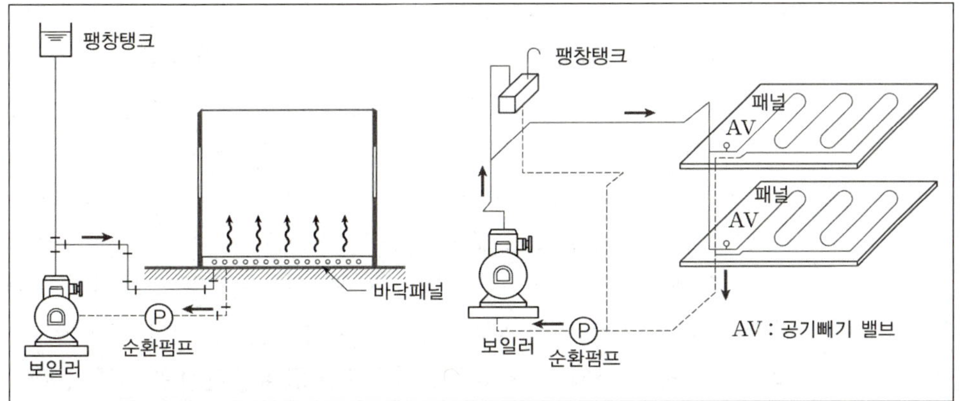

① 복사난방의 특징

장 점	단 점
㉠ 실내의 온도 분포가 균일하여 쾌감도가 좋다.	㉠ 열용량이 크기 때문에 외기 온도의 급변에 따른 방열량 조절이 곤란하다.
㉡ 방열기를 설치하지 않으므로 바닥의 이용도가 높다.	㉡ 시공이 어렵고 수리비·시설비가 비싸다.
㉢ 방을 자주 개폐하는 곳에서도 열손실이 적다.	㉢ 매입배관으로 고장부위의 발견이 용이하지 않다.
㉣ 실온이 낮아도 난방 효과가 높다.	㉣ 열손실을 막기 위한 단열층을 필요로 한다.
㉤ 대류현상이 적으므로 바닥면의 먼지가 상승하지 않는다.	㉤ 방의 모양을 바꿀 때 불편하다.
㉥ 천장이 높은 방의 난방도 가능하다.	

② 패널의 구조와 패널용 파이프 코일

㉠ 패널의 종류: 바닥·벽·천장 패널 등 3가지 종류로 구성되어 있다.

ⓐ 천장 패널: 일반 건축물에서 천장 패널은 바닥 패널에 비해 시공이 곤란하지만, 복사면이 가구 등에 의해 방해되는 일이 없고 표면온도를 바닥 패널의 경우에 비해 높게 취할 수 있으므로 패널면적이 적어도 된다. 천장 패널은 천장이 낮은 방에서는 인체머리부분으로 방열량이 많게 되어 머리가 뜨거워져 불쾌감을 느끼게 하는 일이 많으므로 부적합하다. 다만 공장·기타 천장이 높은 곳에서는 고온복사난방이나 적외선난방도 쓰인다.

ⓑ 바닥 패널 : 시공이 용이하여 널리 쓰이고 있다. 이 방식은 우리나라에서 가장 널리 사용되는 방식이며, 콘크리트 바닥면의 온도를 27~30℃ 정도로 해서 난방 한다. 특히 이 방식은 시공도 용이할 뿐만 아니라 바닥면을 가열면으로 하므로 쾌적감이 좋아 널리 이용되고 있는데, 우리나라에서 예부터 사용되고 있는 온돌도 바로 이 바닥패널식 복사난방의 일종이다. 표면온도를 30℃ 정도 이상으로 하는 것은 체감상 좋지 않아 큰 패널면적을 요하게 되며, 복사면이 가구 등으로 덮여서 유효하게 쓸 수 없게 되는 일이 있으므로 주의를 요한다.

ⓒ 벽 패널 : 창문 근처에 설치하여 실내로의 방열방지에 주의하면 바닥 또는 천장 패널의 보조로서 효과적이지만, 파이프 매설방식은 시공이 어렵고 가구 등에 의해 방해되는 일도 있으므로 주의를 요한다.

ⓛ 평균 복사온도(MRT ; Mean Radiant Temperature) : 복사난방에서 복사면을 포함한 실내 표면온도의 평균온도를 말한다.

온수온돌 설치기준

1. 온수온돌

① 온수온돌이란 보일러 또는 그 밖의 열원으로부터 생성된 온수를 바닥에 설치된 배관을 통하여 흐르게 하여 난방을 하는 방식을 말한다.

② 온수온돌은 바탕층, 단열층, 채움층, 배관층(방열관을 포함한다) 및 마감층 등으로 구성된다.

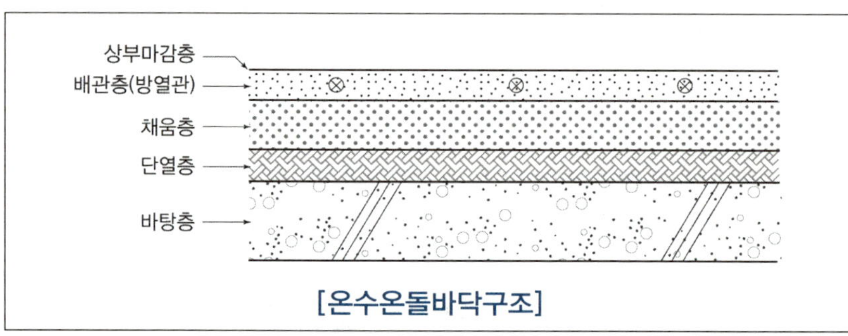

㉠ 바탕층이란 온돌이 설치되는 건축물의 최하층 또는 중간층의 바닥을 말한다.

㉡ 단열층이란 온수온돌의 배관층에서 방출되는 열이 바탕층 아래로 손실되는 것을 방지하기 위하여 배관층과 바탕층 사이에 단열재를 설치하는 층을 말한다.

㉢ 채움층이란 온돌구조의 높이 조정, 차음성능 향상, 보조적인 단열기능 등을 위하여 배관층과 단열층 사이에 완충재 등을 설치하는 층을 말한다.

㉣ 배관층이란 단열층 또는 채움층 위에 방열관을 설치하는 층을 말한다.

㉤ 방열관이란 열을 발산하는 온수를 순환시키기 위하여 배관층에 설치하는 온수배관을 말한다.

　　ⓑ 마감층이란 배관층 위에 시멘트, 모르타르, 미장 등을 설치하거나 마루재, 장판 등 최종 마감재를 설치하는 층을 말한다.

③ 온수온돌의 설치 기준

　　㉠ 단열층은 「녹색건축물 조성 지원법」 제15조 제1항에 따라 국토교통부장관이 고시하는 기준에 적합하여야 하며, 바닥난방을 위한 열이 바탕층 아래 및 측벽으로 손실되는 것을 막을 수 있도록 단열재를 방열관과 바탕층 사이에 설치하여야 한다. 다만, 바탕층의 축열을 직접 이용하는 심야전기이용 온돌(「한국전력공사법」에 따른 한국전력공사의 심야전력이용기기 승인을 받은 것만 해당하며, 이하 "심야전기이용 온돌"이라 한다)의 경우에는 단열재를 바탕층 아래에 설치할 수 있다.

　　㉡ 배관층과 바탕층 사이의 열저항은 「녹색건축물 조성 지원법」 제15조 제1항에 따라 국토교통부장관이 정하여 고시하는 기준에 적합해야 한다.

　　㉢ 단열재는 내열성 및 내구성이 있어야 하며 단열층 위의 적재하중 및 고정하중에 버틸 수 있는 강도를 가지거나 그러한 구조로 설치되어야 한다.

　　㉣ 바탕층이 지면에 접하는 경우에는 바탕층 아래와 주변 벽면에 높이 10cm 이상의 방수처리를 하여야 하며, 단열재의 윗부분에 방습처리를 하여야 한다.

　　㉤ 방열관은 잘 부식되지 아니하고 열에 견딜 수 있어야 하며, 바닥의 표면온도가 균일하도록 설치하여야 한다.

　　㉥ 배관층은 방열관에서 방출된 열이 마감층 부위로 최대한 균일하게 전달될 수 있는 높이와 구조를 갖추어야 한다.

　　㉦ 마감층은 수평이 되도록 설치하여야 하며, 바닥의 균열을 방지하기 위하여 충분하게 양생하거나 건조시켜 마감재의 뒤틀림이나 변형이 없도록 하여야 한다.

　　㉧ 한국산업규격에 따른 조립식 온수온돌판을 사용하여 온수온돌을 시공하는 경우에는 ㉠부터 ㉦까지의 규정을 적용하지 아니한다.

　　㉨ 국토교통부장관은 ㉠부터 ㉦까지에서 규정한 것 외에 온수온돌의 설치에 관하여 필요한 사항을 정하여 고시할 수 있다.

:: 제28회

🔍 예제

바닥복사난방방식에 관한 설명으로 옳지 않은 것은?　　　제24회

① 온풍난방방식보다 천창이 높은 대공간에서도 난방효과가 좋다.
② 배관이 구조체에 매립되는 경우 열매체의 누설시 유지보수가 어렵다.
③ 대류난방, 온풍난방 방식보다 실의 예열시간이 길다.
④ 실내의 상하온도분포 차이가 커서 대류난방방식보다 쾌적성이 좋지 않다.
⑤ 바닥에 방열기를 설치하지 않아도 되므로 실의 바닥면적 이용도가 높아진다.

해설

④ 실내의 상하온도분포 차이가 작아서 대류난방방식보다 쾌적성이 좋지 않다.

　　　　　　　　　　　　　　　　　　　　　　　　　□ 정답 ④

💡 **OX**

1. 복사난방은 가열코일을 매설하므로 시공 및 수리가 어렵다. (○)

2. 열손실을 막기 위해 방열면의 배면에 단열층이 필요하다. (○)

3. 난방코일의 간격은 열손실이 많은측에서는 넓게, 적은측에서는 좁게 해야 한다. (×)

4. 바탕층이 지면에 접하는 경우에는 바탕층 아래와 주변 벽면에 높이 5센티미터 이상의 방수처리를 하여야 하며, 단열재의 윗부분에 방습처리를 하여야 한다. (×)

(4) **온풍난방**(Hot Air Heating System)

온풍난방은 온풍로를 이용하여 직접 공기를 가열하여 실내로 공급하는 난방방식이다.

⌀ 온풍난방의 특징

장 점	단 점
① 열효율이 좋아 연료비가 적게 든다. ② 증기·온수난방에 비해 장치도 간단하며 실비비도 적게 든다. ③ 예열 시간이 짧아 실온상승이 빠르다. ④ 누수나 동결의 우려가 적다. ⑤ 온도·풍량·습도 조정이 쉽다. ⑥ 공사시공이 간편하며 장치의 조작이 쉽다. ⑦ 기계실의 면적이 작아진다.	① 버너의 연소음이 실내에 전달될 수 있고 온풍로의 내구성이 문제가 있다. ② 덕트에 의한 공기의 감염이 우려된다. ③ 실내의 상하온도차가 커서 불쾌감을 줄 수 있다.

∷ 제14회, 제24회

(5) **지역난방**(District Heating)

지역난방이란 특정 장소에서 다량의 고압 증기나 고온수를 만들어 도시 혹은 일정 지역 내의 주택, 상가, 사무실, 병원 등 난방을 실시하는 여러 건물에 공급하는 방식이다.

① **지역난방의 특징**

장 점	단 점
㉠ 열원 장치가 1개소에 대규모로 집중되어 설치되므로 대용량 기기의 사용에 따른 기기효율이 증대되고 연료비가 절감된다. ㉡ 각 건물의 기계실의 넓이를 대폭 축소하고 유효면적을 넓힐 수 있다. ㉢ 열원설비를 집중 관리하므로 관리인원 감소, 연료의 대량 구매를 통한 비용절감이 된다. ㉣ 도시의 대기오염이 감소하고 자연보호 효과도 기대된다. ㉤ 화재의 위험을 줄일 수 있다.	㉠ 초기시설 투자비가 많다. ㉡ 열원기기의 용량제어가 어렵다(각 건물의 용도에 따른 용량제어가 어렵다). ㉢ 배관 길이가 길게되므로 배관에 따른 열손실이 많다. ㉣ 열매요금의 분배가 어렵다(열의 사용량이 적으면 기본요금이 높아진다). ㉤ 고도의 숙련된 기술자가 필요하다.

② **열병합 발전 방식**: 전에너지 방식(Total Energy System)으로 코제너레이션 시스템(Co-generation System)이라고 하며 석유, 가스 등의 연료를 에너지원으로 하여 터빈 또는 엔진을 구동시켜서 발전하고 그 배열을 이용하여 냉방·난방·급탕을 행하는 방식으로 조건에 따라서는 에너지 절약성이 높아서 최근 많은 분야에서 보급·이용되고 있다.

③ **열매의 유량제어**

　㉠ 정류량 방식: 열수요의 변화에 대해서 공급열매 온도를 변화시켜, 유량을 일정하게 보내는 방식 ⇨ 정유량식은 지역배관의 압력분포가 일정하게 되므로, 공급열량은 안정되지만 저부하시에도 펌프 동력비가 변하지 않고 열원측에서 바이패스(Bypass)제어를 하지 않으면 저부하시의 경제 운전을 기대할 수 없다.

　㉡ 변유량 방식: 공급열매 온도를 일정하게 하고 열매 유량을 변화시키는 방식 변유량식은 지역배관의 압력변화가 있으므로, 시스템에 압력조절장치를 도입할 필요가 있지만, 열원기기의 저부하시 경제운전이 가능하고, 에너지 절약면에서 현재는 변유량식이 많이 사용되고 있다.

4 방열기(Radiator)와 난방용 부속

(1) 방열기의 종류

① **형태에 따른 분류**

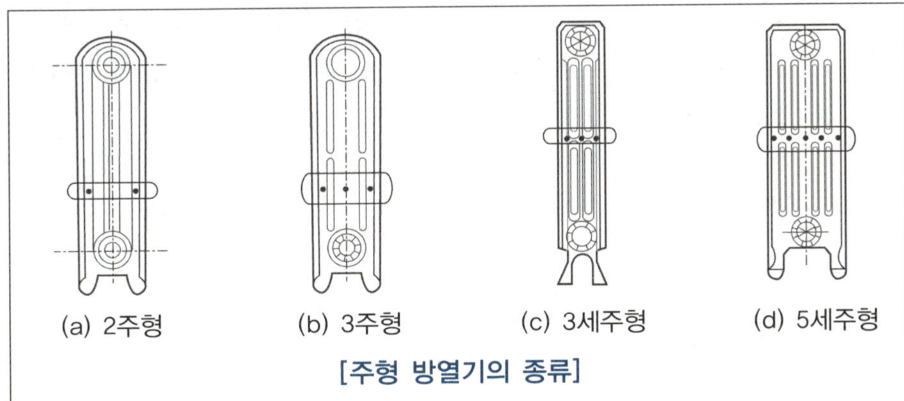

[주형 방열기의 종류]

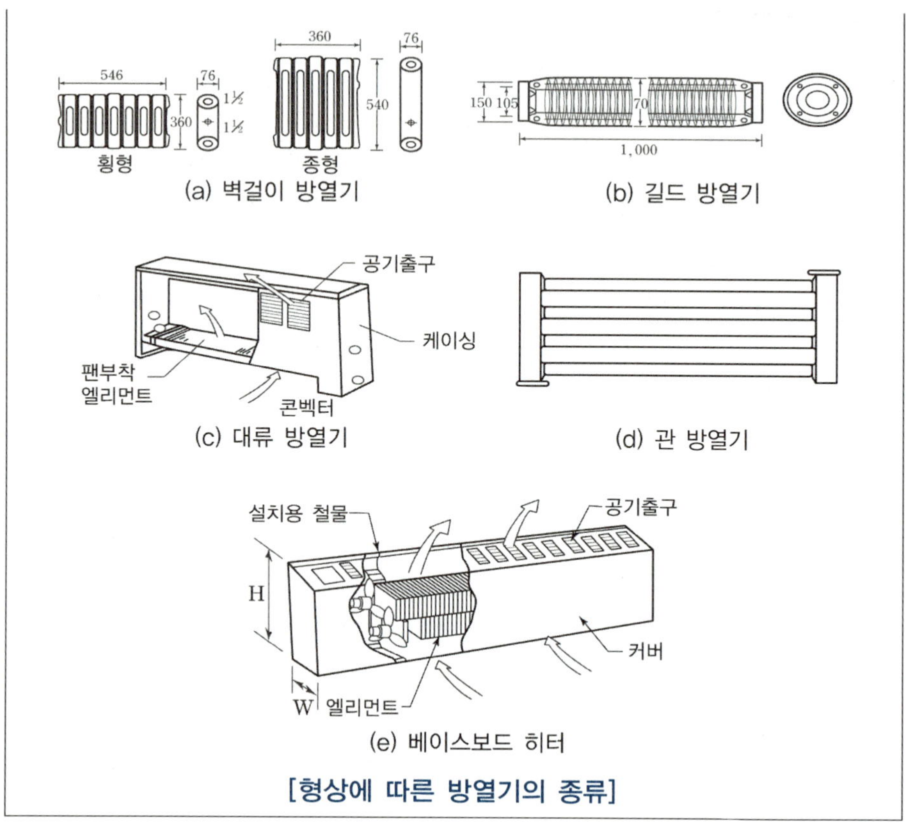

[형상에 따른 방열기의 종류]

㉠ 주형(柱形) 방열기 : 2주형, 3주형, 3세주형, 5세주형 등이 있다.

㉡ 벽걸이 방열기 : 횡형(가로형)과 종형(세로형)이 있다.

㉢ 길드 방열기 : 파이프에 방열 면적을 증가시키기 위해 열전도율이 좋은 금속핀을 여러 개 끼운 것이다.

㉣ 대류 방열기 : 대류작용의 촉진을 위해 사용되는 것으로 밑에서 유입된 공기를 가열하면 상부의 개구부로 유출하여 자연 대류에 의하여 실내를 순환하는 구조로 되어 있다.

㉤ 베이스 보드 방열기 : 이 방열기는 대류방열기를 낮은 바닥에 설치한 방열기이다.

㉥ 관 방열기 : 관의 표면적을 방열 면적으로 한 것으로 고압에도 잘 견딘다.

② **방열기의 도시** : 원을 평행선으로 3등분하여 원 중앙에는 방열기의 종류와 높이를 표시하고 상단에는 섹션 수(절수)를, 하단에는 유입관과 유출관의 관경을 각각 기입한다.

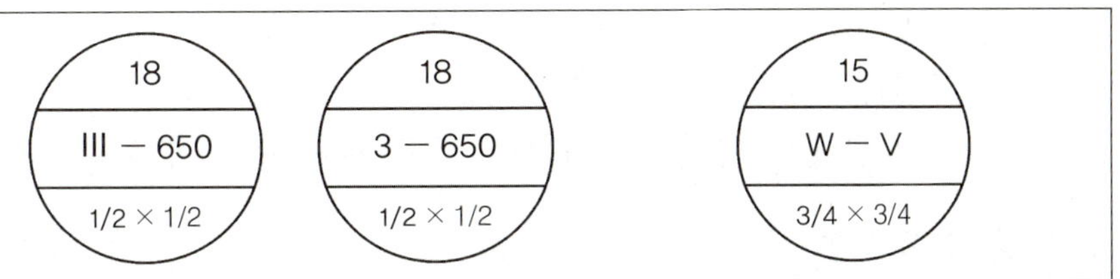

③ **방열기의 방열량과 응축수량**: 표준 방열량은 열매온도와 실내온도가 표준 상태일 때 방열기 표면적 1m²당 1시간 동안의 방열량을 말한다.

표준 방열량(kW/m², kcal/m²h)

열 매	표준상태의 온도(℃)		표준온도차(℃)	표준방열량(kW/m²)
	열매온도	실내온도		
증 기	102	18.5	83.5	0.756
온 수	80	18.5	61.5	0.523

1. 표준 방열량
   ① 증기난방: $0.756\text{kW/m}^2 = 650\text{kcal/m}^2\text{h}$
   ② 온수난방: $0.523\text{kW/m}^2 = 450\text{kcal/m}^2\text{h}$
2. kcal와 kW와의 관계
   ① $1\text{kJ} = 0.238\text{kcal}$, $1\text{kcal} = 4.18\text{kJ}$
   ② $1\text{kW} = 1\text{kJ/s} = 0.238\text{kcal/s}$
   ③ $1\text{kW} = 3,600\text{kJ/h} = 3600 \times 0.238\text{kcal/s} = 856.8\text{kcal/h} ≒ 860\text{kcal/h}$

$$\text{상당방열면적(m}^2\,\text{E.D.R)} = \frac{\text{총손실열량(kW)}}{\text{표준방열량(kW/m}^2)}$$

표준방열량
증기난방: 0.756kW/m^2
온수난방: 0.523kW/m^2

④ **방열기의 시공**
   ㉠ 방열기 설치 위치: 열손실이 가장 큰 외기에 면한 창문 아래에 벽과 5~6cm 거리를 두고 설치한다.
   ㉡ 절(Section)수: 1개의 방열기 절수는 15~20절 정도가 적당하며, 절수가 많을수록 난방부하는 커진다.
   ㉢ 온수난방은 유입관경과 유출관경이 같으나, 증기난방은 유입관경보다 유출관경을 작게 설치한다.

OX

1. 온수용 방열기의 표준방열량은 756W/m²(650kcal/m²h)이다. (×)
2. 방열기의 상당방열면적은 표준상태에서 전 방열량을 표준방열량으로 나눈 값이다. (○)

ㄹ 방열기의 배관은 열에 의한 배관의 신축을 고려하여 유입관과 유출관은 스위블 이음으로 한다.

ㅁ 유출관에는 방열기 트랩을 부착하여 응축수 유출이 용이하게 한다.

(2) 난방용 부속품

:: 제22회, 제26회

① **방열기 밸브**(Radiator Valve)

ㄱ 방열기 입구를 개폐하여 방열량을 조절하기 위하여 설치한다.

ㄴ 증기용은 디스크 밸브를 사용한 스톱 밸브형이 많고, 온수용은 유체의 마찰저항을 감소시키기 위해 콕(Cock)식이 많이 사용된다.

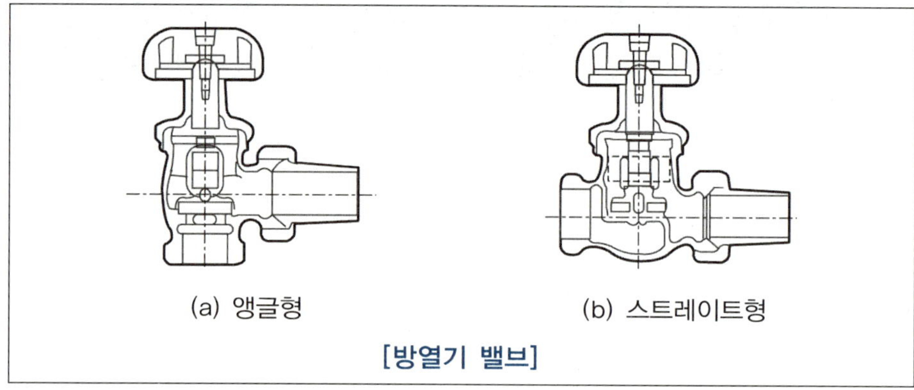

[방열기 밸브]

② **공기빼기 밸브**(Air Vent Valve)

ㄱ 방열기와 배관의 굴곡부 등에 설치하여 공기를 제거한다.

ㄴ 증기난방의 경우 : 하부에 부착하는 것이 좋으나 응축수가 밸브에 유입할 우려가 있으므로 방열기 높이의 2/3 지점에 공기빼기 밸브를 부착하여 순환이 잘 되게 한다(진공환수식은 제외).

:: 제17회

③ **증기트랩**(Steam Trap)

ㄱ 설치 목적 : 방열기의 환수구 또는 배관의 최말단부에 설치하여 증기관 내에 생긴 응축수만을 보일러에 환수시키기 위해 설치한다.

ㄴ 종 류

ⓐ 방열기 트랩(Radiator Trap, 열동식 트랩) : 휘발성 액체를 봉입한 벨로우즈(Bellows)를 이용하여 증기와 응축수를 분리시키는 역할을 한다. 트랩 내에 벨로우즈 신축효과를 이용한 것이다. 저압, 소용량에 사용한다.

ⓑ 플로트 트랩(Float Trap) : 저압증기용 트랩으로 다량의 응축수를 처리하기 위해 설치한다.

ⓒ 버킷 트랩(Bucket Trap) : 고압증기의 관말트랩이나 증기사용 세탁기, 증기 탕비기에 사용한다.

ⓓ 디스크 트랩(Disk Trap) : 과열증기에 사용 가능하고 수격작용(Water Hammer)에 견디나 수명이 짧고 낮은 입구압력[0.03MPa(0.3kg/cm²)]이나 높은 배압(50%)에서는 작동되지 않으며 소음발생, 공기장해, 증기누설 등의 단점을 가지고 있다.

구 분	기계식 트랩 (Mechanical)	온도조절식 트랩 (Thermostatic)	열역학적 트랩 (Thermodynamic)
동작 원리	밀도 차이(부력)	온도 차이	열역학적 변화 (압력/속도 변화)
종 류	버켓(Bucket) 플로트(Float)	벨로우즈(Bellows) 바이메탈(Bimetalic) 와퍼(Wafer)	디스크(Disk)

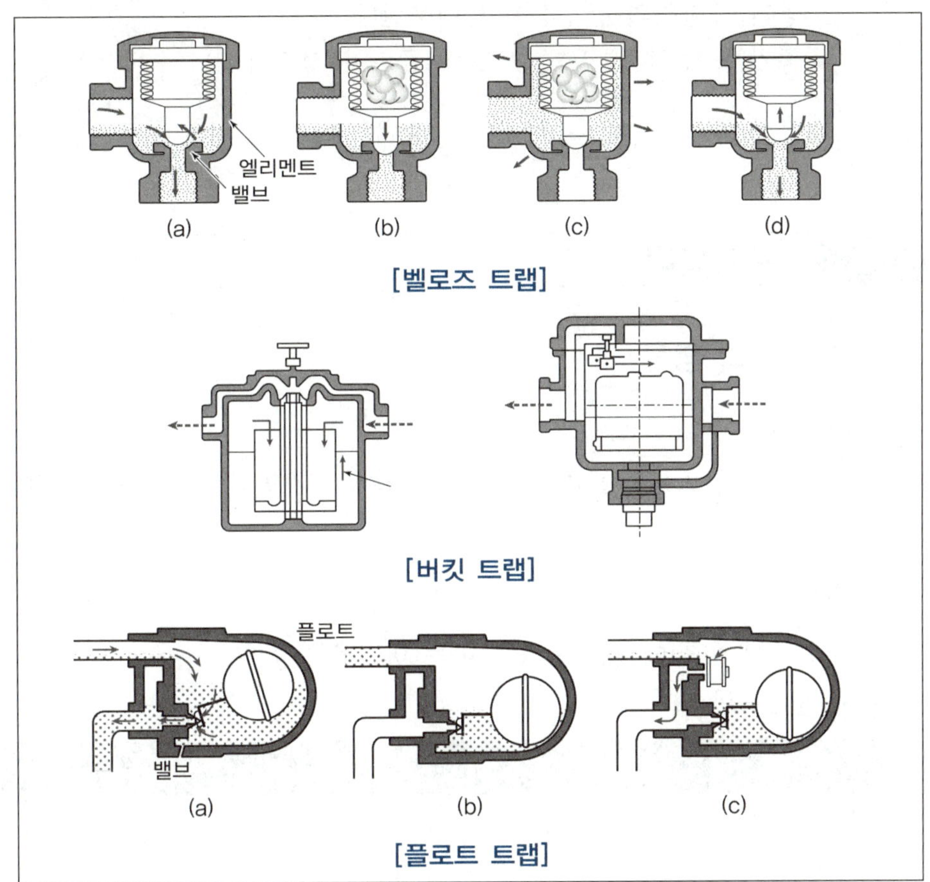

④ **감압밸브**

　㉠ 설치 목적

　　ⓐ 고압 증기를 저압 증기로 감압시키기 위하여 설치한다.

　　ⓑ 증기유량과 저압측의 압력을 일정하게 유지하기 위하여 설치한다.

　㉡ 종류 : 스프링식, 다이어프램식

⑤ **2중 서비스 밸브**

　㉠ 한랭지 배관에서 응축수의 동결을 막기 위하여 사용한다.

　㉡ 방열기 밸브와 열통 트랩을 조합한 형태

⑥ **리턴 콕**(Return Cock) : 온수의 유량을 조절하기 위해 사용하는 것으로 주로 온수 방열기의 환수밸브로 사용된다.

⑦ **인젝터**(Injector)

　㉠ 증기 보일러의 급수장치로 이용된다.

　㉡ 증기 노즐, 혼합 노즐, 방출 노즐로 구성된다.

환기설비

01 환기방식의 종류

02 환기량의 결정 방법

06 환기설비

1 환기방식의 종류

(1) 자연환기

공기의 압력차 또는 온도차에 의하여 발생하는 자연력을 이용하는 환기방식을 말한다.

(2) 기계환기

강제로 기계의 힘에 의해서 환기하는 방식을 말한다.

🔗 **기계환기의 종류**

종 류	급기구	배기구	사용장소
제1종 환기	송풍기	배풍기	병원의 수술실
제2종 환기	송풍기	자연 배기	반도체 공장, 무균실
제3종 환기	자연 급기	배풍기	주방, 변소 등 수증기, 열기, 취기 등이 발생하는 장소

💡 **OX**

1. 리턴 콕(Return Cock)은 온수의 유량을 조절하는 밸브이다. (○)
2. 2중 서비스 밸브는 방열기 밸브와 열동 트랩을 조합한 구조이다. (○)

① **제1종(병용식) 환기**
  ㉠ 급기팬, 배기팬 모두 이용하여 강제적으로 외기를 실내에 도입·강제적으로 배출
  ㉡ 가장 우수한 환기방식으로 주변 실내 공간과의 공기 이동이 필요하지 않은 대부분의 실내에 적용
② **제2종(압입식) 환기**: 급기팬만 사용하여 강제적으로 외기를 도입하고 배출은 자연적으로 배출하여, 공기의 이동방향이 항상 실내에서 실외로 이루어지므로, 다른 실의 오염된 공기나 먼지 등이 그 실내로 들어오지 못하게 해야 하는 클린룸, 자동차 공장의 도장(塗裝) 공장 등에 적용
③ **제3종(흡출식) 환기**: 배기팬만 사용하여 실내 공기는 강제적으로 배출하고 외기는 자연적으로 도입하는 방식으로 주방이나 화장실, 쓰레기 처리실 등에서 적용

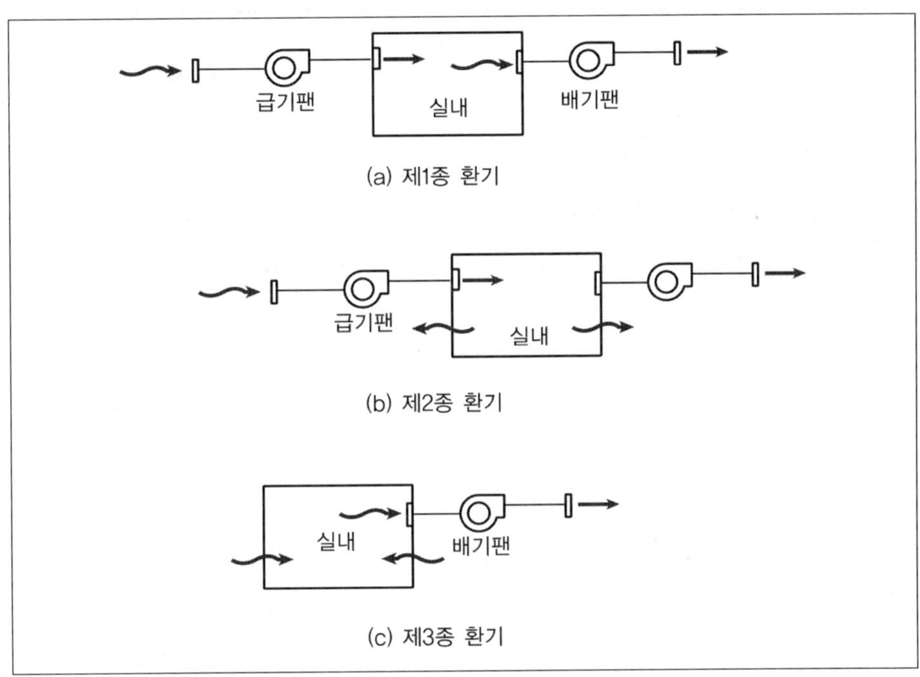

> **예 제**
>
> **150세대인 신축공동주택에 기계환기설비를 설치하고자 한다. 설치기준에 관한 설명으로 옳지 않은 것은?**
>
> 제21회
>
> ① 적정 단계의 필요 환기량은 세대를 시간당 0.5회로 환기할 수 있는 풍량을 확보해야 한다.
> ② 기계환기설비의 환기기준은 시간당 실내공기 교환횟수로 표시해야 한다.
> ③ 기계환기설비는 주방 가스대 위의 공기 배출장치, 화장실의 공기배출 송풍기 등 급속 환기 설비와 함께 설치할 수 있다.
> ④ 기계환기설비의 각 부분의 재료는 충분한 내구성 및 강도를 유지하여 작동되는 동안 구조 및 성능에 변형이 없도록 해야 한다.
> ⑤ 하나의 기계환기설비로 세대 내 2 이상의 실에 바깥공기를 공급할 경우의 필요 환기량은 각 실에 필요한 환기량의 평균 이상이 되도록 해야 한다.
>
> **해설**
>
> ⑤ 하나의 기계환기설비로 세대 내 2 이상의 실에 바깥공기를 공급할 경우의 필요 환기량은 각 실에 필요한 환기량의 합계 이상이 되도록 해야 한다.
>
> **정답 ⑤**

2 환기량의 결정 방법

(1) 허용치에 의한 계산 방법

실내 환경 유지를 위한 환경요인의 허용치와 오염량이 제시된 경우 그 허용치를 지키기 위해 필요한 환기량을 계산에 의하여 구한다.

$$\text{필요환기량 } Q = \frac{k}{P_i - P_o} \ (\text{m}^3/\text{h})$$

유해가스 발생량(k), 허용농도(P_i), 외기가스농도(P_o)

(2) 환기횟수에 의한 계산 방법

환기량은 실의 크기와 상관없이 절대량만을 사용하는 경우도 많으나 실의 크기와 관련하여 표현하는 경우 환기횟수를 다음 식으로 표현한다.

$$n = \frac{Q}{V} \ (\text{회}/\text{h})$$

여기서 Q는 환기량(m^3/h), V는 실의 용적(m^3)

$$1시간\ 동안의\ 환기량(m^3/h)을\ 실의\ 용적으로\ 나눈\ 값$$

$$환기횟수 = \frac{환기량(m^3/h)}{실용적(m^3)}$$

■■ 제21회, 제28회

건축물의 설비기준 등에 관한 규칙 제11조 【공동주택 및 다중이용시설의 환기설비기준 등】 ① 영 제87조 제2항의 규정에 따라 신축 또는 리모델링하는 다음 각 호의 어느 하나에 해당하는 주택 또는 건축물은 시간당 0.5회 이상의 환기가 이루어질 수 있도록 자연환기설비 또는 기계환기설비를 설치해야 한다.
   1. 30세대 이상의 공동주택
   2. 주택을 주택 외의 시설과 동일건축물로 건축하는 경우로서 주택이 30세대 이상인 건축물

07 방음설계

방음설계

01 방음설계의 기본사항
02 방음계획의 유의사항
03 공조설비의 방음대책
04 덕트계의 소음대책
05 급배수 설비소음 방지대책
06 배관의 진동원인 및 방진대책

1 방음설계의 기본사항

(1) 발생소음 자체를 줄인다.

가장 간단하면서도 근본적인 방법으로, 목적에 맞는 각 기기 중 소음 발생량이 적은 것을 채택하고, 동시에 각 기기에 대해 필요에 따라 방음, 방진 등의 대책을 세운다.

(2) 음의 투과량을 줄인다.

기계실 등 소음이 발생되는 실의 벽, 천장 등에 흡음재를 사용하여 소음이 기계실 등의 밖으로 투과되는 것을 줄인다.

(3) 기계실 등을 방음이 필요한 주요 실과 떨어뜨린다.

허용소음값이 특히 낮은 실은 기계실 등 소음발생원과 격리시킨다.

(4) 덕트, 배관 등의 관통부를 차음처리한다.

덕트, 배관 등이 벽을 관통할 때, 관통부에서 덕트·배관과 벽에 틈새가 생기면 이 틈을 통해 소음의 전파가 많이 이루어지므로 정밀한 시공을 통한 충분한 차음처리를 한다.

② 방음계획의 유의사항

① 덕트 내 풍속을 가급적 낮춘다.
② 덕트는 소음이 발생하는 장소나 소음을 꺼리는 장소를 통하지 않게 한다.
③ 댐퍼와 셔터류는 소음이 발생하므로 주의한다.
④ 취출구와 흡입구는 발생소음이 작은 기구를 선정한다.
⑤ 송풍기는 동적 균형이 있고, 정압이 적고, 효율이 좋은 것을 선정한다.
⑥ 각 기기, 덕트, 배관류는 될 수 있는 한 방진구조로 한다.
⑦ 공조기계실 위치와 구조는 방음상 유효하게 건축계획에서 결정한다.

③ 공조설비의 방음대책

(1) 소음원이 실내에 있는 경우

① 발생소음이 적은 기기 선정
② 기기 개량, 운전상태의 변경

(2) 기계실 소음이 벽체를 투과하여 실내로 전달되는 경우

① 흡음, 차음 구조보강 등의 건축적 방법으로 벽체 투과음 방지
② 설비계획시 소음을 고려하여 기계실 위치 결정

(3) 송풍기 소음이 덕트를 투과하여 실내로 전달되는 경우

① 공기전달음을 줄이기 위해 소음기 설치
② 방진재료를 이용하여 덕트를 통한 고체 전파음 줄임

(4) 기기진동이 건물구조체에 전파되어 실내에 2차 소음을 발생시키는 경우

① 기계기초 보강 및 방진처리
② 진동에 의한 천장소음은 덕트나 배관에 직접 접촉되지 않도록 방진처리

④ 덕트계의 소음대책

(1) 송풍기 소음대책

① 송풍기의 적절한 선정과 설치에 주의한다.
② 송풍기 정압이 증가할수록 소음이 증가하므로 저항이 최소화되도록 설계한다.
③ 최소 소음레벨을 갖는 송풍기를 선정한다.

④ 송풍기와 덕트를 연결할 때에는 공기유동이 균일하고 회전이 없도록 한다.
⑤ VAV시스템에서 풍량변화가 송풍기 소음을 유발하는지 확인한다.

(2) 소음기 설치

① 내장덕트
② 셀형 및 스플릿형 소음기
③ 소음엘보(내장엘보)
④ 소음상자
⑤ 머플러형

5 급배수 설비소음 방지대책

(1) 건축적 측면

① 파이프샤프트의 배치는 침실 등으로부터 멀리 배치한다.
② 설비코어의 위치는 동일층 또는 상하층 인접세대의 주요 침실과 멀리 배치한다.
③ 급수기구와 위생기구의 부착위치 및 방법 역시 침실 등의 벽면에서 이격시킨다.

(2) 배수기구의 선정 및 설계조건

① 급수압력 조정 및 배수량의 적정화
② 급수기구 선정에 의한 소음 저감
③ 변기 세정용 볼탭은 저소음형(절수형) 볼탭 채용

(3) 수격작용 방지

① 관내 유속을 낮게 한다.
② 급수관 상단, 관말부분에 급수관과 동일한 크기 이상으로 공기실을 설치한다.

(4) 배관공법 및 시공상 대책

① **배관고정방법**: 완충재 사용, 방진처리, 절연공법
② **배수관 차음성 향상**: 차음재 설치, 저소음형 배수관 선정

(5) 시공상 대책

① 변기 및 욕조의 설치시 기구 하부에 고무시트를 설치한다.
② 천장배관방식보다는 층상배관방식으로 시공한다. 콘크리트 슬래브 위에 배관 후 조립식 욕실을 설치한다.

6 배관의 진동원인 및 방진대책

(1) 배관 진동의 원인

① 캐비테이션 및 서징

② **수격작용**(워터해머) : 배관 내 유체흐름이 밸브의 급격한 개폐로 인해 갑자기 정지되면 배관 내 압력이 급격하게 변하여 강한 충격음이나 진동이 발생한다.

③ **시공불량**

   ㉠ 펌프의 설치 불량

   ㉡ 방진재의 선정 불량

   ㉢ 중심위치의 편심

(2) 배관의 방진대책

① 다른 배관, 덕트, 구조물 등과 직접 접촉하지 않도록 한다.

② 배관 내 공기유입을 방지하고 불가피할 경우 공기빼기 밸브를 설치한다.

③ 정숙도를 요하는 실과 진동·소음이 큰 실 간에는 배관을 통하지 않게 한다. 불가피할 경우 방진처리를 한다.

④ 밸브 유량조절이 필요 없도록 적정한 양정의 펌프를 선정한다.

⑤ 진동발생 장비의 배관의 연결은 플렉시블 이음을 하여, 배관에 진동전달을 최소화한다.

⑥ 고양정 펌프에는 스모렌스키 체크 밸브를 사용한다.

⑦ 자동밸브의 개폐시간 조정을 적절하게 한다.

전기부분은 각 부분 골고루 문제가 출제되어 전반적인 지식을 요구합니다. 강전설비에 출제가 집중되어 있는 것처럼 보이는 이유는 내용이 많기 때문입니다. 전기를 매우 어렵게 생각하는 분이 많습니다. 모두 보기 어렵다면 우선 전기기초, 방재설비, 조명설비, 홈네트워크에 관한 기술기준부터 정리한 후 나머지를 정리하는 것이 좋습니다. 제28회에는 종별 전압과 조명설비와 홈네트워크에 관한 기술기준, 그리고 도시기호 등에서 4문제가 출제되었습니다. 도시기호는 출제되는 횟수가 증가될 것으로 보이니 이 부분도 정리가 필요합니다.

01 전기의 기초

1 전류(電流)

전류의 방향은 건전지의 (+)에서 (−)쪽으로 흐른다고 약속되어 있는데, 실은 자유전자가 도선을 통하여 (−)에서 (+)쪽으로 이동하였기 때문이다. 전하의 이동을 전류(Electric Current)라고 한다. 전류의 크기는 도체의 단면을 단위시간에 통과하는 전하량으로 정의하며, 단위는 암페어(Ampere)를 사용한다. 즉, 1초 동안에 1(C, 쿨롱)의 전하가 이동했을 때의 전류의 크기를 1(A)라고 한다. 지금 t초 동안에 Q(C)의 전하가 이동했을 때 흐른 전류의 크기를 I라고 표시한다.

$$I = \frac{Q}{t} \ (A)$$

1. **정격전류** : 전기기기는 정격전압을 가했을 때 가장 적당한 전류가 흐르도록 만들어져 있는데, 이 전류를 정격전류(定格電流)라 한다.
2. **과전류**(過電流) : 전기기기에 정격보다 큰 전압을 가하면, 정격전류보다 큰 전류가 흐르는데 이것을 과전류라고 한다. 과전류가 흐르면 기기 등이 발열되어 화재를 일으키거나 손상되거나 감전의 원인이 되기도 한다.
3. **단락**(쇼트) : 전류는 자신의 에너지를 소모할 수 있는 부하를 반드시 통과토록 해야 하는데, 전류가 가지고 있는 에너지를 소모할 곳이 없게 되므로 전류는 뻥하는 소리, 번쩍하는 빛 그리고 절연물을 녹이는 열이 함께 동반되는 형태로 자시의 에너지를 소모하고 (−)전원으로 되돌아간다. 이것을 단락 또는 쇼트라 하며 단락사고를 방지하기 위해서는 전류가 자신의 에너지를 소모할 수 있는 부하를 거친 후에 (−)전원으로 되돌아가도록 결선해야만 한다.

2 전위(電位)

(1) 전 위

전위라 함은 전기의 위치라고 할 수 있는 것으로 물과 비교하여 보면 아래 표와 같다.

🔗 물과 전기의 비교

물의 흐름	전기의 흐름
① 수위	① 전위
② 수위차	② 전위차
③ 수압	③ 전압
④ 수위기준	④ 전위기준: 대지전위
⑤ 물의 양	⑤ 전류의 양: 쿨롱/초 = 암페어
⑥ 펌프: 물의 보충	⑥ 발전기: 전기생산
⑦ 저수지	⑦ 전지

여기서 전위 및 전위차의 단위를 볼트(Volt)라 하며, 1(C)의 전하를 운반하는 데 요하는 일이 1(J)일 때의 전위차를 1(V)라고 한다. 전위의 기준점은 무한원점을 0(V)로 하고 있으나 실용상으로는 대지의 전위를 0(V)로 하여 이것을 기준으로 하고 있다.

(2) 전압의 단위

전압은 전기를 흐르게 하는 압력이며, MKS 단위는 볼트[Volt: (V)]이고, 표현은 V를 사용한다. 1볼트(V)는 1쿨롱(C)의 전하가 두 지점 간을 이동할 때 얻거나 잃는 에너지가 1줄(Joule)일 때의 전압(전위차)이다. 따라서 Q(C)의 전하가 전위차가 일정한 두 지점 간을 이동할 때 얻거나 잃는 에너지를 W(J)이라면 두 지점 간의 전위차V는

$$V = \frac{W}{Q} \ (V) \ \ 또는 \ W = VQ \ (J)$$

와 같이 되고, 전압값이 작을 때는 밀리볼트(mV), 클 때는 킬로볼트(kV)를 사용한다.

> 1. **'인가한다'라는 표현**: 두 지점 간의 전위차가 발생하면 이 전위차에 의해 전류가 흐르게 된다. 이와 같이 전류가 흐르도록 두 지점 간에 전위차를 만드는 것을 인가(Apply)라고 표현한다. "220(V)의 전압을 인가하였다"라는 말은 두 지점 간의 전위차가 220(V)가 된다는 뜻이며, 220(V)전위차에 의해 전류가 흐르게 된다는 뜻이다. 전압이 클수록 전류를 흐르게 하는 힘이 커지므로 펌프나 엘레베이터와 같이 큰 동력을 필요로 하는 곳에는 일반적으로 3상 380(V)를 인가하며 형광등이나 소형전기기구와 같이 큰 동력이 필요하지 않는 곳에는 단상 220(V)를 인가한다.
> 2. **정격전압**: 전기기기에는 각각의 종류와 용도 등에 따라 정상으로 기능하는 전기의 전압이 규정되어 있는데, 이 전압을 정격전압이라고 한다. 전기기기에 해당 정격전압보다 높은 과전압의 전기를 공급하면, 과전류가 흘러 정상으로 기능하지 않을 뿐만 아니라 화재나, 손상, 감전 등의 위험을 야기하며, 반대로 전압이 정격전압보다 낮아도 정상으로 작동하지 않는다.

(3) 기전력(起電力)

전류를 지속해서 흐르게 하려면 전압을 계속해서 만들어 내야 한다. 이와 같이 전압을 만들어 내는 힘을 기전력이라 하고, 기전력을 발생하는 장치를 전원(電源)이라고 말한다. 기전력의 단위는 전압과 동일하게 볼트[Volt : (V)]를 사용한다.

:: 제20회

3 저항과 옴의 법칙

(1) 저 항

전류의 흐름을 방해하는 성질을 전기저항(Electric Resistance) 또는 저항(Resistance)이라 한다. 저항의 크기를 나타내는 단위는 옴(Ohm)이며 단위는 [Ω]으로 표시한다. 저항값이 클 경우에는 킬로옴(kΩ)이나 메가옴(MΩ)을 사용한다. 저항의 크기는 물체의 길이에 비례하고 단면적에 반비례한다. 따라서 저항의 크기는 물체의 고유저항률과 길이와 단면적으로 계산된다. 그러므로, 전선이 굵고 짧을수록 저항이 작아지게 되는 것이다.

$$R = \rho \frac{l}{s} \; \Omega$$

R : 저항(Ω)

ρ : 고유저항률(Ω·cm)

l : 길이(cm)

s : 단면적(cm²)

저항은 항상 일정불변한 것이 아니고 온도에 따라 변화된다. 일반적으로 금속은 온도가 증가하면 저항이 커지며 절연체는 온도가 증가하면 저항이 작아진다.

1. **도체(導體)** : 금, 은, 동 등의 금속이나 카본, 염산 등의 수용액처럼 전류가 흐르기 쉬운 물질
2. **절연체(絶緣體)** : 전류가 흐르기 어려운 물질로 공기, 고무, 염화비닐, 에폭시, 자기 등이 있다.
3. **절연파괴** : 외부에서 가해진 에너지(전압, 마찰 등)가 원자핵과 가전자를 결합해 주는 힘보다 강하면 가전자는 원자핵으로부터 떨어져 이동을 시작한다. 즉 전류가 갑자기 흐르기 시작하는데 이것을 절연파괴라 하고, 절연체의 성질을 잃어버리게 된다.

(2) 저항의 종류

① **도체저항** : 전선과 같은 도체에도 전류를 흐르기 어렵게 하는 저항으로 전압이나 전류의 크기를 계산할 때 이 저항값을 사용한다.

② **접촉저항** : 스위치의 접촉점이나 전선과 전선의 연결부분 등과 같이 도체의 접촉부분에 저항이 있기 때문에 전류 흐름이 약간의 장애가 생기는데 이러한 저항을 접촉저항이라 한다.

③ **접지저항** : 피뢰침 등의 도선을 대지에 묻으면 도선과 대지와 사이에는 일종의 저항이 생기는데 이것을 접지저항이라 한다. 이 접지저항을 줄이기 위하여 피뢰도선과 저감제를 대지에 함께 묻기도 한다.

④ **절연저항** : 전선에서 전류가 누설되지 않도록 전선을 비닐이나 고무 등의 저항률이 매우 큰 재료로 피복하고 있다. 전류가 누설되지 않도록 하는 것을 절연(絶緣)이라고 하며, 그 재료를 절연물이라 하고 전류가 누설되지 않도록 하는 절연물 자체의 저항을 절연저항이라고 한다.

♀ OX

1. 전선의 저항은 전선의 단면적에 비례한다. (×)
2. 전선의 저항은 전선길이가 길수록 커진다. (○)
3. 고유저항이 일정할 경우 전선의 굵기와 길이를 각각 2배로 하면 저항은 2배가 된다. (×)

(3) 옴의 법칙

옴의 법칙(Ohm's Law)은 도체에 흐르는 전류의 크기는 가해진 전압의 크기에 비례하며, 전기저항에 반비례한다.

$$I = \frac{V}{R} \,(A), \qquad R = \frac{V}{I} \,(\Omega), \qquad V = IR \,(V)$$

① 저항이 일정할 때 인가전압이 증가하면 전류도 증가한다.
② 전압이 일정할 때 저항이 변화되면 전류도 변화된다.
③ 저항이 증가될 때 전류를 일정하게 유지하기 위해서는 전압을 증가시켜야 한다.

(4) 저항의 접속

참 고
- 전압계 : 병렬연결
- 전류계 : 직렬연결

① **직렬접속** : 저항을 일렬로 접속하는 것을 직렬접속이라 하고, 이 저항들과 전원이 모두 직렬로 접속되어 있는 것을 직렬회로라고 한다.

$$R = R_1 + R_2 + R_3 \,(\Omega)$$

② **병렬접속** : 저항의 양 끝을 각각 1개소에서 접속하는 방법을 저항의 병렬접속이라 하고, 이 저항들이 전원과 접속되어 있는 회로를 병렬회로라고 한다.

$$\frac{1}{R} = \frac{1}{R_1} + \frac{1}{R_2} + \frac{1}{R_3}$$

4 전력과 전력량

(1) 전력(電力)

전열기, 전동기 및 각종 전기기기에 전압을 가하면 전류가 흘러 여러 가지 일을 하게 된다. 전류가 전기기기에서 열, 빛, 힘을 내는 일을 할 때 1초 동안에 어느 정도의 일을 하는지를 전력(Electric Power)이라는 용어로 표현하고 단위로는 와트(W)를 사용한다.

$$P = VI \,(W)$$
$$P = I^2R, \qquad P = \frac{V^2}{R}$$

OX

1. 30Ω의 저항 3개를 병렬로 접속하면 합성저항은 10Ω이다. (○)
2. 전기 계측시 전압계는 전기 부하에 직렬로 접속한다. (×)

(2) 전력량

전류가 하는 일의 양은 1시간 동안 일했는지, 2시간 동안 일했는지 등과 같이 전류가 얼마만큼의 시간 동안 일했는가에 따라 그 양이 달라진다. 그러므로 전류가 1초 동안 한 일(전력)에 시간을 곱하면 전류가 한 일의 양을 알 수가 있고 이것을 전력량이라 하며 단위로는 와트시(Wh)를 사용한다.

$$W = Pt(Wh)$$

5 직류와 교류

(1) 직류(直流, DC : Direct Current)

전지에 전구를 연결하면 전류는 반드시 전지의 양극에서 나와 음극으로 되돌아간다. 이와 같이 전류의 흐르는 방향과 크기가 언제나 일정하며 (+)극과 (−)극이 항상 고정되어 있는 전기를 직류라 한다.

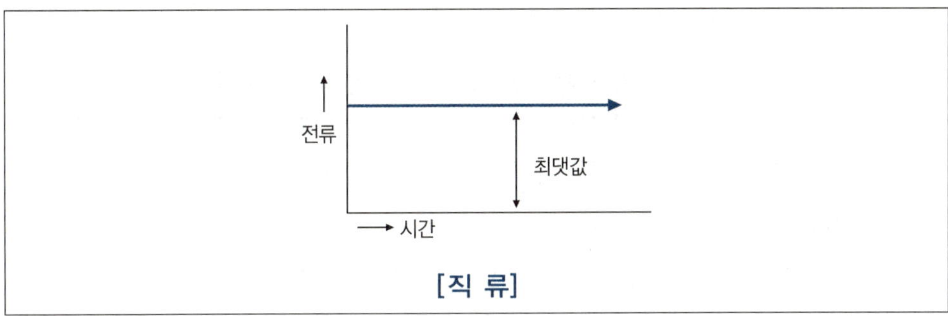

[직 류]

(2) 교류(交流, AC : Alternating Current)

전류의 크기가 계속 변화되면서 반파(180°) 주기마다 전류가 흐르는 방향도 계속해서 바뀌며 (+)극과 (−)극도 바뀌는 전기를 교류라고 한다.

① **주파수** : 발전기의 회전자가 1회전하면 아래 그림과 같이 360°의 파형이 생긴다. 이것을 1주기 또는 1싸이클이라고 한다. 1초당 주기의 수를 주파수(기호 : f)라고 하며 단위는 헤르츠(Hz)를 사용한다. 그러므로 우리가 사용하는 교류의 주파수 60(Hz)는 1초에 60개의 주기를 갖는다.

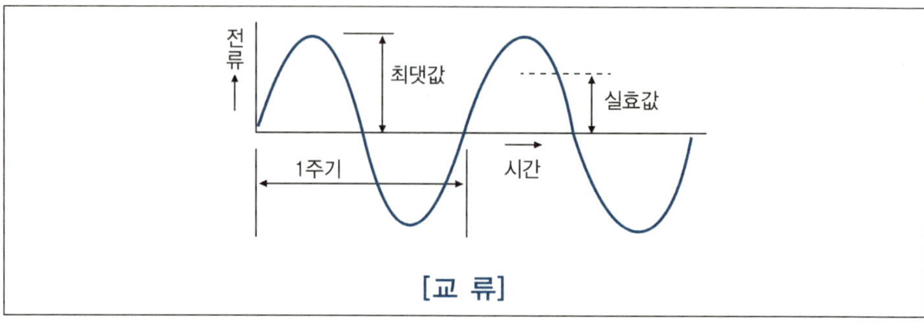

② **최대치 · 평균치 · 실효치**: 교류가 가장 크게 발생되는 전압을 최대치라고 한다. 여기에서 최대치를 100%로 하고 순간순간의 크기를 평균화해 보면 63.7%가 되며, 이 값을 평균치라고 한다.

$$\text{최대치}(V_m) = \frac{\text{평균치}}{0.637}, \quad \text{평균치}(V_a) = 0.637 \times \text{최대치}(V_m)$$

전기에서는 서로 한 일이 비교될 수 있도록 교류의 크기를 나타낼 때에는 그 교류와 같은 일을 하는 직류의 크기로 대신 나타내며 그 때 직류의 크기를 그 교류의 실효치라고 한다.

$$\text{직류의 크기} \times 1.414 = \text{교류의 최대치}$$
$$\text{직류의 크기} = 0.707 \times \text{교류의 최대치}$$

(3) 교류전력

① **피상전력**: 기기들의 사용전력이나 용량을 표시할 때에는 인가전압 V와 회로에 유입되는 전류 I 간의 위상차 θ는 고려하지 않고 단지 회로에 인가된 전압 V와 유입되는 전류 I의 크기만을 나타낸다. 이와 같이, 전압 V와 전류 I의 크기만으로 나타내는 전력이라고 하여 겉보기 전력 또는 피상전력이라고 하며 단위로는 유효전력의 와트(W)나 무효전력의 바(VAR)와 구분하기 위하여 볼트암페어(VA)를 사용한다.

$$\text{피상전력 } P = VI(VA)$$

② **유효전력**: 코일 등에 의해 θ의 위상차가 발생하는 경우에 전력(P) = 전압(V) × 전류(I)로 전력을 계산하면 맞지 않는다. 그러므로, 교류전압 V가 교류전류 I와 동위상으로 작용하는 전압 E를 구하고 난 후 동위상으로 작용하는 전압 E와 전류 I를 곱하면 교류전력 공식이 되며 이 값만큼 실제 사용되는 소비전력이 된다.

$$P = E \cdot I = (V\cos\theta) \cdot I = VI\cos\theta\,(\text{W})$$

◯ 단상인 경우: $P = VI\cos\theta\,(\text{W})$

◰ 3상인 경우: $P = \sqrt{3}\,VI\cos\theta\,(\text{W})$

③ **무효전력**: 위상차 θ만큼의 전력은 전원과 리액턴스를 오가기만 하고 아무런 일도 하지 않기 때문에, 이 값만큼을 무효전력이라고 한다.

$$P = EI = (V\sin\theta) \cdot I = VI\sin\theta\,(\text{VAR})$$

(4) 역 률

유효전력 $P = VI \times \cos\theta\,[\text{W}]$의 공식에서 전압 V와 전류 I 간의 위상차 θ가 작아지면 $\cos\theta$가 커지므로 유효전력의 값도 커지게 된다. 반대로 위상차 θ가 커지면 $\cos\theta$가 작아지므로 유효전력의 값도 작아지게 된다. 이와 같이 $\cos\theta$의 변화에 따라 실제로 일을 하는 유효전력이 커지기도 하고 작아지기도 하므로 이 $\cos\theta$를 역률(일을 하는 비율)이라고 한다.

다시 말하면, 역률은 유효전력과 피상전력과의 비다.

$$역률 = \frac{유효전력}{피상전력}$$

코일 성분인 변압기나 전동기들이 전기설비 계통에 많이 연결되면 이 코일 성분에 의해 전압과 전류의 위상차 θ가 커져서 역률이 작아지게 되므로 유효전력이 작아지고 무효전력이 커지게 된다. 이러한 경우에 유효전력을 증가시키기 위하여 코일과 반대되는 성분인 콘덴서를 연결하여 위상차 θ를 줄이고 역률을 증가시킨다. 이것을 역률개선이라고 한다.

→ 보충학습

| 역률개선

1. **전력요금의 경감**
   전기요금은 계약전력(kW)으로 정하는 기본요금과 사용전력량(kW)으로 정하는 전력요금으로 구성된다.

   전기요금(원) = 기본요금 + 전력량 요금

   $$기본요금(원) = 계약전력(\text{kW}) \times \left(1 + \frac{90 - 역율(\%)}{100}\right) \times 전력단가(원/\text{kW})$$

   전력량요금(원) = 사용 전력량(KW) × 전력단가(원/kWh)

전기공급규정에 따르면 역율이 90(%)에 미달하는 경우에는 매 1(%)에 대하여 기본 요금의 1(%)씩을 추가한다. 이러한 추가 전력요금은 전력용 콘덴서를 설치함으로써 감소시킬 수 있다. 무효 전력량계를 설치한 수용가에서 역율이 90(%)를 초과하는 경우에는 95(%)까지의 초과하는 매 1(%)에 대하여 기본요금의 1(%)씩을 감액한다.

:: 제21회

2. **역률 개선**
   ① 진상콘덴서(전력용 커패시터, SC)를 사용
   ② 역률 개선의 효과
   　　㉠ 전력손실 감소
   　　㉡ 수·변전 설비 용량 감소
   　　㉢ 한전의 송전능력 확대
   　　㉣ 전기요금 경감
   　　㉤ 전압강하 경감

3. **진상콘덴서 설비**
   전등부하나 전열부하는 역률이 좋지만 전동기 등은 역률이 나쁘기 때문에 부하설비의 종합 역률은 과히 좋지 않다. 이 역률을 개선하기 위하여 부하와 병렬로 진상용 콘덴서(Static Capacitor : SC)를 접속한다. 진상용 콘덴서는 저압측의 각 부하마다 개별적으로 접속하는 것이 역률 개선만을 생각할 때 가장 이상적이지만 설비비가 과다한 것이 문제이다. 그래서 자가용 변전설비에서는 고압 모선(母線)에 집중적으로 설치하는 경우가 많다. 또 개선 후의 역률을 95(%) 이상으로 하면 콘덴서 용량이 갑자기 증가하여 비경제적이기 때문에 95(%)를 초과하지 않도록 개선하는 것이 실질적이다.

02 강전설비(强電設備)

1 수변전설비

(1) 수변전설비 계획시 고려할 사항

① 변압기 용량이 작을수록 단위 kVA당 공사비는 증가한다.
② 총 시설용량이 일정할 경우 변압기 대수가 많을수록 단위변압기 용량은 작아지고, 1차측 케이블(Cable)량은 증가한다.
③ 넓은 지역에서는 변압기를 분산 배치하여 2차 배선 길이를 줄여줌으로써 많은 이점을 얻을 수 있다.

④ 일반적으로 수전반은 진공차단기나 특고압용 한류퓨즈를 사용하여 사고전류를 차단할 수 있게 한다.

⑤ 변압기의 2차측 주차단기는 인출형 기중차단기(ACB)나 MCCB가 일반적으로 사용된다.

⑥ 계획설계시 수전설비 용량은 건물 연면적에 부하 종류별 단위면적당 부하밀도(VA/m^2)를 곱하여 산정한다.

(2) 설계순서

① 부하설비의 용량을 각 부하별로 산출한다.

② 최대 수용전력에 따라 수·변전설비 용량(변압기 용량)을 산출한다.

③ 계약전력과 수전 전압을 결정한다.

④ 인입방식과 배선방식을 작성한다.

⑤ 주회로의 결선도를 작성한다.

⑥ 변전설비의 형식을 작성한다.

⑦ 제어방식을 결정한다.

⑧ 변전실의 위치와 면적을 결정한다.

⑨ 기기의 배치를 결정한다.

(3) 부하설비 용량의 산출

① 부하설비 용량을 알고 있는 경우

㉠ 전등 부하의 경우

부하 설비	입력 환산 용량
백열전구, 할로겐 전구	소비전력 용량 × 1.0
형광등 나트륨등 메탈 할라이드등 수은등	정격용량 × 1.25

㉡ 동력부하의 경우: 전동기의 경우 전동기의 정격 용량에 역율, 효율 등을 고려하여 입력 용량을 환산하여 일반적으로 정격용량의 1.25배~1.8배 적용하고 내선규정 전동기 용량에 따른 규약전류표를 참조하여 환산된 용량을 적용한다.

② 부하설비 용량을 모르고 있는 경우

㉠ 부하설비 용량(VA) = 부하밀도(VA/m^2) × 연면적(m^2)

㉡ 부하 밀도(VA/m^2) = 전등, 일반 동력, 냉방 동력을 포함한 부하설비 용량의 일반적인 평균치

각종 건물의 부하용량(VA/m²)

부하 종별 건물의 종류	전 등	일반 동력	냉방 동력	합 계
사무실	37	60	37	134
백화점(상점)	60	45	55	160
주 택	25	20	25	70
학 교	25	15	20	60

:: 제14회

(4) 수변전설비 용량

부하설비 용량이 산출되어 그 값을 그대로 사용하면 과다한 설비가 될 수 있으므로 수변전설비 용량은 수용률(수요율), 부등률, 부하율을 고려하여 최대수요전력을 구하고, 장래 부하증가를 고려하여 변압기 총용량을 결정한다.

:: 제18회, 제26회

① **수용률**(Demand Factor) : 수용장소에 설치된 총 설비용량에 대하여 실제 사용하고 있는 부하의 최대수요전력과의 비율을 백분율로 표시한 것이다.

$$수용률 = \frac{최대수요전력\ 합계(kVA)}{총\ 부하설비용량\ 합계(kVA)} \times 100[\%]$$

② **부하율**(Load Factor) : 부하율은 전기설비가 어느 정도 유효하게 사용하고 있는가를 나타내는 척도이고 어떤 기간 중에 최대수요전력과 그 기간 중에 평균전력과의 비율을 백분율로 표시한 것이다.

$$부하률 = \frac{부하의\ 평균전력(kVA)}{최대수요전력(kVA)} \times 100[\%]$$

부하율은 기준에 따라 일부하율, 월부하율, 연부하율 등으로 나타내며 부하율이 클수록 전기설비가 유효하게 사용하고 있음을 나타낸다.

③ **부등률**(Diversity Factor) : 수용가의 설비부하는 각 부하의 부하특성에 따라 최대수용전력 발생시각이 다르게 나타나므로 부등율을 고려하면, 변압기용량을 적정용량으로 낮추는 효과를 갖게 된다.

$$부등률 = \frac{각\ 부하의\ 최대수요전력의\ 합(kVA)}{합성최대수요전력(kVA)}$$

♀ OX

1. 부하율이 작을수록 전기설비가 효율적으로 사용되고 있음을 나타낸다. (×)
2. 부등률은 합성 최대수요전력을 구하는 계수로서 부하 종별 최대수요전력이 생기는 시간차에 의한 값이다. (○)
3. 부등률이 높을수록 설비이용률이 낮다. (×)

부등율은 항상 1보다 크며, 이 값이 클수록 일정한 공급설비로 큰 부하설비에 전력을 공급할 수 있다는 것이며, 부등률이 크다는 것은 공급설비의 이용률이 높다는 것을 뜻한다.

예제

수변전설비에 관한 내용으로 옳지 않은 것은?　　　　　　　제26회

① 공동주택 단위세대 전용면적이 60m² 이하인 경우, 단위 세대 전기 부하용량은 3.0kW로 한다.
② 부하율이 작을수록 전기설비가 효율적으로 사용되고 있음을 나타낸다.
③ 역률 개선용 콘덴서라 함은 역률을 개선하기 위하여 변압기 또는 전동기 등에 병렬로 설치하는 커패시터를 말한다.
④ 수용률이라 함은 부하설비 용량 합계에 대한 최대 수용전력의 백분율을 말한다.
⑤ 부등률은 합성 최대수요전력을 구하는 계수로서 부하종별 최대수요전력이 생기는 시간차에 의한 값이다.

해설

② 부하율이 작을수록 공급전력을 제대로 사용하지 못하고 있고, 가동률이 떨어지고 있음을 나타낸다.

　　　　　　　　　　　　　　　　　　　　　　　　　　　　　　　　□ 정답 ②

---

(5) 전압의 종별과 계약 전력

수전전압은 대부분 22.9(kVA) 다중 접지식 3상 4선식의 특별고압으로 되어 있으나 실제로는 수전지점과 수전용량 및 사용조건 등에 따라 한국전력공사의 공급전압이 정하여지기 때문에 직접 협의하여 결정하도록 해야 한다.

① **수전전압의 분류**

　㉠ 저압 : 220(V), 380(V)

　㉡ 특별고압 : 22,900(V), 154,000(V), 345,000(V)

② **공급 전압의 결정** : 한국전력공사의 전기기본공급약관에 의하면 전기를 공급하는 공급방식 및 공급전압은 전기사용장소 내의 계약전력의 합계를 기준으로 공급한다.

⊘ 계약전력과 공급방식 및 공급전압

계약전력(kW)	공급방식 및 공급전압(V)
1,000 미만	교류단상 220 또는 교류삼상 380
1,000 이상 10,000 이하	교류삼상 22,900
10,000 초과 400,000 이하	교류삼상 154,000
400,000 초과	교류삼상 345,000 이상

:: 제22회

주택건설기준 등에 관한 규정 제40조 【전기시설】 ① 주택에 설치하는 전기시설의 용량은 각 세대별로 3kW(세대당 전용면적이 60m² 이상인 경우에는 3kW에 60m²를 초과하는 10m²마다 0.5kW를 더한 값)이상이어야 한다.

🔗 **전압의 종별**

전압의 구분(한국전기설비규정 KEC)		
전압구분	2020년까지 기준	2021년 이후 기준
저 압	교류 : 600V 이하 직류 : 750V 이하	교류 : 1,000V 이하 직류 : 1,500V 이하
고 압	저압 초과 7kV 이하	저압 초과 7kV 이하
특고압	7kV 초과	

(6) **수전방식**(인입방식)

① **1회선 수전방식** : 소규모, 중규모 빌딩에 널리 사용되며 간단하고 경제적이나 정전에 대한 대책이 없다.

② **평행 2회선 수전방식** : 한쪽 배전선 사고에 대비할 수 있고 신뢰성이 높으나, 투자비가 많고, 보호계전방식이 복잡하다.

③ **예비회선 수전방식** : 두 곳의 변전소로부터 수전하며 점검 또는 정전시에는 예비회선으로 절체가 되어 전원공급이 가능하다. 신뢰성이 높은 반면 건설비, 유지비가 많이 든다.

④ **Loop회선 수전방식** : 부하 밀도가 크고 공급신뢰도가 높게 요구되는 장소에 적용하며 전압변동이 적고 경제적이나 인근에 Loop 수용가가 없는 경우에 곤란하다.

⑤ **Spot Network 방식** : 여러 가지 수전방식 중에서 가장 신뢰성이 높으며 설비비가 가장 많이 들고, 정전시간이 거의 없어 중요한 시설에 사용된다.

(7) **변전설비**

① **위 치**

㉠ 전기적인 사항

ⓐ 부하의 중심에 있어야 한다.

ⓑ 수전 및 배전에 유리해야 한다.

ⓒ 장래의 증설이나 크기의 확장성이 좋은 곳을 선정해야 한다.

㉡ 재해에 관한 사항

ⓐ 위험물 저장소나 폭발물 저장소 부근 등 화재의 우려가 없는 곳

ⓑ 부식성 가스의 침입이나 염해의 우려가 없는 곳

ⓒ 홍수시 침수의 우려가 없는 곳 등

💡 **OX**

전압구분상 직류의 고압기준은 1,500V 초과 7,000V 이하이다.

(○)

　　ⓒ 환경에 관한 사항

　　　ⓐ 환기가 잘될 것

　　　ⓑ 습기나 먼지가 적을 것

　　　ⓒ 기기의 반출입이 용이할 것

　　　ⓓ 천장 높이가 충분할 것

　　　ⓔ 발전기실, 축전기실과의 관련성을 고려하여 서로 인접한 장소일 것

　　ⓔ 경제성 : 설비비용, 간선비용, 재해, 환경직 측면에 소요비용 등을 고려하여 종합적인 경제성을 검토한다.

② **구 조**

　　㉠ 벽은 내화구조로 할 것

　　㉡ 출입문은 방화문으로 할 것

　　㉢ 바닥은 충분한 하중에 견디도록 설계할 것

　　㉣ 높이를 고려할 것(천장 높이가 충분할 것)

　　　ⓐ 고압 : 보 밑에서 3m 이상일 것

　　　ⓑ 특별 고압 : 보 밑에서 4.5m 이상일 것

③ **크기**(면적) : 수·변전실 소요면적을 추정하는 계산식에는 여러 가지가 있으나 일반적인 계산은 추정 변압기 용량을 근거로 다음과 같이 세 가지의 계산식을 인용한다.

$$A = K \times [\text{변압기용량(kVA)}]^{0.7} (m^2)$$

여기서, K : 1.7(특고압/고압인 경우)

　　　　K : 1.4[특고압/저압(380V)인 경우]

　　　　K : 0.98(고압/저압인 경우)

---

(8) 변전설비용 기기

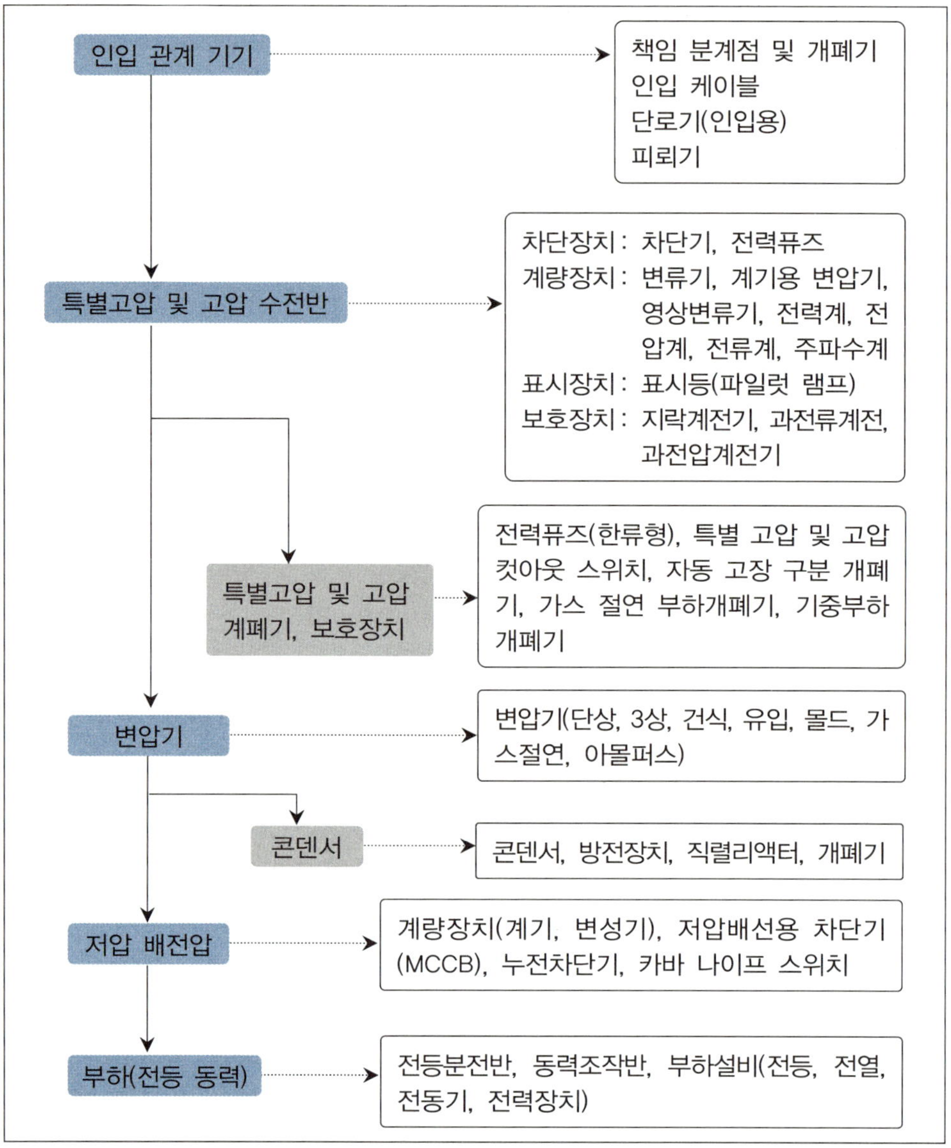

인입 관계 기기 → 책임 분계점 및 개폐기
인입 케이블
단로기(인입용)
피뢰기

특별고압 및 고압 수전반 →
차단장치 : 차단기, 전력퓨즈
계량장치 : 변류기, 계기용 변압기, 영상변류기, 전력계, 전압계, 전류계, 주파수계
표시장치 : 표시등(파일럿 램프)
보호장치 : 지락계전기, 과전류계전, 과전압계전기

특별고압 및 고압 계폐기, 보호장치 →
전력퓨즈(한류형), 특별 고압 및 고압 컷아웃 스위치, 자동 고장 구분 개폐기, 가스 절연 부하개폐기, 기중부하 개폐기

변압기 →
변압기(단상, 3상, 건식, 유입, 몰드, 가스절연, 아몰퍼스)

콘덴서 →
콘덴서, 방전장치, 직렬리액터, 개폐기

저압 배전압 →
계량장치(계기, 변성기), 저압배선용 차단기(MCCB), 누전차단기, 카바 나이프 스위치

부하(전등 동력) →
전등분전반, 동력조작반, 부하설비(전등, 전열, 전동기, 전력장치)

① **변압기**(變壓器) : 보통 고압의 전압을 저압의 전압으로 바꾸는 장치이다. 부하의 종류(동력용, 전등용), 총용량에 따라 대수가 정해지며 2차측 전기 방식을 단상 3선식, 3상 3선식, 3상 4선식 등으로 해서 적절한 소요 전압을 얻는다. 절연 방식에 따라 유입변압기, 건식변압기, 몰드변압기, 아몰퍼스 변압기, 가스절연변압기 등이 있다.

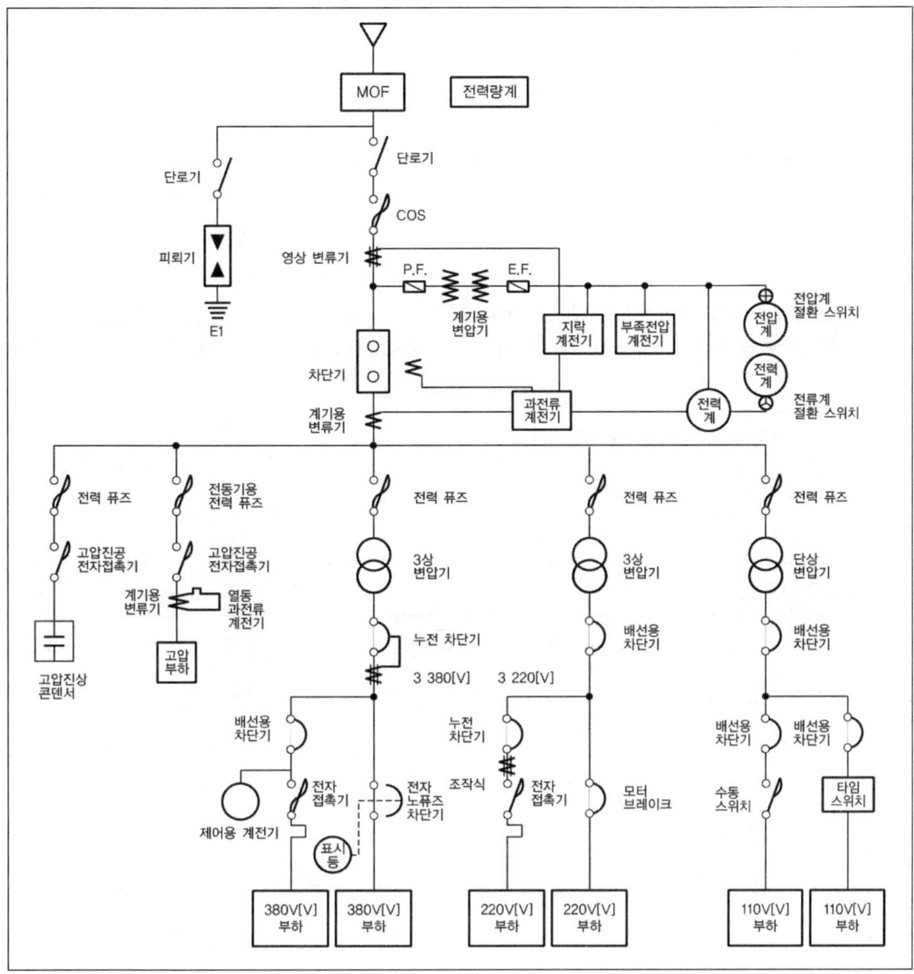

② **차단기**(Circuit Breaker) : 차단기는 보통의 부하전류를 개폐함과 동시에 회로에서 단락사고 및 지락사고가 발생시 각종 계전기와 조합으로 신속히 회로를 차단하여, 사고점으로부터 계통을 분리하여 회로에 접속된 전기기기, 전선류를 보호하고 안전하게 유지하는 역할을 수행하는 장치이다.

　㉠ 차단기의 기능

　　ⓐ 부하전류의 개폐

　　ⓑ 고장전류, 특히 단락전류와 같은 대전류의 차단

　　ⓒ 아크 소멸 기능

　㉡ 차단기의 종류

　　ⓐ 특고압용 차단기 : GCB, VCB, ABB

　　ⓑ 고압차단기 : VCB, GCB, MCB

　　ⓒ 저압차단기 : ACB, MCCB

> **각종 차단기**
> 1. 가스차단기(GCB ; Gas Circuit Breaker)
> 2. 진공차단기(VCB ; Vacuum Circuit Breaker)
> 3. 유입차단기(OCB ; Oil Circuit Breaker)
> 4. 자기차단기(MCB 또는 MBCB ; Magnetic Circuit Breaker)
> 5. 공기차단기(ABB 또는 ABCB ; Air Blast Breaker)

구 분	7.2(kV)	25.8(kV)	72.5(kV)	170(kV)	362(kV)
OCB	○	○	○	○	−
MCB	○	−	−	−	−
VCB	○	○	○	○	−
ABB	−	○	○	○	○
GCB	−	○	○	○	○

③ **전력 퓨즈**(PF) : 전력 퓨즈는 회로 및 기기의 단락 보호용으로서 변압기, 전동기, 회로 등의 사고시 단락 전류 차단에 쓰인다.

④ **개폐기** : 스위치라고도 하며 전기회로를 닫거나(ON) 열기(OFF) 위한 장치이다. 차단기처럼 단락시의 많은 전류를 차단하는 능력은 없지만, 일반상태에서 소정의 전로를 개폐 및 통전한다.

　㉠ 부하개폐기(LBS : Load Break Switch) : 수변전설비의 인입구 개폐기로 많이 사용되며 전력 퓨즈의 용단시 결상을 방지할 목적으로 채용되고 있다.

　㉡ 선로개폐기(LS : Line Switch) : 보안상 책임 분계점에서 보수 점검시 전로 개폐를 위하여 설치하며 반드시 무부하 상태에서 개폐해야 하며 단로기와 비슷한 용도로 사용한다.

> **용어 해설**
> 1. **결상** : 삼상의 전원이 어떤 사유에 의하여 한 상 또는 2상이 공급되지 않는 것을 의미한다. 일반적으로 한 상이 결상되는 경우가 많으며 이 경우에는 삼상으로 공급하던 부하를 2개의 상 즉, 2상에서 부담하므로 모터가 걸린 부하는 같은 상태에서 공급받는 전원의 힘이 부족하여 과부하로 소손(燒損)된다.
> 2. **불평형** : 삼상으로 공급되는 선로에서 단상부하의 사용이 많아 각 상에 부하가 균일하게 걸리지 않는 것을 의미한다.

ⓒ 컷아웃 스위치(COS : Cut Out Switch) : 주로 변압기의 1차측의 각 상에 설치하여 변압기의 보호와 개폐를 위하여 단극으로 제작되었으며 내부의 퓨즈가 용단되면 스위치의 덮개가 중력에 의하여 스스로 개방되어 멀리서도 퓨즈의 용단 여부를 쉽게 눈으로 식별할 수 있게 한다.

⑤ **단로기**(斷路器, DS ; Disconnecting Switch) : 개폐기의 일종으로 수용가의 인입구 부근에 설치하여 무부하(회로 분리)상태의 전로(電路)를 개폐하는 역할을 한다. 또한 변압기, 차단기 등 고전압기기의 1차측에 설치하여 기기를 점검·수리할 때 그 부분을 전원으로부터 개방하거나 또는 회로의 접속을 변경하는 경우에도 사용한다. 단로기는 부하전류를 개폐할 능력이 없기 때문에 부하전류가 흐르는 상태에서 개폐하면 매우 위험하다. 따라서, 단로기는 차단기를 열고나서 개폐할 필요가 있다.

ⓐ 변압기, 차단기 등의 보수 점검을 위해 설치하는 회로분리용

ⓑ 전력계통 변환을 위한 회로분리용

⑥ **피뢰기**(LA ; Lightning Arrester) : 수변전설비가 있는 변전실의 입구에 설치하며, 낙뢰나 혼촉 사고 등에 의하여 이상 전압이 발생하였을 때 선로 및 기기 등을 보호하기 위하여 설치한다.

⑦ **계기용 변성기** : 수변설비 등 고압회로에서는 취급하는 전압이 높고 전류가 많아 배전반 등에 직접 전압계와 전류계 등의 계기, 계전기를 접속하는 것은 취급상 굉장히 위험하다. 따라서 고압회로에 계기 등을 설치할 경우에는 계기용 저전압이나 소전류로 변성해야 된다. 이를 위해 필요한 장치를 계기용 변성기 또는 변성기라고 한다. 변성기는 변압기와 동일한 것이지만 사용목적의 차이에 따라 변성기라고 불리며 다음과 같은 것들이 있다.

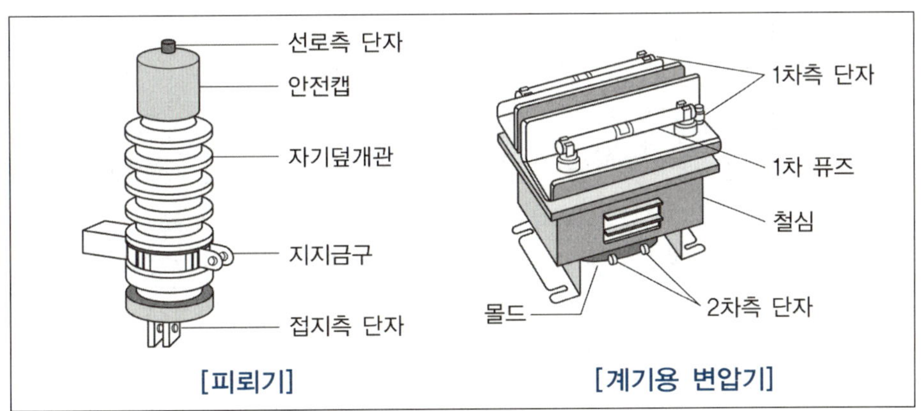

　　㉠ 계기용 변압기(PT ; Potential Transformer) : 특고압회로의 전압을 이에 비례하는 낮은 전압으로 변성하는 것(병렬로 접속하여 사용)으로 배전반의 전압계, 전력계, 주파수계, 역률계, 표시등 및 부족전압트립코일(UVC)의 전원으로 사용된다.

　　㉡ 계기용 변류기(CT : Current Transformer) : 고압회로의 대전류를 저압의 소전류로 변성하는 것(직렬로 접속하여 사용)으로 배전반의 전류계, 전력계, 계전기의 입력 전원으로 사용한다.

　　㉢ 계기용 변압 변류기(계기용 변성기, MOF ; Metering Outfit or PCT) : 계기용 변압기와 계기용 변류기를 조합한 것으로 변압(PT) 및 변류(CT)시켜서 DM[Maximum Demand Watt − Hour Meter(Demend Meter ; 최대수용 전력량계)에 전달해주는 장치]

　　㉣ 영상변류기(ZCT ; Zero − phase Current Transformer) : 전기회로의 지락사고를 검출하기 위하여 설치하는 것으로, 지락사고 발생시에 흐르는 영상전류를 검출하여 지락 계전기에 의하여 차단기를 동작시켜 사고를 방지한다.

⑧ **진상 콘덴서**(SC ; Stactic Condencer) : 역률 개선을 목적으로 사용한다.

⑨ **보호계전기** : 전력계통에서 단락과 지락 등의 이상전류와 전압이 발생한 경우, 영상변류기 등의 검출단이 이를 검출하는 것이다. 이 검출 신호에 의해 작동하여 차단기를 개방시켜 지락사고 등에서 기기와 전로를 적절히 보호하며, 피해를 최소한으로 줄이기 위한 '자동 스위치'의 역할을 하는 계전기의 총칭이 보호계전기이다.

　　㉠ 과전류계전기(OCR) : 부하에서의 단락사고와 과부하에 의해 흐르는 과전류를 변류기가 검출했을 때 차단기를 개방

　　㉡ 지락계전기(접지계전기, GR) : 지락사고 발생시에 영상전류검출의 신호에 의해 동작

　　㉢ 과전압계전기(OVR) : 회로의 전압이 소정치보다 과대할 때 작동

　　㉣ 부족전압계전기(UVR) : 전압의 이상 저하시에 동작

　　㉤ 비율차동계전기(Diff. R; Differential Relay) : 변압기나 조상기의 내부 고장시 1차와 2차의 전류비 차이로 동작하는 계전기

2 예비전원설비

건물에 갑자기 전원이 들어오지 않을 경우 화재나 수술시에 큰 재해를 야기하므로 이런 사고를 미연에 방지하기 위하여 최소한의 전력을 확보하기 위한 설비이다.

(1) 예비전원이 필요한 장소

병원의 수술실, 사람의 출입이 많은 건물, 소화설비, 비상조명 설비, 소화전용 펌프, 엘리베이터, 환기팬, 각종 경보장치, 확성장치, 도난경보장치 등에 필요하다.

(2) 예비전원이 갖추어야 할 조건

① **축전지**: 정전 후 충전하지 않고 30분 이상을 방전할 수 있을 것
② **자가발전설비**: 비상사태 발생 후 10초 이내에 가동하여 규정 전압을 유지하여 30분 이상 전력 공급이 가능할 것
③ **충전기를 갖춘 축전지와 자가발전설비와의 병용**: 자가발전설비는 사태발생 후 45초 이내에 시동해서 30분 이상 안정된 전력공급을 할 수 있어야 하며, 축전지설비는 충전합이 없이 20분 이상을 방전할 수 있을 것

(3) 자가발전설비

전력회사로부터 공급받는 상용전원의 정전 등 돌발사고를 대처하기 위하여 자위상 최소한의 보안 전력을 확보하기 위한 설비를 말한다.
① **장점**: 비교적 장기간의 정전에도 전원의 공급이 가능하다.
② **종류**: 전류의 종류에 따라 직류·교류 발전기, 사용하는 엔진에 따라 가솔린과 디젤방식이 있으나, 디젤 기관에 의해 구동되는 3상 교류 발전기가 많이 이용된다.
③ **용량**: 보통 수전설비 용량의 10~20% 정도를 발전한다.
④ **위 치**
   ㉠ 기기의 반출입이 쉽고 운전·보수가 용이한 곳
   ㉡ 배기 배출구에 가까운 곳
   ㉢ 변전실에 가까운 곳
   ㉣ 급배수와 연료의 보급이 손쉬운 곳
⑤ **구 조**
   ㉠ 내화구조일 것
   ㉡ 방음·방진설비를 할 것
   ㉢ 바닥은 충분한 하중에 견디도록 설계할 것

(4) 축전지설비

축전지, 충전장치, 보안장치, 제어장치 등으로 구성되며 수변전설비의 차단기 등과 같이 직류 전원이며 경제적이고 보수가 용이한 특성을 가지고 있다. 축전지설비는 예비전원으로서 상용전원이 불시에 정전되었을 때 자가발전설비를 가동시켜 정격전압으로 확보될 때까지 예비전원으로 사용되는 경우가 많다.

① **용도**: 주로 직류 전원의 공급에 이용되며 유도등, 전기시계, 화재경보장치, 비상용전원, 병원의 수술실, 비상방송, 방재용 설비 등에 이용된다.

② **종류**: 연축전지와 알칼리 축전지가 있으며 성능은 알칼리 축전지가 우수하다.

③ **용 량**

$$\text{축전지의 용량} = \text{방전 전류(A)} \times \text{방전 시간(h)}$$

④ **수명**: 정격 용량의 80% 이하로 감소했을 때를 전지의 수명으로 본다.

⑤ **충전 방법**: 교류 전류를 이용하여 직류로 변환하여 충전한다.

⑥ **위 치**

ⓐ 기기의 반출입이 쉽고 운전 및 보수가 용이한 곳

ⓑ 변전실에 가까운 곳

ⓒ 배기 배출구에 가까운 곳

ⓓ 급배수가 손쉬운 곳

⑦ **구조 및 배치**

ⓐ 축전지와 벽면과의 간격은 1m 이상

ⓑ 축전지와 보수하지 않은 쪽의 벽면과의 간격은 0.1m 이상

ⓒ 천장 높이는 2.6m 이상

ⓓ 축전지와 부속 기기와의 간격은 1m 이상

ⓔ 축전지와 입구 사이의 간격은 2.6m 이상

⑧ **축전지실의 시공시 주의사항**

ⓐ 내진성을 고려한다.

ⓑ 충전 중 수소가스의 발생이 있으므로 배기설비를 할 것

ⓒ 축전지 실내의 배선은 비닐 전선을 사용할 것

ⓓ 개방형 축전지를 사용할 경우 조명 기구는 내산성으로 할 것

ⓔ 충전기 및 부하에 가까워야 한다.

ⓕ 실내에 급·배수시설을 할 것

> **무정전 전원장치**(UPS : Uninterruptible Power System)
> 변환장치, 에너지 축적장치(예를 들면 축전지) 및 필요에 따라서 스위치를 조합함으로써 교류입력전원의 연속성을 확보할 수 있는 교류전원 시스템을 말한다.

3 감시 · 제어설비

(1) 감시설비

건물 내의 일반 동력설비, 공조설비, 약전설비, 수성설비 등 각종 전기설비의 작동 상태를 확인 점검하는 기능을 한다.

⊘ 제어의 종류와 목적

종 류	용 도	표시 방법
전원 표시	전원이 살아 있는지의 여부	백색 램프
운전 표시	작동상태를 표시	적색 램프
정지 표시	정지상태를 표시	녹색 램프
고장 표시	고장의 유무를 표시	오렌지색 램프와 버저 · 벨이 울린다.

(2) 제어설비

각종 전기설비를 제어하는 기능을 한다.

(3) 구 성

감시 · 제어설비는 보통 중앙집중방식을 많이 이용하며 조작반과 표시반으로 구성되어 있다.

(4) 위 치

건물 내의 모든 설비의 작동을 감시 · 조작하므로 충분한 공간 확보와 더불어 항상 수평을 유지하고 진동 등이 없는 곳이어야 한다.

♡ OX

UPS는 교류 무정전 전원장치를 말한다. (○)

4 배전(配電, Distribution)설비

송전되어 온 전력을 각 수용가에 분배하는 것을 배전이라 하며, 중소건물을 저압, 대규모 건물은 고압 또는 특고압으로 전력을 인입하여 건물 내에서 간선, 분전반, 분기회로를 거쳐 배전한다.

(1) 배전계통도

① 소규모 건물

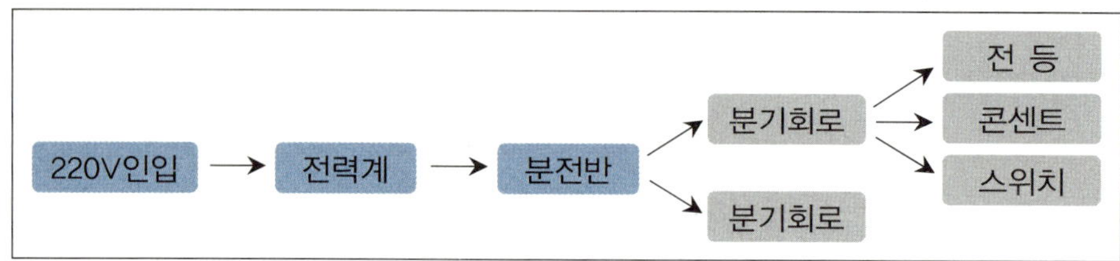

② 대규모 건물

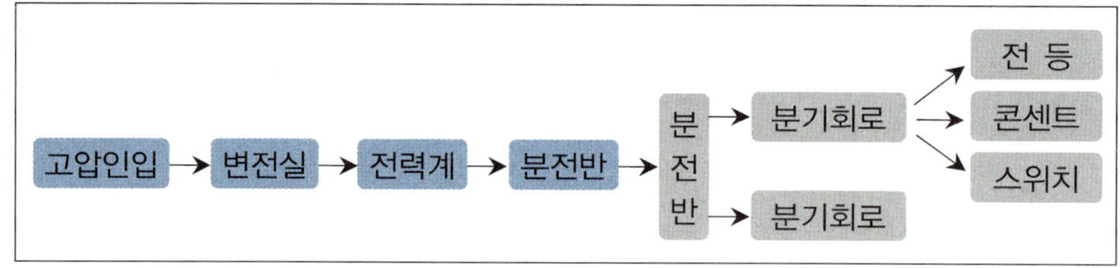

(2) 간선의 설계순서

① 간선부하용량 산출
② 전기방식(배전방식) 결정
③ 배선방식 결정
④ 전선의 굵기 결정

(3) 배전방식(전기방식)

① **단상 2선식**(220V, 110V)
　㉠ 최근에는 모든 가전제품의 110V 제작을 법적으로 금지시키고 있다.
　㉡ 보통 일반주택 등의 소규모 건물에서 많이 사용하는 방식이다.

② **단상 3선식**(220/110V)
　㉠ 일반 전등(3kW 이상), 40(kW) 이상의 형광등, 0.75(kW)(1마력) 이하의 단상 전동기 등과 같이 용량이 비교적 큰 부하의 배선에 사용한다. 이 방식은 전등, 전열병용의 인입선이나 분전반의 간선으로 채용하게 되면 전선의 양이 많이 절약되는 이점이 있지만 지금은 110V를 거의 사용하지 않으므로 의미가 없다.

간선(幹線, 전력간선)

전등분전반, 배전반에서 동력제어반까지의 옥내 배전선

분기회로(分岐回路)

전등분전반에서 전등이나 콘센트까지의 배선, 동력제어반에서 전동기까지의 배선

ⓒ 중선선과 본선은 전원이 각각 110V, 본선 2개를 연결하면 220V이므로 두 종류의 전압을 얻을 수 있다(중·대규모 건물의 간선으로 이용된다).

③ **3상 3선식**(220V, 380V)

　㉠ 모든 전압이 220V 또는 380V이다.

　ⓒ 효율이 좋고, 전기적 안정성이 우수하다.

　ⓒ 주로 동력(전동기)의 전원으로 많이 이용된다.

④ **3상 4선식**(220/380V)

　㉠ 대규모 건물이나 공장 등의 전등, 동력의 전원으로 여러 종류의 전압이 필요할 때 선택된다.

　ⓒ 동력용과 전등·전열용 두 가지 전압을 동시에 공급할 수 있으며 우리나라에서는 주로 220/380V를 사용한다.

　ⓒ 중성선은 청색(구기준 : 백색과 회색, 현재 : 2021년 이후)으로 사용한다.

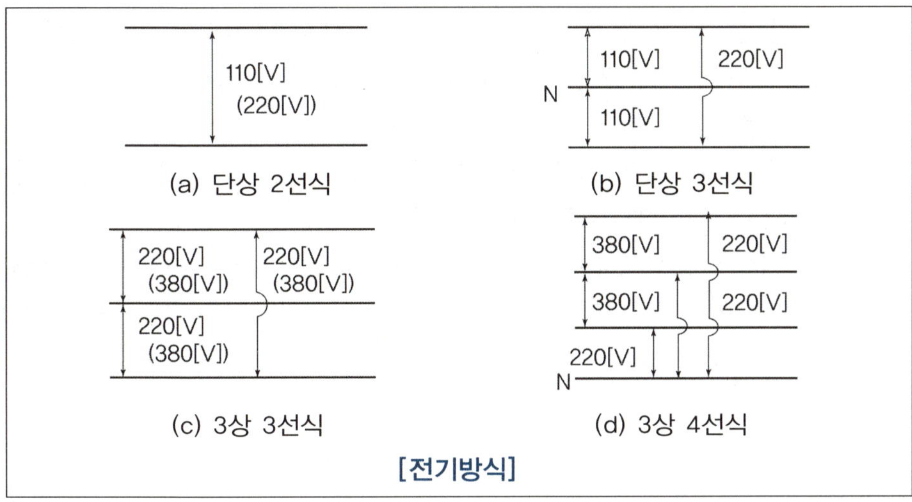

🔗 **전선의 식별 규정**

2020년까지 기준(내선 규정)		2021년 이후 기준	
전선구분(상 구분)	색 상	전선구분(상 구분)	색 상
R	흑색	L1	갈색
S	적색	L2	흑색
T	청색	L3	회색
N(중성선)	백색 또는 회색	N	청색
접지선	녹색 또는 녹황교차	보호도체(PE)	녹황교차

(4) 간선(幹線)의 배선방식

건물로의 인입개폐기(배선용 차단기)로부터 각층마다 설치된 분전반의 분기개폐기까지의 배선을 말한다.

① **나뭇가지식(수지상식)**

  ㉠ 1개의 간선이 각각의 분전반을 거쳐 가며 배전되므로 말단 분전반은 전압이 떨어질 수 있다.

  ㉡ 부하가 감소됨에 따라 간선의 굵기도 감소하지만, 굵기가 변하는 접속점에는 보안장치가 요구된다.

  ㉢ 간선의 굵기를 줄여감으로써 배선비는 적게 드는 편이다.

  ㉣ 분전반간의 단자 전압에 불균형이 있어 중·소규모 건물의 배전방식으로 적합하다.

② **개별식(평행식, 단독형)**

  ㉠ 각 분전반마다 배전반으로부터 단독으로 배선되어 있으므로 전압강하가 적고 사고가 발생하여도 그 범위를 좁힐 수 있는 것이 특징이다.

  ㉡ 배선비가 많아지므로 설비비는 많이 드는 편이다.

  ㉢ 의료기기, 공장 등과 같은 특수부하의 경우나 대규모 건물에 사용한다.

③ **개별식(평행식)과 나뭇가지식 병용식** : 평행식과 수지상식을 병용한 것으로, 부하의 중심에 분전반을 설치하고 이 분전반에서 각 분전반으로 배선하는 방식으로 대부분의 사무용 빌딩이나 주거용 공동주택 등에 이 방식이 가장 많이 쓰인다.

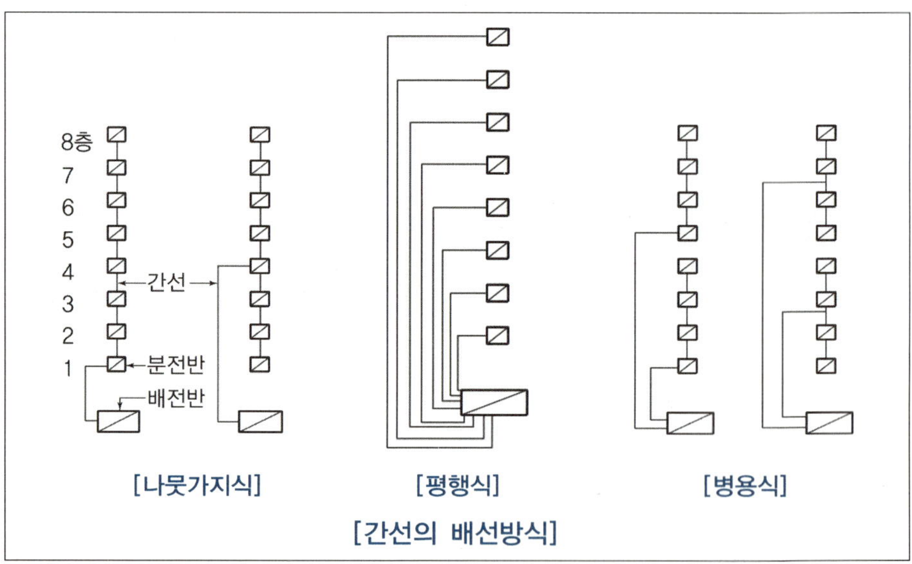

[간선의 배선방식]

(5) 전선의 굵기 결정

분기회로의 굵기는 전선의 허용 전류, 기계적 강도, 전압강하 등을 고려하여 결정한다.

① **전선의 허용 전류**(안전전류) : 회로의 전선에 전류가 흐르면 열이 발생한다. 열이 어느 한도 이상에 이르면 절연력이 약해진다. 그 한도의 전류용량은 전선의 굵기에 따라 정해지는데 이것이 전선의 허용 전류이다.

② **전압강하**(전압강하) : 회로에 전류가 흐르면 공급 전압이 전선의 저항(전선의 굵기, 전선의 길이 등)에 의해서 전압이 떨어지는 현상으로, 전압강하가 크면 불필요한 전력의 손실과 전구와 전등이 규정의 빛을 내지 못하며 분전반 부근과 회로의 말단에서 전압의 불균형이 생긴다. 전압강하는 회로에 나쁜 영향을 미치게 되므로 보통 분기회로의 전압강하를 2~3% 이하로 제한한다(건물 내에 설치하는 경우 3% 이내).

③ **기계적 강도** : 배선공사 중 단선 등의 어려움이 있거나 특수한 경우를 제외하고는 직경이 $2.5mm^2$ 이상인 연동선이나 동등 이상의 기계적 강도를 갖는 전선을 사용한다.

5 분전반과 분기회로

(1) 분전반(分電盤, Cabinet Panel)

분기 보안장치로 퓨즈류를 모아 놓은 장치로서, 배전반으로부터의 각 전선에서 소요의 부하에 배선을 분기하는 개소에 설치한 것으로 배전반의 일종이다.

① **설치 장소**
  ㉠ 가능한 한 부하의 중심에 가까울 것
  ㉡ 조작이 편리하고 안전한 곳에 설치할 것
  ㉢ 고층건물은 가능한 한 파이프 샤프트(P.S ; Pipe Shaft) 부근에 설치할 것
  ㉣ 가능한 매 층에 설치하고 분기회로 수는 20회선 정도까지 한도로 한다.
  ㉤ 전화용 단자함이나 소화전 박스와의 조화를 고려하여 배치할 것(복도나 계단 부근의 벽)

② **설치 간격** : 분기회로의 길이가 30m 이하가 되도록 설치한다.

③ **설치 내용** : 주 개폐기, 분기 개폐기(나이프 스위치, 노퓨즈 브레이커, 퓨즈, 자동 차단기)

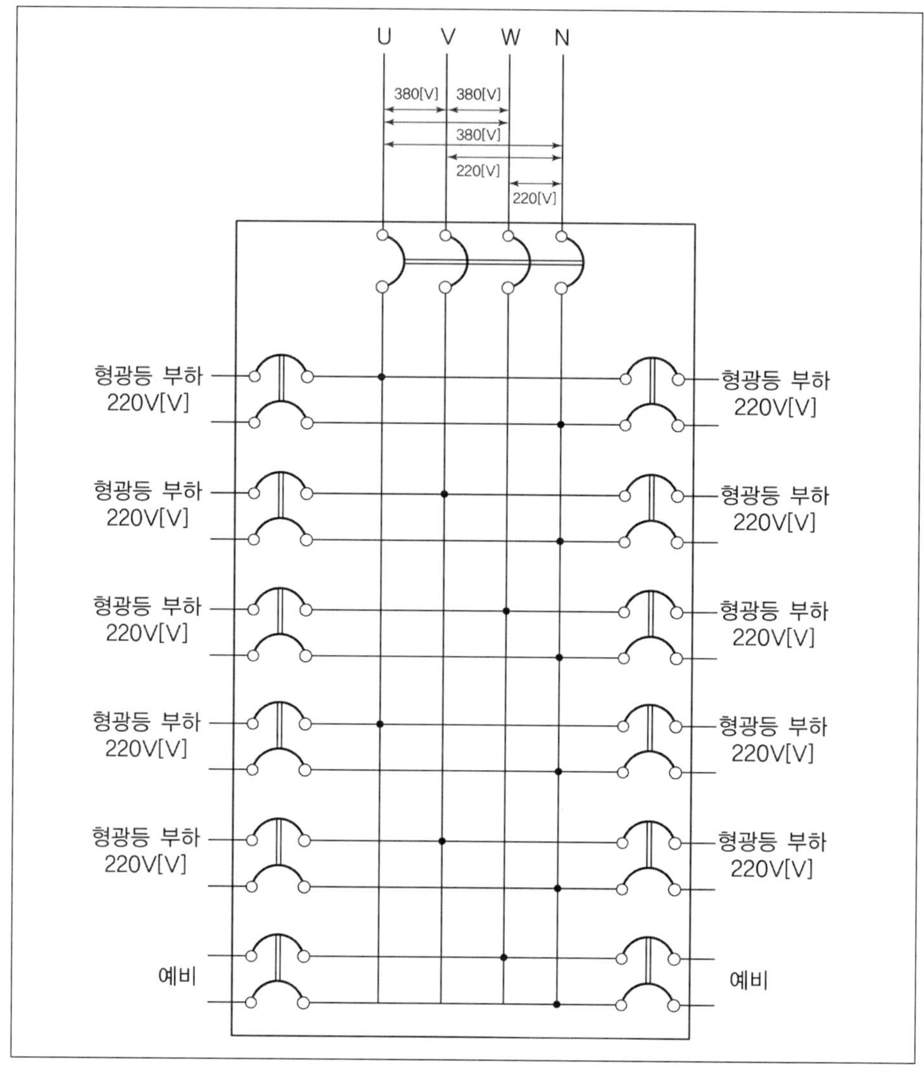

④ **분전반 공급면적**

   ㉠ 분전반 1개의 공급면적은 1,000m² 이하

   ㉡ 1개 층 1개소 이상 설치(분전반의 접지는 제3종 접지)한다.

(2) 분기회로

분기회로는 건물 내의 저압 옥내 간선으로부터 분기하여 전등이나 콘센트 등의 전기기기에 이르는 저압 옥내 전로와 분전반으로부터의 전선 등을 말한다.

① **설치 목적**

   ㉠ 모든 전기기기를 안전하게 사용하고 보고

   ㉡ 고장시 신속한 보수

   ㉢ 고장 파급 장소를 줄이는 것

② **분기회로 설치시 고려사항**

　㉠ 건물의 평면계획과 구조를 고려하여 배선이 쉽도록 회로를 나눈다.

　㉡ 같은 실이나 같은 방향의 아웃렛(Outlet)은 가능하면 동일회로로 만들어 교차하지 않도록 한다.

　㉢ 전등 및 아웃렛 회로, 콘센트 회로는 되도록 15A 분기회로로 하고 특별히 용량이 큰 전기기기는 전용회로로 해서 용량에 따라 20A, 30A, 40A, 50A 회로로 한다.

　㉣ 복도, 계단 등은 될 수 있는 대로 동일회로로 한다.

　㉤ 습기가 있는 장소의 아웃렛은 단독회로로 별도로 설치한다.

　㉥ 3상 4선식 배선에서는 중성선 이외의 각선의 부하가 같도록 분기회로의 부하를 균형 있게 한다.

　㉦ 같은 스위치로 점멸되는 전등은 같은 회로로 한다.

③ **분기회로의 종류**: 분기회로의 종류는 이것을 보호하는 분기 과전류 차단기의 정격전류에 따라서 다르고 아래 표와 같이 분류한다.

🔗 분기회로의 종류와 과전류 차단기

분기회로의 종류	과전류 차단기의 정격전류
15(A) 분기회로	15(A)
20(A) 배선용 차단기 분기회로	20(A)(배선용 차단기에 한함)
20(A) 분기회로	20(A)(퓨즈에 한함)
30(A) 분기회로	30(A)
40(A) 분기회로	40(A)
50(A) 분기회로	50(A)
50(A)를 초과하는 분기회로	배선의 허용전류 이하

💡 OX

습기가 많은 장소의 콘센트는 접지형으로 설치하고 일반콘센트와 별도의 회로를 구성해야 한다. (○)

6 배선공사

배선공사

배선방법	시설의 가 부(옥내)					
	노출장소		은폐장소			
			점검가능		점검불가능	
	건조한 장소	습기가 많은 장소 또는 물기가 있는 장소	건조한 장소	습기가 많은 장소 또는 물기가 있는 장소	건조한 장소	습기가 많은 장소 또는 물기가 있는 장소
애자 사용	○	○	○	○	×	×
금속관	○	○	○	○	○	○
합성수지관	○	○	○	○	○	○
가요전선관 (2종)	○	○	○	○	○	○
금속몰드	○	×	○	×	×	×
플로어덕트	×	×	×	×	③	×
금속덕트	○	×	○	×	×	×
라이팅덕트	○	×	○	×	×	×
버스덕트	○	×	○	×	×	×

💡 ③은 콘크리트 등의 바닥 내에 한한다.

(1) 애자 사용 공사

애자(클리트, 노브 등)로 절연전선을 지지하여 배선하는 것으로 전선 상호 간의 간격은 6cm 이상으로 한다.

(2) 목제몰드공사

목제에 홈을 파서 홈에 절연전선을 넣고 뚜껑을 덮어 실시하는 공사이다.

(3) 금속몰드공사

① 폭 5cm 이하, 두께 0.5mm 이상의 철재 홈통의 바닥에 전선을 넣고 뚜껑을 덮은 것이다.
② 접속심이 없는 절연전선을 사용하고 접속은 기계적·전기적으로 완전히 접속되어야 한다.
③ 바닥, 벽에 많이 이용되나 습기가 많은 곳에는 부적당하다.
④ 주로 철근콘크리트건물에서 기설의 금속관 배선에서 증설 배선한다.

💡 OX

금속몰드공사는 주로 철근콘크리트건물에서 기설치된 금속관 배선을 증설할 경우에 사용된다. (○)

⑷ **금속관공사**

① **특 징**

㉠ 전선이 기계적으로 완전 보호된다.

㉡ 단락사고, 접지사고 등에 있어서 화재의 우려가 작다.

㉢ 접지공사를 완전히 하면 감전의 우려가 없다.

㉣ 방습장치를 할 수 있으므로 전선을 내수적으로 시설할 수 있다.

㉤ 배관과 배선을 따로 시공하므로 건축 도중에 전선의 피복이 손상을 받지 않는다.

㉥ 전선 교환이 용이하다.

② **전 선**

㉠ 금속관배선에는 절연전선을 사용한다.

㉡ 금속관 내에서는 전선에 접속점을 만들어서는 안 된다.

③ **관의 두께**

㉠ 콘크리트에 묻을 때 1.2mm 이상

㉡ 노출 배관 1.0mm 이상

㉢ 관의 접속 부분이 없고 길이가 4m 이하의 것을 건조하고 전개된 장소에 사용할 때 0.5mm 이상

⑸ **합성수지관공사**

① **금속관과 비교**

㉠ 누전의 우려가 없다.

㉡ 내식성이다.

㉢ 접지가 불필요하다.

㉣ 중량이 가볍고 시공이 용이하다.

㉤ 기계적 강도가 약하다.

㉥ 파열될 염려가 있다.

㉦ 열에 약하다.

② **전 선**

㉠ 합성수지관배선에는 절연전선을 사용한다.

㉡ 합성수지관 내에서는 전선에 접속점을 만들어서는 안 된다.

③ **시설장소의 제한** : 합성수지관배선은 중량물의 압력 또는 심한 기계적 충격을 받는 장소에 시설하여서는 안 된다. 다만, 적당한 방호장치를 시설한 경우에는 그렇지 않다. 이중천장(반자 속 포함) 내에 시설할 수 없으며, 그 외의 장소에 시설할 수 있다.

(6) 가요전선관공사

건조하고 전개된 장소, 건조하고 점검할 수 있는 은폐 장소로 콘크리트에 매설할 수 없다. 작은 증설공사, 금속관공사의 어려운 벤딩 가공을 하는 부분이나 접속하는 박스, 기기 등이 다소 움직이거나 진동하는 장소로 전동기에 이르는 공사, 엘리베이터의 공사, 기차, 전차 안의 배선공사에 이용된다.

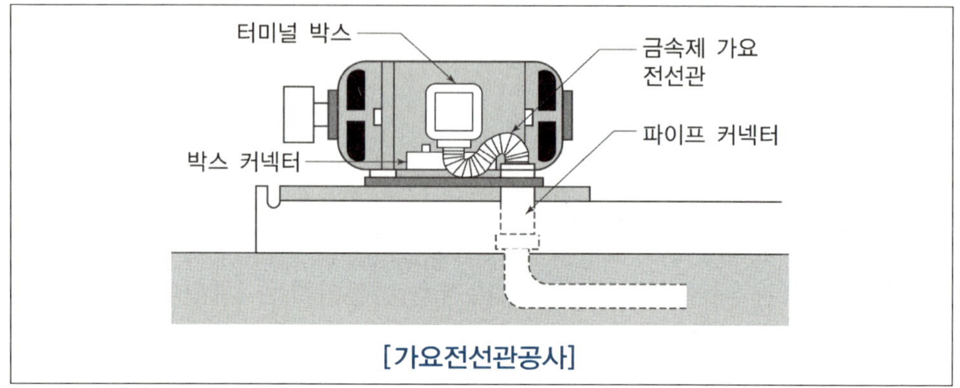

[가요전선관공사]

(7) 금속덕트공사

금속관에 의한 간선의 갯수가 많아져 경로의 단면적이 커지는 경우에 시설되는 공사

① 덕트는 전선 시공상 극히 융통성이 있으며 금속관공사보다 건물의 공간 점유 면적이 적다.

② 덕트 내에 세퍼레이터를 설치하면 강약전 회로 양쪽의 배선을 할 수 있다.

③ 금속관공사보다 증설시에 편리하다.

④ 많은 전선을 인출하는 간선공사, 미래에 증설이나 변경이 예정된 간선공사에 유리하다.

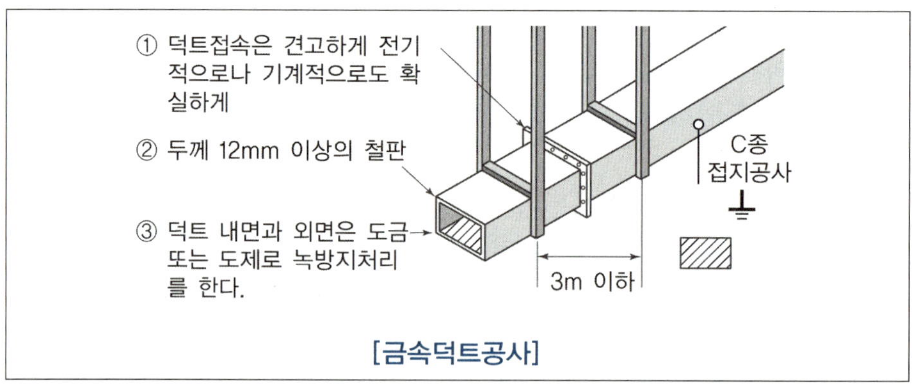

[금속덕트공사]

(8) 버스덕트공사

① 저압의 비교적 큰 전류가 흐르는 간선공사에 사용한다.
② 콤팩트하며 대용량의 배전을 할 수 있다.
③ 간선 계통을 간소화할 수 있다.
④ 부설이 용이하다. 특히 알루미늄제는 경량으로 취급이 용이하다.
⑤ 보수 점검이 용이하다.

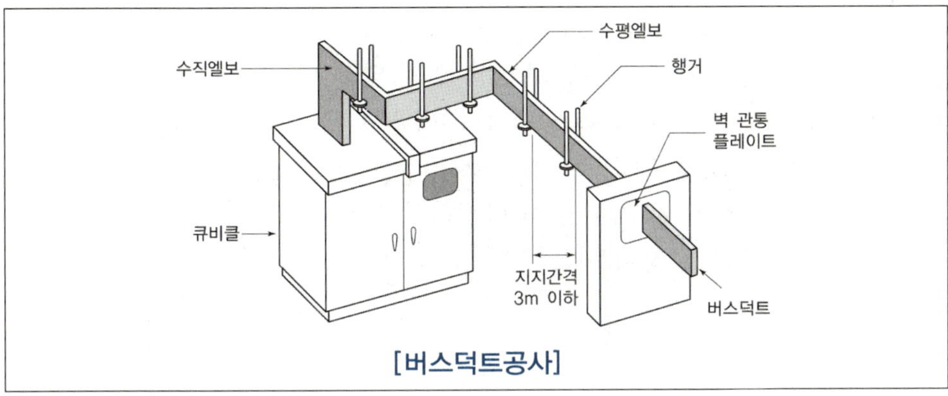

[버스덕트공사]

(9) 플로어덕트공사

옥내의 건조한 콘크리트의 바닥 내의 매설에 한하여 시설할 수 있다. 플로어 덕트는 주로 빌딩의 일반사무실 바닥에 설비되고 있는데 최근에 사무실에서는 고정된 칸막이를 하지 않고 간이 칸막이에 의하여 필요에 따라 적시에 실의 크기 및 책상의 배치를 변경하는 경향이 많아짐에 따라 콘센트, 전화의 아웃렛을 바닥면에 시설하면 불편하므로 플로어덕트가 설치되어 온 것이다.

(10) 라이팅덕트공사

매장의 쇼윈도, 화랑의 벽면 조명과 같이 배선이 복잡하고 광원을 이동시킬 필요가 있는 경우에 설치한다.

예제

전기배선공사에 관한 설명으로 옳지 않은 것은? 제15회

① 플로어덕트공사는 옥내의 건조한 콘크리트 바닥 내에 매입할 경우에 사용된다.
② 라이팅덕트공사는 굴곡 장소가 많아서 금속관공사가 어려운 부분에 많이 사용된다.
③ 버스덕트공사는 빌딩, 공장 등에서 비교적 큰 전류가 통하는 간선에 많이 사용된다.
④ 합성수지몰드공사에서 합성수지몰드 안에는 원칙적으로 전선에 접속점이 없도록 해야 한다.
⑤ 금속몰드공사는 철제 홈통의 바닥에 전선을 넣고 뚜껑을 덮는 배선방법이다.

해설

② 가요전선관공사는 굴곡 장소가 많아서 금속관공사가 어려운 부분에 많이 사용된다.

정답 ②

OX

라이팅덕트공사는 굴곡 장소가 많아서 금속관공사가 어려운 부분에 많이 사용된다. (×)

(11) **배선 기구**

① **과전류 보호기**(자동 차단기) : 과전류가 흐르면 자동적으로 전로를 차단하는 것으로, 퓨즈브레이커, 서킷 브레이커 등이 있다.

  ㉠ 퓨즈(Fuse) : 과부하 또는 단락시 자동적으로 가용체(Fuse)를 녹여 회로를 차단한다.

  ㉡ 배선용 차단기(配線用 遮斷器, MCCB; Molded Case Circuit Breaker) : 과전류가 흐를 때 자동적으로 회로를 끊어서 보호하는 것으로 퓨즈와는 달리 그 자체에 아무런 손상을 입지 않고 다시 원상태로 복귀하여 재사용할 수 있으며, 노퓨즈 브레이커(NFB : No Fuse Breaker)라고도 한다.

  ㉢ 누전 차단기(ELCB, Earth Leakage Circuit Breaker) : 분전반에 설치하여 전로에 지락(누전)이 발생하였을 때, 이를 감지하여 자동으로 회로를 차단하는 장치이다.

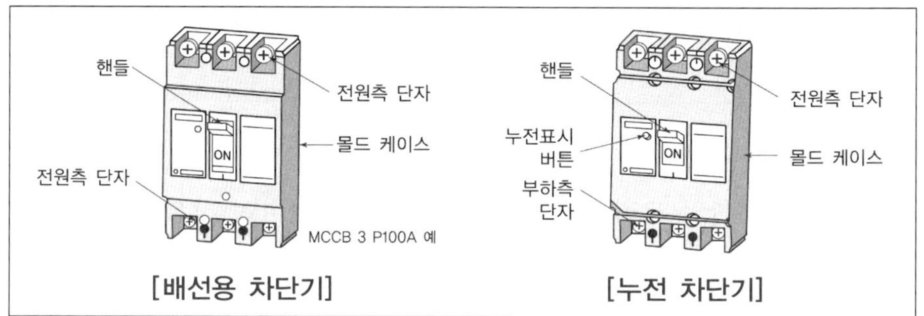

② **개폐기** : 옥내 배선에 있어 전로를 조작하거나 보수하기에 편리할 목적으로 각종 개폐기를 설치한다.

  ㉠ 나이프 스위치(Knife Switch)

    ⓐ 대리석, 베클라이트, 사기 등의 절연대 위에 칼, 칼받이 및 퓨즈 등으로 구성되어 있는 개폐기로 커버가 없는 나이프 스위치는 감전의 우려가 있다.

    ⓑ 배전반, 분전반에 이용된다.

  ㉡ 컷 아웃 스위치(Cut − Out Switch)

    ⓐ 스위치와 보안장치를 겸비한 소용량의 보안 개폐기이며 안전기 또는 두꺼비집, 베이비 스위치라 부른다.

    ⓑ 감전을 다소 방지할 수 있도록 뚜껑이 있으며 퓨즈를 이용한다.

    ⓒ 주택 등의 소용량에 이용되었지만 요즘은 NFB로 대치되어 사용되고 있다.

③ **점멸기**
　　㉠ 로터리 스위치(Rotary Switch)
　　　　ⓐ 손잡이를 시계방향으로 회전시켜 점멸한다.
　　　　ⓑ 노출형으로 많이 이용된다.
　　㉡ 텀블러 스위치(Tumbler Switch)
　　　　ⓐ 노출형·매입형이 있으며, 상하 또는 좌우로 점멸한다.
　　　　ⓑ 사무실, 아파트, 주택 등의 출입구에 전등의 점멸장치로 가장 많이
　　　　　이용된다.
　　㉢ 푸시 버튼 스위치(Push − Button Switch)
　　　　ⓐ 두 개의 버튼 중에서 하나를 누르면 켜지고 다른 하나를 누르면 소등
　　　　　이 되도록 되어 있다.
　　　　ⓑ 대부분 매입형이다.
　　㉣ 풀 스위치(Pull Switch) : 천장 또는 높은 곳에 설치해서 내려뜨려진 끈
　　　　을 잡아 당겨 점멸한다.
　　㉤ 코드 스위치(Cord Switch) : 코드 중간에 접속해서 점멸하는 것이다.
　　㉥ 캐노피 스위치(Canopy Switch) : 전등 기구의 플랜지 내부에 끈을 설
　　　　치해서 끈으로 점멸한다.
　　㉦ 3로 스위치 : 3개의 단자를 구비한 전환용 용수철 스위치로서 복도의
　　　　양끝, 계단의 상하향에 설치하여 어느 곳에서도 전등을 점멸할 수 있도
　　　　록 하는 스위치이다.
　　㉧ 타임 스위치(Time Switch)
　　　　ⓐ 일정한 시간 동안만 점등이 되도록 하는 데 이용된다.
　　　　ⓑ 아파트, 호텔 객실 등의 현관에 주로 설치한다.
　　㉨ 오토매틱 스위치(Automatic Switch) : 외부 조도 등에 따라 자동으로
　　　　점멸되는 스위치이다. 옥외 가로등에 많이 이용된다.
　　㉩ 플로트 스위치(Float Switch)
　　　　ⓐ 수위(水位)에 의한 부자(浮子)의 움직임에 따라 작동하는 스위치이다.
　　　　ⓑ 옥상 물탱크의 수량을 조절하는 전동기 제어용으로 이용된다.
　　㉪ 마그네틱 스위치(Magnetic Switch)
　　　　ⓐ 펌프의 부하에 따라 자력의 성질이 바뀌는 원리로 작동한다.
　　　　ⓑ 펌프의 전동기 제어용으로 이용된다.
④ **접속기**
　　㉠ 콘센트
　　　　ⓐ 전기기구의 플러그를 꽂을 수 있도록 되어 있는 것이다.
　　　　ⓑ 매입형과 노출형이 있다.

ⓒ 일반적으로 바닥 30cm 정도의 높이에 설치하며 사무실의 경우 벽길이 5m 정도마다 설치하며, 복도에는 청소용 등으로 20~30m마다 설치한다.

ⓛ 로제트: 옥내 배선과 코드를 접속할 때 이용된다.

ⓒ 코드 커넥터: 코드와 코드의 연결을 위해서 사용한다.

ⓔ 소켓, 분기소켓: 전구와 코드를 접속할 때 이용된다.

7 전동기

(1) 전동기의 종류

분 류	형 식		
교 류	유도전동기	단 상	분상 기동형
			콘덴서 기동형
			반발 기동형
		3상	농형 유도 전동기
			권선형 유도 전동기
	동기(동기 전동기)		
	정류자 전동기		
직 류	분권 전동기		
	직권 전동기		
	복권 전동기		

(2) 전동기의 특성

전동기는 대규모 건물에 설비되는 공조시설, 급·배수, 엘리베이터, 에스컬레이터 등에 필요한 전력을 공급하기 위해서 필요하다.

① **유도 전동기**: 취급이 매우 간단하고 기계적으로도 견고하며 가격이 싸다.

ⓐ **분상 기동형**: 얕은 우물 펌프나 세탁기용

ⓛ **반발 기동형**: 깊은 우물 펌프용

ⓒ **콘덴서 기동형**: 역률과 효율이 양호하여 많이 사용한다.

ⓔ **농형 유도 전동기**: 견고하고 고장이 적으며, 가격이 저렴하다. 공장이나 빌딩 등의 동력설비로 가장 많이 이용된다.

ⓜ **권선형 유도 전동기**: 큰 시동 토크나 속도 제어가 필요한 곳에 이용된다.

② **동기 전동기**: 구조·취급이 복잡하며, 시동·정치가 빈번한 용도에는 부적합하다. 대형 공기압축기, 송풍기 등에 사용한다.

③ **정류자 전동기**: 송풍기, 방적용

④ **직류용 전동기**

    ㉠ 속도 조절이 간단하고, 고도의 제어가 요구되는 장소에 사용한다.

    ㉡ 큰 시동 토크를 필요로 하는 엘리베이터, 전차 등에 사용한다.

    ㉢ 가격이 비싼 편이다.

    ㉣ 전원이 교류이므로 교류를 직류로 바꾸는 장치(정류자)가 필요하다.

(3) 전동기의 선정

① 사용 장소에 적합한 전동기를 선정한다.

② 부하의 성질에 적합한 전동기를 선정한다.

③ 사용 전압을 확인하고 이에 적합한 전동기를 사용한다.

03 약전 및 방재설비

1 인터폰 설비

구내 상호 간 통화하는 구내 전용 전화로 전화기형과 확성형(마이크로폰 + 스피커)이 있다.

(1) 통화 방식에 의한 분류

① **상호식**: 상호 간에 상대를 호출·통화할 수 있는 방식(10회선 이내가 적당하다)

② **모자식(친자식)**: 한 대의 모기(母機)에 여러 대의 자기(子機)를 접속한 방식

③ **복합식**: 상호식과 모자식을 조합하여 복합적으로 사용하는 방식

(2) 작동 원리에 의한 분류

① **프레스 토크**(Press Talk) **방식**: 말할 때 통화 버튼을 누르고 들을 때는 버튼을 놓은 방식

② **도어 폰**(Door Phone): 전화기와 같은 방식으로 통화하는 방식

(3) 시 공

① 설치 높이는 바닥에서부터 1.5m 정도로 한다.

② 전원장치는 보수가 용이하고 안전한 장소에 시설한다.

③ 전화배선과는 별도 계통으로 한다.

2 안테나 설비

(1) 시공시 주의사항

① 안테나는 풍속 40m/s 정도에 견디도록 고정시킨다.
② 피뢰침 보호각 내에 들어가도록 설치한다.
③ 강전류로부터 3m 이상 띄어서 설치한다.
④ 정합기(整合器)는 바닥에서 30cm 높이에 설치한다.
⑤ 아파트, 사무실, 병원 등의 건물은 공용 안테나를 설치하여야 한다.

(2) 구 성

정합기, 분배기, 증폭기

3 전기화재 경보기(누전 경보기)

누전에 의한 전기화재를 방지하기 위한 설비로서 습기가 적고 온도변화가 내장해야 한다.

4 접지와 피뢰침설비

접지대상	과거 접지방식		KEC 접지방식
(특)고압설비	1종	접지저항 10Ω	① 계통접지: TN, TT, IT계통 ② 보호접지: 등전위본딩 등 ③ 피뢰시스템접지
600V 이하 설비	특3종	접지저항 10Ω	
400V 이하 설비	3종 접지	저항 100Ω	
변압기	2종	(계산요함)	"변압기 중성점접지"로 명칭 변경

💡 **국제표준의 접지설계방식 도입**
1. **계통접지**: 전력계통의 이상현상에 대비하여 대지와 계통을 접속
2. **보호접지**: 감전보호를 목적으로 기기의 한 점 이상을 접지
3. **피뢰시스템접지**: 뇌격전류를 안전하게 대지로 방류하기 위한 접지

💡 **접지설계방식의 국내 수용성 향상을 위한 접지시스템의 시설 종류 설정**
1. **단독접지**: (특)고압 계통의 접지극과 저압 접지계통의 접지극을 독립적으로 시설하는 접지
2. **공통/통합접지**: 공통접지는 (특)고압 접지계통과 저압 접지계통을 등전위 형성을 위해 공통으로 접지하는 방식, 통합접지방식은 계통접지·통신접지·피뢰접지의 접지극을 통합하여 접지하는 방식

(1) 접지공사

① 목 적

㉠ 전위 상승에 따른 기기 보호 및 인축의 접촉 사고 방지

㉡ 변압기 1·2차측의 혼촉에 의한 사고 방지

② 접지의 종별

㉠ 접지시스템은 계통접지, 보호접지, 피뢰시스템접지 등으로 구분한다.

㉡ 접지시스템의 시설 종류에는 단독접지, 공통접지, 통합접지가 있다.

㉢ 접지시스템은 접지극, 접지도체, 보호도체 및 기타 설비로 구성

㉣ 접지극은 접지도체를 사용하여 주접지단자에 연결하여야 한다.

㉤ 접지도체의 단면적은 큰 고장전류가 접지도체를 통하여 흐르지 않을 경우

💡 구리는 6mm² 이상, 철제는 50mm² 이상

㉥ 접지도체의 굵기는 ㉤ 이외에 고장시 흐르는 전류를 안전하게 통할 수 있는 것으로

ⓐ 특고압·고압 전기설비용 접지도체는 단면적 6mm² 이상의 연동선 또는 동등 이상의 단면적 및 강도를 가져야 한다.

ⓑ 중성점 접지용 접지도체는 공칭단면적 16mm² 이상의 연동선 또는 동등 이상의 단면적 및 세기를 가져야 한다. 다만, 다음의 경우에는 공칭단면적 6mm² 이상의 연동선 또는 동등 이상의 단면적 및 강도를 가져야 한다.

(2) 피뢰설비(避雷設備)

① 목적: 보호하고자 하는 대상물에 접근하는 낙뢰(落雷)를 확실하게 피뢰도선을 통해 대지에 흐르게 함으로써 건축물이 파괴 또는 화재발생을 사전에 방지하기 위하여 설치하는 설비를 피뢰설비라고 한다.

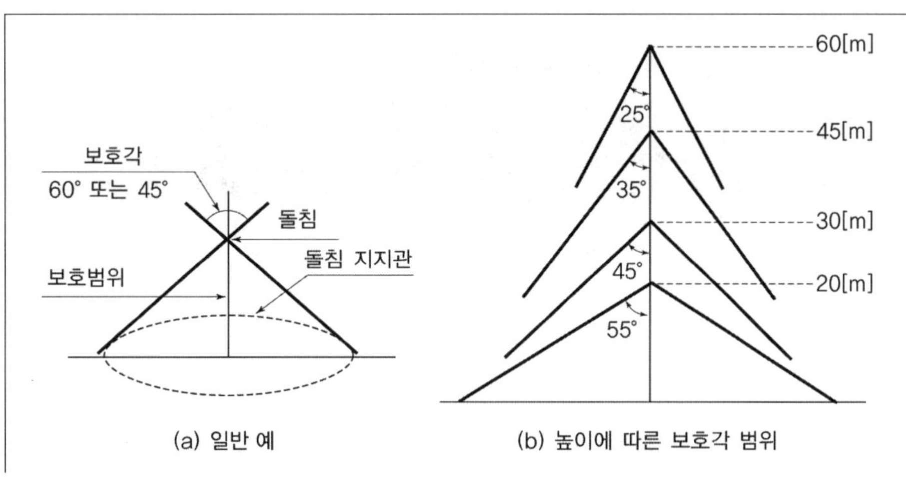

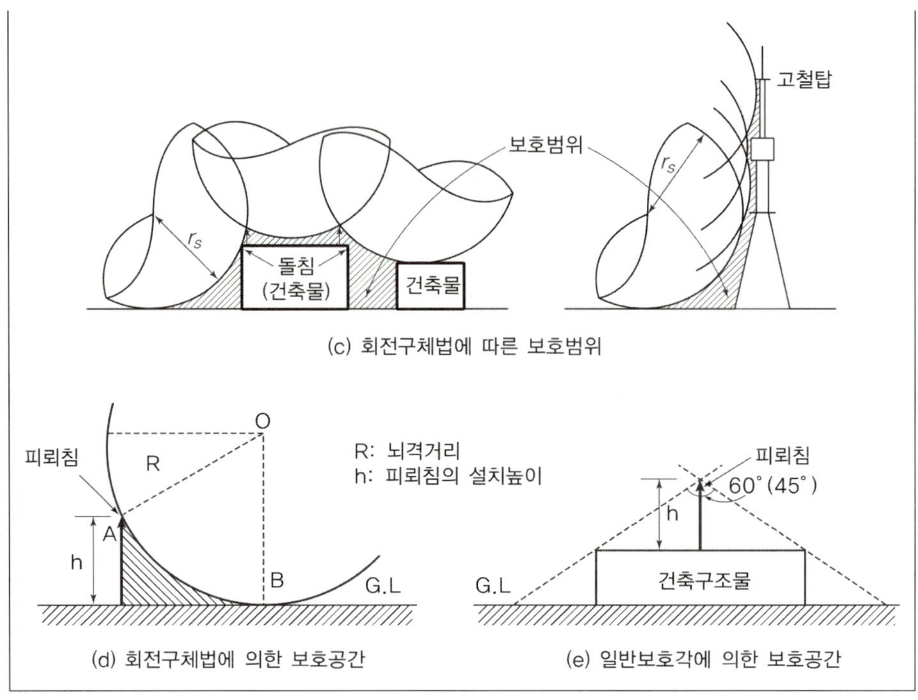

② **설치 대상물**

　㉠ **법적 설치 대상물**

　　ⓐ 높이가 20(m) 이상인 건축물이나 공작물과 승강기, 비행탑 등의 공작물

　　ⓑ 소방관계법에서 정하는 위험물 제조소, 옥외탱크 저장소

　　ⓒ 총포, 도검, 화약류 단속법에 규정한 화약류 저장소

　㉡ **임의 설치 대상물**

　　ⓐ 낙뢰의 가능성이 많은 대상물

　　ⓑ 낙뢰의 피해가 큰 건축물

③ **보호범위와 보호각**

　🔗 **보호레벨에 따른 수뢰부의 배치**

보호레벨	h(m) / R(m)	20 α	30 α	45 α	60 α	메시 폭 (m)
I	20	25	*(1)	*(1)	*(1)	5
II	30	35	25	*(1)	*(1)	10
III	45	45	35	25	*(1)	15
IV	60	55	45	35	25	20

💡 * 표시는 회전 구체법 및 메시법만을 적용한다(이것 이외의 높이는 KS에서 검토 중이다).

④ 피뢰설비의 4등급

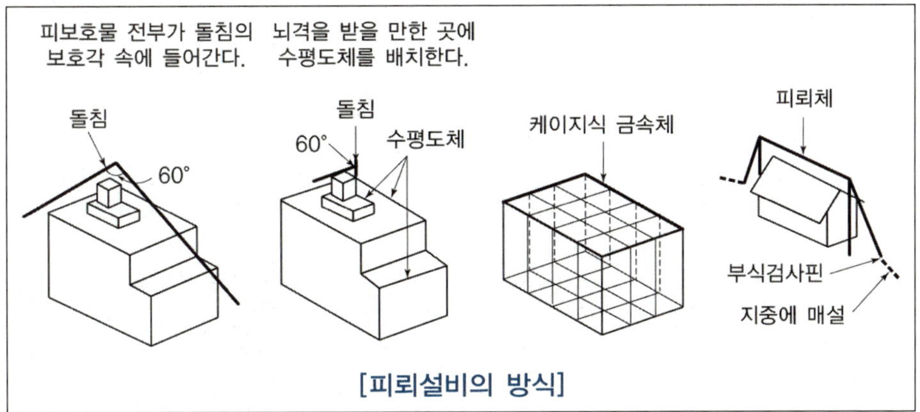

[피뢰설비의 방식]

㉠ 보통보호

일반적으로 많이 사용하고 있는 피뢰보호방식으로 돌침으로만 건축물 전체를 보호하는 방식이다. 철근콘크리트건축물로서 옥상에 난간이 있는 경우에는 보통보호로 충분하다.

㉡ 증강보호

건축물에서 60° 내의 보호각 내에 있을지라도 낙뢰한 사례가 있어서 60° 보호각으로는 충분한 보호효과를 기대할 수 없다. 따라서 건축물 윗면의 모서리 부분, 뾰족한 형상을 한 부분의 위쪽에 수평도체식 피뢰설비를 보강하면 전체 보호능력은 향상된다.

㉢ 완전보호

높은 산위에 있는 관측소, 건물, 매점, 휴게소, 골프장 등에 시설해야 하며 어떠한 뇌격에 대해서도 뇌해가 가장 적은 방식이다. 케이지 방식, 이온 방사형 피뢰방식이 이에 해당한다.

㉣ 간이보호

보통보호보다 간단하며 특히 뇌해가 많은 지방에서 높이 20m 이하의 건물에서 자주적인 피뢰설비로 시설할 때 이용한다.

> **건축물의 설비기준 등에 관한 규칙 제20조【피뢰설비】** 영 제87조 제2항에 따라 낙뢰의 우려가 있는 건축물, 높이 20m 이상의 건축물 또는 영 제118조 제1항에 따른 공작물로서 높이 20m 이상의 공작물(건축물에 영 제118조 제1항에 따른 공작물을 설치하여 그 전체 높이가 20m 이상인 것을 포함한다)에는 다음 각 호의 기준에 적합하게 피뢰설비를 설치해야 한다.
>
> 1. 피뢰설비는 한국산업표준이 정하는 피뢰레벨 등급에 적합한 피뢰설비일 것. 다만, 위험물저장 및 처리시설에 설치하는 피뢰설비는 한국산업표준이 정하는 피뢰시스템레벨 Ⅱ 이상이어야 한다.
> 2. 돌침은 건축물의 맨 윗부분으로부터 25cm 이상 돌출시켜 설치하되, 「건축물의 구조기준 등에 관한 규칙」 제9조에 따른 설계하중에 견딜 수 있는 구조일 것
> 3. 피뢰설비의 재료는 최소 단면적이 피복이 없는 동선(銅線)을 기준으로 수뢰부, 인하도선 및 접지극은 50mm² 이상이거나 이와 동등 이상의 성능을 갖출 것
> 4. 피뢰설비의 인하도선을 대신하여 철골조의 철골구조물과 철근콘크리트조의 철근구조체 등을 사용하는 경우에는 전기적 연속성이 보장될 것. 이 경우 전기적 연속성이 있다고 판단되기 위하여는 건축물 금속 구조체의 최상단부와 지표레벨 사이의 전기저항이 0.2Ω 이하이어야 한다.
> 5. 측면 낙뢰를 방지하기 위하여 높이가 60m를 초과하는 건축물 등에는 지면에서 건축물 높이의 5분의 4가 되는 지점부터 최상단부분까지의 측면에 수뢰부를 설치하여야 하며, 지표레벨에서 최상단부의 높이가 150m를 초과하는 건축물은 120m 지점부터 최상단부분까지의 측면에 수뢰부를 설치할 것. 다만, 건축물의 외벽이 금속부재(部材)로 마감되고, 금속부재 상호간에 제4호 후단에 적합한 전기적 연속성이 보장되며 피뢰시스템레벨 등급에 적합하게 설치하여 인하도선에 연결한 경우에는 측면 수뢰부가 설치된 것으로 본다.
> 6. 접지(接地)는 환경오염을 일으킬 수 있는 시공방법이나 화학 첨가물 등을 사용하지 아니할 것
> 7. 급수·급탕·난방·가스 등을 공급하기 위하여 건축물에 설치하는 금속배관 및 금속재 설비는 전위(電位)가 균등하게 이루어지도록 전기적으로 접속할 것
> 8. 전기설비의 접지계통과 건축물의 피뢰설비 및 통신설비 등의 접지극을 공용하는 통합접지공사를 하는 경우에는 낙뢰 등으로 인한 과전압으로부터 전기설비 등을 보호하기 위하여 한국산업표준에 적합한 서지보호장치[서지(Surge : 전류·전압 등의 과도 파형을 말한다)로부터 각종 설비를 보호하기 위한 장치를 말한다]를 설치할 것
> 9. 그 밖에 피뢰설비와 관련된 사항은 한국산업표준에 적합하게 설치할 것

(3) 항공장해등설비

야간에 비행하는 항공기에 대하여 항공의 장해가 되는 물건의 존재를 시각으로 인식시키기 위한 것이다. 지표면 또는 수면으로부터 60m 이상 높이의 건축물이나 공작물 등에 설치한다. 고광도, 중광도, 저광도 항공장해 등이 있다.

전기기술기준(KEC) 용어정리

1. "계통연계"란 둘 이상의 전력계통 사이를 전력이 상호 융통될 수 있도록 선로를 통하여 연결하는 것으로 전력계통 상호 간을 송전선, 변압기 또는 직류 − 교류변환설비 등에 연결하는 것을 말한다. 계통연락이라고도 한다.

2. "계통접지(System Earthing)"란 전력계통에서 돌발적으로 발생하는 이상현상에 대비하여 대지와 계통을 연결하는 것으로, 중성점을 대지에 접속하는 것을 말한다.

3. "고장보호(간접접촉에 대한 보호, Protection Against Indirect Contact)"란 고장시 기기의 노출도전부에 간접 접촉함으로써 발생할 수 있는 위험으로부터 인축을 보호하는 것을 말한다.

4. "기본보호(직접접촉에 대한 보호, Protection Against Direct Contact)"란 정상 운전시 기기의 충전부에 직접 접촉함으로써 발생할 수 있는 위험으로부터 인축을 보호하는 것을 말한다.

5. "노출도전부(Exposed Conductive Part)"란 충전부는 아니지만 고장시에 충전될 위험이 있고, 사람이 쉽게 접촉할 수 있는 기기의 도전성 부분을 말한다.

6. "단독운전"이란 전력계통의 일부가 전력계통의 전원과 전기적으로 분리된 상태에서 분산형전원에 의해서만 운전되는 상태를 말한다.

7. "단순 병렬운전"이란 자가용 발전설비 또는 저압 소용량 일반용 발전설비를 배선계통에 연계하여 운전하되, 생산한 전력의 전부를 자체적으로 소비하기 위한 것으로서 생산한 전력이 연계계통으로 송전되지 않는 병렬 형태를 말한다.

8. "분산형전원"이란 중앙급전 전원과 구분되는 것으로서 전력소비지역 부근에 분산하여 배치 가능한 전원을 말한다. 상용전원의 정전시에만 사용하는 비상용 예비전원은 제외하며, 신·재생에너지 발전설비, 전기저장장치 등을 포함한다.

9. "등전위본딩(Equipotential Bonding)"이란 등전위를 형성하기 위해 도전부 상호 간을 전기적으로 연결하는 것을 말한다.

10. "보호도체(PE, Protective Conductor)"란 감전에 대한 보호 등 안전을 위해 제공되는 도체를 말한다.

11. "보호등전위본딩(Protective Equipotential Bonding)"이란 감전에 대한 보호 등과 같이 안전을 목적으로 하는 등전위본딩을 말한다.

12. "보호접지(Protective Earthing)"란 고장시 감전에 대한 보호를 목적으로 기기의 한 점 또는 여러 점을 접지하는 것을 말한다.

13. "서지보호장치(SPD, Surge Protective Device)"란 과도 과전압을 제한하고 서지전류를 분류하기 위한 장치를 말한다.

14. "수뢰부시스템(Air − Termination System)"이란 낙뢰를 포착할 목적으로 돌침, 수평도체, 메시도체 등과 같은 금속 물체를 이용한 외부피뢰시스템의 일부를 말한다.

15. "접근상태"란 제1차 접근상태 및 제2차 접근상태를 말한다.

   ① "제1차 접근상태"란 가공 전선이 다른 시설물과 접근(병행하는 경우를 포함하며 교차하는 경우 및 동일 지지물에 시설하는 경우 및 동일 지지물에 시설하는 경우를 제외한다. 이하 같다)하는 경우에 가공 전선이 다른 시설물의 위쪽 또는 옆쪽에서 수평거리로 가공 전선로의 지지물의 지표상의 높이에 상당하는 거리 안에 시설(수평 거리로 3m 미만인 곳에 시설되는 것을 제외한다)됨으로써 가공 전선로의 전선의 절단, 지지물의 도괴 등의 경우에 그 전선이 다른 시설물에 접촉할 우려가 있는 상태를 말한다.

   ② "제2차 접근상태"란 가공 전선이 다른 시설물과 접근하는 경우에 그 가공 전선이 다른 시설물의 위쪽 또는 옆쪽에서 수평 거리로 3m 미만인 곳에 시설되는 상태를 말한다.

16. "접지시스템(Earthing System)"이란 기기나 계통을 개별적 또는 공통으로 접지하기 위하여 필요한 접속 및 장치로 구성된 설비를 말한다.

17. "충전부(Live Part)"란 통상적인 운전 상태에서 전압이 걸리도록 되어 있는 도체 또는 도전부를 말한다. 중성선을 포함하나 PEN 도체, PEM 도체 및 PEL 도체는 포함하지 않는다.

18. "PEN 도체(Protective Earthing Conductor and Neutral Conductor)"란 교류회로에서 중성선 겸용 보호도체를 말한다.

19. "PEM 도체(Protective Earthing Conductor and a Mid − Point Conductor)"란 직류회로에서 중간선 겸용 보호도체를 말한다.

20. "PEL(Protective Earing Conductor and a Line Conductor)"란 직류회로에서 선도체 겸용 보호도체를 말한다.

21. "특별저압(ELV, Extra Low Voltage)"이란 인체에 위험을 초래하지 않을 정도의 저압을 말한다. 여기서 SELV(Safety Extra Low Voltage)는 비접지회로에 해당되며, PELV(Protective Extra Low Voltage)는 접지회로에 해당된다.

22. "피뢰시스템(LPS, Lightning Protection System)"이란 구조물을 뇌격으로 인한 물리적 손상을 줄이기 위해 사용되는 전체시스템을 말하며, 외부피뢰시스템과 내부피뢰시스템으로 거성된다.

23. "내부피뢰시스템(Internal Lightning Protection System)"이란 등전위본딩 및/또는 외부피뢰시스템의 전지적 절연으로 구성된 피뢰시스템의 일부를 말한다.

24. "외부피뢰시스템(External Lightning Protection System)"이란 수뢰부시스템, 인하도선시스템, 접지극시스템으로 구성된 피뢰시스템의 일종을 말한다.

04   조명설비(照明設備)

1 조명의 기초 용어

① **광속**(光速, 기호 F) : 1초 동안에 어떤 면을 통과하는 빛의 양, 단위는 1m(lumen, 루멘)

② **광도**(光度, 기호 I) : 광원에서 나오는 빛의 세기, 단위는 cd(candela, 칸델라)

③ **휘도**(輝度, 기호 B) : 물체 표면의 밝기, 단위는 nit(cd/m^2), sb(cd/cm^2, stilb)

④ **조도**(照度, 기호 E) : 단위면적당의 입사 광속, 단위는 1x(lux, 룩스)
> 💡 조명 설계에서 가장 기본이 되는 단위(어느 장소에 대한 밝기)

⑤ **광속발산도** : Rlx(Radlux), Asb(Apostilb)

⑥ **연색성** : 광원이 색을 어느 정도 충실하게 나타내고 있는 척도를 광원의 연색성이라고 하고, 평균 연색 평가수로 나타낸다.

🔗 **각종 광원의 연색 평가수**

광원의 종류	평균 연색 평가
백열전구	100
할로겐전구	100
형광램프 주광색(D)	76~77
형광램프 백색(W)	62~65
형광램프 자연색(D − DSL)	94~96
형광램프 3파장 형광램프(EX)	84
멜탈 할라이드 램프(M)	70
고압 수은 램프(HF − XW)	45~46
고압 나트륨 램프(NH)	27

1. 암순응

밝은 곳에서 어두운 곳으로 들어갔을 때, 처음에는 보이지 않던 것이 시간이 지남에 따라 차차 보이기 시작하는 현상으로 원추세포가 주로 작용하여 감도를 높이지만, 암순응이 진행됨에 따라 간상세포의 감도가 높아져서 원추세포를 대신하게 된다. 이 반대의 과정 즉, 어두운 곳에서 밝은 곳으로 나오면서 적응하게 되는 것이 명순응이다.

2. 연색지수(CRI ; Color Rendering Index) **제27회**

연색성지수 또는 연색성평가지수라 하며, 단위는 Ra를 사용한다. 연색성을 수치로 나타내는 지표로 0에서 100까지의 값을 가지며, 100에 가까울수록 자연광에 가까운 빛을 의미한다.

∷ **제27회**

💡 **OX**

1. 광도는 광원에서 발산하는 빛의 양을 의미하며, 단위는 루멘(Im)을 사용한다. (×)
2. 어떤 물체의 색깔이 태양광 아래에서 보이는 색과 동일한 색으로 인식될 경우, 그 광원의 연색지수를 Ra50으로 한다. (×)
3. 광원이 발광하는 빛의 색을 온도로 나타낸 것이 색온도이며, 빨간색은 파란색에 비해 색온도가 높다. (×)

> 3. **상시인공보조조명**(PSALI) : 건축물의 자연조명을 보조하기 위하여 인공조명으로 주광을 보충하는 방식이다.
>
> 4. **눈부심**(glare) : 높은 휘도의 광원에 의해 시각적 불쾌감 등이 유발되는 현상이다.

2 광원(光源)

전력을 빛으로 바꾸는 기구로서, 발광원리에 의하여 구분되며 전등 조명에 있어서는 그 종류 및 용도에 따라 가장 적절한 광원을 사용해야 한다.

(1) 백열전등

① 휘도가 높고 연색성이 가장 좋다(연색성 : 태양광선에 의한 물체의 고유색과 광원에 의한 물체의 색을 비교한 특성).
② 눈부심이 강하다.
③ 발광 효율이 낮고 열을 많이 발산한다.
④ 점등이 빠르다.
⑤ 백열등의 광색은 온도가 높을수록 주광색에 가깝다.
⑥ 수명은 1,000시간 정도이다.
⑦ **용도** : 일반 조명용

(2) 형광등

방전관 내에 수은 및 아르곤가스를 봉입하고 관의 내면에 형광 물질을 균일하게 도포하여 전극을 방전시킬 때 형광빛을 발산한다.

① 발광 효율이 높다.
② 연색성이 좋다.
③ 휘도가 낮아 눈부심이 없다.
④ 수명이 길다(약 7,500~1,000시간).
⑤ 주위 온도의 영향을 많이 받는다(0℃ 이하에서는 점등이 곤란, 25℃ 정도에서 효율이 우수함).
⑥ 기동에 시간이 걸린다(점등이 늦다).
⑦ 임의의 광색을 얻을 수 있다.
⑧ **용도** : 옥내외 전반, 국부 조명, 간접 조명의 용도로 사무실 및 공장 등에 가장 널리 사용된다.

(3) 수은등

유리관 내에 봉입된 수은증기 중의 방전을 이용한 것으로 수은증기 압력에 따라 저압 · 고압 · 초고압 수은등 3종류로 나누어진다.

① **가스압에 따른 분류와 용도**
　　㉠ 저압 수은등: 살균용
　　㉡ 고압 수은등: 도로, 공원, 광장, 큰 공장의 조명에 사용
　　㉢ 초고압 수은등: 영화 촬영, 영사 등에 이용

② **특 징**
　　㉠ 점등이 가장 늦다.
　　㉡ 수명이 길다(약 6,000~12,000시간 정도이다).
　　㉢ 수은등기압이 높을수록 발광 효율이 좋다.
　　㉣ 연색성이 나쁘다.
　　㉤ 휘도가 높다.

(4) 메탈 할라이드

① 수은등과 비슷한 원리로 조명 효율이 수은등에 비해 좋다.
② 색상은 자연색과 유사하며 연색성이 수은등에 비해 좋다.
③ **용도**: 경기장, 은행, 백화점 등 수은등의 용도와 같다.

(5) 나트륨등

① 발광 효율성이 가장 좋다(나트륨 증기를 통해 방전시키면 황색등이 방산하는 단일광으로 명시효과가 좋다).
② 연색성이 나쁘다.
③ **수명**: 9,000~12,000시간
④ **용도**: 가로등, 터널조명, 정원 및 주위 표시등에 사용된다.

LED 조명
LED 조명은 화합물 반도체인 LED(Light Emitting Diode)에 전압이 흐르면 이를 빛으로 전환하여 나오는 조명들을 말한다.

LED 조명의 특징
1. 소비전력이 낮다. 소비전력이 백열등 대비 80%, 형광등 대비 30% 낮다.
2. 수명이 길다. 제품마다 다르지만 5만~10만 시간으로 수명이 길다.
3. 다양한 색상을 만들 수 있다.
4. 친환경적이다. 전력소비가 적어 친환경적이며 수은이나 방전용 가스를 사용하지 않아 오염물질 배출이 적다.
5. 가격이 일반조명등에 비해 높다.

OX
수은등은 메탈할라이드등보다 효율과 연색성이 좋다. (×)

3 조명방식

(1) 조명기구의 배치에 의한 분류

① **전반 조명**

  ㉠ 작업면 전반에 실내의 조도가 균일하게 되도록 조명기구를 일정하게 분산 배치하는 방식이다.

  ㉡ 광원이 일정한 높이와 간격으로 배치된다.

  ㉢ 명시조명을 요하는 사무실, 학교, 공장 등에 사용된다.

② **국부 조명**

  ㉠ 작업면의 필요한 국부적인 장소에만 높은 조도가 필요할 때 쓰이는 방식이다.

  ㉡ 특정한 장소에 조명기구를 밀집해서 설치하거나 또는 스탠드 등을 사용한다.

  ㉢ 밝고 어두움의 차이가 크기 때문에 눈이 피로하기 쉬운 결점이 있다.

  ㉣ 주로 정밀공장의 기계부분, 전시장, 조립공장 등에 사용된다.

③ **전반 · 국부 병용 조명**

  ㉠ 전반 조명하에 특정한 장소에 국부 조명을 하는 방식이다.

  ㉡ 조도의 변화를 적게 하여 명시효과를 높이기 위한 것이다.

  ㉢ 정밀한 작업을 요하는 곳에 이용된다.

  ㉣ 정밀공장, 수술실, 실험실, 조립 및 가공공장 등에 주로 사용된다.

(2) 조명기구의 배광(配光)에 의한 분류

① **직접 조명**

  ㉠ 간단하고 적은 전력으로 고조도를 얻을 수 있다.

  ㉡ 조명능률이 좋으나 조도 차이(밝고 어두운 차이)가 심하다.

② **간접 조명**

  ㉠ 그늘이 적고, 차분하고 균일한 조도와 안정된 분위기를 얻을 수 있다.

  ㉡ 비경제적이며 입체감이 약하다(강한 음영이 없다).

  ㉢ 눈부심이 적으나, 효율(빛의 이용률)이 적다(조명률이 나쁘다).

4 건축화 조명

조명기구로서의 형태를 취하지 않고 건물의 내부와 일체로 하여 조합시키는 형식으로서, 특별한 조명기구를 사용하지 않고 천장, 벽, 기둥 등의 건축 부분에 광원을 만들어 실내를 조명하는 방식이다.

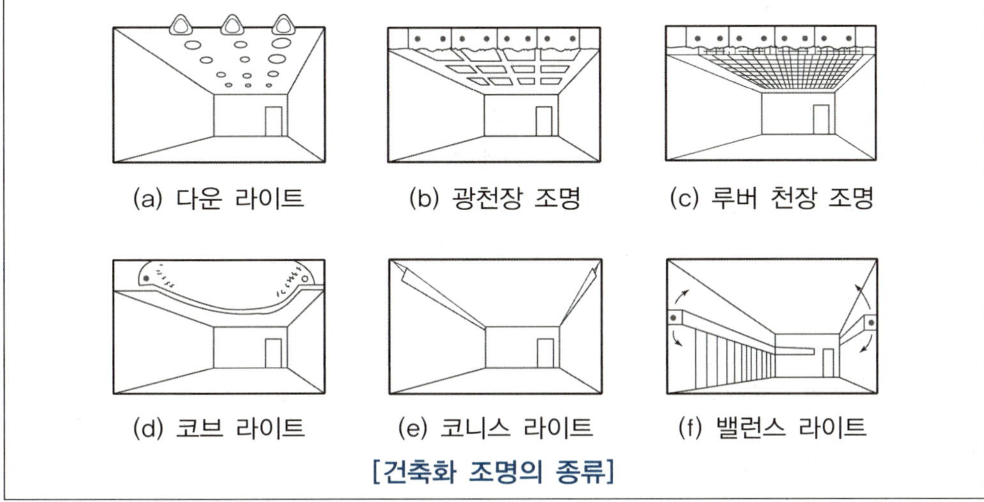

[건축화 조명의 종류]

(1) 다운 라이트

① 천장에 작은 구멍을 뚫어 그 속에 기구를 매입한 것으로, 매입기구는 설계자의 의도로써 여러 가지의 것이 사용된다.

② 개구부가 극히 적은 것을 핀홀 라이트, 천장면에 반원구의 구멍을 뚫어서 거기에 기구를 설치한 것을 코퍼 라이트라 한다.

(2) 광천장 조명

건축구조로서 천장에 기구를 설치하여 그 밑에 루버와 확산투과 플라스틱판을 천장마감으로서 설치한 방식이며, 천장 전면을 낮은 휘도로 빛나게 하는 방법이다.

(3) 코브 라이트

광원은 눈가림판 등으로 가리고 빛을 천장에 반사시켜 간접 조명하는 방법이다.

(4) 벽면 조명

코니스 라이트, 밸런스 라이트 등이 있다.

:: 제17회

5 조명 설계 순서

(1) 설계 순서

① 소요조도의 결정

② 조명방식의 선정

③ 광원의 선정

④ 조명기구의 선정(메이커의 카탈로그, 조명공학의 데이터 북 등)

⑤ 조명계산에 의한 기구 대수의 산출[①~④에서 결정된 요소를 토대로 해서 조명계산(광속법)을 하고 등수를 산출한다]

⑥ 기구의 배열 및 배치의 결정

⑦ 점멸방식의 선정 및 배치

⑧ 조명 요건의 확인, 점검

⑨ 콘센트 배치

⑩ 배선설계

:: 제16회, 제18회, 제20회, 제24회, 제26회

(2) 광속법에 의한 조도계산

조도, 전등의 종류 및 조명기구의 형식이 결정된 후 그 실내에서 필요한 총 광속을 광속법에 따라 결정한다.

$$소요램프수 : N = \frac{E \times A}{F \times U \times M} \ (개)$$

$$소요광속 : N \times F = \frac{E \times A}{M \times U} = \frac{E \times A \times D}{U} \ (lm)$$

$$소요평균조도 : E = \frac{N \times F \times U \times M}{A} \ (lx)$$

여기서, N : 램프의 개수, F : 램프 1개당 광속(lm),
E : 평균 수평면 조도(lx), D : 감광보상률,
U : 조명률, M : 보수율(유지율),
감광보상률과 유지율과 관계 : $D \times M = 1$

💡 **조명률**

광원의 전 광속과 작업면에 대한 유효광속과의 비를 조명률(Efficiency of Illumination)이라 한다.

💡 **보수율**

조명시설 후의 방 및 기구의 오염, 램프 광속의 저하 등에 의하여 평균 조도는 저하된다. 소요 평균 조도를 유지하기 위한 조도 저하에 대응하는 계수를 보수율(Maintenance Factor)이라 하며, 보수율의 역수를 감광 보상율이라 하고, 기구의 모양이나 사용 장소에 따라 다르게 된다.

💡 OX

1. 조명설계 과정에는 소요조도 결정, 광원 선택, 조명방식 및 기구 선정, 조명기구 배치 등이 있다. (○)

2. 조명률은 광원의 총광속을 조명 작업면에 도달하는 광속으로 나눈 것이다. (×)

예제

바닥면적이 120m²인 공동주택 관리사무실에서 소요조도를 400 럭스(lx)로 확보하기 위한 조명기구의 최소개수는? [단, 조명기구의 개당 광속은 4,000루멘(lm), 실의 조명율 60%, 보수율은 0.8로 한다]

제25회

① 9개　　　　② 13개　　　　③ 16개　　　　④ 20개　　　　⑤ 25개

해설

소요램프수: $N = \dfrac{F \times A}{F \times U \times M}[개] = \dfrac{400[lx] \times 120m^2}{4,000[lx] \times 0.6 \times 0.8} = 25[개]$

여기서, N: 램프의 개수, F: 램프 1개당 광속[lx]
　　　　E: 평균 수평면 조도[lx], D: 감광보상률,
　　　　U: 조명률, M: 보수율(유지율),
　　　　감광보상률과 유지율과 관계: D × M = 1

▷ 정답 ⑤

실지수(방지수)의 결정

큰 방은 바닥면에 비하여 빛을 흡수하는 벽면이 작으므로 작은 방보다 효율이 높다. 또, 천장의 높이도 같은 이유로 작은 쪽이 효율이 좋게 된다. 이와 같이 방의 크기, 모양, 광원의 위치에 의하여 결정되는 계수를 실지수(방지수, Room Index)라 한다.

$$K = \dfrac{XY}{H(X + Y)}$$

여기서, K는 실지수, X는 방의 가로(m), Y는 세로(m),
H는 작업면에서 광원까지 높이(m)이다.

(3) 조명기구의 배치

① **광원의 높이**: 광원의 높이가 너무 높으면 조명률이 나빠지고, 너무 낮으면 조도의 분포가 불균일하게 된다.

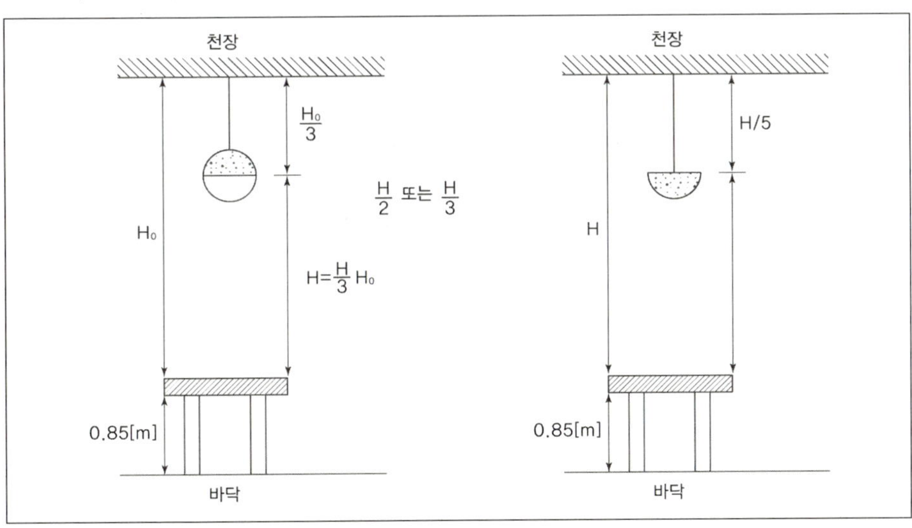

② **등기구 배치 간격 및 벽과의 거리** : 조명계산에서 구한 등의 수를 적절히 배치하여 실내 전체가 명도 차가 없는 조명이 되도록 기구를 배치한다. 일반적으로 기구의 간격 S, 벽과 기구 사이의 간격 S_0 작업면에서 광원까지 높이 H와의 관계는

$$S \leq 1.5H$$
벽과 가장 가까운 기구와의 거리 S_0는
$$S_0 \leq H/2(벽\ 가까이에서\ 작업을\ 하지\ 않는\ 경우)$$
$$S_0 \leq H/2(벽\ 가까이에서\ 작업하는\ 경우)$$

벽 가까이에 있는 기구로부터 벽까지의 거리 S_0와 기구까지의 거리 S와 관계는

$$S_0 = S/2$$

가 되도록 한다.

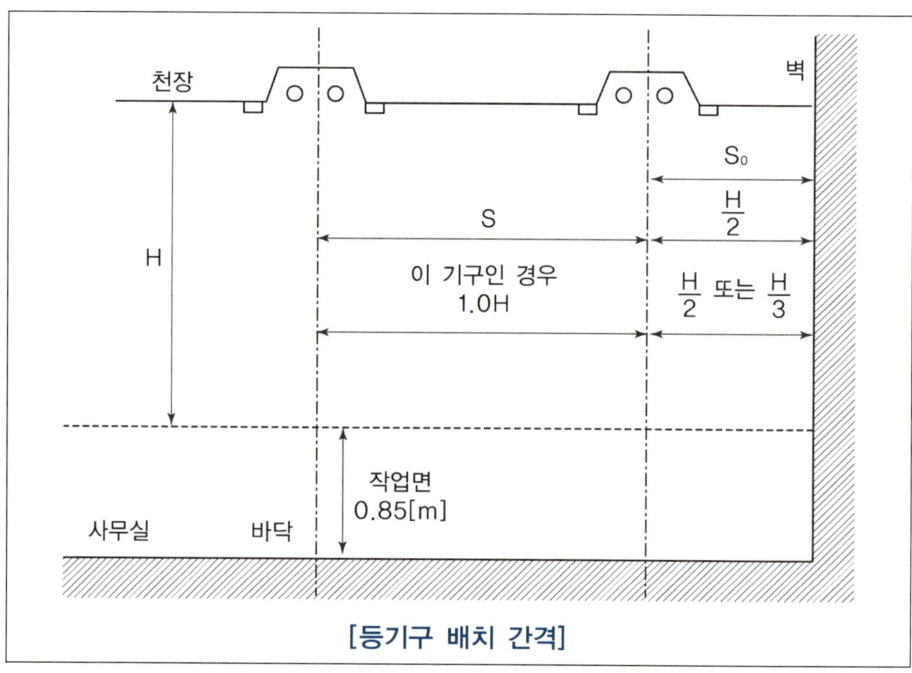

[등기구 배치 간격]

05 홈 네트워크

1 개 요

홈 네트워킹은 다양한 유·무선 네트워킹 기술을 적용하여 가정 내의 모든 가전 기기는 물론 사용자가 항상 휴대하고 다니는 휴대전화 혹은 이 기능을 지원하는 PDA 등을 하나의 네트워크로 연결하여, 가전기기를 가정 내 혹은 외에서 제어할 수 있을 뿐만 아니라 비상 상황이 발생했을 경우 사용자의 위치에 상관없이 이를 통보하고 또 이에 대한 적절한 조치를 취할 수 있게 해 줌으로써, 개개인의 생활을 더 편리하고 안전하게 해 주는 핵심적인 기술이다.

(1) 홈 네트워킹의 시스템은 가입자망 ⇨ 홈 게이트웨이 ⇨ 홈 네트워킹 ⇨ 홈 네트워킹 접속기기 ⇨ 홈 네트워킹 서비스로 구성된다.

(2) **가입자망**

가정 내에서 외부 인터넷으로 접속을 가능하게 해 주는 방식으로 기술의 개념과 서비스의 형태에 따라 크게 유선망과 무선망으로 분류될 수 있다.
① **유선을 이용한 가입자망** : 전화선을 이용한 PSTN, xDSL, ISDN, 케이블 TV망을 이용한 케이블모뎀 서비스, 광케이블망, 전력선을 이용한 가입자망
② **무선에 의한 가입자망** : 위성을 이용한 방식, B − WLL(Broadband Wireless Local Loop)방식 등

(3) **홈 게이트웨이**

가입자망과 홈 네트워킹 사이에서 각각의 통신망에 대한 종단기능과 함께 양쪽 통신망 사이의 인터페이스 역할을 하는 연동장치이다.

---

1. **게이트웨이**(Gateway)
    ① 두 개의 서로 다른 네트워크를 연결할 때 사용하는 장비로 서로 다른 네트워크의 특성을 상호 변환시켜 정보를 전송할 수 있게 해준다.
    ② 게이트웨이는 특히 인터네트워킹 환경에서 광범위한 통신기능을 네트워크에 제공하는 유익한 장치이다.
    ③ 게이트웨이는 특정한 활용분야에만 사용할 수 있으며 상당히 많은 양의 데이터를 처리하기 때문에 라우터보다 비교적 처리속도가 느리다.

> **2. 홈서버**
>
> ① 홈서버는 위성, 케이블 TV, 지상파 등의 다양한 종류의 방송프로그램을 사용자의 기호에 맞게 원하는 시간에 시청할 수 있도록 대용량의 하드웨어적인 저장장치를 가지고 다음과 같은 역할을 수행할 수 있다.
>
> ② 홈서버의 기능
>
>   ⊙ 관리기능 : 홈서버의 주요한 기능은 네트워크와 네트워크에 접속된 각 디바이스(기기)를 관리하는 일이다.
>
>   ⊙ 축적기능 : 가정의 네트워크를 돌아다니는 정보를 저장해 주는 역할을 한다. 화상이나 영상을 빈번하게 사용하게 되면 정보량이 급격하게 늘어나기 때문에 개개의 디바이스에 저장하면 효율이 떨어질 수 있다. 따라서 홈서버에 대용량의 기록장치를 갖추고 필요에 따라 각 디바이스로 이를 전송해 사용하는 방식이 일반화될 것이다.

⑷ 홈 네트워킹(LAN 영역)

가정 내의 인터넷 정보단말기기와 초고속 인터넷 등 가입자 네트워크를 연결하여 데이터 송수신, 멀티미디어 제어 등의 기능을 제공한다. 이더넷, 전화선, 전력선 등의 유선망과 Home RF, 무선랜, 블루투스 등의 무선망으로 구분되며, 홈 네트워킹에 연동된 각종 정보, 가전기기의 제어 및 관리를 담당한다.

⑸ 홈 네트워킹 접속기기

가정 내에 존재하는 디지털 통신 및 가전제품으로서 외부망과 정보 공유를 위한 네트워크 기능을 갖춘 단말기를 의미한다.

⑹ 홈 네트워킹 서비스

홈 네트워킹 접속매체를 이용하여 시간과 공간의 제약을 받지 않고 누구나 가정관리, 여가, 오락, 교육, 학습, 업무지원 등의 정보생활능력을 향상시킴으로써 가정의 발전 및 삶의 질을 제고하고, 국민의 정보수요 격차를 해소하는 수단을 제공하는 서비스로 정의된다.

2 공동주택(건물)의 자동화시스템

(1) 건물관리시스템

① 설비기기의 제어

② 엘리베이터 관리

③ 시설별 이용 체크

④ 주차장 자동관리

⑤ 설비의 상태 감시

⑥ 정보계측에 의한 관리 계획

(2) 안전관리시스템

① 방범 관리

② 소화, 방화 감시

③ 방재 감시

④ 엘리베이터 방재 관리

(3) 에너지절약시스템

① 조명설비 제어

② 전력설비 효율화

③ 에너지절약 공조

④ 태양열 이용

⑤ 절수시스템

06 지능형 홈 네트워크 설비 · 설치 및 기술기준

1 용어 정의

홈 네트워크 설비	주택의 성능과 주거의 질 향상을 위하여 세대 또는 주택단지 내 지능형 정보통신 및 가전기기 등의 상호 연계를 통하여 통합된 주거서비스를 제공하는 설비로 홈 네트워크망, 홈 네트워크 장비, 홈 네트워크 사용기기로 구분한다.
홈 네트워크망	① 단지망 : 집중구내통신실에서 세대까지를 연결하는 망 ② 세대망 : 전유부분(각 세대 내)을 연결하는 망

홈 네트워크 장비	① 홈게이트웨이	전유부분에 설치되어 세대 내에서 사용되는 홈 네트워크 사용기기들을 유 · 무선 네트워크로 연결하고 세대망과 단지망 혹은 통신사의 기간망을 상호 접속하는 장치
	② 세대단말기	세대 및 공용부의 다양한 설비의 기능 및 성능을 제어하고 확인할 수 있는 기기로 사용자인터페이스를 제공하는 장치
	③ 단지네트워크 장비	세대 내 홈게이트웨이와 단지서버 간의 통신 및 보안을 수행하는 장비로서, 백본(Back − Bone), 방화벽(Firewall), 워크그룹스위치 등 단지망을 구성하는 장비
	④ 단지서버	홈 네트워크 설비를 총괄적으로 관리하며, 이로 부터 발생하는 각종 데이터의 저장관리 서비스를 제공하는 장비
홈 네트워크 사용기기	① 원격제어기기	주택 내부 및 외부에서 가스, 조명, 전기 및 난방, 출입 등을 원격으로 제어할 수 있는 기기
	② 원격검침시스템	주택 내부 및 외부에서 전력, 가스, 난방, 온수, 수도 등의 사용량 정보를 원격으로 검침하는 시스템
	③ 감지기	화재, 가스누설, 주거침입 등 세대 내의 상황을 감지하는 데 필요한 기기
	④ 전자출입시스템	비밀번호나 출입카드 등 전자매체를 활용하여 주동출입 및 지하주차장 출입을 관리하는 시스템
	⑤ 차량출입시스템	단지에 출입하는 차량의 등록여부를 확인하고 출입을 관리하는 시스템
	⑥ 무인택배시스템	물품배송자와 입주자 간 직접대면 없이 택배화물, 등기우편물 등 배달물품을 주고받을 수 있는 시스템
		그 밖에 영상정보처리기기, 전자경비시스템 등 홈 네트워크망에 접속하여 설치되는 시스템 또는 장비

홈 네트워크 설비 설치공간	① 세대단자함	세대 내에 인입되는 통신시설로, 방송공동수신설비 또는 홈 네트워크 설비 등의 배선을 효율적으로 분배·접속하기 위하여 이용자의 전유부분에 포함되어 실내공간에 설치되는 분배함
	② 통신배관실 (TPS실)	통신용 파이프 사프트 및 통신단자함을 설치하기 위한 공간
	③ 집중구내통신실 (MDF실)	국선·국선단자함 또는 국선배선반과 초고속통신망장비, 이동통신망장비 등 각종 구내통신선로설비 및 구내용 이동통신설비를 설치하기 위한 공간
	그 밖에 방재실, 단지서버실, 단지네트워크센터 등 단지 내 홈 네트워크 설비를 설치하기 위한 공간	

2 홈 네트워크 필수설비

홈 네트워크망	① 단지망 ② 세대망
홈 네트워크 장비	① 홈게이트웨이(단, 세대단말기가 홈게이트웨이 기능을 포함하는 경우는 세대단말기로 대체 가능) ② 세대단말기 ③ 단지네트워크장비 ④ 단지서버(클라우드컴퓨팅 서비스로 대체 가능)

홈 네트워크 필수설비는 상시전원에 의한 동작이 가능하고, 정전시 예비전원이 공급될 수 있도록 하여야 한다. 단, 세대단말기 중 이동형 기기(무선망을 이용할 수 있는 휴대용 기기)는 제외한다.

3 홈 네트워크 설비의 설치기준

제24회, 제25회

(1) 홈 네트워크망

홈 네트워크망의 배관·배선 등은 「방송통신설비의 기술기준에 관한 규정」 및 「접지설비·구내통신설비·선로설비 및 통신공동구등에 대한 기술기준」에 따라 설치해야 한다.

⑵ 홈게이트웨이

① 홈게이트웨이는 세대단자함에 설치하거나 세대단말기에 포함하여 설치할 수 있다.

② 홈게이트웨이는 이상전원 발생시 제품을 보호할 수 있는 기능을 내장해야 하며, 동작 상태와 케이블의 연결 상태를 쉽게 확인할 수 있는 구조로 설치해야 한다.

⑶ 세대단말기

세대 내의 홈 네트워크 사용기기들과 단지서버 간의 상호 연동이 가능한 기능을 갖추어 세대 및 공용부의 다양한 기기를 제어하고 확인할 수 있어야 한다.

⑷ 단지네트워크장비

① 단지네트워크장비는 집중구내통신실 또는 통신배관실에 설치해야 한다.

② 단지네트워크장비는 홈게이트웨이와 단지서버 간 통신 및 보안을 수행할 수 있도록 설치하여야 한다.

③ 단지네트워크장비는 외부인으로부터 직접적인 접촉이 되지 않도록 별도의 함체나 랙(Rack)으로 설치하며, 함체나 랙에는 외부인의 조작을 막기 위한 잠금장치를 해야 한다.

⑸ 단지서버

① 단지서버는 집중구내통신실 또는 방재실에 설치할 수 있다. 다만 단지서버가 설치되는 공간에는 보안을 고려하여 영상정보처리기기 등을 설치하되 관리자가 확인할 수 있도록 해야 한다.

② 단지서버는 외부인의 조작을 막기 위한 잠금장치를 해야 한다.

③ 단지서버는 상온·상습인 곳에 설치해야 한다.

④ 「방송통신설비의 기술기준에 관한 규정」 제1항부터 제3항까지의 규정에도 불구하고 국토교통부장관과 사전에 협의하고, 「국가균형발전 특별법」 제22조에 따른 지역발전위원회에서 선정한 단지서버 설치 규제특례 지역의 경우에는 「클라우드컴퓨팅 발전 및 이용자 보호에 관한 법률」 제2조 제3호에 따른 클라우드컴퓨팅서비스를 이용하는 것으로 할 수 있으며, 다음 각 목의 사항이 발생하지 않도록 해야 한다.

㉠ 정보통신 보안 문제

㉡ 통신망 이상발생에 따른 홈 네트워크 사용기기 운영 불안정 문제

(6) 홈 네트워크 사용기기

① **원격제어기기**: 전원공급, 통신 등 이상상황에 대비하여 수동으로 조작할 수 있어야 한다.

② **원격검침시스템**: 각 세대별 원격검침장치가 정전 등 운용시스템의 동작 불능 시에도 계량이 가능해야 하며 데이터 값을 보존할 수 있도록 구성해야 한다.

③ **감지기**

　㉠ 가스감지기: LNG인 경우에는 천장쪽에, LPG인 경우에는 바닥쪽에 설치해야 한다.

　㉡ 동체감지기: 유효감지반경을 고려하여 설치해야 한다.

　㉢ 감지기에서 수집된 상황정보는 단지서버에 전송해야 한다.

④ **전자출입시스템**

　㉠ 지상의 주동 현관 및 지하주차장과 주동을 연결하는 출입구에 설치해야 한다.

　㉡ 화재발생 등 비상시, 소방시스템과 연동되어 주동현관과 지하주차장의 출입문을 수동으로 여닫을 수 있게 해야 한다.

　㉢ 강우를 고려하여 설계하거나 강우에 대비한 차단설비(날개벽, 차양 등)를 설치해야 한다.

　㉣ 접지단자는 프레임 내부에 설치해야 한다.

⑤ **차량출입시스템**

　㉠ 차량출입시스템은 단지 주 출입구에 설치하되 차량의 진·출입에 지장이 없도록 해야 한다.

　㉡ 관리자와 통화할 수 있도록 영상정보처리기기와 인터폰 등을 설치해야 한다.

⑥ **무인택배시스템**

　㉠ 무인택배시스템은 휴대폰·이메일을 통한 문자서비스(SMS) 또는 세대단말기를 통한 알림서비스를 제공하는 제어부와 무인택배함으로 구성해야 한다.

　㉡ 무인택배함의 설치수량은 소형주택의 경우 세대수의 약 $10\sim15\%$, 중형주택 이상은 세대수의 $15\sim20\%$로 정도 설치할 것을 권장한다.

⑦ **영상정보처리기기**

　㉠ 영상정보처리기기의 영상은 필요시 거주자에게 제공될 수 있도록 관련 설비를 설치해야 한다.

　㉡ 렌즈를 포함한 영상정보처리기기 장비는 결로되거나 빗물이 스며들지 않도록 설치해야 한다.

4 홈 네트워크 설비·설치공간

(1) 세대단자함

① 「접지설비·구내통신설비·선로설비 및 통신공동구등에 대한 기술기준」 제30조에 따라 설치해야 한다.

② 세대단자함은 별도의 구획된 장소나 노출된 장소로서 침수 및 결로 발생의 우려가 없는 장소에 설치해야 한다.

③ 세대단자함은 500mm × 400mm × 80mm(깊이) 크기로 설치할 것을 권장한다.

(2) 통신배관실

① 통신배관실은 유지관리를 용이하게 할 수 있도록 해야 하며 통신배관을 위한 공간을 확보해야 한다.

② 통신배관실내의 트레이(Tray) 또는 배관, 덕트 등의 설치용 개구부는 화재시 층간 확대를 방지하도록 방화처리제를 사용해야 한다.

③ 통신배관실의 출입문은 폭 0.7m, 높이 1.8m 이상(문틀의 내측치수)이어야 하며, 잠금장치를 설치하고, 관계자외 출입통제 표시를 부착해야 한다.

④ 통신배관실은 외부의 청소 등에 의한 먼지, 물 등이 들어오지 않도록 50mm 이상의 문턱을 설치해야 한다. 다만, 차수판 또는 차수막을 설치하는 때에는 그렇지 않다.

(3) 집중구내통신실

① 집중구내통신실은 「방송통신설비의 기술기준에 관한 규정」 제19조에 따라 설치하되, 단지네트워크장비 또는 단지서버를 집중구내통신실에 수용하는 경우에는 설치 면적을 추가로 확보해야 한다.

② 집중구내통신실은 독립적인 출입구와 보안을 위한 잠금장치를 설치해야 한다.

③ 집중구내통신실은 적정온도의 유지를 위한 냉방시설 또는 흡배기용 환풍기를 설치해야 한다.

5 홈 네트워크 설비의 기술기준

(1) 연동 및 호환성 등

① 홈게이트웨이는 단지서버와 상호 연동할 수 있어야 한다.

② 홈 네트워크 사용기기는 홈게이트웨이와 상호 연동할 수 있어야 하며, 각 기기간 호환성을 고려하여 설치해야 한다.

③ 홈 네트워크 설비는 타 설비와 간섭이 없도록 설치해야 하며, 유지보수가 용이하도록 설치해야 한다.

(2) 기기인증 등

① 홈 네트워크 사용기기는 산업통상자원부와 과학기술정보통신부의 인증규정에 따른 기기인증을 받은 제품이거나 이와 동등한 성능의 적합성 평가 또는 시험성적서를 받은 제품을 설치해야 한다.

② 기기인증 관련 기술기준이 없는 기기의 경우 인증 및 시험을 위한 규격은 산업표준화법에 따른 한국산업표준(KS)을 우선 적용하며, 필요에 따라 정보통신단체표준 등과 같은 관련 단체 표준을 따른다.

(3) 하자담보 등

① 홈 네트워크 사용기기는 하자담보기간과 내구연한을 표기할 수 있다.

② 홈 네트워크 사용기기의 예비부품은 5% 이상 5년간 확보할 것을 권장하며, 이 경우 제1항의 규정에 따른 내구연한을 고려해야 한다.

🔍 예제

지능형 홈 네트워크 설비 설치 및 기술기준에 관한 내용으로 옳은 것은?   제25회

① 가스감지기는 LNG인 경우에는 바닥쪽에, LPG인 경우에는 천장쪽에 설치되어야 한다.

② 차수판 또는 차수막을 설치하지 않은 통신배관실에는 최소 30mm 이상의 문턱을 설치해야 한다.

③ 통신배관실 내의 트레이(Tray)또는 배관, 덕트 등의 설치용 개구부는 화재시 층간 확대를 방지하도록 방화처리제를 사용해야 한다.

④ 통신배관실의 출입문은 폭 0.6미터, 높이 1.8미터 이상이어야 한다.

⑤ 집중구내통신실은 TPS실이라고 하며, 통신용 파이프 샤프트 및 통신단자함을 설치하기 위한 공간을 말한다.

해설

① 가스감지기는 LPG인 경우에는 바닥쪽에, LNG인 경우에는 천장쪽에 설치되어야 한다.

② 차수판 또는 차수막을 설치하지 않은 통신배관실에는 최소 50mm 이상의 문턱을 설치해야 한다.

④ 통신배관실의 출입문은 폭 0.7미터, 높이 1.8미터 이상이어야 한다.

⑤ 통신배관실은 TPS실이라고 하며, 통신용 파이프 샤프트 및 통신단자함을 설치하기 위한 공간을 말한다.

🗒 정답 ③

💡 **OX**

홈 네트워크 사용기기의 예비부품은 내구연한을 고려하고, 3% 이상 5년간 확보할 것을 권장한다.

(×)

보통 1문제 정도 출제됩니다. 간혹 출제가 안 되는 회차가 있으며, 특히 안전장치에 관하여 출제빈도가 높고 때론 종합적인 문제가 출제되며, 제27회에서 피난용 승강기의 예비전원 관련 1문제가 출제되었습니다.
먼저 엘리베이터의 기계적 안전장치부터 잘 이해한 다음 비상용승강기와 기타 관련 규정 그리고, 다른 승강기 관련 내용을 정리하면 됩니다.

승강기

01 엘리베이터
02 에스컬레이터의 기준

01 승강기

승강기란 건축물이나 고정된 시설물에 설치되어 일정한 경로에 따라 사람이나 화물을 승강장으로 옮기는 데에 사용되는 시설로서 에스컬레이터, 휠체어리프트 등 행정안전부령으로 정하는 것을 말한다.

1 엘리베이터

(1) 엘리베이터의 분류

① 용도에 의한 분류
　　㉠ 승용 엘리베이터
　　㉡ 화물용 엘리베이터
　　㉢ 승용 + 화물 겸용 엘리베이터
　　㉣ 침대용 엘리베이터
　　㉤ 자동차용 엘리베이터
　　㉥ 전동 덤웨이터(Dumbwaiter, 부엌용 리프트)

② 속도에 의한 분류

구 분	속도(m/min)	구동방식
저 속	15, 20, 30, 45	교류 1단, 교류 2단
중 속	60, 70, 90, 105	교류 2단, 직류 기어
고 속	120, 150, 180, 210, 240, 300	직류 기어레스

③ **구동방식에 의한 분류**

㉠ 로프식(트랙션식, 권동식)

㉡ 유압식(직접식, 간접식, 팬더그래프식)

㉢ 리니어 모터식

㉣ 스크류식

㉤ 랙 피니언식

④ **교류 엘리베이터와 직류 엘리베이터**: 승강기의 제어는 속도제어방법에 의해 분류할 수 있으며, 로프식 엘리베이터에서는 전동기의 제어방식에 따라 분류할 수 있다.

㉠ 교류 엘리베이터 제어

ⓐ 교류 1단 속도: 가장 간단한 제어방식이나 착층 오차가 커서 최고 30(m/min) 정도 이하에서만 적용이 가능하다.

ⓑ 교류 2단 속도: 2단 속도 모터를 이용하여 감속과 착층을 저속권선으로 하고 기동과 주행을 고속 권선으로 하여 카를 제어한다. 중규모 이하 건물에서 사용한다. 간단한 속도 조절이 가능하다. 적용속도는 30, 45, 60(m/min)이다.

ⓒ 교류 귀환 제어: 2단 속도 제어방식에 비해 승차감 및 착층 정밀도가 대폭 개선되었으며 착층 시간도 짧아졌다. 적용속도는 45, 60, 90(m/min)이다.

ⓓ VVVF(3VF 제어, 가변전압 가변 주파수 제어): 인버터 제어라고도 불리며 유도 전동기에 가해지는 전압과 주파수를 동시에 변환시켜 직류전동기와 동등한 제어 성능을 갖도록 하는 방식으로 DC영역인 초고속엘리베이터까지 적용이 다능하며 유도전동기의 특성상 직류전동기보다 유지·보수가 용이하며 소비전력이 절감된다. 귀환제어방식에 비해 승차감 외에 소비전력 및 전원설비용량도 약 50% 정도로 줄어든다.

💡 최근에 가장 일반적으로 이용되는 로프식에 의한 제어방식은 가변전압 가변주파수 제어(Variable Voltage Variable Frequency)방식이며, 이 방식은 권상 전동기에서 발생되는 속도와 토크가 전압과 주파수의 변화에 따라 그 값이 변화됩니다.

㉡ 직류 엘리베이터의 제어

ⓐ 속도제어가 용이하고 승차감이 양호하여 주로 고급의 중·고속 엘리베이터에 적용된다.

ⓑ 교류를 직류로 바꾸는 방식에 따라 워드 레오나드(Ward−Leonard) 방식과 정지형 레오나드 방식이 있다.

ⓒ 속도 90, 105(m/min)에는 기어드(Geared) 방식이, 120(m/min) 이상에는 기어리스(Gearless) 방식이 적용된다. 하중이 큰 대병원 승강기 같은 곳은 직류기어드를, 대사무실 빌딩·백화점·초고속 엘리베이터 같이 승차감과 속도제어가 요구되는 곳은 직류 기어리스 방식이 적용된다.

OX
기어리스식 감속기는 직류 엘리베이터에 사용된다. (○)

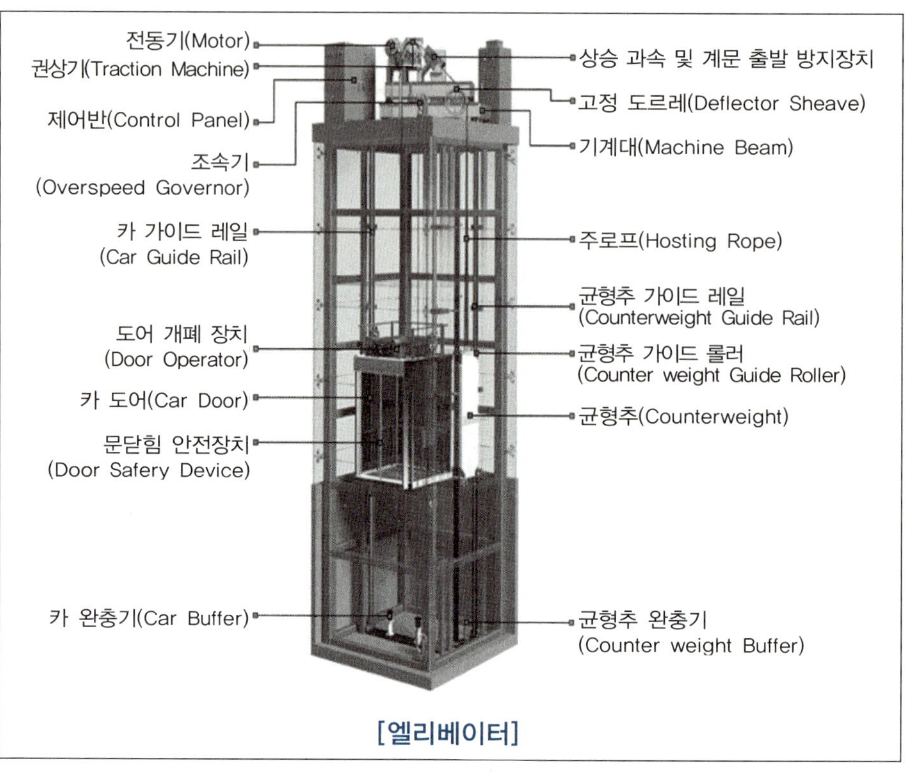

[엘리베이터]

(2) 엘리베이터의 구조

기계실, 카(Car), 승강로(Hatch Way), 승강장(Landing Entrance) 등으로 구성되어 있다.

① **권상기**(Traction Machine) : 권상기는 전동기축의 회전력을 로프차에 전달하는 기구로 전동기, 제동기, 감속기, 견인구차, 로프, 균형추 등으로 구성되어 있다.

　㉠ 전동기(Motor) : 엘리베이터 카를 들어올리는 역할을 수행한다. 사용 전원의 종류에 따라 교류용 전동기, 직류용 전동기의 2종이 있다.

　㉡ 제동기(brake) : 동력이 차단되었을 때 관성에 의한 전동기의 회전을 자동적으로 제지하는 장치, 관성에 의한 원동기의 회전을 자동적으로 제지하는 것으로 권상기에 조립되며 일반적으로 브레이크라 한다.

　㉢ 감속기 : 엘리베이터의 속도를 줄이는 데 이용된다.

　　ⓐ 기어식 : 웜 기어를 사용하여 전동기를 회전하여 감속시킨다.

　　ⓑ 기어레스식 : 웜 기어 없이 직류 전동기로 감속한다.

　㉣ 견인 구차(Sheave) : 로프를 감는 도르레로, 로프에 무리를 주지 않기 위해 로프 지름의 40~48배 정도의 직경을 이용한다.

    ⑰ 주로프
        ⓐ 주로프의 직경은 12mm 이상으로 하여야 한다. 다만, 주로프의 안전율이 10 이상이 되도록 여러 가닥의 로프를 사용하는 경우 8mm 이상으로 할 수 있다.
        ⓑ 3가닥[권동(드럼)식 엘리베이터의 경우에는 2가닥] 이상으로 하여야 한다.
    ⑱ 균형추(Counter Weight, 중추)
        ⓐ 권상기의 부하를 가볍게 하여 전기를 절약할 목적으로 카(Car)의 반대측 로프(Rope)에 장치한다.
        ⓑ 균형추의 중량 = 카의 중량 + 적재 중량 × (0.4~0.6)

② **승강 카**(Car Cage)

    ㉠ 성인 1인당 기준 : 바닥면적 $0.2m^2$, 무게기준은 75kg을 기준으로 한다.
    ㉡ 이상적인 비율 = 10 : 7(너비 : 깊이)

③ **가이드 레일**(Guide Rail) : 승강로 내의 양측면에 케이지용, 균형추용 각각 1조씩 2조가 있다.

(3) 안전장치

① **조속기와 과속스위치**

조속기는 카와 같은 속도로 움직이는 조속기로프에 의해 회전되어 항상 카의 속도를 감지하여 그 속도를 검출하는 장치이다. 그 첫째 동작은 카의 속도가 정격속도의 1.3배(정격속도가 45m/min 이하인 엘리베이터는 63m/min)를 초과하지 않는 범위 내에 과속스위치가 동작하여 전원을 끊고 브레이크를 작동시킨다. 이것은 상승·하강 양방향에서 유효해야 한다.

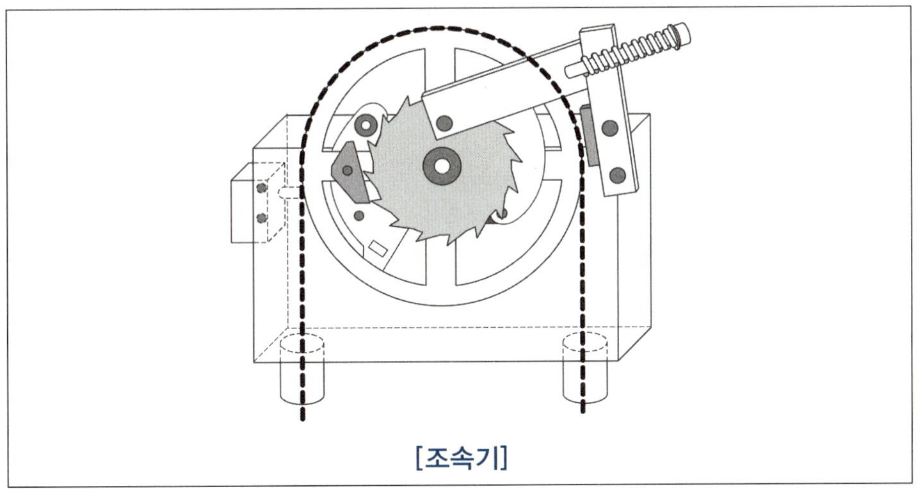

[조속기]

제15회

제14회, 제18회, 제22회, 제23회, 제26회

♀ OX

1인당 하중을 75kg으로 하여 최대 정원을 구한다. (○)

② **비상정지장치**

비상정지장치는 카의 하강속도가 정격속도를 초과(1.4배 이내)한 경우에 작동되어 카를 정지시키는 것이다. 카가 급격하게 하강하는 것을 순간적으로 정지시키면 승차하고 있는 사람이 충격으로 부상을 입을 염려가 있으므로 일반적으로 어느 정도 서서히 감속하여 정지시키는 것, 즉 점차작동형이 사용되어야 하지만 정격속도가 45m/min 이하인 것은 최대 1.13m/s의 속도에서 정지되므로 실제 순간적으로 정지(즉시작동형)시켜도 위험이 거의 없다.

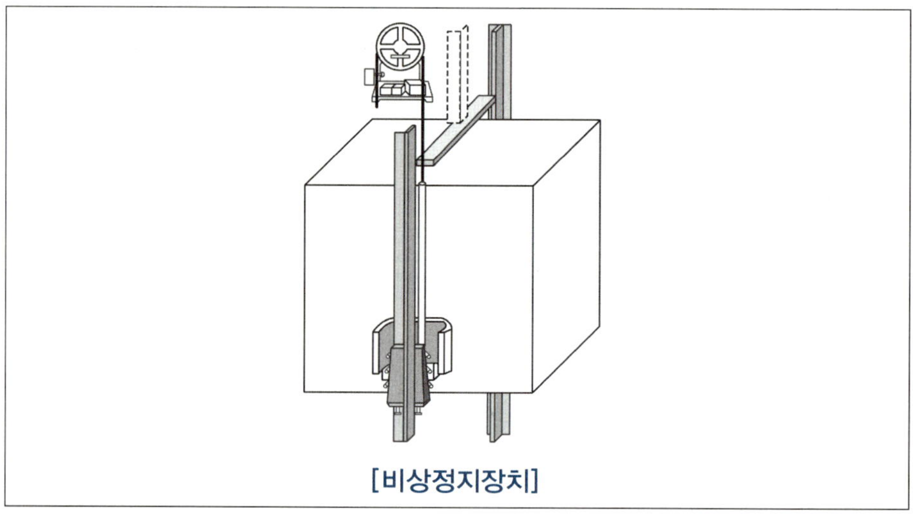

[비상정지장치]

③ **완충기**

카가 어떤 원인으로 최하층을 통과하여 피트로 떨어졌을 때 충격을 완화하기 위하여 완충기를 설치한다. 반대로 카가 최상층을 통과하여 상승할 때를 대비하여 균형추의 바로 아래에도 완충기를 설치한다. 그러나 이 완충기는 카나 균형추의 자유낙하를 완충하기 위한 것은 아니다(자유낙하 하는 경우에는 비상정지장치가 작동한다).

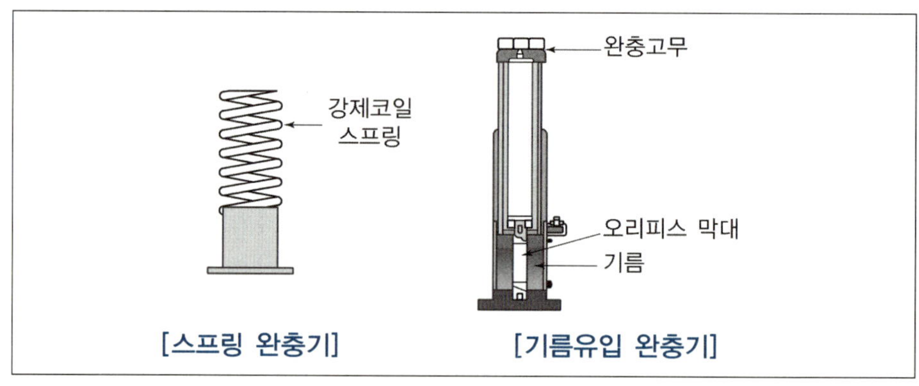

④ **도어 인터로크 및 클로저**

　㉠ 도어 인터로크(Door Interlock) : 카가 정지하지 않는 층의 도어는 전용 열쇠를 사용하지 않으면 열리지 않는 도어로크와 도어가 닫혀 있지 않으면 운전이 불가능하도록 하는 도어 스위치로 구성된다. 엘리베이터의 안전장치 중에서 가장 중요한 것 중의 하나이다.

　㉡ 클로저(Closer) : 승강장의 문이 열린 상태에서 모든 제약이 해제되면 자동적으로 닫히게 끔 하여 문의 개방상태에서 생기는 2차 재해를 방지하는 문의 안전장치이다.

　㉢ 문닫힘 안전장치(세이프티 슈) : 도어의 끝에 설치하여 이 물체가 접촉하면 도어의 닫힘을 중지하며 도어를 반전시키는 접촉식 보호장치이다.

⑤ **주접촉기**(Magnetic Switch) : 정전 또는 각부 기기 고장시에 주회로를 차단한다.

⑥ **스토핑 스위치류**

　㉠ 슬로우다운(Slowdown) 스위치 : 종단층에서 정상적인 감속이 이루어지지 않는 경우 이 스위치에 의하여 강제로 감속하도록 하는 안전스위치로 카를 거의 정상으로 정지(종단층을 지나치지 않음)시키기 위해 카가 종점 승강장에 도착하기 전에 작동되어야 한다. 정상적인 감속이 되고 있는 경우에는 스위치가 동작하여도 강제 감속은 실행되지 않는다.

　㉡ 터미널 리미트 스위치(Terminal Limit Switch) : 카의 승강을 자동적으로 제어하여 정지시키는 장치로 카가 종점 승강장을 지나치는 경우 종단층에서 종점방향으로 운전을 불가능하게 하는 스위치

　㉢ 파이널 리미트 스위치 : 리미트 스위치가 작동하지 않는 경우에도 종단층을 현저히 지나치지 않는 범위에서 확실하게 양방향 운전을 제지하는 장치로 이 장치가 작동되는 경우 수동운전도 불가능하므로 스위치를 무효화시키고 정상위치로 복귀시킨다.

　💡 파이널 리미트 스위치는 기계적 안전장치이다.

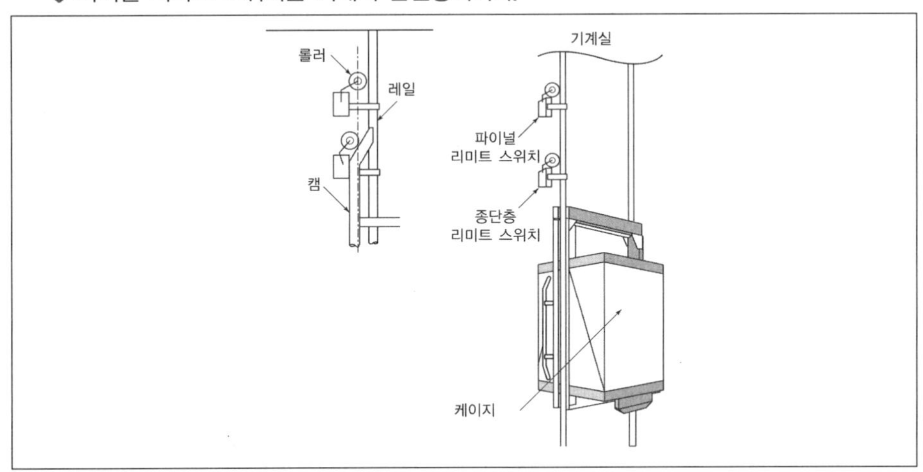

> **기계적 안전장치**
> 1. 비상정지장치 2. 조속기 3. 완충기
> 4. 도어 인터로크 5. 파이널 리미트 스위치

예제

엘리베이터의 안전장치에 관한 설명으로 옳은 것은? 제23회

① 완충기는 스프링 또는 유체 등을 이용하여 카, 균형추 또는 평형추의 충격을 흡수하기 위한 장치이다.

② 파이널 리미트 스위치는 전자식으로 운전 중에는 항상 개방되어 있고, 정지시에 전원이 차단됨과 동시에 작동하는 장치이다.

③ 과부하감지장치는 정전시나 고장 등으로 승객이 갇혔을 때 외부와의 연락을 위한 장치이다.

④ 과속조절기는 승강기가 최상층 이상 및 최하층 이하로 운행되지 않도록 엘리베이터의 초과운행을 방지하여 주는 장치이다.

⑤ 전자·기계 브레이크는 승강기 문에 승객 또는 물건이 끼었을 때 자동으로 다시 열리게 되어 있는 장치이다.

해설

② 파이널 리미트 스위치 : (터미널)리미트 스위치(종점스위치)가 작동하지 않는 경우라도 종단층을 현저히 지나치지 않는 범위에서 확실하게 양방향 운전을 제지하는 장치이다.

③ 과부하감지(방지)장치 : 최대 적재 중량 초과시 카의 작동을 정지시키는 장치

④ 과속조절기 : 과속에 대한 안전장치로는 조속기와 비상정지장치가 있다.

⑤ 전자·기계 브레이크 : 제동기로서 엘리베이터 정지시에 작동한다.

정답 ①

(4) 배치 계획시 고려사항

① 엘리베이터는 이용하기 편리한 곳에 설치한다.

　㉠ 승용 엘리베이터 : 주출입구 근처에 설치한다.

　㉡ 화물 엘리베이터 : 화물 하적하는 근처에 설치한다.

② 엘리베이터는 가급적 집중시켜 배치하는 것이 운전 능률·비용면에서 유리하다.

③ 건물이 길어 동선이 길어지면 분산 배치하기도 한다.

④ 엘리베이터가 여러 대 배치될 경우 8대를 1그룹으로 하며, 1그룹의 직렬배치는 4대를 한도로 계획한다.

(5) 엘리베이터 설치 규정

① **승용 승강기**

　㉠ 설치기준 : 6층 이상으로서 연면적 2,000m² 이상인 건축물

　㉡ 예외기준 : 다만, 층수가 6층인 건축물로서 각층 거실의 용도로 쓰이는 바닥면적 300m² 이내마다 1개소의 직통계단을 설치한 경우

OX

연면적 2,000m² 이상으로서 6층 이상인 건축물에는 승용승강기를 설치해야 한다. (○)

승용승강기의 설치기준(「건축물의 설비기준 등에 관한 규칙」 제5조 본문 관련)

건축물의 용도	6층 이상의 거실 면적의 합계	
	3천m² 이하	3천m² 초과
1. 가. 문화 및 집회시설(공연장·집회장 및 관람장만 해당한다) 나. 판매시설 다. 의료시설	2대	2대에 3천m²를 초과하는 2천m² 이내마다 1대를 더한 대수
2. 가. 문화 및 집회시설(전시장 및 동·식물원만 해당한다) 나. 업무시설 다. 숙박시설 라. 위락시설	1대	1대에 3천m²를 초과하는 2천m² 이내마다 1대를 더한 대수
3. 가. 공동주택 나. 교육연구시설 다. 노유자시설 라. 그 밖의 시설	1대	1대에 3천m²를 초과하는 3천m² 이내마다 1대를 더한 대수

비 고

1. 위 표에 따라 승강기의 대수를 계산할 때 8인승 이상 15인승 이하의 승강기는 1대의 승강기로 보고, 16인승 이상의 승강기는 2대의 승강기로 본다.
2. 건축물의 용도가 복합된 경우 승용승강기의 설치기준은 다음 각 목의 구분에 따른다.
   ① 둘 이상의 건축물의 용도가 위 표에 따른 같은 호에 해당하는 경우: 하나의 용도에 해당하는 건축물로 보아 6층 이상의 거실면적의 총합계를 기준으로 설치하여야 하는 승용승강기 대수를 산정한다.
   ② 둘 이상의 건축물의 용도가 위 표에 따른 둘 이상의 호에 해당하는 경우: 다음의 기준에 따라 산정한 승용승강기 대수 중 적은 대수
   　㉠ 각각의 건축물 용도에 따라 산정한 승용승강기 대수를 합산한 대수. 이 경우 둘 이상의 건축물의 용도가 같은 호에 해당하는 경우에는 가목에 따라 승용승강기 대수를 산정한다.
   　㉡ 각각의 건축물 용도별 6층 이상의 거실 면적을 모두 합산한 면적을 기준으로 각각의 건축물 용도별 승용승강기 설치기준 중 가장 강한 기준을 적용하여 산정한 대수

② **비상용 승강기**

　㉠ 설치기준: 높이 31m를 넘는 건축물

　㉡ 설치 대수

　　ⓐ 높이 31m를 넘는 각 층의 바닥면적 중 최대 바닥면적이 1,500m² 이하인 건축물에는 1대 이상

　　ⓑ 높이 31m를 넘는 각 층의 바닥면적 중 최대 바닥면적이 1,500m²를 넘는 건축물에는 1대에 1,500m²를 넘는 매 3,000m² 이내마다 1대씩 가산한 대수 이상

제17회, 제20회, 제25회

건축물의 설비기준 등에 관한 규칙 제10조【비상용승강기의 승강장 및 승강로의 구조】 법 제64조 제2항에 따른 비상용승강기의 승강장 및 승강로의 구조는 다음 각 호의 기준에 적합해야 한다.

2. 비상용승강기 승강장의 구조

　가. 승강장의 창문·출입구 기타 개구부를 제외한 부분은 당해 건축물의 다른 부분과 내화구조의 바닥 및 벽으로 구획할 것. 다만, 공동주택의 경우에는 승강장과 특별피난계단(「건축물의 피난·방화구조 등의 기준에 관한 규칙」 제9조의 규정에 의한 특별피난계단을 말한다. 이하 같다)의 부속실과의 겸용부분을 특별피난계단의 계단실과 별도로 구획하는 때에는 승강장을 특별피난계단의 부속실과 겸용할 수 있다.

　나. 승강장은 각층의 내부와 연결될 수 있도록 하되, 그 출입구(승강로의 출입구를 제외한다)에는 60분 + 방화문 또는 60분 방화문을 설치할 것. 다만, 피난층에는 60분 + 방화문 또는 60분 방화문을 설치하지 않을 수 있다.

　다. 노대 또는 외부를 향하여 열 수 있는 창문이나 제14조 제2항의 규정에 의한 배연설비를 설치할 것

　라. 벽 및 반자가 실내에 접하는 부분의 마감재료(마감을 위한 바탕을 포함한다)는 불연재료로 할 것

　마. 채광이 되는 창문이 있거나 예비전원에 의한 조명설비를 할 것

　바. 승강장의 바닥면적은 비상용승강기 1대에 대하여 6m² 이상으로 할 것. 다만, 옥외에 승강장을 설치하는 경우에는 그러하지 아니하다.

　사. 피난층이 있는 승강장의 출입구(승강장이 없는 경우에는 승강로의 출입구)로부터 도로 또는 공지(공원·광장 기타 이와 유사한 것으로서 피난 및 소화를 위한 당해 대지에의 출입에 지장이 없는 것을 말한다)에 이르는 거리가 30m 이하일 것

　아. 승강장 출입구 부근의 잘 보이는 곳에 당해 승강기가 비상용승강기임을 알 수 있는 표지를 할 것

3. 비상용승강기의 승강로의 구조

　가. 승강로는 당해 건축물의 다른 부분과 내화구조로 구획할 것

　나. 각층으로부터 피난층까지 이르는 승강로를 단일구조로 연결하여 설치할 것

OX

옥내에 설치하는 비상용 승강기의 승강장 바닥면적은 승강기 1대당 6m² 이상으로 해야 한다. (○)

② 에스컬레이터의 기준

① 경사도는 30°를 초과하지 않아야 한다. 다만, 높이가 6m 이하, 속도 30m/min 이하는 35°까지 가능하다.

② 디딤판의 정격속도는 경사도가 30° 이하는 45m/min 이하이어야 하고, 30° 초과 35° 이하는 30m/min 이하이어야 한다.

③ 사람 또는 화물이 끼거나 장해물에 충돌하지 않도록 할 것

④ 디딤판의 양측에 이동 손잡이를 설치하고 이동 손잡이의 상단부가 디딤판과 동일방향, 동일속도로 연동하도록 할 것

⑤ 디딤판에서 60cm의 높이에 있는 이동 손잡이의 거리(내측판간의 거리)는 1.2m 이하로 할 것

Chapter 11

건축물 에너지절약설계기준 등

단·원·열·기

최근 건축물 에너지절약설계기준 외에 설비관련 문제가 다수 출제되고, 제28회에는 에너지절약설계기준 외에 수도법관련, 실내공기질 관련, 승강기 안전관련 문제 등 4문제가 출제되었는데 건축물 에너지절약설계기준 외에는 출제를 예상하기 어렵습니다. 이 부분은 기본서에 나오는 법령 정도를 정리하거나 고득점이 필요하지 않은 경우에는 기본적인 부분만 정리하면 됩니다.

건축물 에너지절약설계기준

01 용 어

02 평면계획

03 기계설비부문 설계기준

04 전기설비부문 설계기준

01 건축물의 에너지절약설계기준

1 용 어

건축물의 에너지절약설계기준 제5조 【용어의 정의】 10. 건축부문

가. "거실"이라 함은 건축물 안에서 거주(단위 세대 내 욕실·화장실·현관을 포함한다)·집무·작업·집회·오락 기타 이와 유사한 목적을 위하여 사용되는 방을 말하나, 특별히 이 기준에서는 거실이 아닌 냉방 또는 난방공간 또한 거실에 포함한다.

나. "외피"라 함은 거실 또는 거실 외 공간을 둘러싸고 있는 벽·지붕·바닥·창 및 문 등으로서 외기에 직접 면하는 부위를 말한다.

아. "방풍구조"라 함은 출입구에서 실내외 공기 교환에 의한 열출입을 방지할 목적으로 설치하는 방풍실 또는 회전문 등을 설치한 방식을 말한다.

차. "외단열"이라 함은 건축물 각 부위의 단열에서 단열재를 구조체의 외기측에 설치하는 단열방법으로서 모서리 부위를 포함하여 시공하는 등 열교를 차단한 경우를 말한다.

카. "방습층"이라 함은 습한 공기가 구조체에 침투하여 결로발생의 위험이 높아지는 것을 방지하기 위해 설치하는 투습도가 24시간당 30g/㎡ 이하 또는 투습계수 0.28g/㎡·h·mmHg 이하의 투습저항을 가진 층을 말한다.(시험방법은 한국산업규격 KS T 1305 방습포장재료의 투습도 시험방법 또는 KS F 2607 건축 재료의 투습성 측정 방법에서 정하는 바에 따른다) 다만, 단열재 또는 단열재의 내측에 사용되는 마감재가 방습층으로서 요구되는 성능을 가지는 경우에는 그 재료를 방습층으로 볼 수 있다.

하. "투광부"라 함은 창, 문면적의 50% 이상이 투과체로 구성된 문, 유리블럭, 플라스틱패널 등과 같이 투과재료로 구성되며, 외기에 접하여 채광이 가능한 부위를 말한다.

거. "태양열취득률(SHGC)"이라 함은 입사된 태양열에 대하여 실내로 유입된 태양열취득의 비율을 말한다.

너. "일사조절장치"라 함은 태양열의 실내 유입을 조절하기 위한 차양, 구조체 또는 태양열취득률이 낮은 유리를 말한다. 이 경우 차양은 설치위치에 따라 외부 차양과 내부 차양 그리고 유리간 차양으로 구분하며, 가동여부에 따라 고정형과 가동형으로 나눌 수 있다.

OX

건축물의 연면적에 대한 외피면적의 비를 크게 한다. (×)

11. 기계설비부문
　　가. "위험률"이라 함은 냉(난)방기간 동안 또는 연간 총시간에 대한 온도출현분포중에서 가장 높은(낮은) 온도쪽으로부터 총시간의 일정 비율에 해당하는 온도를 제외시키는 비율을 말한다.
　　나. "효율"이라 함은 설비기기에 공급된 에너지에 대하여 출력된 유효에너지의 비를 말한다.
　　라. "대수분할운전"이라 함은 기기를 여러 대 설치하여 부하상태에 따라 최적 운전상태를 유지할 수 있도록 기기를 조합하여 운전하는 방식을 말한다.
　　마. "비례제어운전"이라 함은 기기의 출력값과 목표값의 편차에 비례하여 입력량을 조절하여 최적운전상태를 유지할 수 있도록 운전하는 방식을 말한다.
　　바. "심야전기를 이용한 축열·축냉시스템"이라 함은 심야시간에 전기를 이용하여 열을 저장하였다가 이를 난방, 온수, 냉방 등의 용도로 이용하는 설비로서 한국전력공사에서 심야전력기기로 인정한 것을 말한다.
　　사. "열회수형환기장치"라 함은 난방 또는 냉방을 하는 장소의 환기장치로 실내의 공기를 배출할 때 급기되는 공기와 열교환하는 구조를 가진 것으로서 KS B 6879(열회수형 환기 장치) 부속서 B에서 정하는 시험방법에 따른 열교환효율과 에너지계수의 최소 기준 이상의 성능을 가진 것을 말한다.
　　아. "이코노마이저시스템"이라 함은 중간기 또는 동계에 발생하는 냉방부하를 실내 엔탈피보다 낮은 도입 외기에 의하여 제거 또는 감소시키는 시스템을 말한다.
　　자. "중앙집중식 냉·난방설비"라 함은 건축물의 전부 또는 냉난방 면적의 60% 이상을 냉방 또는 난방함에 있어 해당 공간에 순환펌프, 증기난방설비 등을 이용하여 열원 등을 공급하는 설비를 말한다. 단, 산업통상자원부 고시 「효율관리기자재 운용규정」에서 정한 가정용 가스보일러는 개별 난방설비로 간주한다.
　　차. "TAB"라 함은 Testing(시험), Adjusting(조정), Balancing(평가)의 약어로 건물 내의 모든 설비시스템이 설계에서 의도한 기능을 발휘하도록 점검 및 조정하는 것을 말한다.
　　카. "커미셔닝"이라 함은 효율적인 건축 기계설비 시스템의 성능 확보를 위해 설계 단계부터 공사완료에 이르기까지 전 과정에 걸쳐 건축주의 요구에 부합되도록 모든 시스템의 계획, 설계, 시공, 성능시험 등을 확인하고 최종 유지 관리자에게 제공하여 입주 후 건축주의 요구를 충족할 수 있도록 운전성능 유지 여부를 검증하고 문서화하는 과정을 말한다.
12. 전기설비부문
　　가. "역률 개선용 커패시터(콘덴서)"라 함은 역률을 개선하기 위하여 변압기 또는 전동기 등에 병렬로 설치하는 커패시터를 말한다.
　　나. "전압강하"라 함은 인입전압(또는 변압기 2차전압)과 부하측전압과의 차를 말하며 저항이나 인덕턴스에 흐르는 전류에 의하여 강하하는 전압을 말한다.
　　다. "조도자동조절조명기구"라 함은 인체 또는 주위 밝기를 감지하여 자동으로 조명등을 점멸하거나 조도를 자동 조절할 수 있는 센서장치 또는 그 센서를 부착한 등기구를 말한다.
　　라. "수용률"이라 함은 부하설비 용량 합계에 대한 최대 수용전력의 백분율을 말한다.
　　마. "최대수요전력"이라 함은 수용가에서 일정 기간 중 사용한 전력의 최대치를 말하며, "최대수요전력제어설비"라 함은 수용가에서 피크전력의 억제, 전력 부하의 평준화 등을 위하여 최대수요전력을 자동제어할 수 있는 설비를 말한다.

제14회

제15회

제17회

제15회

OX

1. 역률 개선용 콘덴서를 집합 설치하는 경우에는 역률자동 조절장치를 설치한다. (○)
2. "부하율"이라 함은 부하설비 용량 합계에 대한 최대 수용 전력의 백분율을 말한다. (×)

바. "가변속제어기(인버터)"라 함은 정지형 전력변환기로서 전동기의 가변속운전을 위하여 설치하는 설비를 말한다.

사. "변압기 대수제어"라 함은 변압기를 여러 대 설치하여 부하상태에 따라 필요한 운전대수를 자동 또는 수동으로 제어하는 방식을 말한다.

아. "대기전력자동차단장치"라 함은 산업통상자원부고시 「대기전력저감프로그램운용규정」에 의하여 대기전력저감우수제품으로 등록된 대기전력자동차단콘센트, 대기전력자동차단스위치를 말한다.

자. "자동절전멀티탭"이라 함은 산업통상자원부고시 「대기전력저감프로그램운용규정」에 의하여 대기전력저감우수제품으로 등록된 자동절전멀티탭을 말한다.

차. "일괄소등스위치"라 함은 층 또는 구역 단위(세대 단위)로 설치되어 조명등(센서등 및 비상등 제외 가능)을 일괄적으로 끌 수 있는 스위치를 말한다.

카. "회생제동장치"라 함은 승강기가 균형추보다 무거운 상태로 하강(또는 반대의 경우)할 때 모터는 순간적으로 발전기로 동작하게 되며, 이 때 생산되는 전력을 다른 회로에서 전원으로 활용하는 방식으로 전력소비를 절감하는 장치를 말한다.

13. 신·재생에너지설비부문

가. "신·재생에너지"라 함은 「신에너지 및 재생에너지 개발·이용·보급 촉진법」에서 규정하는 것을 말한다.

15. "전자식 원격검침계량기"란 에너지사용량을 전자식으로 계측하여 에너지 관리자가 실시간으로 모니터링하고 기록할 수 있도록 하는 장치이다.

16. "건축물에너지관리시스템(BEMS)"이란 「녹색건축물 조성 지원법」 제6조의2 제2항에서 규정하는 것을 말한다.

17. "에너지요구량"이란 건축물의 냉방, 난방, 급탕, 조명부문에서 표준 설정 조건을 유지하기 위하여 해당 건축물에서 필요로 하는 에너지량을 말한다.

18. "에너지소요량"이란 에너지요구량을 만족시키기 위하여 건축물의 냉방, 난방, 급탕, 조명, 환기 부문의 설비기기에 사용되는 에너지량을 말한다.

19. "1차에너지"란 연료의 채취, 가공, 운송, 변환, 공급 등의 과정에서의 손실분을 포함한 에너지를 말하며, 에너지원별 1차에너지 환산계수는 "건축물 에너지효율등급 인증 및 제로에너지건축물 인증 제도 운영규정"에 따른다.

제7조【건축부문의 권장사항】 에너지절약계획서 제출대상 건축물의 건축주와 설계자 등은 다음 각 호에서 정하는 사항을 제15조의 규정에 적합하도록 선택적으로 채택할 수 있다.

1. 배치계획

가. 건축물은 대지의 향, 일조 및 주풍향 등을 고려하여 배치하며, 남향 또는 남동향 배치를 한다.

나. 공동주택은 인동간격을 넓게 하여 저층부의 태양열 취득을 최대한 증대시킨다.

2 평면계획

① 거실의 층고 및 반자 높이는 실의 용도와 기능에 지장을 주지 않는 범위 내에서 가능한 낮게 한다.

② 건축물의 체적에 대한 외피면적의 비 또는 연면적에 대한 외피면적의 비는 가능한 작게 한다.

③ 외벽 부위는 외단열로 시공한다.

④ 외피의 모서리 부분은 열교가 발생하지 않도록 단열재를 연속적으로 설치하고, 기타 열교부위는 [별표 11]의 외피 열교부위별 선형 열관류율 기준에 따라 충분히 단열되도록 한다.

⑤ 건물의 창 및 문은 가능한 작게 설계하고, 특히 열손실이 많은 북측 거실의 창 및 문의 면적은 최소화한다.

⑥ 발코니 확장을 하는 공동주택이나 창 및 문의 면적이 큰 건물에는 단열성이 우수한 로이(Low − E) 복층창이나 삼중창 이상의 단열성능을 갖는 창을 설치한다.

⑦ 공동주택의 외기에 접하는 주동의 출입구와 각 세대의 현관은 방풍구조로 한다.

3 기계설비부문 설계기준

제9조 【기계부문의 권장사항】 에너지절약계획서 제출대상 건축물의 건축주와 설계자 등은 다음 각 호에서 정하는 사항을 제15조의 규정에 적합하도록 선택적으로 채택할 수 있다.

1. 설계용 실내온도 조건

난방 및 냉방설비의 용량계산을 위한 설계기준 실내온도는 난방의 경우 20℃, 냉방의 경우 28℃를 기준으로 하되(목욕장 및 수영장은 제외) 각 건축물 용도 및 개별 실의 특성에 따라 [별표8]에서 제시된 범위를 참고하여 설비의 용량이 과다해지지 않도록 한다.

2. 열원설비

가. 열원설비는 부분부하 및 전부하 운전효율이 좋은 것을 선정한다.

나. 난방기기, 냉방기기, 냉동기, 송풍기, 펌프 등은 부하조건에 따라 최고의 성능을 유지할 수 있도록 대수분할 또는 비례제어운전이 되도록 한다.

다. 난방기기, 냉방기기, 급탕기기는 고효율제품 또는 이와 동등 이상의 효율을 가진 제품을 설치한다.

라. 보일러의 배출수 · 폐열 · 응축수 및 공조기의 폐열, 생활배수 등의 폐열을 회수하기 위한 열회수설비를 설치한다. 폐열회수를 위한 열회수설비를 설치할 때에는 중간기에 대비한 바이패스(by−pass)설비를 설치한다.

라. 냉방기기는 전력피크 부하를 줄일 수 있도록 하여야 하며, 상황에 따라 심야전기를 이용한 축열·축냉시스템, 가스 및 유류를 이용한 냉방설비, 집단에너지를 이용한 지역냉방방식, 소형열병합발전을 이용한 냉방방식, 신·재생에너지를 이용한 냉방방식을 채택한다.

3. 공조설비

가. 중간기 등에 외기도입에 의하여 냉방부하를 감소시키는 경우에는 실내 공기질을 저하시키지 않는 범위 내에서 이코노마이저시스템 등 외기냉방시스템을 적용한다. 다만, 외기냉방시스템의 적용이 건축물의 총에너지비용을 감소시킬 수 없는 경우에는 그러하지 아니한다.

나. 공기조화기 팬은 부하변동에 따른 풍량제어가 가능하도록 가변익축류방식, 흡입베인제어방식, 가변속제어방식 등 에너지절약적 제어방식을 채택한다.

4. 반송설비

가. 냉방 또는 난방 순환수 펌프, 냉각수 순환 펌프는 운전효율을 증대시키기 위해 가능한 한 대수제어 또는 가변속제어방식을 채택하여 부하상태에 따라 최적 운전상태가 유지될 수 있도록 한다.

나. 급수용 펌프 또는 급수가압펌프의 전동기에는 가변속제어방식 등 에너지절약적 제어방식을 채택한다.

다. 공조용 송풍기, 펌프는 효율이 높은 것을 채택한다.

5. 환기 및 제어설비

가. 환기를 통한 에너지손실 저감을 위해 성능이 우수한 열회수형환기장치를 설치한다.

나. 기계환기설비를 사용하여야 하는 지하주차장의 환기용 팬은 대수제어 또는 풍량조절(가변익, 가변속도), 일산화탄소(CO)의 농도에 의한 자동(on − off)제어 등의 에너지절약적 제어방식을 도입한다.

다. 건축물의 효율적인 기계설비 운영을 위해 TAB 또는 커미셔닝을 실시한다.

라. 에너지 사용설비는 에너지절약 및 에너지이용 효율의 향상을 위하여 컴퓨터에 의한 자동제어시스템 또는 네트워킹이 가능한 현장제어장치 등을 사용한 에너지제어시스템을 채택하거나, 분산제어 시스템으로서 각 설비별 에너지제어 시스템에 개방형 통신기술을 채택하여 설비별 제어 시스템간 에너지관리 데이터의 호환과 집중제어가 가능하도록 한다.

4 전기설비부문 설계기준

건축물의 에너지 절약설계기준 제10조 【전기부문의 의무사항】 에너지절약계획서 제출대상 건축물의 건축주와 설계자 등은 다음 각 호에서 정하는 전기부문의 설계기준을 따라야 한다.

2. 간선 및 동력설비

가. 전동기에는 기본공급약관 시행세칙 [별표6]에 따른 역률개선용커패시터(콘덴서)를 전동기별로 설치하여야 한다. 다만, 소방설비용 전동기 및 인버터 설치 전동기에는 그러하지 아니할 수 있다.

3. 조명설비

　가. 조명기기 중 안정기내장형램프, 형광램프를 채택할 때에는 산업통상자원부 고시
　　「효율관리기자재 운용규정」에 따른 최저소비효율기준을 만족하는 제품을 사용하
　　고, 유도등 및 주차장 조명기기는 고효율제품에 해당하는 LED 조명을 설치하여야
　　한다.

　나. 공동주택 각 세대 내의 현관 및 숙박시설의 객실 내부입구, 계단실의 조명기구는
　　인체감지점멸형 또는 일정시간 후에 자동 소등되는 조도자동조절조명기구를 채
　　택하여야 한다.

　다. 조명기구는 필요에 따라 부분조명이 가능하도록 점멸회로를 구분하여 설치하여
　　야 하며, 일사광이 들어오는 창측의 전등군은 부분점멸이 가능하도록 설치한다.
　　다만, 공동주택은 그러하지 않을 수 있다.

　라. 공동주택의 효율적인 조명에너지 관리를 위하여 세대별로 일괄적 소등이 가능한
　　일괄소등스위치를 설치하여야 한다. 다만, 전용면적 60m² 이하인 주택의 경우에
　　는 그러하지 않을 수 있다.

제11조【전기부문의 권장사항】 에너지절약계획서 제출대상 건축물의 건축주와 설계자
등은 다음 각 호에서 정하는 사항을 제15조의 규정에 적합하도록 선택적으로 채택할 수
있다.

1. 수변전설비

　가. 전력을 효율적으로 이용하고 최대수용전력을 합리적으로 관리하기 위하여 최대
　　수요전력 제어설비를 채택한다.

　나. 역률개선용커패시터(콘덴서)를 집합 설치하는 경우에는 역률자동조절장치를 설
　　치한다.

2. 조명설비

　가. 옥외등은 고효율제품인 LED 조명을 사용하고, 옥외등의 조명회로는 격등 점등
　　(또는 조도조절 기능) 및 자동점멸기에 의한 점멸이 가능하도록 한다.

　나. 공동주택의 지하주차장에 자연채광용 개구부가 설치되는 경우에는 주위 밝기를
　　감지하여 전등군별로 자동 점멸되거나 스케줄제어가 가능하도록 하여 조명전력
　　이 효과적으로 절감될 수 있도록 한다.

　다. LED 조명기구는 고효율제품을 설치한다.

　마. 효율적인 조명에너지 관리를 위하여 층별 또는 구역별로 일괄 소등이 가능한 일
　　괄소등스위치를 설치한다.

3. 제어설비

　가. 여러 대의 승강기가 설치되는 경우에는 군관리 운행방식을 채택한다.

　나. 사용하지 않는 기기에서 소비하는 대기전력을 저감하기 위해 대기전력자동차단
　　장치를 설치한다.

4. 건축물에너지관리시스템(BEMS)이 설치되는 경우에는 [별표12]의 설치기준에 따라
　센서·계측장비, 분석 소프트웨어 등이 포함되도록 한다.

공동주택의 에너지절약을 위한 방법으로 옳지 않은 것은? 제24회

① 지하주차장의 환기용 팬은 이산화탄소(CO_2) 농도에 의한 자동(On − Off) 제어방식을 도입한다.

② 부하특성, 부하종류, 계절부하 등을 고려하여 변압기의 운전대수제어가 가능하도록 뱅크를 구성한다.

③ 급수가압펌프의 전동기에는 가변속제어방식 등 에너지절약적 제어방식을 채택한다.

④ 역률개선용 콘덴서를 집합 설치하는 경우에는 역률자동조절장치를 설치한다.

⑤ 옥외등은 고효율 에너지기자재 인증제품으로 등록된 고휘도방전램프 또는 LED 램프를 사용한다.

해설

① 지하주차장의 환기용 팬은 일산화탄소(CO) 농도에 의한 자동(On − Off) 제어방식을 도입한다.

정답 ①

제23회, 제26회

02 급수관과 절수설비 관련 법

수도법 시행규칙 제23조【급수관의 상태검사 및 조치 등】 ① 영 제51조에 해당하는 건축물 또는 시설의 소유자등은 법 제33조 제4항에 따라 별표 7 제1호에 따른 일반검사를 다음 각 호의 구분에 따라 실시하여야 한다.

1. 최초 일반검사: 해당 건축물 또는 시설의 준공검사(급수관의 갱생·교체 등의 조치를 한 경우를 포함한다)를 실시한 날부터 5년이 경과한 날을 기준으로 6개월 이내에 실시

2. 2회 이후의 일반검사: 최근 일반검사를 받은 날부터 2년이 되는 날까지 매 2년마다 실시

② 소유자 등은 제1항에 따라 일반검사를 실시한 결과 검사항목 중 탁도, 수소이온 농도, 색도 또는 철에 대한 검사기준을 초과하는 경우에는 급수관을 세척(급수관 내부의 이물질이나 미생물막 등을 관에 손상을 주지 아니하면서 물이나 공기를 주입하는 방법 등으로 제거하는 것을 말한다. 이하 같다)하여야 한다. 다만, 급수관이 아연도강관인 경우에는 검사항목 중 검사기준을 초과하는 항목이 한 개 이상 있으면 반드시 이를 갱생하거나 교체하여야 한다.

③ 소유자 등은 제1항에 따른 일반검사 결과가 다음 각 호의 어느 하나에 해당하면 별표 7에 따른 전문검사를 하고, 급수관을 갱생하여야 한다. 다만, 전문검사 결과 갱생만으로는 내구성을 유지하기 어려울 정도로 노후한 급수관은 새 급수관으로 교체하여야 한다.

1. 일반검사의 검사항목에 대한 검사기준을 2회 연속 초과하는 경우

2. 일반검사의 검사항목 중 납·구리 또는 아연에 대한 검사기준을 초과하는 경우

④ 소유자 등은 제1항에 따른 일반검사 또는 제3항에 따른 전문검사를 실시한 경우에는 그 결과를 일반수도사업자에게 통보하고, 해당 건축물 또는 시설의 게시판에 게시하거나 전단을 배포하는 등의 방법으로 이용자에게 공지하여야 한다.

⑤ 소유자 등은 제2항이나 제3항에 따른 세척·갱생·교체 등의 조치를 하였을 때에는 그 결과를 일반수도사업자에게 보고하고, 그와 관련된 자료를 3년 이상 보존하여야 한다.

수도법 제15조【절수설비 등의 설치】 ① 건축주는「건축법」제2조 제1항 제2호에 따른 건축물이나 지방자치단체의 조례로 정하는 시설을 건축하려는 경우에 수돗물의 절약과 효율적 이용을 위하여 절수설비를 설치하여야 한다.

② 「공중위생관리법」제2조 제1항 제2호 및 제3호에 따른 숙박업(객실이 10실 이하인 경우는 제외한다) 및 목욕장업 또는「체육시설의 설치·이용에 관한 법률」제10조 제1항에 따른 체육시설업을 영위하는 자 또는「공중화장실 등에 관한 법률」제2조 제1호에 따른 공중화장실을 설치하는 자는 절수설비 및 절수기기를 설치하여야 한다.

③ 특별자치시장·특별자치도지사·시장·군수 또는 구청장은 제2항에 따른 숙박업 및 목욕장업 또는 체육시설업을 영위하는 자나 공중화장실을 설치하는 자가 절수설비 및 절수기기를 설치하지 아니하면 그 이행을 명할 수 있다.

④ 제1항부터 제3항까지의 절수설비를 국내에 판매하기 위하여 제조하거나 수입하려는 자는 해당 절수설비에 절수등급을 표시하여야 한다.

⑤ 제4항에 따른 절수설비 등급표시에 관하여 필요한 사항은 환경부령으로 정한다.

수도법 시행규칙 [별표 1] 절수설비와 절수기기의 종류 및 기준(제1조의2 관련)

1. 법 제3조에 따른 절수설비 및 절수기기는 다음과 같이 구분한다.
   가. 절수설비 : 별도의 부속이나 기기를 추가로 장착하지 아니하고도 일반 제품에 비하여 물을 적게 사용하도록 생산된 수도꼭지 및 변기
   나. 절수기기 : 물사용량을 줄이기 위하여 수도꼭지나 변기에 추가로 장착하는 부속이나 기기. 절수형 샤워헤드를 포함한다.
2. 법 제15조 제1항에 해당하는 건축물 및 시설에 설치해야 하거나 같은 조 제2항에 따른 자가 설치해야 하는 절수설비나 절수기기는 다음과 같다.
   가. 수도꼭지
      1) 공급수압 98kPa에서 최대토수유량이 1분당 6.0L 이하인 것. 다만, 공중용 화장실에 설치하는 수도꼭지는 1분당 5L 이하인 것이어야 한다.
      2) 샤워용은 공급수압 98kPa에서 해당 수도꼭지에 샤워호스(hose)를 부착한 상태로 측정한 최대토수유량이 1분당 7.5L 이하인 것
   나. 변기
      1) 대변기는 공급수압 98kPa에서 사용수량이 6L 이하인 것
      2) 대·소변 구분형 대변기는 공급수압 98kPa에서 평균사용수량이 6L 이하인 것
      3) 소변기는 물을 사용하지 않는 것이거나, 공급수압 98kPa에서 사용수량이 2L 이하인 것
      4) 대변기는 물탱크의 내부 벽면 또는 세척밸브의 수량조절용 나사 부분에 사용수량을 표시한 것
      5) 대변기의 사용수량을 조절하는 부속품은 사용수량이 6L를 초과할 수 없는 구조로 제작한 것. 다만, 변기 막힘 현상이 지속되어 이를 해소하기 위한 경우는 제외한다.

03 공동주택 층간소음의 범위와 기준에 관한 규칙

> 공동주택 층간소음의 범위와 기준에 관한 규칙 제2조 【층간소음의 범위】 공동주택 층간
> 소음의 범위는 입주자 또는 사용자의 활동으로 인하여 발생하는 소음으로서 다른 입주자
> 또는 사용자에게 피해를 주는 다음 내용의 소음으로 한다. 다만, 욕실, 화장실 및 다용도
> 실 등에서 급수·배수로 인하여 발생하는 소음은 제외한다.

(1) 직접충격 소음

뛰거나 걷는 동작 등으로 인하여 발생하는 소음

(2) 공기전달 소음

텔레비전, 음향기기 등의 사용으로 인하여 발생하는 소음

🔗 층간소음의 기준

층간소음의 구분		층간소음의 기준[단위 : dB(A)]	
		주 간 (06:00~22:00)	야 간 (22:00~06:00)
1. 제2조 제1호에 따른 직접충격 소음	1분간 등가소음도 (Leq)	39	34
	최고소음도 (Lmax)	57	52
2. 제2조 제2호에 따른 공기전달 소음	5분간 등가소음도 (Leq)	45	40

1. 직접충격 소음은 1분간 등가소음도(Leq) 및 최고소음도(Lmax)로 평가하고, 공기전달 소음
   은 5분간 등가소음도(Leq)로 평가한다.
2. 위 표의 기준에도 불구하고 「공동주택관리법」 제2조 제1항 제1호 가목에 따른 공동주택으로
   서 「건축법」 제11조에 따라 건축허가를 받은 공동주택과 2005년 6월 30일 이전에 「주택법」
   제15조에 따라 사업승인을 받은 공동주택의 직접충격 소음 기준에 대해서는 2024년 12월
   31일까지는 위 표 제1호에 따른 기준에 5dB(A)을 더한 값을 적용하고, 2025년 1월 1일부
   터는 2dB(A)을 더한 값을 적용한다.
3. 층간소음의 측정방법은 「환경분야 시험·검사 등에 관한 법률」 제6조 제1항 제2호에 따른
   소음·진동 분야의 공정시험기준에 따른다.
4. 1분간 등가소음도(Leq) 및 5분간 등가소음도(Leq)는 비고 제3호에 따라 측정한 값 중 가
   장 높은 값으로 한다.
5. 최고소음도(Lmax)는 1시간에 3회 이상 초과할 경우 그 기준을 초과한 것으로 본다.

🔍 예 제

공동주택 층간소음의 범위와 기준에 관한 규칙상 층간소음에 관한 설명으로 옳지 않은 것은? 제25회

① 직접충격 소음은 뛰거나 걷는 동작 등으로 인하여 발생하는 층간소음이다.
② 공기전달 소음은 텔레비전, 음향기기 등의 사용으로 인하여 발생하는 층간소음이다.
③ 욕실, 화장실 및 다용도실 등에서 급수 · 배수로 인하여 발생하는 소음은 층간소음에 포함한다.
④ 층간소음의 기준 시간대는 주간은 06시부터 22시까지, 야간은 22시부터 06시까지로 구분한다.
⑤ 직접충격 소음은 1분간 등가소음도(Leq) 및 최고소음도(Lmax)로 평가한다.

해설

③ 욕실, 화장실 및 다용도실 등에서 급수 · 배수로 인하여 발생하는 소음은 층간소음에서 제외한다.

📄 정답 ③

04 건축물의 설비기준 등에 관한 규칙

자연환기설비는 설치되는 실의 바닥부터 수직으로 1.2m 이상의 높이에 설치하여야 하며, 2개 이상의 자연환기설비를 상하로 설치하는 경우 1m 이상의 수직간격을 확보해야 한다.

제11조의2【환기구의 안전 기준】 ① 영 제87조 제2항에 따라 환기구[건축물의 환기설비에 부속된 급기(給氣) 및 배기(排氣)를 위한 건축구조물의 개구부(開口部)를 말한다. 이하 같다]는 보행자 및 건축물 이용자의 안전이 확보되도록 바닥으로부터 2미터 이상의 높이에 설치해야 한다. 다만, 다음 각 호의 어느 하나에 해당하는 경우에는 예외로 한다.
　　1. 환기구를 벽면에 설치하는 등 사람이 올라설 수 없는 구조로 설치하는 경우. 이 경우 배기를 위한 환기구는 배출되는 공기가 보행자 및 건축물 이용자에게 직접 닿지 아니하도록 설치되어야 한다.
　　2. 안전울타리 또는 조경 등을 이용하여 접근을 차단하는 구조로 하는 경우
② 모든 환기구에는 국토교통부장관이 정하여 고시하는 강도(强度) 이상의 덮개와 덮개 걸침턱 등 추락방지시설을 설치하여야 한다.
제14조【배연설비】 ① 법 제49조 제2항에 따라 배연설비를 설치하여야 하는 건축물에는 다음 각 호의 기준에 적합하게 배연설비를 설치해야 한다. 다만, 피난층인 경우에는 그렇지 않다.

　1. 영 제46조 제1항에 따라 건축물이 방화구획으로 구획된 경우에는 그 구획마다 1개소 이상의 배연창을 설치하되, 배연창의 상변과 천장 또는 반자로부터 수직거리가 0.9미터 이내일 것. 다만, 반자높이가 바닥으로부터 3미터 이상인 경우에는 배연창의 하변이 바닥으로부터 2.1미터 이상의 위치에 놓이도록 설치하여야 한다.
　2. 배연창의 유효면적은 별표 2의 산정기준에 의하여 산정된 면적이 1제곱미터 이상으로서 그 면적의 합계가 당해 건축물의 바닥면적(영 제46조 제1항 또는 제3항의 규정에 의하여 방화구획이 설치된 경우에는 그 구획된 부분의 바닥면적을 말한다)의 100분의 1 이상일 것. 이 경우 바닥면적의 산정에 있어서 거실바닥면적의 20분의 1 이상으로 환기창을 설치한 거실의 면적은 이에 산입하지 아니한다.
　3. 배연구는 연기감지기 또는 열감지기에 의하여 자동으로 열 수 있는 구조로 하되, 손으로도 열고 닫을 수 있도록 할 것
　4. 배연구는 예비전원에 의하여 열 수 있도록 할 것
　5. 기계식 배연설비를 하는 경우에는 제1호 내지 제4호의 규정에 불구하고 소방관계법령의 규정에 적합하도록 할 것
② 특별피난계단 및 영 제90조 제3항의 규정에 의한 비상용승강기의 승강장에 설치하는 배연설비의 구조는 다음 각 호의 기준에 적합하여야 한다.
　1. 배연구 및 배연풍도는 불연재료로 하고, 화재가 발생한 경우 원활하게 배연시킬 수 있는 규모로서 외기 또는 평상시에 사용하지 아니하는 굴뚝에 연결할 것
　2. 배연구에 설치하는 수동개방장치 또는 자동개방장치(열감지기 또는 연기감지기에 의한 것을 말한다)는 손으로도 열고 닫을 수 있도록 할 것
　3. 배연구는 평상시에는 닫힌 상태를 유지하고, 연 경우에는 배연에 의한 기류로 인하여 닫히지 아니하도록 할 것
　4. 배연구가 외기에 접하지 아니하는 경우에는 배연기를 설치할 것
　5. 배연기는 배연구의 열림에 따라 자동적으로 작동하고, 충분한 공기배출 또는 가압 능력이 있을 것
　6. 배연기에는 예비전원을 설치할 것
　7. 공기유입방식을 급기가압방식 또는 급·배기방식으로 하는 경우에는 제1호 내지 제6호의 규정에 불구하고 소방관계법령의 규정에 적합하게 할 것

제17조의2【물막이설비】 ① 다음 각 호의 어느 하나에 해당하는 지역에서 건축물을 건축하려는 자는 빗물 등의 유입으로 건축물이 침수되지 않도록 해당 건축물의 지하층 및 1층의 출입구(주차장의 출입구를 포함한다)에 물막이판 등 해당 건축물의 침수를 방지할 수 있는 설비(이하 "물막이설비"라 한다)를 설치해야 한다. 다만, 해당 건축물의 침수를 방지할 수 있는 설비(이하 "물막이설비"라 한다)를 설치해야 한다. 다만, 해당 건축물의 지하층 및 1층의 출입구를 국토교통부장관이 정하여 고시하는 예상 침수 높이 이상으로 설치한 경우에는 물막이설비를 설치한 것으로 본다.
　1. 「국토의 계획 및 이용에 관한 법률」 제37조 제1항 제5호에 따른 방재지구
　2. 「자연재해대책법시행령」 제5조 제2호 마목에 따른 행정안전부장관이 고시하는 지역
② 제1항에 따라 설치되는 물막이설비는 다음 각 호의 기준에 적합해야 한다.
　1. 건축물의 이용 및 피난에 지장이 없는 구조일 것
　2. 그 밖에 국토교통부장관이 정하여 고시하는 기준에 적합하게 설치할 것

제23조【건축물의 냉방설비 등】① 삭제

② 제2조 제3호부터 제6호까지의 규정에 해당하는 건축물 중 산업통상자원부장관이 국토교통부장관과 협의하여 고시하는 건축물에 중앙집중냉방설비를 설치하는 경우에는 산업통상자원부장관이 국토교통부장관과 협의하여 정하는 바에 따라 축냉식 또는 가스를 이용한 중앙집중냉방방식으로 하여야 한다.

③ 상업지역 및 주거지역에서 건축물에 설치하는 냉방시설 및 환기시설의 배기구와 배기장치의 설치는 다음 각 호의 기준에 모두 적합하여야 한다.

　　1. 배기구는 도로면으로부터 2미터 이상의 높이에 설치할 것
　　2. 배기장치에서 나오는 열기가 인근 건축물의 거주자나 보행자에게 직접 닿지 아니하도록 할 것
　　3. 건축물의 외벽에 배기구 또는 배기장치를 설치할 때에는 외벽 또는 다음 각 목의 기준에 적합한 지지대 등 보호장치와 분리되지 아니하도록 견고하게 연결하여 배기구 또는 배기장치가 떨어지는 것을 방지할 수 있도록 할 것
　　　가. 배기구 또는 배기장치를 지탱할 수 있는 구조일 것
　　　나. 부식을 방지할 수 있는 자재를 사용하거나 도장(塗裝)할 것

05 실내공기질 관리법

🔗 실내공기질 관리법 시행규칙(별표 4의2)

신축 공동주택의 실내공기질 권고기준(제7조의2 관련)

1. 폼알데하이드 $210\mu g/m^3$ 이하
2. 벤젠 $30\mu g/m^3$ 이하
3. 톨루엔 $1,000\mu g/m^3$ 이하
4. 에틸벤젠 $360\mu g/m^3$ 이하
5. 자일렌 $700\mu g/m^3$ 이하
6. 스티렌 $300\mu g/m^3$ 이하
7. 라돈 $148Bq/m^3$ 이하

🔗 실내공기질 관리법 시행규칙(별표 5)

건축자재의 오염물질 방출 기준(제10조의 제1항 관련)

구 분	오염물질 종류	폼알데하이드	톨루엔	총휘발성 유기화합물
1. 접착제		0.02 이하	0.08 이하	2.0 이하
2. 페인트		0.02 이하	0.08 이하	2.5 이하
3. 실란트		0.02 이하	0.08 이하	1.5 이하
4. 퍼티		0.02 이하	0.08 이하	20.0 이하
5. 벽지		0.02 이하	0.08 이하	4.0 이하
6. 바닥재		0.02 이하	0.08 이하	4.0 이하
7. 표면가공 목질판상 제품	1) 2021년 12월 31일까지 적용되는 기준	0.12 이하	0.08 이하	0.8 이하
	2) 2022년 1월 1일부터 적용되는 기준	0.05 이하	0.08 이하	0.4 이하

💡 위 표에서 오염물질의 종류별 측정단위는 mg/m² · h로 한다. 다만, 실란트의 측정단위는 mg/m · h로 한다.

06 승강기 관련 법

건축법 제64조【승강기】 ① 건축주는 6층 이상으로서 연면적이 2천제곱미터 이상인 건축물(대통령령으로 정하는 건축물은 제외한다)을 건축하려면 승강기를 설치하여야 한다. 이 경우 승강기의 규모 및 구조는 국토교통부령으로 정한다.
② 높이 31미터를 초과하는 건축물에는 대통령령으로 정하는 바에 따라 제1항에 따른 승강기뿐만 아니라 비상용승강기를 추가로 설치하여야 한다. 다만, 국토교통부령으로 정하는 건축물의 경우에는 그러하지 아니하다.
③ 고층건축물에는 제1항에 따라 건축물에 설치하는 승용승강기 중 1대 이상을 대통령령으로 정하는 바에 따라 피난용승강기로 설치하여야 한다.

건축법 시행령 제91조【피난용승강기의 설치】 ① 법 제64조 제3항에 따른 피난용승강기(피난용승강기의 승강장 및 승강로를 포함한다. 이하 이 조에서 같다)는 다음 각 호의 기준에 맞게 설치하여야 한다.
  1. 승강장의 바닥면적은 승강기 1대당 6제곱미터 이상으로 할 것
  2. 각 층으로부터 피난층까지 이르는 승강로를 단일구조로 연결하여 설치할 것
  3. 예비전원으로 작동하는 조명설비를 설치할 것

4. 승강장의 출입구 부근의 잘 보이는 곳에 해당 승강기가 피난용승강기임을 알리는 표지를 설치할 것
5. 그 밖에 화재예방 및 피해경감을 위하여 국토교통부령으로 정하는 구조 및 설비 등의 기준에 맞을 것

주택건설기준 등에 관한 규정 제15조【승강기 등】 ① 법 제64조 제3항에 따른 피난용승강기(피난용승강기의 승강장 및 승강로를 포함한다. 이하 이 조에서 같다)는 다음 각 호의 기준에 맞게 설치하여야 한다.
1. 승강장의 바닥면적은 승강기 1대당 6제곱미터 이상으로 할 것
2. 각 층으로부터 피난층까지 이르는 승강로를 단일구조로 연결하여 설치할 것
3. 예비전원으로 작동하는 조명설비를 설치할 것
4. 승강장의 출입구 부근의 잘 보이는 곳에 해당 승강기가 피난용승강기임을 알리는 표지를 설치할 것
5. 그 밖에 화재예방 및 피해경감을 위하여 국토교통부령으로 정하는 구조 및 설비 등의 기준에 맞을 것

② 10층 이상인 공동주택의 경우에는 제1항의 승용승강기를 비상용승강기의 구조로 하여야 한다.
③ 10층 이상인 공동주택에는 이사짐 등을 운반할 수 있는 다음 각호의 기준에 적합한 화물용승강기를 설치하여야 한다.
1. 적재하중이 0.9톤 이상일 것
2. 승강기의 폭 또는 너비 중 한변은 1.35미터 이상, 다른 한변은 1.6미터 이상일 것
3. 계단실형인 공동주택의 경우에는 계단실마다 설치할 것
4. 복도형인 공동주택의 경우에는 100세대까지 1대를 설치하되, 100세대를 넘는 경우에는 100세대마다 1대를 추가로 설치할 것

④ 제1항 또는 제2항의 규정에 의한 승용승강기 또는 비상용승강기로서 제3항 각호의 기준에 적합한 것은 화물용승강기로 겸용할 수 있다.
⑤ 「건축법」 제64조는 제1항 내지 제3항의 규정에 의한 승용승강기·비상용승강기 및 화물용승강기의 구조 및 그 승강장의 구조에 관하여 이를 준용한다.

주택건설기준 등에 관한 규칙 제4조【승강기】 영 제15조 제1항 본문에 따라 6층 이상인 공동주택에 설치하는 승용승강기의 설치기준은 다음 각 호와 같다.
1. 계단실형인 공동주택에는 계단실마다 1대(한 층에 3세대 이상이 조합된 계단실형 공동주택이 22층 이상인 경우에는 2대) 이상을 설치하되, 그 탑승인원수는 동일한 계단실을 사용하는 4층 이상인 층의 세대당 0.3명(독신자용주택의 경우에는 0.15명)의 비율로 산정한 인원수(1명 이하의 단수는 1명으로 본다. 이하 이 조에서 같다) 이상일 것
2. 복도형인 공동주택에는 1대에 100세대를 넘는 80세대마다 1대를 더한 대수 이상을 설치하되, 그 탑승인원수는 4층 이상인 층의 세대당 0.2명(독신자용주택의 경우에는 0.1명)의 비율로 산정한 인원수 이상일 것

승강기 안전관리법 제31조【승강기의 자체점검】 ① 관리주체는 승강기의 안전에 관한 자체점검(이하 "자체점검"이라 한다)을 월 1회 이상 하고, 그 결과를 대통령령이 정하는 기간 이내에 제73조에 따른 승강기안전종합정보망에 입력하여야 한다.
② 관리주체는 자체점검 결과 승강기에 결함이 있다는 사실을 알았을 경우에는 즉시 보수하여야 하며, 보수가 끝날 때까지 해당 승강기의 운행을 중지하여야 한다.

제32조【승강기의 안전검사】① 관리주체는 승강기에 대하여 행정안전부장관이 실시하는 다음 각 호의 안전검사(이하 "안전검사"라 한다)를 받아야 한다.
1. 정기검사 : 설치검사 후 정기적으로 하는 검사. 이 경우 검사주기는 2년 이하로 하되, 다음 각 목의 사항을 고려하여 행정안전부령으로 정하는 바에 따라 승강기별로 검사주기를 다르게 할 수 있다.
2. 수시검사 : 다음 각 목의 어느 하나에 해당하는 경우에 하는 검사
   가. 승강기의 종류, 제어방식, 정격(기기의 사용조건 및 성능의 범위를 말한다. 이하 같다)속도, 정격용량 또는 왕복운행거리를 변경한 경우(변경된 승강기에 대한 검사의 기준이 완화되는 경우 등 행정안전부령으로 정하는 경우는 제외한다)
   나. 승강기의 제어반(制御盤) 또는 구동기(驅動機)를 교체한 경우
   다. 승강기에 사고가 발생하여 수리한 경우(제3호나목의 경우는 제외한다)
   라. 관리주체가 요청하는 경우
3. 정밀안전검사 : 다음 각 목의 어느 하나에 해당하는 경우에 하는 검사. 이 경우 다목에 해당할 때에는 정밀안전검사를 받고, 그 후 3년마다 정기적으로 정밀안전검사를 받아야 한다.

승강기 안전관리법 시행규칙 제54조【정기검사의 검사주기 등】① 법 제32조 제1항 제1호 각 목 외의 부분에 따른 정기검사(이하 "정기검사"라 한다)의 검사주기는 1년(설치검사 또는 직전 정기검사를 받은 날부터 매 1년을 말한다)으로 한다.
② 제1항에도 불구하고 다음 각 호의 어느 하나에 해당하는 승강기의 경우에는 정기검사의 검사주기를 직전 정기검사를 받은 날부터 다음 각 호의 구분에 따른 기간으로 한다.
1. 설치검사를 받은 날부터 25년이 지난 승강기 : 6개월
2. 법 제32조 제1항 제3호 나목에 따른 승강기의 결함으로 중대한 사고 또는 중대한 고장이 발생한 후 2년이 지나지 않은 승강기 : 6개월
3. 다음 각 목의 엘리베이터 : 2년
   가. 별표 1 제2호 가목9)에 따른 화물용 엘리베이터
   나. 별표 1 제2호 가목10)에 따른 자동차용 엘리베이터
   다. 별표 1 제2호 가목11)에 따른 소형화물용 엘리베이터(Dumbwaiter)
4. 「건축법 시행령」 별표 1 제1호 가목에 따른 단독주택에 설치된 승강기 : 2년

07 건축물의 피난 · 방화구조 등의 기준에 관한 규칙

제8조의2【피난안전구역의 설치기준】① 영 제34조 제3항 및 제4항에 따라 설치하는 피난안전구역(이하 "피난안전구역"이라 한다)은 해당 건축물의 1개층을 대피공간으로 하며, 대피에 장애가 되지 아니하는 범위에서 기계실, 보일러실, 전기실 등 건축설비를 설치하기 위한 공간과 같은 층에 설치할 수 있다. 이 경우 피난안전구역은 건축설비가 설치되는 공간과 내화구조로 구획하여야 한다.
② 피난안전구역에 연결되는 특별피난계단은 피난안전구역을 거쳐서 상 · 하층으로 갈 수 있는 구조로 설치하여야 한다.

③ 피난안전구역의 구조 및 설비는 다음 각 호의 기준에 적합하여야 한다.

1. 피난안전구역의 바로 아래층 및 위층은 「녹색건축물 조성 지원법」 제15조 제1항에 따라 국토교통부장관이 정하여 고시한 기준에 적합한 단열재를 설치할 것. 이 경우 아래층은 최상층에 있는 거실의 반자 또는 지붕 기준을 준용하고, 위층은 최하층에 있는 거실의 바닥 기준을 준용할 것
2. 피난안전구역의 내부마감재료는 불연재료로 설치할 것
3. 건축물의 내부에서 피난안전구역으로 통하는 계단은 특별피난계단의 구조로 설치할 것
4. 비상용 승강기는 피난안전구역에서 승하차 할 수 있는 구조로 설치할 것
5. 피난안전구역에는 식수공급을 위한 급수전을 1개소 이상 설치하고 예비전원에 의한 조명설비를 설치할 것
6. 관리사무소 또는 방재센터 등과 긴급연락이 가능한 경보 및 통신시설을 설치할 것
7. 별표 1의2에서 정하는 기준에 따라 산정한 면적 이상일 것
8. 피난안전구역의 높이는 2.1미터 이상일 것
9. 「건축물의 설비기준 등에 관한 규칙」 제14조에 따른 배연설비(이하 "배연설비"라 한다)를 설치할 것
10. 그 밖에 소방청장이 정하는 소방 등 재난관리를 위한 설비를 갖출 것

제14조【방화구획의 설치기준】 ① 영 제46조 제1항 각 호 외의 부분 본문에 따라 건축물에 설치하는 방화구획은 다음 각 호의 기준에 적합해야 한다.

1. 10층 이하의 층은 바닥면적 1천제곱미터(스프링클러 기타 이와 유사한 자동식 소화설비를 설치한 경우에는 바닥면적 3천제곱미터)이내마다 구획할 것
2. 매층마다 구획할 것. 다만, 지하 1층에서 지상으로 직접 연결하는 경사로 부위는 제외한다.
3. 11층 이상의 층은 바닥면적 200제곱미터(스프링클러 기타 이와 유사한 자동식 소화설비를 설치한 경우에는 600제곱미터)이내마다 구획할 것. 다만, 벽 및 반자의 실내에 접하는 부분의 마감을 불연재료로 한 경우에는 바닥면적 500제곱미터(스프링클러 기타 이와 유사한 자동식 소화설비를 설치한 경우에는 1천 500제곱미터)이내마다 구획하여야 한다.
4. 필로티나 그 밖에 이와 비슷한 구조(벽면적의 2분의 1 이상이 그 층의 바닥면에서 위층 바닥 아래면까지 공간으로 된 것만 해당한다)의 부분을 주차장으로 사용하는 경우 그 부분은 건축물의 다른 부분과 구획할 것

② 제1항에 따른 방화구획은 다음 각 호의 기준에 적합하게 설치해야 한다.

1. 영 제46조에 따른 방화구획으로 사용하는 60분 + 방화문 또는 60분 방화문은 언제나 닫힌 상태를 유지하거나 화재로 인한 연기 또는 불꽃을 감지하여 자동적으로 닫히는 구조로 할 것. 다만, 연기 또는 불꽃을 감지하여 자동적으로 닫히는 구조로 할 수 없는 경우에는 온도를 감지하여 자동적으로 닫히는 구조로 할 수 있다.
2. 다음 각 목에 해당하는 경우 그 부분을 별표 1 제1호에 따른 내화시간(내화채움성능이 인정된 구조로 메워지는 구성 부재에 적용되는 내화시간을 말한다) 이상 견딜 수 있는 내화채움성능이 인정된 구조로 메울 것
   가. 급수관·배전관 또는 그 밖의 관이나 전선 등이 방화구획을 관통하여 관통부가 생기는 경우
   나. 방화구획의 벽과 벽, 벽과 바닥, 바닥과 바닥 사이에 접합부가 생기는 경우
   다. 방화구획과 외벽 사이에 접합부가 생기는 경우

　　라. 방화구획에 그 밖의 틈이 생기는 경우

　3. 환기·난방 또는 냉방시설의 풍도가 방화구획을 관통하는 경우에는 그 관통부분 또는 이에 근접한 부분에 다음 각 목의 기준에 적합한 댐퍼를 설치할 것. 다만, 반도체공장건축물로서 방화구획을 관통하는 풍도의 주위에 스프링클러헤드를 설치하는 경우에는 그렇지 않다.

　　가. 화재로 인한 연기 또는 불꽃을 감지하여 자동적으로 닫히는 구조로 할 것. 다만, 주방 등 연기가 항상 발생하는 부분에는 온도를 감지하여 자동적으로 닫히는 구조로 할 수 있다.

　　나. 국토교통부장관이 정하여 고시하는 비차열(非遮熱) 성능 및 방연성능 등의 기준에 적합할 것

　4. 영 제46조 제1항 제2호 및 제81조 제5항 제5호에 따라 설치되는 자동방화셔터는 다음 각 목의 요건을 모두 갖출 것. 이 경우 자동방화셔터의 구조 및 성능기준 등에 관한 세부사항은 국토교통부장관이 정하여 고시한다.

　　가. 피난이 가능한 60분 + 방화문 또는 60분 방화문으로부터 3미터 이내에 별도로 설치할 것

　　나. 전동방식이나 수동방식으로 개폐할 수 있을 것

　　다. 불꽃감지기 또는 연기감지기 중 하나와 열감지기를 설치할 것

　　라. 불꽃이나 연기를 감지한 경우 일부 폐쇄되는 구조일 것

　　마. 열을 감지한 경우 완전 폐쇄되는 구조일 것

③ 영 제46조 제1항 제2호에서 "국토교통부령으로 정하는 기준에 적합한 것"이란 한국건설기술연구원장이 국토교통부장관이 정하여 고시하는 바에 따라 다음 각 호의 사항을 모두 인정한 것을 말한다.

　1. 생산공장의 품질 관리 상태를 확인한 결과 국토교통부장관이 정하여 고시하는 기준에 적합할 것

　2. 해당 제품의 품질시험을 실시한 결과 비차열 1시간 이상의 내화성능을 확보하였을 것

④ 영 제46조 제5항 제3호에 따른 하향식 피난구(덮개, 사다리, 승강식피난기 및 경보시스템을 포함한다)의 구조는 다음 각 호의 기준에 적합하게 설치해야 한다.

　1. 피난구의 덮개(덮개와 사다리, 승강식피난기 또는 경보시스템이 일체형으로 구성된 경우에는 그 사다리, 승강식피난기 또는 경보시스템을 포함한다)는 품질시험을 실시한 결과 비차열 1시간 이상의 내화성능을 가져야 하며, 피난구의 유효 개구부 규격은 직경 60센티미터 이상일 것

　2. 상층·하층간 피난구의 수평거리는 15센티미터 이상 떨어져 있을 것

　3. 아래층에서는 바로 위층의 피난구를 열 수 없는 구조일 것

　4. 사다리는 바로 아래층의 바닥면으로부터 50센터미터 이하까지 내려오는 길이로 할 것

　5. 덮개가 개방될 경우에는 건축물관리시스템 등을 통하여 경보음이 울리는 구조일 것

　6. 피난구가 있는 곳에는 예비전원에 의한 조명설비를 설치할 것

⑤ 제2항 제2호에 따른 내화채움방법에 필요한 사항은 국토교통부장관이 정하여 고시한다.

⑥ 법 제49조 제2항 단서에 따라 영 제46조 제7항에 따른 창고시설 중 같은 조 제2항 제2호에 해당하여 같은 조 제1항을 적용하지 않거나 완화하여 적용하는 부분에는 다음 각 호의 구분에 따른 설비를 추가로 설치해야 한다.

　1. 개구부의 경우: 「소방시설 설치 및 관리에 관한 법률」 제12조 제1항에 따른 화재안전기준(이하 이 조에서 "화재안전기준"이라 한다)을 충족하는 설비로서 수막(水幕)을 형성하여 화재확산을 방지하는 설비

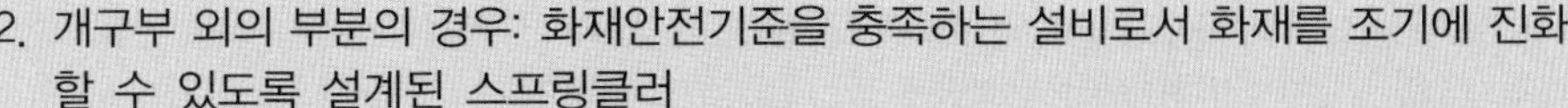

   2. 개구부 외의 부분의 경우: 화재안전기준을 충족하는 설비로서 화재를 조기에 진화할 수 있도록 설계된 스프링클러

제14조의2 【복합건축물의 피난시설 등】 영 제47조 제1항 단서의 규정에 의하여 같은 건축물안에 공동주택·의료시설·아동관련시설 또는 노인복지시설(이하 이 조에서 "공동주택등"이라 한다)중 하나 이상과 위락시설·위험물저장 및 처리시설·공장 또는 자동차정비공장(이하 이 조에서 "위락시설등"이라 한다)중 하나 이상을 함께 설치하고자 하는 경우에는 다음 각 호의 기준에 적합하여야 한다.

   1. 공동주택등의 출입구와 위락시설등의 출입구는 서로 그 보행거리가 30미터 이상이 되도록 설치할 것

   2. 공동주택등(당해 공동주택등에 출입하는 통로를 포함한다)과 위락시설등(당해 위락시설등에 출입하는 통로를 포함한다)은 내화구조로 된 바닥 및 벽으로 구획하여 서로 차단할 것

   3. 공동주택등과 위락시설등은 서로 이웃하지 아니하도록 배치할 것

   4. 건축물의 주요 구조부를 내화구조로 할 것

   5. 거실의 벽 및 반자가 실내에 면하는 부분(반자돌림대·창대 그 밖에 이와 유사한 것을 제외한다. 이하 이 조에서 같다)의 마감은 불연재료·준불연재료 또는 난연재료로 하고, 그 거실로부터 지상으로 통하는 주된 복도·계단 그밖에 통로의 벽 및 반자가 실내에 면하는 부분의 마감은 불연재료 또는 준불연재료로 할 것

제16조 【거실의 반자높이】 ① 영 제50조의 규정에 의하여 설치하는 거실의 반자(반자가 없는 경우에는 보 또는 바로 윗층의 바닥판의 밑면 기타 이와 유사한 것을 말한다. 이하 같다)는 그 높이를 2.1미터 이상으로 하여야 한다.

② 문화 및 집회시설(전시장 및 동·식물원은 제외한다), 종교시설, 장례식장 또는 위락시설 중 유흥주점의 용도에 쓰이는 건축물의 관람실 또는 집회실로서 그 바닥면적이 200제곱미터 이상인 것의 반자의 높이는 제1항에도 불구하고 4미터(노대의 아랫부분의 높이는 2.7미터)이상이어야 한다. 다만, 기계환기장치를 설치하는 경우에는 그렇지 않다.

제17조 【채광 및 환기를 위한 창문등】 ① 영 제51조에 따라 채광을 위하여 거실에 설치하는 창문등의 면적은 그 거실의 바닥면적의 10분의 1 이상이어야 한다. 다만, 거실의 용도에 따라 별표 1의3에 따라 조도 이상의 조명장치를 설치하는 경우에는 그러하지 아니하다.

② 영 제51조의 규정에 의하여 환기를 위하여 거실에 설치하는 창문등의 면적은 그 거실의 바닥면적의 20분의 1 이상이어야 한다. 다만, 기계환기장치 및 중앙관리방식의 공기조화설비를 설치하는 경우에는 그러하지 아니하다.

③ 제1항 및 제2항의 규정을 적용함에 있어서 수시로 개방할 수 있는 미닫이로 구획된 2개의 거실은 이를 1개의 거실로 본다.

④ 영 제51조 제3항에서 "국토교통부령으로정하는 기준"이란 높이 1.2미터 이상의 난간이나 그 밖에 이와 유사한 추락방지를 위한 안전시설을 말한다.

제18조 【거실 등의 방습】 ① 영 제52조의 규정에 의하여 건축물의 최하층에 있는 거실바닥의 높이는 지표면으로부터 45센티미터 이상으로 하여야 한다. 다만, 지표면을 콘크리트바닥으로 설치하는 등 방습을 위한 조치를 하는 경우에는 그러하지 아니하다.

② 영 제52조에 따라 다음 각 호의 어느 하나에 해당하는 욕실 또는 조리장의 바닥과 그 바닥으로부터 높이 1미터까지의 안쪽벽의 마감은 이를 내수재료로 해야 한다.

   1. 제1종 근린생활시설 중 목욕장의 욕실과 휴게음식점의 조리장

   2. 제2종 근린생활시설 중 일반음식점 및 휴게음식점의 조리장과 숙박시설의 욕실

제21조【방화벽의 구조】 ① 영 제57조 제2항에 따라 건축물에 설치하는 방화벽은 다음 각 호의 기준에 적합해야 한다.

1. 내화구조로서 홀로 설 수 있는 구조일 것
2. 방화벽의 양쪽 끝과 윗쪽 끝을 건축물의 외벽면 및 지붕면으로부터 0.5미터 이상 튀어 나오게 할 것
3. 방화벽에 설치하는 출입문의 너비 및 높이는 각각 2.5미터 이하로 하고, 해당 출입문에는 60분 + 방화문 또는 60분 방화문을 설치할 것

② 제14조 제2항의 규정은 제1항의 규정에 의한 방화벽의 구조에 관하여 이를 준용한다.

제22조의2【고층건축물 피난안전구역 등의 피난 용도 표시】 법 제50조의2 제2항에 따라 고층건축물에 설치된 피난안전구역, 피난시설 또는 대피공간에는 다음 각 호에서 정하는 바에 따라 화재 등의 경우에 피난 용도로 사용되는 것임을 표시하여야 한다.

1. 피난안전구역
   가. 출입구 상부 벽 또는 측벽의 눈에 잘 띄는 곳에 "피난안전구역" 문자를 적은 표시판을 설치할 것
   나. 출입구 측벽의 눈에 잘 띄는 곳에 해당 공간의 목적과 용도, 다른 용도로 사용하지 아니할 것을 안내하는 내용을 적은 표시판을 설치할 것
2. 특별피난계단의 계단실 및 그 부속실, 피난계단의 계단실 및 피난용 승강기 승강장
   가. 출입구 측벽의 눈에 잘 띄는 곳에 해당 공간의 목적과 용도, 다른 용도로 사용하지 아니할 것을 안내하는 내용을 적은 표시판을 설치할 것
   나. 해당 건축물에 피난안전구역이 있는 경우 가목에 따른 표시판에 피난안전구역이 있는 층을 적을 것
3. 대피공간 : 출입문에 해당 공간이 화재 등의 경우 대피장소이므로 물건적치 등 다른 용도로 사용하지 아니할 것을 안내하는 내용을 적은 표시판을 설치할 것

제30조【피난용승강기의 설치기준】 영 제91조 제5호에서 "국토교통부령으로 정하는 구조 및 설비 등의 기준"이란 다음 각 호를 말한다.

1. 피난용승강기 승강장의 구조
   가. 승강장의 출입구를 제외한 부분은 해당 건축물의 다른 부분과 내화구조의 바닥 및 벽으로 구획할 것
   나. 승강장은 각 층의 내부와 연결될 수 있도록 하되, 그 출입구에는 60분 + 방화문 또는 60분 방화문을 설치할 것. 이 경우 방화문은 언제나 닫힌 상태를 유지할 수 있는 구조이어야 한다.
   다. 실내에 접하는 부분(바닥 및 반자 등 실내에 면한 모든 부분을 말한다)의 마감(마감을 위한 바탕을 포함한다)은 불연재료로 할 것
   아. 다음의 어느 하나에 해당하는 설비를 설치할 것
      1) 배연설비
      2) 「소방시설 설치 및 관리에 관한 법률 시행령」 별표 4 제5호 가목에 따른 제연설비(이하 "제연설비"라 한다)
2. 피난용승강기 승강로의 구조
   가. 승강로는 해당 건축물의 다른 부분과 내화구조로 구획할 것
   다. 승강로 상부에 배연설비 또는 제연설비를 설치할 것
3. 피난용승강기 기계실의 구조
   가. 출입구를 제외한 부분은 해당 건축물의 다른 부분과 내화구조의 바닥 및 벽으로 구획할 것

> 　　나. 출입구에는 60분 + 방화문 또는 60분 방화문을 설치할 것
> 　4. 피난용승강기 전용 예비전원
> 　　가. 정전시 피난용승강기, 기계실, 승강장 및 폐쇄회로 텔레비전 등의 설비를 작동
> 　　　할 수 있는 별도의 예비전원 설비를 설치할 것
> 　　나. 가목에 따른 예비전원은 초고층 건축물의 경우에는 2시간 이상, 준초고층 건
> 　　　축물의 경우에는 1시간 이상 작동이 가능한 용량일 것
> 　　다. 상용전원과 예비전원의 공급을 자동 또는 수동으로 전환이 가능한 설비를 갖
> 　　　출 것
> 　　라. 전선관 및 배선은 고온에 견딜 수 있는 내열성 자재를 사용하고, 방수조치를
> 　　　할 것

예 제

제27회

건축물의 피난·방화구조 등의 기준에 관한 규칙상 피난용승강기의 설치기준의 일부이다. (　　)에 들어갈 내용으로 옳은 것은?　　　　제27회

> **제30조【피난용승강기의 설치기준】**
> 4. 피난용승강기 전용 예비전원
> 　가. 정전시 피난용승강기, 기계실, 승강장 및 폐쇄회로 텔레비전 등의 설비를 작동할 수
> 　　있는 별도의 예비전원 설비를 설치할 것
> 　나. 가목에 따른 예비전원은 초고층 건축물의 경우에는 (㉠) 이상, 준초고층 건축물의
> 　　경우에는 (㉡) 이상 작동이 가능한 용량일 것

① ㉠: 30분, 　㉡: 1시간　　　　　　② ㉠: 1시간, 　㉡: 30분
③ ㉠: 2시간, 　㉡: 30분　　　　　　④ ㉠: 2시간, 　㉡: 1시간
⑤ ㉠: 3시간, 　㉡: 30분

해설

> **제30조【피난용승강기의 설치기준】**
> 4. 피난용승강기 전용 예비전원
> 　가. 정전시 피난용승강기, 기계실, 승강장 및 폐쇄회로 텔레비전 등의 설비를 작동할 수 있는 별
> 　　도의 예비전원 설비를 설치할 것
> 　나. 가목에 따른 예비전원은 초고층 건축물의 경우에는 2시간 이상, 준초고층 건축물의 경우에는
> 　　1시간 이상 작동이 가능한 용량일 것

정답 ④

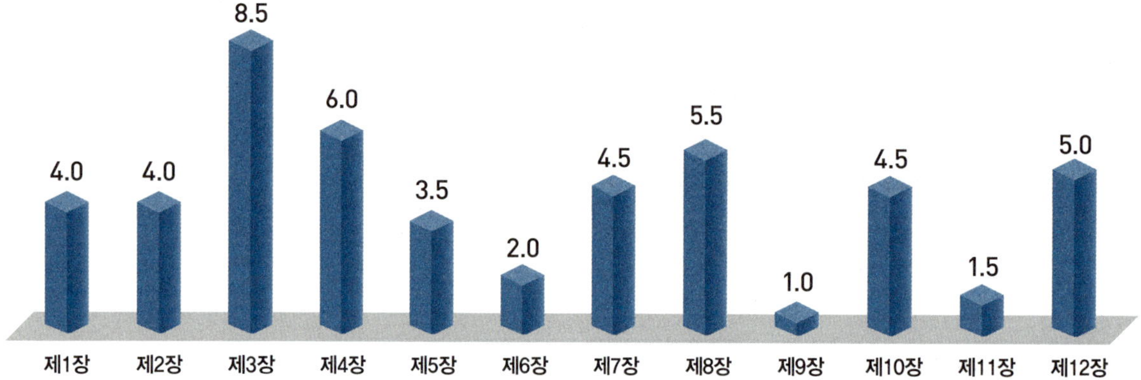

🔎 최근 5년간 기출문제 분석

건축구조편은 거의 매년 전 단원에서, 각 장별로 일정한 문항수가 출제되고 있다. 제28회에서는 기초구조, 철근콘크리트구조, 철골구조, 창호 및 유리공사, 미장 및 타일공사, 적산 등에서 2문제 이상 출제되었다. 다만 제28회에서는 구조총론, 조적구조와 방수공사에서 2문제 출제되던 기존 경향과 달리, 1문제만 출제되었고 철근콘크리트 부분도 3문제에서 5문제 출제로 증가하였으며, 출제빈도가 극히 낮은 수장공사에서는 1문제가 출제되었다. 철근콘크리트의 비중이 높아졌고, 다른 장보다 양이 많고 내용도 많다는 것을 알 수 있다. 기본개념을 잘 이해하는 것이 중요하며, 그 기본을 바탕으로 응용문제에 유연하게 대응하며 문제를 풀어나가야 할 것이다.

02

건축구조

주로 구조와 하중에 대한 문제가 1문제씩 출제되지만 가끔 하중에서 또는 구조/하중 복합형 문제로 1문제만 출제되기도 합니다. 2문제가 출제될 때는 통상 1문제는 쉽고 간단한 문형으로 또 다른 문제는 지문이 길고 심화된 문제가 출제되는 경우가 많습니다. 제28회에는 하중에 관한 1문제가 출제되었습니다. 여러 구조 분류체계에 대하여 기본적 사항을 이해하고, 하중에 대해서는 심화된 내용까지 출제되는 경향이 있으며 제25회에 난이도 최상의 문제가 출제되었습니다. 하중에 관하여 좀 더 구체적으로 학습하는 것이 좋습니다.

개 요

01 건축물의 정의

02 건축구조의 정의

03 건축 부위별 용어

관련기준
건축법 제2조

제16회

01 개 요

1 건축물의 정의

건축물이란 토지에 정착하는 공작물 중 지붕과 기둥 또는 벽이 있는 것과 이에 딸린 시설물, 지하나 고가의 공작물에 설치하는 사무소·공연장·점포·차고·창고, 그 밖에 대통령령으로 정하는 것을 말한다.

2 건축구조의 정의

건축구조(建築構造)란 건축물을 구성하는 건축물 자체와 적재물의 무게 및 지진이나 풍압력과 같은 건물 외부로부터 힘에 대한 저항을 주 목적으로 설치되는 것으로 기둥, 보, 벽 등 건축물의 뼈대를 말한다.

3 건축 부위별 용어

(1) 기 초

건물의 상부하중을 지반에 전달하여 안전하게 지지할 수 있게 만든 하부구조로 기초판과 지정을 포함한다.

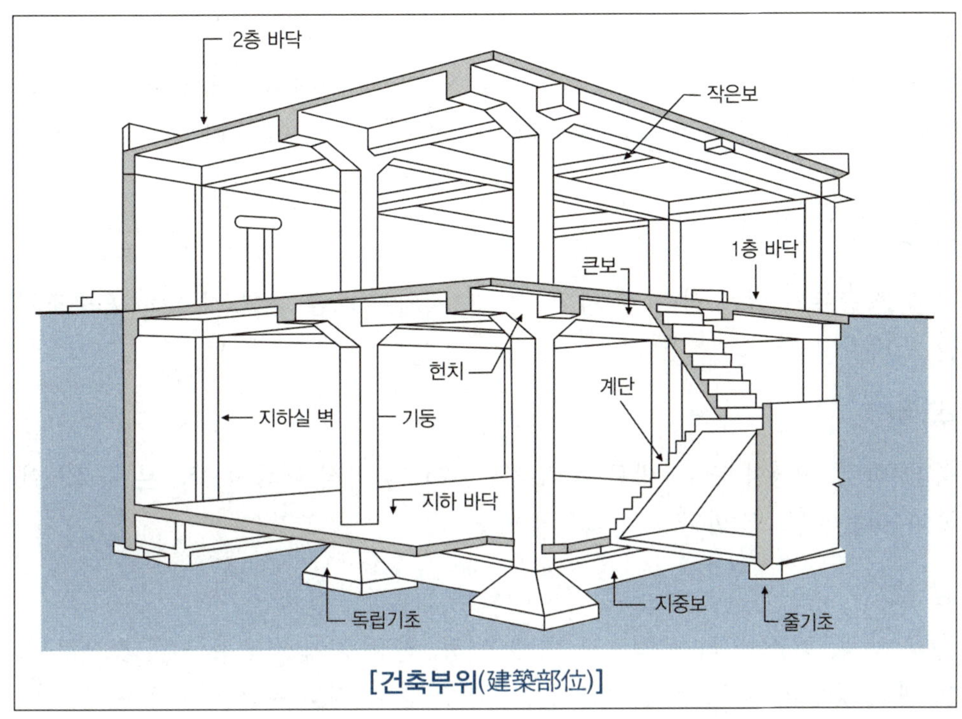

[건축부위(建築部位)]

(2) 기 둥

지붕, 바닥판 등 상부의 하중을 부담하는 수직재로서 기둥은 높이가 최소단면
치수의 3배 혹은 그 이상이고, 축압축하중을 주로 지지하는 데 쓰이는 부재를
말한다.

(3) 벽

① 수직으로 공간을 막는 구조로 내·외벽으로 나눈다.
② 철근콘크리트 구조체 내에 설치되어 자체중량만을 지지하는 장막벽(비내
  력벽)과 상부에서 오는 하중을 받는 내력벽으로 구분된다.
③ 벽은 두께에 직각으로 측정한 수치가 그 두께의 3배를 넘는 수직부재를 말
  한다.

(4) 바 닥

건물의 평판 모양(수평재)으로 그 위에 적재되는 하중을 받아 기둥, 보 또는
내력벽으로 전달하는 부분을 가리키며, 바닥슬래브 또는 상판(床板)이라고도
한다.

(5) 보

바닥 등을 지지하는 것으로 기둥과 기둥 사이를 가로지르는 수평재로서 큰 보(Girder)라고 한다. 반면 작은 보(Beam)는 보와 보 사이를 가로지르는 수평재이다.

(6) 천 장

지붕, 상층부의 밑을 막아 열 차단, 음향방지와 장식을 겸한 것으로 그 구조체를 반자라고 한다.

(7) 수 장

벽면, 바닥, 천장에 단열, 방음 등의 차단 효과와 장식을 목적으로 본 구조체에 붙여 대는 것을 말한다.

(8) 창 호

출입, 채광, 통풍, 기타 목적으로 벽체, 지붕, 천장 등에 개구부를 낸 것으로 창은 채광, 통풍의 통로, 문은 사람이나 물건의 통로, 창과 문은 창호 또는 문꼴이라 한다.

건축구조의 분류

01 구성양식에 의한 분류

02 사용재료에 의한 분류

03 시공과정에 의한 분류

04 기타구조

05 구조 재해에 의한 분류

용어설명

1. **가새**: 목구조 또는 철골구조의 벽체구조에서 수평방향의 힘에 대한 보강재로 대각선 방향으로 빗대는 경사부재(傾斜部材)
2. **경간**(徑間, Span): 다리, 건물 따위의 기둥과 기둥 사이. 또는 그 사이의 거리
3. **횡하중**: 풍하중, 지진하중 등과 같이 주로 건물의 측면에 작용하는 하중

제22회

OX

조적식구조는 벽돌, 석재, 블록, ALC 등과 같은 조적재를 결합재 없이 쌓는 구조이다. (×)

---

02 건축구조의 분류

1 구성양식에 의한 분류

(1) 가구식(架構式)구조

① 목재·강재·철재 등과 같이 비교적 가늘고 긴 부재를 조립하여 뼈대를 구축한 구조이다.

② 재료의 배치(짜임새)와 접합방법에 따라 전체 강도가 좌우되며, 가새 등을 배치하여 횡력에 강하다(나무구조·철골구조).

(2) 조적식(組積式)구조

① 벽돌·돌·콘크리트블록 등의 단일재료를 교착제를 써서 쌓아 구성한 구조이다.

② 단일 개체 강도와 교착제의 강도에 의해 전체 강도가 좌우되며, 횡력, 부동침하 등에 약하고, 균열이 생기기 쉽다(벽돌구조·콘크리트블록구조·돌구조).

(3) 일체식(一體式)구조

① 미리 설치된 철골·철근 등에 콘크리트가 굳어 일체가 되도록 하는 구조이다.

② 가장 강력하고 균일한 강도를 낼 수 있는 합리적인 구조이며 내진·내화·내구적이다(철근콘크리트구조, 철골·철근콘크리트구조).

③ 이중 기둥과 보의 조합으로 구조체를 형성한 것을 라멘(Rahmen)이라고 부른다.

(4) 입체식(立體式)구조

입체적으로 외력·하중을 지지하고 평형이 되도록 한 구조이다(입체트러스구조·절판구조·쉘구조·현수구조).

2 사용재료에 의한 분류

(1) 나무구조(Wooden Construction)

나무구조는 건물의 뼈대를 목조로 접합하거나 연결한 것인데 다시 이것을 철물로 보강하여 구성한 구조이다.

장 점	단 점
① 구조하는 방법이 쉽다. ② 시공이 용이하고 공사기간을 단축시킬 수 있다. ③ 외관이 아름답고 경쾌하다. ④ 비중이 작고 강도가 비교적 크다.	① 썩기 쉽고 내구력이 부족하다. ② 화재의 위험성이 크다. ③ 고층·대규모 건축물에 부적합하다.

(2) 철골구조(Steel Skeleton Construction)

형강과 강판 등을 리벳·볼트 조임, 용접 등으로 접합하여 조립한 구조로서, 구조적으로 완강한 것을 만들 수 있고 공법이 대단히 자유로우므로 거대한 고층건물과 대규모 구조물은 이 구조에 의하고 있다.

장 점	단 점
① 고층건물 및 긴 경간(徑間, Span)의 건물에 적합하다(인성이 크다). ② 해체·수리·보강 등 구조 시공이 용이하다. ③ 내진적이다.	① 공사비가 고가이다. ② 고열에 약해 비내화적이다. ③ 녹슬기 쉬워 녹막이 처리를 해야 한다.

(3) 벽돌구조(Brick Construction)

벽을 벽돌로 쌓고 필요한 곳에 구조상 또는 장식적으로 석재를 혼용하여 이루어진 조적식구조의 일종이다.

장 점	단 점
① 내화(耐火), 내구적(耐久的)이다. ② 견고하고 외관이 장중·미려하다. ③ 구조 및 시공법이 간단하고 공사비는 중간정도이다.	① 벽체에 습기가 차기 쉽다. ② 지진·바람 등 횡력에 약하고 벽체에 균열이 생기기 쉽다. ③ 벽 두께가 커지기 때문에 실내의 면적이 줄어들게 된다. ④ 건물의 무게가 크다.

(4) 블록구조(Block Construction)

모르타르 또는 콘크리트 등으로 만든 블록을 쌓고, 필요한 곳에는 철근을 배근하고 콘크리트를 채워 보강하는 구조이다.

장 점	단 점
① 내구·내화적이고 가벼운 벽체를 구성할 수 있다. ② 시공이 간편하여 공기를 단축하고, 공사비를 절감할 수 있다.	① 횡력에 약하다. ② 벽체에 균열이 생기기 쉽다. ③ 고층, 대규모 건물에 부적합하다.

(5) 돌구조(Stone Construction)

돌구조는 외부의 벽을 돌로 쌓아올려 벽체를 구성하는 구조로, 안팎 벽면을 모두 석조로 하는 경우는 드물고 보통은 뒷면을 벽돌 또는 콘크리트구조로 하여 일체로 붙여 쌓는다.

장 점	단 점
① 내화·구조적이다. ② 외관이 장중하고 아름다우며 방한(防寒)·방서적(防暑)이다.	① 가공이 어렵고, 시공이 까다롭다. ② 공사기간이 길고 공사비가 고가이다. ③ 횡력에 약하고 자체의 중량이 무겁다.

(6) **철근콘크리트구조**(Reinforced Concrete Construction)

철근을 배근(配筋)한 다음 거푸집에 콘크리트를 부어 철근(인장응력에 대한 보강)과 콘크리트(부재에 발생하는 압축응력을 부담)를 결합하여 양자의 장점을 발휘하는 이상적인 구조로서 일체식으로 구조부를 구성한 구조이다.

장 점	단 점
① 내진(耐震)·내풍(耐風)·내화·내구적이다.	① 자체중량이 무겁고 시공이 복잡하다.
② 디자인이 자유롭고 유지·관리에 유리하다.	② 공사비가 고가이고 공사기간이 길다.
③ 고층건물, 지하 및 수중 구축이 가능하다.	③ 철거·해체가 용이하지 않다.
④ 재료가 풍부하다.	④ 거푸집 등 가설비용이 들고 재료의 재사용이 힘들다.

(7) **철골·철근콘크리트구조**(Steel Framed Reinforced Concrete Construction)

철골구조의 각 부분을 철근콘크리트로 피복하여 철골과 철근콘크리트를 합성한 구조이다.

장 점	단 점
① 내진·내화·내구적이다.	① 건물의 중량이 무겁고 공사비가 고가이다.
② 고층건물에 유리하다.	② 시공이 복잡하고 공사기간이 길다.
	③ 철거·해체가 용이하지 않다.

③ 시공과정에 의한 분류

(1) **습식(濕式)구조**

물을 사용하는 공정을 가진 일체식구조·조적식구조가 이에 속한다.

(2) **건식(乾式)구조**

뼈대를 가구식으로 하여 규격화된 기성재(旣成材)를 짜 맞추는 구조로서 물을 사용하지 않는다. 겨울철 공사가 가능하고 공사기간이 단축되며, 대량생산이 가능하다.

(3) **현장구조**

건축 자재를 현장에서 제작·가공하여 조립·설치하는 구조이다.

♀ **OX**

철근콘크리트구조는 철근과 콘크리트를 일체로 결합하여 콘크리트는 압축력, 철근은 인장력에 유효하게 작용하는 구조이다. (○)

⑷ 조립식구조(프리캐스트구조)

건축구조 부재를 공장에서 제작·가공하거나 부분 조립하여 현장에서 짜 맞추는 구조로서 공장구조라고도 한다.

장 점	단 점
① 계절에 관계없이 겨울철 공사도 가능하며 공기단축 및 대량생산이 가능하다. ② 비계비용을 절감할 수 있고 철근과 콘크리트의 양이 감소된다. ③ 아파트·사무소·공장 등의 획일적인 건물에 유리하다.	① 소규모 공사는 경제적으로 불리하고 중량물이 많아 운반이 불편하다. ② 접합부의 처리가 매우 중요하다(볼트접합·용접·그라우팅 등). ③ 공장에서 적정한 모듈에 따라 생산되므로 변화가 있고 다양한 외형 추구가 어렵다. 제품 치수의 치밀한 계획이 필요하다[판넬식·가구식(골조식)·박스식(상자식)·H형강 프리캐스트 구조].

4 기타구조

:: 제16회, 제17회, 제27회

⑴ 골조구조

수평의 보와 수직의 기둥이 강접합된 장방형 격자로 이루어진 구조형식으로 독일식 용어로는 라멘(Rahmen)구조, 영국식 용어로는 프레임(Frame)구조라고도 한다. 이러한 골조구조는 사무소 건물이나 학교 건물 등에 많이 사용되고 있다.

⑵ 벽식구조

수직의 벽체와 바닥슬래브로 이루어진 구조로, 보나 기둥이 없으므로 공간을 유효하게 이용할 수 있고 차폐성능이 우수하며 차음성이 뛰어난 장점을 가지고 있다. 따라서, 이 구조는 아파트나 호텔같이 고정된 공간분할 형태를 가지며 벽이 많은 건물에 사용된다. 벽식구조에서 슬래브와 벽은 골조구조에서의 보와 기둥과 같은 역할을 한다.

:: 제20회, 제26회

💡 OX

1. 라멘(Rahmen)구조는 기둥과 보로 이루어진 골조가 건물의 하중을 지지하는 구조이다. (○)
2. 커튼월은 공장 생산된 부재를 현장에서 조립하여 구성하는 비내력 외벽이다. (○)
3. 트러스구조는 가늘고 긴 부재를 강접합해서 삼각형의 형상으로 만든 구조이다. (×)
4. 철근콘크리트 라멘구조는 일체식구조로 습식구조이다. (○)

⑶ 트러스구조

2개 이상의 직선부재의 양단을 마찰이 없는 힌지로 연결해서 삼각형의 단위공간으로, 인장력과 압축력만 받도록 만든 구조물이다.

(4) 절판구조(折板構造, Folded Plate Structure)

제25회

평면형태로서 면에 수직으로 하중을 받는 슬래브는 휨에 대한 저항력이 매우 적으나, 면에 평행하게 하중을 받는 벽체는 휨에 대해 매우 강력한 구조가 된다. 평판을 접어서 이들의 중간적인 성격이 되도록 한 것이 절판구조이다.

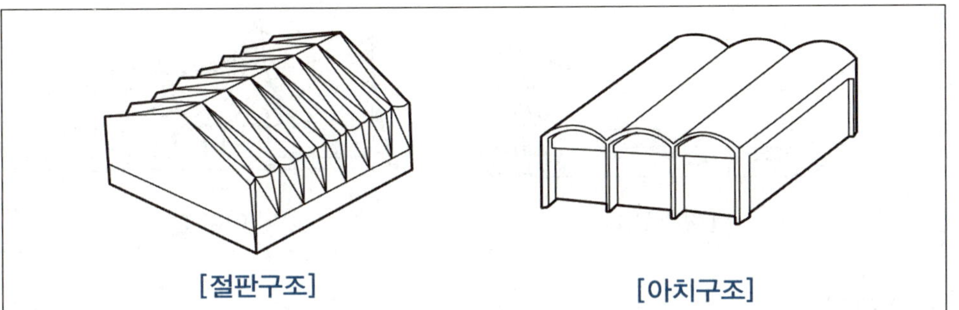

(5) 쉘구조(曲面構造, Shell Structure)

조개껍질의 원리를 응용한 곡면판(曲面板)구조이다. 얇은 두께로 넓은 경간(徑間, Span)의 지붕을 만들 수 있다.

(6) 입체트러스구조(입체구조, Space Truss Structure)

소단위로 분할된 기본 부재를 짜 맞추어 보다 큰 가구를 만들어 가는 것으로서 트러스를 종횡으로 짜서 일체식으로 넓은 평판을 3차원으로 구성한 것이다. 체육관 같은 넓은 공간을 덮는 데 많이 쓰인다.

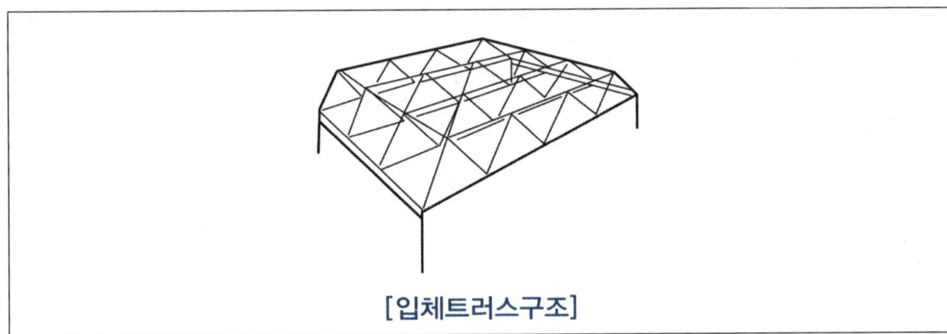

(7) 아치구조

부재 하부에 인장력을 발생시키지 않고 압축력만으로 외력에 저항할 수 있도록 유도한 곡선형태의 구조를 말한다.

OX

1. 쉘구조는 곡면 판재(플레이트)의 역학적 특성을 이용한 것으로 하중을 면내응력으로 전달하는 구조이다. (○)
2. 아치구조는 부재 내의 인장력으로 수직하중을 전달하는 구조이다. (×)
3. 트러스구조는 부재에 전단력이 작용하는 건식구조이다. (×)

(8) 현수(懸垂)구조

기둥과 기둥 사이를 강제케이블(鋼製, Cable)로 연결한 다음, 지붕 또는 바닥판을 매단 구조로서 케이블에는 인장력이 작용한다.

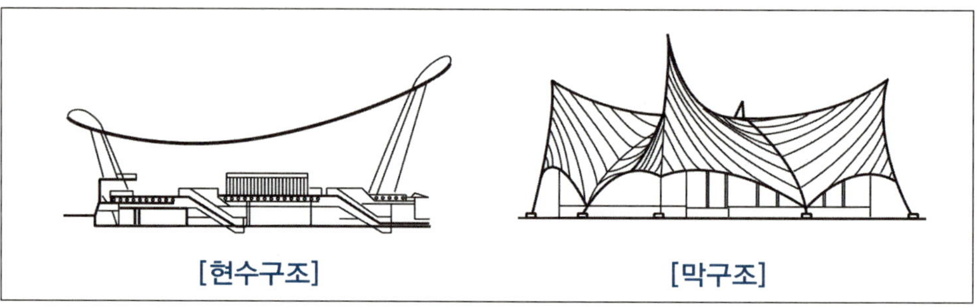

(9) 막구조

텐트나 풍선과 같이 막이 갖는 인장력만으로 저항하는 구조형식을 막구조라고 한다. 막구조는 인장력을 주는 방식에 따라 텐트구조와 막구조로 구분된다.

5 구조 재해에 의한 분류

(1) 내구구조

구조물 등에 쓰인 재료가 파손, 노후, 부패, 균열, 마멸됨이 없이 그 사용연한이 길게 유지될 수 있는 구조이다.

(2) 내진구조

지진, 진동 등에 견디도록 설계된 구조이다.

(3) 내화구조

내화재료를 이용 화재에 견딜 수 있는 구조이다.

(4) 방화구조

건물의 외부에 있어서는 인접 화재에 의한 연소방지와 건물 내부에 있어서는 불이 붙는 것을 방지할 목적으로 한 구조이다.

▶보충학습

▌횡력에 저항하는 대표적 현대구조

1. **이중골조구조**: 횡력의 25% 이상을 부담하는 연성모멘트골조가 전단벽이나 가새골조와 조합되어 있는 구조형식
    ① 연성모멘트골조방식: 횡력에 대한 저항능력을 증가시키기 위하여 부재와 접합부의 연성을 증가시킨 모멘트골조방식
    ② 모멘트골조방식: 수직하중과 횡력을 보와 기둥으로 구성된 라멘골조가 저항하는 구조방식
2. **전단벽구조**: 주로 공간이 일정한 면적으로 분할, 구획되는 고층아파트, 호텔 등에 적용되는 구조시스템으로 수평하중에 따른 전단력을 벽체가 지지하도록 구성된 구조시스템
    ♡ 전단벽: 벽면에 평행한 횡력을 지지하도록 설계된 벽
3. **골조－전단벽구조**: 전단벽과 골조의 상호작용을 고려하여 강성에 비례하여 횡력을 저항하도록 설계되는 전단벽과 골조의 조합구조시스템

🔍 예제

구조 형식에 관한 설명으로 옳지 않은 것은? 제26회

① 조적조는 벽돌 등의 재료를 쌓는 구조로 벽식에 적합한 습식구조이다.
② 철근콘크리트 라멘구조는 일체식 구조로 습식구조이다.
③ 트러스는 부재에 전단력이 작용하는 건식구조이다.
④ 플랫슬래브는 보가 없는 바닥판 구조이며 습식구조이다.
⑤ 현수구조는 케이블에 인장력이 작용하는 건식구조이다.

해설

③ 트러스의 부재는 인장력과 압축력만 받도록 만들어져 있으며, 모든 부재가 휘지 않게 접합점을 힌지로 만든 삼각형의 구조물이다.

▣ 정답 ③

03 하중과 응력

1 하중(荷重, Load)

건축물에 외부로부터 가해지는 힘을 하중 또는 외력(外力, External Force)이라 하며, 이로 인해 건물 내부에 발생하는 힘을 내력(內力, Internal Force) 또는 응력(應力, Stress)이라 한다. 하중의 종류는 다음과 같다.

(1) 고정하중(固定荷重, Dead Load)

구조물의 수명기간 중 상시 작용하는 하중으로서 자중은 물론, 벽, 바닥, 지붕, 천장, 계단 및 고정된 사용 장비 등을 포함한 하중으로서 정하중(靜荷重, Dead Load)이라고도 부른다.

(2) 활하중(活荷重, Live Load)

풍하중, 지진하중과 같은 환경하중이나 고정하중을 포함하지 않고, 건물이나 다른 구조물의 사용 및 점용에 의해 발생되는 하중으로서 사람, 가구, 이동칸막이, 창고의 저장물, 설비기계 등의 하중으로서 적재하중(積載荷重, Live Load)이라고도 부른다.

> **알아두기**
>
> ■ **활하중**
> 1. 활하중은 등분포활하중과 집중활하중으로 분류할 수 있다.
> 2. 활하중은 신축 건축물 및 공작물의 구조계산과 기존 건축물의 안전성 검토시 적용된다.
> 3. 하중을 장기하중과 단기하중으로 구분할 경우 활하중은 장기하중에 포함된다.
> 4. 공동주택에서 공용실의 기본 등분포 활하중은 주거용 구조물 거실의 활하중보다 큰 값을 사용한다.
>
> | 용 도 | 건축물의 부분 | 활하중($kN.m^2$) |
> |---|---|---|
> | 주 택 | 주거용 건축물의 거실 | 2.0 |
> | | 공동주택의 공용실 | 5.0 |
> | 발코니 | 출입 바닥 활하중의 1.5배(최대 5.0kN/m²) | |
>
> 5. 활하중은 점유·사용에 의하여 발생할 것으로 예상되는 최대의 하중이어야 한다.
> 6. 건축구조물은 이 조항에서 규정한 등분포활하중과 집중활하중 중에서 구조부재별로 더 큰 하중효과를 발생시키는 하중에 대하여 설계하여야 한다.
> 7. 지붕활하중을 제외한 등분포활하중은 부재의 영향면적이 36m² 이상인 경우 저감할 수 있다

OX

1. 고정하중은 구조체에 지속적으로 작용하는 수직하중으로 구조부재에 부착된 비내력 부분과 각종 설비 등의 중량은 제외된다. (×)
2. 조적조 칸막이벽은 고정하중으로 간주하여야 한다. (○)
3. 가동성 경량칸막이벽은 고정하중에 포함된다. (×)
4. 엘리베이터의 자중은 활하중에 포함된다. (×)
5. 적재하중은 활하중이라고도 하며, 건축물을 점유·사용함으로써 발생하는 하중이다. (○)
6. 공동주택에서 공용실의 기본 등분포활하중은 주거용 거실의 활하중보다 작은 값을 사용한다. (×)
7. 등분포활하중은 저감해서 사용하면 안 된다. (×)
8. 고정하중은 활하중에 비해 하중의 크기와 위치가 수시로 변화한다. (×)

(3) 설하중(雪荷重)

설계용 지붕설하중은 기본지상설하중을 기준으로 하여 기본지붕설하중계수, 노출계수, 온도계수, 중요도계수 및 지붕의 형상계수와 기타재하분포상태 등을 고려하여 산정한다.

① 지붕면에 쌓인 눈의 중량을 말한다.
② 설하중은 건물 지붕의 형상 및 경사 등에 영향을 크게 받는다.
③ 설하중은 지붕의 물매가 클수록 작다.
④ 설하중은 다설지역에서 장기하중으로 간주한다.
⑤ 지붕설하중의 기본값은 재현 기간 100년에 대한 수직 최심적설깊이를 기준으로 하여 추정하며 지역에 따라 다르다.

:: 제18회

:: 제20회, 제23회, 제24회

(4) 풍하중(風荷重)

주골조설계용 풍하중은 속도압, 가스트영향계수, 풍압계수에 풍하중의 산정목적에 따라 적절하게 정한 수압면적을 곱하여 산정한다. 단, 내압계수의 영향도 고려한다.

① 건물의 외벽 또는 지붕에 미치는 바람의 압력을 말한다.
② 풍하중은 건물의 모양, 지리적 위치, 구조물의 표면 상태, 건물 높이 등에 따라 다르다.
③ 풍하중은 바람을 받는 벽면의 면적이 클수록 크다.
④ 풍하중은 구조골조용, 지붕골조용, 외장 마감재용으로 분류된다.
⑤ 풍하중에서 설계속도압은 공기밀도에 비례하고 설계풍속의 제곱에 비례한다.

:: 제22회

(5) 지진하중(地震荷重)

① 건물의 기초나 주각에 미치는 지진의 힘을 말한다.
② 지진하중은 건축물이 무거울수록 크다.
③ 반응수정계수가 클수록 산정된 지진하중의 크기는 작아진다.

:: 제20회, 제25회

♀ OX

1. 설하중은 지붕의 물매가 클수록 크다. (×)
2. 기본지상설하중은 재현기간 10년에 대한 수직 최심적설깊이를 기준으로 하며 지역에 따라 다르다. (×)
3. 풍하중에서 설계속도압은 공기밀도에 비례하고 설계풍속의 제곱에 비례한다. (○)
4. 풍하중과 지진하중은 수평하중이다. (○)
5. 지진하중 산정시 반응수정계수가 클수록 지진하중은 감소한다. (○)

> 1. 밑면전단력 V는 식에 따라 구한다.
>
> $$V = C_s W$$
>
> 여기서, C_s : 식에 따라 산정한 지진응답계수
>
> W : 고정하중과 하중을 포함한 유효 건물 중량
>
> 2. 지진응답계수 C_s는 식에 따라 구한다.
>
> $$C_s = \frac{S_{DS}}{\left[\dfrac{R}{I_E}\right]}$$
>
> 여기서, I_E : 식에 따라 결정된 건축물의 중요도계수
>
> R : 식에 따라 결정한 반응수정계수
>
> S_{DS} : 식에 따른 단주기 설계스펙트럼가속도

🔍 예제

하중과 변형에 관한 용어 설명으로 옳은 것은?　　　제26회

① 고정하중은 기계설비하중을 포함하지 않는다.
② 외력이 작용하는 구조부재 단면에 발생하는 단위면적당 힘의 크기를 응력도라 한다.
③ 외력을 받아 변형한 물체가 그 외력을 제거하면 본래의 모양으로 되돌아가는 성질을 소성이라고 한다.
④ 등분포활하중은 저감해서 사용하면 안 된다.
⑤ 지진하중 계산을 위해 사용하는 밑면전단력은 구조물유효무게에 반비례한다.

해설

① 고정하중에서 고정된 기계설비하중을 포함한다.
③ 외력을 받아 변형한 물체가 그 외력을 제거하면 본래의 모양으로 되돌아가는 성질을 탄성이라고 한다.
④ 지붕활하중을 제외한 등분포활하중은 부재의 영향면적이 36m² 이상인 경우 [표 3.2-1]의 기본 등분포활하중에 다음의 활하중저감계수 C를 곱하여 저감할 수 있다.

$$C = 0.3 + \frac{4.2}{\sqrt{A}}(3.5 - 1)$$

여기서, C : 활하중저감계수

A : 영향면적(단, A ≥ 36m²)

⑤ 지진하중 계산을 위해 사용하는 밑면전단력은 구조물유효무게에 비례한다.

📗 정답 ②

⑹ 기 타

① **토압 및 지하수압하중** : 건물의 지하부분에 미치는 지반의 토압과 지하수 등에 의한 수압
② **충격하중, 진동하중** : 엘리베이터, 기계, 차량 등의 움직임에 의한 하중

③ **온도하중**: 열팽창 또는 수축에 의한 하중을 말한다. 하중의 종류는 여러 가지 방법으로 분류되는데, 작용기간에 따라 구분하면 고정하중과 활하중은 장기하중이다. 또한, 눈이 많은 지역에서는 최대 설하중의 70% 이상을 장기하중에 포함한다. 풍하중, 지진하중, 설하중(눈이 많은 지방 제외) 등으로 충격하중과 같이 비교적 단시간에 작용하는 하중은 단기하중이다. 작용방향에 따라 구분하면 고정하중, 활하중, 설하중은 연직(수직)하중이고, 풍하중, 지진하중은 수평하중이다.

---

1. 작용기간에 따라
　① 장기하중: 고정하중, 활하중
　② 단기하중: 풍하중, 지진하중, 설하중 등 충격하중

2. 작용방향에 따라
　① 수직하중: 고정하중, 활하중, 설하중
　② 수평하중: 풍하중, 지진하중

---

1. 용 어
　① 하중: 구조물에 작용하는 모든 외력
　② 외력: 단면력을 발생시키는 모든 작용(Action)

2. 하중의 분류
　① 영구하중(Permanent Action)
　　㉠ 구조물과 마감재의 하중(고정하중, D)
　　㉡ 프리스트레스 힘
　　㉢ 지하수 및 흙의 압력(H)
　　㉣ 간접하중(부등침하 등)
　② 변동하중(Variable Action)
　　㉠ 바닥판에 적재된 하중(활하중, L)
　　㉡ 설하중(S)
　　㉢ 풍하중(W)
　　㉣ 간접하중(온도변화 등, T)
　③ 우발하중(Accidental Action)
　　㉠ 폭발
　　㉡ 화재
　　㉢ 차량 충돌 등에 의한 충격

3. 구조설계기준에 따른 하중 분류
　고정하중(D), 활하중(L), 지하수압과 토압(H), 유체압(F), 지붕층의 활하중(L), 설하중(S), 강우하중(R), 풍하중(W), 지진하중(E), 충격효과(I), 장기변형 및 온도변화에 의한 효과(T) 등으로 분류하고 있다.
　① 유발되는 특성에 따라 직접하중과 간접하중으로 분류한다.
　② 구조물의 반응에 따라 정적하중과 동적하중으로 분류한다.

OX

고정하중과 활하중은 단기하중이며, 지진하중과 풍하중은 장기하중이다. (×)

③ 장기변형을 유발시키는 하중인지 아닌지에 따른 지속하중과 순간하중 등으로 분류하기도 한다.

✎ 하중의 특성에 따른 분류

직접 작용 여부에 따라	직접하중 (Direct Action)과 간접하중 (Indirect Action)	외부로부터 구조물에 가해지는 모든 힘을 직접하중이라고 하며 온도변화, 장기변형 등 부피변화에 의해 단면력이 생기는 것을 간접하중이라고 함
구조물에 가속도 유발 여부에 따라	정적하중 (Static Load)과 동적하중 (Dynamic Load)	상당한 크기의 가속도를 유발시키는 하중을 동적하중이라고 하며, 일반적으로 구조해석을 할 때는 충격계수 등을 곱하여 등가정적하중으로 치환함
장기변형 유발 여부에 따라	순간하중 (Instantaneous Load)과 지속하중 (Sustained Load)	크리프 변형을 일으킬 정도의 긴 기간 동안 작용하는 하중을 지속하중이라고 하며, 일반적으로 고정하중(D)과 활하중(L)의 일부가 이에 해당되고 가끔 지하구조물에서 지하수압과 토압이 해당됨

4. 하중계수(Load Factor)

① 구조물은 여러 하중에 대한 모든 변화 조건에 대해서도 안전성, 사용성 및 내구성을 확보해야 한다.

② 이를 위해서 하중의 특성상 작용하는 빈도가 적은 하중보다는 많은 하중에 대해 더 안전하게 설계해야 하고, 사용성이나 내구성 설계에 적용되는 하중보다는 안전성에 적용되는 하중을 크게 해야 한다. 이를 고려하기 위해서 하중에 적절한 계수가 필요하며, 이를 하중계수(Load Factor)라고 한다.

③ 콘크리트구조기준에 따른 기본적인 하중계수

고정하중 : 1.2, 활하중 : 1.6, 풍하중 : 1.3, 지진하중 : 1.0 등

5. 하중조합(Load Combination)

① 해당 구조물에 작용할 수 있는 하중들 중에서 동시에 작용할 하중끼리 조합하는 것을 하중조합이라고 한다.

② 모든 구조물에 항상 작용하는 고정하중(D)와 활하중(L)이 작용하는 경우, $U = 1.4D$, $U = 1.2D + 1.6L$, $U = 1.2D + 1.0L$이므로 이 하중조합으로 구조물을 해석하여 각 부재에 가장 불리한 단면력에 대하여 단면을 설계해야 한다.

관련기준
건축설비설계기준코드(KDS) 2022
〈KDS 41 12 00 : 2022〉

하중에 대한 설계기준

1. 용어 정리

① 고정하중: 구조체와 이에 부착된 비내력 부분 및 각종 설비 등의 중량에 의하여 구조물의 존치기간 중 지속적으로 작용하는 연직하중

② 활하중: 건축물 및 공작물을 점유·사용함으로써 발생하는 하중

③ 경량칸막이벽: 자중이 $1kN/m^2$ 이하인 가동식 벽체

④ 설하중: 쌓인 눈의 중량에 의하여 건축물·구조물에 작용하는 하중

⑤ 지진하중: 지진에 의한 지반운동으로 구조물에 작용하는 하중

⑥ 모멘트골조방식: 수직하중과 횡력을 보와 기둥으로 구성된 라멘골조가 저항하는 구조방식

⑦ 내력벽방식: 수직하중과 횡력을 전단벽이 부담하는 구조방식

⑧ 유효수압면적: 풍하중을 산정하는데 기본이 되는 유효면적으로 풍방향 직각에 대한 투영면적. 다만, 외장재의 경우에는 외장재 하중분담 표면적

⑨ 전단벽: 벽면에 평행한 횡력을 지지하도록 설계된 벽

⑩ 주골조: 풍하중에 저항하여 전체 구조물을 지지하거나 안정시키기 위하여 배치된 구조골조 또는 구조부재들의 집합으로서 구조물 전체에 작용하는 풍하중을 지반에 전달하는 역할을 함. 기둥, 보, 지붕 보, 도리 등을 말함. 또한 구조부재인 브레이스, 전단벽, 지붕트러스, 지붕막 등이 전체 하중을 전달하기 위하여 사용되었다면 주골조로 봄

⑪ 지진력: 지진운동에 의한 구조물의 응답에 대하여 구조물과 그 구성요소를 설계하기 위하여 결정된 힘

2. 고정하중

① 일반사항: 고정하중은 건축구조물 자체의 무게와 구조물의 생애주기 중 지속적으로 작용하는 수직하중을 말한다.

② 기본방침: 건축구조물 각 부분의 고정하중은 각 부분의 실상에 따라 산정한다. 각 부분의 중량은 사용하는 재료의 밀도, 단위체적중량, 조합중량을 사용하여 산정한다.

3. 활하중

① 일반사항

　㉠ 활하중은 점유·사용에 의하여 발생할 것으로 예상되는 최대의 하중이어야 한다.

　㉡ 건축구조물은 활하중에 대한 조항에서 규정한 등분포활하중과 집중활하중 중에서 구조부재별로 더 큰 하중효과를 발생시키는 하중에 대하여 설계하여야 한다.

② 진동, 충격에 의한 증가
진동, 충격 등이 있어 표 [3.2 – 1]을 적용하기에 적합하지 않은 경우의 활하중은 구조물의 실제상황에 따라 활하중의 크기를 증가하여 산정한다.

③ 칸막이벽 하중

사무실 또는 유사한 용도의 건물에서 가동성 경량칸막이벽이 설치될 가능성이 있는 경우에는 칸막이벽 하중으로 최소한 $1kN/m^2$를 기본등분포활하중에 추가하여야 한다. 다만, 기본활하중 값이 $4kN/m^2$ 이상인 경우에는 이를 제외할 수 있다.

제27회

⌬ 표 3.2 − 1 기본등분포활하중(단위 : kN/m^2)

		용 도	등분포 활하중
1	주 택	주거용 건축물의 거실	2.0
		공동주택의 공용실	5.0
2	병 원	병실	2.0
		수술실, 공용실, 실험실	3.0
		1층 외의 모든 층 복도	4.0
3	숙박시설	객실	2.0
		공용실	5.0
4	사무실	일반 사무실	2.5
		특수용도사무실	5.0
		문서보관실	5.0
		1층 외의 모든 층 복도	4.0
5	학 교	교실	3.0
		일반 실험실	3.0
		중량물 실험실	5.0
		1층 외의 모든 층 복도	4.0
6	판매장	상점, 백화점(1층)	5.0
		상점, 백화점(2층 이상)	4.0
		창고형 매장	6.0
7	집회 및 유흥장	모든 층 복도	5.0
		무대	7.0
		식당	5.0
		주방	7.0
		극장 및 집회장(고정 좌석)	4.0
		집회장(이동 좌석)	5.0
		연회장, 무도장	5.0

8	체육시설	체육관 바닥, 옥외경기장	5.0
		스탠드(고정 좌석)	4.0
		스탠드(이동 좌석)	5.0
9	도서관	열람실	3.0
		서고	7.5
		1층 외의 모든 층 복도	4.0
10	주차장 및 옥외 차도	총중량 30kN 이하의 차량(옥내)	3.0
		총중량 30kN 이하의 차량(옥외)	5.0
		총중량 30kN 초과 90kN 이하의 차량	6.0
		총중량 90kN 초과 180kN 이하의 차량	12.0
		옥외 차도와 차도 양측의 보도	12.0
11	창 고	경량품 저장창고	6.0
		중량품 저장창고	12.0
12	공 장	경공업 공장	6.0
		중공업 공장	12.0
13	지 붕	점유·사용하지 않는 지붕(지붕활하중)	1.0
		산책로 용도	3.0
		정원 또는 집회 용도	5.0
		출입이 제한된 조경 구역	1.0
		헬리콥터 이착륙장	5.0
14	기계실	공조실, 전기실, 기계실 등	5.0
15	광 장	옥외광장	12.0
16	발코니	출입 바닥 활하중의 1.5배(최대 5.0kN/m^2)	
17	로비 및 복도	로비, 1층 복도	5.0
		1층 외의 모든 층 복도(병원, 사무실, 학교, 집회 및 유흥장, 도서관은 별도 규정)	출입 바닥 활하중
18	계 단	단독주택 또는 2세대 거주 주택	2.0
		기타의 계단	5.0

💡 1. 총중량 90kN 초과 180kN 이하인 차량은 중량차량활하중의 규정에 따를 수 있다.
  2. 총중량 180kN을 초과하는 중량차량의 활하중은 중량차량활하중의 규정에 따라야 한다.

기본지상설하중[그림 4.2.1]
$S_g(KN/m^2)$

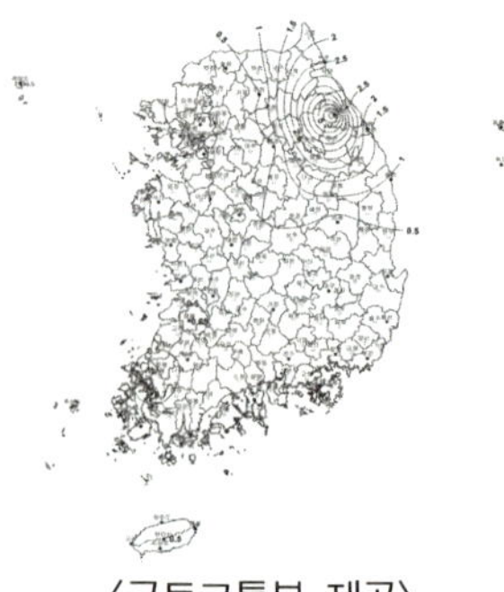

〈국토교통부 제공〉

4. 설하중

① 설계용 지붕설하중은 기본지상설하중을 기준으로 하여 기본지붕설하중계수, 노출계수, 온도계수, 중요도계수 및 지붕의 형상계수와 기타 재하분포상태 등을 고려하여 산정한다.

② 기본지상설하중은 재현기간 100년에 대한 수직 최심적설깊이를 기준으로 하며, [그림 4.2.1]의 값을 사용한다. 다만, 구조물의 용도 등에 따라 재현기간 100년을 적용하지 않을 때는 소요 재현기간에 맞추어 환산한 지상설하중 값을 사용할 수 있다.

③ 평지붕설하중 S_f은 식(4.3−1)에 따라 산정한다.

$$S_f = C_b \cdot C_e \cdot C_t \cdot I_s \cdot S_g (kN/m^2)$$

S_f : 평지붕설하중, kN/m^2

S_g : 지상설하중, kN/m^2

S_s : 경사지붕설하중, kN/m^2

C_b : 기본지붕설하중계수

C_e : 건설지 주변의 지표면상황에 따라 정하는 환경계수

C_t : 온도계수

I_s : 설하중에서의 중요도계수

C_s : 경사도계수

④ 경사지붕설하중 : 경사지붕설하중 S_s은 식(4.3.1)에서 규정된 평지붕설하중에 지붕경사도계수 C_s를 곱한 식(4.4−1)에 따라 산정한다.

$$S_s = C_s \cdot S_f (kN/m^2)$$

5. 풍하중

골조설계용 풍하중은 건축구조물의 주골조를 설계하는 경우에 적용하고, 외장재설계용 풍하중은 외장재와 이를 지지하는 부골조(이하 외장재 등이라 한다)의 설계에 적용한다.

① 기본방침

㉠ 풍하중은 주골조설계용 수평풍하중·지붕풍하중과 외장재설계용 풍하중으로 구분한다.

㉡ 주골조설계용 수평풍하중은 풍방향풍하중, 풍직각방향풍하중, 비틀림풍하중으로 구분하여 산정한다.

㉢ 설계풍속은 5.5.2(기본풍속)에 5.5.3(풍향계수), 5.5.4(풍속고도분포계수), 5.5.5(지형계수) 및 건축구조물의 중요도 분류에 따라 정한 5.5.6(중요도계수)를 곱하여 산정한다.

㉣ 기준높이는 통상적인 건축구조물에서는 지붕의 평균높이로 하며, 이 기준높이에서의 속도압을 기준으로 풍하중을 산정한다.

㉤ 풍하중을 산정할 때에는 각 건축구조물 표면의 양면에 작용하는 풍압의 벡터합으로 한다.

ⓑ 주골조설계용 풍하중은 속도압, 가스트영향계수, 풍압계수에 풍하중의 산정 목적에 따라 적절하게 정한 수압면적을 곱하여 산정한다. 단, 내압계수의 영향도 고려한다.

② 주골조설계용 풍하중: 구조물 전체에 가해지는 풍하중에 저항하는 구조부재들을 설계하기 위하여 사용하는 풍하중

ㄱ 풍상벽, 풍하벽 또는 측벽의 지상높이 z에서 주골조설계용 풍방향풍하중 $W_D(z)$는 식(5.2−1)에 따라 산정한다.

$$W_D(z) = G_D \; q_H(C_{pe} - C_{pi}) \; A(N)$$

단, (주골조설계용 풍방향풍하중)$W_D(z)$와 5.3.1(주골조설계용 지붕풍하중)$W_R(z)$를 산정할 경우 모든 벽면과 지붕면에 동일한 내압계수 C_{pi}를 동시에 적용하여야 한다.

A: 유효수압면적, 독립벽체 또는 독립간판의 총면적, 옥상 구조물과 설치물의 풍향에 대한 수직 수압면적, m^2

C_{pe}: 외압계수

C_{pi}: 밀폐형 건축물의 내압계수

G_D: 풍방향 가스트영향계수

q_H: 기준높이 H에서의 속도압

ㄴ 기준높이 H에서의 속도압 q_H는 식(5.5−1)에 따라 산정한다.

$$q_H = \frac{1}{2} \rho \, V_H^2 \; (N/m^2)$$

여기서, ρ : 공기밀도로써 균일하게 1.225kg/m³로 한다.
V_H : 설계풍속(m/s) (5.5.1에 따른다)

6. 지진하중

지진하중의 산정: 각 구조물은 그 용도와 시공할 지반상태를 감안하여 분류한 내진설계범주 중 하나에 속하며, 그 속한 내진설계범주에 따라 허용 가능한 구조시스템, 높이와 비정형성에 대한 제한, 내진설계 대상부재, 횡력해석방법 등을 결정한다.

7. 토압 및 지하수압

① 지하외벽의 설계시 토압, 지하수압, 지표면에 재하되는 정적하중 및 동적하중의 영향을 고려하여야 한다.

② 지하수위 이하에서의 토압 산정시 부력에 의한 흙중량의 저하와 지하수압을 동시에 고려하여야 한다.

③ 흙에 접하는 바닥 구조체는 최하부 바닥의 전면적에 작용하는 수압에 대해 안전해야 한다.

8. 온도하중

구조물의 설계시 온도에 의한 하중효과를 고려하여야 한다.

💡 **내압가스트영향계수**

건축물 개구부의 크기에 따라 내부에서 발생하는 내압의 변동 정도를 나타내는 척도로서 평균 실내압에 대한 최대실내압의 비

💡 **주골조**

풍하중에 저항하여 전체구조물을 지지하거나 안정시키기 위하여 배치된 구조골조 또는 구조부재들의 집합으로서 구조물 전체에 작용하는 풍하중을 지반에 전달하는 역할을 한다.

2 응 력

응력이란 하중을 받는 부재나 구조물의 내부에서 발생하는 저항하는 힘을 말하며 장기응력과 단기응력으로 구분되며 다음 표와 같다.

응력의 종류	하중 및 외력에 대하여 상정하는 상태	일반적인 경우	강설량이 많다고 지정한 경우
장기응력	상시	고정하중 + 적재하중	고정하중 + 적재하중 + 설하중
단기응력	적설시	고정하중 + 적재하중 + 적설하중	고정하중 + 적재하중 + 설하중
	폭풍시	고정하중 + 적재하중 + 풍압력	고정하중 + 적재하중 + 설하중 + 풍압력
	지진시	고정하중 + 적재하중 + 지진력	고정하중 + 적재하중 + 설하중 + 지진력

극한강도설계법
구조물에 작용되는 여러 가지 하중의 불확실성을 고려하여 실제적인 하중에 하중 증가계수를 곱하여 실제 작용되는 하중보다 더 큰 값을 고려하고, 반면에 구조물이 견디어 낼 수 있는 내력은 재료의 최대공칭강도보다 실제 나타나는 불확실성을 고려하여 강도감소계수를 곱하여 실제 발현되는 강도보다 작은 값을 나타내게 고려한다. 따라서 하중은 더 큰 하중을 고려하고, 재료강도는 공칭강도보다 더 작은 강도를 고려하여 전체적으로 안전성을 고려한다.
1. 외력(外力) ≤ 내력(內力)
2. 하중(Load) ≤ 강도(Strength)
3. 하중증가계수 × 하중 ≤ 강도감소계수 × 강도
4. 소요 강도 ≤ 설계 강도
5. **안전성 확보** : 사용하중에 하중계수 고려(허용응력설계는 허용되는 응력으로 규제)
6. 안전성에 주안점을 둠(허용응력설계는 사용성에 주안점을 둠)

04 내진구조

1 내진 · 제진 · 면진

(1) 내진(耐震)

구조물을 아주 튼튼하게 건설하여, 즉 부재의 강도 및 인성 등 부재의 강성을 크게 하여, 지진이 발생하여 구조물에 지진력이 작용하면 이 지진력에 대항하여 버텨서 구조물이 감당해내는 구조이다.

(2) 제진(制震)

외부에서 오는 진동과 이에 따른 구조물의 진동을 감지하는 기능을 구조물 자체에서 갖추고 구조물의 내부나 외부에서 구조물의 진동에 대응한 제어력을 가하여 구조물의 진동을 저감시키는 방법과, 구조물의 내부나 외부에서 강제적인 제어력을 가하지는 않으나 구조물의 강성이나 감쇠 등을 입력진동의 특성에 따라 순간적으로 변화시켜 구조물을 제어하는 방법이 있다.

(3) 면진(免震)

일본에서 사용되기 시작한 용어로 강한 지진파의 대역을 피하겠다는 의미로서, 구조물의 고유주기를 인위적으로 길게 하여 지진의 강주기 대역을 벗어나도록 설계된 구조이다.

2 내진구조계획

(1) 구 조

① 철근콘크리트구조
  ㉠ 평면이나 입면적으로 주로 횡력에 저항하는 내진요소를 균등하게 배치하고 인성이 풍부한 라멘(Rahmen)구조로 계획되어야 한다.
  ㉡ 주구조체는 내진벽을 병용하여 배치하고 슬래브는 면내 전단력이 충분한 강성과 내력이 크게 계획되어야 한다.

② 철골구조
  ㉠ 구조상의 균형: 수직 · 수평으로 균형있는 강성과 강도를 갖도록 계획한다.
  ㉡ 라멘의 변형을 고려한다.

⑵ **재 료**

① 건축물은 취성적(Brittle) 성질을 갖는 부재로 구성된 건축물보다는 가능한 연성(Ductility) 또는 인성(Toughness)이 있는 부재로 구성된 건축물이 지진 발생시 피해를 감소할 수 있다.

② 철근콘크리트구조에서 기둥의 대근과 나선형 철근, 보의 늑근과 배근 상태가 지진 발생시 파훼에 영향을 미친다.

⑶ **건물의 형상**(形狀)

건물의 형상은 평면과 수직요소에 의하여 정형(整形: 평면·입면·단면상 대칭구조로 강성분포가 균등한 형태)과 비정형(非整形: 평면·입면상 비대칭이며 저항의 편심이나 강성이 불균형상태인 형태)으로 구분되며 비정형 구조물이 정형구조물보다 지진발생시 큰 피해를 받는다.

2문제 정도 출제되는 장입니다. 주로 지반부분과 기초부분에서 출제되고 부동침하, 기초파기에서도 가끔 출제됩니다. 제28회에는 허용지내력 단위와 기초한 형식에 관한 부분으로 비교적 쉬운 문제가 출제되었습니다.
기초부분 뿐 아니라, 지반조사와 부동침하 부분은 반드시 정리할 필요가 있습니다. 기초구조는 많은 양이 아니므로 전반적으로 정리하는 것이 중요합니다.

01 지 반

1 지반의 정의

지층 또는 땅바닥이라고도 하며, 건물 등을 앉히는 흙층 부분이다. 특별히 대지의 기준이 되는 지면을 지반선(Ground Line)이라고 한다.

2 지반의 종류

건축물을 지지하는 지반은 암반(巖盤)과 흙(土砂)으로 대별된다.

(1) 암 반

암반은 좋은 기초부분이 된다. 그러나 기초를 설치하기 위하여 암반을 평탄하게 하거나 굴착하는 경우 또는 배관을 위해 도량을 파는 경우에는 견고함에 비례하여 공사비용도 증가하게 된다.

(2) 흙

흙은 흙입자와 입자사이의 간극(間隙)에 포함되어 있는 공기와 물로 구성된다. 입자의 크기에 따라 자갈(Gravels), 모래(Sand), 실트(Silt), 진흙(Clay) 등으로 분류하며 자갈·모래를 조립토(粗粒土), 실트·점토를 세립토라고 하고 역학적 성질에 따라 점착질과 비점착질 흙으로 구분한다.

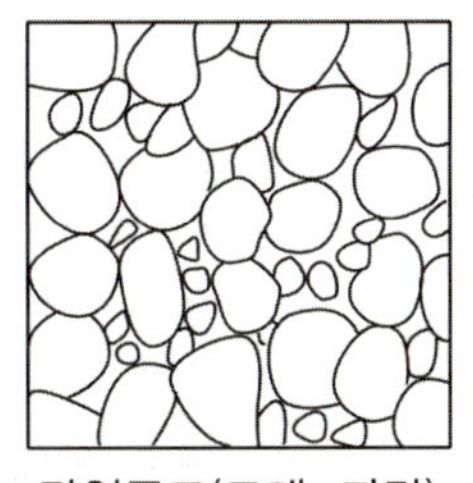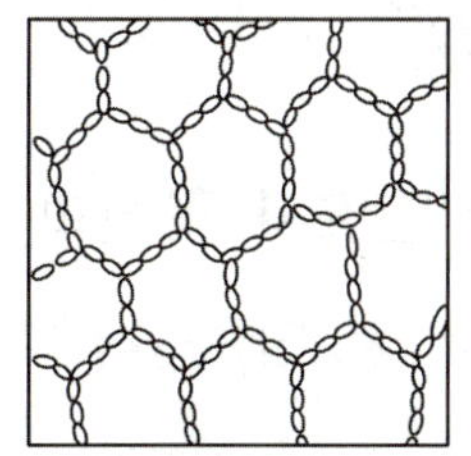

단입구조(모래, 자갈)　　　면모구조(점토)　　　벌집구조(롬)

[흙의 구조]

3 지반의 특성

🔗 모래와 점토의 특성

구 분	투수성	마찰력	점착성	압밀침하	예민비	시 료
모 래	크다	크다	거의 없다	순간	작다	교란
점 토	작다	작다	있다	장기	크다	불교란

🔗 용어 정리

간극수압	흙에 작용하는 압력은 토립자가 자체의 압축, 상호간의 마찰 및 간극을 채우는 물과 공기의 간극압의 조합으로 구성된다. 포화토의 간극수의 압력이 간극수압이며, 이 수압이 저하되면 압밀침하가 일어나고, 급격히 상승하면 토립자 간의 접촉력을 잃어 액상화 되면서 지지력을 잃는다. 간극수압은 흙 속에 포함된 물에 의한 상향수압을 의미한다.
샌드벌킹 (Sand Bulking)	모래에 물이 흡수되었을 때, 체적이 팽창하는 현상으로 함수율이 10% 정도에서 체적이 최대가 된다.
압 밀	압밀은 포화된 점토지반에서 외력에 의해 물이 오랜 시간 간극수가 빠져나감과 동시에 어 체적이 감소하는 현상이다.
다지기 (Tamping)	사질토지반에서 재하(Loading)에 의해 공기가 제거되어 침하되는 현상이다.

> **액상화 현상**
> 모래 지반에서 지진, 순간 진동 등에 의해 간극 수압(水壓)이 상승함으로써 유효 응력이 감소되어 모래지반의 전단 저항을 상실함에 따라 액체와 같이 변형, 거동하는 현상을 말한다.

♡ 비 교

예비조사, 본조사, 보완조사, 특정조사 등 분류도 있다.

:: 제27회

:: 제14회, 제16회

---

02 지반조사

1 지반조사 목적과 순서

(1) 지반조사의 목적

토층, 토질, 지내력, 지하수위, 경지반의 깊이, 침하의 위험성 등을 조사하여 기초파기 방법, 기초의 넓이·깊이 등의 기초의 종류와 설치 방법 등 제반사항을 결정하기 위해서 지반조사를 실시한다.

(2) 지반조사의 순서

사전조사 ⇨ 예비조사 ⇨ 본조사 ⇨ 추가조사

① **사전조사**: 조사에 앞선 예비지식으로서 지반의 상황을 추정하기 위한 작업이다. 문헌조사, 현장답사, 기존 구조물의 조사 3가지를 실시한다.

② **예비조사**: 실제로 부지 내에서 실시하여, 지반 구성의 개황을 구하여 건물의 적정한 배치계획을 결정하고, 설계자에게 건물을 지지할 지지층과 기초구조의 형식을 우선 결정할 수 있는 자료를 제공하며, 뒤이어 실시할 본조사의 방법·규모 등 그 실시 방침을 세우기 위한 기초자료를 얻는 것을 목적으로 한다. 이와 같은 목적을 위하여 통상 보링, 표준관입시험을 행한다.

③ **본조사**: 본조사의 결과를 기초로 하여 기초설계에 들어간다. 통상 본조사에서 행해지는 것을 크게 나누면 보링, 표준관입시험, 토질시험, 재하시험 등이 있다.

④ **추가조사**: 재조사와 보충조사가 있다.

2 지반조사의 방법

(1) 물리적 지하탐사법

지층이 넓을 경우 연약한 층의 깊이, 암반의 위치 등을 개략적으로 조사할 때 쓰이는 방법이다.

① **탄성파식**: 무거운 낙하추 또는 화약의 폭발로서 지반에 인공 진동을 일으켜 계측기로 진동을 측정하여 조사하는 방법이다.

② **전기저항식**: 지층 및 암석의 종류에 따라 전기저항이 다른 것을 이용하여 지반에 전기를 흘려보내 저항 등을 계기로 측정하여 조사하는 방법이다. 대규모 지역에 적당하고 지층의 변화심도(變化深度) 측정시 유리하다.

(2) 얇은 층의 조사

① **시험파기**: 얕은 위치에 있는 지층의 토질이나 지하수 등의 위치를 알기 위하여 삽으로 구멍을 파는 방법으로 원시적이기는 하지만 가장 확실한 방법이다. 깊이 2~3m 정도가 적당하며 주택 공사 등에 이용한다.

② **짚어보기**: 직경 9mm 정도의 쇠막대를 땅 속에 때려 박아 그 저항, 울림 및 침하정도를 감각적으로 판단하여 지반을 조사하는 방법이다. 상부지층이 무르고 굳은 층이 비교적 얕게 있을 때 소규모 건물에서 이용된다.

(3) 깊은 층의 조사

① **보링**(Boring, 시추): 지반을 조사할 목적으로 주로 땅 표면으로부터 지반에 구멍을 뚫는 방식의 굴착(掘鑿) 방법이다. 이것에 의하여 흙의 종류를 식별하며, 지반의 구성을 명확히 함과 동시에 지하수위 측정ㆍ토질시험을 위한 시료채취 등을 하고, 또 구멍 속에서 각종 원위치시험을 실시하는 데에 이용되기도 한다.

② **보링의 목적**
  ㉠ 흙의 종류
  ㉡ 지반의 구성
  ㉢ 지하수위의 측정
  ㉣ 토질시험용 시료채취 등

③ **보링의 종류**: 땅을 뚫는 방법에 따라 다음과 같은 방법이 있다.

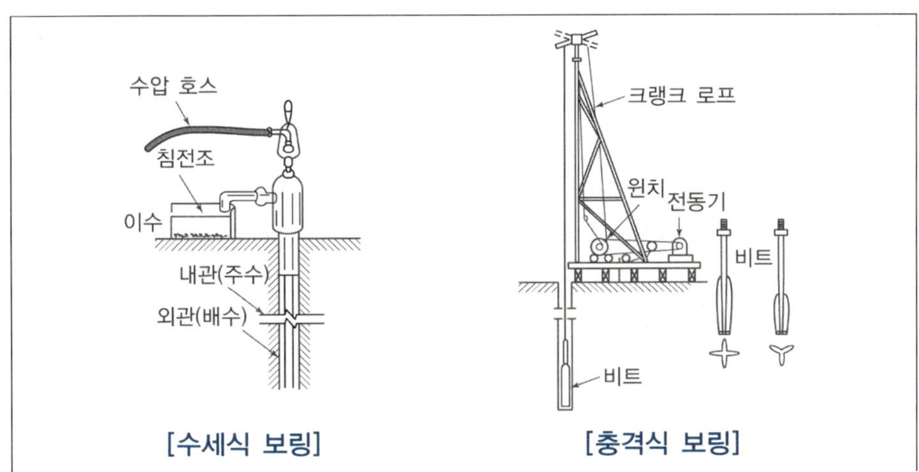

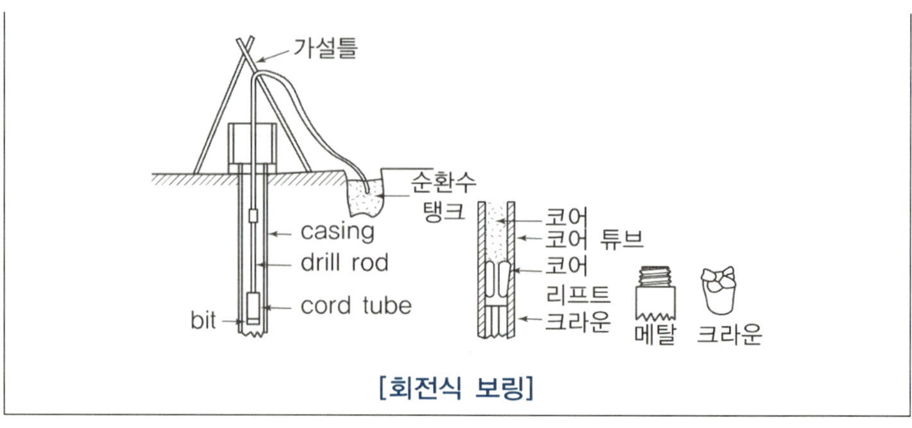

  ⊙ 수세식 보링
- 지중의 관에서 물을 분사하며 천공하는 방법이다.
- 값이 싸고 간단하며, 깊이 30m 정도의 연질층에 적당하다.

  ⓛ 충격식 보링
- 비트의 상하왕복운동으로 지반에 충격을 주어 천공하는 방법이다.
- 단단한 지반에 적합하며 비용이 싸고 간편하다.

  ⓒ 회전식 보링
- 비트를 회전시켜 천공하는 방법이다. 지층의 변화를 연속적으로 또 비교적 정확하게 알고자 할 때 사용한다.
- 가장 정확하며 무른 지층에서 단단한 암반에 이르기까지 굴삭이 가능하다.

(4) 사운딩(Sounding, 원위치시험)

보링구멍을 이용하든지 직접 지표면에 정적(靜的) 또는 동적(動的)으로 시험기를 떨어뜨려서 흙의 저항치를 측정하고 그 위치에서 흙의 물리적 성질을 측정하는 방법을 사운딩이라고 총칭한다.

① **표준관입시험**(Standard Penetration Test)

보링구멍을 이용하여 로드(Road)끝에 표준관입시험용 샘플러(Sampler)를 달고 상단에서 추(63.5kg)를 높이 76cm에서 자유낙하시켜 지반으로 30cm 관입시키는 데 필요한 타격횟수(N값)를 구하여 밀도를 측정한다. N값에 대해 토질의 상대밀도와 지지력과의 관계가 주어져 지내력 등을 추정하는 것이 가능하다. 주로 모래지반의 밀도측정에 적당하다.

제21회

1. 베인테스트는 +자 날개형 테스터의 회전력으로 점토 지반의 점착력을 조사하는 방법이다. (○)
2. 평판재하시험은 시험추를 떨어뜨려서 타격횟수 N값을 측정하여 지반을 조사하는 방법이다. (×)
3. 표준관입시험은 점성토 지반에서 실시하는 것을 원칙으로 한다. (×)
4. N값이 10~30인 모래지반은 조밀한 상태이다. (×)
5. 사운딩(Sounding)은 로드의 선단에 설치된 저항체를 지중에 넣고 관입, 회전, 인발 등을 통해 토층의 성상을 탐사하는 시험이다. (○)

🔗 표준관입시험의 N값

모래 지반	N값	점토 지반	N값
		매우 단단한 점토	30~50
밀실한 모래	30~50	단단한 점토	15~30
중간 정도 모래	10~30	비교적 경질 점토	8~15
느슨한 모래	5~10	중정도 점토	4~8
아주 느슨한 모래	5 미만	무른 점토	2~4
		아주 무른 점토	0~2

② **베인 테스트**(Vane Test)

보링 구멍을 이용하여 + 자 날개형으로 생긴 베인(Vane)이라는 장치를 로드 선단에 부착하여 지반에 때려 박고 회전시켜서 그 회전력을 조사하여 지반성질을 조사하는 방법으로 진흙(점토질)의 점착력을 판별하는 시험이다.

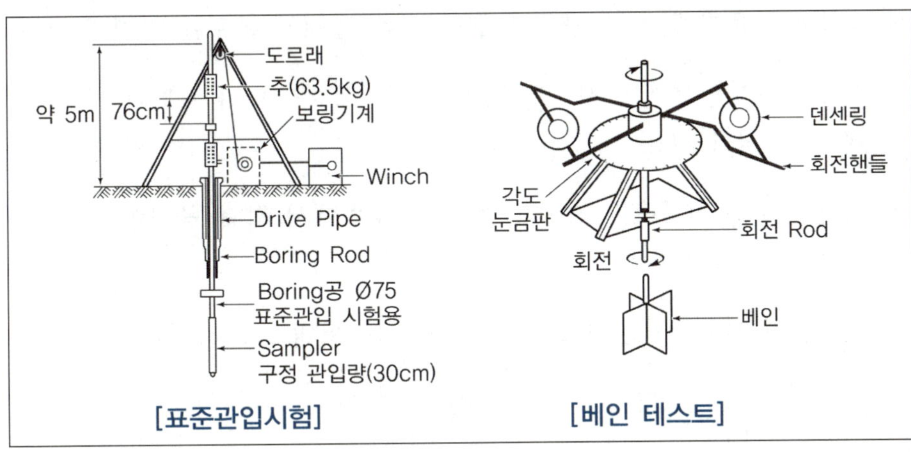

03 지내력(地耐力)

지반이 건축물의 하중을 받고 견디는 힘을 지내력이라 하며, 지반의 종류에 따라 많은 차가 있다. 지반이 단위면적당 부담할 수 있는 하중에 침하 또는 부동침하를 허용한도 내에서 처리할 수 있도록 안전율을 적용한 것을 허용지내력이라 한다. 허용지내력은 재하시험으로 구하는 방법과 토질시험에서 얻은 자료를 이용하여 이론적으로 산출하거나, 경험적으로 판단하는 방법이 있다.

∷ 제12회

1 지중응력의 분포

응력이란 건축물의 하중에 대해 저항하는 힘으로 기초 저면에 접하는 지반에는 상부하중에 대한 반력으로 접지압(또는 지지력)이 형성된다. 흙들로 구성된 지반에 가해진 하중은 기초판 밑면의 접지압은 같은 모양으로 가정하지만(가정압), 실제 강력한 기초가 같은 모양으로 침하할 때 접지압 분포는 같지 않다.

(1) 설계용 접지압은 일반적으로 균일한 것으로 가정하나 토질과 기초의 강성 등에 따라 달라진다.

(2) 경질 점토에 하중을 가하면 그 압력은 주변에서 최대, 중앙에는 최소이고, 모래와 같은 입상토는 그 반대가 된다.

(3) 접지압의 분포각도는 기초면으로부터 30° 이내로 고려한다.

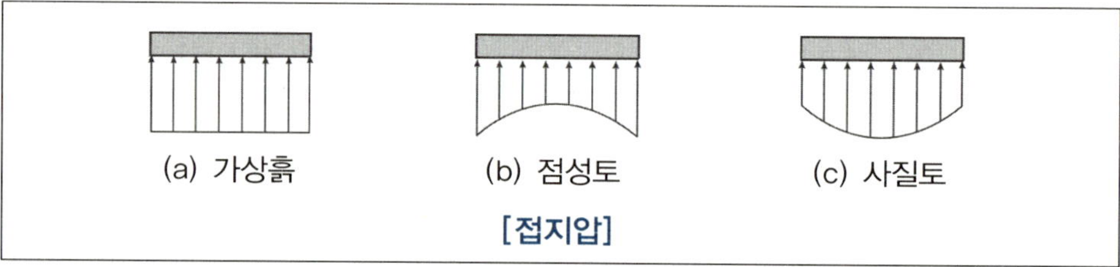

2 허용지내력(許容地耐力)

지반이 단위면적당 부담할 수 있는 하중에 침하 또는 부동침하를 허용한도 내에서 처리할 수 있도록 안전율을 적용한 것이다.

🔗 **지반의 허용지내력**

(단위 : kN/m^2)

지 반		장기응력에 대한 허용지내력	단기응력에 대한 허용지내력
경암반	화강암 · 석록암 · 편마암 · 안산암 등 화성암 및 굳은 역암 등 암반	4,000	각각 장기응력에 대한 허용지내력 값의 1.5배로 한다.
연암반	판암 · 편암 등 수성암 암반	2,000	
	혈암 · 토단반 등 암반	1,000	
자 갈		300	
자갈과 모래의 혼합물		200	
모래 섞인 점토 또는 롬토		150	
모래 또는 점토		100	

🔍 **예제**

지반내력(허용지내력)의 크기가 큰 것부터 옳게 나열한 것은?　　제24회

① 화성암 − 수성암 − 자갈과 모래의 혼합물 − 자갈 − 모래 − 모래 섞인 점토
② 화성암 − 수성암 − 자갈 − 자갈과 모래의 혼합물 − 모래 섞인 점토 − 모래
③ 화성암 − 수성암 − 자갈과 모래의 혼합물 − 자갈 − 모래 섞인 점토 − 모래
④ 수성암 − 화성암 − 자갈 − 자갈과 모래의 혼합물 − 모래 − 모래 섞인 점토
⑤ 수성암 − 화성암 − 자갈과 모래의 혼합물 − 자갈 − 모래 섞인 점토 − 모래

해설

② 화성암 − 수성암 − 자갈 − 자갈과 모래의 혼합물 − 모래 섞인 점토 − 모래
　 화성암은 마그마가 식어서 형성된 암석으로 생성시의 깊이에 따라서 화산암과 심성암으로 분류된다.

정답 ②

:: 제27회

🔖 **관련기준**
「건축물의 구조기준 등에 관한 규칙」 제18조 [별표 8]

:: 제24회

┃ 평판재하시험 관련

1. **극한지력** : 흙에서 전단파괴가 발성되는 기초의 단위면적당 하중(단위 : kN/m²)
2. **허용지력** : 침하 또는 부동침하와 같은 허용한도 내에서 지반의 극한지지력을 적정의 안전율로 나눈 값(단위 : kN/m²)
3. **허용하중** : 극한지지력, 부마찰력, 말뚝간격, 기초 하부 지반의 전반적인 지지력 및 허용침하를 고려한 후 기초에 안전하게 적용할 수 있는 최대 하중
4. **허용지내력** : 극한지지력과 허용침하량을 고려한 지반의 내적 안정성을 의미한다.
5. **허용침하량** : 구조물이 허용할 수 있는 침하량 혹은 부동침하량은 상부구조의 구조형식에 따라 다르다.

3 직접지내력시험(재하시험)

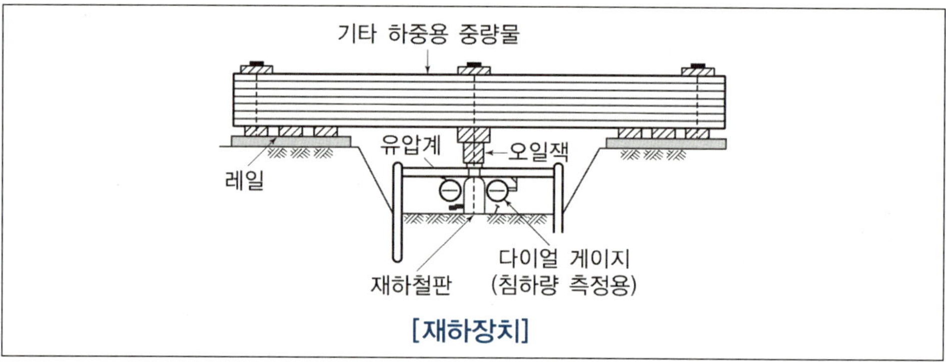

(1) 구조물의 예정 기초 저면, 즉 설계상 재하판·시험말뚝 또는 기초 구조물 등에 하중을 걸어서 기초지반의 지지력(지내력), 기초 구조물의 안전성 등을 판정할 경우에 행하는 시험이다.

(2) 재하판에 하중을 가하여 20mm 침하될 때까지의 총하중을 당해 지반의 단기 지내력으로 추정한다.

(3) 재하판은 두께 25mm 이상, 지름 300mm, 400mm, 750mm인 강재 원판을 표준으로 하고 등가면적의 정사각형 철판으로 해도 된다.

(4) 계획된 시험 목표하중의 8단계로 나누고 누계적으로 동일 하중을 흙에 가한다. 각 하중을 정확하게 측정하고 모든 하중을 충격 및 진동 또는 편심이 작용하지 않도록 정적 하중으로 지반에 전달되도록 한다.

⑸ 재하 시간 간격

각 단계별 하중을 증가한 후, 최소 15분 이상 하중을 유지해야 하며, 침하가 정지하거나 침하 비율이 일정하게 될 때까지 하중을 유지하도록 한다. 그리고 이후 단계에서 동일하게 하중 유지시간이 적용되어야 한다.

⑹ 침하 측정

정밀도 0.01mm의 다이얼 게이지 또는 LVDT로 침하량을 측정하며, 모든 침하량을 계속해서 기록한다. 침하량 측정은 하중 재하가 된 시점에서, 그리고 하중이 일정하게 유지되는 동안 15분까지는 1, 2, 3, 5, 10, 15에 각각 침하를 측정하고 이 이후에는 동일 시간 간격으로 측정한다.

⑺ 시험 종료

시험하중이 허용하중의 3배 이상이거나 누적 침하가 재하판 지름의 10%를 초과하는 경우에 시험을 멈춘다. 최후 하중 증가에 대한 관측을 완료한 후 재하하중을 제거하고 적어도 선점된 시간 간격과 같은 시간 동안 탄성거동이 더 일어나지 않을 때까지 계속 기록한다.

⑻ 허용지지력

허용지지력은 항복하중의 1/2 또는 극한지지력의 1/3 중 작은 값으로 한다.

4 간접지내력시험(말뚝박기시험)

말뚝지점을 계획하면 말뚝박기시험을 하여 말뚝의 지지력과 길이를 결정한다.

⑴ 시험용 말뚝은 실제 사용할 말뚝과 동등한 조건으로 한다.

⑵ 시험용 말뚝은 3개 이상 사용한다.

⑶ 시험용 말뚝은 정확한 위치에서 수직으로 세워 연속적으로 박되, 휴식시간을 두지 않아야 한다.

⑷ 소정의 최종 침하량에 도달하면 그 이상 박지 않는다.

⑸ 최종 관입량은 5~10회 타격한 평균값을 적용한다.

⑹ 5회 타격 총관입량이 6mm 이하일 때를 거부현상으로 판단한다.

04 기 초

1 개 요

건축물의 하중 즉, 건축물의 자중(自重), 활하중(活荷重), 풍하중(風荷重), 지진력 (地震力), 기타 건물에 미치는 모든 외력을 받아 지반에 안전하게 전달하기 위한 건축물의 하부 구조체를 기초(基礎, Foundation)라 하며 기초판과 지정으로 구분 된다. 기초판은 하중을 지반 또는 지정에 전달하는 구조부이며, 지정(地定)이란 기 초가 지반에 안전하게 정착되도록 기초 자체를 보강하거나, 지반의 내력을 보강하 기 위한 지반다짐, 잡석다짐 및 말뚝박기 등의 한 부분을 말한다. 기초는 그 지방 의 동결선(동결심도) 이하에 반드시 설치해야 한다.

> **→보충학습**
>
> **| 동결심도, 동결선**
>
> 1. **동결심도의 정의** : 제설된 도로나 지표면에서 2월 하순경 조사구멍을 파고, 구멍 벽면 에서 식별할 수 있는 얼음덩어리의 최저선을 측정한 동결깊이를 말한다.
> 2. 추운지방에서는 겨울철에 대기온도가 0℃ 이하가 되면 흙 속의 물과 함께 흙이 동결 하고, 지표면은 하부에서 수분을 공급받은 흙의 팽창으로 말미암아 융기된다.
> 3. 건물기초의 경우, 겨울철 물과 함께 얼어붙어 있던 땅이 봄철이 되어 융해될 때 땅은 연약해지며, 이에 따라 기초는 침하할 수밖에 없다. 이때 상부구조물은 기초의 부등 침하로 인하여 하자가 발생할 수 있다.
>   (1) 지반의 어는 깊이는 지방에 따라 다르다.
>   ① 북부지방 : 120cm
>   ② 중부지방 : 90cm
>   ③ 남부지방 : 60cm
>   (2) 지반의 어는 깊이는 지반에 따라 다르다.
>   (3) 기초저면이 동결선 아래 위치한다.
>   (4) 지하수위 변동과 관계가 없다.

2 기초의 명칭

(1) 기초의 구성

기초판과 지정을 총칭한 것을 말한다.

> 기초 : 기초판 + 지정(밑창콘크리트지정 이하)

⑵ **기초판**

상부구조의 응력을 지반 또는 지정에 전달하고자 만든 구조 부분을 말한다.

⑶ **지 정**

기초를 보강하거나 지반의 내력을 보강하여 기초를 안전하게 지지하기 위한 구조물로서 잡석다짐·말뚝 등을 설치한 부분을 말한다.

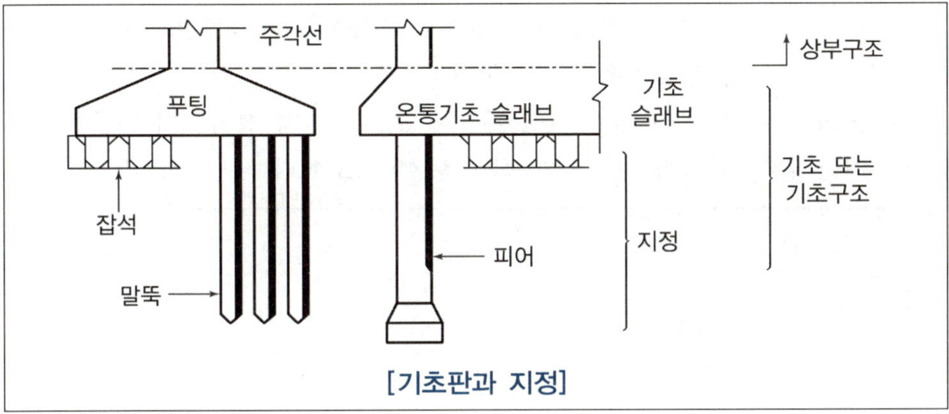

3 기초의 분류

⑴ 기초판 형식에 의한 분류

① **독립기초**: 단일기둥을 1개의 기초판으로 받치는 기초이고, 경제적이지만 기초의 침하가 고르지 않아 지진 발생시 건물의 안전에 지장을 초래하게 된다. 따라서 지중보 등으로 연결하여 일체로 하여 주각을 흔들리지 않게 하며 부동침하에 강하게 한다.

② **복합기초**: 2개 이상의 기둥을 1개의 기초판으로 받치는 기초 구조이다.

③ **연속기초**(줄기초): 벽체나 1열의 기둥을 받칠 때 사용하는 구조형식으로, 구조적인 측면에서 복합기초보다 튼튼하다. 지내력도가 적어 기초 면적을 크게 할 때 유리하다. 조적조 건물에 가장 적합한 기초이며 저층의 벽식 구조에 적용한다.

④ **온통기초**(전면기초): 작용하는 하중이 매우 커서 기초판의 넓이가 아주 넓어야 할 때, 건축물의 지하실 바닥 전체를 기초로 만든 것이다. 매트 푸팅(Mat Footing)이라고도 한다(가장 연약한 지반에 쓰이는 기초).

:: 제17회, 제21회, 제22회

♀ OX

1. 2개의 기둥에서 전달되는 하중을 1개의 기초판으로 지지하는 방식의 기초를 연속기초라고 한다. (×)
2. 직접기초는 기둥이나 벽체의 밑면을 기초판으로 확대하여 상부구조의 하중을 지반에 직접 전달하는 기초이다. (○)

(2) 지정 형식에 의한 분류

① **직접기초** : 상부의 하중을 기초판을 통해 직접 지반에 전달하는 형식의 기초 구조이다.

② **말뚝기초** : 나무, 철, 콘크리트 등으로 말뚝을 박아서 상부의 하중을 지중으로 전달하는 방식의 깊은 기초형식이다.

③ **피어기초** : 지반을 굴착하여 기둥모양으로 만들어 상부 구조의 하중을 지지하는 기초이다. 우물을 파는 식으로 우물통을 구축하면서 기초를 형성한다하여 일명 우물기초라고도 한다.

④ **잠함기초** : 지하의 경질(硬質)지층에 이르기까지 상자같이 만든 구조물을 지반 굴착에 따라 내려앉게 하여 만든 기초이다.

---

1. **기초판 형식에 의한 분류**
   - ① 독립기초
   - ② 복합기초
   - ③ 연속(줄)기초
   - ④ 온통기초

2. **지정 형식에 의한 분류**
   - ① 직접기초
   - ② 말뚝기초
   - ③ 피어기초
   - ④ 잠함기초(개방잠함, 용기잠함)

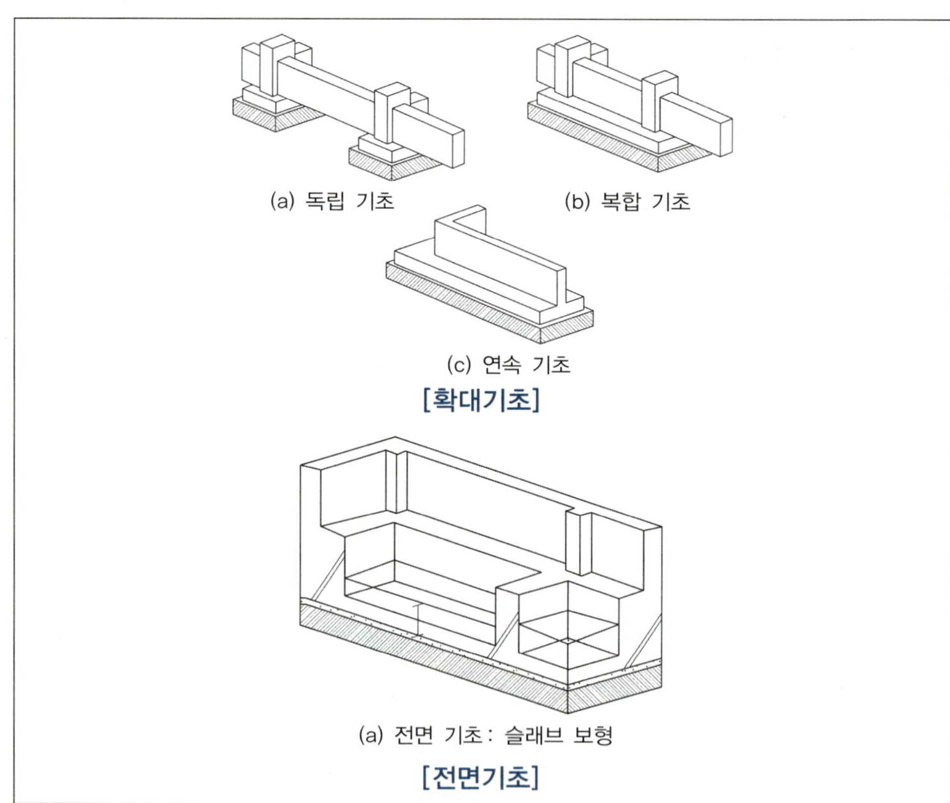

→보충학습

1. **얕은기초**: 기초 폭에 비하여 근입 깊이가 얕고 상부구조물의 하중을 분산시켜 기초하부 지반에 직접 전달하는 기초형식
2. **깊은기초**: 기초의 지반 근입 깊이가 깊고 상부구조물의 하중을 말뚝 등에 의해 깊은 지지층으로 전달하는 기초형식

→보충학습

| 기초 설계

1. 기초가 놓이는 지반의 허용지내력과 기둥에서 전달되는 사용 하중으로부터 기초의 크기를 산정할 수 있다.
2. **기초의 바닥면적 산정**: 기초의 바닥면적을 산정할 때에는 기초에 작용하는 사용하중을 사용하도록 하고 있다.
3. 기초의 깊이와 보강근을 설계할 때에는 계수하중을 사용한다.
   ① 1방향 기초판 또는 2방향 정사각형 기초판에서 철근은 기초판 전체 폭에 걸쳐 균등하게 배치하여야 한다.
   ② 2방향 직사각형 기초판의 각 방향 철근배치에서 장변방향의 철근은 단변폭 전체에 균등하게 배치한다.

05 지정(지정의 종류)

1 보통지정

지 정

01 보통지정
02 말뚝지정
03 특수기초

지정에는 잡석지정, 자갈지정, 모래지정 등이 있으며, 지정의 역할은 기초구조물 하부지반의 안전성을 확보하기 위한 것이다. 즉, 터파기시 기초나 최하층 바닥슬래브 하부의 흐트러진 연약한 땅바닥을 편평하고 단단하게 잘 다짐으로써 구조물이 침하되지 않도록 하는데 그 목적이 있다. 따라서 지반상태가 양호한 경우 지정은 설치할 필요가 없다. 밑창콘크리트의 역할은 기초콘크리트 타설시 콘크리트 내의 물이 하부로 빠져나감으로써 발생하는 콘크리트 강도저하를 방지하며, 기초의 크기 및 형상을 정확히 시공하는 데 도움을 준다.

(1) 모래지정

지반이 약하고 2m 이내 굳은 층이 있으며 무게도 비교적 가벼운 구조물일 때, 기초파기 밑에 소정의 두께로 모래를 펴 깔고 충분히 물다짐하되 두께 300mm마다 충분한 물다짐한다.

(2) 잡석지정

① 이완된 지반을 다지게 된다.
② 기초 또는 바닥 밑의 배수에 유리하다.
③ 경미한 건물에는 콘크리트를 절약하게 된다.
④ 잡석은 10~25cm 정도의 잡석을 세워서 깔고 가장자리에서 중앙부로 다져간다.
⑤ 기초콘크리트를 시공할 때 흙이 섞이지 않게 하기 위하여 쓰이는데, 굳은 지층에서는 이를 생략한다.
⑥ 잡석 지정공사에서 잡석은 한 켜로 세워서 큰 틈이 없게 깔고 잡석 틈새에는 사춤자갈을 채워 다진다.

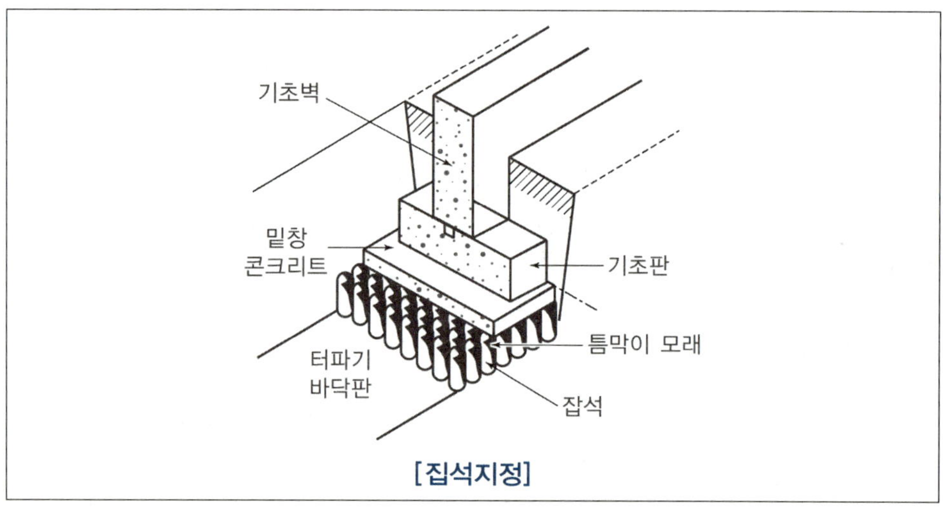

(3) 자갈지정

자갈은 크기 45mm 내외의 자갈이나 막자갈 또는 모래 반이 섞인 자갈을 공사시방이 없으면 60mm로 깔고 25kg 내외의 달고로 충분히 다진다.

(4) 긴 주춧돌지정

지반이 비교적 깊고 말뚝을 사용할 수 없는 간단한 건축물에 사용되는 지정으로, 잡석 지정이나 자갈 지정을 한 위에 긴 주춧돌 또는 지름 30cm 정도의 콘크리트관이나 토관 등을 깊이 묻고 그 속을 콘크리트로 채운 것이다.

⑸ 밑창 콘크리트 지정

자갈이나 잡석 위의 기초 부분에 60mm 정도 콘크리트로 평탄하게 마감한다. 밑창콘크리트의 사용목적은 다음과 같다.
① 먹매김이 가능
② 거푸집 설치
③ 철근배근 용이
④ 바깥 방수의 바탕 이용

📍 **관련기준**
건축표준시방서코드(KCS)
2018(구기준)
〈KCS 11 50 05 : 2018〉

💡 밑창 콘크리트의 품질은 설계도서에 따른다. 설계도서에서 별도로 정한 바가 없는 경우는 설계기준강도 15MPa 이상의 것을 사용해야 한다.

:: 제18회

2 말뚝지정

⑴ 기능상 분류

① **지지말뚝** : 선단지지말뚝이라고도 한다. 말뚝의 끝이 견고한 지층(경질 지반)까지 도달하게 하여 상부의 하중을 지지하는 말뚝이다.
② **마찰말뚝** : 연약한 지층이 깊어 말뚝을 굳은 지반에 지지시킬 수 없을 때 말뚝 전 길이에서 흙과의 주변마찰력에 의해 상부의 하중을 지지하는 말뚝이다.

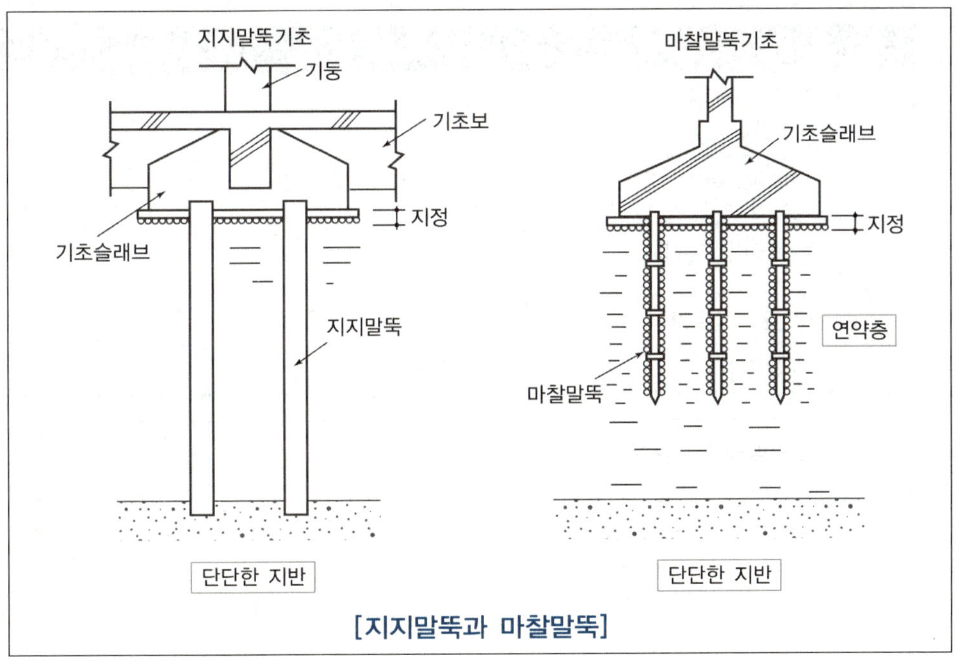

[지지말뚝과 마찰말뚝]

⑵ 말뚝의 간격

무리말뚝의 지지력은 개별말뚝의 지지력의 합보다 작다. 따라서 말뚝의 간격이 작으면 개개말뚝의 지지력은 중첩되어 비경제적이다.

(3) 재료상 분류

① **나무말뚝** : 소나무, 낙엽송 등 곧고 생목(生木)의 껍질을 벗겨서 사용하며 반드시 상수면 이하에 박아야 부패가 적다. 지금은 경미한 건물에만 사용된다.

② **기성(旣成)콘크리트말뚝** : 공장에서 원심력을 이용하여 중공원주상(中空圓柱狀)으로 끝은 뾰족하게 만들고 쇠신을 씌운다. 이 말뚝은 품질이 균등하고 지지력과 성능이 좋아 지하수위의 변화가 예상되는 지역이나 큰 지지력이 요구되는 곳에 쓰인다.

③ **제자리콘크리트말뚝** : 제자리콘크리트말뚝은 지반을 천공(穿孔)하여 그 속에 콘크리트 혹은 철근콘크리트를 충전하여 말뚝을 현장에서 제조하는 것으로 천공방법, 사용기구에 따라 여러 가지로 분류될 수 있다. 현장 콘크리트 말뚝이라고도 한다.

④ **강재(鋼製)말뚝(철제말뚝)** : H형말뚝과 강관말뚝의 2종류가 있으며, 구조시공상 강관말뚝이 유리하며 강관말뚝을 많이 이용한다. 기성콘크리트말뚝보다 가격이 비싸지만 해안 매립지 혹은 양질의 지반이 상당히 깊이 있을 때 이용된다.

🔗 말뚝 간의 최소 간격

종 류	간격(말뚝 중심 간 최소 간격 이상)
기초판과 말뚝과의 거리(공통)	1.25D 이상
나무말뚝	60cm 이상 또는 2.5D 이상
기성콘크리트말뚝	75cm 이상 또는 2.5D 이상(단, 매입말뚝을 배치시 2.0배 이상)
제자리콘크리트말뚝	2.0D 이상, 말뚝 머리 직경 + 1,000mm 이상
강재말뚝	2.0D 이상, 75cm 이상

📌 **관련기준**

건축표준시방서코드(KCS) 2018
〈KCS 11 50 15 : 2018〉

▪▪ 제18회

> **기성콘크리트말뚝 지정공사**
> 1. 말뚝 제작 후 14일 이내의 운반은 금하되, 특수한 양생을 실시하여 운반 및 취급이 말뚝의 재질에 영향을 주지 않을 경우에는 예외로 한다.
> 2. 운반이나 말뚝박기 중 손상된 말뚝은 장외로 반출한다.
> 3. 성능 및 규격이 확인되지 않은 말뚝은 공사현장에 반입할 수 없다.
> 4. 세장비가 22보다 큰 말뚝은 운반 및 취급에 특별한 주의를 요한다.
> 5. 입면상으로 말뚝의 상단은 평면적으로 100mm 편차 이내에 있도록 한다.
> 6. 임의로 말뚝의 원위치를 조정해서는 안 된다.
> 7. 말뚝의 히빙 유무에 대한 검토를 하여 히빙이 발견된 말뚝은 요구되는 위치까지 다시 박는다.

8. 말뚝은 박기 전에 기초 밑면으로부터 150~300mm 위의 위치에서 박기를 중단한다. 기초 밑면의 깊이까지 최종 흙파기는 말뚝을 다 박고 시험이 끝난 다음 건물 기초파기공사의 일부분으로 한다.

9. 말뚝을 박는 동안 인근 말뚝이 원래의 위치에서 위로 솟아올랐는지를 측정하여 올라온 경우에는 원래의 위치가 되도록 다시 박는다.

10. 지정된 유효길이보다 더 긴 말뚝을 사용하여야 지내력이 확보되는 곳에서는 더 긴 말뚝을 설치한다. 반면에 지정된 유효길이보다 더 짧은 말뚝에 의해 규정된 지내력을 확보할 수 있는 경우 책임기술자의 검토 및 확인 후 담당원의 승인 하에 더 짧은 말뚝을 사용할 수 있다.

11. 접합하는 상부말뚝을 축선에 주의 깊게 맞추어서 양호한 이음부가 되도록 말뚝이음부를 정리한 후 원칙적으로 용접에 의해서 접합한다.

12. 현장타설 콘크리트말뚝 주근의 이음은 겹침이음을 원칙으로 하며, 이음방법으로는 아크용접이나 가스압접 중에서 설계도서에 정하는 바에 따르며, 정하는 바가 없을 때는 아크용접으로 하고, 이음의 강도 및 강성이 동등 이상이 되도록 한다.

13. 강재말뚝은 설계도서에서 따로 정하는 바가 없는 한 이음이 없는 것을 원칙으로 한다.

14. 강재말뚝의 현장이음은 용접으로 하고, 그 구조는 설계도서에 따른다.

15. 강재말뚝의 용접은 원칙적으로 아크용접으로 하고, 그 방법은 담당원의 승인을 받아 수동용접이나 반자동용접법에 준하는 것으로 한다.

3 특수기초(깊은 기초지정)

연약한 지층이 매우 깊고, 상부 구조가 고층이며, 중량이어서 말뚝으로는 지력을 기대할 수 없는 경우에 쓰이는 기초방식으로써 우물기초와 잠함기초가 있다.

(1) 우물기초(Well Foundation)

우물을 파는 식으로 우물통을 구축하면서 그 밑을 파내어 우물통을 침하시키는 기초이고 피어기초(Pier Foundation)라고 하기도 한다.

(2) 잠함기초(Caisson Foundation)

지하층이 여러 층인 고층건물에 쓰이는 기초로써 지층의 성질, 용수의 다소, 건물의 규모에 따라 개방잠함과 용기잠함을 적절히 사용한다.

① **개방잠함**: 지상에서 건물의 지하실 부분의 구체를 축조하고 그 밑을 파내어 침하시켜 지하실을 축조하는 공법

② **용기잠함**: 지하수가 심한 경우 혹은 해중(海中), 하중(河中) 공사에 이용되는 것으로 특수 작업실에서 압축공기의 압력으로 물, 토사 등의 유입을 방지하면서 지하 구조체를 완성하는 공법

:: 제26회

06 기초파기

1 기초파기 공법

(1) 오픈 컷(Open Cut) 공법

흙막이 없는 기초파기 공법으로 이때에는 무너지는 것을 방지하기 위하여 30~40°의 휴식각을 두어야 한다.

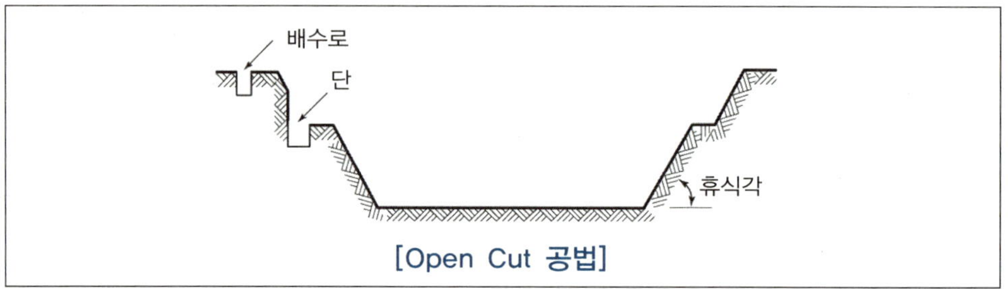

[Open Cut 공법]

> **알아두기**
>
> ■ **흙의 휴식각**
>
> 건조된 모래를 수평면에다 쌓으면 어느 한도까지 흘러내리다가 정지하는데, 이때 모래의 표면과 수평면을 일정한 각도를 이룬다. 이 각도를 그 모래의 휴식각이라 한다. 흙의 휴식각에는 마찰력 외에 응집력, 부착력이 작용하게 되며, 이러한 힘은 함수량에 따라 변화하게 된다. 기초파기에 있어서 그 사면을 해결하는 파기의 경사는 흙막이를 하지 않을 경우, 휴식각의 2배 정도 또는 기초파기의 윗면을 밑면에서 소요되는 너비보다 양쪽으로 파는 깊이의 1/3~2/5 정도 더 넓게 파기 시작해야 하며, 견적시에는 이를 고려하여야 한다.

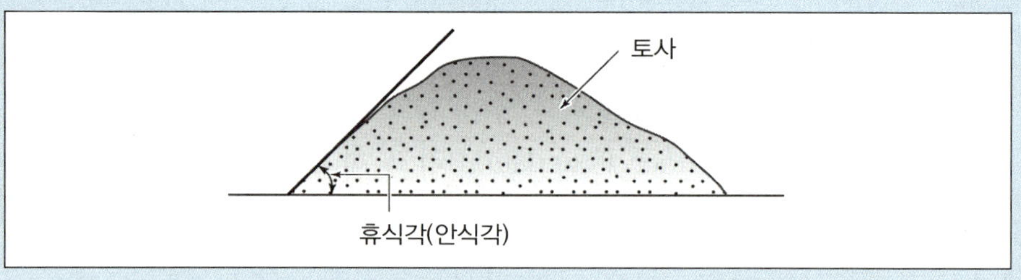

(2) 아일랜드 컷(Island Cut) 공법

∷ 제25회

널말뚝을 건물 주변에 박은 다음, 주변의 흙은 경사면으로 남겨두고 중앙부를 먼저 파고 중앙부의 지하 구조물을 축조한 다음 버팀대를 완성된 구조물에 지지시켜 주변부 흙을 파내어 나머지 지하 구조물을 완성하는 공법이다.

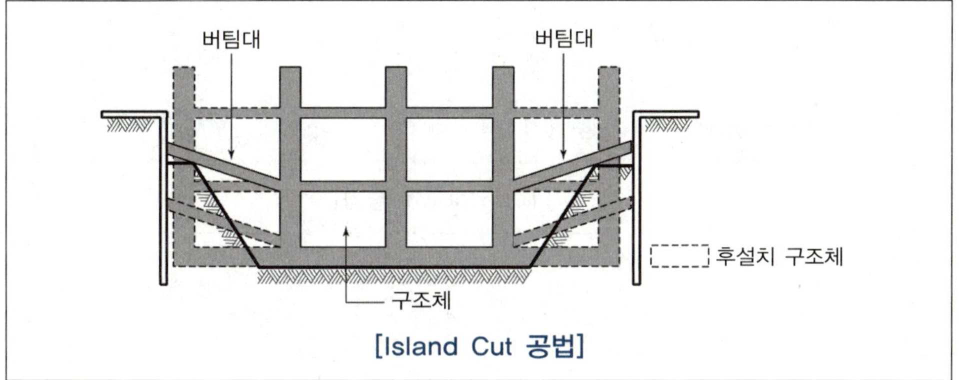

(3) 트랜치 컷(Trench Cut) 공법

아일랜드 공법과는 반대로 도랑을 파듯이 주변을 먼저 파고 지하 구조체를 축조한 후 중앙부를 나중에 완성하는 공법이다.

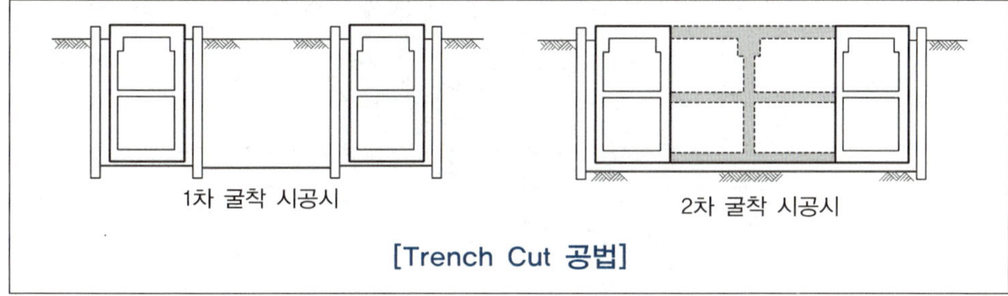

✎ 용어 정리

∷ 제16회, 제20회

탑 다운 공법	1층 바닥판 설치 후 지하공사를 전천후로 시공할 수 있고, 상부구조물 공사를 병행하여 전체 공기단축이 가능하므로, 기존구조물이 밀집된 도심지 공사에서의 적용이 증가하고 있다.
언더피닝 공법	기존 건축물 가까이에서 신축공사를 하고자 할 때, 기존 건물의 지반과 기초를 보강하거나 새로운 기초를 삽입하는 공법을 말한다.
RCD 공법 (Reverse Circulation Drill)	대구경 말뚝공법의 일종으로 깊은 심도까지 시공할 수 있다.
슬러리 월(Slurry Wall)	터파기 공사의 흙막이벽으로 사용함과 동시에 구조벽체로 활용할 수 있다.

💡 OX

1. 탑 다운(Top Down) 공법은 넓은 작업공간을 필요로 하므로 도심지 공사에 적절하지 않은 공법이다. (×)
2. 슬러리 월(Slurry Wall)은 터파기 공사의 흙막이벽으로 사용함과 동시에 구조벽체로 활용할 수 있다. (○)

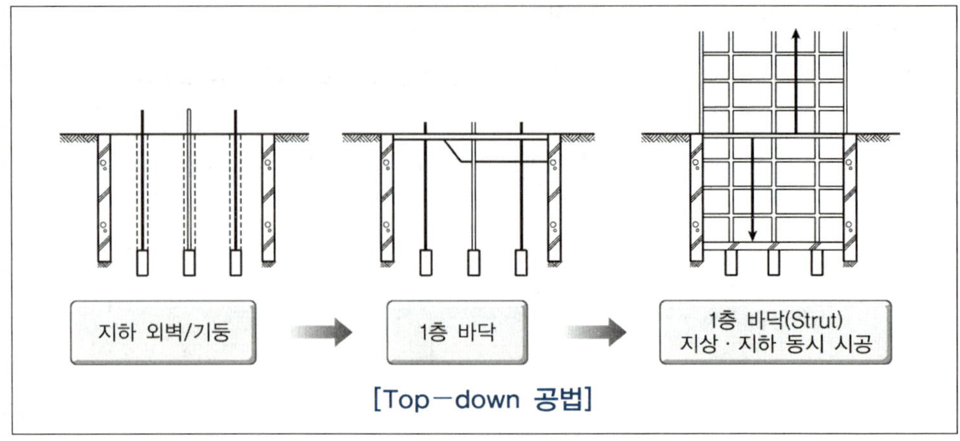

지하 외벽/기둥
1층 바닥
1층 바닥(Strut)
지상·지하 동시 시공
[Top-down 공법]

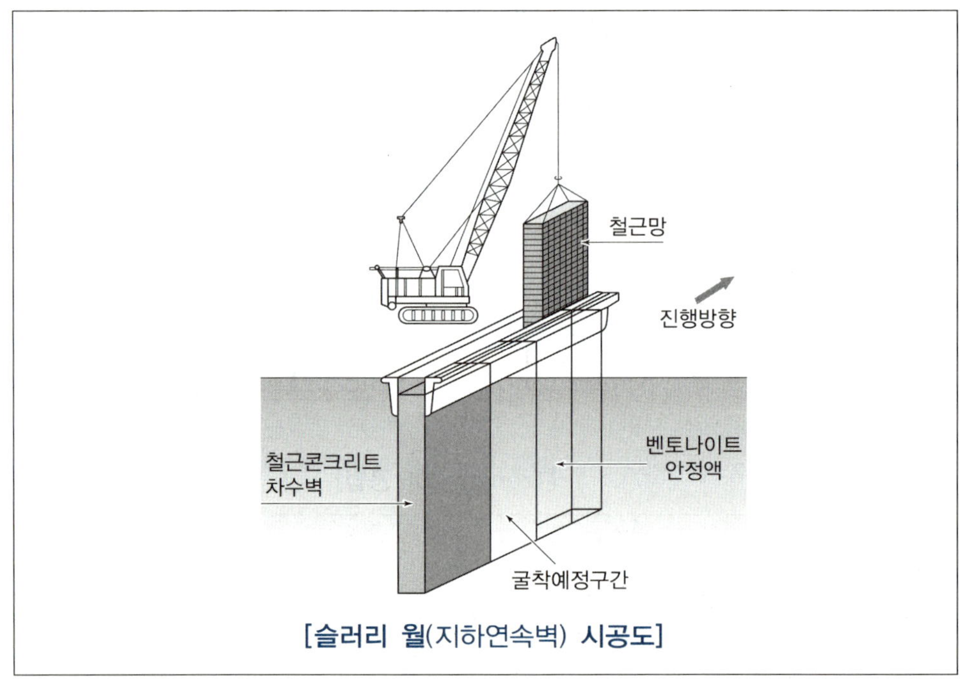

철근망
진행방향
철근콘크리트
차수벽
벤토나이트
안정액
굴착예정구간
[슬러리 월(지하연속벽) 시공도]

예제

기초구조 및 터파기 공법에 관한 설명으로 옳은 것은?　　　　제25회

① 서로 다른 종류의 지정을 사용하면 부동침하를 방지할 수 있다.
② 지중보는 부등침하 억제에 영향을 미치지 못한다.
③ 2개의 기둥에서 전달되는 하중을 1개의 기초판으로 지지하는 방식의 기초를 연속기초라고 한다.
④ 웰포인트 공법은 점토질 지반의 대표적인 연약 지반 개량공법이다.
⑤ 중앙부를 먼저 굴토하고 구조체를 설치한 후, 외주부를 굴토하는 공법을 아일랜드 컷 공법이라 한다.

해설

① 부동침하를 방지하기 위해 서로 다른 종류의 지정을 사용하지 않도록 한다.
② 지중보는 부등침하 억제에 효과가 있다.
③ 2개의 기둥에서 전달되는 하중을 1개의 기초판으로 지지하는 방식의 기초를 복합기초라고 한다.
④ 웰포인트 공법은 사질토 지반의 대표적인 연약 지반 개량공법이다.

　　　　　　　　　　　　　　　　　　　　　　　　　　　　정답 ⑤

2 흙막이 사용할 때 주의사항

제23회

(1) 히빙(Heaving) 현상

널말뚝 하부가 연약 점토지반일 때 나타는 현상으로 흙막이 바깥흙이 널말뚝의 하부를 통하여 불룩하게 솟는 현상을 말한다. 히빙현상을 방지할 수 있는 방법은 널말뚝을 양질의 지반까지 깊게 박아 주는 것 등이 있다.

(2) 보일링(Boiling) 현상

흙막이 저면이 투수성이 좋은 사질 지반이고, 지하수가 지반의 가까운 곳에 있을 경우에 사질 지반이 부력을 받아 감당하지 못하여 지하수와 모래가 함께 솟아오르는 현상을 말한다. 방지책은 깊은 우물파기와 웰 포인트 공법으로 지하수위를 낮추거나 불투수성 점토질까지 밑둥넣기를 한다.

(3) 파이핑(Piping) 현상

부실 흙막이벽의 뚫린 구멍 또는 이음새를 통하여 물과 토사가 공사장 내부 바닥으로 흘러들어오는 현상을 말한다. 방지책은 흠이 없는 널말뚝을 틈새 없이 밀실하게 설치한다.

OX

1. 히빙은 사질지반이 급속 하중에 의해 전단저항력을 상실하고 마치 액체와 같이 거동하는 현상이다. (×)
2. 보일링은 연약한 점성토 지반에서 땅파기 외측의 흙의 중량으로 인하여 땅파기된 저면이 부풀어 오르는 현상이다. (×)

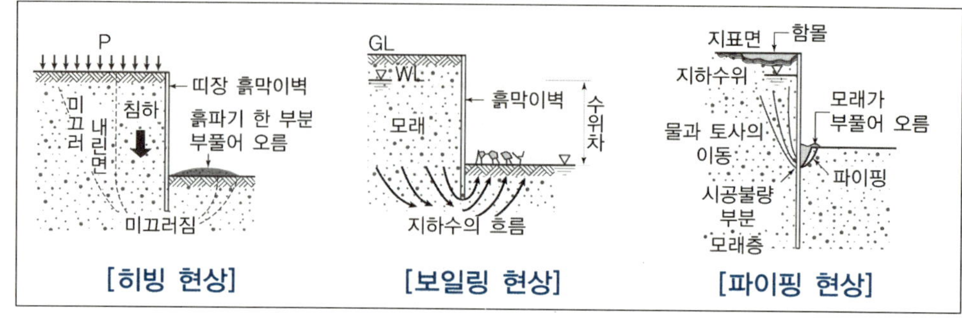

P
띠장 흙막이벽
침하
흙파기 한 부분 부풀어 오름
미끄러내린면
미끄러짐
[히빙 현상]
GL
WL
모래
흙막이벽
수위차
지하수의 흐름
[보일링 현상]
지표면
함몰
지하수위
물과 토사의 이동
시공불량 부분 모래층
모래가 부풀어 오름
파이핑
[파이핑 현상]

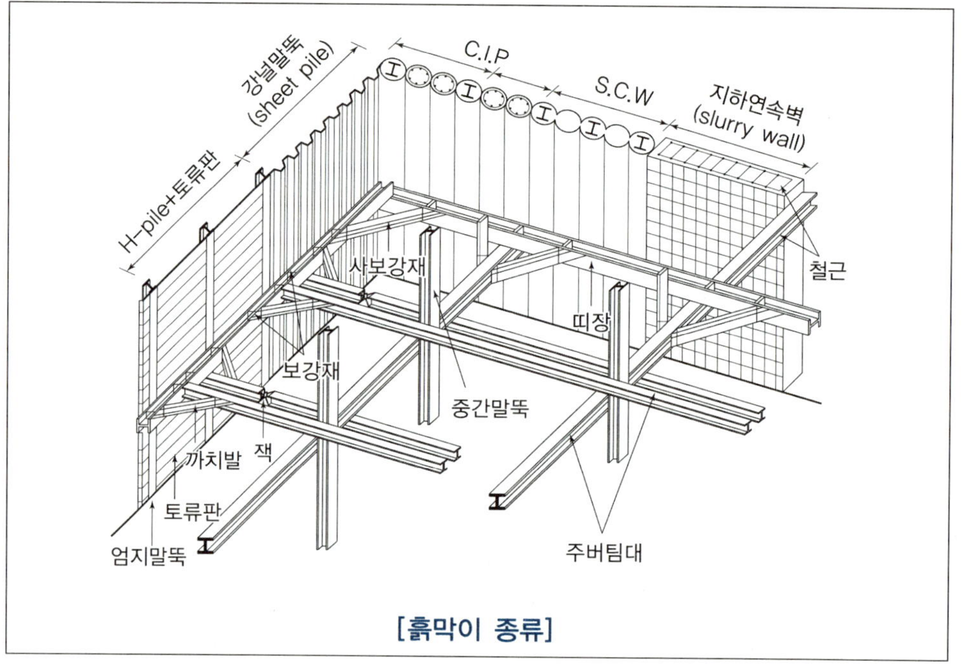

강널말뚝 (sheet pile)
C.I.P
S.C.W
지하연속벽 (slurry wall)
H-pile+토류판
사보강재
철근
띠장
보강재
중간말뚝
까치발
잭
토류판
엄지말뚝
주버팀대
[흙막이 종류]

07 부동침하(不同沈下)

1 개 요

(1) 건축물에서 부분적으로 서로 상이하게 침하되는 현상을 부동침하라 하며, 균등하게 침하될 때는 균등침하라 한다.

(2) 부동침하가 발생하면 건물이 기울어 경사지거나, 변형하게 되어 균열이 발생되기 쉽다.

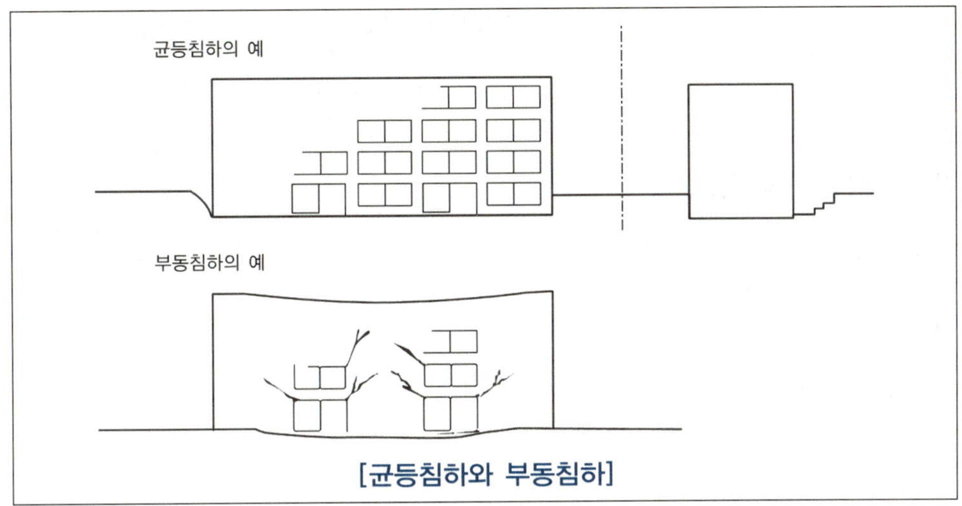

[균등침하와 부동침하]

2 부동침하의 원인

① 지반이 연약한 경우
② 연약한 층의 두께가 상이할 경우
③ 건물이 이질 지층에 걸려 있는 경우
④ 건물이 낭떠러지에 근접되어 있을 경우
⑤ 일부 증축을 하였을 경우
⑥ 지하수위가 변경되었을 경우
⑦ 지하에 매설물이나 구멍이 있을 경우
⑧ 지반이 메운 땅일 경우
⑨ 이질 지정을 하였을 경우
⑩ 일부 지정을 하였을 경우

부동침하

01 개 요
02 부동침하의 원인
03 부동침하의 영향
04 부동침하에 대한 대책

PART 02

제15회, 제22회

OX

부동침하의 원인
1. 기초 배근량의 부족 (×)
2. 건축물의 일부에만 지정을 한 경우 (○)
3. 지하수위가 부분적으로 변경되는 경우 (○)
4. 건축물이 이질 지반에 걸쳐 있는 경우 (○)
5. 서로 다른 기초 형식의 복합 시공 (○)
6. 풍화암 지반에 기초를 시공 (×)

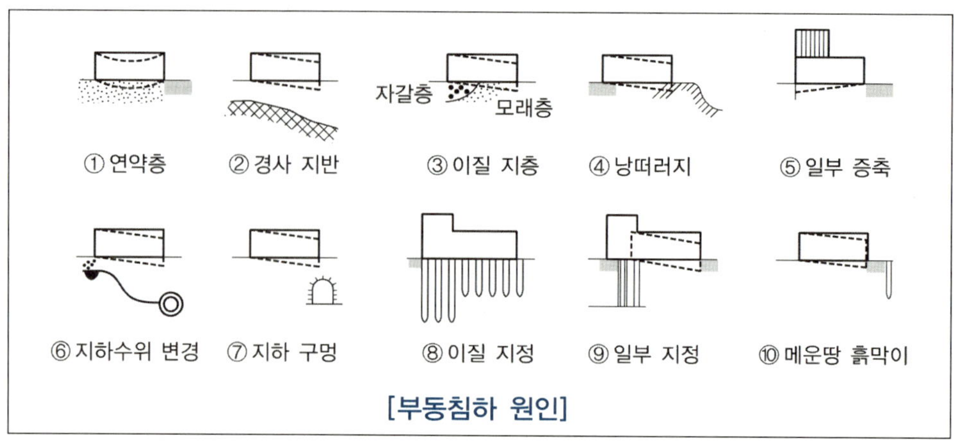

③ 부동침하의 영향

① 상부 구조체의 균열
② 지반의 침하
③ 구조체의 기울어짐
④ 구조체의 누수
⑤ 단열 및 방습효과의 저하
⑥ 마감재의 변형

④ 부동침하에 대한 대책(연약지반에 대한 대책)

(1) **지반에 대한 대책**(지반 개량 공법)

① **치환(置換法) 공법**: 기존의 연약토를 양질토로 치환(교체)하여 양질의 지지층을 만드는 공법이다.

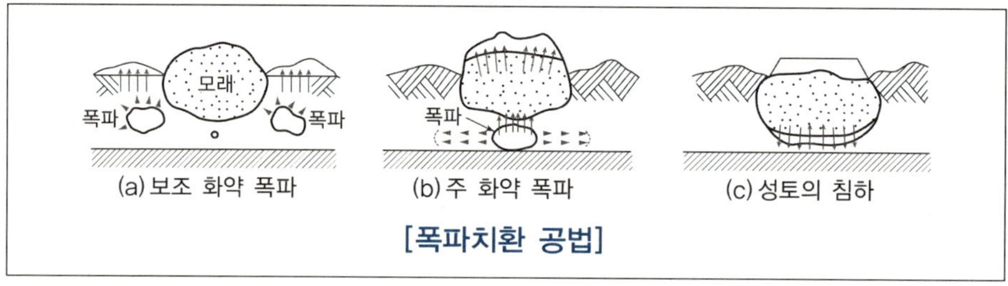

② **탈수**(脫水法) **공법** : 지반의 수분을 강제로 탈수시킴으로써 지반의 밀도를 높이는 공법이다.

    ㉠ 웰 포인트(Well Point) 공법 : 기초파기 하는 주위에 1~3m의 간격으로 파이프를 지중에 박아 이것을 지상의 집수관에 연결하여 펌프로 지중의 물을 배수한다(투수성이 필요하기 때문에 주로 사질지반에 이용하면 적합하다).

:: 제25회

    ㉡ 샌드 드레인(Sand Drain) 공법 : 연약한 점토질의 지반 중에 우물기둥을 형성하고 그 위에 하중을 가하면 장기간에 걸쳐 점토 중의 물이 우물기둥(Sand Pile)을 통하여 지상에 배수되어 지반이 압밀 강화된다.

    ㉢ 페이퍼 드레인(Paper Drain) 공법 : 샌드 드레인 공법과 원리는 같으나, 모래 대신 카드 보드(Card Board)를 연약지반에 압입하여 압밀을 촉진시키는 공법으로 샌드 드레인에 비해 시공속도가 빠르나, 장시간 사용 시는 효과가 감소한다.

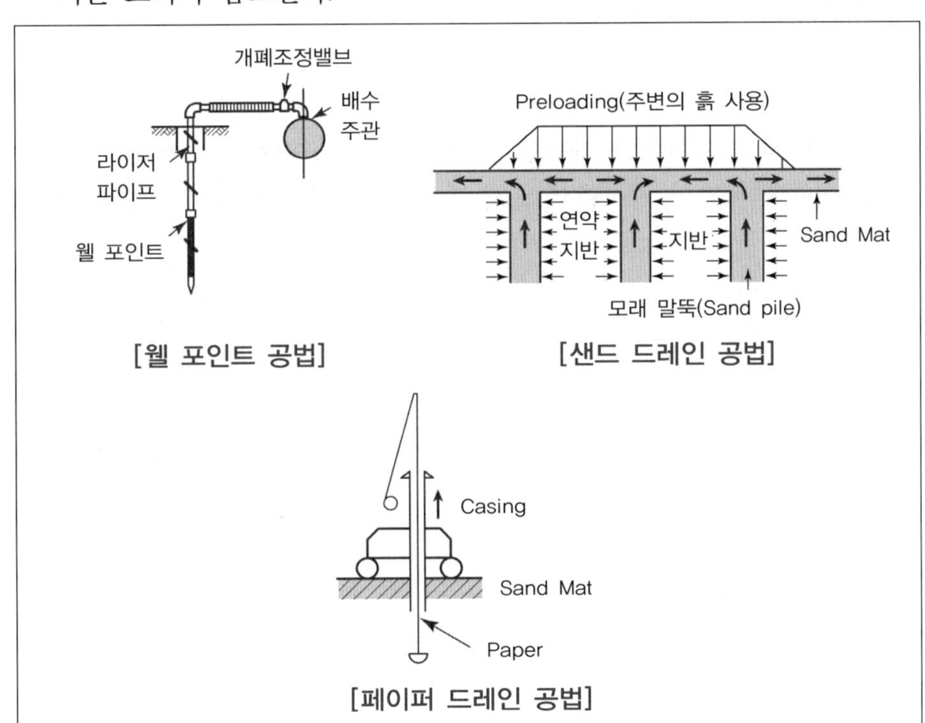

③ **진동 다짐**(Vibro Flotation) **공법**: 지름 약 20cm, 진동체 부분의 길이 1m의 대형 봉상 진동기인 바이브로 플로트를 진동과 워터 젯에 의해서 소정의 깊이까지 삽입하고 모래를 진동시켜 지반을 다지는 방법이다.

④ **주입 공법**(그라우팅 공법): 파이프를 지주에 박아 넣고 시멘트 페이스트를 압축기로 지반에 주입하여 지반을 굳게 하는 방법이다. 일명 시멘트 주입 공법이다.

(2) 기초구조(하부구조)에 대한 대책

① 기초를 단단한 지반에 지지시키도록 한다.

② 마찰말뚝을 사용한다.

③ 지하실을 설치한다(뜬기초로 한다).

④ 기초 상호 간을 연결하여 연결 보로 한다.

(3) 상부구조에 대한 대책

① 건물을 경량화한다.

② 건물의 중량을 지반의 형편에 맞게 배분한다.

③ 건물의 평면길이를 가능한 한 짧게 한다(콤팩트한 평면형).

④ 이웃 건물과의 거리를 되도록 멀리한다(인동간격을 가능한 한 크게 한다).

⑤ 상부구조의 강성, 특히 보의 강성을 높이는 것은 부동침하를 감소시키는 데 유효하다. 건물의 종강성(從剛性)을 높이는 가장 간단한 방법은 기초 보의 춤을 충분히 취하는 것이다.

Memo

단·원·열·기

보통 3문제 이상이 출제되며, 다른 장에 비해서 이해의 난이도가 높아 익히기 쉽지 않습니다. 우선 철근공사와 배근, 콘크리트, 균열의 원인과 내구성에서 주로 출제됨을 알 수 있습니다. 제28회에는 통상 출제되는 문제 외에 철근 표면 표시 기호와 균열 보수 관련 문제가 출제되어 문제의 폭이 넓어졌습니다.

역학적인 부분에 대한 이해와 콘크리트의 생성과 균열의 원리에 대하여 잘 이해하면 암기를 적게 할 수 있으니 우선 원리부터 이해하고 몇 가지 숫자들을 암기하면 되겠습니다.

콘크리트의 특징

01 철근콘크리트의 성질

02 철근콘크리트의 장·단점

01 콘크리트의 특징

콘크리트는 내구력이 있고 압축력에 비교적 강한 재료지만, 인장력에 약하므로 강도면에서 이와 반대의 성질을 가진 철근을 보강하면 각기의 특성을 발휘하여 각종 하중에 견딜 수 있는 구조재가 된다. 인장력에 취약한 콘크리트를 인성 재료인 철근으로 보강한 구조 재료를 철근콘크리트라 하며, 이것으로 건축물의 중요부를 구성한 구조를 철근콘크리트구조(Reinforced Concrete Construction)라 하며 약칭으로 RC조라 한다.

1 철근콘크리트의 성질

콘크리트와 철근의 장점만을 활용하는 철근콘크리트구조가 일체식(一體式)구조로 성립할 수 있는 이유는 다음과 같다.

(1) 철근콘크리트구조는 콘크리트가 압축력에는 강하나 인장력에는 취약하므로 인장력을 철근이 받도록 한 합성 구조체이다.

(2) 철근과 콘크리트의 선팽창계수가 거의 동일하여 합성 구조물을 만들기가 용이하다.

(3) 철근과 콘크리트의 부착 강도가 우수하다.

(4) 콘크리트가 철근을 감싸줌으로써 피복하여 내화성을 확보한다.

(5) 콘크리트 자체는 알칼리성으로 철근의 부식을 방지한다.

선팽창계수

1. $1 \times 10^{-5}(1/℃)$
2. 온도에 따라 물체의 길이가 변하는 변화율, 온도 1도의 변화에 대한 단위길이당의 변화율을 말한다.

OX

1. 압축에 강한 콘크리트와 인장에 강한 철근을 결합하여 각각의 특성이 발휘되도록 한 구조체이다. (○)
2. 철근콘크리트는 철근이 열에 약하기 때문에 내화에 취약하다. (×)
3. 콘크리트 자체는 산성이므로 철근이 녹스는 것을 방지한다. (×)

② 철근콘크리트의 장·단점

장 점	단 점
① 내진·내화·내풍·내구적인 구조물이다.	① 자중(自重)이 크다(전체 중량의 90~95%).
② 형태를 자유롭게 구성할 수 있다.	② 습식구조이므로 시공상 기후의 영향을 많이 받고 시공기간이 길다.
③ 유지관리비가 적게 든다.	③ 재료의 재사용이 곤란하다.
④ 재료가 풍부하고 구입이 용이하다.	④ 공사비가 비교적 고가이다.
⑤ 고층건물, 지하 및 수중 구축을 할 수 있다.	⑤ 강도계산이 복잡하고 건물에 하자가 많이 발생한다.
	⑥ 겨울철 공사가 어렵다.
	⑦ 파괴, 철거가 곤란하다.

02 철근공사

:: 제16회, 제18회, 제20회, 제23회, 제25회

① 철근의 종류

(1) 원형철근(Round Steel Bar)

① 봉강(棒鋼)이라 하며, 공칭 직경은 mm 단위로 표시한다.

② **표시기호**: 지름은 ϕ로 표시한다(ϕ19, ϕ22 등)

(2) 이형철근(Deformed Steel Bar)

① 철근 표면에 마디와 리브가 붙은 철근으로서 공칭 직경 표시는 mm 단위로 한다.

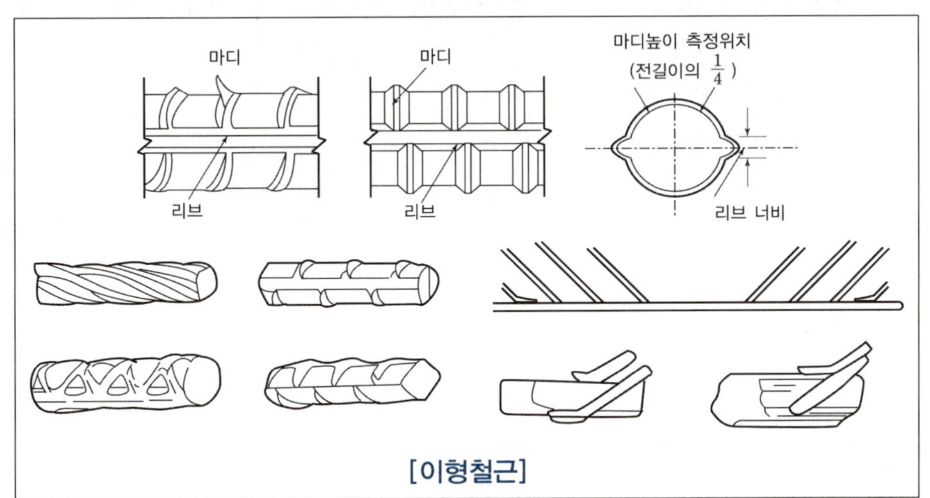

② **표시기호**: 지름은 D로 표시한다.

③ 이형철근의 장점은 콘크리트와의 부착 강도를 높일 수 있다(원형철근보다 부착력이 40% 이상 증가한다).

> **철근의 표시**
> 1. SR: 원형철근(Steel Round Bar)
> 2. SD: 이형철근(Steel Deformed Bar)
> 3. SD400: 400은 항복강도가 $400N/mm^2$($4,000kg/cm^2$)이상이다.
> 4. 4 − HD22: HD22 4개
> 5. HD10@300: HD10의 배근 간격은 300mm이다.

🔗 **철근콘크리트용 봉강별 주용도**

구 분	용 도
SD300	일반바(Mild Bar)로 불리며, 주로 토목현장이나 아파트 옹벽구축에 쓰임
SD350	일반바와 하이바의 중간 물성치를 지니며 지하철공사 현장(터널 등)에 주로 쓰이며, 최근에는 하이바로 대체 사용하는 추세임
SD400	하이바(Hi Bar)로 불리며 주로 일반 건설현장에 쓰임
SD400W	웰딩바(Welding Bar)로 불리며 용접이 필요한 구조물에 주로 쓰임
SD500	메가 블랙바로 불리며 초고층 건물 지하 현장에 주로 쓰임
SD500W	SD400W와 동일한 용도로 쓰이며, 강도는 SD500과 동일함

🔗 **봉강의 단면 색 표시**

봉강 종류	양단면 색깔	봉강 종류	양단면 색깔
SR240	청색	SD400	황색
SR300	녹색	SD500	흑색
SD300	녹색	SD400W	백색
SD350	적색	SD500W	분홍색

(3) 고장력 철근(High Tensile Bar)

인장력이 큰 고강도 철근으로서 High Tension Bar라고도 하며, 이 철근을 사용하면 보통 콘크리트보다 훨씬 큰 강도의 콘크리트를 생산할 수 있다.

(4) 철선(鐵線)

표시기호는 #으로 숫자가 클수록 가늘다.

(5) **피아노선**(Piano Wire)

프리스트레스트 콘크리트에 사용되는 철선으로서 보통 철근보다 5배 강하다.

(6) **용접철망**(Wedling Wire Fabric)

철선을 15cm 정도의 간격으로 직교하게 하여 배치한다. 넓은 바닥판 또는 도로포장에 주로 많이 사용한다.

예제

그림은 철근 표면에 새겨지는 기호의 예를 표시한 것이다. (가)의 '4'가 의미하는 것으로 옳은 것은? 제28회

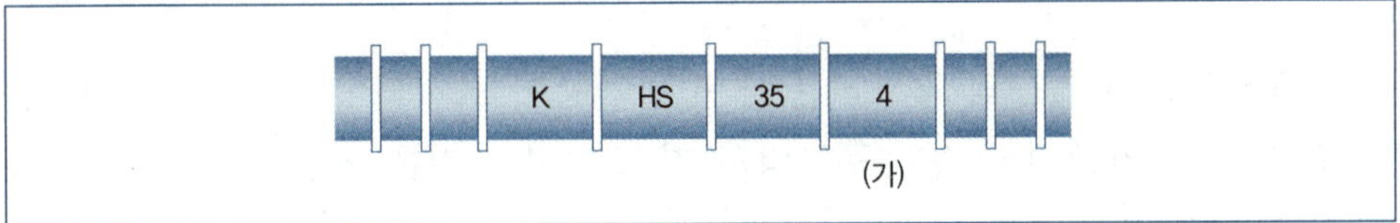

① 이형철근　　　　　　② 일반철근
③ 철근강도　　　　　　④ 철근리브
⑤ 철근지름

해설

③ 철근 표면에 새겨진 기호는 순서대로 원산지, 제조자명, 철근의 호칭지름, 철근의 강도 순서로 표시된다.

▸ 정답 ③

2 철근의 가공

(1) 절 단

① **철근 절단**: 철근 절단기(Bar Cutter) 또는 철제모탕 쇠메치기
② **철선 절단**: 와이어 클리퍼(Wire Cliper)

(2) 철근의 구부리기는 구부림기를 사용하며 상온에서 가공하는 것이 원칙이다.

🔗 **철근의 조립순서**

기초철근 ⇨ 기둥철근 ⇨ 벽철근 ⇨ 보철근 ⇨ 슬래브철근 ⇨ 계단철근

⬢ **관련기준**

건축표준시방서코드(KCS) 2022
〈KCS 14 20 11 : 2022〉

> **철근공사**
> 1. 철근은 상온에서 가공하는 것을 원칙으로 한다.
> 2. 철근 및 용접망의 가공은 담당원의 특별한 지시가 없는 한 가열가공은 금하고 상온에서 냉간가공한다.
> 3. 철근의 표면에는 부착을 저해하는 흙, 기름 또는 이물질이 없어야 한다. 경미한 황갈색의 녹이 발생한 철근은 일반적으로 콘크리트와의 부착을 해치지 않으므로 사용할 수 있다.
> 4. 유해한 굽은 철선이나 손상이 있는 철선은 사용할 수 없다.
> 5. 철근의 가공은 철근배근도에 표시된 형상과 치수가 일치하고 재질을 해치지 않은 방법으로 이루어져야 한다.

(3) 철근배근도에 철근의 구부리는 내면 반지름이 표시되어 있지 않은 때에는 건축구조설계기준에 규정된 구부림의 최소 내면 반지름 이상으로 철근을 구부려야 한다.

① 원형철근 말단부에는 반드시 갈고리(Hook)를 설치한다.

② 이형철근은 부착력이 크므로 말단의 갈고리(Hook)를 생략할 수 있지만 다음의 경우에는 반드시 설치한다.

　㉠ 보·기둥 단부

　㉡ 대근

　㉢ 굴뚝의 철근

　㉣ 캔틸레버 보, 단순보의 지지단

(4) **표준갈고리**

① 주철근의 표준갈고리는 180° 표준갈고리와 90° 표준갈고리로 분류된다.

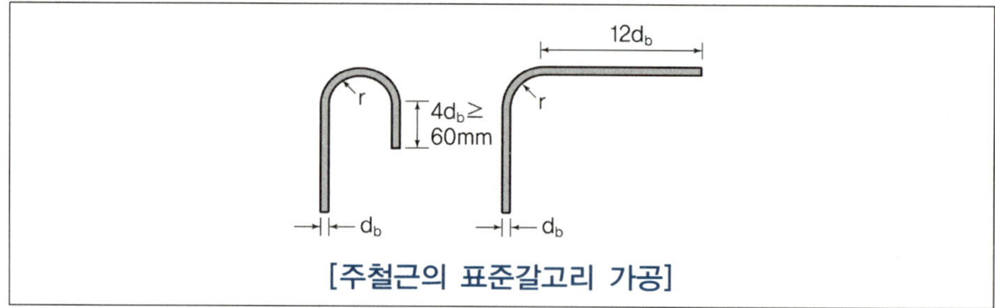

[주철근의 표준갈고리 가공]

② 스터럽과 띠철근의 표준갈고리는 90° 표준갈고리와 135° 표준갈고리로 분류된다.

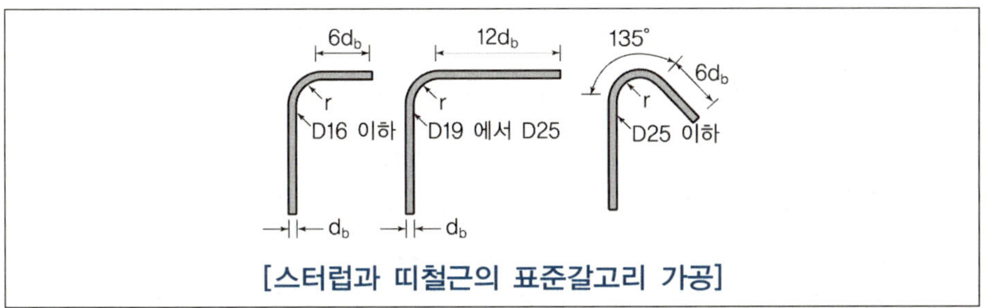

[스터럽과 띠철근의 표준갈고리 가공]

🔗 철근 가공치수의 허용오차

철근의 종류	스터럽, 띠철근, 나선철근	그 밖의 철근		가공 후의 전 길이
		D25 이상의 이형철근	D20 이상 D32 이하의 이형철근	
허용오차(mm)	± 5	± 15	± 20	± 20

(5) 철근콘크리트인 경우에는 기초 및 지하실 바닥철근을 조립하고 콘크리트를 부어넣어 콘크리트가 굳은 다음, 지하층 벽체 또는 그와 동시에 일층 바닥까지 완료하고, 다음 층의 순서로 전공정을 완료한다.

3 철근과 콘크리트의 부착력

철근콘크리트부재에 휨에 의한 인장력이 작용할 때 콘크리트의 인장강도는 기대하기 곤란하고, 철근이 인장력을 부담해야 하는데 이때 콘크리트에 발생한 응력을 철근에 전달하도록 콘크리트와 철근과 일체화시키는 역할을 하는 것이 부착력이다. 부착력이 부족하면 철근과 콘크리트가 일체가 되지 못하여 콘크리트에 발생한 인장력을 철근에 전하지 못하게 되고 구조체는 파괴되기 쉽게 된다.

(1) 콘크리트의 압축 강도나 인장강도가 크면 부착력이 증가한다.

(2) 철근의 주장에 비례한다.

(3) 원형철근보다 이형철근이 더 크다.

(4) 동일철근비일 때 굵은철근을 적게 쓰는 것보다 가는 철근의 수를 많이 쓰는 쪽이 유리하다.

(5) 철근의 정착길이를 증가시키면 부착력이 증가하지만, 정착길이에 부착력이 반드시 비례하는 것은 아니다.

💡 보에 사용되는 스터럽의 가공 치수 허용오차는 ±5mm로 한다.

∷ 제22회

💡 OX

1. 갈고리(Hook)는 집중하중을 분산시키거나 균열을 제어할 목적으로 설치한다. (×)
2. 원형철근은 콘크리트와의 부착력을 높이기 위해 표면에 마디와 리브를 가공할 철근이다. (×)

(6) 원형철근의 말단부는 반드시 갈고리(Hook)를 둔다.

(7) 이형철근은 원칙적으로 갈고리를 생략할 수 있다. 다음의 종류에는 갈고리를 둔다.
① 기둥, 보의 정착철근
② 굴뚝근, 띠철근
③ 설계자가 필요로 하는 곳

(8) 수평철근보다 연직철근의 부착력이 더 크다.

(9) 같은 수평철근의 경우 상부철근보다 하부철근의 부착력이 크다.

(10) 약간 녹슬은 철근이 부착력이 좋다.

4 철근의 이음

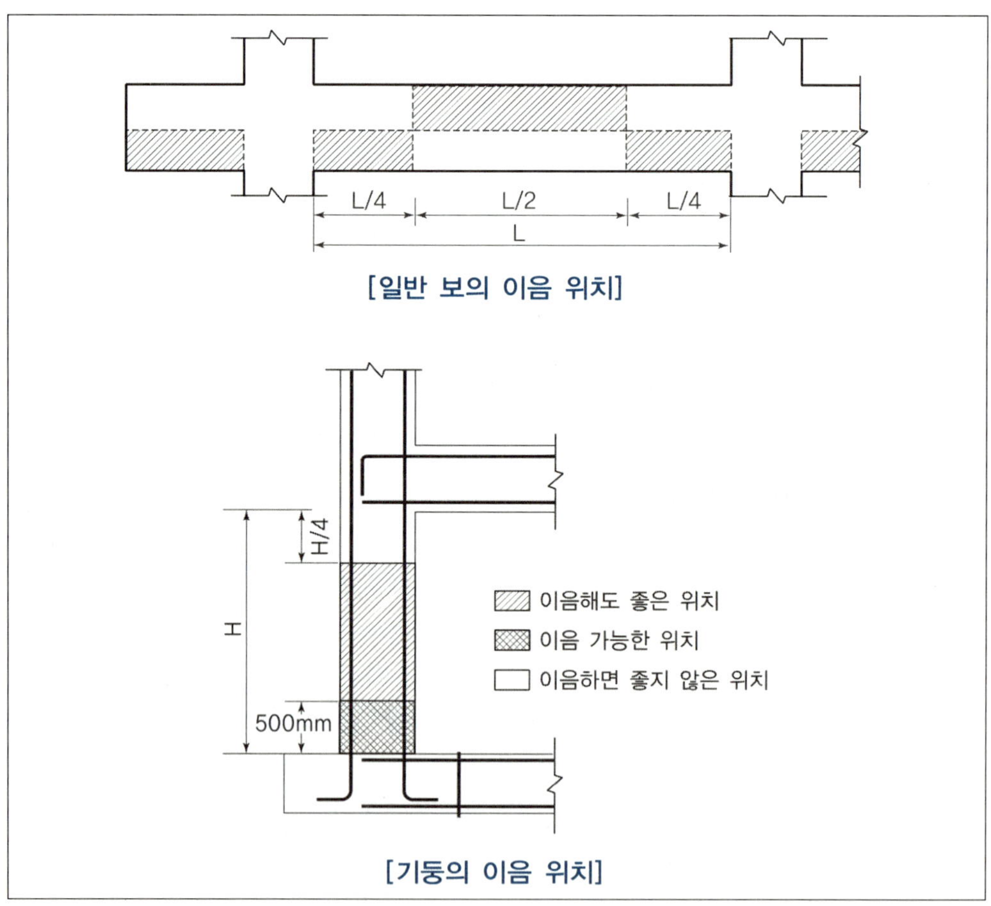

OX

철근과 콘크리트의 부착력에 영향을 주는 요인으로 압축강도, 피복두께, 철근 표면의 상태, 철근의 항복강도가 포함된다. (×)

철근은 콘크리트와 일체가 되어 구조체의 **뼈대** 역할을 하게 되므로 철근을 배근함에 있어서 이론적으로는 철근이 끊어지지 않은 상태, 즉 철근이 이어지지 않고 연속적으로 연결되어 있는 상태가 구조적으로 가장 바람직하다고 할 수 있다. 그렇지만, 현실적으로 철근은 공장에서 생산되어 필요한 현장까지 운반되어야 하고 현장에서는 시공을 위하여 적절한 크기로 자른 후 운반·조립되어야 하므로 철근에서는 필연적으로 이음이 발생될 수밖에 없고 이러한 철근의 이음부위는 구조적으로 취약한 부위가 되므로 이음 부분과 방법은 철근콘크리트구조물의 품질관리에서 매우 중요한 부분이다.

(1) 철근의 이음 방법

철근의 이음 방법은 크게 겹침이음, 용접이음, 기계식이음의 3가지로 분류할 수 있고, 이중 겹침이음은 원칙적으로 철근 지름이 D35 이하인 것에 사용하며, 그 이상의 것을 용접이음이나 기계식이음(물림철물에 의한 이음)을 사용한다.

① **이음시공시 유의사항**
  ㉠ 이음의 위치는 되도록 응력이 큰 곳을 피하고 엇갈리게 잇는다.
  ㉡ 한 곳에 철근 수의 반 이상을 이어서는 안 된다.

② **겹친이음**: 철근을 나란히 옆대어 이어나가는 것을 겹친이음이라 하고, 그 끝은 갈고리를 내며 겹친 부분은 결속선으로 묶는다. 다만, 이형철근일 때 갈고리는 필요하지 않다.
  ㉠ 이음의 겹침 길이는 갈고리 중심 간의 거리로 한다(이음길이에는 갈고리 부분은 포함하지 않는다).
  ㉡ 서로 다른 크기의 철근을 인장 겹침이음하는 경우, 이음길이는 크기가 큰 철근의 정착길이와 크기가 작은 철근의 겹침이음 길이 중 큰 값 이상이어야 한다.
  ㉢ D35를 초과하는 철근은 겹침이음을 할 수 없다. 다만, 서로 다른 크기의 철근을 압축부에서 겹침이음하는 경우 D35 이하의 철근과 D35를 초과하는 철근은 겹침이음을 할 수 있다.

③ **기계식이음**(물림철물에 의한 이음): 철근을 한 개씩 잇는 이음공법
  ㉠ 나사식이음
  ㉡ 슬리브 압착이음
  ㉢ 슬리브 충전이음

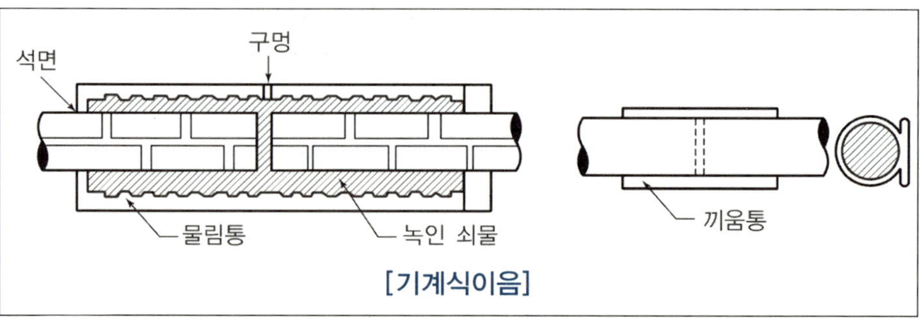

④ **용접이음**: 철근의 용접법에는 아크용접(Arc Welding), 플러시 버트용접(Flush Butt Welding), 가스압접 등이 있다. 일반적인 가스용접은 강도가 약하기 때문에 구조용 용도에 사용해서는 안 된다.

철근공사

1. D35를 초과하는 철근은 겹침이음을 할 수 없다. 다만, 서로 다른 크기의 철근을 압축부에서 겹침이음하는 경우 D35 이하의 철근과 D35를 초과하는 철근은 겹침이음을 할 수 있다.

2. 서로 다른 크기의 철근을 인장 겹침이음하는 경우, 이음길이는 크기가 큰 철근의 정착길이와 크기가 작은 철근의 겹침이음 길이 중 큰 값 이상이어야 한다.

3. 철근배근도에 표시되어 있지 않은 곳에 철근의 이음을 둘 경우에는 그 이음의 위치와 방법은 건축구조설계기준에 따라 정하여야 한다.

4. 장래의 이음에 대비하여 구조물로부터 노출시켜 놓은 철근은 손상이나 부식을 받지 않도록 보호하여야 한다.

5. 기계적이음을 하는 철근은 재축에 직각되게 정확하게 가공하고, 기계적 이음장치에 유해한 부착물을 완전히 제거하여야 한다.

6. 용접이음은 철근에 묻은 기름, 먼지 및 기타 이물질을 청소하고 화염으로 건조시킨 후에 실시하고, 용접 후에 손상된 아연도금은 보수하여야 한다.

7. 용접철망의 이음은 서로 엇갈리게 하여 일직선상에서 모두 이어지지 않도록 하며, 이음은 최소 한 칸 이상 겹치도록 하고 겹쳐지는 부분은 결속선으로 묶어야 한다.

8. 철근을 가스압접이음, 기계적이음, 용접이음하는 경우 이음부는 설계기준 항복강도의 125% 이상 발휘할 수 있어야 한다.

---

5 철근의 정착

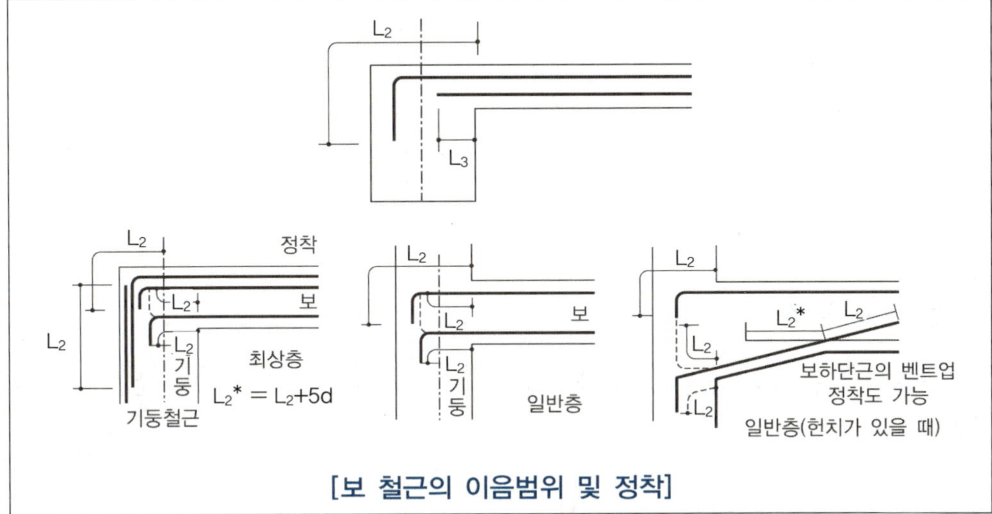

[보 철근의 이음범위 및 정착]

철근콘크리트구조체가 큰 외력을 받게 되면 철근과 콘크리트는 분리되려는 성질을 나타내게 되므로 철근을 콘크리트로부터 쉽게 분리되지 않게 하기 위해서는 보의 철근을 기둥에 묻고, 슬래브 철근을 보에 묻는 등 콘크리트 속에 철근을 깊이 묻어 뽑히지 않도록 하는 것을 정착이라 한다. 묻은 깊이를 정착길이라 하며 철근의 정착길이 확보가 무엇보다 중요하다.

(1) 정착 개요

① 철근은 설계단면에서 요구되는 응력에 저항하기 위해 정착길이를 확보하여야 한다.

② 정착은 철근이 인장응력을 받는 경우의 인장정착과 압축응력을 받는 경우의 압축정착으로 크게 분류되며, 정착되는 철근 끝단의 형태에 따라 직선정착, 표준갈고리 정착, 기계적 정착 등으로 분류된다.

③ 압축정착의 경우 표준갈고리 정착은 유효하지 않으므로 이 형태로 정착하지 않는다.

(2) 정착위치

① 기둥의 주근은 기초에 정착한다.

② 보의 주근은 기둥에, 작은 보의 주근은 큰 보에 정착한다.

③ 직교하는 단부보의 밑에 기둥이 없을 때는 상호 간에 정착한다.

④ 벽철근은 기둥, 보, 바닥판에 정착한다.

⑤ 바닥철근은 보 또는 벽체에 정착한다.

⑥ 지중보의 주근은 기초 또는 기둥에 정착한다.

기본 이음길이	인장 이형철근	계산된 값 이상 또한 300mm 이상
	압축 이형철근	계산된 값 이상 또한 200mm 이상
기본 정착길이	인장 이형철근	계산된 값 이상 또한 300mm 이상
	압축 이형철근	계산된 값 이상 또한 200mm 이상

6 철근의 간격

콘크리트의 유동성(시공성) 확보와 재료의 분리 방지 등을 목적으로 순간격을 결정한다.

(1) 순간격 : 배근된 철근의 표면과 표면의 최단거리

철근과 철근의 순간격은 25mm 이상, 철근 공칭지름의 이상으로 한다.

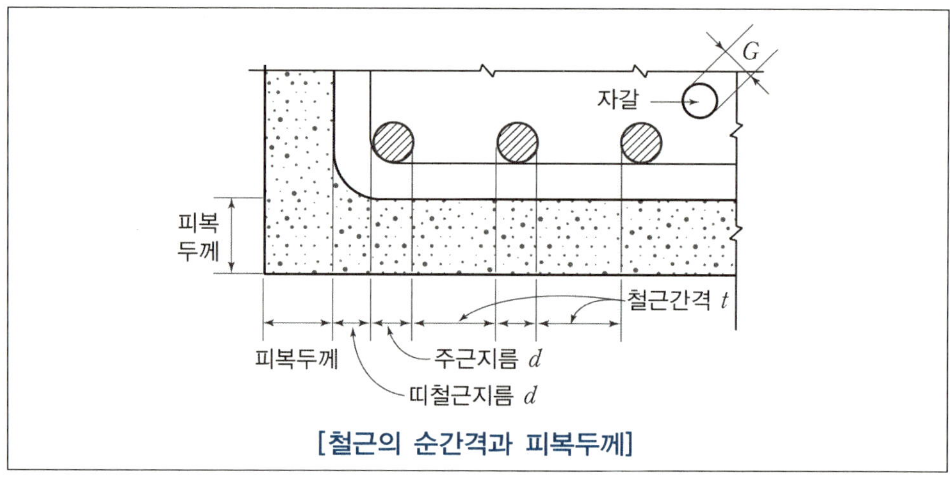

[철근의 순간격과 피복두께]

(2) 철근 간격〈구조기준 5.3.2〉

철근 간격에 대하여 최소 간격과 최대 간격에 제한을 두고 있다. 최소 간격에 대한 이유는 주로 콘크리트를 타설할 때 굵은골재가 골고루 분포되어 콘크리트가 균질하도록 하고, 철근의 부착강도가 확보될 수 있도록 하기 위한 것이다. 최대 간격은 철근콘크리트구조물이 일체로 거동하고 또한 콘크리트에 균열이 일어나는 것을 최소화시키고 일어난 균열의 폭을 제어하기 위한 것이다.

철근의 간격	보	수평 순간격	25mm 이상, 철근의 공칭 지름, 굵은골재 최대치수의 4/3 이상
		2단 이상 배치	상하 철근의 순간격은 25mm 이상
	기 둥	종방향 철근 순간격	40mm 이상, 철근 공칭지름 1.5배, 굵은골재 최대치수의 4/3 이상
		띠철근 순간격	① 축방향 철근지름의 16배 이하 ② 띠철근지름의 48배 이하 ③ 기둥단면의 최소 치수 이하
		나선철근 순간격	25mm 이상, 75mm 이하
	슬라브	최대모멘트 발생단면	① 슬라브 두께의 2배 이하 ② 300mm 이하
		기 타	① 슬라브 두께의 3배 이하 ② 450mm 이하
	벽 체		① 슬라브 두께의 3배 이하 ② 450mm 이하

① **최소 간격 제한**: 주로 철근이 촘촘히 배치되는 보, 기둥 등의 추철근에 해당된다.

　㉠ 보의 주철근의 수평순간격: 25mm, 철근 공칭지름, 굵은골재 크기의 4/3배 중에서 가장 큰 값 이상이어야 한다. 그리고 수직순간격은 25mm 이상이어야 한다.

　㉡ 기둥 부재 주철근의 최소 간격: 40mm, 철근 공칭지름의 1.5배, 굵은골재 크기의 4/3 중에서 가장 큰 값 이상이어야 한다.

② **최대간격**

　㉠ 띠철근의 최대 간격: 주철근 지름의 16배, 띠철근 지름의 48배, 기둥 단면 중에서 짧은 변의 길이 중에서 가장 작은 값 이하로 하여야 한다.

　㉡ 나선철근의 순간격: 25mm 이상, 75mm 이하

　㉢ 보의 스터럽의 경우: 보 춤의 1/2, 600mm 중 작은 값 이하와 d/4와 300mm 중 작은 값 이하

　㉣ 슬라브 주철근의 간격: 위험단면에서 슬라브 두께의 2배와 300mm 중 작은 값 이하로 하고 그 외 구역에서 주철근의 간격은 슬라브 두께의 3배와 450mm 중 작은 값 이하

　㉤ 벽체 주철근의 간격: 수평, 수직철근 모두 벽 두께의 3배와 450mm 중 작은 값 이하로 배치한다. 다만....<이하 생략>

⬢ **관련기준**

⟨KDS 14 20 50 : 2022⟩

4.2.2 철근 간격 제한

(1) 동일 평면에서 평행한 철근 사이의 수평 순간격은 25mm 이상, 철근의 공칭지름 이상으로 하여야 하며, 또한 KDS 14 20 01(3.1.1(2)④)의 규정도 만족하여야 한다.

(2) 상단과 하단에 2단 이상으로 배치된 경우 상하 철근은 동일 연직면 내에 배치되어야 하고, 이때 상하 철근의 순간격은 25mm 이상으로 하여야 한다.

> ⟨**참고 KDS 14 20 01**(3.1.1(2)④)⟩
> 굵은골재의 최대 공칭치수는 다음 값을 초과하지 말아야 한다. 그러나 이러한 제한은 콘크리트를 공극 없이 칠 수 있는 다짐 방법을 사용할 경우에는 책임구조기술자의 판단에 따라 적용하지 않을 수 있다.
> ① 거푸집 양 측면 사이의 최소 거리의 1/5
> ② 슬래브 두께의 1/3
> ③ 개별 철근, 다발철근, 긴장재 또는 덕트 사이 최소 순간격의 3/4

(3) 나선철근 또는 띠철근이 배근된 압축부재에서 축방향 철근의 순간격은 40mm 이상, 또한 철근 공칭 지름의 1.5배 이상으로 하여야 하며, KDS 14 20 01(3.1.1(2)④)의 규정도 만족하여야 한다.

(4) 철근의 순간격에 대한 규정은 서로 접촉된 겹침이음 철근과 인접된 이음철근 또는 연속철근 사이의 순간격에도 적용하여야 한다.

(5) 벽체 또는 슬래브에서 휨 주철근의 간격은 벽체나 슬래브 두께의 3배 이하로 하여야 하고, 또한 450mm 이하로 하여야 한다. 다만, 콘크리트 장선구조의 경우 이 규정이 적용되지 않는다.

7 철근의 피복

(1) 철근피복의 목적

① **내화성**(耐火性)

   ⑦ 콘크리트는 일반적으로 가열하면 강도가 저하되고 약 350℃ 이상으로 되면 급격히 저하한다.

   ⓒ 철근은 고온으로 갈수록 강도가 저하되고 500~600℃에서 항복점이 약 1/2로 된다.

   ⓒ 콘크리트는 열전도율이 3kcal/m·h·℃정도로 철근의 약 1/30이며 비교적 열이 잘 전해지지 않고 철근의 내화상 피복재로서의 역할을 한다.

   ⓔ 기둥, 보, 내력벽에서는 화재시 2시간, 칸막이벽과 슬래브에서는 1시간의 내화가 필요하다. 2시간 내화에 필요한 피복두께는 30mm, 바닥·벽의 1시간 내화에 필요한 피복두께 20mm가 최소한도로 필요하다.

∷ 제26회

♀ **OX**

철근 조립시 철근의 간격은 철근 지름의 1.25배 이상, 굵은골재 최대치수의 1.5배 이상, 25mm 이상의 세 가지 값 중 최대값을 사용한다. (×)

② **내구성**(耐久性)

  ㉠ 콘크리트는 본래 알칼리성이며 콘크리트 속에 있는 철근의 부식을 방지하고 있다.

  ㉡ 콘크리트는 공기 중의 수분과 탄산가스의 작용으로 표면에서 알칼리성을 잃는다. 이러한 현상을 중성화라고 한다.

  ㉢ 중성화가 철근에 도달하면 철근의 부식이 시작되고, 철근의 부식으로 팽창하여 콘크리트를 파괴시킬 뿐만 아니라, 그 자체의 인장강도가 약해져 궁극적으로 구조물의 내구연한(耐久年限)이 짧아지게 된다.

  ㉣ 철근콘크리트구조물의 내구성은 콘크리트 피복두께가 두꺼우면 두꺼울수록 크고, 피복두께에 비례한다.

  ㉤ 물·시멘트비가 적을수록 콘크리트가 치밀해지므로 내구성이 크다.

  ㉥ 혼합시멘트의 혼합비율이 높은 것과 경량콘크리트는 중성화가 약간 빠르다. AE제와 AE감수제는 내구성 향상에 유효하다.

③ **구조내력**

  ㉠ 철근이 콘크리트와 일체가 되어 작용하지만, 철근과 콘크리트가 충분히 부착되어야 한다.

  ㉡ 구조내력상 철근의 부착응력도가 충분히 발휘되는 피복두께가 필요하다.

(2) 피복두께

콘크리트 표면에서 최외각 철근 표면까지의 최단거리로서 최외각철근이란 기둥에서 띠철근이나 나선형철근, 보에서의 늑근을 뜻한다.

🔗 **철근에 대한 콘크리트 피복두께의 최소값**(콘크리트구조설계기준에 따른 피복두께)

종 류			피복두께
수중에서 타설하는 콘크리트			100mm
흙에 접하여 콘크리트를 친 후 영구히 흙에 묻혀 있는 콘크리트			75mm
흙에 접하거나 옥외의 공기에 직접 노출되는 콘크리트	D19 이상 철근		50mm
	D16 이하 철근		40mm
옥외의 공기나 흙에 직접 접하지 않는 콘크리트	슬라브, 벽체, 장선	D35 초과 철근	40mm
		D35 이하 철근	20mm
	보, 기둥(보, 기둥의 경우 fck ≥ 40MPa일 때 피복두께를 10mm 저감시킬 수 있다.)		40mm
	쉘, 철판부재		20mm

∷ 제14회

∷ 제25회

💡 **OX**

1. 기둥의 철근 피복두께는 띠철근(Hoop) 외면이 아닌 주철근 외면에서 콘크리트 표면까지의 거리를 말한다. (×)
2. 흙에 접하지 않는 철근콘크리트 보의 최소피복두께는 20mm이다. (×)
3. 콘크리트의 설계기준압축강도가 30MPa인 경우에 옥외의 공기에 직접 노출되지 않는 철근콘크리트 보의 최소 피복두께는 40mm이다. (○)
4. 전단철근이 배근된 보의 피복두께는 보 표면에서 주근 표면까지의 거리이다. (×)

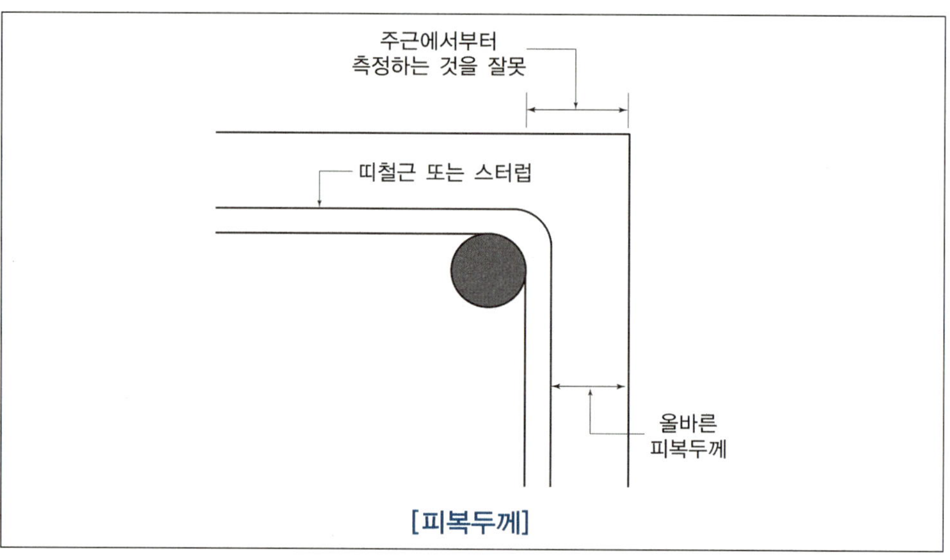

> **피복두께 결정요인**
> 1. 부식위험(물속 > 흙속 > 흙에 접하거나 옥외공기 노출 > 옥내)
> 2. 내화도(피복두께 2cm의 경우 : 1시간 내화도)
> 3. 경량콘크리트 > 일반콘크리트
> 4. 보, 기둥 > 슬라브, 벽체
> 5. 보, 기둥의 경우 $f_{ck} \geq 40MPa$일 때 10mm 저감 가능

03 거푸집공사

거푸집은 콘크리트의 일정한 형태를 형성하기 위하여 만들어 주는 일종의 형틀(Form)이며, 그 경화에 필요한 수분의 누출을 방지하고 외기의 영향을 방지하는 목적이 있다.

1 거푸집의 조건

(1) 콘크리트의 중량, 충격에 변형되거나 파괴되지 않아야 한다.

(2) 모르타르나 시멘트 풀이 누출되지 않아야 한다.

(3) 형상과 치수가 정확하며 표면이 매끈해야 한다.

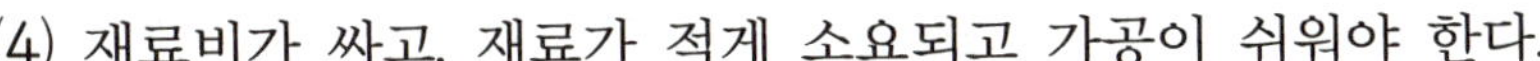

(4) 재료비가 싸고, 재료가 적게 소요되고 가공이 쉬워야 한다.

(5) 조립 및 해체가 용이해야 한다.

2 거푸집 및 동바리의 해체

(1) 거푸집 및 동바리는 콘크리트가 자중 및 시공 중에 가해지는 하중을 지지할 수 있는 강도를 가질 때까지 해체할 수 없다.

(2) 거푸집 및 동바리의 해체 시기 및 순서는 시멘트의 성질, 콘크리트의 배합, 구조물의 종류와 중요도, 부재의 종류 및 크기, 부재가 받는 하중, 콘크리트 내부의 온도와 표면 온도의 차이 등을 고려하여 결정하고 책임기술자의 승인을 받아야 한다.

(3) 기초, 보의 측면, 기둥, 벽의 거푸집널의 해체는 시험에 의해 표 3.3−1의 값을 만족할 때 시행한다. 특히, 내구성이 중요한 구조물에서는 콘크리트의 압축강도가 10MPa 이상일 때 거푸집널을 해체할 수 있다. 이때 콘크리트의 압축강도는 한국콘크리트학회 제규격 KCI−CT 118에 따라 양생한 현장양생공시체를 사용하여야 한다. 거푸집널 존치기간 중 평균기온이 10℃ 이상인 경우는 콘크리트 재령이 표 3.3−2의 재령이상 경과하면 압축강도시험을 하지 않고도 해체할 수 있다.

(4) 슬래브 및 보의 밑면, 아치 내면의 거푸집은 콘크리트의 압축강도가 표 3.3−1을 만족할 때 해체할 수 있다. 이때 콘크리트의 압축강도는 한국콘크리트학회 제규격 KCI−CT 118에 따라 양생한 현장양생공시체를 사용하여야 한다.

표 3.3−1 콘크리트의 압축강도를 시험할 경우 거푸집널의 해체 시기

부 재		콘크리트 압축강도(f_{cu})
기초, 보, 기둥, 벽 등의 측면		5MPa 이상[1]
슬래브 및 보의 밑면, 아치 내면	단층구조인 경우	설계기준압축강도의 2/3배 이상 또한, 최소강도 14MPa 이상
	다층구조인 경우	설계기준 압축강도 이상 (필러 동바리 구조를 이용할 경우는 구조계산에 의해 기간을 단축할 수 있음. 단, 이 경우라도 최소강도는 14MPa 이상으로 함)

1) 내구성이 중요한 구조물의 경우 10MPa 이상

🔗 표 3.3-2 콘크리트의 압축강도를 시험하지 않을 경우 거푸집널의 해체 시기(기초, 보, 기둥 및 벽의 측면)

시멘트의 종류 / 평균기온	조강포틀랜드 시멘트	보통포틀랜드 시멘트 / 고로 슬래그 시멘트(1종) / 포틀랜드포졸란시멘트(1종) / 플라이 애시 시멘트(1종)	고로 슬래그 시멘트(2종) / 포틀랜드포졸란시멘트(2종) / 플라이 애시 시멘트(2종)
20℃ 이상	2일	4일	5일
20℃ 미만 10℃ 이상	3일	6일	8일

(5) 보, 슬래브 및 아치 하부의 거푸집널은 원칙적으로 동바리를 해체한 후에 해체한다. 그러나 구조계산으로 안전성이 확보된 양의 동바리를 현 상태대로 유지하도록 설계, 시공된 경우 콘크리트를 10℃ 이상 온도에서 4일 이상 양생한 후 사전에 책임기술자의 승인을 받아 해체할 수 있다.

(6) 동바리 해체 후 해당 부재에 가해지는 전 하중이 설계하중을 초과하는 경우에는 전술한 존치기간에 관계없이 하중에 의하여 유해한 균열이 발생하지 않고 충분히 안전하다는 것을 구조계산으로 확인한 후 책임기술자의 승인을 받아 해체할 수 있다.

(7) 콘크리트는 양생 시에 직사 일광이나 강풍에 노출되거나 과도하게 건조하면 표면에 건조수축 및 균열이 발생하는 등 손상이 생기기 쉬우므로 거푸집 탈형 후에는 시트 등으로 직사일광이나 강풍을 피하고 급격히 수분이 증발하는 것을 방지하여야 한다.

3 거푸집의 재료

(1) 거푸집널

① **목재 거푸집**: 목재널 또는 내수합판을 사용하며 적당한 크기의 판넬로 짜서 사용한다.

② **철판 거푸집**: 철판을 앵글(Angle) 등의 테에 용접한 판넬로 짜서 쓰는 것으로 규칙적인 건물, 제치장콘크리트면에 많이 사용한다.

(2) 동바리(支柱, Support)

① 거푸집널을 짜 세우는 지지틀을 말한다.

② 통나무, 각재, 철재, 파이프 등을 사용한다.

(3) 거푸집 부속품

① **격리재**(Separator): 거푸집 상호 간의 간격을 유지하는 데 쓰인다.

② **긴결재**(Form Tie, 긴장재): 콘크리트를 부어넣을 때나 거푸집이 벌어지거나 우그러짐 같은 측압을 받을 때 견딜 수 있게 거푸집을 연결, 고정하는 것

③ **간격재**(Spacer): 철근과 거푸집의 간격을 유지하기 위한 것

④ **박리재**(Form Oil): 거푸집 제거시에 콘크리트에서 거푸집을 떼기 쉽게 바르는 물질로서 중유, 석유, 동식물유, 아마유, 파라핀유, 합성수지 등을 사용한다.

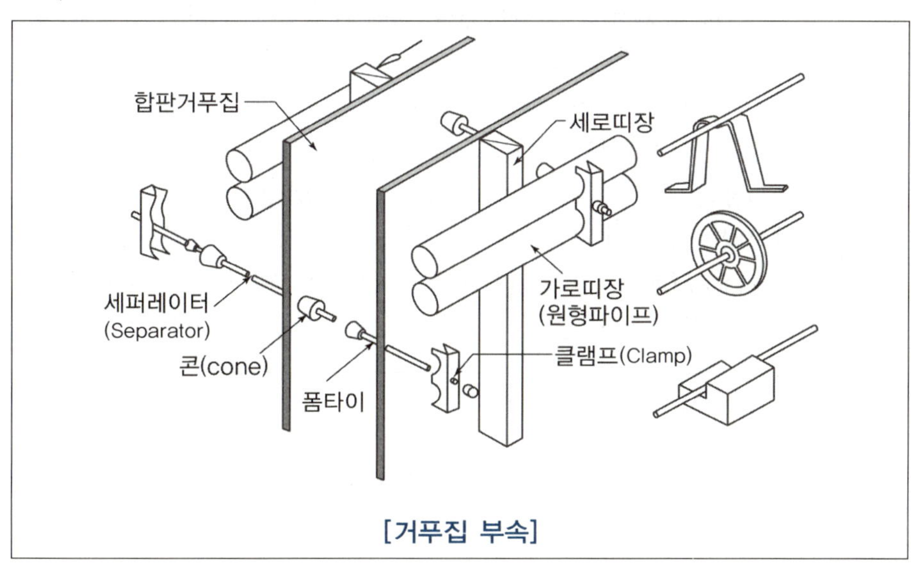

[거푸집 부속]

ＯＸ

1. 거푸집이 오므라드는 것을 방지하고, 거푸집 상호 간의 간격을 유지하기 위해 간격재(Spacer)를 배치한다. (×)

2. 간격재는 거푸집 상호 간에 일정한 간격을 유지하기 위한 것이다. (×)

3. 거푸집널을 일정한 간격으로 유지하는 동시에 콘크리트 측압을 지지하기 위하여 긴결제(폼타이)를 사용한다. (○)

4. 거푸집의 존치기간을 콘크리트 압축강도 기준으로 결정할 경우에 기둥, 보, 벽 등의 측면은 최소 14MPa 이상으로 한다. (×)

5. 보 및 기둥의 측면 거푸집은 콘크리트 압축강도가 5MPa 이상일 때 해체할 수 있다. (○)

관련기준
건축표준시방서코드(KCS)
〈KCS 14 20 12 : 2022〉

> **고임재 및 간격재**
> 1. 일반적으로 널리 사용되는 고임재 및 간격재에는 모르타르 제품, 콘크리트 제품, 강제품, 플라스틱 제품, 세라믹 제품 등이 있으며, 사용되는 장소, 환경에 따라 적절한 것을 선정할 수 있다.
> 2. 플라스틱 제품은 콘크리트와의 열팽창률 차이, 부착 및 강도 부족 등의 문제가 있으며, 스테인리스 등의 내식성 금속으로 만든 고임재 및 간격재는 서로 다른 종류의 금속 간 접촉부식 문제 등 불명확한 점이 있으므로 이들을 사용할 경우에는 책임기술자의 검토 및 확인 후 담당원의 승인을 얻어야 한다.
> 3. 보, 기둥, 지중보, 슬래브, 벽 및 지하 외벽의 간격재는 사전에 담당원의 승인을 받은 경우 플라스틱 제품을 측면에 사용할 수 있다. 노출콘크리트면에서 거푸집면에 접하는 고임재 또는 간격재는 모르타르, 콘크리트, 스테인리스, 플라스틱 등 부식되지 않는 제품을 사용하여야 한다.

(4) 특수거푸집의 종류

① **클라이밍폼**(Climbing Form, Slip Form, Sliding Form)
  ㉠ 슬립폼(Slip Form) 공법은 수평적 또는 수직적으로 반복된 구조물을 시공이음이 없이 균일한 형상으로 시공하기 위하여 거푸집을 연속적으로 이동시키면서 콘크리트를 타설하여 구조물을 시공하는 거푸집 공법이다.
  ㉡ 슬라이딩(Sliding Form) 공법은 건축생산의 노무절감과 원가절감에 크게 필요한, 생산성이 높은 공법이고 응용가능한 분야도 많다. 이공법은 사일로(Silo), 곡물창고, 전단벽건물, 유틸리티 코어(Utility Core), 굴뚝, 교각 등과 같이 수직적으로 연속된 구조물 등에 사용된다.

② **터널폼**(Tunnel Form) : 터널과 같은 동일 구조물을 계속하여 콘크리트를 부어 나갈 때 사용하는 거푸집으로 최근 조립식 주택에서도 사용되며 아파트, 병원의 병실, 호텔의 객실 등과 같은 동일한 형태의 유니트(Unit)가 계속적으로 반복되는 내력벽 구조형식에 적용하기 적합한 강재거푸집 공법이다.

③ **갱폼**(Gang Form) : 벽체전용거푸집으로 대형패널거푸집이라 하며 고층아파트, 콘도미니엄, 병원, 사무소 건물 및 벽식구조물에 적당하다.

제18회, 제22회

> 1. **박리재의 조건**
>   ① 거푸집 재질을 손상치 말 것
>   ② 콘크리트, 철근에 무해할 것(무색, 휘발성이 적은 것이 좋다)
>   ③ 콘크리트 성질을 변화시키지 말아야 할 것
> 2. **콘크리트의 측압에 영향을 주는 요소**
>   ① 온 도
>   ㉠ 온도가 낮을수록 측압은 크다.

　　ⓛ 온도가 낮으면 콘크리트 경화가 느리기 때문에 측압은 커진다.
② 배합 : 배합이 좋을수록(부배합) 측압은 크다.
③ 슬럼프
　　㉠ 슬럼프가 클수록 측압은 크다.
　　ⓛ 슬럼프가 크다는 것은 연도(軟度)가 크다는 것이며, 연도가 클수록 측압
　　　은 크다.
④ 벽 두께
　　㉠ 벽 두께가 두꺼울수록 측압은 크다.
　　ⓛ 벽 두께가 두꺼울수록 거푸집의 마찰 등에 의하여 측압은 커진다.
⑤ 붓기 방법 : 부어넣는 속도가 클수록 측압은 크다.
⑥ 다 짐
　　㉠ 다짐을 충분히 할수록 측압은 크다.
　　ⓛ 특히 진동기를 사용하면 30~50% 증대되므로 주의할 필요가 있다.
⑦ 거푸집 널이 매끈할수록 측압은 크다.
⑧ 표면이 평활하면 마찰계수가 적게 되어 측압이 크다.
⑨ 거푸집의 단면이 클수록 측압이 크다.
⑩ 철골 또는 철근량이 적을수록 측압은 크다.
⑪ 습도가 높을수록 측압은 크다.
⑫ 높은 곳에서 낙하시켜 충격을 주면 측압이 커진다.

3. 거푸집 조립 순서

　기초 ⇨ 기둥 ⇨ 내벽 ⇨ 큰 보 ⇨ 작은 보 ⇨ 바닥 ⇨ 외벽

예제

철근콘크리트 공사의 거푸집에 관한 설명으로 옳지 않은 것은?　　　제19회

① 부어넣은 콘크리트가 소정의 형상·치수를 유지하기 위한 가설구조물이다.
② 거푸집 설계시 적용하는 하중에는 콘크리트 중량, 작업하중, 측압 등이 있다.
③ 거푸집널을 일정한 간격으로 유지하는 동시에 콘크리트 측압을 지지하기 위하여 긴결
　재(폼타이)를 사용한다.
④ 콘크리트의 측압은 슬럼프값이 클수록 작다.
⑤ 거푸집널과 철근 등의 간격을 유지하기 위하여 간격재(스페이서)를 사용한다.

해설

④ 콘크리트의 측압은 슬럼프값이 클수록 크다.

　　　　　　　　　　　　　　　　　　　　　　　　　　　　　　　　▢ 정답 ④

04 | 콘크리트

1 개 요

콘크리트(Concrete)는 시멘트(Cement), 모래, 자갈 및 혼화재료(Admixture)를 물로 혼합하여 경화시킨 일종의 인공복합재료이다. 시멘트는 물과 화학반응(수화반응이라 한다)을 하여 부착력을 갖는 시멘트 페이스트(Paste)가 되고, 이것이 골재 사이에서 응결되고 시간의 경과와 함께 경화(Hardening)되어 석재와 같이 된다. 콘크리트는 기중에서 수분이 공급되면 강도(Strength)가 증진되기 때문에 특히 초기에 습윤 상태로 유지되어야 하며, 이것을 양생(Curing) 또는 보양(Curing And Protecting)이라 한다. 콘크리트는 최초 타설된 후 28일이 지나면 목표 강도에 도달되고 이것을 설계기준강도라 하며, 보통 21~24MPa로 한다.

2 시멘트

시멘트는 물을 부어 이기면 화학적으로 변화해 아주 단단하게 굳는 성질이 있다. 골재 및 물과 혼합하여 콘크리트를 형성하는 교착제로 사용되며, 일반적으로 포틀랜드 시멘트를 가리킨다.

(1) 성 질

① **분말도**: 시멘트 1g이 가지는 비표면적(比表面積)이나 표준체 $44\mu m$에 의하여 잔류되는 비율로 나타내고, 브레인값은 cm^2/g으로 표시된다. 시멘트 성분이 일정할 경우 분말이 미세할수록 수화작용이 빠르고 초기강도의 발생이 빠르며 강도증진율이 높다. 그러나 지나치게 분말이 미세한 것은 풍화되기 쉽고 건조수축이 커서 균열발생이 쉽다.

:: 제17회

> 1. **시멘트 수화열**
>   응결, 경화를 촉진하나 건조·수축도 생긴다.
> 2. **분말도가 크면**(입도가 작으면)
>   ① 시공연도가 좋고 수밀한 콘크리트 가능하다.
>   ② 비표면적이 크다.
>   ③ 수화작용이 빠르다.
>   ④ 발열량이 커지고, 초기 강도가 크다.
>   ⑤ 균열발생이 크고 풍화가 쉽다.
>   ⑥ 장기 강도는 저하된다.

💡 **OX**

1. 거푸집의 콘크리트 측압은 슬럼프가 클수록, 온도가 높을수록, 부배합일수록 크다. (×)
2. 콘크리트의 측압은 슬럼프값이 클수록 작다. (×)

② **수화열**: 시멘트의 수화반응 또는 발열반응에서의 발생열을 말하며, 시멘트가 응결, 경화하는 과정에서 발열하며, 이 발열량은 시멘트의 종류, 화화조성, 물·시멘트비, 분말도 등에 의해 달라지며 시멘트가 물과 완전히 반응하면 125Cal/g 정도의 열을 발생한다.

③ **응결과 경화**: 시멘트의 수화반응에 따라서 일어나는 물리적, 화학적 현상으로 시멘트 풀이 시간이 경과함에 따라 수화에 의하여 유동성과 점성을 상실하고 고화(固化)하는 현상을 응결이라 하고 이 과정 이후를 경화라 한다.

(2) 종 류

① **포틀랜드 시멘트**

㉠ 보통 포틀랜드 시멘트: 가장 보편적으로 쓰이는 시멘트이다.

㉡ 조강 포틀랜드 시멘트: 조기강도가 높고 장기에 걸쳐 강도를 증진하며 거푸집 존치기간을 줄일 수 있어 공기단축이 가능하다. 또한 수화속도가 빠르고 수화열이 커서 저온시에도 강도 발현율이 크므로 동절기(冬節期) 공사에 유리하다.

㉢ 중용열 포틀랜드 시멘트: 수화열을 적게 하기 위하여 화학조성을 조정한 시멘트로 댐공사나 도로포장, 원자로 콘크리트 등에 사용한다.

② **혼합 시멘트**: 고로 시멘트, 실리카 시멘트

③ **특수 시멘트**: 알루미나 시멘트, 백 시멘트(미장재료, 인조석 물갈기 등)

③ 물

(1) 청정한 수돗물이나 우물물을 사용한다.

(2) 바닷물은 사용불가(무근콘크리트는 해수 사용이 가능하다)

④ 골 재

콘크리트에 사용하는 모래, 자갈, 쇄석 등을 통틀어 말한다.

(1) 골재의 종류

① **천연골재**: 강모래, 강자갈, 쇄석 등이 있다.

② **인공골재**: 플라이 애쉬(Fly Ash), 점토 등이 있다.

♀ OX

수화열이 적고 화학저항성이 크며 장기강도를 증진시킨 시멘트로 댐, 터널 등 대규모 콘크리트 공사에 많이 사용되는 시멘트는 조강포틀랜드 시멘트이다. (×)

⑵ **골재의 비중에 따른 분류**

① **경량골재** : 비중 2.0 이하의 골재(콘크리트 중량을 감소시킬 목적으로 사용)

② **중량골재** : 비중이 2.65 이상의 큰 골재(방사전 차단 효과를 높이기 위해 사용)

⑶ **골재의 크기**

① **세골재(잔골재)** : 잔모래 지름 1.2~2.5mm, 굵은모래 지름이 2.5~5.0mm로서 5mm 체로 쳐서 중량을 대부분 통과하는 것

② **조골재(굵은 골재)** : 5mm 체로 쳐서 중량을 대부분 잔류하는 골재로서, 철근콘크리트용은 25mm 이하, 무근콘크리트용은 40mm 이하 정도

⑷ **골재의 조건**

① 표면은 거칠고 둥근 골재

② 견고한 것(시멘트 강도 이상이고 콘크리트 강도를 확보하는 강성을 지닐 것)

③ 내마모성이 있는 것(마모저항성)

④ 석회석(풍화 우려), 운모 등 콘크리트의 성질에 나쁜 영향을 끼치는 유해물질을 포함하지 않을 것

⑤ 실적률이 큰 것(55% 이상)

⑥ 입도가 좋은 것(세조립이 적당할 것)

⑦ 청정한 것

⑧ 내화성이 있을 것

⑸ **입도**(粒度)

골재의 대소립이 혼합되어 있는 정도를 말하며, 경화 후의 콘크리트 강도나 내구성, 경제성 및 워커빌리티에 영향을 미치는 중요한 요인이 된다.

⑹ **골재의 실적률과 공극률**

일정 용기 내에 골재가 점하는 실용적의 백분율을 말하며 실적율이 클수록 골재의 모양이 좋고 입도분포가 적당하며 건조수축, 수화열을 줄일 수 있어 경제적으로 원하는 강도를 얻을 수 있다. 모래의 실적율은 55~70%, 자갈의 실적율은 60~65%이다.

> **골재의 공극률이 작으면**(골재의 실적률이 크면)
> 1. 시멘트 풀(Cement Paste)량이 감소한다.
> 2. 단위수량을 감소시킨다.
> 3. 수화발열량을 감소시킨다.
> 4. 건조수축을 감소시킨다.

5. 콘크리트의 수밀성이 커진다.
6. 콘크리트 내구성 및 강도가 증가한다.
7. 콘크리트의 마모저항성이 커진다.
8. 콘크리트의 투수성 및 흡수성이 작아진다.
9. 경제적으로 유리하다.

⑺ 굵은골재의 최대치수

① 굵은골재의 최대치수는 부재 최소치수의 1/5, 철근피복 및 철근의 최소 순 간격의 3/4을 초과해서는 안 된다.

② 최대치수가 큰 굵은골재를 사용하면 단위수량과 단위시멘트량이 감소하여 경제적인 콘크리트를 만들 수 있기 때문에 단면이 큰 구조물에서는 최대치수가 40mm인 굵은골재를 사용하는 것이 옳은 경우가 많다.

구조물의 종류	굵은골재의 최대치수(mm)
일반적인 경우	20 또는 25
단면이 큰 경우	40
무근콘크리트	40 부재 최소치수의 1/4을 초과해서는 안됨

5 혼화재료(Admixture)

⑴ 혼화재료는 콘크리트의 성질이나 양의 변화 도모, 공사비 절감을 위해서 사용한다.

⑵ 혼화재료는 사용량의 다소에 따라 혼화제(混和劑)와 혼화재(混和材)로 크게 나뉜다.

⑶ 혼화제(混和劑)

① 사용량이 적어 그 자체의 부피가 콘크리트의 배합계산에서 무시되는 것으로, 콘크리트 속의 시멘트 중량에 대해 5% 이하, 보통은 1% 이하라는 극히 적은 양을 사용한다.

② AE제, 감수제 및 AE감수제 등의 주로 화학제품으로서 콘크리트의 여러 성능 향상을 위하여 사용되는 재료이다.

(4) 혼화재(混和材)

① 사용량이 비교적 많아서 그 자체의 부피가 콘크리트의 배합계산에 고려되는 것으로, 시멘트 중량의 5% 이상, 경우에 따라서 50% 이상 다량을 쓰며 콘크리트를 반죽할 때나 시멘트에 미리 섞어서 사용한다.

② 플라이 애쉬, 고로슬래그 미분말, 실리카퓸, 팽창재, 규산질 미분말, 착색재, 고강도용 혼화재 등이 있다.

③ 이 혼화재 중에서 플라이 애쉬, 고로슬래그 미분말, 실리카퓸 등은 시멘트와 더불어 결합재(Cementitious Material)라고 분류하기도 한다.

(5) 계면활성작용에 의해 워커빌리티[Workability, 시공연도(施工軟度)]나 동결융해에 대한 내구성을 향상시키는 것

① **AE제**(Air Entraining Agent) : 콘크리트 속에 미세한 기포를 골고루 분산시켜서 마치 볼베어링 역할을 하므로 시공연도를 향상시키고 단위수량을 감소시킬 수 있다. 시공연도가 좋아지고, 콘크리트 각 재료의 곰보, 분리 등의 발생을 방지한다.

② **AE감수제**(분산제) : 시멘트 입자를 분산시켜 덩어리가 생기지 않고, 수화작용을 하며, 아주 작은 수량으로 워커빌리티도 증가시키는 작용을 한다. AE감수제는 AE제와 감수제 쌍방의 장점을 겸비한 것이다.

(6) 성질개선 및 증량재

좋은 품질의 플라이 애쉬를 사용하면 콘크리트의 워커빌리티를 개선하여 단위수량을 감소시킬 수 있고, 수화열로 인한 온도상승이 작게 되며, 수축이 적어지고, 수밀성이나 화학적 침식에 대한 내구성을 개선시키며, 장기재령에서의 강도가 커지는 등의 우수한 효과를 얻게 된다.

① **포졸란** : 시멘트가 수화할 때 생기는 수산화칼슘과 화합하여 콘크리트의 강도, 해수 등에 대한 화학적 저항성·수밀성 등의 성질을 개선하는 데 사용하는 것으로, 콘크리트 증량제로 사용된다. 워커빌리티가 좋아지고, 해수(海水) 등에 화학적 저항이 크다.

② **플라이 애쉬** : 분탄이 연소한 재를 수집한 것으로 콘크리트에 혼합하여 시공연도가 좋아진다. 또, 건축공사보다 댐, 프리팩트 콘크리트 등에 증량제로 쓰인다.

(7) 방동용

콘크리트의 동결을 방지하기 위하여 염화칼슘, 식염, 염화나트륨 등이 사용된다. 염분은 철근콘크리트 공사에서 철근을 녹슬게 하므로 사용하지 않는다.

⑧ 응결 · 경화 촉진제

염화칼슘, 규산소다, 염화마그네슘 등이 있다.

6 콘크리트의 강도와 배합

(1) 콘크리트의 강도는 시멘트 강도와 물 · 시멘트비(Water − Cement Ratio ; W/C)로 결정된다.

(2) 시멘트 강도가 클수록, 그리고 물 · 시멘트비는 적을수록 콘크리트 강도는 커진다.

(3) 콘크리트의 조건

① 소요 강도가 충족되고, 내구성이 커야 한다.

② 시공이 용이해야 한다.

③ 28일 압축 강도에 도달할 때까지 습윤과 온도 유지, 즉 보양을 해야 한다 (재령 28일 정도).

④ 재료가 만들어진 다음부터의 경과 일수를 말하는데 시멘트 · 콘크리트는 4주를 기준으로 하고 한다.

(4) 콘크리트의 설계기준 강도(Fc : 4주 압축 강도)

콘크리트의 4주 압축 강도는 15MPa 이상을 사용하도록 규정되어 있다.

단위의 이해

1. $10\text{kg/cm}^2 = 0.98\text{N/mm}^2 ≒ 1\text{MPa}$
2. $1\text{Pa} = 1\text{N/m}^2$
3. $1\text{MPa} = 10^6\text{Pa} = 1\text{N/mm}^2$

배 합

2.2.1 일반사항

콘크리트의 배합은 소요의 강도, 내구성, 수밀성, 균열저항성, 철근 또는 강재를 보호하는 성능을 갖도록 정하여야 한다.

2.2.2 배합강도

구조물에 사용된 콘크리트 압축강도가 소요의 강도를 갖기 위해서는 콘크리트 배합설계시 배합강도(f_{cr})를 정하여야 한다.

2.2.3 물 − 결합재비

(1) 물 − 결합재비는 소요의 강도, 내구성, 수밀성 및 균열저항성 등을 고려하여 정하여야 한다.

◈ **관련기준**

건축표준시방서코드(KCS) 2022 〈KCS 14 20 10 : 2022〉

◌ OX

1. 콘크리트의 소요 강도는 배합 강도보다 충분히 커야한다. (×)

2. 콘크리트의 배합에서 작업에 적합한 워커빌리티를 갖는 범위 내에서 단위수량은 될 수 있는 대로 적게 한다. (○)

(2) 콘크리트의 압축강도를 기준으로 물 - 결합재비를 정하는 경우 그 값은 다음과 같이 정하여야 한다.
　① 압축강도와 물 - 결합재비와의 관계는 시험에 의하여 정하는 것을 원칙으로 한다. 이 때 공시체는 재령 28일을 표준으로 한다.
　② 배합에 사용할 물 - 결합재비는 기준 재령의 결합재 - 물비와 압축강도와의 관계식에서 배합강도에 해당하는 결합재 - 물비 값의 역수로 한다.
(3) 콘크리트의 탄산화 작용, 염화물 침투, 동결융해 작용, 황산염 등에 대한 내구성을 기준으로 하여 물 - 결합재비를 정할 경우 그 값은 기준에 따른다.

2.2.4 단위수량

(1) 단위수량은 최대 $185 \ kg/m^3$ 이내의 작업이 가능한 범위 내에서 될 수 있는 대로 적게 사용하며, 그 사용량은 시험을 통해 정하여야 한다.
(2) 단위수량은 굵은골재의 최대 치수, 골재의 입도와 입형, 혼화재료의 종류, 콘크리트의 공기량 등에 따라 다르므로 실제의 시공에 사용되는 재료를 사용하여 시험을 실시한 다음 정하여야 한다.

2.2.5 단위시멘트량

(1) 단위결합재량은 원칙적으로 단위수량과 물 - 결합재비로부터 정하여야 한다.
(2) 단위결합재량은 소요의 강도, 내구성, 수밀성, 균열저항성, 강재를 보호하는 성능 등을 갖는 콘크리트가 얻어지도록 시험에 의하여 정하여야 한다.
(3) 단위결합재량의 하한값 혹은 상한값이 규정되어 있는 경우에는 이들의 조건이 충족되도록 한다.

2.2.10 혼화재료의 단위량

공기 연행제, 공기연행 감수제 및 고성능 공기연행 감수제 등의 단위량은 소요의 슬럼프 및 공기량을 얻을 수 있도록 시험에 의해 정하여야 한다.

(5) 콘크리트의 배합

콘크리트가 소요의 강도를 갖고 공사하기에 적합한 시공연도를 얻도록 시멘트, 골재, 물, 혼화제의 양을 결정하여 비비는 것을 콘크리트의 배합이라 한다.

① **배합 설계 순서**
　㉠ 배합 강도(설계기준 강도)의 결정
　㉡ 시멘트 강도 결정
　㉢ 물·시멘트비의 결정
　㉣ 중량(용적)배합비 결정
　㉤ AE제 등의 혼화제량 결정
　㉥ 믹서 배합

② **시멘트 강도**
　㉠ 시멘트 강도 시험은 3개의 시험체를 만들어 휨시험을 하고, 여기서 생긴 6개의 토막을 압축시험한 강도를 평균하여 평균강도로 한다.
　㉡ 시멘트 500포대에 1회 시험하며 28일 압축 강도에 대해 25~30MPa이다.

⬮ 배합의 표시 방법

굵은 골재의 최대 치수 (mm)	슬럼프 범위 (mm)	공기량 범위 (%)	물 — 결합재비 W/B (%)	잔골재율 S/a (%)	단위질량(kg/m³) 또는 절대용적(l/m³)					
					물	시멘트	잔골재	굵은 골재	혼화재료	
									혼화재[1]	혼화제[2]

> 1) 포졸란 반응성 및 잠재수경성을 갖는 혼화재를 사용하지 않는 경우에는 물·시멘트비가 된다.
> 2) 같은 종류의 재료를 여러가지 사용할 경우에는 각각의 난을 나누어 표시한다. 이 때 사용량에 대하여는 $m\ell/m^3$ 또는 g/m^3로 표시하며, 희석시키거나 녹이거나 하지 않은 것으로 나타낸다.

(6) 물·시멘트비(W/C)

제16회

① **물·시멘트 중량**: 콘크리트 배합에서 시멘트에 대한 물의 중량비의 백분율(%)을 말한다.

② **물·시멘트비설**: 시멘트의 품질이 동일하고 콘크리트가 적당한 묽기, 즉 워커빌리티(시공연도)가 적당하면, 그 콘크리트의 강도는 언제나 물·시멘트의 중량비에 따라 좌우된다는 것이다.

③ 시멘트가 수화하는 데 필요한 물의 양은 시멘트 중량의 25%밖에 되지 않는다. 기타 15% 정도의 물이 겔수로서 입자 상호의 결합에 도움을 줄 뿐이다. 결국 필요한 물의 양은 시멘트 중량의 40% 정도이다. 그 이외의 물은 미세한 모세관 속에 유리되고 있다. 콘크리트가 건조함에 따라 이 유리수가 증발하고 소위 건조수축이 생기는 것이 좋다. 유리수가 많으면 수축량이 크게 되므로 생콘크리트를 만들 때의 물의 양은 적을수록 좋다.

④ 콘크리트의 강도는 주로 시멘트의 강도, 물·시멘트비, 콘크리트 재령에 따라 다르며, 시멘트 강도가 크고, 물·시멘트비가 적고, 재령이 오래될수록 강하다. 그러므로 보통 사용하는 콘크리트의 강도는 골재와 기타 다른 재료의 양이 알맞을 때에는 사용하는 물과 시멘트의 중량비, 즉 물·시멘트비(W/C)에 따라 결정한다. 물·시멘트비의 범위는 40~70% 사이의 보통 60% 정도로 한다.

⑤ 일반콘크리트의 물·시멘트비는 60% 이하로 한다.

⑥ 콘크리트의 수밀성을 기준으로 물·시멘트비를 고려할 때 50% 이하로 하여야 한다.

물 · 시멘트비 증가	물 · 시멘트비 감소
㉠ 강도 저하 ㉡ 중성화가 빨라짐 ㉢ 건조수축률 증가 ㉣ 수밀성 감소 ㉤ 내구성 감소 ㉥ 재료분리로 콘크리트의 품질 저하	㉠ 시공연도가 낮아짐 ㉡ 균열발생의 원인과 평활성이 떨어짐

> **콘크리트 강도**
> 1. 시멘트페이스트와 골재의 강도와, 골재와 시멘트페이스트 사이의 부착강도에 영향을 받으나, 특히 시멘트페이스트의 강도에 크게 영향을 받는다. 이것은 부착강도가 시멘트페이스트의 강도에 좌우되기 때문에 시멘트페이스트의 강도에 크게 영향을 받는다고 볼 수 있다.
> 2. 물 · 시멘트비가 공극량에 영향을 주므로 콘크리트 강도는 콘크리트 내의 물과 시멘트 양뿐만 아니라 공극량에 크게 영향을 받는 것으로 알려져 있다. 골재의 크기, 강도, 표면의 질감(Texture) 등이 또한 콘크리트의 강도에 영향을 준다.
> 3. 동일한 콘크리트, 동일한 크기의 공시체로 실험을 하여도 하중재하속도가 다르면 콘크리트의 강도가 달라진다. 하중재하속도가 크면 강도도 증가하고 탄성계수도 증가한다.
> 4. 재령에 따른 콘크리트의 성질이 달라진다. 콘크리트의 강도와 탄성계수 등 역학적 특성도 재령에 따라 그 변화는 크며, 따라서 콘크리트 강도를 상대적으로 평가하기 위해서는 기준이 되는 재령에서 강도로 나타내어야 하는데, 일반적으로 콘크리트 강도는 28일을 기준으로 한 값을 표준으로 하고 있다.
> 5. 콘크리트 강도발현은 온도에도 큰 영향을 받는다. 온도가 높아지면 화학 반응이 촉진되어 강도발현이 빨라지기 때문이다.
> 6. 동일한 콘크리트라도 공시체의 크기가 달라지면 압축강도는 달라진다. 즉, 작은 공시체의 강도는 크며 크기가 커짐에 따라 강도는 저하되고 취성파괴가 일어난다.

(7) 굳지 않은 콘크리트의 성질

① **워커빌리티**(Workability, 시공연도 ; 施工軟度) : 묽기의 정도 및 재료분리에 저항하는 정도 등 복합적 의미에서의 시공의 난이 정도를 말한다.

② **컨시스턴시**(Consistency, 반죽질기) : 단위수량의 다소에 의해서 변하는 유동성의 정도이다. 유동성은 콘크리트의 워커빌리티에 크게 영향을 주고 있으나 유동성이 큰 것이 반드시 시공하기에 적당한 것이라고는 할 수 없다.

③ **플라스티시티**(Plasticity, 성형성) : 거푸집의 형상대로 잘 채워지고 재료분리가 잘 일어나지 않는 성질을 말한다.

⚲ OX

1. 물 · 시멘트비가 클수록 압축강도는 작아진다. (○)
2. 물 · 시멘트비가 클수록 레이턴스가 많이 생긴다. (○)
3. 물 · 시멘트비가 낮을수록 강도는 높다. (○)
4. 콘크리트 타설시에 진동다짐을 많이 할수록 강도는 나빠진다. (○)
5. 보통 포틀랜드 시멘트를 사용한 콘크리트는 대기온도 평균 20℃ 정도에는 28일 양생하면 설계 강도를 확보한다. (○)
6. 습윤환경보다 건조환경에서 양생된 콘크리트의 강도가 낮다. (○)

④ **피니셔빌리티**(Finishability, 마감성) : 굵은골재의 최대치수 등에 따르는 표면정리의 난이 정도를 말한다.

⑤ **펌퍼빌리티**(Pumpability, 압송성) : 펌프에서 콘크리트가 잘 밀려나가는지의 난이 정도를 말한다.

(8) **워커빌리티**[Workability, 시공연도(施工軟度)]

시공의 용이성을 뜻하는 것으로 콘크리트가 강도를 충분히 발휘하기 위해서는 질이 붓기 쉽고, 각 재료가 분리되지 않는 적당한 묽기와 점성이 있게 만들어야 한다. 이 묽은 정도를 워커빌리티라 한다.

① **측정** : 슬럼프 테스트를 하여 측정한다.

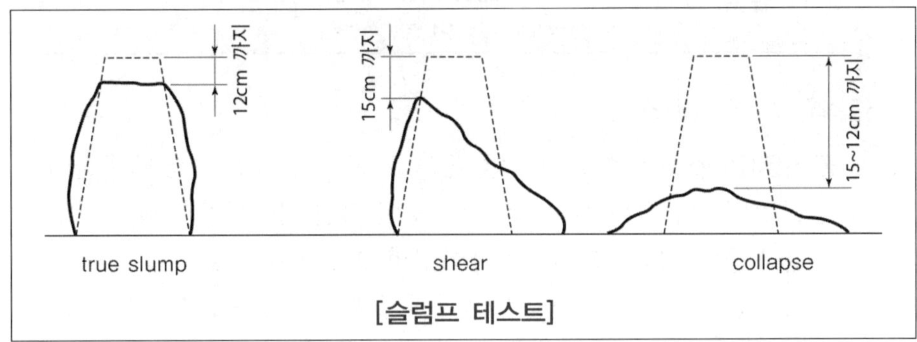

② **슬럼프 테스트**(Slump Test)

　㉠ 슬럼프 테스트는 워커빌리티, 즉 반죽의 질기 정도를 정량적(定量的)으로 측정하기 위해 실시하는 것이다.

　㉡ 슬럼프 시험은 윗지름 100mm, 밑지름 200mm, 높이 300mm의 철재 형틀을 평탄한 수 밀판에 놓고 반죽한 콘크리트를 3회에 나누어 넣고 매회 다짐막대의 끝이 아래층 면에 닿을 때까지 25회 정도 다져준 후 형틀을 가만히 들어 올려 콘크리트가 낮아지는 길이를 mm 단위로 측정하여 시공연도의 표준으로 사용한다.

③ **영향을 미치는 요인**

　㉠ 단위수량이 많을수록 콘크리트의 반죽질기는 크게 된다. 단위수량이 약 1.2% 증가하면 슬럼프가 10mm 증가한다. 그러나 단위수량을 증가시키면 재료 분리가 생기기 쉽고, 시공연도가 좋아진다고 말할 수 없다.

　㉡ 단위시멘트량이 많을수록, 일반적으로 부배합의 경우는 빈배합의 경우보다 워커빌리티는 향상된다.

　㉢ 골재의 입도 분포가 좋고, 입형이 둥글면 워커빌리티가 좋다.

　㉣ 공기량이 많을수록 워커빌리티가 좋아지나 철근과의 부착강도가 저하된다(공기량 1% 증가시 슬럼프 2cm 정도 커짐).

:: 제23회

♀ OX

1. 물의 양에 따른 반죽의 질기를 컨시스턴시(Consistency)라고 한다. (○)
2. 재료분리가 발생하지 않는 범위에서 단위수량이 증가하면 워커빌리티(Workability)는 증가한다. (○)
3. 골재의 입도 및 입형은 워커빌리티(Workability)에 영향을 미친다. (○)

ⓜ 온도가 높을수록 워커빌리티는 감소한다.

ⓑ 적절한 비빔시간은 워커빌리티를 증진시킨다.

ⓢ 포졸란, 플라이 애쉬 등 혼화재료는 적량을 쓸 경우 워커빌리티를 개선한다.

④ **슬럼프 값**: 콘크리트 반죽의 질기 정도 측정

🔗 **슬럼프의 표준값**(mm)

종 류		슬럼프 값
철근콘크리트	일반적인 경우	80~150
	단면이 큰 경우	60~120
무근콘크리트	일반적인 경우	50~150
	단면이 큰 경우	50~100

(9) 블리딩과 레이턴스

① **블리딩**(Bleeding): 굳지 않은 콘크리트나 모르타르에 있어서 물이나 미세한 물질 등이 상승하는 현상으로, 블리딩이 크면 이어치기시 접착 강도와 내구성, 수밀성 등이 저하되고 투수·투기성의 증가와 중성화가 촉진되며, 골재 입자나 수평철근 아래에 수막을 만들어 철근과의 부착을 감소시킨다. 또한, 블리딩 속도보다 표면수분의 증발 속도가 빠르면 건조수축 균열이 발생한다.

② **레이턴스**(Laitance): 블리딩에 의해서 부상한 미립물이 그 후 콘크리트 표면에 얇은 피막으로 되어 침적하는 것으로서, 콘크리트 부어넣기 후 수분의 상승에 따라 그 표면에 나오는 미세한 물질이다. 콘크리트 시공 이음 개소에 있어서 취약 부분이 되므로 계속해서 시공할 때는 이 레이턴스를 제거한 후 시행하여야 한다.

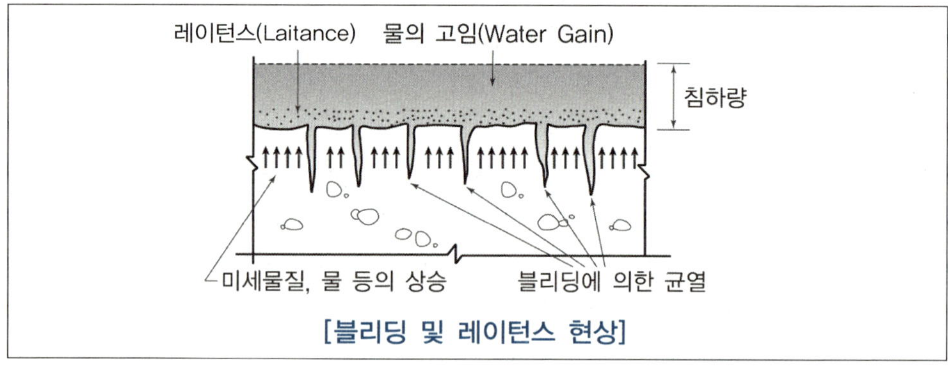

[블리딩 및 레이턴스 현상]

원 인	방지책
㉠ 굵은골재 최대 치수가 클수록 ㉡ 반죽질기가 클수록 ㉢ 물·시멘트비가 클수록 ㉣ 분말도가 낮은 시멘트를 사용할수록 ㉤ 단위수량·다짐·부재의 단면치수가 클수록 ㉥ 쇄석콘크리트는 일반 콘크리트에 비해 블리딩이 큼	㉠ 슬럼프 값은 적게 한다. ㉡ 밀실한 콘크리트가 되도록 한다. ㉢ 골재 중에 유해물이 적어야 한다. ㉣ 분말도가 높은 시멘트를 사용한다.

⑽ 시공 일반

:: 제18회

① 콘크리트 비비기(Mixing)

㉠ 콘크리트 비빔은 기계비빔을 원칙으로 한다.

㉡ 기계비빔시 재료의 투입순서는 물 ⇨ 시멘트 ⇨ 모래 ⇨ 자갈과 같이 세립자순으로 하나 시멘트 풀의 유출을 방지하기 위해 모래 ⇨ 시멘트 ⇨ 물 ⇨ 자갈과 같이 한다.

㉢ 손비빔시 재료의 투입순서는 모래 ⇨ 시멘트 ⇨ 자갈 ⇨ 물의 순이다.

㉣ 기계비빔이 손비빔보다 공기량이 증가한다.

㉤ 재료가 균등하게 섞일 때까지 비벼야 하고, 믹서(Mixer)에 다시 새 재료가 들어가기 전에 완전히 비워야 한다.

② 콘크리트 부어넣기

㉠ 부어넣기시 철근이 변형·이동되지 않도록 한다.

㉡ 매회 수평으로 부어 나간다.

㉢ 철근 주위, 거푸집 모서리 등에 빈틈없이 채워지도록 부어넣는다.

㉣ 거푸집은 미리 충분한 강도를 갖도록 설계하여 변형·붕괴되지 않도록 한다.

㉤ 표면을 평평하게 고른다.

③ 공기량의 성질

㉠ AE제의 혼입량이 증가하면 공기량이 증가한다.

㉡ 시멘트의 분말도, 단위시멘트량이 증가하면 공기량은 감소한다.

㉢ 잔골재율, 잔골재 중에 미립분이 많으면 공기량은 증가한다.

㉣ 콘크리트 온도가 증가하면 공기량은 감소한다.

㉤ 공기량이 증가하면 컨시스턴시, 슬럼프가 증가한다.

㉥ 기계비빔(2~3분)이 손비빔보다 공기량이 많다.

㉦ 진동시간이 과다하면 공기량은 감소한다.

예제

굳지 않은 콘크리트의 특성에 관한 설명으로 옳지 않은 것은?

제25회

① 물의 양에 따른 반죽의 질기를 컨시스턴시(Consistency)라고 한다.
② 재료분리가 발생하지 않는 범위에서 단위수량이 증가하면 워커빌리티(Workability)는 증가한다.
③ 골재의 입도 및 입형은 워커빌리티(Workability)에 영향을 미친다.
④ 물·시멘트비가 커질수록 블리딩(Bleeding)의 양은 증가한다.
⑤ 콘크리트의 온도는 공기량에 영향을 주지 않는다.

해설

⑤ 콘크리트의 온도가 상승하면 공기량이 감소한다.

▸ 정답 ⑤

---

④ **이어치기**(시공이음) : 콘크리트의 부어넣기 작업은 콘크리트 구조가 일체식 구조인 면에서 전 구조체를 동시에 부어넣는 것이 바람직하다. 그러나 능력상의 문제와 콘크리트 하중으로 거푸집의 내력 등에 문제가 있기 때문에 규모가 큰 건축물에서는 도저히 불가능하다. 그러므로 콘크리트를 단번에 부을 수 없을 경우에는 전단력이 적게 생기는 곳을 골라 작업을 중단하고 뒤에 다시 이어붓기를 실시한다.

㉠ 전단력을 가장 적게 받는 곳에서 이어붓는다.

㉡ 보 및 바닥판은 간 사이의 중앙부에서 수직으로 한다.

㉢ 작은 보가 접속되는 큰 보의 이음은 작은 보 너비의 2배 정도 떨어진 곳에 둔다.

㉣ 벽은 이음자리막기와 떼어내기에 편리한 곳에 수직·수평으로 한다.

㉤ 아치는 아치축에 직각으로 한다.

㉥ 캔틸레버의 보, 바닥판은 이어붓지 않는다.

㉦ 기둥은 바닥판 또는 기초의 상면에 수평으로 한다.

㉧ 이음길이를 짧게 하고 강도영향이 적은 곳에 한다.

㉨ 이음면은 거친면으로 한다.

㉩ 이어치기면은 블리딩현상에 의하여 생긴 레이턴스를 솔 등으로 깨끗이 청소한 후 이어쳐 구조체와 일체되게 한다.

㉪ 이어치기 간격은 콜드 조인트를 방지하기 위하여 짧게 한다.

> **콜드 조인트**
> 계획적으로 행하는 이어치기 부분에서 시공중 이어치는 시간을 끌었기 때문에 발생한 불연속 부분의 시공불량이음부를 콜드 조인트라고 한다. 콜드 조인트는 경화 후 누수의 원인이 될 뿐 아니라 철근의 녹 발생 등에 의해 콘크리트구조체의 내구성을 손상시키기 때문에 콜드 조인트가 발생하지 않도록 하여야 한다.

콘크리트의 비빔 시작부터 타설 종료까지의 시간한도		허용 이어치기 시간간격의 표준	
외기온		외기온	
25℃ 이상	90분	25℃ 초과	2.0시간
25℃ 미만	120분	25℃ 이하	2.5시간

관련기준
건축표준시방서코드(KCS) 2022
〈KCS 14 20 10 : 2022〉

이 음

3.6.1 일반사항

(1) 시공이음은 될 수 있는 대로 전단력이 작은 위치에 설치하고, 부재의 압축력이 작용하는 방향과 직각이 되도록 하는 것이 원칙이다.

(2) 부득이 전단이 큰 위치에 시공이음을 설치할 경우에는 시공이음에 장부 또는 홈을 두거나 적절한 강재를 배치하여 보강하여야 한다.

(3) 이음부의 시공에 있어서는 설계에 정해져 있는 이음의 위치와 구조는 지켜져야 한다. 설계에 정해져 있지 않은 이음을 설치할 경우에는 구조물의 강도, 내구성, 수밀성 및 외관을 해치지 않도록 시공계획서에 정해진 위치, 방향 및 시공 방법을 준수한다.

(4) 외부의 염분에 의한 피해를 받을 우려가 있는 해양 및 항만 콘크리트 구조물 등에 있어서는 시공이음부를 되도록 두지 않는 것이 좋다. 부득이 시공이음부를 설치할 경우에는 만조위로부터 위로 0.6m와 간조위로부터 아래로 0.6m 사이인 감조부 부분을 피하여야 한다.

(5) 수밀을 요하는 콘크리트에 있어서는 소요의 수밀성이 얻어지도록 적절한 간격으로 시공이음부를 두어야 한다.

3.6.2 수평시공이음

(1) 수평시공이음이 거푸집에 접하는 선은 될 수 있는 대로 수평한 직선이 되도록 한다.

(2) 콘크리트를 이어칠 경우에는 구 콘크리트 표면의 레이턴스, 품질이 나쁜 콘크리트, 꽉 달라붙지 않은 골재 알 등을 완전히 제거하고 충분히 흡수시켜야 한다.

(3) <이하 생략>

3.6.3 연직시공이음

(1) 연직시공이음의 시공에 있어서는 시공이음면의 거푸집을 견고하게 지지하고 이음부분의 콘크리트는 진동기를 써서 충분히 다져야 한다.

(2) 구 콘크리트의 시공이음면은 쇠솔이나 쪼아내기 등에 의하여 거칠게 하고, 수분을 충분히 흡수시킨 후에 시멘트 풀, 모르타르 또는 습윤면용 에폭시수지 등을 바른 후 새 콘크리트를 타설하여 이어나가야 한다.

(3) <이하 생략>

3.6.4 바닥판과 일체로 된 기둥, 벽의 시공이음

바닥판과 일체로 된 기둥 또는 벽의 시공이음은 바닥판과의 경계부근에 설치하는 것이 좋다. 헌치는 바닥판과 연속해서 콘크리트를 타설하여야 한다. 내민 부분을 가진 구조물의 경우에도 마찬가지로 시공한다. <이하 생략>

3.6.5 바닥판의 시공이음

바닥판의 시공이음은 슬래브 또는 보의 경간 중앙부 부근에 두어야 한다. 다만, 보가 그 경간 중에서 작은 보와 교차할 경우에는 작은 보의 폭의 약 2배 거리만큼 떨어진 곳에 보의 시공이음을 설치하고, 시공이음을 통하는 경사진 인장철근을 배치하여 전단력에 대하여 보강하여야 한다.

3.6.6 아치의 시공이음

(1) 아치의 시공이음은 아치축에 직각방향이 되도록 설치하여야 한다.

(2) 아치축에 평행한 방향으로 연직시공이음을 부득이 설치할 경우에는 시공이음부의 위치, 보강방법 등에 대하여 충분히 검토한 후 이것을 설치하여야 한다.

3.6.7 신축이음

(1) 신축이음은 양쪽의 구조물 혹은 부재가 구속되지 않는 구조이어야 한다.

(2) 신축이음에는 필요에 따라 이음재, 지수판 등을 배치하여야 한다.

(3) 신축이음의 단차를 피할 필요가 있는 경우에는 장부나 홈을 두든가 전단 연결재를 사용한다.

3.6.8 균열유발이음

균열의 제어를 목적으로 균열유발 이음을 설치할 경우 구조물의 강도 및 기능을 해치지 않도록 그 구조 및 위치를 정하여야 한다.

⑤ **진동다짐**

㉠ 콘크리트를 구석까지 밀실하게 채워 넣기 위한 것이지만 골재분리현상이 일어나거나 철근과 콘크리트의 사이가 들떠 부착력이 감소할 우려가 있다.

㉡ 진동기는 슬럼프 15cm 이하의 된비빔콘크리트에는 반드시 사용해야 한다.

㉢ 진동기를 철근에 대어 진동을 주면 부착이 감소되므로 피해야 한다.

㉣ 콘크리트에 구멍이 남지 않도록 서서히 **빼낸다**.

㉤ 굳기 시작한 콘크리트에는 사용하지 않는다.

㉥ 진동기의 종류

ⓐ 봉상(봉상) 진동기 : 콘크리트에 삽입시켜 사용하는 것으로 보통 건축공사에서 많이 이용된다.

ⓑ 거푸집 진동기 : 거푸집 밖에서 거푸집 표면을 진동시켜 콘크리트가 밀실하도록 하는 진동기이다.

ⓒ 표면 진동기 : 콘크리트 표면에 진동을 주는 것으로 도로의 포장에 이용된다.

⑥ **양생(養生)** : 콘크리트를 부어넣은 뒤 시멘트의 수화(水和)나 콘크리트의 경화가 진행되도록 급속한 건조나 온도변화, 진동 및 외력 등의 영향을 받지 않도록 보호하는 일을 보양(保養) 또는 양생(養生)이라 한다.

관련기준
건축표준시방서코드(KCS) 2022
〈KCS 14 20 11 : 2022〉

양 생

3.4.1 일반사항

콘크리트는 타설한 후 소요기간까지 경화에 필요한 온도, 습도조건을 유지하며, 유해한 작용의 영향을 받지 않도록 충분히 양생하여야 한다. 구체적인 방법이나 필요한 일수는 각각 해당하는 조항에 따라 구조물의 종류, 시공조건, 입지조건, 환경조건 등 각각의 상황에 따라 정하여야 한다.

3.4.2 습윤 양생

(1) 콘크리트는 타설한 후 경화가 될 때까지 양생기간 동안 직사광선이나 바람에 의해 수분이 증발하지 않도록 보호하여야 한다.

(2) 콘크리트는 타설한 후 습윤 상태로 노출면이 마르지 않도록 하여야 하며, 수분의 증발에 따라 살수를 하여 습윤 상태로 보호하여야 한다. 습윤 상태로 보호하는 기간은 다음 표를 표준으로 한다.

습윤 양생 기간의 표준

일평균 기온	보통 포틀랜드 시멘트	고로 슬래그 시멘트 2종 플라이 애쉬 시멘트 2종	조강 포틀랜드 시멘트
15℃ 이상	5일	7일	3일
10℃ 이상	7일	9일	4일
5℃ 이상	9일	12일	5일

(3) 거푸집판이 건조될 우려가 있는 경우에는 살수하여야 한다.

(4) 막양생을 할 경우에는 충분한 양의 막양생제를 적절한 시기에 균일하게 살포하여야 한다. 막양생으로 수밀한 막을 만들기 위해서는 충분한 양의 막양생제를 적절한 시기에 살포할 필요가 있으므로 사용 전에 살포량, 시공 방법 등에 관해서 시험을 통하여 충분히 검토하여야 한다.

3.4.3 온도제어 양생

(1) 콘크리트는 경화가 충분히 진행될 때까지 경화에 필요한 온도조건을 유지하여 저온, 고온, 급격한 온도 변화 등에 의한 유해한 영향을 받지 않도록 필요에 따라 온도제어 양생을 실시하여야 한다.

(2) 온도제어 양생을 실시할 경우에는 온도제어방법, 양생 기간 및 관리방법에 대하여 콘크리트의 종류, 구조물의 형상 및 치수, 시공 방법 및 환경조건을 종합적으로 고려하여 적절히 정하여야 한다.

(3) 증기 양생, 급열 양생, 그 밖의 촉진 양생을 실시하는 경우에는 콘크리트에 나쁜 영향을 주지 않도록 양생을 시작하는 시기, 온도상승속도, 냉각속도, 양생 온도 및 양생시간 등을 정하여야 한다.

3.4.4 유해한 작용에 대한 보호

(1) 콘크리트는 양생 기간 중에 예상되는 진동, 충격, 하중 등의 유해한 작용으로부터 보호하여야 한다.

(2) 재령 5일이 될 때까지는 물에 씻기지 않도록 보호한다.

콘크리트 강도

1. 물·시멘트비가 클수록 압축강도는 작아진다.
2. 물·시멘트비가 클수록 레이턴스가 많이 생긴다.
3. 물·시멘트비가 낮을수록 강도는 높다.
4. 혼화재를 넣지 않은 상태에서 슬럼프치가 낮을수록 강도는 높다.
5. 콘크리트 타설시에 진동다짐을 많이 할수록 강도는 나빠진다.
6. 보통 포틀랜드 시멘트를 사용한 콘크리트는 대기온도 평균 20℃ 정도에는 28일 양생하면 설계 강도를 확보한다.
7. 습윤환경보다 건조환경에서 양생된 콘크리트의 강도가 낮다.
8. 콘크리트 배합시 사용되는 물의 양이 많을수록 강도는 저하된다.
9. 현장 타설 구조체 콘크리트는 양생온도가 높을수록 강도 발현이 촉진된다.
10. 타설 후 초기재령에 동결된 콘크리트는 그 후 적절한 양생을 하여도 강도가 회복되기 어렵다.
11. 콘크리트의 압축강도에 관한 설명으로 시험용 공시체의 크기가 작을수록, 재하 속도가 빠를수록 강도는 커진다.
    - 콘크리트 압축강도용 원추공시체 φ100 × 200mm를 사용할 경우 강도보정계수 0.97을 사용한다.

크기효과(Size Effect)

공시체의 크기가 증가함에 따라 강도의 저하가 일어나는 현상

공시체의 형상 치수와 압축강도와의 관계

공시체의 형상	공시체의 치수(cm)	D15 × 30 원주공시체 강도의 비	D15 × 30 원주공시체 강도환산값
원주체	D10 × 20	1.03	0.97
원주체	D15 × 30	1.00	1.00
원주체	D20 × 40	0.95	1.05
입방체	10	1.33	0.75
입방체	15	1.25	0.80
입방체	20	1.20	0.83
입방체	30	1.11	0.90
직방체	15 × 15 × 45	0.95	1.05
직방체	20 × 20 × 60	0.95	1.05

콘크리트의 품질관리

3.5.3.1 콘크리트의 받아들이기 품질 검사

(1) 콘크리트의 운반 검사는 다음 표에 따른다.

∅ 콘크리트의 운반 검사

항 목	시험·검사 방법	시기 및 횟수	판정기준
운반설비 및 인원배치	외관 관찰	콘크리트 타설 전 및 운반 중	시공계획서와 일치할 것
운반방법	외관 관찰		시공계획서와 일치할 것
운반량	양의 확인		소정의 양일 것
운반시간	출하 및 도착시간의 확인		3.2에 적합할 것

(2) 콘크리트의 받아들이기 품질관리는 콘크리트를 타설하기 전에 다음 표에 의해 실시하여야 한다.

∅ 콘크리트의 받아들이기 품질 검사

항 목	시험·검사 방법	시기 및 횟수	판정기준
굳지 않은 콘크리트의 상태	외관 관찰	콘크리트 타설 개시 및 타설 중 수시로 함	워커빌리티가 좋고, 품질이 균질하며 안정할 것
슬럼프	KS F 2402의 방법	최초 1회 시험을 실시하고, 이후 압축강도 시험용 공시체 채취시 및 타설 중에 품질변화가 인정될 때 실시	KS F 4009의 슬럼프 허용오차 이내
슬럼프 플로	KS F 2594의 방법		KS F 4009의 슬럼프 플로 허용오차 이내
공기량	KS F 2409의 방법 KS F 2421의 방법 KS F 2449의 방법		허용오차 : ±1.5%
온 도	온도측정		정해진 조건에 적합할 것
단위용적 질량	KS F 2409의 방법	필요한 경우 별도로 정함	정해진 조건에 적합할 것
염화물 함유량	KS F 4009 부속서 A의 방법	바닷모래를 사용한 경우 2회/일, 그밖에 염화물 함유량 검사가 필요한 경우 별도로 정함	KS F 4009에 따름

관련기준

건축표준시방서코드(KCS) 2022
〈KCS 14 20 10 : 2022〉

배합	단위수량1)	한국콘크리트학회 제규격(KCI−RM101)에 따른 굳지 않은 콘크리트의 단위수량시험[1]	1회/일, 120m³ 마다 또는 배합이 변경될 때마다	시방배합 단위수량 ± 20kg/m³ 이내
	단위 결합재량	결합재의 계량값	전 배치	KS F 4009의 재료 계량 오차 이내
	물−결합재비	굳지 않은 콘크리트의 단위수량과 단위 결합재의 계량값으로부터 계산	필요한 경우 별도로 정함	참고 자료로 활용함
	기타, 콘크리트 재료의 단위량	콘크리트 재료의 계량값	전 배치	KS F 4009의 재료 계량 오차 이내
	펌퍼빌리티	펌프에 걸리는 최대 압송 부하의 확인	펌프 압송시	콘크리트 펌프의 최대 이론 토출압력에 대한 최대 압송부하 이하

1) 단위수량의 시험은 도입된 지 얼마 되지 않았고 시험 방법의 적합성이나 시험 결과의 신뢰성 등이 평가되지 않아 현재는 참고자료로만 활용하는 것이 좋다.

⑶ 워커빌리티의 검사는 굵은골재 최대 치수 및 슬럼프가 설정치를 만족하는지의 여부를 확인함과 동시에 재료 분리 저항성을 외관 관찰에 의해 확인하여야 한다.

⑷ 강도검사는 표 3.5−3에 따라 압축강도시험에 의한 검사를 실시한다. 이 검사에서 불합격된 경우에는 구조물에 대한 콘크리트의 강도 검사를 실시하여야 한다.

⑸ 내구성 검사는 공기량, 염소이온량을 측정하는 것으로 한다. 내구성으로부터 정한 물 − 결합재비는 배합검사를 실시하거나, 강도시험에 의해 확인할 수 있다.

⑹ 검사결과 불합격으로 판정된 콘크리트는 사용할 수 없다.

:: 제18회

3.5.3.2 압축강도에 의한 콘크리트의 품질 검사
(1) 압축강도에 의한 콘크리트의 품질 검사를 하는 경우에는 다음 표에 의한다.

🔗 압축강도에 의한 콘크리트의 품질 검사

종 류	항 목	시험·검사 방법	시기 및 횟수	판정기준	
				$f_{ck} \leq 35$ MPa	$f_{ck} > 35$ MPa
호칭 강도로 부터 배합을 정한 경우	압축강도 (재령 28일의 표준양생 공시체)	KS F 2405의 방법	1회/일, 또는 구조물의 중요도와 공사의 규모에 따라 120m³마다 1회 또는 배합이 변경될 때마다	① 연속 3회 시험값의 평균이 호칭강도 이상 ② 1회 시험값이 호칭 강도의 3.5MPa 이상	① 연속 3회 시험값의 평균이호칭도 이상 ② 1회 시험값이 호칭강도의 90% 이상
그 밖의 경우				압축강도의 평균 값이 품질기준강도 이상일 것	

💡 1회의 시험값은 공시체 3개의 압축강도 시험값의 평균값임

(2) 압축강도에 의한 콘크리트의 품질관리는 일반적인 경우 조기재령에 있어서의
압축강도에 의해 실시한다. 이 경우, 시험체는 구조물에 사용되는 콘크리트를
대표할 수 있도록 채취하여야 한다.

(11) 특수 콘크리트

▪▪ 제15회

① 일반 콘크리트

㉠ 공기량은 보통콘크리트의 경우 4.5%, 경량골재콘크리트의 경우 5.5%,
포장콘크리트 4.5%, 고강도콘크리트 3.5% 이하로 하되, 그 허용오차는
±1.5%로 한다.

㉡ 굳지 않은 콘크리트 중의 염화물 함유량은 염소이온량으로써 원칙적으
로 0.30kg/m³ 이하로 하여야 한다.

㉢ 콘크리트의 물·결합재비는 원칙적으로 60% 이하이어야 한다.

㉣ 콘크리트는 침하균열, 소성수축균열, 건조수축균열, 자기수축균열 혹은
온도균열에 의한 균열폭이 허용균열폭 이내여야 한다.

🔖 **슬럼프의 표준값**(mm)

종 류		슬럼프 값
철근 콘크리트	일반적인 경우	80 ~ 150
	단면이 큰 경우	60 ~ 120
무근 콘크리트	일반적인 경우	50 ~ 150
	단면이 큰 경우	50 ~ 100

② **레디믹스트 콘크리트**

　㉠ 협소한 장소에 적합하다.

　㉡ 재료 적치장이 불필요하다.

　㉢ 균일한 품질이 보장되어야 한다.

　㉣ 비빔 설치가 불필요하므로 소음이 작다.

　㉤ 레디믹스트 콘크리트의 종류

　　ⓐ 센트럴 믹스트 콘크리트(Central Mixed Concrete) : 배처 플랜트 시설이 있는 고정믹서에서 완전히 비빈 것을 목적지에 운반하는 방법이다.

　　ⓑ 슈링크 믹스트 콘크리트(Shrink Mixed Concrete) : 고정믹서에서 어느 정도 비빈 것을 트럭 믹서에 담아 운반 중 비벼서 현장에 반입하는 방법이다.

　　ⓒ 트랜싯 믹스트 콘크리트(Transit Mixed Concrete) : 트럭 믹서에 모든 재료가 공급되어 운반 도중에 완전히 비벼서 현장에 반입하는 방법이다.

③ **경량골재 콘크리트** : 설계기준압축강도가 15MPa 이상, 24MPa 이하로서 기건 단위질량이 1,400~2,000kg/m³의 콘크리트를 말한다.

　㉠ 물·결합재비를 정할 경우 일반 콘크리트 규정에 따른다.

　㉡ 공기연행 콘크리트로 하는 것을 원칙으로 한다.

　㉢ 콘크리트의 수밀성을 기준으로 물·결합재비를 정할 경우에는 50% 이하를 표준으로 한다.

　㉣ 슬럼프는 일반적인 경우 대체로 50~180mm를 표준으로 한다.

　㉤ 경량골재 콘크리트의 공기량은 일반 골재를 사용한 콘크리트보다 1% 크게 하여야 한다.

　㉥ 건조수축이 크고 강도가 작으며 시공이 번거롭다

　㉦ 피복을 두껍게 한다(+10mm). 방음효과가 크다. 내화성이 크고 열전도율이 작다.

　㉧ 경량골재는 배합 전에 충분히 흡수시키고, 표면건조 내부포수상태에 가까운 상태로 사용하는 것을 원칙적으로 한다.

④ **한중(寒中) 콘크리트**

　㉠ 하루의 평균기온이 4℃ 이하가 예상되는 조건일 때는 콘크리트가 동결할 염려가 있으므로 한중 콘크리트로 시공하여야 한다.

　㉡ 한중 콘크리트에는 공기연행 콘크리트를 사용하는 것을 원칙으로 한다.

　㉢ 물·결합재비는 원칙적으로 60% 이하로 하여야 한다

　㉣ 가열한 재료를 믹서에 투입하는 순서는 시멘트가 급결하지 않도록 정하여야 한다.

　㉤ 콘크리트를 타설할 때에는 철근이나, 거푸집 등에 빙설이 부착되어 있지 않아야 한다.

　㉥ 소요 압축강도가 얻어질 때까지 콘크리트의 온도를 5℃ 이상으로 유지하여야 하며, 또한 소요 압축강도에 도달한 후 2일간은 구조물의 어느 부분이라도 0℃ 이상이 되도록 유지하여야 한다.

　㉦ 시멘트는 절대 가열하지 않고, 골재를 가열시 불에 닿지 않도록 주의한다.

⑤ **서중(暑中) 콘크리트**

　㉠ 서중 콘크리트는 일 평균기온이 25℃를 초과하는 경우에 적용한다.

　㉡ 콘크리트의 배합은 소요의 강도 및 워커빌리티를 얻을 수 있는 범위 내에서 단위수량을 적게 하고 단위시멘트량이 많아지지 않도록 적절한 조치를 취하여야 한다.

　㉢ 일반적으로는 기온 10℃의 상승에 대하여 단위수량은 2~5% 증가하므로 소요의 압축강도를 확보하기 위해서는 단위수량에 비례하여 단위시멘트량의 증가를 검토하여야 한다.

　㉣ 콘크리트 재료는 온도가 낮아질 수 있도록 하여야 한다.

　㉤ 타설할 때의 콘크리트 온도는 35℃ 이하로 한다.

　㉥ 타설 후 수분의 급격한 증발이나 직사광선에 의한 온도상승을 막고 습윤상태를 유지하면서 양생을 하고, 그 기간은 담당원의 지시에 따른다.

⑥ **수밀 콘크리트** : 방수성을 갖게 하기 위해 콘크리트 자체를 수밀하게 만든 콘크리트를 말한다.

　㉠ 배합 : 콘크리트의 소요품질이 얻어지는 범위 내에서 단위수량 및 물·결합재비는 되도록 작게 하고, 단위굵은골재량은 가급적 크게 한다.

　㉡ 물·결합재비(W/C) : 50% 이하 표준

　㉢ 소요 슬럼프는 되도록 작게 하여 180mm를 넘지 않도록 하며, 콘크리트 타설이 용이할 때에는 120mm 이하이다.

PART 02

♀ OX

1. 수밀 콘크리트는 물·시멘트비를 50% 이하로 하며 내수성을 갖도록 한 것이다. (○)

2. 수밀 콘크리트는 수압이 구조체에 직접적인 영향을 미치는 구조물에서 방수, 방습 등을 목적으로 만들어진 흡수성과 투수성이 작은 콘크리트이다. (○)

3. 프리팩트 콘크리트는 거푸집에 미리 채워 넣은 굵은 골재 사이로 모르타르를 관을 통하여 주입한 것이다. (○)

4. 중량 콘크리트는 비중이 큰 골재를 사용하며 주로 방사선 차폐용으로 사용하는 것이다. (○)

② 콘크리트의 워커빌리티를 개선시키기 위해 공기연행제, 공기연행감수제 또는 고성능 공기연행감수제를 사용하는 경우라도 공기량은 4% 이하가 되게 한다.

⑩ 소요품질을 갖는 수밀 콘크리트를 얻기 위해서는 적당한 간격으로 시공 이음을 두어야 하며, 그 이음부의 수밀성에 대하여 특히 주의하여야 한다.

⑪ 콘크리트는 가능한 연속으로 타설하여 콜드 조인트가 발생하지 않도록 하여야 한다.

⑭ 콘크리트 다짐을 충분히 하며, 가급적 이어붓기를 하지 않아야 한다. 부득이 이어붓기를 할 때는 그 방법과 방수처리는 공사시방서 또는 책임기술자의 지시에 따른다.

⑮ 수밀 콘크리트는 충분한 습윤 양생을 하여야 한다.

⑦ **쇄석 콘크리트**(깬자갈 콘크리트)

㉠ 쇄석과 모르타르의 부착력이 좋아 강자갈보다 강도가 커지는 장점이 있다.

㉡ AE제를 사용해서 시공연도를 개선해야 한다.

㉢ 강자갈보다 실적률이 작다.

㉣ 실적률을 증가시키기 위해 잔골재율을 증가한다.

⑧ **고강도 콘크리트**

㉠ 설계기준압축강도는 보통 콘크리트 40MPa 이상, 경량골재 콘크리트에서 27MPa 이상으로 한다.

㉡ 물·결합재비는 소요의 강도와 내구성을 고려하여 정하여야 한다.

㉢ 슬럼프는 작업이 가능한 범위 내에서 되도록 작게 한다.

㉣ 굵은골재의 입도분포는 굵고, 가는 골재 알이 골고루 섞이어 공극률을 줄임으로써 시멘트 풀이 최소가 되도록 하는 것이 좋다.

㉤ 기상의 변화가 심하거나 동결융해에 대한 대책이 필요한 경우를 제외하고는 공기연행제를 사용하지 않는 것을 원칙으로 한다.

㉥ 압축강도 50MPa 이상의 콘크리트는 치밀한 구조로 화재 발생시 폭렬이 일어나기 때문에 내화성이 떨어진다.

OX

압축강도 50MPa 이상의 콘크리트는 내구성과 내화성이 매우 우수하다. (×)

05 이음새(Joint)

건축물에 사용되는 이음새는 그 성격에 따라 신축이음, 시공이음, 조절줄눈으로 분류된다.

1 시공이음(Construction Joint, 시공줄눈)

(1) 개 념

신구 콘크리트 경계면에 불연속면이 생성하게 되면 균열이 발생하는 등 구조물에 불리한 영향을 끼치게 된다. 이것을 콜드 조인트(Cold Joint)라 부른다. 콜드 조인트에 의한 시공불량을 방지하기 위해 사전에 이음부 등을 선정하고 시공시에 미리 계획하여 타설구간 및 이어치는 높이 등을 결정하게 되는 데 이것을 시공줄눈이라 한다.

(2) 시공이음의 위치

① 전단력이 가장 작은 곳으로 한다.
② 재축에 직각 방향으로 한다.
③ 보·바닥판은 중앙부에 시공이음을 한다.
④ 기둥, 벽은 바닥판 및 기초 상판에 설치한다.
⑤ 이음길이와 면적이 최소화되는 곳으로 한다.

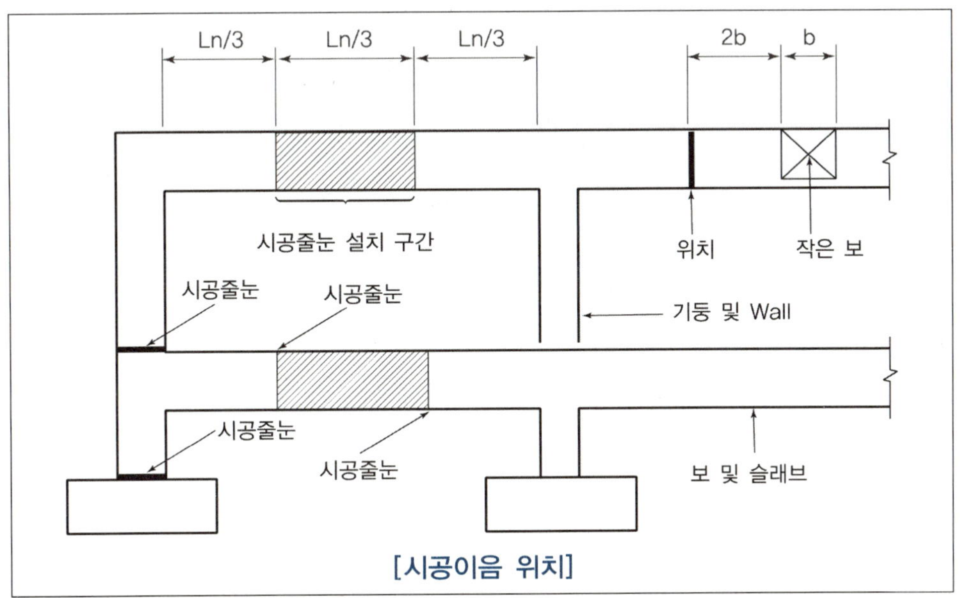

② 신축·팽창줄눈(Expansion Joint, Isolation Joint, 신축이음)

구조체의 팽창, 수축, 부동침하, 진동 등에 의한 유해응력의 발생 또는 발달을 조절하기 위하여 설치된다. 또한 때때로 구조체가 서로 다른 형태의 거동이 예상되는 경우 이러한 구조요소의 분리를 목적으로 설치하기도 한다.

(1) 신축이음이 필요한 이유

① 온도 변화에 의한 콘크리트의 수축·팽창을 흡수
② 부동침하에 대한 피해를 최소화
③ 적재하중, 이동하중의 영향 등에 의한 균열·파손의 최소화

(2) 신축이음을 두는 위치

① 건물의 길이가 50~60m를 넘는 긴 건물
② 두 고층 사이에 있는 긴 저층 건물
③ 기존 건물과 증축 건물의 접합부
④ 건물의 한 끝에 달린 날개형 건물 사이
⑤ 평면이 ㄴ·ㄷ·T형의 교차부분

③ 조절줄눈(Control Joint)

(1) 콘크리트에는 균열이 반드시 생긴다는 기본 생각을 토대로 해서, 균열이 생길 만한 구조물의 부재에 미리 줄눈을 설치하여 결함부위를 만들어 둔다.

(2) 줄눈을 설치한 부위로 균열이 집중적으로 생기게 하여, 다른 부분에는 균열이 생기지 않도록 한 줄눈을 조절줄눈이라 한다.

(3) 간격은 보통 4.5~7.5m 정도마다 설치한다.

④ 지연줄눈(Delay Joint)

장 스팬의 구조물(100m가 넘는)에 신축줄눈을 설치하지 않고, 건조수축을 감소시킬 목적으로 설치하는 줄눈이다.

5 미끄럼줄눈(Sliding Joint)

쉽게 활동할 수 있게 한 줄눈으로 바닥판 또는 보의 지지를 단순지지로 만들기 위한 줄눈이다.

6 슬립 조인트(Slip Joint)

벽돌벽 + RC슬라브를 말한다.

7 콜드 조인트(Cold Joint)

비의도 줄눈으로 이어치기 시간이 경과해서 미리 친 콘크리트가 경화됨에 따라 새로 타설한 콘크리트와 일체화가 되지 않아 생긴 시공상 하자를 말한다.

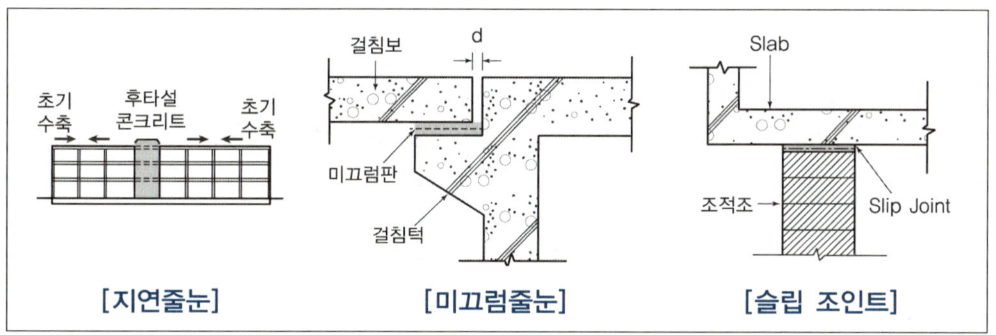

06 응력과 배근

1 응 력

(1) 구조체에 대한 하중과 반력(反力)은 구조체에 작용하는 외력시스템을 구성한다.

(2) 이러한 외력시스템에 대응하여 구조부재의 내부에 발생하는 저항력을 내력(內力, Internal Force)이라 한다.

(3) 내력을 그것이 작용하는 단면의 크기로 나눈 값을 응력(應力, Stress)이라 하며, 응력의 크기를 응력도(應力度, Stress Level, P/A)라 한다.

💡 OX

외력이 작용하는 구조부재 단면에 발생하는 단위면적당 힘의 크기를 응력도라 한다. (○)

2 응력의 종류

(1) 축방향응력(Axial Stress)

외력이 부재의 주축(主軸)방향과 나란하게 작용하면 축방향(軸方向) 응력이 발생한다. 이 경우 응력의 크기는 부재의 길이 전체에 걸쳐 일정하다. 축방향 응력은 인장응력과 압축응력의 두 종류로 나누어진다.

(2) 휨응력(Bending Stress)

보에서 실린 하중은 보에 휨모멘트를 일으키며 그 결과 중립축(中立軸)을 중심으로 상부에는 압축응력, 하부에는 인장응력이 발생하게 된다. 동일한 단면적을 갖는 보라 할지라도 중립축으로부터 상하측 단부까지의 거리가 멀수록 휨모멘트에 대한 내력이 증가한다. 따라서, 직사각형 단면을 갖는 부재의 경우 옆으로 눕히는 것보다 세워서 설치하는 것이 유리하다.

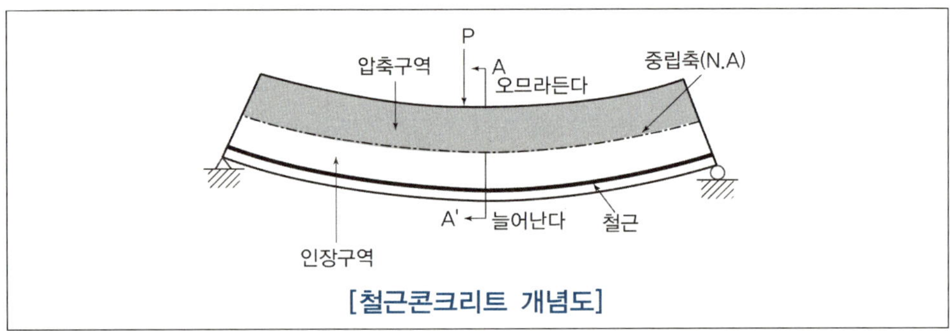

[철근콘크리트 개념도]

(3) 전단응력(剪斷應力, Shearing Stress)

보 단면 내부의 작은 사각형입자에 대하여 이를 적용해보면, 입자의 4변에 마찰력이 작용하게 된다. 이 네 개의 힘은 둘씩 합성되어 45°방향으로 입자를 인장하는 사인장(斜引張, Diagonal) 응력을 만들어 내며, 이러한 힘에 의한 파괴를 사인장력에 의한 전단파괴라 한다. 실제 구조물에 나타난 구조적 균열의 대부분은 이러한 작용의 결과이다. 콘크리트 보에 수직하중이 가해지면 휨력과는 별도로 전단력이 발생한다. 콘크리트 두께만 가지고는 전단력을 감당할 수 없을 때는 철근으로 보강할 필요가 생기는데 전단면과 수직으로 배근해야 원칙이지만 시공편의상 수직으로 배근해도 무방하다. 이를 늑근(스터럽 철근, Stirrup Bar)이라 한다.

[전단균열]

(4) 비틀림응력

기둥이 없는 곳에서 보와 보가 만나면 작은 보의 끝단에서 생기는 휨력은 큰 보의 중간에 비틀림력을 발생시키게 되는데 이때도 스터럽 철근으로 보강한다.

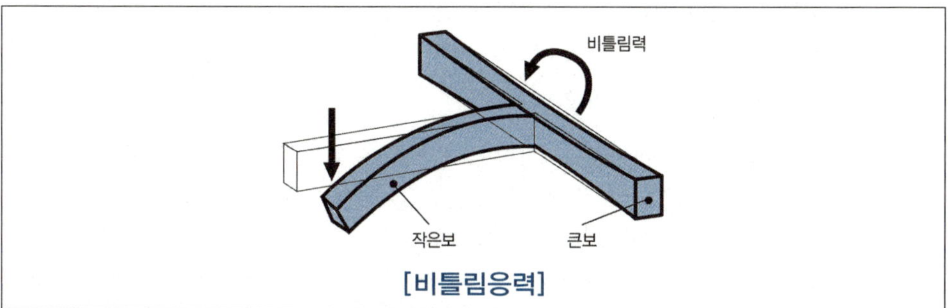

(5) 주근 배근의 원칙

콘크리트 내부에 철근을 배치하는 것을 배근(配筋)이라 한다. 철근은 대체로 인장(引張)보강이 목적이기 때문에 인장측에 배치하는 것이 원칙이다. 그러나 기둥이나 보에서는 조립 가공시의 작업성을 고려하여 압축측에도 철근을 배근하는 경우가 많다. 이 경우 압축측의 철근은 콘크리트의 강도를 보강해 주는 역할을 하며, 반대로 콘크리트는 철근이 좌굴하는 것을 방지하는 역할을 한다. 이처럼 축방향력이나 휨모멘트를 부담하는 철근을 주근(主筋)이라 한다.

07 철근콘크리트의 각부구조

1 기둥(柱, Column)

① 기둥은 지붕이나 바닥 슬래브의 하중과 위 기둥으로부터 전달되는 하중을 아래 기둥이나 기초로 전달하는 수직부재로 축압력과 휨모멘트를 지지한다.
② 기둥의 종류에는 주근을 일정한 간격의 띠철근 또는 나선철근으로 구속된 띠철근기둥과 나선철근기둥이 있다.
③ 기둥의 보강철근은 주철근과 띠철근 또는 나선철근으로 이루어진다.

(1) 기둥의 분류

① 길이에 따른 분류
  ㉠ 단주(短柱, Short Column): 기둥의 길이에 비해 횡단면의 단면치수가 큰 기둥으로 좌굴파괴 이전에 축하중에 의해서 압축파괴가 일어난다.

철근콘크리트의 각부구조

- **01** 기둥
- **02** 보
- **03** 바닥판
- **04** 내력벽

:: 제27회

♡OX

보의 축방향 철근은 휨모멘트에 저항한다. (○)

    ⓛ 장주(長柱, Long Column) : 기둥의 단면치수에 비해 길이가 큰 기둥으로 세장(細長)비의 영향에 의해 좌굴(Buckling)파괴가 일어난다.

② **철근 배근상 분류**

    ㉠ 띠철근기둥(Tied Column) : 축방향철근을 30~60cm 간격의 횡방향 띠철근으로 보강된 사각형 및 원형 단면의 기둥으로 건설비가 저렴하여 가장 일반적으로 사용된다.

    ㉡ 나선철근기둥(Spiral Column) : 축방향철근을 2.5~7.5cm 간격의 횡방향 나선철근으로 보강된 원형단면의 기둥으로 지진지역과 같이 높은 연성이 필요한 곳에 주로 사용된다.

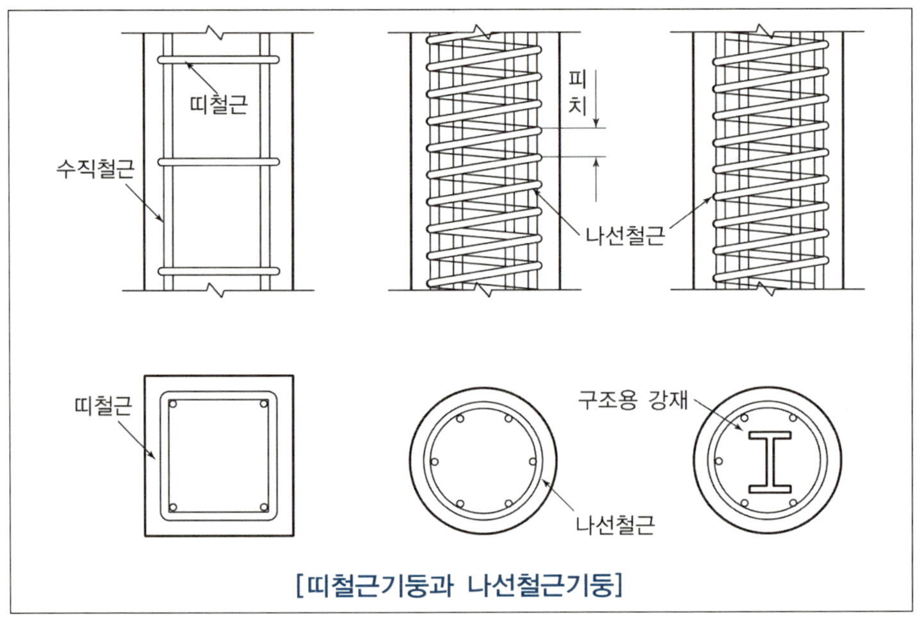

[띠철근기둥과 나선철근기둥]

(2) 기둥의 구조

① 각 층의 바닥하중을 기초에 전달하는 수직압축 부재이다.

② 축방향의 수직철근을 주근이라 한다.

③ 기둥의 단면은 사각형, 다각형, 원형 등이 있다.

④ 주근의 이음 위치는 기둥지점 간 거리(층높이)의 3/4 이내에 둔다.

⑤ 주근은 한 곳에서 1/2 이상을 잇지 않는다.

⑥ 원형 또는 다각형 기둥에서 나선형으로 둘러 감은 철근을 나선철근이라 한다.

    ㉠ 나선철근은 콘크리트가 밖으로 퍼져나가는 것을 방지한다.

    ㉡ 콘크리트의 강도를 증가시키는 구실을 한다.

:: 제25회

♀ OX

1. 사각형 띠철근으로 둘러싸인 기둥의 주근은 4개 이상으로 한다. (○)
2. 나선철근은 기둥의 휨내력 성능을 향상시킬 목적으로 설치한다. (×)
3. 기둥부재의 경우 띠철근과 나선철근은 콘크리트의 횡방향 벌어짐을 구속하는 효과가 있다. (○)
4. 기둥 주근은 압축력에 주로 저항한다. (○)

⑦ 주근을 둘러싼 수평철근을 띠철근 또는 대근이라고도 한다. 띠철근은 전단력에 대하여 콘크리트를 보강하고, 주근의 위치를 고정하며, 주근의 좌굴을 방지하는 구실을 한다.

> **띠철근의 목적**
> 1. 전단보강
> 2. 주철근의 좌굴방지
> 3. 주철근의 위치확보
> 4. 피복두께 유지
> 5. 심부콘크리트 압축팽창에 따른 횡방향 벌어짐 구속

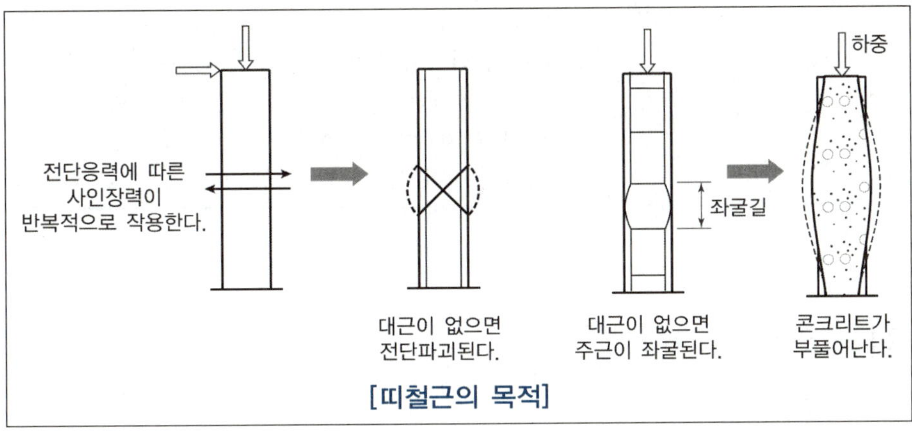

(3) 기둥 설계 일반

① 기둥의 주근은 D16 이상을 사용하고 개수는 띠철근기둥(장방향) 4개 이상, 나선철근기둥(원형기둥) 6개 이상을 배근한다.

② 철근의 피복두께는 40mm 이상으로 한다.

구 분		띠철근기둥	나선철근기둥
축방향 철근 (주근)	단면 치수	㉠ 단면최소치수: 200mm 이상 ㉡ 단면적: 60,000mm² 이상	심부지름: 200mm 이상 ($f_{ck} \geq 21$MPa)
	개 수	㉠ 직사각형 및 원형단면: 4개 이상 ㉡ 삼각형 단면: 3개 이상	원형단면: 6개 이상
	간 격	㉠ 40mm 이상 ㉡ 철근 지름의 1.5배 이상	
	철근비	㉠ 주근은 D16 이상 ㉡ 최소철근비: 1%, 최대철근비: 8% 💡 주철근이 겹침이음되는 경우: 4% 이하	

띠철근 또는 나선 철근	지 름	• 주철근 지름 D32 이하 : D10 이상 • 주철근 지름 D35 이상 : D13 이상	φ 9mm 이상
	간 격	다음 중 최솟값 ㉠ 축방향 철근지름의 16배 이하 ㉡ 띠철근지름의 48배 이하 ㉢ 기둥단면의 최소 치수 이하	25mm 이상 75mm 이하
		내진설계시 띠철근 간격 ① 주철근 직경의 8배 이하 ② 띠철근 직경의 24배 이하 ③ 기둥단면치수의 1/2 이하 ④ 300mm 이하	겹침이음길이 ① 나선철근 지름의 48배 ② 300mm 이상

2 보(Beam, Girder)

(1) 개 요

① 보는 기둥 사이에 걸쳐댄 큰 보(Girder)와 큰 보 사이에 걸쳐댄 작은 보(Beam)가 있으며, 보통 지붕판이나 바닥판과 일체로 만들어 하중을 기둥에 전달하는 역할을 한다. 또 큰 보는 기둥과 함께 라멘구조의 뼈틀을 구성하여 지진력 등 수평력에 대해 기둥과 일체가 되어 저항함으로써 건물을 안전하게 지지하는 중요 구조재이다.

② 구조형식에 따라서 지진이나 바람과 같은 수평하중에 대하여 기둥과 같이 거동하여 건물의 안전성을 확보하는 역할을 담당하고 있다.

③ 인장 철근량이 너무 적으면 보의 인장측에 휨균열이 발생함과 동시에 곧바로 파괴될 수 있으므로 이러한 파괴를 방지하기 위해 최소철근비 규정을 두고 있다.

(2) 보의 종류

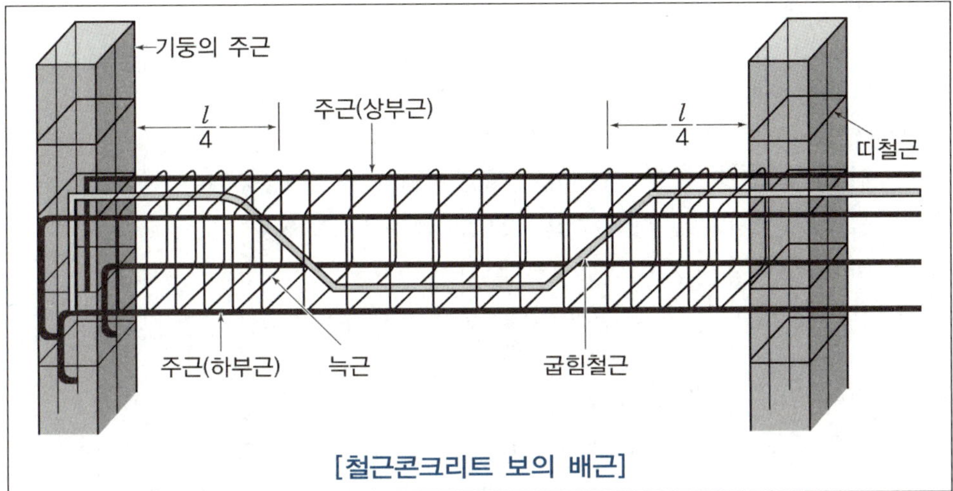

단근 직사각형 보(장방형 보), 복근 직사각형 보 및 T형 보의 종류가 있다.

① **장방형 보**

　㉠ 단근 보: 인장을 받는 부분에만 철근을 배근한 보

　㉡ 복근 보: 인장, 압축 양측에 철근을 배근한 보

② **T형 보**: 실제 보는 슬래브 아래에 있어 보와 슬래브의 일정부분이 일체화
되어 하중을 저항하는데, 이러한 보를 T형 보라 한다.

(3) 보의 설계 일반

① 중요한 보의 주근의 직경은 D13 이상의 철근을 사용한다.

② 철근의 피복두께는 40mm 이상으로 한다.

③ 중요한 보의 전 스팬은 복근 보로 한다.

④ 주근의 배치는 특별한 경우를 제외하고는 2단 이하로 배근한다.

⑤ 보의 춤(높이)은 경간(Span)의 1/10∼1/15 정도이고, 너비는 유효춤의
1/2∼2/3 정도로 하는 것이 일반적이다.

⑥ 보의 주근은 양단부에서는 상부에, 중앙부에서는 하부에 더 많이 배근한다.

(4) 주근(主勤, Main Bar)

① 보에서 인장력을 부담하는 쪽에만 주근을 배치하는 것을 단근(單筋) 보라
고 하며, 압축력이 생기는 쪽에도 주근을 배치하는 것을 복근(複筋) 보라
하는데, 구조내력상 주요한 보는 복근 보로 하는 것이 좋다. 복근 보로 배근
하면 구조물의 처짐, 크리프의 감소, 파괴시 연성거동의 증진 그리고, 지진
하중 등의 반복 작용 등에 대해 효과를 거둘 수 있다.

OX

T형 보는 보와 슬래브가 일체화
되어 슬래브의 일부분이 보의
플랜지를 형성한다. (○)

② 인장 주근의 이음은 중앙의 상부, 단부(端部)의 하부에 두고, 굽힘철근은 굽힌 부분에 둔다.

③ 주근의 간격은 25mm 이상, 주근의 공칭지름 이상으로 배근한다.

(5) 굽힘철근(折曲筋, Bend – Up Bar)

① 전단력의 보강으로 대단히 유효하지만 늑근과 병용해야 한다.

② 굽힘철근과 재축(材軸)과의 각도는 $30 \sim 45°$로 한다.

③ 반곡점은 경간 사이의 1/4로 본다.

④ 응력에 따라 상하 주근의 수량을 변화시키는 데 유리하다.

(6) 늑근(肋筋, Stirrup Bar)

① 보의 전단보강을 위해 넣는 철근을 늑근 또는 스터럽(Stirrup)이라 한다. 보에 작용하는 전단력은 대개 보의 양단부에서 크고, 중앙부에서는 작으므로 늑근은 단부에는 촘촘히 배근한다.

② 전단력의 분포에 따라 D10 이상의 철근을 배근한다.

③ 늑근의 간격은 보춤(유효깊이, Depth)의 1/2 이하 또는 600mm 이하로 한다(극한강도설계법).

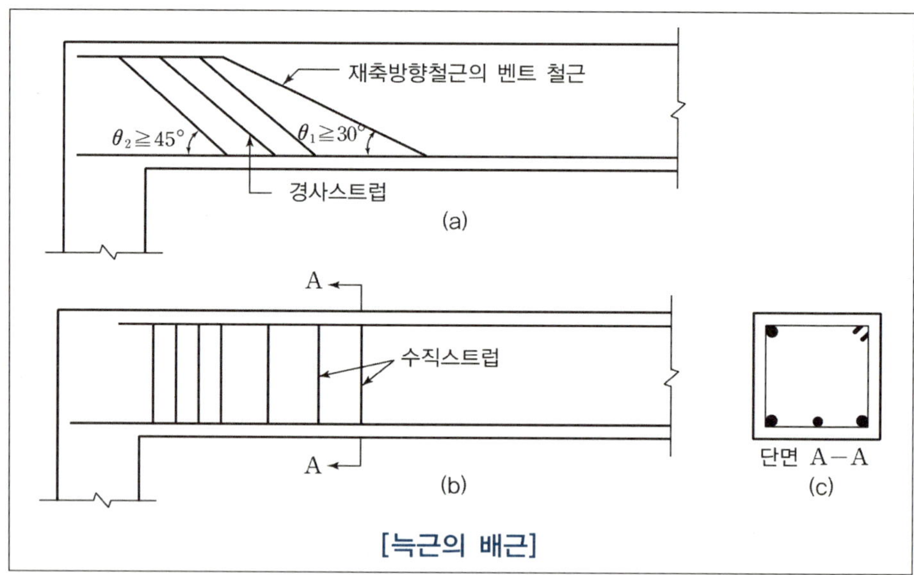

[늑근의 배근]

④ 비교적 짧은 길이에 배근할 때에는 전 구간 균등하게 배치하는 편이 좋다.

⑤ 어느 정도 긴 길이에 배치하기 위해서는 경제적 측면에서 각 구간별 계산하여 다른 간격으로 배근하는 편이 좋다.

> **늑근의 사용 목적**
> 1. 전단력의 보강(사인장 균열방지)
> 2. 주근 상호 간의 위치를 유지
> 3. 적당한 피복두께를 유지

(7) 전단 보강근의 범위

① 축방향 철근에 수직은 철근

② 축방향 철근에 45° 또는 그 이상의 각으로 된 늑근

③ 30° 이상 굽힌 축방향 철근

④ ①~③의 조합

예제

철근의 배근 및 역할에 관한 설명으로 옳지 않은 것은? 　제28회

① 기둥 띠철근은 주근의 좌굴방지와 전단보강의 역할을 한다.
② 보의 축방향 철근은 휨모멘트에 저항한다.
③ 슬래브 주근은 배력철근 안쪽인 슬래브 중심 가까이 배근한다.
④ 1방향 슬래브 주근은 단변방향 철근으로 휨모멘트에 저항한다.
⑤ 기둥 주근은 압축력에 주로 저항한다.

해설

③ 슬래브 주근은 중심에서 멀수록 휨모멘트에 대한 저항이 증가하기 때문에 배력철근 바깥쪽에 배근한다.

정답 ③

---

(8) 보의 종류

① **단순 보**: 보의 지지 조건이 기둥이나 벽 등에 단순히 올려 놓여져 있는 상태의 보

② **캔틸레버 보**(내민 보): 보의 지지 조건이 기둥이나 벽 등에 한쪽만 강하게 접합되어 있는 상태의 보

③ **양단 고정 보**: 보의 지지 조건이 기둥이나 벽 등에 양쪽 단부가 모두 강하게 접합되어 있는 상태의 보

3 바닥판(Slab)

① 슬래브는 고정하중과 활하중 등을 직접 받는 두께가 얇고 일정한 평판구조로서, 보나 벽체 또는 기둥에 직접 지지되는 수평재이다.

② 슬래브 구조는 보의 사용 여부에 따라 보 슬래브 구조와 플랫슬래브 구조로 나뉘며, 하중 전달방법에 따라 1방향 슬래브와 2방향 슬래브로 나뉜다.

③ 슬래브콘크리트는 휨·인장에 약하기 때문에 보와 유사하게 인장철근으로 보강되어야 하며, 응력계산상 인장철근이 필요하지 않는 경우에도 일정량의 철근이 배근되어야 한다.

(1) 바닥판의 구조

철근의 배치에 따라 단변 방향으로 배근하는 철근을 주근, 장변 방향(주근의 직각방향)으로 배근하는 철근을 배력근이라 한다.

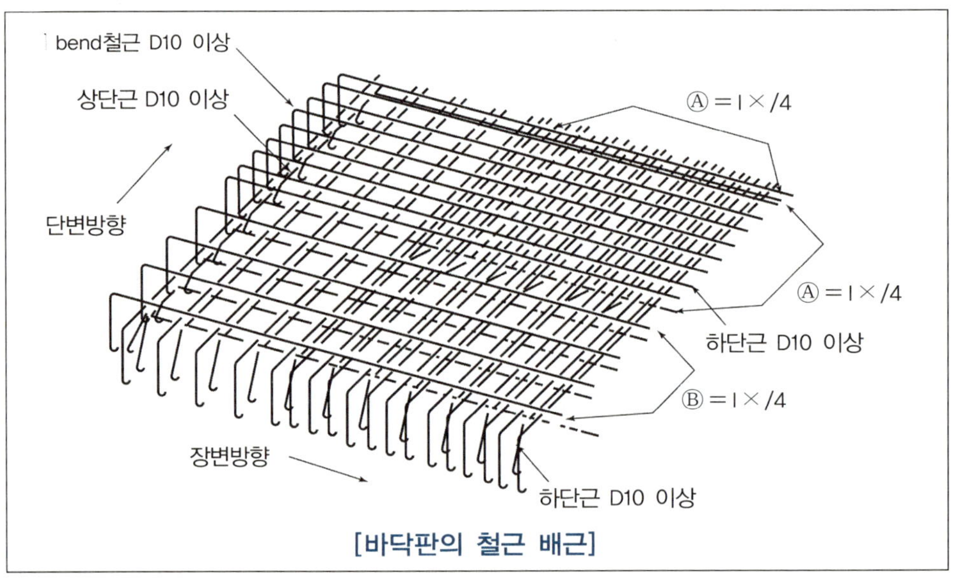

[바닥판의 철근 배근]

(2) 바닥판의 종류

① 1방향 슬래브

㉠ 바닥에 작용하는 하중이 주로 주변 방향으로만 작용한다고 생각하는 슬래브

㉡ 단변방향으로 주근을 배치하고, 장변방향으로 온도에 따른 수축을 고려 최소철근비에 해당하는 철근을 배근한다.

㉢ 1방향 슬래브 두께는 100mm 이상으로 한다.

② **2방향 슬래브**
  ㉠ 바닥에 작용하는 하중이 단변방향과 장변방향으로 모두 작용한다고 생 각하는 슬래브
  ㉡ 단변방향으로 주근을 배치하고, 장변방향으로 배력근을 배근한다.
  ㉢ 슬래브의 두께는 8cm 이상 또는 계산값 이상

4 내력벽

벽 중 하중 지지능력이 없는 비내력벽을 장막벽 또는 간막이벽이라 하고, 연직하중과 수평하중을 받을 목적으로 만든 벽을 내력벽이라 하며 특히 수평하중에 저항할 목적으로 만든 것을 내진벽이라 한다.

(1) 내력벽의 최소 두께는 벽의 최상단에서 4.5m까지는 150mm 이상이어야 하며, 매 3m 내려감에 따라 10mm씩 증가시켜야 한다.

(2) 내력벽의 철근 배근은 벽체두께의 3배, 450mm 이하로 배근한다.

(3) 벽의 두께가 25cm 이상이면 벽의 양면에 따라 복근으로 배근한다.

(4) 내력벽의 개구부에는 D13 이상의 철근을 2개 이상씩 60cm 이상 정착하여 보강한다.

> **주택건설기준 등에 관한 규정 제14조【세대 간의 경계벽 등】** ① 공동주택 각 세대 간의 경계벽 및 공동주택과 주택 외의 시설 간의 경계벽은 내화구조로서 다음 각 호의 어느 하나에 해당하는 구조로 해야 한다.
> 1. 철근콘크리트조 또는 철골·철근콘크리트조로서 그 두께(시멘트모르타르, 회반죽, 석고플라스터, 그 밖에 이와 유사한 재료를 바른 후의 두께를 포함한다)가 15센티미터 이상인 것
> 2. 무근콘크리트조·콘크리트블록조·벽돌조 또는 석조로서 그 두께(시멘트모르타르, 회반죽, 석고플라스터, 그 밖에 이와 유사한 재료를 바른 후의 두께를 포함한다)가 20센티미터 이상인 것
> 3. 조립식주택부재인 콘크리트판으로서 그 두께가 12센티미터 이상인 것
> 4. 제1호 내지 제3호의 것외에 국토교통부장관이 정하여 고시하는 기준에 따라 한국건설기술연구원장이 차음성능을 인정하여 지정하는 구조인 것
> ② 제1항에 따른 경계벽은 이를 지붕밑 또는 바로 윗층바닥판까지 닿게 하여야 하며, 소리를 차단하는데 장애가 되는 부분이 없도록 설치하여야 한다. 이 경우 경계벽의 구조가 벽돌조인 경우에는 줄눈 부위에 빈틈이 생기지 아니하도록 시공하여야 한다.

▪▪ 제14회

♀ OX
1. 1방향 슬래브의 경우 단변방향보다 장변방향으로 하중이 더 많이 전달된다. (×)
2. 배력근은 하중을 분산시키거나 균열을 제어할 목적으로 사용된다. (○)
3. 슬래브 주근은 배력철근보다 바깥쪽에 배근한다. (○)
4. 2방향 슬래브의 경우 단변과 장변의 양 방향으로 하중이 전달된다. (○)
5. 1방향 슬래브의 장변방향으로는 건조수축 및 온도변화에 따른 균열방지용 철근을 배근한다. (○)
6. 슬래브 주근은 배력철근 안쪽인 슬래브 중심 가까이 배근한다. (×)
7. 1방향 슬래브 주근은 단변방향 철근으로 휨모멘트에 저항한다. (○)

(5) **내진벽**

건물을 구성하는 벽체에는 지진이나 바람 등의 횡력에 저항하게 설계된 전단벽과 수직하중에 저항하는 내력벽 등이 있다.

① **내력벽**: 자중과 더불어 수직하중을 지지하는 구조기능을 가진 벽으로, 아파트, 소형 상업용 건물에서 내력벽 구조로 하면 경제적이고 공간의 효율을 높일 수 있다.

② **전단벽**(Shearing Wall)

ㄱ 수직하중과 함께 바람, 지진 등에 의한 수평하중도 지지할 수 있게 설계된 콘크리트벽이다.

ㄴ 저층건물에서는 수평하중을 골조구조가 지지하도록 할 수 있으나 층수가 높아짐에 따라 수평하중의 영향이 커지므로 계단실, 외벽 또는 내벽의 일부를 전단벽으로 하면 높은 휨강성으로 수평하중을 저항하는 데 매우 경제적이고 효율적인 구조가 된다.

ㄷ 벽체는 일반적으로 벽체의 길이 방향으로 큰 강성을 갖고 있으나 두께 방향으로는 취약하다.

ㄹ 따라서 벽체의 배치계획에 있어 가장 중요한 요소는 벽체와 벽체를 직교하게 배치하고 벽체의 두께 방향으로 횡력을 부담하는 경우를 최소화시켜야 할 것이다.

ㅁ 내진벽의 배치는 평면상에 있어서 교점이 2개 이상 있도록 하고, 평면상의 교점이나 연장선의 교점이 없거나 하나만 있는 경우에는 불안정하다. 상·하층의 배치는 같은 위치에 둔다. 또한 대칭되도록 배치하는 것이 좋다.

(6) **옹벽**(擁壁)

지반에 고저(高低)차가 있는 곳에 흙의 붕괴, 토사의 유출의 방지 등을 목적으로 설치하는 콘크리트구조물을 옹벽이라고 한다.

① **옹벽의 종류**

ㄱ 중력식 옹벽: 콘크리트 자체의 무게로 토압을 견디도록 한 옹벽으로 단순히 석조, 무근 콘크리트 등으로 하여 높이 3m 내외의 낮은 옹벽이다.

ㄴ T형 옹벽: 철근콘크리트의 높이 5m 내외의 옹벽이다.

ㄷ 부축벽식 옹벽: 철근콘크리트조의 높이 6m 이상의 옹벽이다.

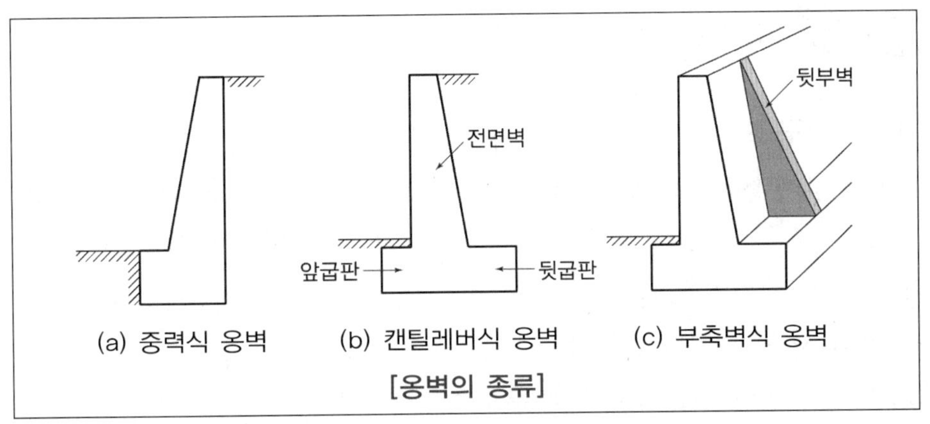

[옹벽의 종류]

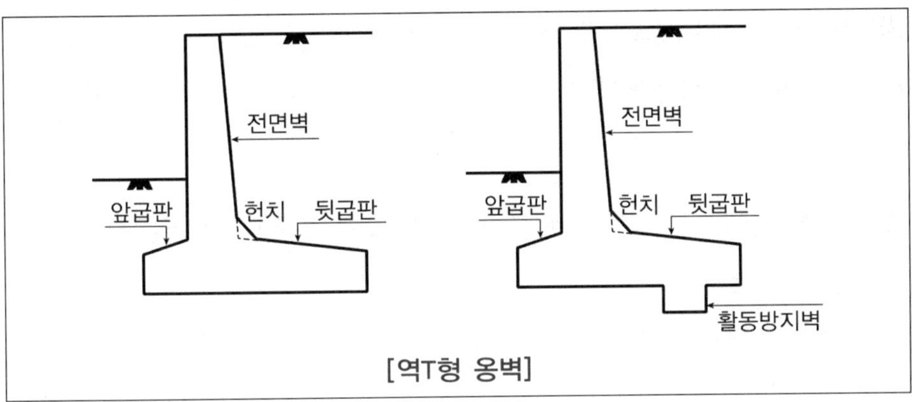

[역T형 옹벽]

② **철근의 배근과 전단키 설치**

㉠ 배근의 기본 위치는 인장력을 받는 부분에 철근을 배근한다.

㉡ 옹벽은 토압 등의 수평력에 견디도록 설계하며, 전도·슬라이딩·침하·단면 파괴 및 각부의 응력에 대해서 안전해야 한다.

㉢ 옹벽의 길이가 너무 길면 20~30m 정도의 간격으로 신축이음을 두어야 한다.

㉣ 배수공을 설치하여 옹벽 뒷면의 수압을 감소시킨다.

㉤ 옹벽의 활동(滑動)에 대한 수평 저항력은 옹벽에 작용하는 수평력의 1.5배 이상이어야 한다. 이때, 전단키를 설치한다.

㉥ 옹벽의 전도에 대한 저항모멘트는 횡토압에 의한 전도모멘트의 2.0배 이상이어야 한다.

㉦ 콘크리트 타설시 이어치기는 수직방향으로 실시한다.

08 특수한 철근콘크리트구조

1 벽식구조

벽식구조(壁式構造)는 주요구조부를 기둥이나 보 대신 내력벽과 바닥으로 구성한 것이다. 벽식구조는 주로 주택건축에 다음과 같은 이유로 사용한다.

(1) 주택은 비교적 작은 실(室)의 조합으로 이루어지기 때문에 벽이 많이 배치되어도 문제가 되지 않는다.

(2) 벽체가 간막이를 겸하기 때문에 경제적이다.

(3) 기둥이나 보가 없으므로 시공이 간편하다.

(4) 내진 및 내화성능이 우수하다.

2 플랫 슬래브(무량판, 無梁板) 및 플랫 플레이트 슬래브

(1) 플랫 슬래브

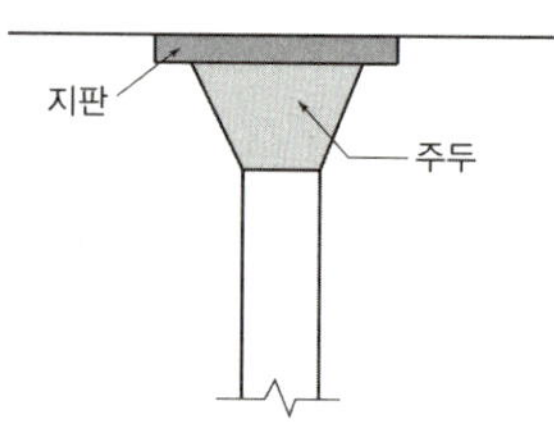

보가 사용되지 않고 슬래브가 직접 기둥에 지지되는 구조로, 무량판구조라고도 불린다.

① 바닥판의 두께는 150mm 이상으로 하며, 기둥과 슬래브의 접촉면에 발생할 수 있는 펀칭전단에 대한 대책으로 지판(Drop Panel)과 주두(Column Capital)를 사용한 슬래브이다.

② 플랫 슬래브는 비교적 중량물을 지지하고, 장기응력이 큰 창고, 공장이나 지하저수조 등에 적용하는 경우가 많다.

장 점	단 점
㉠ 구조가 간단하다. ㉡ 공사비가 저렴하다. ㉢ 보가 없으므로 실내 이용률이 높다. ㉣ 층고를 낮출 수 있다. ㉤ 덕트 등의 설비배관이 자유롭다. ㉥ 시공이 쉽다.	㉠ 상대적으로 바닥편이 두꺼워져 고정하중이 증대한다. ㉡ 뼈대의 강성이 약해질 수 있다. ㉢ 기둥 상부 주두의 철근이 여러 겹 배치되므로 복잡하다. ㉣ 계산이 다소 복잡하다.

(2) 플랫 플레이트 슬래브(Flat Plate Slab)

플랫 슬래브와 같이 보가 사용되지 않고 슬래브가 직접 기둥에 지지하는 구조로 기둥과 슬래브의 접촉면에 지판과 주두를 사용하지 않는 것이 플랫 슬래브와 다른 점이다. 따라서 플랫 플레이트 슬래브는 플랫 슬래브보다 거푸집공사 등의 시공성은 좋아지나, 경간 간격 및 지지할 수 있는 하중은 줄어든다.

3 프리캐스트콘크리트구조

(1) 정 의

현장 이외의 장소에서 제조된 철근콘크리트 또는 철골철근콘크리트의 부재, 즉 벽판이나 바닥판 등의 구조부재를 공장에서 제작한 다음, 현장으로 옮겨 조립하는 구조의 총칭이다.

(2) 구조 형식

① **골조식 구조**: 기둥이나 보 등의 부재를 프리캐스트 부품으로 하고 현장에서 조립하는 타입으로 바닥은 중형 패널을 사용하는 구조 형식이다.

② **벽식 구조**: 벽식 철근콘크리트구조의 바닥, 벽, 지붕을 대형 크기의 프리캐스트콘크리트 패널로 분할 제조하고 현장에서 조립하는 형식이다.

③ **상자식 구조**: 벽식 구조의 바닥, 벽을 일체로 하여 PC화하여 쌓아올려서 조립하는 구조 형식이다.

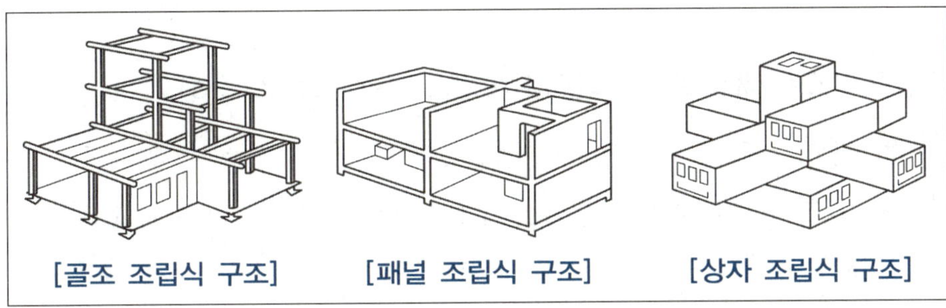

(3) 접합 방식

PC구조는 부재 간의 접합이 가장 중요한데, 부재의 접합은 습식접합(Wet Joint)과 건식접합(Dry Joint)으로 나누어진다.

① **습식접합**: 접합부에 현장타설 콘크리트 또는 모르타르를 사용하는 것으로 힘의 분산이 뛰어나지만 그만큼 접합개소가 많아지며, 시공 상태에 따라 품질이 크게 달라지는 문제점을 가지고 있다.

② **건식접합**: 접합용 철물을 용접하거나 볼트 등을 사용하여 기계적으로 연결하는 것으로 시공의 신뢰성이 높고 접합개소가 적어지지만 접합부위에서 힘이 집중적으로 전달되어야 한다는 어려움이 있다. 건식접합은 강성이 부족하여 고층건축물에는 부적합하다. 벽식 구조의 아파트에서는 PC부재로부터 돌출시킨 철근을 서로 용접한 후 콘크리트로 접합부를 충진하는 방법이 일반적이다.

4 ALC 내력벽 구조

(1) 시멘트에 알루미늄 분말과 같은 발포제를 첨가하면, 경화과정에서 콘크리트 내부에 다량의 공기방울을 발생시켜 다공질(多孔質)의 콘크리트가 만들어진다. 이것을 기포(氣泡)콘크리트라고 부르며 경량으로서 단열성, 내화성이 우수하다.

(2) 여기에 규산질분을 추가하고 오토클레이브(Autoclave)로 고온, 고압으로 양생하여 만든 절건비중이 0.5 이하인 경량콘크리트를 ALC(Autoclaved Light Weight Concrete)라고 부른다.

(3) ALC판은 주로 철골조의 장막벽에 사용되는 경우가 많으나 2층 이하, 처마높이 7m 이하의 소규모주택 또는 그와 비슷한 규모의 건축물에서는 벽식 구조의 내력벽으로 사용할 수 있다.

5 프리스트레스트콘크리트(Prestressed Concrete)

(1) 원 리

콘크리트의 인장응력이 생기는 부분에 PC 강재를 긴장시켜 프리스트레스를 부여함으로써(콘크리트에 미리 압축력을 주어) 인장강도를 증가시켜 휨저항을 크게 한 것이다. 재료는 일반적으로 철근은 고강도 철근, 피아노선, 콘크리트는 고강도 콘크리트를 사용한다. 만드는 원리에 따라 프리텐션 방식과 포스트텐션 방식이 있다.

(2) 종 류

① **프리텐션 방식** : PC 강재에 인장력을 가한 상태에서 콘크리트를 쳐서 경화한 후에 그 긴장을 풀면 콘크리트에 부착된 PC 강재가 콘크리트에 압축 프리스트레스를 주는 방법이다. 주로 소규모 부재를 만드는 데 사용된다.

② **포스트텐션 방식** : PC 강재를 삽입할 수 있는 시이스(Sheath)관을 미리 설치하고, 콘크리트를 쳐서 경화한 후에 미리 묻어둔 시이스관 내에 PC 강재를 삽입하여 긴장시킨 채로 그 구멍에 그라우팅을 하여 콘크리트에 부탁시켜 압축 프리스트레스를 주는 방법이다. 주로 대규모 부재를 만드는 데 사용된다.

(3) 특 성

① 설계하중 내에서 구조물의 균열이 방지되고, 내구성이 증대된다.

② 장 Span의 설계가 가능하다.

③ 탄성력 및 복원성이 크고, 탄성 및 휨강도가 크다.

④ 부재에 확실한 강도와 안전성이 보장된다.

⑤ 콘크리트의 건조수축에 의한 균열이 작다.

⑥ 철근량이 절약되고 현장에서 작업 능률을 높일 수 있다.

⑦ 보통 철근콘크리트보다 피복두께가 작으므로 내화성이 부족한 것이 단점이다.

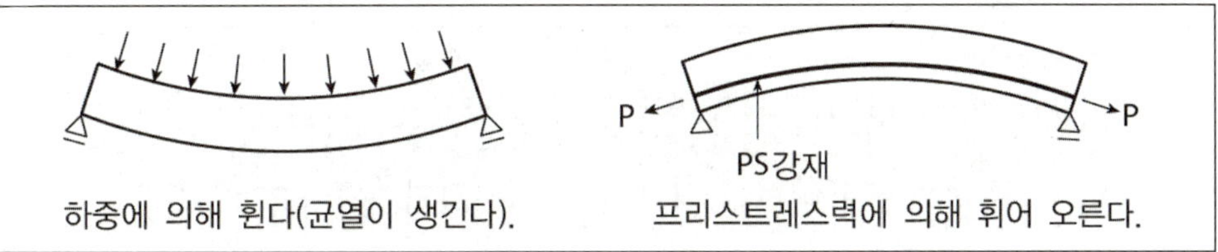

09 균 열

1 균열의 원인에 따른 분류

균 열

01 균열의 원인에 따른 분류

02 균열의 시기에 따른 분류

:: 제27회

구 분	원 인	
재료의 성질	① 시멘트의 이상 응결 ③ 시멘트의 이상 팽창 ⑤ 반응성 골재 또는 풍화암 사용	② 침하 및 블리딩 방지 ④ 골재에 함유된 점토분 ⑥ 시멘트의 건조수축, 경화
시 공	① 혼화재의 불균일 분산 ③ 시멘트, 수량 증가 ⑤ 급속한 타설 ⑦ 배근의 이용, 피복두께 감소 ⑨ 거푸집의 변형 ⑪ 경화 전 진동과 재하 ⑬ 초기동해	② 장시간 비비기 ④ 타설 순서의 실수 ⑥ 불충분한 다짐 ⑧ 시공이음 처리의 부정확 ⑩ 거푸집의 조기 제거 ⑫ 초기양생 중의 급격한 건조
외적 요인	① 온도·습도 변화 ③ 동결·융해의 반복 ⑤ 내부 철근의 녹 ⑦ 산, 염류의 화학적 작용	② 부재 양면의 온·습도차 ④ 동상 ⑥ 화재, 표면 가열
하 중	① 하중(설계하중을 초과하는 경우) ③ 단면 철근량 부족	② 하중(주로 지진에 의한 경우) ④ 구조물의 부동침하

:: 제15회, 제24회

2 균열의 시기에 따른 분류

경화 전 콘크리트의 균열	① 소성수축 균열 ② 소성침하 균열 ③ 수화열에 의한 온도균열
경화 후 콘크리트 균열	① 건조수축 균열 ② 알칼리 골재반응에 의한 균열 ③ 동결융해에 의한 균열 ④ 염해에 의한 균열

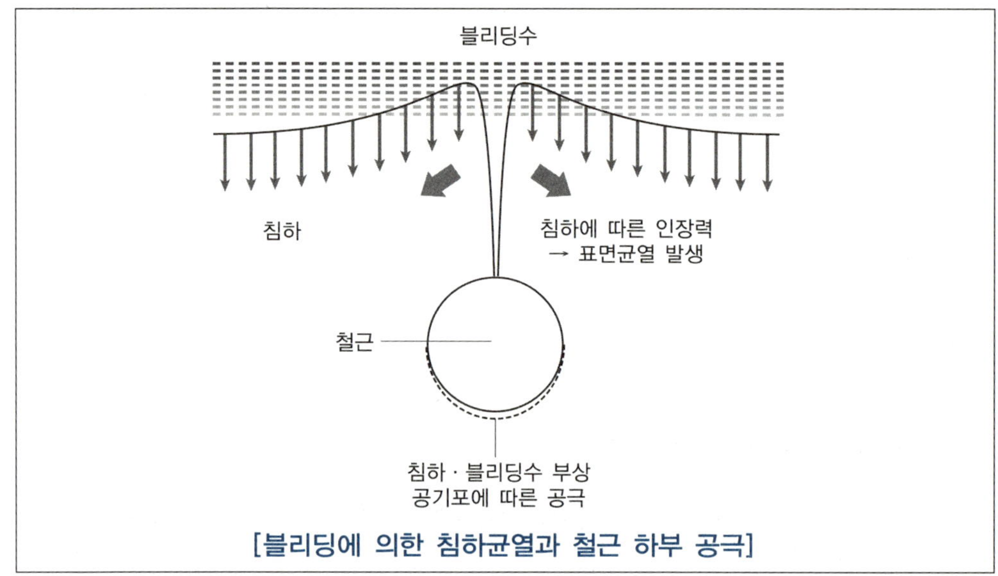

[블리딩에 의한 침하균열과 철근 하부 공극]

:: 제16회

1. **콘크리트의 크리프**(Creep)
   ① 콘크리트에 일정한 하중이 장시간에 걸쳐 작용할 때 하중의 증가가 없어도 시간이 지남에 따라 변형이 증대하는 것을 크리프라 한다.
   ② 크리프의 증가원인
   ㉠ 재령이 적은 콘크리트에 재하시기가 빠를 때
   ㉡ 물·시멘트비(W/C)가 큰 콘크리트를 사용할 때
   ㉢ 대기습도가 적은 곳에 콘크리트를 건조상태로 노출시킬 때
   ㉣ 재하응력이 클 때
   ㉤ 양생(보양)이 나쁠 때

2. **콘크리트의 수밀성**
   콘크리트에서 흡수 및 투수의 원인은 콘크리트에 발생한 균열이나 공극, 수극 등이다. 콘크리트의 수밀성에 관해서 다음과 같은 것들이 알려져 있다.
   ① 보통 콘크리트의 수밀성을 지배하는 최대 요소는 물·시멘트비이다. 건축용 부재에서는 50%를 각각 최대한으로 규정하고 있다.

② 물·시멘트비가 동일할 경우에는 배합이 빈배합에서 부배합으로 됨에 따라 수밀성이 증가하나, 너무 지나친 부배합으로 되면 수량이 많게 되어 역으로 수밀성이 감소한다.
③ 다짐이 불충분할수록 수밀성은 감소한다.
④ 굵은골재의 최대 치수가 크면, 그 하면의 수막이 크게 되어 수밀성이 감소한다.
⑤ 습윤양생이 충분할수록, 재령이 많을수록 수밀성은 증가하나, 조기재령에 있어서 건조는 현저하게 수밀성을 감소시킨다.
⑥ AE콘크리트의 공기량은 그 양이 약 4% 정도에서 일반적으로 수밀성을 향상시킨다. 또한, 양질의 포졸란 재료의 사용은 수밀성을 향상시키는 효과가 있다.

3. 콘크리트의 내구성 저하

(1) 원인 및 내용
　① 외적 요인
　　㉠ 기상작용 : 온도 및 습도 변화에 따른 건조수축 및 팽창, 동결융해작용
　　㉡ 기계적 작용 : 마모 및 균열에 의한 손실
　　㉢ 전류작용
　　㉣ 하중작용
　　㉤ 화학적 작용 : 중성화, 염해, 산성비, 황산염 등
　② 내적 요인
　　㉠ 화학적 작용 : 알칼리골재반응, 중성화, 염해
　　㉡ 온도변화 : 온도변화에 의한 체적변화
　　㉢ 시공상 원인 : 콘크리트의 투수성

(2) 콘크리트의 내구성을 저하시키는 주된 요인
　① 콘크리트의 중성화
　② 알칼리골재반응
　③ 염해
　④ 동해
　⑤ 화학적 침식

(3) 중성화
　① 중성화의 의의
　　㉠ 시간의 경과에 따라 공기 중의 탄산가스의 작용을 받아 콘크리트 중의 수산화칼슘이 서서히 탄산칼슘으로 되어 콘크리트가 알칼리성을 상실해가게 되는데 이 과정을 중성화라 한다.
　　㉡ 중성화가 계속적으로 진전되어 철근을 둘러싸고 있는 콘크리트 주변까지 이르게 되면, 물과 공기 등의 침투가 용이하여 철근이 녹슬게 되고 내력과 내구성을 상실하게 되는 것이다.
　② 중성화의 원리 및 판별방법
　　㉠ $Ca(OH)_2 + CO_2 \Rightarrow CaCO_3 + H_2O$
　　㉡ 공시체의 파단면에 1% 페놀프탈레인 용액을 분무하여 변색의 여부를 관찰하여 판단한다.
　　㉢ 페놀프탈레인의 제조방법 : 95% 에탄올(Ethanol) 90cc에 페놀프탈레인 1g을 용해시킨 후 증류수를 첨가하여 100cc를 만든다.

③ 중성화 진행속도

　㉠ 시멘트 종류에 따른 중성화 속도

　　ⓐ 시멘트에 포졸란 등 혼화제를 사용하면 중성화 속도가 빠르다.

　　ⓑ 조강시멘트는 보통시멘트보다 중성화 속도가 느리다.

　㉡ 비중이 낮은 경량골재의 사용시 중성화 속도가 빠르다.

　㉢ 물·시멘트비가 커질수록 중성화 속도가 빠르다.

　㉣ 습도가 낮을수록, 온도가 높을수록 중성화 속도가 빠르다.

④ 중성화 억제대책

　㉠ 충분한 피복두께 확보한다.

　㉡ 물·시멘트비를 낮게 한다.

　㉢ 충분한 초기 양생을 한다.

　㉣ 콘크리트의 표면마감(타일, 돌붙임 등) 철저

　㉤ 혼화제(AE제, 감수제, 유동화제 등) 사용한다.

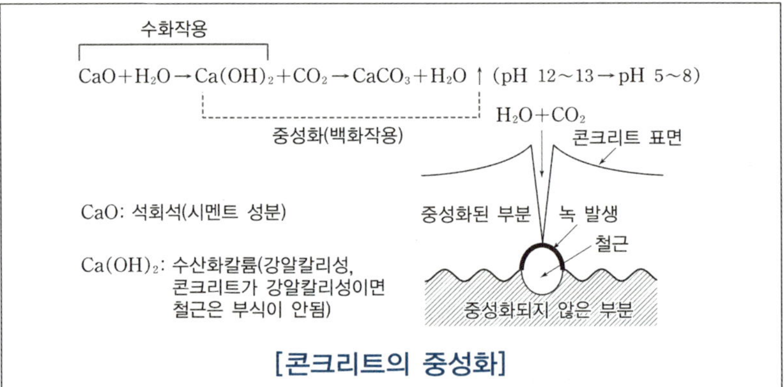

[콘크리트의 중성화]

(4) 염해에 대한 부식

① 염해의 의의: 콘크리트 중에 염화물이 존재하거나 공기 중의 해염입자 등이 철근이나 PS 강재 등을 부식시킴으로써 콘크리트구조물에 손상을 끼치는 현상을 말한다.

② 염해의 부식: 강재에 부식이 일어나게 되면 그 결과로 발생한 녹[수산화제2철($Fe(OH)_3$) 등]의 체적은 원래의 강재 체적보다 크기 때문에 그 팽창압에 의해 강재를 따라 균열이 발생한다. 균열이 발생하면 산소와 물의 공급이 용이하게 되어 부식이 가속되며 피복콘크리트의 박리와 탈락, 강재 단면적의 감소에 의해 부재내력의 저하에 이르는 경우가 있다.

③ 염해에 대한 대책: 염해에 의한 콘크리트 및 강재의 피해는 수분, 산소, 염소이온이 동시에 존재하면 발생하므로 대책은 위의 3가지 요소를 억제하거나 콘크리트 중으로의 침투를 막으면 된다.

　㉠ 밀실한 콘크리트

　㉡ 피복두께 충분히 확보

　㉢ 콘크리트 중의 염소 이온 적게

　㉣ 수지도장 철근이나 콘크리트 표면에 라이닝

(5) 동결융해(凍結融解)

콘크리트 내의 수분이 동결하면 약 9%의 체적 팽창이 생긴다. 이로 인해 발생하는 동결융해 작용에 의한 균열은 조직을 점차적으로 파괴하면서 표층부에서 발생하기 때문에, 얇은 부재 등에 균열 발생이 나타나기 쉽고 평면 부분도 박리에 의해 균열이 발생한다.

① AE제를 사용하여 공기량을 증가시켜 팽창압을 작게 한다.
② 물·시멘트비를 작게 하여 콘크리트를 밀실하게 한다.
③ 물끊기 설치 및 물흐름 구배를 좋게 한다.
④ 흡수량이 적은 골재 사용한다.

(6) 알칼리골재반응

시멘트 중의 알칼리 성분과 골재 중의 실리카 성분이 화학적 반응을 일으켜 팽창을 유발시키는 반응으로 콘크리트에 균열을 발생시킨다.

4. 콘크리트의 내화성

콘크리트는 고온에 닿으면 시멘트페이스트 경화체와 골재의 열팽창의 차에 의해 조직이 물러지고, 약 260℃ 이상으로 되면 시멘트페이스트 경화체 중의 결합수가 소실되는 등으로 하여 콘크리트 강도가 점점 저하한다. 500℃에서 상온강도의 약 40% 이하로 저하한다. 일반의 콘크리트에서 500℃ 이상으로 가열된 것을 구조재로 재사용하는 것은 아주 위험하다. 콘크리트의 내화성은 배합, 물·시멘트비 등에 의한 영향은 비교적 작고, 사용 골재의 암질에 크게 지배된다. 내화성에 관해서는 상용골재로서 화산암질(경석 등), 안산암질의 것은 우수하고, 화강암, 기타 석영질은 내화성이 떨어진다.

💡 **콘크리트 구조물의 내화성을 높이는 방법**
1. 내화성이 작은 철근을 보호하기 위하여 피복두께를 충분히 취한다.
2. 피복 콘크리트가 박리되는 것을 방지하기 위해 익스펜디드메탈 등을 사용한다.
3. 골재의 내화성이 높은 것을 선택한다.
4. 콘크리트 표면을 회반죽 등의 단열재로 보호한다.

1. 균열폭

① 균열폭은 철근응력에 비례한다.
② 인장영역에 잘 분포된 굵기가 가는 여러 개의 철근배치가 굵은 몇 가닥의 철근을 배치하는 것보다 균열폭을 감소시키는 데 효과적이다.
③ 맨 바깥 줄의 철근이 콘크리트의 표면에 가깝게 배치될수록 균열폭이 감소한다.

2. 허용균열폭

강재의 종류	강재의 부식에 대한 환경 조건			
	건조 환경	습윤 환경	부식성 환경	고부식성 환경
철근	0.4mm와 0.005t_c 중 큰 값	0.3mm와 0.005t_c 중 큰 값	0.3mm와 0.004t_c 중 큰 값	0.3mm와 0.0035t_c 중 큰 값
긴장재	0.2mm와 0.005t_c 중 큰 값	0.2mm와 0.004t_c 중 큰 값	—	—

💡 여기서 t_c는 최외단 주철근의 표면과 콘크리트 표면 사이의 콘크리트 최소 피복 두께(mm)

💡 **관련기준**

건축설비설계기준코드(KDS)
2021
〈KDS 14 20 30 : 2021〉

💡 **OX**

1. AE제는 동결융해에 대한 저항성을 증가시킨다. (○)
2. 철근량이 동일한 경우 굵은 철근보다 가는 철근을 배근하는 것이 균열제어에 유리하다. (○)
3. 보의 전단균열은 부재축에 경사방향으로 발생하는 균열이다. (○)
4. 건조수축균열은 물·시멘트비가 높을수록 증가한다. (○)
5. 보단부의 사인장균열은 압축응력과 휨응력의 조합에 의한 응력으로 발생한다. (×)
6. 보단부의 사인장균열을 방지하기 위해 주로 수평철근으로 보강한다. (×)
7. 연직하중을 받는 단순보의 중앙부 상단에 휨인장응력에 의한 수직방향의 균열이 발생한다. (×)

3. 균열보수공법
① 표면처리공법
② 충진공법
③ 주입공법 : 시멘트계 주입재, 친수성 에폭시수지계 주입재, 폴리우레탄계 주입재, 수계아크릴 겔 주입재, 합성고무계 폴리머 겔 주입재 등
④ 스티칭(Stitching)공법
⑤ 재래식 공법
⑥ 프리스트레스공법
⑦ 강판접착공법

4. 비파괴검사
비파괴검사는 콘크리트구조물의 기능에 손상을 주지 않고 균열의 위치 등을 찾아내는 방법이다. 비파괴검사 방법에는 여러 가지가 있으며, 대표적인 방법으로는 초음파를 이용하는 방법이다.
① 초음파법 : 내부 균열의 위치를 찾아내고 그 크기도 어느 정도 알아낼 수 있다.
② Pulse Echo 실험방법 : 내부결함이나 균열 등을 찾아내는 방법으로 최근 이용되고 있다.
③ 동위원소를 이용한 $X -$ 선, $\gamma -$ 선 투과법
④ 강도 측정을 위한 비파괴실험 : 반발경도법(슈미트해머법), 침투법(Penetration Test), Pull $-$ Out Test 등의 방법이 있다.

◈ 관련기준

콘크리트 구조설계기준(KDS)
〈KDS 14 20 40 : 2021〉

◈ 계수하중

＝ 하중증가계수 × 하중

◈ 사용하중 ＝ 하중

---

1. 안전성 · 사용성 · 내구성
① 직접기초는 예상 최대하중에 대해서 상부구조가 파괴되거나 전도되지 않아야 하고, 일상적으로 작용하는 하중상태에서는 구조물의 사용성이나 내구성에 지장을 주는 과대한 침하나 변형이 발생되지 않도록 하여야 한다.
② 기초깊이는 직접기초의 저면은 온도변화에 의하여 기초지반의 동결 또는 체적변화를 일으키지 않으며, 또한 우수 등으로 인하여 세굴되지 않는 깊이에 두어야 한다.
③ 동일 구조물에서는 지지말뚝과 마찰말뚝을 혼용해서는 안 된다. 또한 타입말뚝, 매입말뚝 및 현장타설콘크리트말뚝과 혼용, 재종이 다른 말뚝의 사용은 가능한 한 피해야 한다.

> 구조설계를 수행하는 목적은 크게 두 가지로 분류하는데 구조체의 안전성과 사용성을 확보하는 것이다.
> ㉠ 기초판은 규정에 따라 계수하중과 그에 의해 발생되는 반력에 견디도록 설계하여야 한다.
> ㉡ 기초판의 밑면적, 말뚝의 개수와 배열은 기초판에 의해 흙 또는 말뚝에 전달되는 축력과 모멘트, 그리고 토질역학의 원리에 의하여 계산된 지반 또는 말뚝의 허용지지력을 사용하여 산정하여야 한다. 이때 축력과 휨모멘트는 하중계수를 곱하지 않은 사용하중을 적용하여야 한다.

2. 철근콘크리트구조물의 부재는 원칙적으로 설계기준에서 규정한 하중계수와 강도감소계수를 사용하여 이 절의 규정에 따른 충분한 강도를 갖도록 설계하여야 한다. 예상되는 모든 하중조합에 구조물이 저항할 수 있게 설계되어야 한다는 원칙에 근거를 두고 있다.

3. 사용성 및 내구성

(1) 일반사항

① 구조물 또는 부재가 사용기간 중 충분한 기능과 성능을 유지하기 위하여 사용하중을 받을 때 사용성과 내구성을 검토하여야 한다.

② 사용성 검토는 균열, 처짐, 피로의 영향 등을 고려하여 이루어져야 한다.

(2) 균 열

① 특별히 수밀성이 요구되는 구조는 적절한 방법으로 균열에 대한 검토를 하여야 한다. 이 경우 소요 수밀성을 갖도록 하기 위한 허용균열폭을 설정하여 검토할 수 있다.

② 미관이 중요한 구조는 미관상의 허용균열폭을 설정하여 균열을 검토할 수 있다.

③ 부재는 하중에 의한 균열을 제어하기 위해 필요한 철근 외에도 필요에 따라 온도변화, 건조수축 등에 의한 균열을 제어하기 위한 추가적인 보강철근을 배치하여야 한다.

④ 균열제어를 위한 철근은 필요로 하는 부재 단면의 주변에 분산시켜 배치하여야 하고, 이 경우 철근의 지름과 간격을 가능한 한 작게 하여야 한다.

(3) 피 로

① 보 및 슬래브의 피로는 휨 및 전단에 대하여 검토하여야 한다.

② 기둥의 피로는 검토하지 않아도 좋다. 다만, 휨모멘트나 축인장력의 영향이 특히 큰 경우 보에 준하여 검토하여야 한다.

③ 반복하중에 의한 철근의 응력범위가 기준의 값을 초과하여 피로의 검토가 필요할 경우는 합리적인 방법으로 피로에 대한 안전을 검토하여야 한다.

④ 피로의 검토가 필요한 구조부재는 높은 응력을 받는 부분에서 철근을 구부리지 않도록 하여야 한다.

(4) 내구성 설계

① 콘크리트구조는 주어진 주변환경에 대하여 설계 공용기간 동안에 안전성, 사용성, 내구성, 미관을 갖도록 설계, 시공, 유지, 관리하여야 한다.

② 해풍, 해수, 황산염 및 기타 유해물질에 노출된 콘크리트는 설계기준의 조건을 만족하는 콘크리트를 사용하여야 한다.

③ 설계 초기단계에서 구조적으로 환경에 민감한 구조 배치를 피하고 유지관리 및 점검을 위하여 접근이 용이한 구조 형상을 선정하여야 한다.

④ 구조물이나 부재의 외측 표면에 있는 콘크리트의 품질이 보장될 수 있도록 하여야 한다. 다지기와 양생이 적절하여 밀도가 크고, 강도가 높고, 투수성이 낮은 콘크리트를 시공하고, 피복두께를 확보하여야 한다.

⑤ 구조의 모서리나 부재 연결부 등의 건전성 확보를 위한 철근콘크리트 및 프리스트레스트콘크리트 구조요소의 구조상세가 적절하여야 한다.

⑥ 고부식성 환경조건에 있는 구조는 표면을 보호하여 내구성을 증진시켜야 한다.

⑦ 철근의 부식방지를 위해서 굳지 않은 콘크리트의 전체 염소이온량은 원칙적으로 0.30kg/m³ 이하로 하여야 한다. 다만, 책임구조기술자의 승인을 받는 경우 0.60kg/m³까지 허용될 수 있다.

(5) 보수 · 보강 설계

① 손상된 콘크리트구조물에서 안전성, 사용성, 내구성, 미관 등의 기능을 회복시키기 위한 보수는 타당한 보수설계에 근거하여야 한다.

② 보강설계를 할 때는 보강 후의 구조내하력 증가 외에 사용성, 내구성 등의 성능 향상을 고려하여야 한다.

제18회

예제

철근콘크리트구조물의 사용성 및 내구성에 관한 설명으로 옳지 않은 것은?

제18회

① 구조물 또는 부재가 사용기간 중 충분한 기능과 성능을 유지하기 위하여 사용하중을 받을 때 사용성과 내구성을 검토하여야 한다.

② 사용성 검토는 균열, 처짐, 피로영향 등을 고려하여야 한다.

③ 보 및 슬래브의 피로는 압축에 대하여 검토하여야 한다.

④ 온도변화, 건조수축 등에 의한 균열을 제어하기 위해 추가적인 보강철근을 배치하여야 한다.

⑤ 보강설계를 할 때에는 보강 후의 구조내하력 증가 외에 사용성과 내구성 등의 성능 향상을 고려하여야 한다.

해설

③ 보 및 슬래브의 피로는 휨 및 전단에 대하여 고려하여야 한다.

정답 ③

보통 2문제 정도 출제되며, 용접접합, 고력볼트 접합 등에 대하여 표준시방서 내용과 뼈대에서 보에 관한 기초적인 내용들이 출제됩니다. 제28회에는 예외적으로 강재 규격, 용접기호에 관한 문제가 출제되어 숙지해야할 내용이 더욱 많아졌습니다. 개요에서 장단점 등 철골의 규격에 대해 기본적 사항을 학습하고, 고력볼트 접합과 용접접합과 관련하여 표준시방서 내용, 도장, 내화피복에 대하여 정리합니다. 그리고 구조부분에서 보에 대하여 기본적인 내용을 정리하여 익히면 됩니다.

개 요

01 철골구조의 장·단점

02 재 료

01 개 요

(1) 철골구조(Steel Structure)란 건축물의 주요 구조부(기둥, 벽, 보, 바닥, 계단, 지붕) 등을 모두 철강으로 구축한 것으로 강구조(Steel Construction)라고도 한다.

(2) 철골구조는 공장에서 만들어진 철골부재를 볼트, 용접 등의 방법으로 접합하여 하중을 지지할 수 있도록 만들어진 구조이다.

(3) 철골구조는 건물의 지붕판, 저수탱크, 선체 등의 판구조와 트러스, 강접골조, 격자구조 등의 골조구조로 분류할 수 있다.

(4) 철골구조를 콘크리트로 피복한 구조를 철골철근콘크리트구조(Steelframed Reinforced Concrete Construction) 또는 합성구조(Composite Construction) 라고도 한다.

(5) 구조용 강재의 두께가 4mm 미만의 것을 이용한 철골구조를 경량철골구조라고 한다.

(6) 철을 최초로 사용한 구조물은 1779년 영국의 주철교이고, 강골조로 된 최초의 건축물은 1884년 미국의 William Le Baron Jenney가 세운 10층 건물이다.

OX

1. 강재는 단면에 비해 부재가 세장하므로 좌굴을 일으키기가 쉽다. (○)
2. 강재는 재질이 균등하지만 연성이 작아서 큰 변위가 발생하는 부재에는 적당하지 않다. (×)
3. 철골은 콘크리트보다 강도가 커서 부재 단면을 작게 할 수 있으나 비중이 커서 건물 전체의 중량이 무겁다. (×)

1 철골구조의 장·단점

(1) 장 점

① 강재가 철근콘크리트보다 훨씬 높은 강도를 가지고 있어 구조체의 무게를 가볍게 할 수 있다.

② 내구, 내진적이며 횡력(橫力)에 강한 구조이다.

③ 다른 재료에 비해 균질도가 높아 신뢰성이 높고, 시공이 편리하다.

④ 큰 경간(Span)구조물이나 고층구조물에 적합하다.

⑤ 인성이 커서 변위에 대한 저항성이 높아 고층구조물에 적합하다.

⑥ 현장상태나 기후조건에 관계없이 시공할 수 있다.

(2) 단 점

① 부재 길이가 비교적 길고 두께가 얇기 때문에 좌굴하기 쉽다.

② 열에 대하여 약하며, 고온에서 강도 저하나 변형되기 쉽다(내화성이 낮다).

③ 녹슬기 쉽다.

④ 용접의 경우 이외에는 접합면을 일체로 보기 어렵다.

용어 해설

1. **탄성**(Elasticity) · **소성**(Plasticity) · **점성**(Viscosity)

   (1) 탄성(彈性) : 재료에 외력(外力)이 작용하면 변형(變形)이 생기며, 외력을 제거하면 재료가 본래의 모양이나 크기로 되돌아가는 성질을 말한다. 탄성의 성질을 가진 물체를 탄성체(Elastic Body)라고 한다.

   (2) 소성(塑性) : 재료에 외력이 작용하면 변형이 생기며, 외력을 제거하여도 재료가 본래의 크기나 모양으로 돌아가지 않고 변형된 그 상태로 남는 성질을 말한다. 소성의 성질을 가진 물체를 소성체(Plastic Body)라고 한다.

   (3) 점성(粘性) : 재료에 외력이 작용했을 때 변형이 하중속도에 따라 영향을 받는 성질. 유체가 유동하고 있을 때 유체의 흐름을 방지하려는 내부마찰저항이 생기는데 이를 점성이라 한다.

2. **강도**(Strength)

   강도(强度)란 재료에 외력(하중)이 작용했을 때 그 외력에 의하여 변형이나 파괴되지 않고 이에 저항할 수 있는 능력을 말한다.

3. **경도**(Hardness)**와 강성**(Rigidity)

   (1) 경도(硬度) : 재료의 단단한 정도를 말한다. 경도는 바닥 마감재의 내마모성, 흠 등에 영향을 미치는 요인이 된다.

   (2) 강성(剛性) : 재료가 외력을 받아도 잘 변형되지 않는 성질을 말하며, 외력을 받아도 변형을 적게 일으키는 재료를 강성이 큰 재료라 한다.

OX

1. 강재의 취성파괴는 고온에서 인장할 때 또는 갑작스런 하중의 집중으로 생기기 쉽다. (×)

2. 담금질은 강을 가열한 후 급랭하여 강도와 경도를 향상시키는 열처리 작업이다. (○)

3. 외력을 받아 변형한 물체가 그 외력을 제거하면 본래의 모양으로 되돌아가는 성질을 소성이라고 한다. (×)

4. 인성(Toughness)과 취성(Brittleness)

(1) 인성(靭性) : 재료가 외력을 받아 변형을 일으키면서도 파괴되지 않고 잘 견딜 수 있는 성질을 말한다. 압연강·고무와 같은 재료는 인성이 큰 재료이다.

(2) 취성(脆性) : 재료가 외력을 받아도 변형되지 않거나 극히 미미한 변형을 수반하고 파괴되는 성질을 말한다. 취성을 가진 재료는 갑자기 파괴될 위험성이 크다. 주철·유리·콘크리트 등은 취성이 큰 재료이다.

5. 연성(Ductility)과 전성(Malleability)

(1) 연성(延性) : 재료가 탄성한계 이상의 힘을 받아도 파괴되지 않고 가늘고 길게 늘어나는 성질을 말한다. 연성이 좋은 재료란 인장력을 주어 가늘고 길게 늘어나게 할 수 있는 재료를 말한다.

(2) 전성(展性) : 재료가 압력이나 타격에 의해 파괴됨이 없이 판상의 펼쳐지는 성질을 말한다.

2 재 료

(1) 구조용 강재의 종류

① **봉 강**
　㉠ 단면형태 : 원형, 4각형, 6각형, 8각형
　㉡ 사용용도 : 철근, 리벳, 볼트

② **형 강**
　㉠ 단면형태 : ㄱ형강, H형강, I형강, ㄷ형강, T형강
　㉡ 사용용도 : 건축, 토목, 차량, 선박 등 대형구조물

③ **강 판**
　㉠ 종류 : 후판(두께 6mm 이상), 중판(두께 3~6mm), 박판(두께 6mm 이하)
　㉡ 사용용도 : 보나 기둥, 스티프너, 이음매의 덧댐판, 평판보, 조립기둥 등의 구조부재

④ **경량형강**
　㉠ 단면형태 : ㄱ형강, Z형강, 리프 Z형강, ㄷ형강, 모자형강
　㉡ 사용용도 : 창고 등 경량지붕구조

⑤ **강 관**
　㉠ 단면형태 : 원형, 각형 강관
　㉡ 사용용도 : 건축, 토목, 철탑, 비계 등

(2) 강재의 기호

① 구조용 강재의 KS 규격

    ㉠ SS계열 : 일반구조용 압연강재(Steel Structure)는 일반강종으로 범용으로 사용되는 강종으로 용접용으로는 불리해서 제한적으로 사용한다.

    ㉡ SM계열 : 용접구조용 압연강재(Steel Marine)는 일반강도로 용접성이 필요한 구조물에 사용한다.

    ㉢ SMA계열 : 용접 구조용 내후성 열간 압연강재

    ㉣ TMCP : 열가공제어강(Thermo Mechanical Control Process Steel)

        예 SM490TMC은 고층 건축물 기둥재로 사용하며 제어압연과 고인성, 용접성이 뛰어난 강재로 두께 40mm 초과 후판에서 설계강도의 저감이 없다.

    ㉤ SN계열 : 건축구조용 압연강재(Steel New)

    ㉥ SHN : 건축구조용 H $-$ BEAM(Steel H $-$ beam New)

② 강재 기호의 의미

    ㉠ 첫 번째 문자 : Steel

    ㉡ 두 번째 문자 : 제품의 형상이나 용도 및 강종

    ㉢ 숫자 : 최저인장강도(N/mm^2) $\Rightarrow$ 최근 KS에선 항복강도로 바뀜

    ㉣ A, B, C

        ⓐ 강재의 품질로 A < B < C 순으로 용접성이 양호한 고품질의 강이다.

        ⓑ 샤르피 흡수에너지의 등급을 의미하는 알파벳으로 충격특성을 나타낸다.

보 기	내 용
SS 275	Steel, 일반 구조용 압연강재, 항복강도 $275N/mm^2$
SN 315B	① Steel, 건축구조용 압연강재, 항복강도 $460N/mm^2$ ② B : 충격흡수 에너지 시험 보증값 구분(용접성 A < B < C) 용접성은 중간 A·B·C 순서로 A보다는 C가 충격특성이 향상되는 고품질 강

알아두기

■ TMCP강

강재의 강도에 가장 영향을 미치는 성분은 탄소로 탄소의 성분을 많이 함유하면 강재의 강도는 증가하지만 동시에 인성과 연성이 감소하며 용접성도 감소한다. 이러한, 문제점을 극복하기 위하여 높은 강도와 인성을 갖는 저탄소당량의 TMCP강(Thermo Mechanical Control Process Steel) 또는 제어 열처리강이 개발됨.
Nb, V, Ti 등을 미량 첨가한 저탄소의 고항복강의 열간압연과 냉각과정을 정밀하게 제어하여 압연상태에서 높은 강도와 인성을 갖는 강재로 판두께가 40mm 이상인 후판이라도 항복강도의 변화가 없고, 용접성이 우수하여 현장용접이음에 대한 대응력이 뛰어나고, 소성변형 능력이 뛰어나 초고층 강구조 건물 및 장대교량에 적용하기에 적합하다.

■ 철강재의 KS 강종기호 개정 비교(예시)

KS명	강종기호	
	종래 기호	변경 기호
KS D 3503	SS330	SS235
	SS400	SS275
	SS490	SS315
	SS540	SS410
	SS590	SS450
		SS550

기존 SS400의 400이라는 인장강도가 SS275로 변경되어 275 항복강도로 변경됨

항복점 또는 항복 강도, 인장강도(KS D 3503 일부 발췌)

종류의 기호	항복점 또는 항복 강도 N/mm^2					인장 강도 N/mm^2
	강재의 두께					
	16 이하	16 초과 40 이하	40 초과 75 이하	75 초과 100 이하	100 초과 200 이하	
SM275A SM275B SM275C SM275D	275 이상	265 이상	255 이상	245 이상	235 이상	410~550
SM355A SM355B SM355C SM355D	355 이상	345 이상	335 이상	325 이상	305 이상	490~630
SM420A SM420B SM420C SM420D	420 이상	410 이상	400 이상	390 이상	380 이상	520~700
SM460B SM460C	460 이상	450 이상	430 이상	420 이상	—	570~720

예 제

구조용 강재에 관한 설명으로 옳지 않은 것은? 제27회

① 강재의 화학적 성질에서 탄소량이 증가하면 강도는 감소하나, 연성과 용접성은 증가한다.
② SN은 건축구조용 압연강재를 의미한다.
③ TMCP강은 극후판의 용접성과 내진성을 개선한 제어열처리강이다.
④ 판두께 16mm 이하인 경우 SS275의 항복강도는 275MPa이다.
⑤ 판두께 16mm 초과, 40mm 이하인 경우 SM355의 항복강도는 345MPa이다.

해설

① 강재의 화학적 성질에서 탄소량이 증가하면 강도는 증가하나, 연성과 용접성은 감소한다.

정답 ①

02 접 합

1 접합방식

접합부에서 힘의 전달방식에는 다음과 같은 종류가 있다.

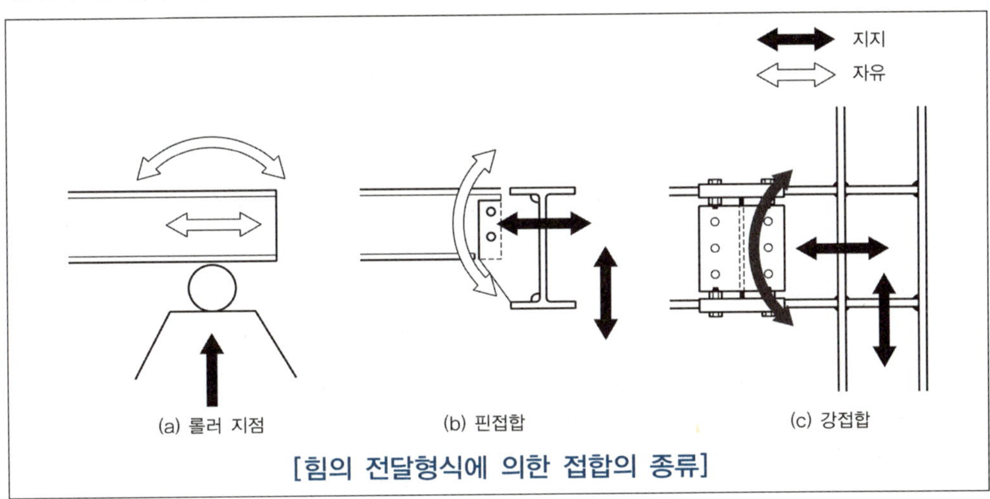

(1) 롤러접합

① 수직방향의 힘만 지지하는 형식으로 수평방향의 이동과 회전은 자유롭게 일어난다.
② 교량, 건물과 건물을 연결시켜주는 다리 등에서 잘 사용된다.

(2) 힌지접합

① 수직, 수평방향의 힘을 지지하는 접합으로 회전은 자유롭다.

② 철골구조에서 큰 보와 작은 보의 접합에 많이 사용된다.

③ 전단에는 저항하고 모멘트에는 저항하지 못하므로 전단접합이라고도 한다.

(3) 강접합

① 수직, 수평방향의 힘을 지지함과 동시에 회전에 저항하는 접합으로 철골구조에서 기둥과 큰 보의 접합에 많이 사용된다.

② 전단과 모멘트에 모두 저항할 수 있으므로 모멘트접합이라고도 한다.

:: 제17회, 제22회, 제23회, 제27회

2 접합방법

(1) 볼트접합

볼트접합에는 보통볼트접합과 고력볼트접합 두 종류가 있다.

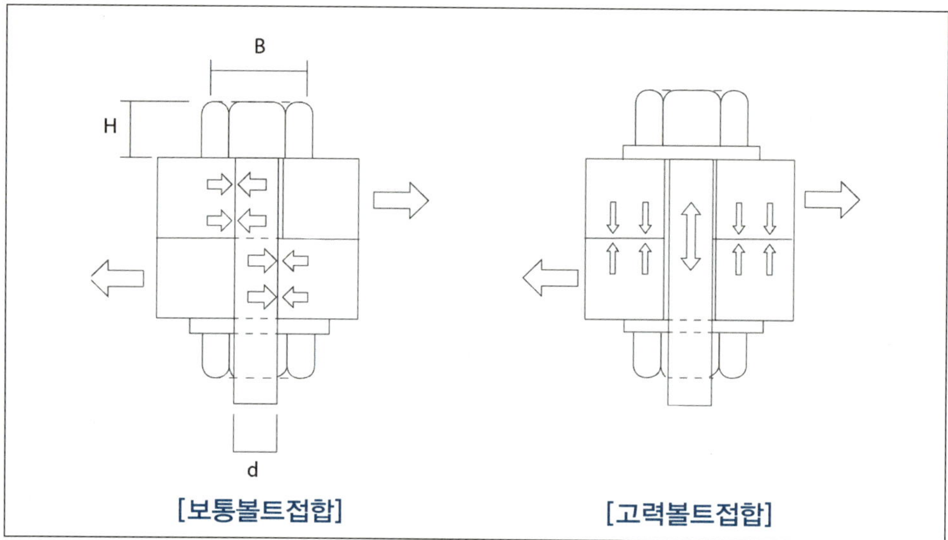

① **보통볼트접합** : 보통볼트접합은 볼트의 전단력과 볼트와 접합재의 지압에 의해 힘을 전달하는 방법이다.

장 점	㉠ 시공, 해체가 용이하다.
	㉡ 소음이 작다.
단 점	㉠ 장기간 사용시 볼트가 느슨해질 우려가 있다.
	㉡ 구멍지름만큼의 단면결손이 있다.
	㉢ 볼트의 축경과 구멍의 불일치 및 초기변형이 생길 수 있다.

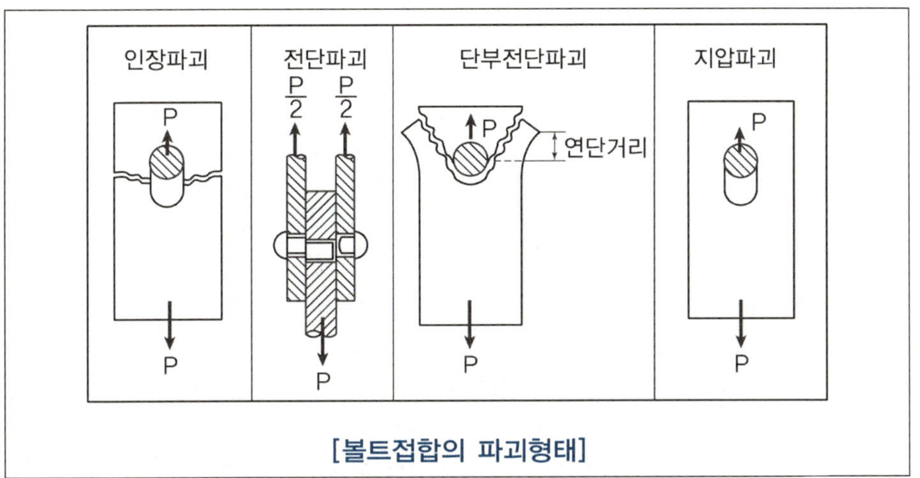

[볼트접합의 파괴형태]

② **고력볼트접합**

    ㉠ 고력볼트접합은 고장력의 볼트를 사용하여 접합할 강재를 강하게 조이는 힘에 의해 생기는 마찰력에 의해 접합하는 방식이다.

    ㉡ 특징은 볼트가 느슨해질 우려 없이 확실히 접합할 수 있다는 점을 제외하고는 보통볼트접합의 경우와 같다.

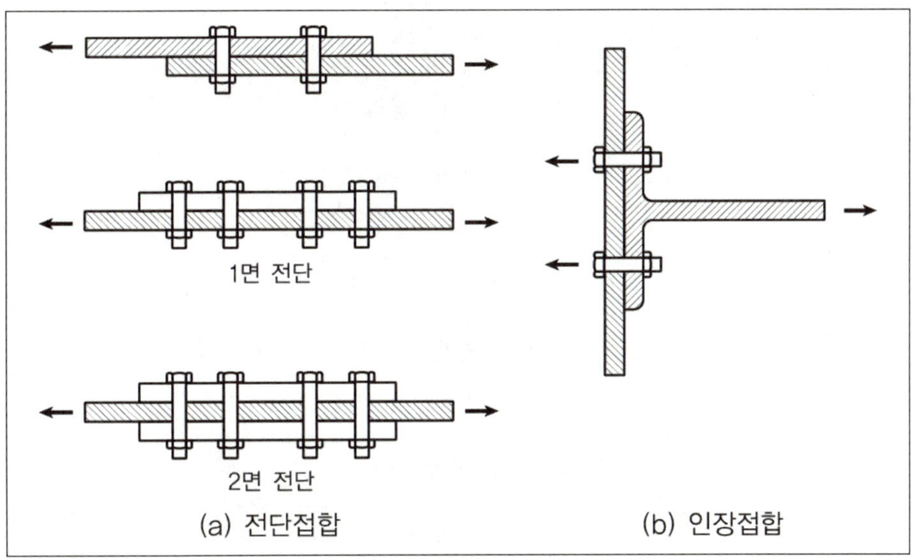

③ **특 징**

    ㉠ 접합부 강성이 크다.

    ㉡ 저소음이다.

    ㉢ 접합부 변형이 작다.

    ㉣ 노동력 절감과 공기단축이 가능하다.

    ㉤ 현장설비가 간단하다.

◈ **관련기준**
건축표준시방서코드(KCS)
〈KSC 14 31 25 : 2024〉

ⓗ 불량개소의 수정이 용이하다.

ⓢ 피로강도가 높다.

ⓞ 응력 전달이 원활하다.

고장력볼트

1. 조임길이에 더하는 길이는 너트 1개, 와셔 2개 두께와 나사피치 3개의 합이다. 다만 TS볼트의 경우에는 위의 값에서 와셔 1개의 두께를 뺀 길이를 적용한다(조임길이는 볼트접합되는 판들의 두께 합이다).

2. **마찰면의 준비**

   (1) 접합부의 마찰면은 밀착성 유지에 주의하고, 모재접합부분의 변형, 뒤틀림, 구부러짐, 모재 및 이음판의 거스러미 등이 있는 경우에는 마찰면이 손상되지 않도록 교정한다. 또한 마찰면에 도료, 기름, 오물 등이 없도록 청소하여 제거한다.

   (2) 마찰면과 덧판은 녹, 흑피, 도료 등을 숏블라스트로 제거하여 미끄럼계수 0.5 이상이 확보되도록 한다.

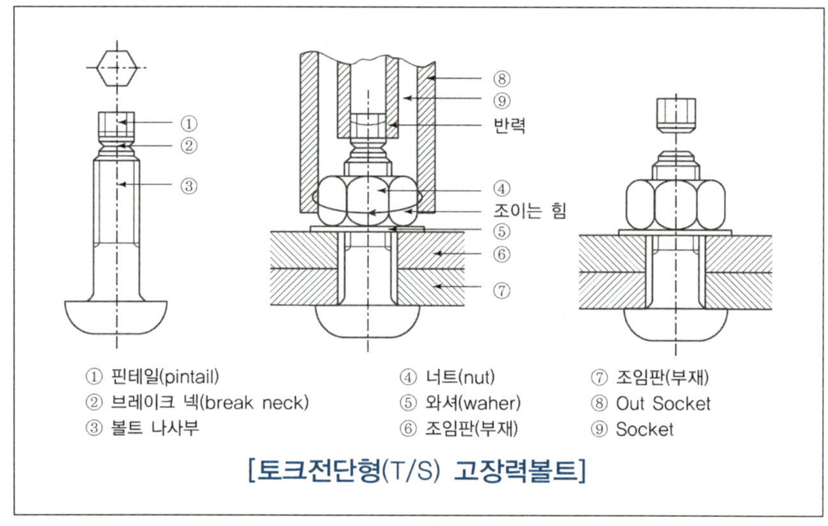

[토크전단형(T/S) 고장력볼트]

3. **고장력볼트 조임**

   (1) **강구조 건축물 고력볼트 조임준비**

   ① 고장력볼트 조임준비는 반입 검사한 고장력볼트 중 임의로 선택하여 작업에 사용하는 조임기기를 이용하여 축력계로 도입장력을 측정하여 확인한 후 사용한다. 이때 검사에 사용하는 조임기기와 축력계는 소정의 성능을 정기(고장력볼트 조임공사 시행 7일 이내) 검정한다.

   ② 볼트와 나사는 볼트 체결 중에 나사부분과 볼트머리가 손상되지 않게 보호한다.

③ 볼트의 형상은 그림 3.1−1과 같다. 고장력볼트는 모든 볼트머리와 너트 밑에 각각 와셔 1개씩을 끼우고, 너트를 회전시켜서 조인다. 토크−전단형 볼트(T.S Bolt)는 너트측에만 1개의 와셔를 사용한다.

④ 세트를 구성하는 와셔 및 너트는 그림 3.1−2와 같이 바깥쪽과 안쪽이 있다. 그러므로 너트는 표시 기호가 있는 쪽이 바깥쪽이고, 와셔는 면치기가 있는 쪽이 바깥쪽이므로 반대로 사용하지 않도록 한다.

⑤ 볼트의 조임 및 검사에 사용되는 기기 중 토크렌치와 축력계의 정밀도는 ±3% 오차범위 이내가 되도록 충분히 정비된 것을 사용한다.

⑥ 1차조임에서 본조임까지 작업은 같은 날 이루어지는 것을 원칙으로 한다.

⑦ 볼트 조임 작업시 본조임은 강우 및 결로 등 습한 상태에서 조임해서는 안 된다.

(2) 강구조 건축물 볼트조임 순서

① 강구조 건축물 고장력볼트(육각볼트, 토크−전단형 볼트)의 조임은 1차조임과 금매김, 본조임으로 구분하여 시행한다.

② 1차조임은 접합부 볼트군마다 볼트를 삽입한 후 즉시 그림 3.1−3에 표시된 순서로 조인다.

③ 1차조임은 프리세트형 토크렌치, 전동 임펙트렌치 등을 사용하여 표 3.1−2에 명시한 토크로 너트를 회전시켜 조인다.

④ 1차조임 후 모든 볼트는 그림 3.1−4와 같이 고장력볼트, 너트, 와셔 및 부재를 지나는 금매김을 한다.

⑤ 강구조 건축물 고장력볼트의 본조임은 프리세트형 토크렌치, 전동 임펙트렌치 등을 사용하여 목표 표준볼트장력에 도달할 수 있는 토크로 조인다.

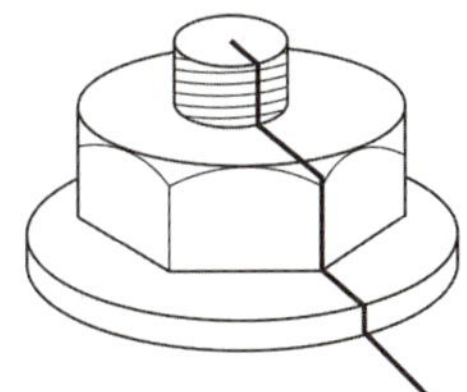

[3.1−4 금매김]

(2) 리벳접합

① 리벳접합은 볼트나 너트 대신에 800~1,000℃ 정도로 달군 리벳을 리벳햄머 등으로 쳐서 붙이는 접합방법이다.

② 볼트접합과 유사하지만, 리벳햄머를 사용할 때에 큰 소음을 발생시키기 때문에 건축현장에서는 거의 사용하지 않는다.

③ 둥근머리 리벳이 가장 많이 사용되고 가장 강하다.

④ 사용범위가 넓으나, 최근에는 용접이나 고력볼트로 대치되는 경향이 있다.

⑤ 리벳구멍에 의한 단면이 결손된다.

♡OX

1. 볼트조임 및 검사용 토크렌치와 축력계의 정밀도는 ±3% 오차범위 이내가 되도록 한다. (○)

2. 고장력볼트는 1차조임 후 1일 정도의 안정화를 거친 다음 본조임하는 것을 원칙으로 한다. (×)

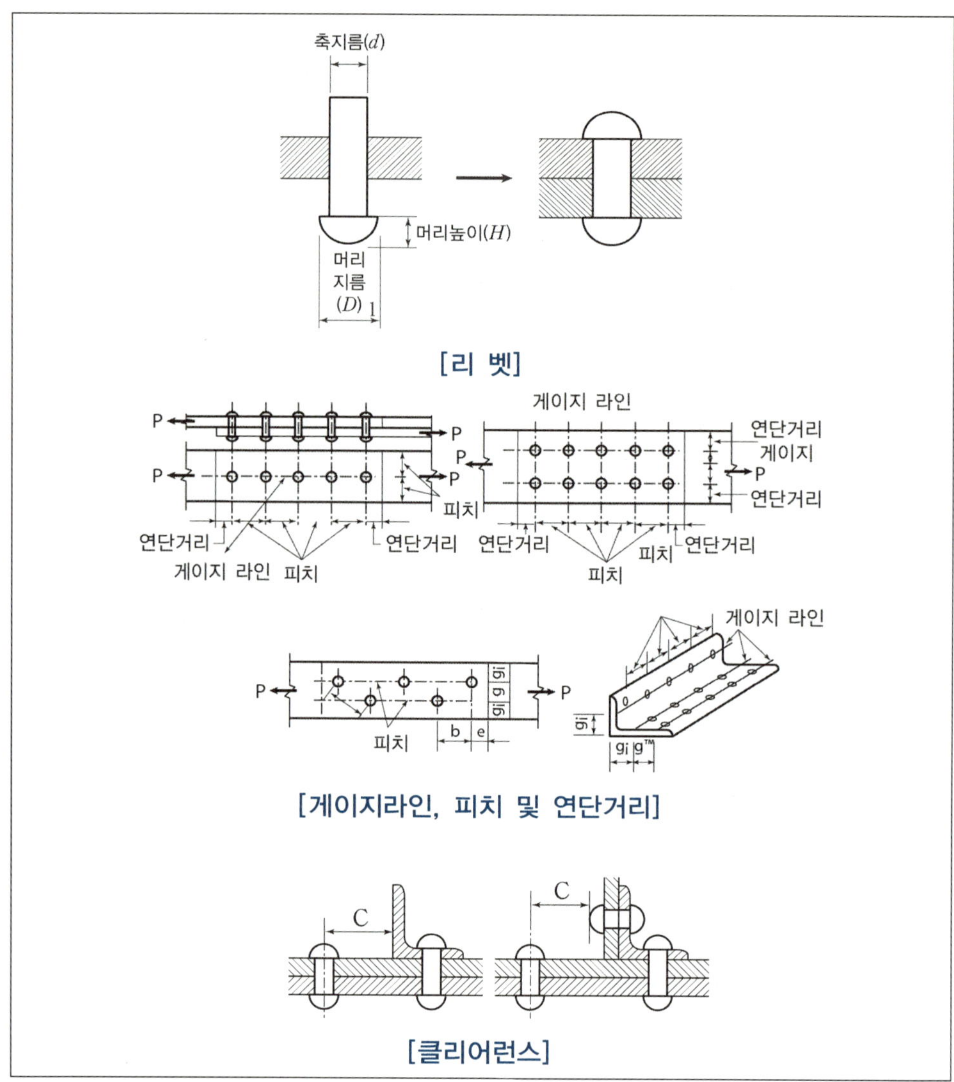

알아두기

■ 용어 해설

1. **피치(Pitch)** : 리벳, 볼트, 고력볼트의 중심 간 거리 또는 띄움 용접에서의 용접 중심 간 거리, 즉 리벳, 볼트의 중심 간 간격이다.

2. **게이지 라인(Gauge Line)** : 리벳, 볼트, 고력볼트의 중심선을 연결한 선으로서 리벳이나 볼트 배치의 기준이 된다.

3. **게이지(Gauge)** : 게이지 라인과 게이지 라인 간의 거리 또는 게이지 라인과 재단부와의 거리

4. **클리어런스(Clearance)** : 리벳팅, 볼트조임 작업에 지장이 없도록 하기 위한 리벳의 중심에서 장애물까지의 거리

(3) 용접접합

① 용접은 금속의 접합부를 열로 녹여 원자 간 결합시키는 방법이다. 철골공사에서 일반적으로 사용되는 방법은 용접이다. 이 방법은 용접봉의 끝에 열을 가하여 녹이면서 동시에 모재(母材)도 국부적으로 녹여 용접봉의 녹는 쇳물과 함께 일체가 되도록 결합시키는 것이다. 따라서 접합부가 일체화되는 강접합이다.

장 점	단 점
㉠ 구멍에 의한 부재단면의 결손이 없다.	㉠ 용접공의 기량에 대한 의존도가 높다.
㉡ 용접에 의한 돌출부가 적다.	㉡ 접합부의 검사에 고도의 기술이 요구된다.
㉢ 첨판 등의 부자재를 사용하지 않는다.	
㉣ 소음이 생기지 않는다.	㉢ 용접시 열에 의한 변형이나 응력이 생긴다.
㉤ 접합두께의 제한이 없다.	
㉥ 간편하면서도 강판두께의 제한이 없다.	㉣ 용접부의 취성파괴가 우려된다.

② **용접의 기본형태**

구 분	맞댐이음	각이음	T이음
맞댐용접 (Groove)		덧판	
모살용접 (Fillet)	겹칩이음	덧판이음	

③ **맞댐용접**[Butt Welding, 홈(Groove)용접]

㉠ 맞댐용접은 한쪽, 또는 양쪽 부재의 끝을 용접이 양호하게 되도록 하기 위하여 끝단면을 비스듬히 절단하여 용접하는 방법이다.

㉡ 부재의 끝을 절단해낸 것을 홈 또는 개선(開先, Groove)이라 한다.

㉢ 구조재들을 동일평면에서 접합하는 데 사용되며, 접합되는 부재의 전하중을 전달해야 하기 때문에 용접강도가 부재강도 이상이 되도록 한다.

㉣ 맞댐용접에서는 용접덧살이 응력을 전달하는 역할을 하므로 용접덧살의 형상, 모재의 관리가 중요하다.

㉤ 접합하는 부재는 개선면에 용입된 용접부에 의해 일체화되어 중요한 부재의 접합에 사용한다.

ⓗ 모재와 직접 연결한다든가 기둥 플랜지에 보 플랜지를 접합하는 경우에 사용된다.

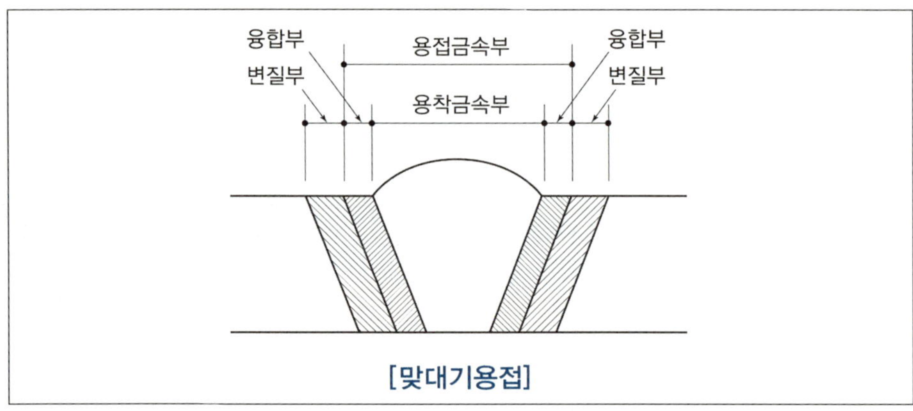

[맞대기용접]

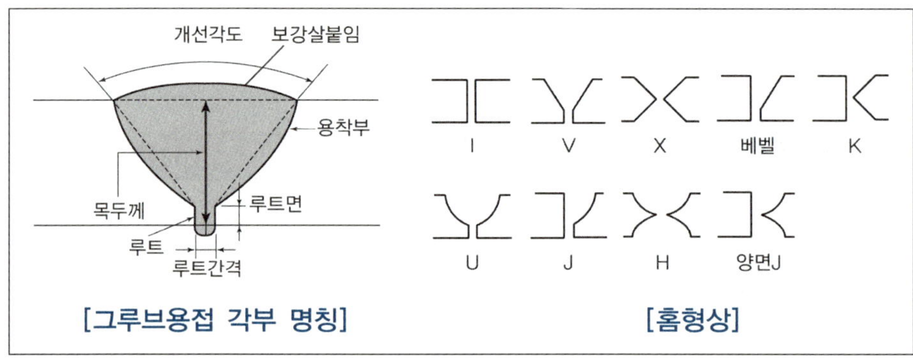

[그루브용접 각부 명칭]　　　　**[홈형상]**

:: 제25회

④ **필릿**(fillet, 모살)**용접**

　㉠ 개 요

　　ⓐ 모재를 가공하지 않고 일정한 각도로 접합한 후 삼각형 모양으로 접합부를 용접하는 방법이다.

　　ⓑ 가공하기 쉽고 적응성과 경제성이 커 가장 널리 사용하는 용접방법이다.

　　ⓒ 맞댐용접은 부재의 이음부분을 정교하게 가공하여야 하는데 모살용접에서는 부재겹침에 맞는 가공이면 되므로 현장용접에 유리한 접합이다.

　　ⓓ 필릿용접의 형상 : 밀착된 모재로 인해 구성되는 각진 부분에 삼각형 단면으로 된 용착금속을 붙게 하여 응력을 전달한다.

　　ⓔ 목두께의 관리 : 응력의 전달이 용착 금속에 의해 이루어지므로 용접살의 목두께의 관리가 중요하다.

　㉡ 필릿용접의 종류

　　ⓐ 필릿용접은 응력방향에 따라 전면 필릿용접, 측면 필릿용접과 빗방향 필릿용접으로 분류한다.

ⓑ 필릿용접은 두 장의 판재를 겹치는 필릿용접과 T자형 조립에서의 필릿용접이 있다.

ⓒ 용접선의 종류에 따라 연속필릿용접, 단속필릿용접, 병렬용접, 엇모용접으로 구분된다.

ⓒ 필릿용접의 유효면적

ⓐ 필릿용접의 유효면적은 유효길이에 유효목두께를 곱한 것으로 한다.
  • 필릿용접 유효면적 = 유효길이 × 유효목두께

ⓑ 필릿용접의 용접길이는 필릿용접의 유효용접길이에 필릿사이즈의 2배를 더한 값으로 한다.

ⓒ 최소 유효길이: 필릿용접의 최소 유효길이는 필릿사이즈의 10배 이상 또한 40mm(설계기준: 30mm) 이상으로 한다.

🔧 관련기준
〈KCS 14 31 20 : 2022〉

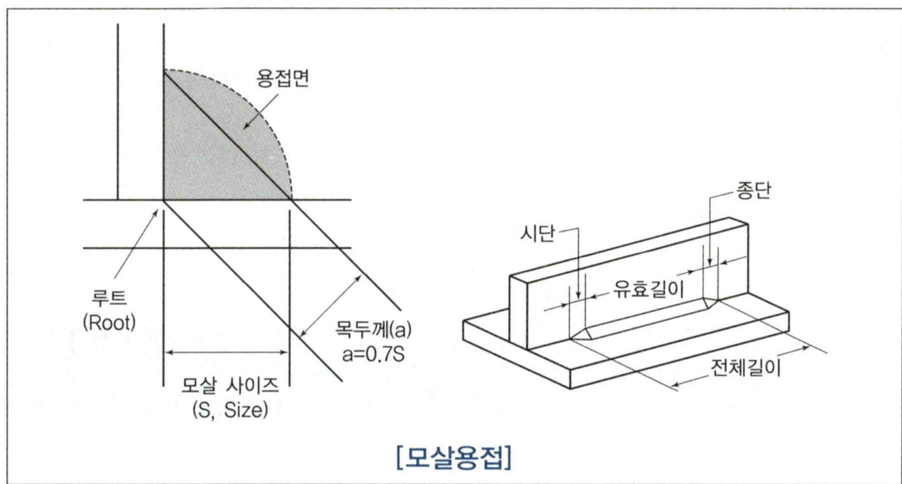

🔍 **예 제**

철골구조 용접접합에서 두 접합제의 면을 가공하지 않고 각으로 맞추어 겹쳐지는 모서리 부분을 용접하는 방식은?
제25회

① 그루브(Groove)용접
② 필릿(Fillet)용접
③ 플러그(Plug)용접
④ 슬롯(Slot)용접
⑤ 스터드(Stud)용접

해설

② 필릿(Fillet)용접은 모재를 가공하지 않고 일정한 각도로 접합한 후 삼각형 모양으로 접합부를 용접하는 방법

🔲 정답 ②

🔷 **관련기준**

〈KDS 14 31 25 : 2024〉

4.1.1.10 이음부 설계세칙

(1) 응력을 전달하는 필릿용접의 최소유효길이는 공칭용접치수의 10배 이상 또한 30mm 이상을 원칙으로 한다.

(2) 응력을 전달하는 겹침이음은 2열 이상의 필릿용접을 원칙으로 하고, 겹침길이는 얇은쪽 판 두께의 5배 이상 또한 25mm 이상으로 한다.

(3) 고장력볼트의 공칭구멍직경은 표 4.1−1에 따른다.

(4) 고장력볼트의 구멍중심간의 거리는 공칭직경의 2.5배를 최소거리로 하고 3배를 표준거리로 한다.

(5) 고장력볼트의 구멍중심에서 피접합재의 연단까지의 최소거리는 연단부 가공방법을 고려하여 표 4.1−2에 따른다.

(6) 고장력볼트의 구멍중심에서 볼트머리 또는 너트가 접하는 부재의 연단까지의 최대거리는 판 두께의 12배 이하 또한 150mm 이하로 한다.

(7) 건축구조물의 경우 판과 판 또는 판과 형강이 연속으로 접속되는 경우에 길이방향 볼트의 간격은 다음과 같아야 한다.

① 부식을 고려하지 않는 경우에는 얇은쪽 두께의 24배 또는 300mm를 초과하지 않는 간격

② 페인트하지 않은 내후성강재가 대기중에 노출되는 경우에는 얇은쪽 두께의 14배 또는 180mm를 초과하지 않는 간격

🔗 표 4.1 − 1 고장력볼트의 공칭구멍 치수(mm)

고장력볼트의 직경	표준구멍의 직경	과대구멍의 직경	단슬롯	장슬롯
M16	18	20	18 × 22	18 × 40
M20	22	24	22 × 26	22 × 50
M22	24	28	24 × 30	24 × 55
M24	27	30	27 × 32	27 × 60
M27	30	35	30 × 37	30 × 67
M30	33	38	33 × 40	33 × 75

표 4.1 − 2 볼트중심에서 연단까지 최소거리(mm)

볼트의 공칭직경(mm)	연단부의 가공방법	
	전단절단, 수동가스절단	압연형강, 자동가스절단, 기계가공마감
16	28	22
20	34	26
22	38	28
24	42	30
27	48	34
30	52	38
30 초과	1.75d	1.25d

⑤ **슬롯(Slot)용접, 플러그(Plug)용접**

㉠ 단독으로 사용되는 경우도 있으나 보통은 모살용접과 같이 사용된다.

㉡ 모살용접이 한정되어 부재의 전단력을 전달하기에 충분하지 않을 때 겹쳐지는 부재에 구멍을 뚫고 용접봉의 녹은 쇳물을 채워 용접하는 것으로 겹쳐지는 부재의 좌굴을 막는 데도 유효하다.

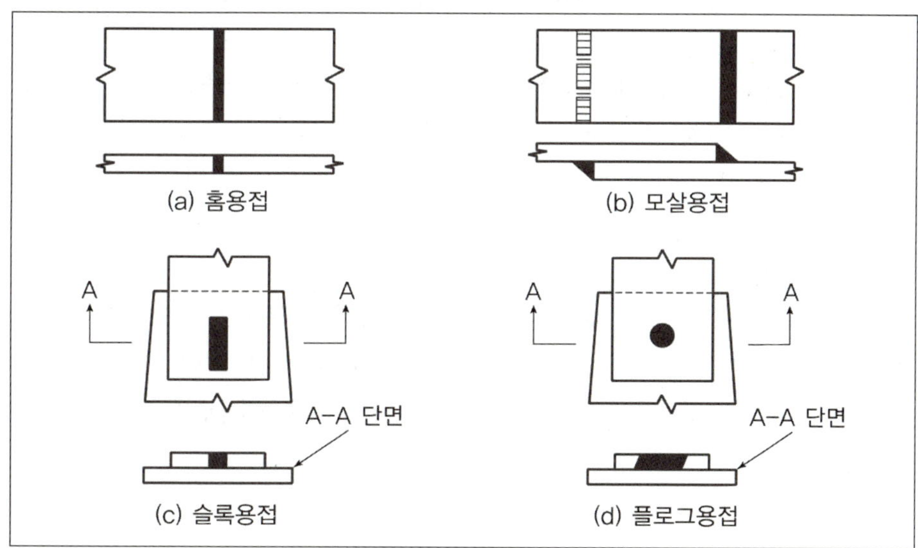

⑥ **용접 결함**

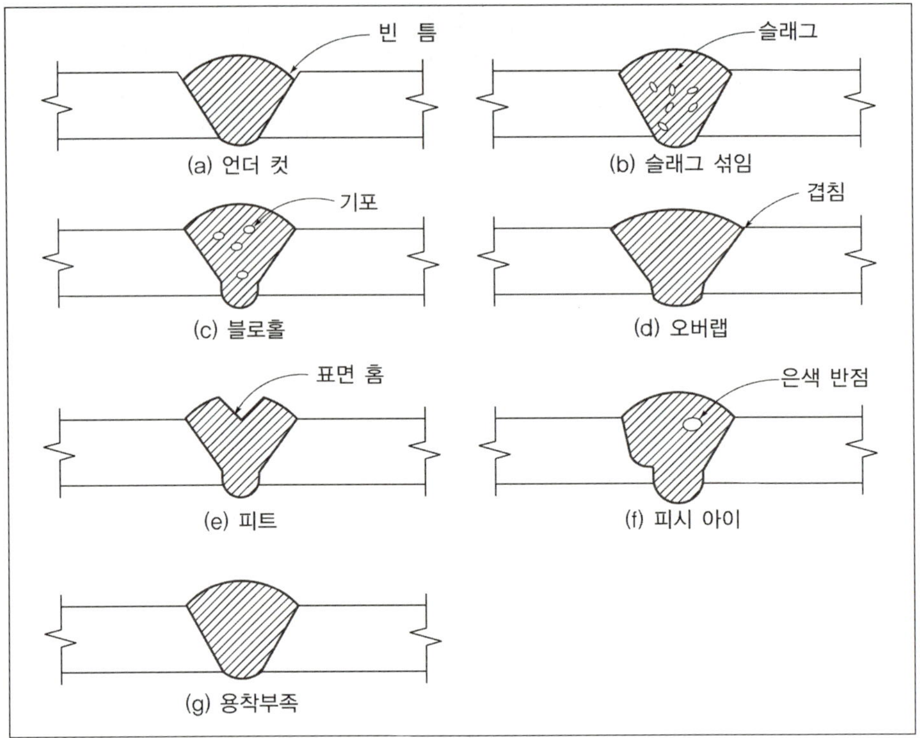

ㄱ 언더 컷(Under Cut) : 용접금속이 홈에 차지 않고 홈 가장자리가 남아 있는 것이다.

ㄴ 슬래그 섞임(Slag Inclusion) : 용접한 부분의 용접금속 속에 슬래그가 섞여 있는 것이다.

ㄷ 공기구멍(Blow Hole, Gas Pocket) : 용접부분 안에 생기는 기포이다.

ㄹ 오버랩(Over − Lap) : 용접금속이 모재에 완전히 붙지 않고 겹쳐 있는 것이다.

ㅁ 피트(Pit) : 용접부분 표면에 생기는 작은 구멍이며 블로홀이 표면에 부상하여 발생한 것으로, 모재의 녹 등의 원인이 되는 경우가 많다.

ㅂ 피시 아이(Fish Eye, 은점) : 용착금속 단면에 생기는 지름 2~3mm 정도의 은색 원점

ㅅ 융착 부족(용입부족, Incomplete Penetration 또는 Lack of Penetration) : 홈 각도의 협소 등으로 완전히 녹아 붙지 않은 것을 말한다.

ㅇ 크레이터(Crater) : 용접길이의 끝부분에 우묵하게 파진 부분으로서, 이를 방지하기 위하여 모재 단부에 단발버림판(엔드탭)을 설치하기도 한다.

💡 약한 전류로 인해 생기는 용접 결함은 오버랩이며, 언더컷은 용접전류의 과대에 의해 생기는 용접결함이다.

💡 **OX**

1. 언더컷은 약한 전류로 인해 생기는 용접 결함의 하나이다. (×)

2. 크레이터(Crater)는 아크용접을 할 때 비드(Bead) 끝에 오목하게 패인 결함이다. (○)

3. 공기구멍(Blow Hole)은 용융금속이 응고할 때 방출가스가 남아서 겹쳐지는 결함이다. (○)

4. 오버랩(Over Lap)은 용접금속과 모재가 융합되지 않고 겹쳐지는 결함이다. (○)

5. 언더 컷(Under Cut)은 모재가 녹아 융착금속이 채워지지 않고 홈으로 남는 결함이다. (○)

6. 슬래그(Slag) 함입은 기공에 의해 용접부 표면에 작은 구멍이 생기는 결함이다. (×)

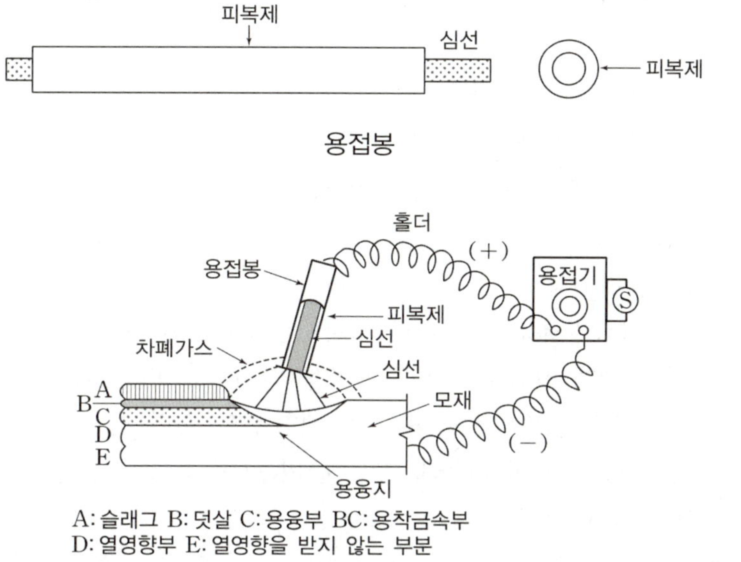

⑦ **용접 관련 용어**

㉠ 스캘럽(Scallop) : 철골부재 용접시 이음 및 접합부위의 용접선이 교차되어 재용접된 부위가 열 영향을 받아 취약해지기 때문에 모재에 부채꼴 모양의 모따기를 한 것이다.

㉡ 엔드탭(End Tab) : 개선이 있는 용접의 양끝의 전단면의 완전한 용접을 하기 위해, 그리고 공기구멍(Blow Hole), 크레이터(Crater) 등의 용접결함이 생기기 쉬운 용접 비드의 시작과 끝지점에 용접을 하기 위해 용접 접합하는 모재의 양단에 부착하는 보조강판이다.

㉢ 비드(Bead) : 용접에서 용접봉이 1회 통과할 때 용재표면에 융착된 금속층이다.

㉣ 뒷댐재(Back Strip) : 용접을 용이하게 하고 엔드탭의 위치를 확보하며, 홈의 저부에 뒷면에서 대는 것이다.

㉤ 위빙(Waving) : 용접을 하면서 진행 방향에 대하여 옆(수직)으로 번갈아 움직이면서 용접하는 운봉법이다.

㉥ 가우징(Gouging) : 용착금속을 녹인 후 강한 공기로 불어내어 깨끗하게 홈을 파는 작업이다.

㉦ 백가우징(Back Gouging, 양측용접) : 맞댐용접에서 뒷댐재(Back Strip)를 대지 않을 경우, 용접하는 쪽의 반대쪽에서 흘러내린 용착금속을 불어내어(가우징하여) 원만한 모양으로 만든 뒤 용접하는 것이다.

ⓞ 루트 : 용접부 단면에서 용착금속의 밑과 모재와의 교점 또는 홈의 밑부분이다.

ⓩ 그루브 : 용접에서 두 부재 간 사이를 트이게 한 홈에 용착금속을 채워 넣은 부분이다.

ⓒ 스패터 : 용접 중에 용접봉에서 튀어나오는 용접금속 찌꺼기이다.

ⓚ 플럭스 : 역청질물질의 연화점을 저하시켜서 용접봉의 표면피복에 사용되는 것이다.

ⓣ 메탈 터치(Metal Touch) : 고층 철골조 기둥의 하층부분에서는 축력이 매우 크게 작용되어 휨모멘트를 받더라도 단면 내에 인장응력이 생기지 않는 것을 이용하여 기둥 접합부의 축력 전달을 Bolt나 용접에 의하지 않고 직접 기둥과 기둥 간의 면 접촉으로 전달시키는 방법 Metal Touch라 한다.

ⓟ 밀시트(Mill Sheet) : 강재 납입시에 첨부하는 품질보증서로 제조번호, 강재번호, 화학성분, 기계적 성질 등이 기록되어 있으며, 정식 영문 명칭은 Mill Sheet Certificate이다.

(4) 접합 혼용시 응력부담

① 용접을 먼저 하고 고장력볼트 체결시 용접이 전 응력을 부담한다.
② 고장력볼트를 먼저 체결하고 용접할 때 각각 응력을 부담한다.
③ 용접, 고장력볼트, 리벳, 볼트 등을 같이 사용할 때 용접이 전 응력을 부담한다.
④ 고장력볼트와 리벳을 같이 사용할 때 각각 응력을 부담한다.
⑤ 리벳과 볼트를 같이 사용할 때 리벳이 전 응력을 부담한다.

> 용접 > 고장력볼트 = 리벳 > 볼트

(5) 표준시방서

① 용접시공 일반

㉠ 용접순서 및 방향은 가능한 한 용접에 의한 변형이 적고, 잔류응력이 적게 발생하도록 하고 용접이 교차하는 부분이나 폐합된 부분은 용접이 안 되는 부분이 없도록 용접순서에 대하여 특별히 고려해야 한다.

㉡ 용접부에서 수축에 대응하는 과도한 구속은 피하고 용접작업은 조립하는 날에 용접을 완료하여 도중에 중지하는 일이 없도록 해야 한다.

㉡ 항상 용접열의 분포가 균등하도록 조치하고 일시에 다량의 열이 한 곳에 집중되지 않도록 해야 한다. 이러한 경우가 있을 때에는 용접순서를 조정해야 한다.

㉣ 완전용입 용접을 수동용접으로 실시할 경우의 뒷면은 건전한 용입부까지 가우징한 후 용접을 실시해야 한다.

㉤ 용접자세는 가능한 한 회전지그를 이용하여 아래보기 또는 수평자세로 한다.

㉥ 결함이 존재하는 경우는 검사대장에 기입하고 결함의 보수는 표 06015.23 (생략)에 따른다.

㉦ 아크 발생은 필히 용접부 내에서 일어나도록 해야 한다.

㉧ 스캘럽이나 각종 브래킷 등 재편의 모서리부에서 끝나는 필렛용접은 크레이터가 발생하지 않도록 모퉁이부를 돌려서 연속으로 용접해야 한다.

㉨ 용접개시 전 용접의 종류, 전압, 전류 및 용접방향 등을 점검하여 용접조건을 설정하고 이에 따라 작업해야 하며 용접관리도를 현장에 비치해야 한다.

㉩ 맞대기용접에서 용접표면의 마무리 가공이 규정되어 있지 않는 경우에는 판두께의 10% 이하의 보강살 붙임을 한 후 끝마무리를 해야 한다.

㉪ 한랭지용 강재의 주요부재 맞대기용접은 원칙적으로 수동용접 및 탄산가스 용접으로 해야 하며 특히 용착금속의 샤르피흡수에너지는 모재의 규격 값 이상이 되어야 한다.

㉫ 부재이음에는 용접과 볼트를 원칙적으로 병용해서는 안 되지만 불가피하게 병용할 경우에는 용접 후에 볼트를 조이는 것을 원칙으로 한다.

㉬ 그루브 용접 및 거더의 플랜지와 웨브판 사이의 필렛용접 등의 시공에 있어서 부재와 동등한 홈을 가진 엔드탭을 붙여야 한다. 용접의 시작과 끝의 처리는 엔드탭 위에서 50mm 이상으로 하여 크레이터가 본 부재에 포함되지 않도록 해야 한다. 엔드탭은 용접 종료 후 가스절단법에 따라 제거하고 그 부분을 그라인더로 다듬질해야 한다.

㉭ 부분용입 그루브용접의 시공에서 연속된 용접선을 서로 다른 용접법으로 시공할 때에는 앞의 비드의 단부를 깎아내고 결함이 없는 것을 확인한 다음에 용접해야 한다. 다만, 완전한 수동용접 비드가 선행할 때에는 이를 따르지 않을 수 있다.

㉮ 재편의 모서리 부에서 끝나는 필렛용접은 모서리부를 돌면서 연속적으로 시공해야 한다.

② **현장용접**

　㉠ 현장조건이 0℃ 이하 혹은 습도가 높은 경우에는 반드시 예열을 실시해야 한다.

　㉡ 예열은 기둥과 기둥의 이음부 및 기둥과 보의 접합부에서 약 100mm 너비로 중점적으로 실시한다.

　㉢ 공사연장용접은 특기 사항이 없는 한 피복 아크용접, 가스실드 아크용접 등을 이용한다.

　㉣ 용접개소에서의 풍속은 피복 아크용접, 실드 아크용접에서는 10m/sec, CO_2반자동용접에서는 2m/sec를 넘어서지 않아야 한다.

　㉤ 웨브를 고장력볼트 접합, 플랜지를 현장용접하는 등의 볼트와 용접을 혼용하는 혼용접합을 사용하는 경우에는 원칙적으로 고장력볼트를 먼저 체결한 후에 용접하도록 한다.

③ **용접검사** : 모든 용접은 전 길이에 대해 육안검사를 수행한다. 표면 결함이 발결된 경우에는 필요에 따라 침투탐상시험(Pt, Penetrant Testing) 또는 자분탐상시험(Mt, Magnetic Particle Examination) 등을 수행할 수 있다.

　㉠ 모든 용접부는 육안검사를 실시한다. 용접비드 및 그 근방에서는 어떤 경우도 균열이 있어서는 안 된다.

　㉡ 균열검사는 육안으로 하되, 특히 의심이 있을 때에는 자분탐상법 또는 침투탐상법으로 실시해야 한다.

　㉢ 주요 부재의 맞대기이음 및 단면을 구성하는 T이음, 모서리 이음에 관해서는 비드 표면에 피트가 있어서는 안 된다.

　㉣ 오버랩이 있어서는 안 된다.

　㉤ 비파괴시험은 육안검사에 합격한 용접부에 실시한다.

(6) **도장 및 도금**

① 아래와 같은 환경과 조건에서는 도장작업을 중지한다.

　㉠ 도장작업 장소의 기온이 5℃ 이하, 상대습도가 80% 이상일 때

　㉡ 도장작업시 또는 도막건조 전에 눈, 비, 강풍, 결로에 의해 수분이나 분진 등이 도막에 부착될 우려가 있는 경우

　㉢ 기온이 높아 강재 표면온도가 50℃ 이상이 되어 기포가 생길 우려가 있을 때

② 아래와 같은 부분은 도장을 하지 않는다.

　㉠ 현장용접을 하는 부위 및 초음파탐상 검사에 지장을 미치는 범위

　㉡ 고장력볼트 마찰접합부의 마찰면

③ 아래와 같은 부분은 도장을 하지 않는 것을 원칙으로 한다. 다만, 도장을 하는 경우에는 공사시방서에 따른다.

　㉠ 콘크리트에 묻히는 부분

　㉡ 핀, 롤러 등에 밀착되는 부분과 회전면 등 절삭 가공한 부분

　㉢ 조립에 의하여 면맞춤 되는 부분

　㉣ 밀폐되는 내면

④ **현장용접부의 녹막이 도장**

공장제작 후 공사현장에서 용접하는 부위의 노출시간이 길어지는 경우, 현장용접 개선 면에 녹발생의 우려가 있을 경우, 특기시방서에 지정된 용접에 지장이 없는 도료로 사용할 수 있다. 또한 용접부 개선면은 녹발생이 안 되게 사전 보호조치 한다.

⑤ **현장 부분 녹막이 도장 및 보수 녹막이 도장**

공사현장에서 용접하는 접합부 등 도장되지 않은 부분, 운반 또는 와이어 등에 의하여 도막이 손상된 부분은 바탕만들기를 한 후 녹막이 도료로 보수 도장한다.

⑥ **검사 및 보수**

　㉠ 검사 방법

　　ⓐ 도장검사는 육안검사를 기본으로 한다.

　　ⓑ 도막두께 등과 같은 상세한 검사는 공사 특기시방서에 따르며 측정방법, 측정시기, 측정개소, 횟수, 판정방법 등은 책임기술자와 협의하고 이에 따른다.

　　ⓒ 사전협의를 통해 검사항목, 검사기준, 검사자의 자격 등을 협의·결정하여 반영한다.

　㉡ 도장검사 바탕 만들기 및 바탕면 처리: 공장 도장검사는 바탕 만들기를 한 면과 도장한 면에 대하여 실시한다. 다만, 현장 도장검사는 책임기술자와 협의하여 검사를 생략할 수 있다.

　㉢ 녹막이 도장의 보수: 녹막이 도장에 발생한 현저한 결함은 제거하고 다시 도장한다.

03 뼈대구조

(1) 철골조의 뼈대구조란 각종 형강을 사용하여 기둥 및 보로 이루어지는 격자형의 골조를 만드는 구법이다.

(2) 횡력에 대한 보강요소로서 바닥판이나 수평가새(Bracing)가 사용되며, 전단벽(Shearing)을 필요에 따라 적절하게 배치한다.

(3) 뼈대구조는 구조상의 명료함, 시공상의 간편함 등의 장점 때문에 근래 고층건물뿐만 아니라 중층 이하의 건축물에서도 널리 사용되고 있다.

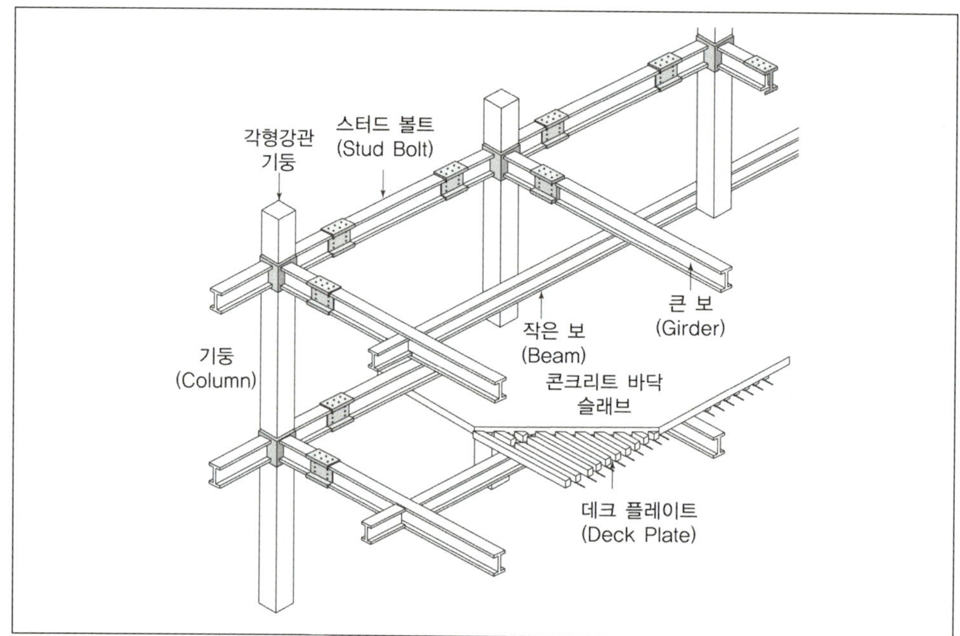

1 보

커버플레이트(Cover Plate ; 덧판)

플랜지의 두께를 늘려 휨모멘트에 대한 저항성을 크게 한다.

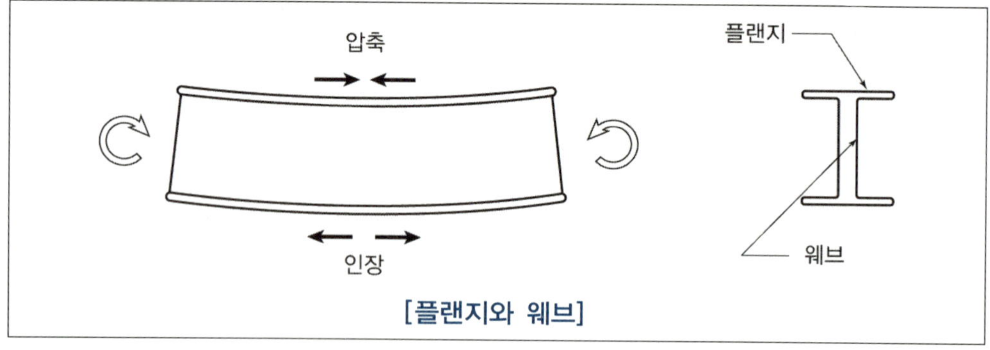

(1) 보의 일반

① 부재축과 직각으로 작용하는 하중을 지지하는 구조물이다.

② 주로 휨응력에 저항하는 부재이다.

③ **플랜지**(Flange) : 보의 단면 상하에 날개처럼 내민 부분으로서 휨모멘트를 받는다. 커버플레이트(덧판)으로 보강한다.

④ **웨브**(Web) : 보의 중앙부의 복부재(腹部材)로서 전단력을 받는다. 스티프너는 웨브의 좌굴을 방지한다.

(2) 보의 종류

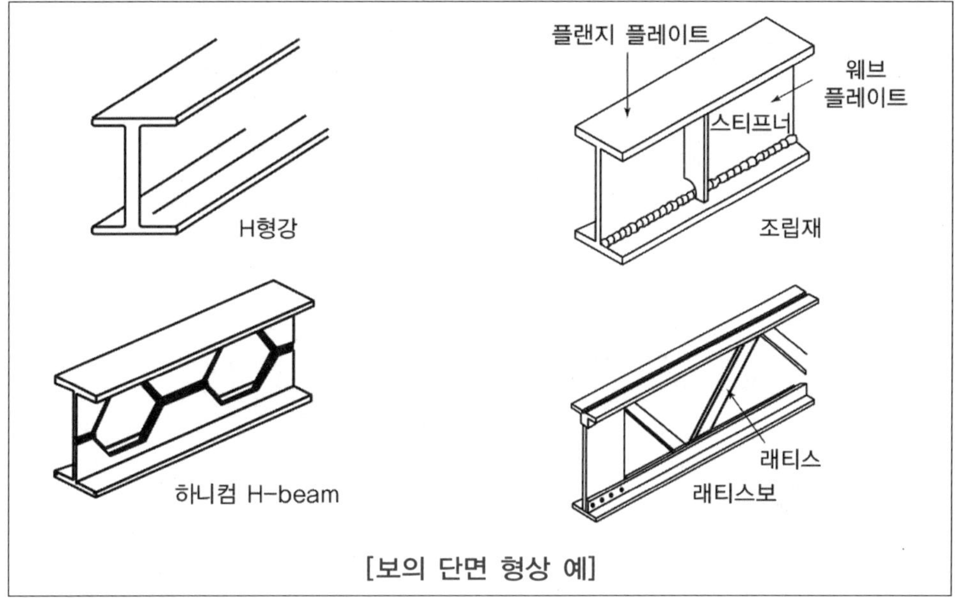

[보의 단면 형상 예]

① **형강 보**

㉠ 형강의 단면을 그대로 이용하므로 부재의 가공절차가 간단하고 기둥과의 접합도 단순하여 가장 널리 사용된다.

㉡ 보는 주로 휨모멘트를 받으므로 장스팬 보의 경우 플랜지의 두께를 늘리거나 부분적으로 덧판(Cover Plate)으로 보강한다.

② **하니컴 보**(Honeycomb Girder, Beam; Castellated Beam) : 보의 춤을 높여서 휨모멘트에 대한 내력을 늘림과 동시에 웨브에 뚫린 구멍을 통하여 덕트(Duct)배관을 할 수 있으므로 층고(層高)를 낮출 수 있다는 장점이 있다.

③ **조립 보**(Builtup Beam, Girder) : T형강이나 ㄱ형강, 평강등을 사용하여 용접한 보로서 가공절차가 복잡하나 보의 춤을 크게 할 수 있다. 판 보, 트러스 보, 래티스 보, 격자 보 등이 있다.

㉠ 래티스 보(Lattice Beam, Girder) : 장스팬 보에 사용되는 보로서 웨브부분을 플랜지에 대하여 $30\sim60°$로 제작한 것으로 전단력이 최소인 곳에 사용한다.

♡ **스티프너**

보의 춤에 비하여 웨브의 살두께가 얇은 경우, 보에는 횡좌굴 이외에도 웨브의 좌굴이 일어날 수 있다. 이를 방지하기 위하여 사용되는 보강재이다. 스티프너는 이 밖에도 하중점(荷重點)이나 교점(交點) 등 국부좌굴이나 변형이 염려되는 곳에 사용한다.

:: 제25회

♡**OX**

1. H형강 보에서 플랜지는 상·하에 날개처럼 내민 부분을 말한다. (○)
2. 커버플레이트는 전단력에 의한 웨브의 좌굴을 방지하기 위해 사용된다. (×)
3. 하니컴 보의 웨브는 설비의 배관 통로로 이용될 수 있다. (○)

ⓛ 격자 보 : 웨브재를 플랜지에 대하여 90°로 조립한 보로 주로 콘크리트에 피복할 경우이며, 가장 경미한 하중을 받는 곳에 사용한다.

ⓒ 트러스 보 : 웨브재를 플랜지에 대하여 직각, 경사로 조립한 보를 말한다.

④ **합성 보** : 두 종류 이상의 재료를 사용하여 일체로 되어 작용되도록 만든 보를 말한다. 철골 보와 콘크리트 슬래브를 전단열결재(시어커넥터 : Shear Connector)로 일체화시켜 수평전단에 저항한다.

⑤ **하이브리드 보** : 고강도 플랜지 + 저강도 웨브

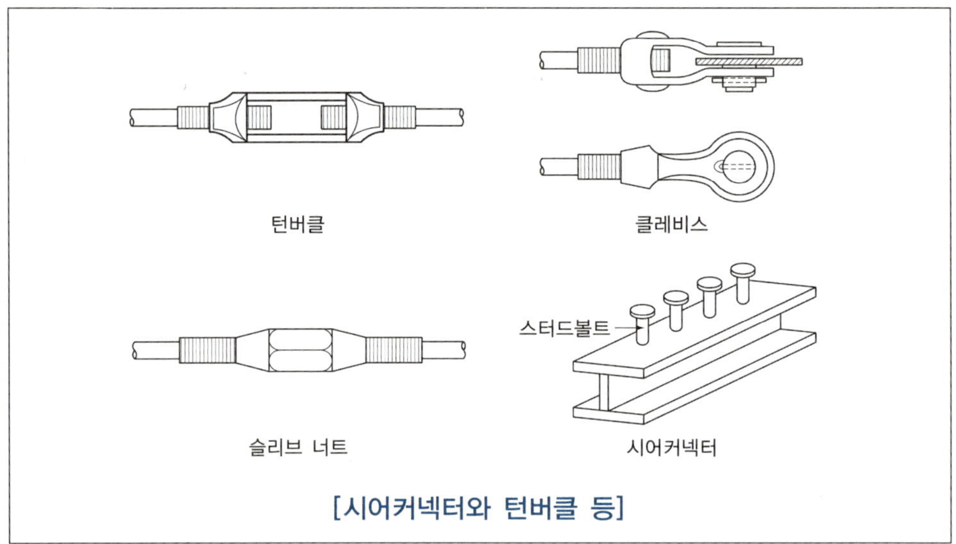

:: 제26회

♡ 턴버클
철골공사에서 와이어 로드 등의 철선을 팽팽히 잡아당기는 데 사용되는 나사가 있는 조임기구

♡ 클레비스
철골구조 등에서 인장재의 단부 또는 연결부분의 접합재로 U자형 갈고리

♡ 슬리브 너트
턴버클, 클레비스 등에 사용되는 이음용의 너트

🔍 예 제

철골구조에 관한 설명으로 옳은 것을 모두 고른 것은? 　　　제25회

> **보기**
> ㉠ 고장력볼트를 먼저 시공한 후 용접을 한 경우, 응력은 용접이 모두 부담한다.
> ㉡ H형강 보의 플랜지(Flange)는 휨모멘트에 저항하고, 웨브(Web)는 전단력에 저항한다.
> ㉢ 볼트 접합은 구조 안전성, 시공성 모두 우수하기 때문에 구조내력상 주요 부분 접합에 널리 적용된다.
> ㉣ 철골 보의 콘크리트슬래브 연결부에는 시어커넥터(Shear Connector)가 사용된다.

① ㉠, ㉢　　　　　　② ㉠, ㉣　　　　　　③ ㉡, ㉢
④ ㉡, ㉣　　　　　　⑤ ㉢, ㉣

해설
㉠ 고장력볼트를 먼저 시공한 후 용접을 한 경우, 응력은 각각 부담한다. 용접을 먼저 한 후 고장력볼트를 시공하면 전 응력을 용접이 부담한다.
㉢ 일반볼트접합은 가설건축물 등에 제한적으로 사용되며, 높은 강성이 요구되는 주요 구조부분에는 사용하지 않는다.

　　　　　　　　　　　　　　　　　　　　　　　　　　　▷ 정답 ④

♡ OX

1. 하이브리드 빔(Hybrid Beam)은 플랜지와 웨브의 재질을 다르게 하여 조립시켜 휨성능을 높인 조립보이다. (○)
2. 시어커넥터(Shear Connector)는 철골 보에서 웨브의 좌굴을 방지하기 위해 사용된다.
　　　　　　　　　　(×)

⑶ 보의 이음

보의 이음은 원칙적으로 응력이 적은 곳에서 실시하며, 보 단부에서 $1\sim2m$ 정도의 위치에서 실시하는 것이 바람직하다.

② 기 둥

⑴ 기둥 일반

① 기둥은 일반적으로 압축응력에 저항하는 부재이며, 그 강도에 맞출 정도의 단면적이 필요하다.
② 수평하중이 작용할 때 큰 휨응력이 생기며, 그 응력에 견디기 위해서 단면의 춤이 크고 플랜지가 두꺼운 강재를 선택하는 것이 유리하다.
③ 압축에 의한 휨좌굴의 방지에도 효과가 있다.

⑵ 기둥의 종류

① **H형강**: 접합부의 가공이 용이하기 때문에 가장 널리 사용된다. 길이 $10m$가 표준규격이므로, 2·3층을 하나의 단위로 제작한다. 힘이 작용방향에 따라 단면성능이 달라지는데 보통 웨브가 스팬의 장변방향에 나란하도록 배치한다.
② **각형강관**(角形鋼管): 접합부의 가공은 어렵지만 힘의 작용방향에 따른 단면성능이 일정하다.
③ **강관**: 각형강관과 동일하다. 주철제 강관 중에는 외경(外徑)은 그대로 둔 체살두께를 변화시켜 필요한 강도를 확보하는 것도 있다.
④ **래티스**(Lattice) **기둥**: 무게에 비해 강도가 크기 때문에 주로 공장건물과 같이 방향성이 있는 장스팬의 가구에 사용한다. 가공절차가 복잡하기 때문에 최근에 와서는 H형강이나 강관 등으로 대체되는 경향이다.

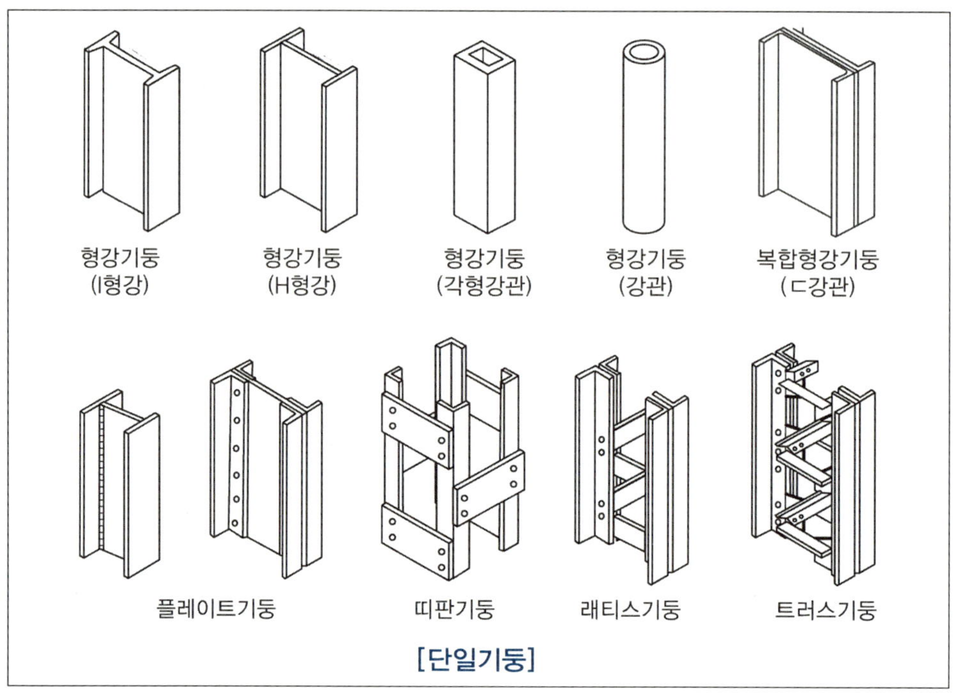

⑶ 기둥의 이음

기둥의 이음위치는 2~3층(길이는 10m 이하로 제한)마다 바닥 위 1.0m 전후의 동일한 위치에 두는 경우가 많다.

⑷ 보와 기둥의 맞춤

① 라멘구조의 보와 기둥의 접합은 강접합으로 실시하며, 충분한 내력과 강성이 얻어질 수 있도록 한다.

② 기둥과 보의 접합 방법에는 고정철물을 사용하는 방법과 용접에 의한 접합 방법 또는 고정철물과 용접을 병용해서 사용하는 방법으로 구분된다.

③ 주각구조

(1) 일 반

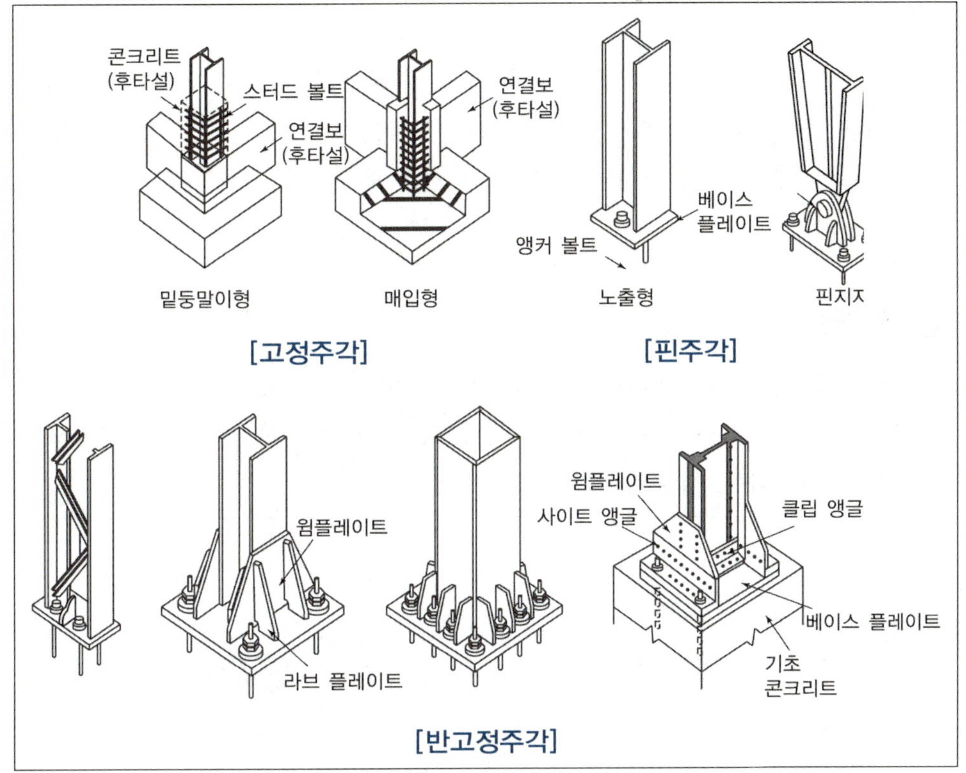

① 주각(柱脚)은 기둥을 타고 내려온 하중을 철근콘크리트의 기초에 전달하는 부분이다.

② 하중을 기초에 골고루 전달하기 위해 주각의 하단부에 베이스 플레이트(Base Plate, 밑판)를 붙이고 이를 앵커볼트(Anchor Bolt, 정착볼트)로 기초판에 고정시키는데, 이를 정착(定着)이라 한다.

(2) 응력의 전달방법에 따른 주각의 형태

① **고정주각**: 철골기둥의 하부구조부터 올라온 철근콘크리트 기둥에 둘러쌓여 묻히는 형식의 주각구조이다.

② **반고정주각**: 노출형으로 철골기둥과 베이스 플레이트의 사이에 리브 플레이트를 사용하며 이 사이를 용접하여 베이스 플레이트의 변형을 구속하는 방식의 주각구조이다.

③ **핀(Pin)주각**: 주각에서 기초에 축방향과 전단력만 전달되기 때문에 소·중규모 건축물에 사용하는 경우가 많다. 핀 지지는 교량, 아치주각, 큰 스팬의 플레이트 보나 트러스 보의 지점에 많이 사용된다.

4 내진벽

(1) 철골구조에서는 수평력에 대한 보강을 위하여 가새 및 철근콘크리트의 내진벽을 설치한다.

(2) 내진벽을 설치할 경우 기둥이나 보와 같은 뼈대에 비하여 내진벽의 강성이 지나치게 높게 되면, 구조체의 뼈대에 나쁜 영향을 줄 수 있으므로 슬릿을 설치하거나, 완충재를 설치하여 강성의 차이를 흡수하도록 할 것이다.

5 바닥판

바닥에는 데크플레이트 등의 강제철판이나 박판의 프리캐스트콘크리트판을 거푸집으로 한 철근콘크리트 슬래브 외에 ALC판이나 프리캐스트콘크리트제의 바닥용 부품을 사용하는 경우가 많다.

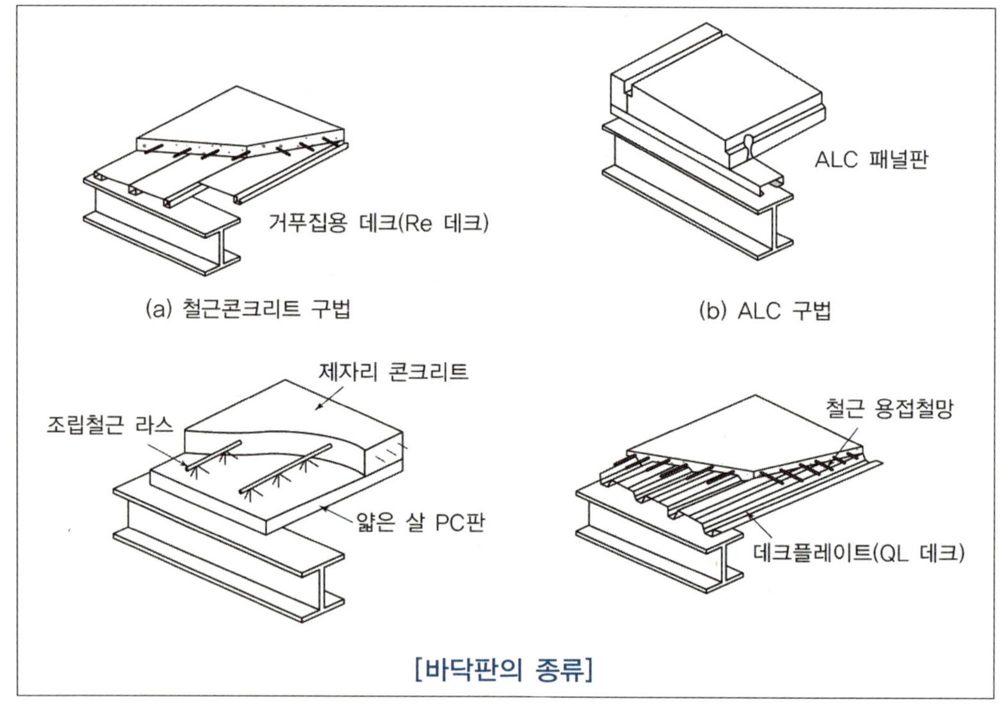

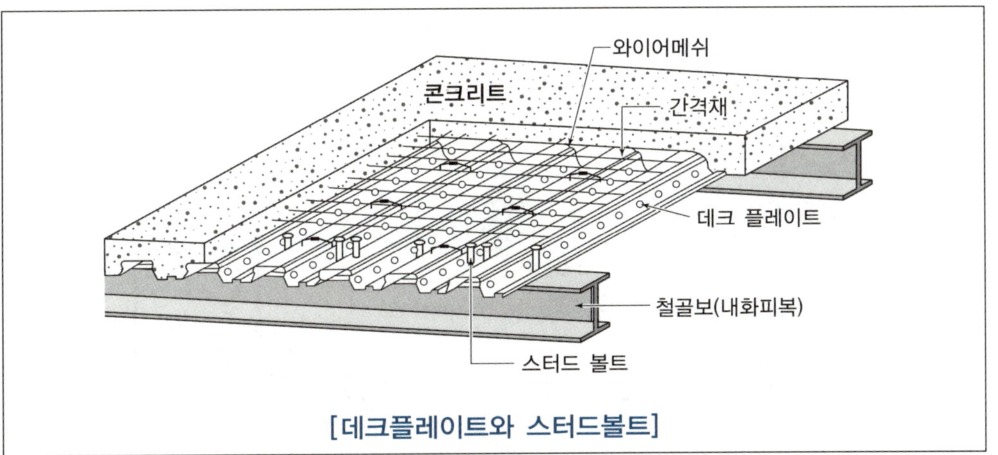

[데크플레이트와 스터드볼트]

04 내화피복

1 강재의 열에 의한 강도변화

(1) 강재는 열을 받으면 300℃까지는 그 강도가 25% 정도 증가한다.

(2) 그 이상 400℃에서는 상온에서의 강도와 같아진다.

(3) 500℃ 정도에서는 그 강도는 1/2로 준다(상온에서의 최대 허용 압축강도에 이른다).

(4) 800℃ 이상일 때에는 그 부재는 파괴된다.

내화피복

01 강재의 열에 의한 강도변화

02 내화피복 공법의 특징

∷ 제14회, 제26회

💡 **저 온**

노치나 균열 등 결함이 있는 부재에 충격하중을 가하면 취성파괴 발생(취성 증가)

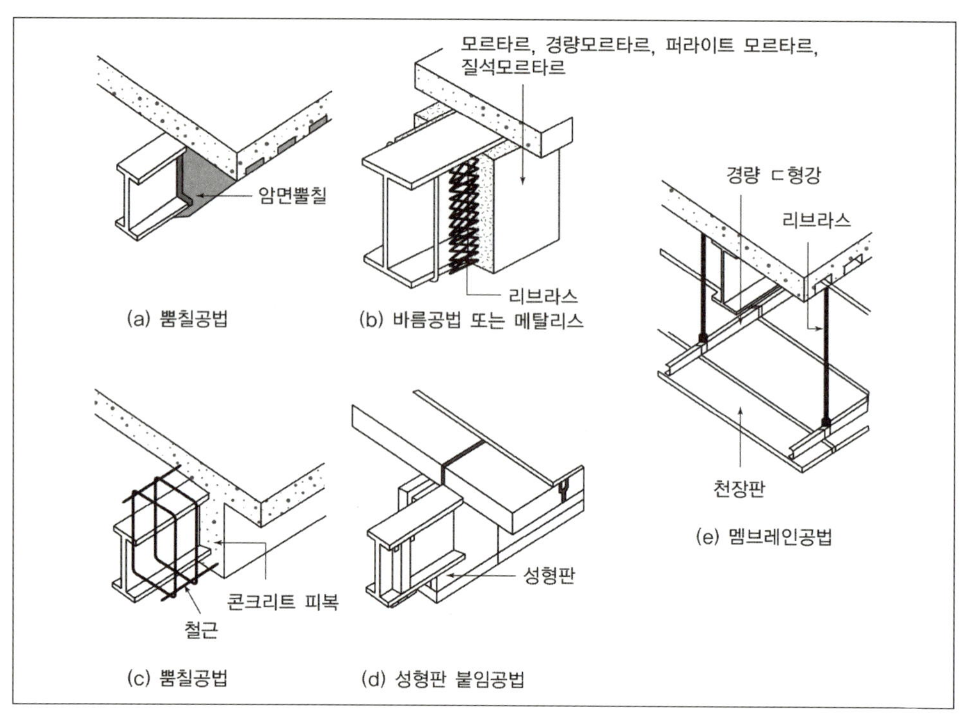

2 내화피복 공법의 특징

(1) 습식공법

① **뿜칠공법**: 접착제를 도포한 철골이나 라스 바탕에 암면을 스프레이건으로 뿜는다. 작업이 쉽지만 피복두께나 비중관리가 어렵고 뿜칠재의 비산은 공해의 원인이 된다.

② **미장공법**(바름공법): 각종 플라스터나 모르타르를 원형강으로 보강한 라스 위에 도포한다. 재료가 싸고 내화피복재가 마감을 겸하는 것도 가능하지만 시공에 숙련을 요한다. 시공면적 $5m^2$당 1개소 단위로 핀 등을 이용하여 두께를 확인한다(표준시방서).

③ **타설공법**: 경량콘크리트나 경우에 따라 질석모르타르 등을 부어넣는다. 까다로운 접합부가 없을 경우, 시공이 용이하고 안전도도 높지만 타설과 양생에 시간이 걸리고 균열이 발생하기 쉽다.

④ **조적공법**: 벽돌, 콘크리트블록, 석재 등을 조적하는 방법으로 충격에 강하고 박리의 우려가 없으나 시공기간이 길다.

(2) 건식공법

성형판(成形板) **붙임공법** : ALC판이나 규산칼슘판 등을 연결철물이나 접착제 등으로 붙인다. 작업능률이 좋고 품질관리도 용이하나, 시공도중 재료의 파손이나 절단에 의한 낭비가 발생한다.

(3) 합성공법

① **이종재료 적층공법** : 건식과 습식 공법의 단점을 보완하며 바탕에는 석면 성형판, 상부에는 질석 플라스터로 마무리 한다.

② **이질재료 접합공법** : 초고층 건물의 외벽공사를 경량화 목적으로 공업화 제품을 사용하여 내부 마감제품과 이질재료를 접합하는 공법으로 외부는 PC판으로, 내부는 규산칼슘판으로 마감하는 공법이다.

(4) 복합공법

하나의 제품으로 두 가지의 기능을 충족시키는 공법으로 외부 커튼월과 내화피복, 천장공사의 천장마감과 내화피복기능을 충족하는 공법이다.

:: 제18회, 제19회

① **멤브레인공법** : 내화피복을 겸한 천장이나 바닥을 설치한다. 시공이 간단하고 정밀도도 좋으나 부분적인 파손이 전체적인 성능감소를 초래한다. 설비기구의 설치에 각별한 주의가 필요하다.

  ∅ **내화피복공법의 종류**

구 분	공 법	재 료
도장공법	내화도료공법	팽창성 내화도료
습식공법	타설공법	콘크리트 경량 콘크리트
	조적공법	콘크리트 블록 경량 콘크리트 블록 돌, 벽돌
	미장공법	철망 모르타르 철망 퍼라이트 모르타르
	뿜칠공법	뿜칠 암면 습식 뿜칠 암면 뿜칠 모르타르 뿜칠 플라스터 실리카, 알루미나계열 모르타르

♀OX

1. 건식내화피복공법은 사용재료가 공장제품으로 품질신뢰 및 품질관리가 용이하다. (○)
2. 철골강재면의 외측은 PC판을 붙이고 내부는 석면성형판 또는 규산칼슘판을 부착하여 내화피복하는 공법을 이질재료 적층공법이라 한다. (○)
3. 철골 구조용 강재는 온도가 500~600℃ 이상이면 응력이 0이 되므로 내화피복 시공시 철저한 품질관리가 요구된다. (×)

건식공법	성형판 붙임공법	무기섬유 혼입 규산칼슘판 ALC판 무기섬유 강화 석고보드 석면 시멘트판 조립식 패널 경량콘크리트 패널 프리캐스트 콘크리트판
	휨감기공법	—
	세라믹울 피복공법	세라믹 섬유 블랭킷
합성공법	합성공법	프리캐스트 콘크리트판 ALC 판

◈ 관련기준

건축표준시방서코드(KCS) 2022
〈KCS 41 31 50 : 2022〉

건축물 강구조공사 내화피복

3.2 건축물 강구조공사 내화피복 공사의 검사 및 보수

① 강구조 건축물 내화피복 공사의 검사항목, 방법 등은 해당 특기시방서에 따른다. 특기시방서에 정한 바가 없는 경우, 아래에 따른다.

　㉠ 미장공법, 뿜칠공법

　　ⓐ 미장공법의 시공시에는 시공면적 $5m^2$당 1개소 단위로 핀 등을 이용하여 두께를 확인하면서 시공한다.

　　ⓑ 뿜칠공법의 경우 시공 후 두께나 비중은 코어를 채취하여 측정한다. 측정빈도는 층마다 또는 바닥면적 $500m^2$마다 부위별 1회를 원칙으로 하고, 1회에 5개소로 한다. 그러나 연면적이 $500m^2$ 미만의 건물에 대해서는 2회 이상으로 한다. 단, 필요시 책임기술자와 협의하여 면적을 늘릴 수 있다.

　㉡ 조적공법, 붙임공법, 멤브레인공법, 도장공법

　　ⓐ 재료반입시, 재료의 두께 및 비중을 확인한다.

　　ⓑ 빈도는 층마다 또는 바닥면적 $500m^2$마다 부위별 1회로 하며, 1회에 3개소로 한다. 그러나 연면적이 $500m^2$ 미만의 건물에 대해서는 2회 이상으로 한다. 단, 필요시 책임기술자와 협의하여 면적을 늘릴 수 있다.

② 불합격의 경우, 덧뿜칠 또는 재시공하여 보수한다.

③ 상대습도가 70%를 초과하는 조건은 내화피복재 내부에 있는 강재에 지속적으로 부식이 진행되므로 습도에 유의한다.

④ 분사암면공법의 경우, 소정의 분사두께를 확보하기 위해 두께측정기 또는 이것에 준하는 기구로 두께를 확인하면서 작업한다.

→ 보충학습

건축물의 피난·방화구조 등의 기준에 관한 규칙[별표 1]

내화구조의 성능기준(제3조 제8호 관련)

1. 일반기준

(단위 : 시간)

구성 부재 용도 용도구분	용도규모 층수 / 최고 높이 (m)		벽						보·기둥	바닥	지붕·지붕틀
			외벽			내벽					
		내력벽	비내력벽		내력벽	비내력벽				
			연소 우려가 있는 부분	연소 우려가 없는 부분		간막이벽	승강기·계단실의 수직벽			
일반시설	제1종 근린생활시설, 제2종 근린생활시설, 문화 및 집회시설, 종교시설, 판매시설, 운수시설, 교육연구시설, 노유자시설, 수련시설, 운동시설, 업무시설, 위락시설, 자동차 관련 시설(정비공장 제외), 동물 및 식물 관련 시설, 교정 및 군사 시설, 방송통신시설, 발전시설, 묘지 관련 시설, 관광 휴게시설, 장례시설	12/ 50 초과	3	1	0.5	3	2	2	3	2	1
		이하	2	1	0.5	2	1.5	1.5	2	2	0.5
		4 / 20 이하	1	1	0.5	1	1	1	1	1	0.5
주거시설	단독주택, 공동주택, 숙박시설, 의료시설	12/ 50 초과	2	1	0.5	2	2	2	3	2	1
		이하	2	1	0.5	2	1	1	2	2	0.5
		4 / 20 이하	1	1	0.5	1	1	1	1	1	0.5

2. 적용기준

① 용 도

　㉠ 건축물이 하나 이상의 용도로 사용될 경우 위 표의 용도구분에 따른 기준 중 가장 높은 내화시간의 용도를 적용한다.

OX

12/50[최고층수/최고높이(m)]를 초과하는 주거시설의 보·기둥은 2시간 이상의 내화구조 성능기준을 만족해야 한다. (×)

     ⓒ 건축물의 부분별 높이 또는 층수가 다를 경우 최고 높이 또는 최고 층수를 기준으로 제1호에 따른 구성 부재별 내화시간을 건축물 전체에 동일하게 적용한다.

     ⓒ 용도규모에서 건축물의 층수와 높이의 산정은 「건축법 시행령」 제119조에 따른다. 다만, 승강기탑, 계단탑, 망루, 장식탑, 옥탑, 그 밖에 이와 유사한 부분은 건축물의 높이와 층수의 산정에서 제외한다.

② 구성 부재

     ㉠ 외벽 중 비내력벽으로서 연소우려가 있는 부분은 제22조 제2항에 따른 부분을 말한다.

     ⓒ 외벽 중 비내력벽으로서 연소우려가 없는 부분은 제22조 제2항에 따른 부분을 제외한 부분을 말한다.

     ⓒ 내벽 중 비내력벽인 간막이벽은 건축법령에 따라 내화구조로 해야 하는 벽을 말한다.

③ 그 밖의 기준

     ㉠ 화재의 위험이 적은 제철·제강공장 등으로서 품질확보를 위해 불가피한 경우에는 지방건축위원회의 심의를 받아 주요구조부의 내화시간을 완화하여 적용할 수 있다.

     ⓒ 외벽의 내화성능 시험은 건축물 내부면을 가열하는 것으로 한다.

🔍 예제

철골구조의 내화피복 공법에 관한 설명으로 옳지 않은 것은?   제24회

① 12/50[최고층수/최고높이(m)]를 초과하는 주거시설의 보·기둥은 2시간 이상의 내화구조 성능기준을 만족해야 한다.

② 뿜칠공법은 작업성능이 우수하고 시공가격이 저렴하지만 피복두께 및 밀도의 관리가 어렵다.

③ 합성공법은 이종재료의 적층이나 이질재료의 접합으로 일체화하여 내화성능을 발휘하는 공법이다.

④ 도장공법의 내화도료는 화재시 강재의 표면 도막이 발포·팽창하여 단열층을 형성한다.

⑤ 건식공법은 내화 및 단열성이 좋은 경량 성형판을 연결철물 또는 접착제를 이용하여 부착하는 공법이다.

해설

① 12/50[최고층수/최고높이(m)]를 초과하는 주거시설의 보·기둥은 3시간 이상의 내화구조 성능기준을 만족해야 한다.

🔖 정답 ①

시공과정

1. **금긋기**

2. **절 단**
   ① 전단절단 : 강판두께 13m 이하, 시어머신(Shearing Machine) 등으로 절단
   ② 톱절단 : 강판두께 13m 이상, 앵글커터(Angle Cutter), 핵소(Hack Saw), 프릭션소(Friction Saw) 등
   ③ 가스절단 : 고장력강의 절단

3. **마찰면의 처리**
   ① 자연발생 녹 : 그라인더 등으로 녹을 제거하고 자연 발생시킨 붉은 녹 상태를 확보
   ② 블라스트 처리 : 마찰면을 숏블라스트(Shot Blast) 또는 그릿블라스트(Grit Blast) 처리한다.

4. **구멍뚫기**
   ① 종 류
      ㉠ 펀칭(구멍 주위에 변형, 고장력볼트 마찰부 사용금지)
      ㉡ 송곳뚫기(Drilling, 세밀가공용, 고장력볼트용)
      ㉢ 가스
   ② 구멍가심(Reaming) : 구멍을 깎아 수정하는 것
   ③ 리머(Reamer) : 펀치 또는 드릴로 뚫은 구멍의 지름을 정확하고 보기 좋게 가다듬는 공구

5. **가조립** : 뒤틀림과 변형이 생기지 않게 볼트, 핀 등으로 가조립하고 드리프트 핀으로 부재구멍을 맞춘다. 가볼트 조임은 임팩트랜치나 토크랜치를 사용하여 전응력의 80% 정도로 조인다.

6. **조립(접합)**
   ① 공장접합방법
      ㉠ 고장력볼트접합
      ㉡ 용접접합
      ㉢ 볼트접합
      ㉣ 리벳접합
   ② 브래킷형 접합 : 기둥과 보의 절점 접합을 공장에서 직접 성형하고, 현장에서는 보 길이의 1/4 지점에서 보 부재끼리 연결시키는 공법

7. **검 사**
   ① 부재검사 : 길이, 각도, 휨, 비틀림, 판 두께 등을 검사
   ② 접합부 검사

💡 **샌드 블라스트(Sand Blast)**
강재의 표면에 모래 기타 연마제를 물이나 압축공기로 노즐을 통해 고속 분출하여 녹이나 밀 스케일 등을 없앨 수 있는 것이다.

💡 **밀 스케일(Mill Scale)**
강재가 냉각 될 때 표면에 생기는 산화철 표피이다.

05 용접의 기호

1 개 요

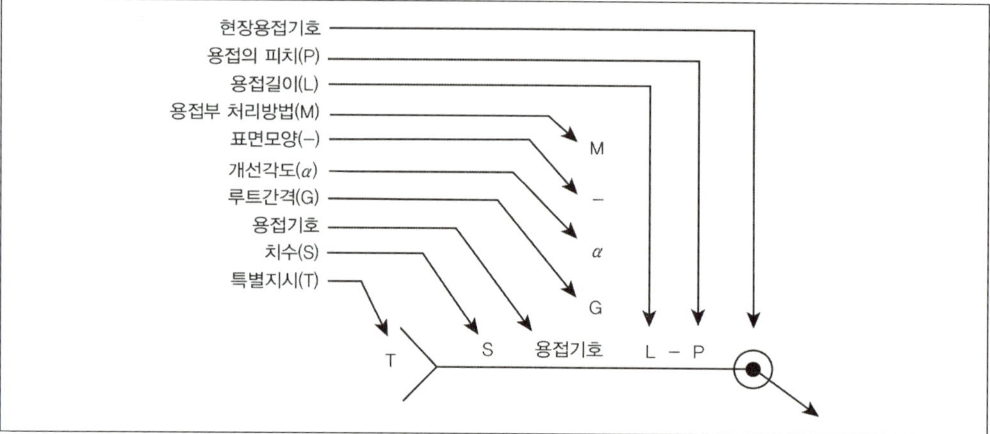

2 기본 용접기호(용접의 형식)

(1) **기준선(수평선)의 위에 용접기호의 기재**: 용접은 화살표 방향의 반대쪽에 시행한다.

(2) **기준선(수평선)의 아래에 용접기호의 기재**: 용접은 화살표 방향에서 시행한다.

기 호	내 용	기 호	내 용
◉	현장용접기호	P	용접의 피치(P)
S	치수(사이즈, s)	T	특별지시(T)
L	용접길이(l)	—	—

3 그루브용접(맞댐용접)의 기호

종 류	기 호		적용 예
V형	V		화살표 반대쪽에 V형 그루브용접
X형	X		양쪽에 V형 그루브용접 (X형 그루브용접)
I형	||		화살표 반대쪽에 I형 그루브용접

종 류	기 호	적용 예
U형	Y	화살표 반대쪽에 U형 그루브용접
H형	X	양쪽에 U형 그루브용접 (H형 그루브용접)

4 필릿용접의 기호

종 류	기 호	적용 예
편면용접	◿	화살표 반대쪽에 편면 필릿용접
병렬용접	▷	양쪽에 병렬 필릿용접
엇모용접	▷	양쪽에 엇모필릿용접

5 보조기호

구 분		기 호	적용 예
표면 모양	평 탄	—	기준선(Reference Line, 基準線, 기선)의 바깥쪽을 향하여 볼록하다.
	볼 록	⌒	
	오 목	⌄	기준선(Reference Line, 基準線, 기선)의 바깥쪽을 향하여 오목하다.
용접부 처리방법	치핑(Chippint)	C	—
	연삭(Grind)	G	그라인더 다음질일 경우
	절삭(Milling)	M	기계
	지정하지 않음	F	다듬질 방법을 지정하지 않은 경우
현장용접		●(▶)	—
온둘레용접		○	
온둘레현장용접		◉▶	
뒷댐재(뒷받침쇠)		⌐_	용접부에 뒷댐재(뒷받침쇠)를 사용한다.

예 제

그림에 나타낸 용접기호에 관한 설명으로 옳지 않은 것은?   제28회

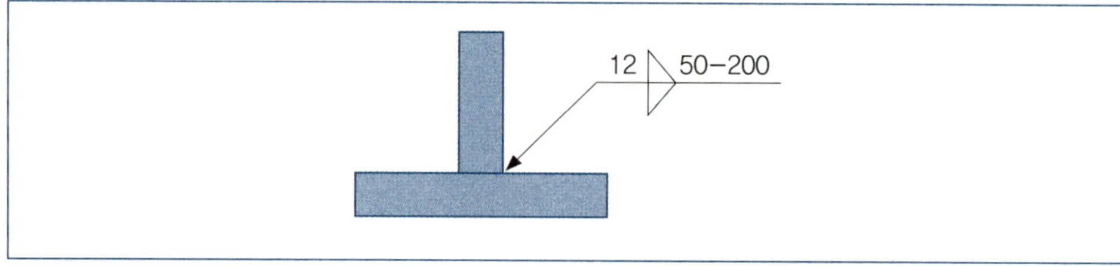

① 유효목두께는 12mm
② 용접길이는 50mm
③ 용접피치는 200mm
④ 모살(fillet)용접
⑤ 병렬용접

해설

① 용접치수는 12mm이다.

정답 ①

Memo

조적식구조

단·원·열·기

통상 2문제 정도 출제되었는데 최근 제20회 이후부터 1문제씩 주로 벽돌구조에서 출제가 됩니다. 주로 벽돌구조에서 출제되므로 벽돌구조 위주로 정리한 뒤 구조기준, 콘크리트 블록구조, 돌구조를 기출문제 위주로 정리하면 되겠습니다.

조적조구조 기준

01 내력벽

02 테두리 보 및 기초

03 쌓기용 모르타르 및 줄눈

💡 **내력벽**

상부의 하중을 받아 그 하부의 구조물로 전달하는 벽을 말한다.

💡 **비내력벽**

상부의 하중을 받지 않고 단지 자신의 무게 정도만 지탱하는 벽을 말한다. 칸막이벽 혹은 장막벽(Curtain Wall)이라고도 한다.

💡 **대린벽**

서로 이웃하여 맞붙은 2개의 벽을 말한다.

:: 제22회

💡 **OX**

1. 내력벽으로 둘러싸인 부분의 바닥면적은 80m²를 넘을 수 없다. (○)

2. 조적조의 2층 건물에서 2층 내력벽의 높이는 4m 이하이다. (○)

---

01 ◤ 조적조구조 기준

1 내력벽(耐力壁, Bearing)

① 조적구조는 일종의 벽식구조로서 내력벽과 내력벽 상부의 테두리 보(Wall Girder) 및 하부의 연속기초(連續基礎)로 구성된다.

② 벽체는 상부하중의 지지여부에 따라 내력벽과 비내력벽으로 구분된다.

③ 테두리 보, 기초의 강도, 모르터의 강도가 중요시되며 개구부 크기 등에 제한을 받고 바닥면적이 줄어든다.

④ 조적구조는 단독주택과 같은 저층 건축물의 경우만 내력벽으로 쓰이며, 대부분 비내력벽으로 사용된다.

⑤ 내력벽은 평면상 균형있게 배치한다.

⑥ 상하층의 내력벽과 개구부 등은 수직선상에 있게 배치한다.

(1) 내력벽이 높이와 길이

① 조적식구조인 건축물 중 2층 건축물에 있어서 2층 내력벽의 높이는 4m를 넘을 수 없다.

② 내력벽의 길이란 벽체 교차하는 벽 또는 붙임기둥, 부축벽(扶築壁)의 중심간 거리를 말하며, 부축벽을 대린벽(對隣壁)이라 한다.

③ 내력벽의 길이는 10m 이하로 쌓는다. 10m 이상일 때는 부축벽으로 보강 또는 벽 두께를 증가시킨다.

④ 내력벽으로 둘러싸인 실의 면적은 80m²를 초과하지 않도록 한다.

⑤ 벽돌조 내력벽의 두께는 당해 벽 높이의 1/20 이상이다.

⑥ 2층 이상의 건물에서는 각 층의 내력벽이 평면상으로 동일한 위치에 오도록 배치한다.

⑦ 내력벽의 두께는 바로 윗층의 내력벽의 두께 이상으로 한다.

(2) 내력벽의 두께

① 벽체는 풍압력, 지진력과 같은 횡력에 대항할 수 있는 충분한 두께를 갖추어야 한다.

② 벽체의 마감부분을 제외한 순수한 내력벽의 두께는 건축물의 층수, 벽의 높이 및 길이에 따라 표의 치수 이상으로 하되, 벽돌인 경우에는 당해 벽높이의 1/20 이상, 블록인 경우에는 1/16 이상으로 한다.

③ 내력벽의 두께는 내력벽이 이중벽인 경우 이중벽 중 하나의 내력벽에 적용한다.

④ 토압을 받는 내력벽은 조적식 구조로 하여서는 아니된다. 다만, 토압을 받는 부분의 높이가 2.5m를 넘지 않는 경우에는 조적식 구조인 벽돌구조로 할 수 있다.

H	5m 미만		5~11m 미만		11m 이상		A > 60m²	
구 분	8m 미만	8m 이상	8m 미만	8m 이상	8m 미만	8m 이상	1층	2층
1층	15	19	19	19	19	29	19	29
2층	—	—	19	19	19	19	—	19

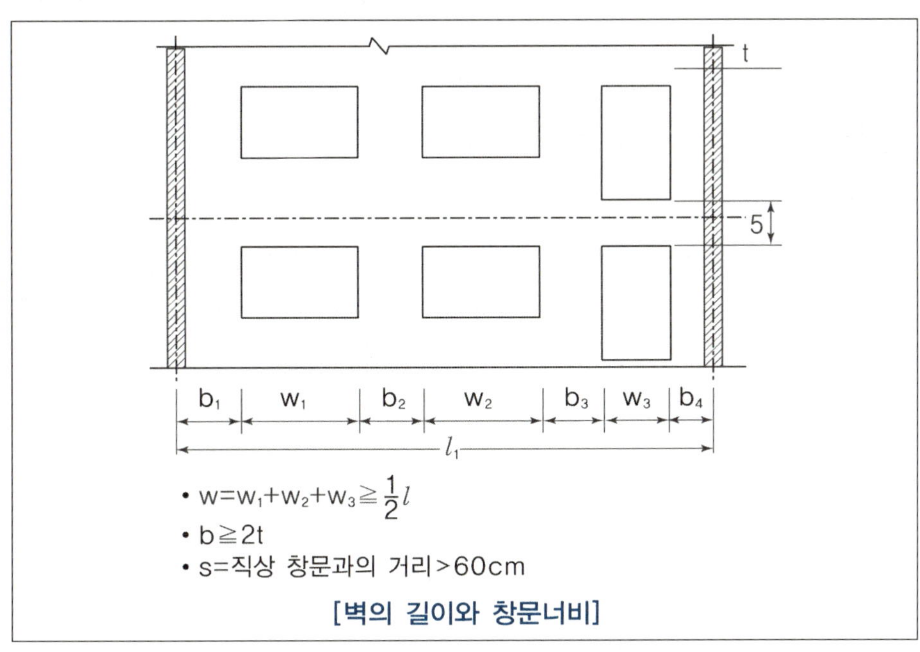

- $w = w_1 + w_2 + w_3 \geqq \dfrac{1}{2} l$
- $b \geqq 2t$
- s = 직상 창문과의 거리 > 60cm

[벽의 길이와 창문너비]

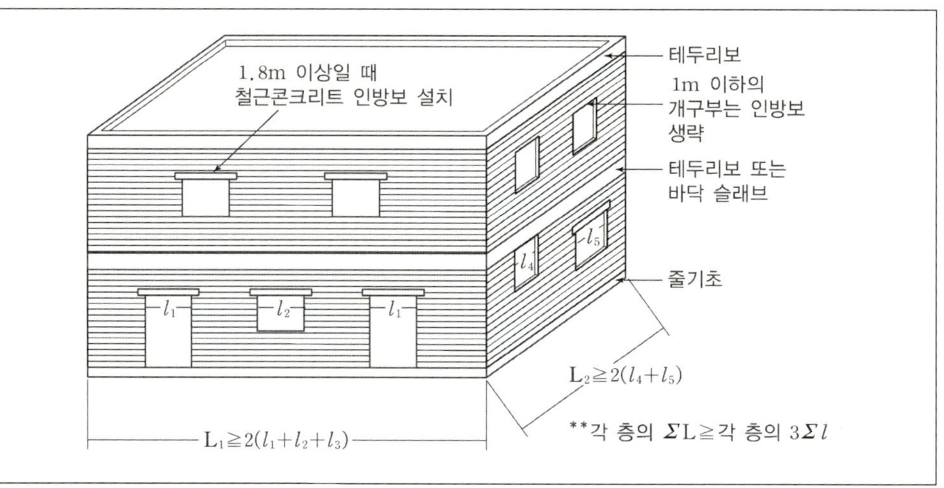

(3) 개구부의 설치

개구부는 조적구조에서 취약한 부분이므로 이에 대한 보강으로 아치(Arch)쌓기, 인방보 등을 설치하여 보강하도록 한다.

① 개구부 폭의 합계는 그 벽 길이의 1/2 이하로 한다.

② 개구부와 그 위 개구부와의 수직거리는 60cm 이상으로 한다.

③ 개구부 상호 간, 개구부와 대린벽의 중심과의 수평거리는 그 벽두께의 2배 이상으로 한다.

④ 창문을 위한 개구부는 상하 수직·수평으로 설치하는 것이 유리하다.

2 테두리 보(Wall Girder) 및 기초

(1) 테두리 보

각 층의 벽체 상부에 철근콘크리트 보를 둘러 내력벽과 연결하여 일체로 연결한 것을 테두리 보라 한다. 테두리 보는 연직하중을 아래층에 고르게 분산시킴과 동시에, 내력벽을 일체화하여 건축물의 수평방향의 변형을 최소화하는 중요한 역할을 한다.

① **역 할**

㉠ 벽체를 일체로 연결하여 하중을 균등히 분산시킨다.

㉡ 횡력에 의한 수직균열을 방지한다.

㉢ 보강블록조에서는 세로철근을 정착하기 위해 사용한다.

㉣ 지붕, 바닥틀 등의 집중하중에 대하여 보강한다.

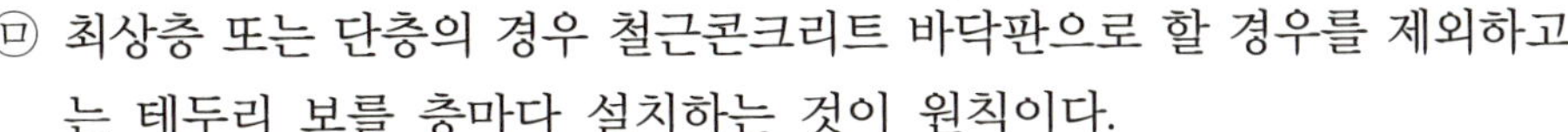

     ⓜ 최상층 또는 단층의 경우 철근콘크리트 바닥판으로 할 경우를 제외하고는 테두리 보를 층마다 설치하는 것이 원칙이다.

② **테두리 보의 춤과 너비**

     ㉠ 너비: 내력벽 두께 이상 또는 대린벽 중심 간 거리의 1/20 이상으로 한다.

     ㉡ 춤: 내력벽 두께의 1.5배 이상 또는 30cm 이상, 단층건물에서는 25cm 이상으로 한다.

춤(높이: Depth)		너비(폭)		비 고
단 층	2 · 3층	단 층	2 · 3층	t : 벽돌벽 두께
25cm 이상	1.5t 이상, 30cm 이상	t 이상	ℓ/20 이상	ℓ : 벽의 지점 간 거리

(2) 기 초

조적구조에서 내력벽의 하단에 현장타설 콘크리트의 줄기초를 설치한다. 특히 지반의 부동침하는 곧바로 벽면에 균열을 일으키게 되므로 연약지반의 경우 기초를 철근으로 보강하여야 한다.

3 쌓기용 모르타르 및 줄눈

(1) 모르타르(Mortar)

① 조적구조에서 가장 중요한 것은 단위 조적재가 전체적으로 일체성(一體性)을 유지하도록 구조체를 형성하는 것이다. 이러한 일체성을 이루기 위해서는 결합재인 모르타르의 역할이 매우 중요한 것으로 모르타르의 접착강도가 조적벽체의 전체의 강도를 좌우하는 경우가 많다.

② 모르타르는 시멘트와 모래를 적당히 배합하여 물을 부어 사용하며 벽돌 강도 이상의 것을 사용하여야 한다. 물을 붓고 난 후 1시간 후부터 응결이 시작하여 10시간 정도면 응결이 종료되므로 될 수 있으면 응결이 시작되기 전에 사용하여야 한다.

> **배합비**(시멘트 : 모래)
> 1. 조적용 모르타르 배합비 1:3~1:5
> 2. 아치쌓기용 모르타르 배합비 1:2
> 3. 치장줄눈용 모르타르 배합비 1:1~1:2
> 4. 미장용 모르타르 배합비 1:3

💡 **물축임**
1. **붉은벽돌**: 벽돌쌓기 하루 전 충분한 물축임을 한다.
2. **시멘트벽돌**: 직전에 축이지 않는다.
3. **내화벽돌**: 물축임 하지 않는다 (기경성).
4. **콘크리트블록**(단순블록조): 모르타르 접착면만 한다.
5. **콘크리트블록**(보강블록조): 물축임 하지 않는다.

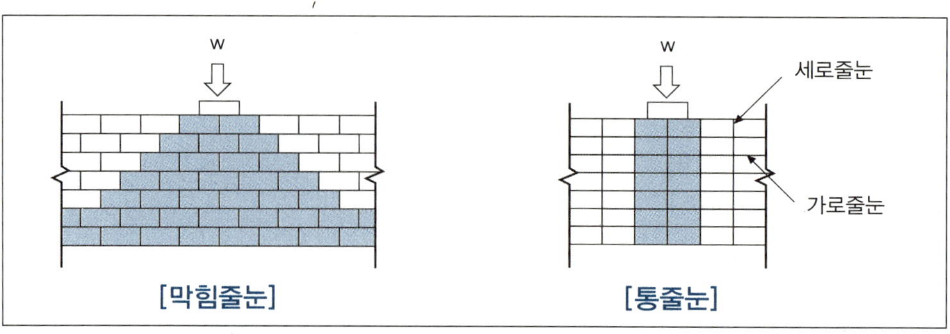

(2) 줄 눈

조적재와 조적재 사이의 모르타르 부분을 줄눈이라 하며 수평의 것을 가로줄눈, 수직의 것을 세로줄눈이라 한다.

① **막힌줄눈**: 세로줄눈의 상하가 막혀서 막힌줄눈이라 하며, 상부를 하중을 하부로 고르게 분포시켜 구조 내력상 유리하다.

② **통줄눈**: 세로줄눈의 상하가 연결되어 있으며, 상부의 하중이 집중되어 구조 내력상 불리하며, 습기가 줄눈을 타고 올라와 방습에도 불리하다. 따라서, 보강콘크리트 블록구조를 제외한 모든 내력벽에는 반드시 막힌 줄눈으로 시공한다. 줄눈의 너비, 즉 모르타르의 두께는 10mm를 표준으로 한다.

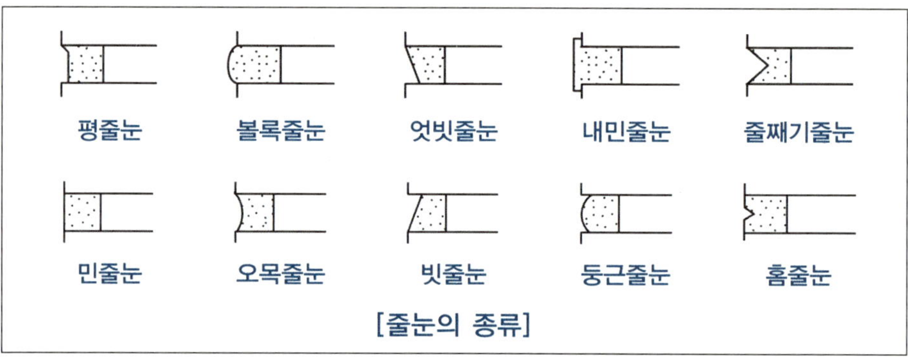

③ **치장줄눈**: 벽돌쌓기 후 줄눈 모르타르가 굳기 전에 깊이 6mm 정도 줄눈파기를 한 뒤 벽돌 벽면을 청소·정리하고 공사에 지장이 없는 한 빠른 시일 내에 빈틈없이 바른다. 1:1 또는 1:2 정도의 모르타르를 눌러 바르는 것으로 치장줄눈 모르타르에는 방수제를 넣어 사용하기도 하고 흰시멘트·색소 등을 첨가하는 경우도 있다. 치장줄눈은 될 수 있는 대로 빠른 시기에 하여 백화현상을 방지할 수 있도록 하며, 시공은 벽면의 상부에서부터 내려온다. 단면의 모양에 따라 여러 명칭이 있다.

02 벽돌구조

기초 위에 모르타르로 벽돌을 쌓아 벽체를 만들고, 지붕과 바닥을 목조, 철근콘크리트 혹은 철골조로 한 구조물을 벽돌구조라 한다.

1 벽돌구조의 특성

장 점	단 점
① 내화·내구적이다. ② 견고하고 외관이 장중·미려하다. ③ 방한·방서적이다. ④ 구조 및 시공법이 간단하고 공사비는 중간정도이다.	① 벽체에 습기가 차기 쉽다. ② 지진·바람 등 횡력에 약하고 벽체에 균열이 생기기 쉽다. ③ 벽 두께가 커지기 때문에 실내의 넓이가 줄어들게 된다. ④ 건물의 무게가 크다.

2 벽돌의 특성

(1) 성능평가기준

🔗 점토벽돌

시험항목		기준(1종)		
치 수	치수(mm)	190	90	57
	허용치(mm)	± 5.0	± 3.0	± 2.5
흡수율	24시간 수중침지법	10% 이하		
압축강도	24.50N/mm²			

🔗 콘크리트벽돌 성능평가기준

구 분	기건비중	압축강도(N/mm²)	흡수율(%)
1종 (내력구조 또는 옥외)	필요시 이해당사자 간 합의에 의하여 측정	13 이상	7 이하
2종 (비내력구조 또는 옥내)		8 이상	13 이하
겉모양 치수 (mm)	길이 : 190	높이 : 57	두께 : 90
	• 허용 오차 : ± 2.0 • 균일하고 비틀림, 해로운 균열 홈 등이 없어야 한다.		

(2) 벽돌의 크기

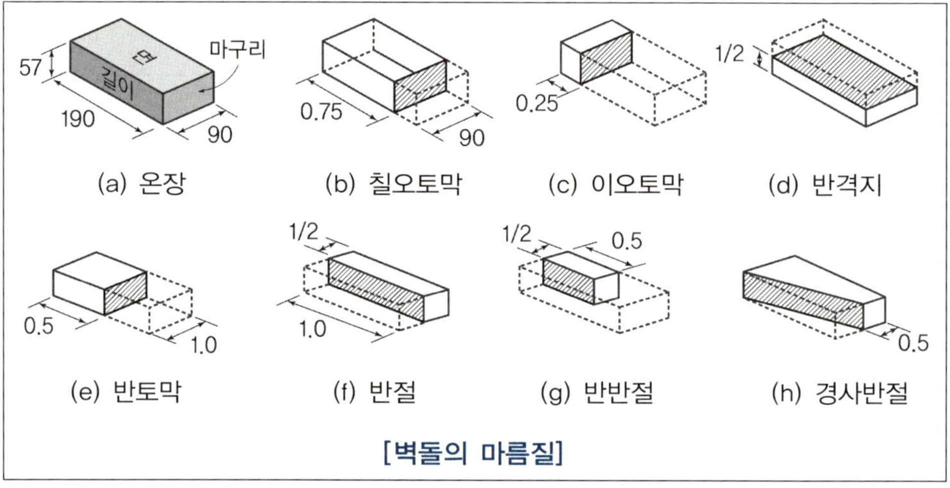

[벽돌의 마름질]

(3) 외벽의 점토 벽돌의 흡수율 기준

① 점토 벽돌의 흡수율 기준은 KSL 4201에 10% 이하로 규정하고 있으나, 외벽의 점토 벽돌은 동절기 흡수된 수분의 팽창에 의한 파괴 및 흡수된 수분이 벽돌 또는 모르타르 내의 수용성 염과 반응하여 표면으로 노출시 백화 발생의 위험이 있으므로 흡수율(5~8%)에 대한 엄격한 관리가 필요하다.

② 흡수율이 극히 적은 벽돌은 시공연도가 불량하고 부착강도가 떨어지기 쉽다.

(4) 벽돌의 종류

① **보통벽돌** : 점토와 모래 · 석회를 혼합하여 구운 벽돌을 말한다.
　㉠ 붉은벽돌(적색 벽돌) : 완전히 연소(燃燒)하여 구운 적색이다.
　㉡ 검정벽돌(흑색 벽돌) : 불완전 연소(燃燒)하여 구운 흑색이다.

② **기타 벽돌**
　㉠ 시멘트벽돌 : 시멘트와 골재를 배합하여 성형 · 제작한 것이다. 치수와 형상은 붉은 벽돌과 같다.
　㉡ 이형(異形)벽돌 : 특수한 형상으로 만든 벽돌로 출입구, 창문, 벽의 모서리, 아치쌓기 등에 이용된다.
　㉢ 경량(輕量)벽돌 : 가벼운 골재를 사용하여 만든 벽돌로 소리와 열의 차단성이 우수하며 흡수율이 크다.
　㉣ 내화(耐火)벽돌 : 고온에서도 견딜 수 있도록 만든 벽돌로 보일러실의 주변부나 굴뚝의 내부 등에 이용된다.
　㉤ 오지벽돌 : 벽돌에 유약(오지물)을 칠하여 구운 벽돌로 고급 치장 벽돌로 사용된다.
　㉥ 포도용벽돌 : 흡수율이 적고 내마모성과 강도가 큰 벽돌로 도로의 포장용으로 사용된다.

∷ 제27회

(5) 모르타르의 배합

모르타르의 종류		용접배합비(잔골재/결합재)
줄눈 모르타르	벽 용	2.5~3.0
	바닥용	3.0~3.5
붙임 모르타르	벽 용	1.5~2.5
	바닥용	0.5~1.5
깔 모르타르	벽 용	2.5~3.0
	바닥용	3.0~6.0
안채움 모르타르		2.5~3.0
치장줄눈용 모르타르		0.5~1.5

⊙ 관련기준
건축표준시방서코드(KCS)
⟨KCS 41 34 05 : 2021⟩

🔗 충전모르타르의 배합

구 분	단층 및 2층 건물		3층 건물	
	시멘트	잔골재	시멘트	잔골재
용적비	1	3.0	1	2.5

⊙ 관련기준

건축표준시방서코드(KCS) 2021
〈KCS 41 34 02 : 2021〉

◈ **알아두기**

■ **벽돌공사**

1. 콘크리트 조적체에서는 허가된 경우를 제외하고 젖어서는 안 된다.

2. 현장에서 원하는 시공연도를 얻을 수 있을 만큼의 물을 넣고 모르타르나 그라우트를 비비는 경우에 비빔기계 안에서의 비빔시간은 3분 미만이나 10분 이상이어서는 안 된다. 단, 작은 양의 모르타르에 대한 손비빔은 허용된다.

3. 모르타르는 다시 비빌 수 있으나 시멘트의 수화작용에 의해 경화되기 시작한 모르타르나 그라우트를 사용해서는 안 된다.

4. 어떤 경우에도 처음 물을 넣고 비빈 후 두 시간이 지난 모르타르나 한 시간이 지난 그라우트를 사용해서는 안 된다. 단, 공장에서 건조상태로 혼합되고 현장에서 비비는 경우에는 예외로 할 수 있다.

5. 그라우트나 모르타르는 성형 가능할 때까지 비빔기계에서 비벼야 하며, 이 때의 비빔시간은 10분을 넘지 않도록 한다.

■■ 제23회, 제26회

③ 벽돌쌓기

(1) 벽돌쌓기 기본

① **마구리쌓기**: 입면이 마구리면이 되도록 쌓는 방법

② **길이쌓기**: 입면이 길이면이 되도록 쌓는 방법

③ **옆세워쌓기**: 입면이 마구리면을 세워 쌓는 방법

④ **세워쌓기**: 입면이 길이면을 세워 쌓는 방법

⑤ **영롱쌓기**: 난간벽(Parapet)과 같이 상부 하중을 지지하지 않는 벽에 있어서 장식적인 효과를 기대하기 위해 벽체에 구멍을 내어 쌓는 방법

⑥ **엇모쌓기**: 벽돌을 45° 각도로 모서리가 면에 나오도록 쌓는 방식이다.

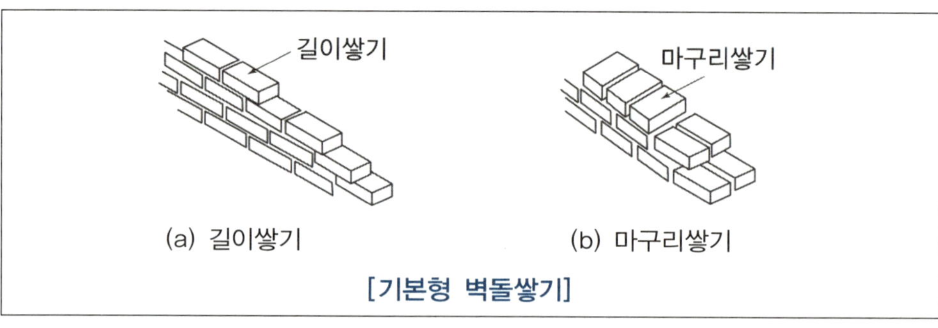

[기본형 벽돌쌓기]

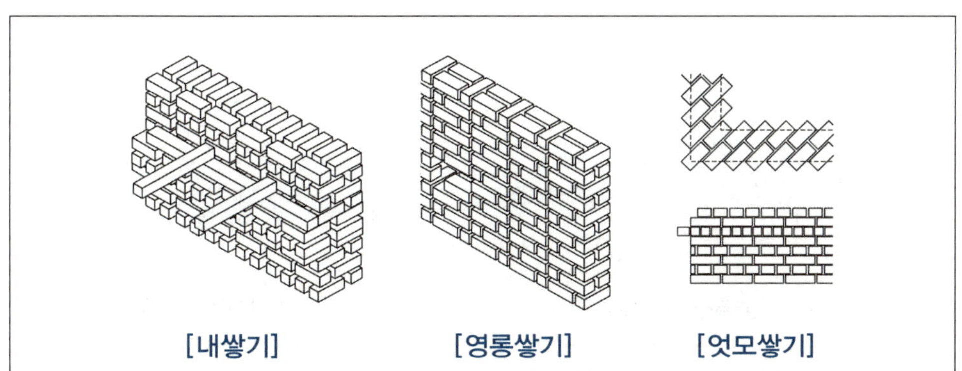

(2) 벽돌쌓기 방식

① **영식쌓기**: 한 켜는 마구리쌓기, 다음 켜는 길이쌓기로 하고 벽 모서리와 벽 끝 등에는 이오토막 또는 반절을 사용한 벽돌쌓기 방법으로 구조 내력상 가장 튼튼한 방법이지만 시공이 어렵다. 경제적이어서 널리 쓰이는 쌓기 방법으로 내력벽에 사용한다.

② **네덜란드식**(화란식)**쌓기**: 영식쌓기와 같으나 벽 모서리와 벽 끝에는 칠오토막을 사용한다. 일하기가 쉽고 모서리가 다소 견고하여 우리나라에서는 이 방식을 가장 많이 사용한다.

③ **프랑스식**(불식)**쌓기**: 매 켜에 마구리쌓기와 길이쌓기를 번갈아 쌓아 한 켜를 완성하며, 벽 모서리에는 이오토막을 사용한다. 통줄눈이 많이 생겨 덜 튼튼하지만 외관이 좋아 강도를 필요로 하지 않는 곳에서 유리하다. 구조적으로나 경제적으로 불리하다(비내력벽에 사용).

④ **미국식쌓기**: 5켜는 길이쌓기로 하고 그 위 한 켜는 마구리쌓기로 하여 쌓는 방법이다. 뒷면은 영식쌓기로 하고, 표면은 치장벽돌쌓기로 한다. 구조적으로 취약하지만 치장벽돌의 수를 줄일 수 있어 경제적이다.

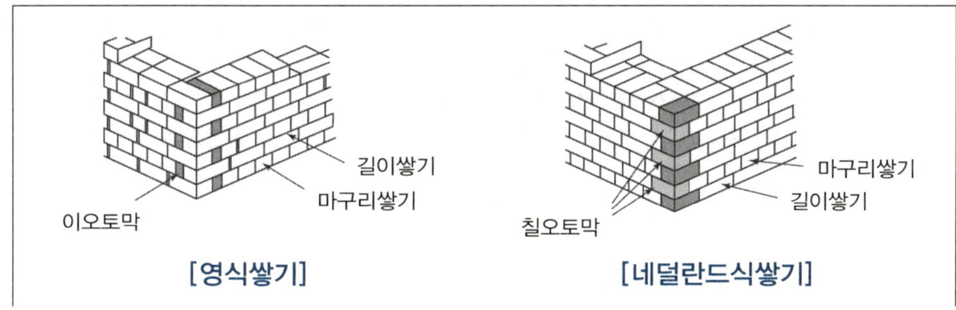

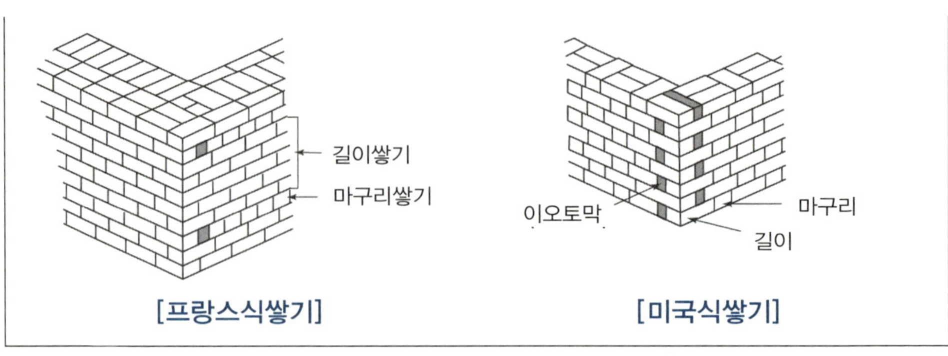

(3) 각부쌓기

① 벽 면적이 커서 하루 작업으로는 다 쌓지 못할 경우 다음 날에 벽돌을 물려 쌓을 수 있도록 하는 방법이다.

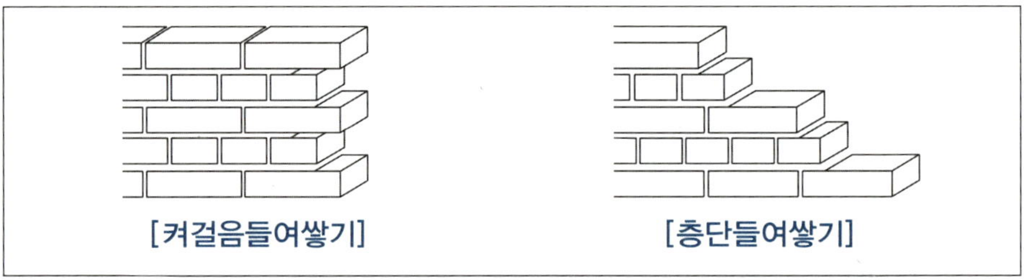

㉠ 층단들여쌓기: 벽 중간의 일부를 동시에 쌓지 못하게 될 때 쌓는 방법이다.

㉡ 켜걸음들여쌓기: 한 벽면을 먼저 쌓고, 교차하는 벽을 나중에 쌓을 때 사용한다.

> **📌 알아두기**
>
> ▪ **층단들여쌓기**
>
> 1. 연속되는 벽면의 일부를 트이게 하여 나중쌓기로 할 때에는 그 부분을 층단들여쌓기로 한다.
> 2. 직각으로 오는 벽체의 한편을 나중에 쌓을 때에도 층단들여쌓기로 하는 것을 원칙으로 하지만 부득이할 때에는 담당원의 승인을 받아 켜걸음들여쌓기로 하거나 이음보강철물을 사용한다.
> 3. 먼저 쌓은 벽돌이 움직일 때에는 이를 철거하고 청소한 후 다시 쌓는다. 물려 쌓을 때에는 이 부분의 모르타르는 빈틈없이 다져 넣고 사춤모르타르도 매 켜마다 충분히 부어 넣는다.

② **내쌓기**

㉠ 내쌓기는 벽체에 마루를 놓거나 방화벽으로 처마를 가리기 위해 사용한다.

㉡ 내쌓기는 벽돌 두 켜씩은 1/4B, 한 켜씩은 1/8B 정도로 내쌓는다.

㉢ 내쌓기의 내미는 한도는 2B이다.

㉣ 내쌓기는 마구리쌓기로 하는 것이 강도상 유리하며, 맨 위 켜는 두 켜 내쌓기로 한다.

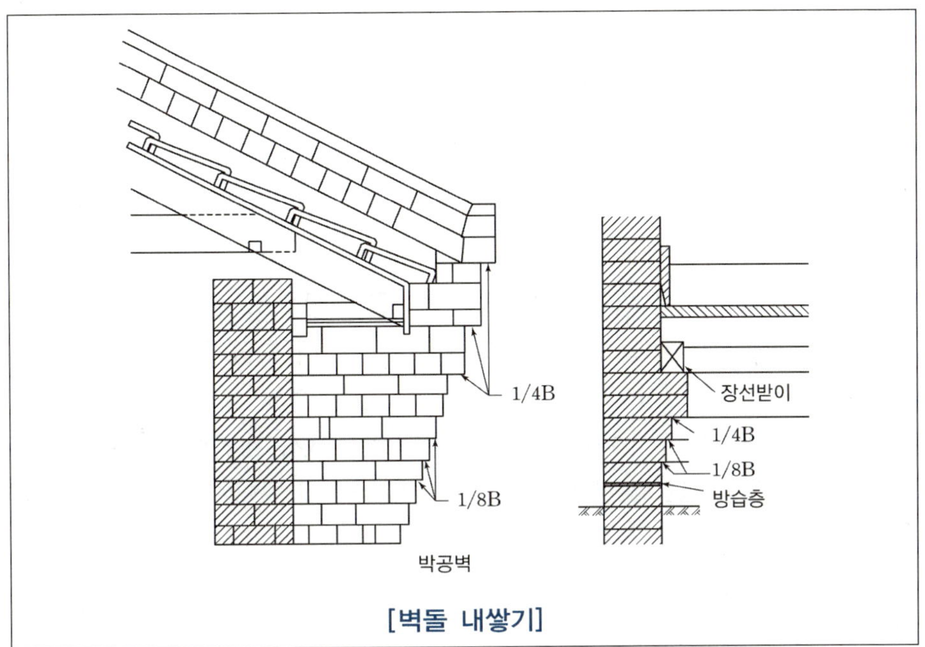

[벽돌 내쌓기]

③ **벽돌 기초쌓기**

㉠ 벽돌벽의 기초는 가급적 줄기초(연속기초)로 쌓는다.

㉡ 기초에 사용되는 벽돌은 모양보다 강도가 크고 흡수율이 작은, 소성이 잘된 벽돌이 좋다.

㉢ 기초판 부분은 철근콘크리트, 무근콘크리트로 한다.

㉣ 벽체 밑의 넓히는 각도는 60° 이상으로 한다.

㉤ 기초판의 너비는 벽돌면보다 10~15cm 정도 크게 한다.

㉥ 벽체에서 아래로 가면서 2켜씩 1/4B씩 넓혀서 맨 밑의 너비는 벽체 두께의 2배 이상으로 한다.

㉦ 기초판 두께는 기초판 너비의 1/3 정도로 한다.

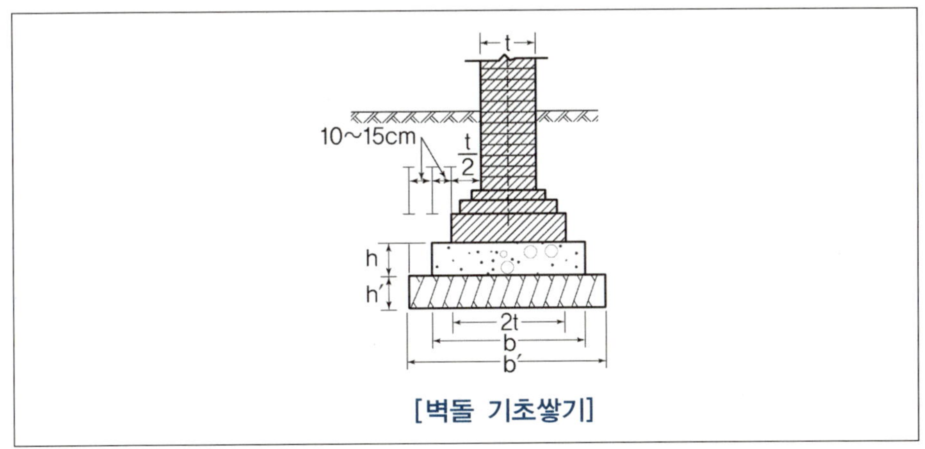

[벽돌 기초쌓기]

④ **공간쌓기**(겹벽쌓기)

㉠ 벽체의 방습·단열을 주목적으로 하며 방음의 효과를 얻을 목적으로 공간을 두고 안팎벽을 쌓는 방법이다.

㉡ 도면 또는 공사시방서에 정한 바가 없을 때에는 바깥쪽을 주벽체로 하고 안쪽은 반장 쌓기로 한다. 공간은 보통 0.5B 이내, 50~70mm 정도로 하고 바깥쪽에는 필요에 따라 물빠짐 구멍(직경 10mm)을 낸다.

㉢ 벽의 연결은 벽돌·철물·철선·철망 등으로 거리 간격의 최대 수직거리는 400mm를 초과해서는 안 되고, 최대 수평거리는 900mm를 초과해서는 안 된다.

㉣ 연결재는 위·아래층 것이 서로 엇갈리게 배치한다.

㉤ 공간쌓기를 할 때에는 모르타르가 공간에 떨어지지 않도록 주의하여 쌓는다.

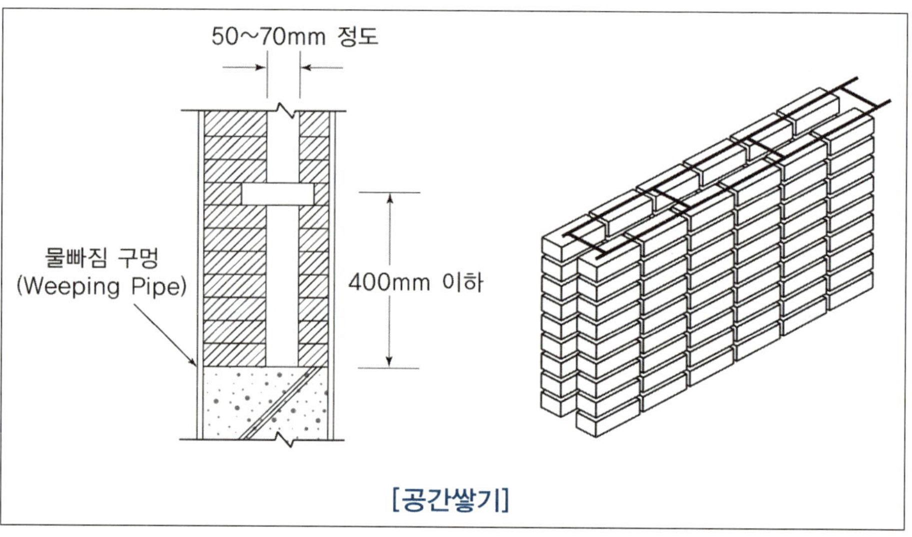

[공간쌓기]

⑤ **아치쌓기**

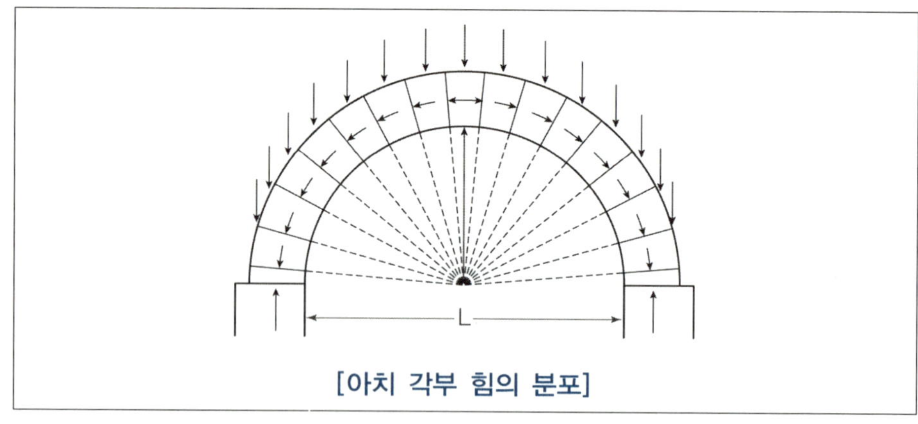

[아치 각부 힘의 분포]

아치는 단위 조적 재료가 인장력에 취약하므로 인장력을 받지 않도록 하는 이유와 의장적인 의도로서 사용하는 경우도 있다. 아치쌓기는 그 축선에 따라 미리 벽돌나누기를 하고 아치의 어깨에서부터 좌우 대칭형으로 균등하게 쌓는다. 아치의 줄눈은 아치의 중심에 일치하도록 하며 보통 배합비 1:2 정도의 모르타르로 쌓는다.

㉠ 아치는 상부에서 오는 수직압력이 아치의 축선에 따라 직압력만으로 전달되게 하고, 부재하부에 인장력이 생기지 않도록 한다.

㉡ 조적조 개구부에는 개구부의 크기가 아무리 작더라도 아치를 두는 것이 원칙으로 한다.

㉢ 개구부의 폭이 1m 이하이면 수평으로 아치를 틀은 수평아치를 쌓을 수 있다.

㉣ 개구부의 폭이 1.8m 이상일 때는 철근콘크리트나 철골로 보강된 인방보를 설치한다.

> **아치쌓기 종류**
> 1. **본아치**: 아치벽돌을 사다리꼴모양으로 주문·제작한 것을 사용한 아치이다.
> 2. **막만든아치**: 보통벽돌을 쐐기모양(아치벽돌처럼)으로 다듬어 쌓는 아치이다.
> 3. **거친아치**: 보통벽돌을 쓰고, 줄눈을 쐐기모양으로 만든 아치이다.
> 4. **층두리아치**: 아치너비가 클 때에 아치를 층을 지어 겹으로 둘러 튼 아치이다.

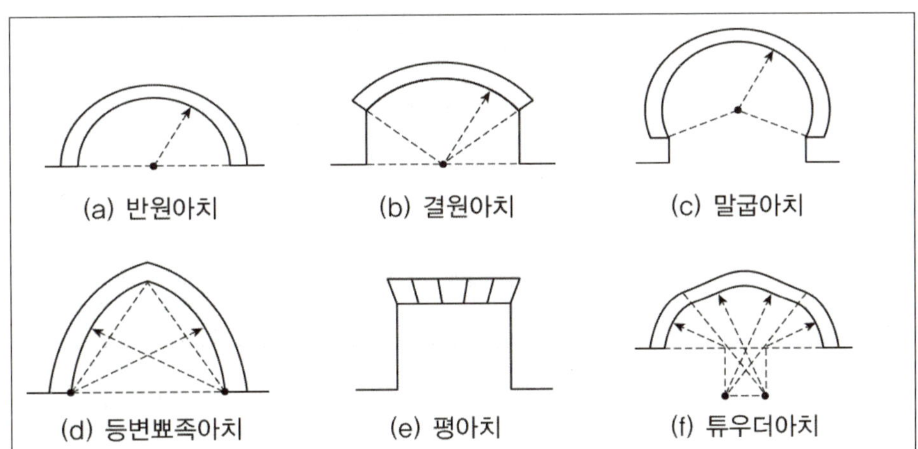

OX

거친 아치쌓기란 벽돌을 쐐기 모양으로 다듬어 만든 아치로 줄눈은 아치에 중심에 모이게 하여야 한다. (×)

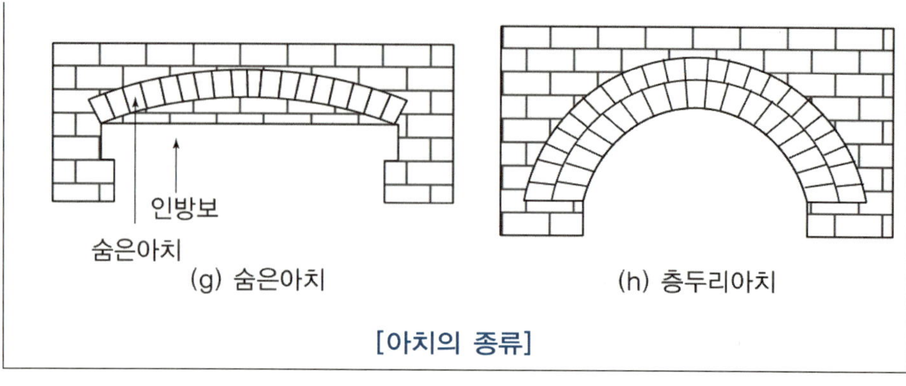

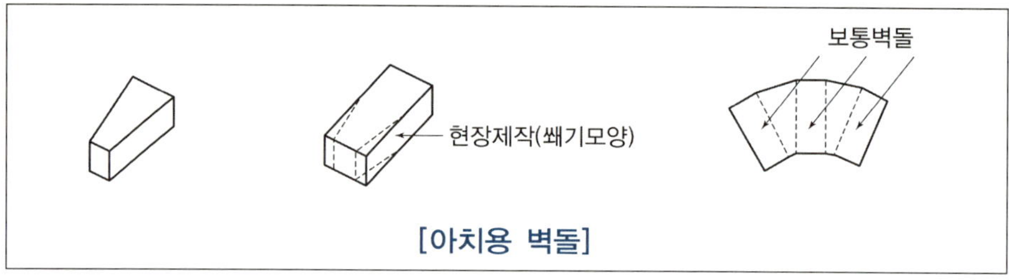

예제

벽돌 쌓기에 관한 설명으로 옳지 않은 것은? (단, 설계도서에 정한바가 없는 경우)

제28회

① 내쌓기는 1켜씩 $\frac{1}{8}$B 또는 2켜씩 $\frac{1}{4}$B 내쌓는다.

② 기초 쌓기는 $\frac{1}{4}$B로 1켜 또는 2켜씩 내어 쌓으며 기초 벽돌 맨 밑면의 너비는 벽두께로 한다.

③ 공간 쌓기는 바깥쪽을 주벽체로 하고 안쪽을 0.5B 쌓기로 한다.

④ 내화벽돌의 줄눈너비는 6mm를 표준으로 한다.

⑤ 창대벽돌 윗면은 15° 정도의 경사로 옆세워 쌓는다.

해설

② 기초 쌓기는 $\frac{1}{4}$B로 1켜 또는 2켜씩 내어 쌓으며 기초 벽돌 맨 밑면의 너비는 벽두께의 2배로 한다.

정답 ②

⑥ **창문틀 세우기**: 창문틀 세우기는 도면 또는 공사시방서에서 정한 바가 없을 때에는 원칙적으로 먼저 세우기로 하고, 나중 세우기로 할 때에는 가설틀 또는 먼저 설치 고정한 나무벽돌 또는 연결철물의 재료, 구조 및 공법 등의 상세를 나타낸 공작도를 작성하여 담당원의 승인을 받아 시공한다.

⑦ **창대쌓기**

㉠ 창대벽돌은 윗면을 15° 정도 경사지게 옆세워 쌓아 물 흐름이 좋게 한다.

㉡ 그 양 끝의 밑은 벽면에서 30~50mm 정도 내밀어 쌓는다.

㉢ 위 끝은 창틀 밑에 15mm 정도 들어가 물리게 한다.

ㄹ 문틀 사이는 모르타르를 빈틈없이 채우고 때로는 방수모르타르 혹은 코킹(Caulking) 등으로 방수처리를 한다.

ㅁ 창대쌓기의 벽돌 길이는 1.5B 또는 두께 이하로 한다.

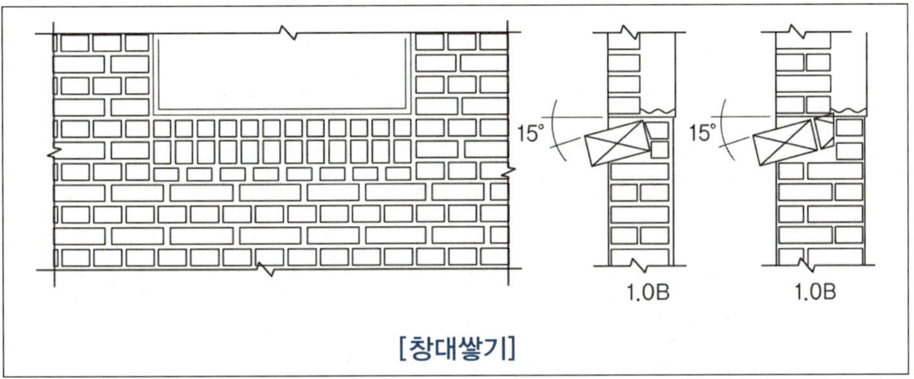

[창대쌓기]

⑧ **인방보 공사**

ㄱ 인방보는 도면 또는 공사시방서에 정하는 바에 따라 현장타설 콘크리트 부어넣기 또는 기성콘크리트부재로 한다.

ㄴ 인방보는 양 끝을 벽체의 블록에 200mm 이상 걸치고, 또한 위에서 오는 하중을 전달할 충분한 길이로 한다.

ㄷ 인방보 상부의 벽은 균열이 생기지 않도록 주변의 벽과 강하게 연결되도록 철근이나 블록 메시로 보강연결하거나 인방보 좌우단 상향으로 컨트롤 조인트를 둔다.

ㄹ 좌우의 벽체가 공간쌓기일 때에는 콘크리트가 그 공간에 떨어지지 아니하도록 벽돌 또는 철판 등으로 막는다.

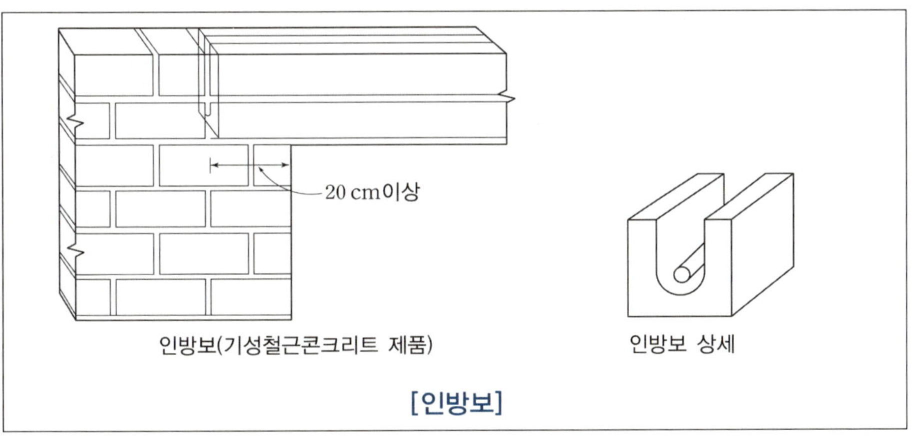

[인방보]

⑨ 테두리 보

  ㉠ 내력벽 위에는 춤(Depth)이 벽 두께의 1.5배 이상인 철근콘크리트의 테두리 보를 설치한다.

  ㉡ 테두리 보의 역할

    ⓐ 내력벽 상호 간을 일치하게 하여 건물의 강도를 높인다.

    ⓑ 상부의 하중을 내력벽에 고르게 분산시킨다.

    ⓒ 횡력에 의한 수직 균열 방지에 유리하다.

    ⓓ 보강블록조에서는 세로 철근을 정착시키는 곳이다.

⑩ 벽의 홈

  ㉠ 조적식구조인 벽에 그 층의 높이의 3/4 이상인 연속한 세로홈을 설치하는 경우에는 그 홈의 깊이는 1/3 이하로 한다.

  ㉡ 가로홈을 설치하는 경우에는 그 홈의 깊이는 벽의 두께의 1/3 이하로 하되, 길이는 3m 이하로 한다.

⑪ 담장쌓기

  ㉠ 조적조 담의 높이는 3m 이하로 한다(3m 이상이 되면 철근콘크리트구조로 한다).

  ㉡ 담의 두께는 190mm(1.0B) 이상으로 한다.

(4) 벽돌쌓기의 일반적 주의사항

:: 제14회, 제16회, 제17회
    제19회, 제26회

① 불량 벽돌은 반출하고 사용하지 않는다.

② 수평·수직 위치를 바르게 쌓는다.

③ 굳기 시작한 모르타르는 사용하지 않는다.

④ 가로 및 세로줄눈의 너비는 10mm 표준, 통줄눈이 되지 않게 쌓는다.

⑤ 벽돌은 부착면 전면에 모르타르가 고루 퍼지도록 하여야 한다.

⑥ 벽돌은 각부를 가급적 동일한 높이로 쌓아 올라가고, 벽면의 일부 또는 국부적으로 높게 쌓지 않는다.

⑦ 하루 벽돌 쌓는 높이는 1.2m(18켜) 표준, 최대 1.5m(22켜) 이하로 한다.

⑧ 모르타르의 강도는 벽돌의 강도보다 작으면 안 된다.

⑨ 벽돌쌓기는 도면 또는 공사시방서에서 정한 바가 없을 때에는 영식쌓기 또는 화란식쌓기로 한다.

⑩ 연속되는 벽면의 일부를 트이게 하여 나중쌓기로 할 때에는 그 부분을 층단들여쌓기로 한다.

⑪ 직각으로 오는 벽체의 한편을 나중에 쌓을 때에도 층단들여쌓기로 하는 것을 원칙으로 하지만 부득이할 때에는 담당원의 승인을 받아 켜걸름들여쌓기로 하거나 이음보강철물을 사용한다. 먼저 쌓은 벽돌이 움직일 때에는 이를 철거하고 청소한 후 다시 쌓는다. 물려 쌓을 때에는 이 부분의 모르타르는 빈틈없이 다져 넣고 사춤 모르타르도 매 켜마다 충분히 부어넣는다.

⑫ 벽돌벽이 블록벽과 서로 직각으로 만날 때에는 연결철물을 만들어 블록 3단마다 보강하여 쌓는다.

⑬ 벽돌조 벽체의 수장을 위해서 나무 벽돌, 고정 철물 등은 미리 벽돌 벽면에 설치한다.

⑭ 쌓기 작업이 끝난 후에는 거적 등을 씌워 보양하고 충격 또는 압력을 주어서는 안 된다.

🔖 관련기준
건축표준시방서코드(KCS) 2021
〈KCS 41 34 02 : 2021〉

▶보충학습

▍기타 벽돌공사

1. 한중공사

① 조적조의 모르타르층에 눈이나 얼음이 생겼을 경우, 조적조의 상단이 건조하게 될 때까지 열을 조심스럽게 가해서 녹여야 한다. 얼었거나 파손되었다고 생각되는 조적조의 단부는 그 부분의 공사가 재개되기 전에 제거하여야 한다.

② 쌓을 때의 조적체는 반드시 건조상태이어야 한다. 젖었거나 얼어붙은 조적체를 쌓아서는 안 된다.

 ㉠ 벽돌공사의 경우에는 벽돌쌓기에 있어서 기온이 4℃ 이하로 강하하거나 그렇게 될 우려가 있을 때에는 쌓아올림 켜수, 기타 필요한 사항에 대하여 담당원의 지시를 받는다. 기온이 4℃ 이상, 40℃ 이하가 되도록 모래나 물을 데운다. 〈이하 생략〉

 ㉡ 블록공사인 경우에는 블록을 쌓을 때 기온이 2℃ 이하로 강하하거나 그 우려가 있을 때에는 쌓아올림 켜수, 기타 필요한 사항에 대하여 담당원의 지시를 받아야 한다. 그라우트가 시공될 때부터 최소한 24시간 동안은 조적조가 동결온도 이상으로 유지되어야 한다. 〈이하 생략〉

2. 보강벽돌쌓기

① 종근은 기초까지 정착되도록 콘크리트 타설 전에 배근한다.

② 벽체 부분의 철근은 굽어지면 안 된다. 종근은 상시 내진설계로 배근한다.

③ 철근의 피복 두께는 20mm 이상으로 한다.

④ 벽돌의 1일 쌓기 높이는 1.5m 이하로 한다.

⑤ 줄눈 모르타르는 공동 부분에 노출되지 않도록 한다.

⑥ 모르타르 및 콘크리트 충전은 표준 벽돌쌓기 2~3단마다 실시한다(1일 작업 종료시 상단부터 약 50mm 아래로 한다).

💡 기출지문

1. 한중시공시 쌓을 때의 조적체는 건조 상태이어야 한다.
2. 세로줄눈의 모르타르는 벽돌 마구리면에 충분히 발라쌓도록 한다.
3. 기초쌓기에서 기초벽돌 맨 밑의 너비는 벽두께의 2배로 한다.
4. 보강벽돌쌓기에서 종근은 기초까지 정착되도록 콘크리트 타설 전에 배근한다.
5. 보강벽돌쌓기에서 1일 쌓기 높이는 1.5m 이하로 한다.

예제

벽돌공사에 관한 설명으로 옳은 것은? 제26회

① 벽량이란 내력벽 길이의 합을 그 층의 바닥면적으로 나눈 값으로 150mm/m² 미만이어 야 한다.
② 공간쌓기에서 주 벽체는 정한 바가 없을 경우 안벽으로 한다.
③ 점토 및 콘크리트 벽돌은 압축강도, 흡수율, 소성도의 품질기준을 모두 만족하여야 한다.
④ 거친 아치쌓기란 벽돌을 쐐기 모양으로 다듬어 만든 아치로 줄눈은 아치에 중심에 모이게 하여야 한다.
⑤ 미식쌓기는 다섯 켜 길이쌓기 후 그 위 한 켜 마구리쌓기를 하는 방식이다.

해설

① 벽량이란 내력벽 길이의 합을 그 층의 바닥면적으로 나눈 값으로 150mm/m² 이상이어야 한다.
② 공간쌓기에서 주 벽체는 정한 바가 없을 경우 바깥쪽 벽으로 한다.
③ 점토 및 콘크리트 벽돌은 압축강도, 흡수율의 품질기준을 모두 만족하여야 한다.
④ 막만든 아치쌓기란 벽돌을 쐐기 모양으로 다듬어 만든 아치로 줄눈은 아치에 중심에 모이게 하여야 하며, 거친 아치쌓기란 보통벽돌을 그대로 사용하여 줄눈을 쐐기모양으로 쌓은 것이다.

정답 ⑤

4 벽돌벽의 균열

(1) 계획·설계상 미비(실수)로 인한 균열

① 기초의 부동침하
② 건물의 평면, 입면의 불균형 및 벽의 불합리한 배치
③ 큰 집중하중, 횡하중 및 충격 등을 받게 설계된 부분
④ 벽돌벽의 길이, 높이, 두께와 벽돌 벽체의 강도 부족
⑤ 문꼴 크기의 불합리 및 불균형 배치

(2) 시공상 결함으로 인한 균열

① 벽돌 및 모르타르의 강도 부족
② 온도 및 수분 흡수에 의한 신축
③ 이질재와의 접합부
④ 장막벽 상부의 모르타르 다져 넣기 부족
⑤ 모르타르의 바름 등의 신축 및 들뜨기
⑥ 벽돌벽의 부분적 시공 결함

5 백화(白化, Efflorescence)현상

공사가 끝나고 얼마 정도 지난 후 물이 스며들어 벽돌벽의 벽체 표면에 흰가루가 나타나는 현상이다. 벽의 표면에 침투하는 우수(雨水), 수분 등에 의해 줄눈 모르타르의 알칼리 성분[수산화칼슘, $Ca(OH)_2$]이 공기 중의 탄산가스(CO_2)와 결합하여 석회성분($CaCO_3$)으로 되어 벽표면이 희게 나타는 현상이다.

(1) 방지대책

① 흡수율이 낮고 질이 좋은 벽돌 및 모르타르를 사용한다.
② 줄눈을 수밀하게 하여 벽면에 빗물이 침입하지 않도록 한다.
③ 구조적으로 차양·돌림띠 등을 설치하여 빗물이 벽면을 타고 흘러내리지 않도록 한다.
④ 파라핀 도료로서 염류가 나오는 것을 방지한다.
⑤ 조립률이 큰 모래를 사용한다.
⑥ 분말도가 큰 시멘트로 사용한다.

(2) 제거방법

묽은염산(염산 : 물 = 1 : 5~10)으로 세척 후 물로 씻어서 제거한다.

6 벽돌의 신축줄눈

(1) 개 요

① 벽돌 또는 벽돌이 접하는 구체의 팽창 및 수축에 따른 균열 등의 손상이 발생되지 않도록 미리 설치하여 탄력성을 갖게 한 줄눈이다.
② 벽돌의 수평팽창에 대한 균열은 수직 신축줄눈으로 조절하고, 수직팽창에 대한 균열은 수평 신축줄눈으로 조절한다.

(2) 신축줄눈의 설치 위치

구 분	수직 신축줄눈	수평 신축줄눈
설치 위치	① 벽 높이가 변하는 곳 ② 벽 두께가 변하는 곳 ③ L, T, U형 건물에 있어서 벽 교차부근처(모서리에서 1.8~3.0m 떨어진 곳) ④ 응력이 집중되는 곳 ⑤ 개구부의 가장자리	① 안쪽 벽에 의해 지지되는 선반 앵글 아래 및 인방 아래 ② 복층건물에 있어서 각 층 바닥 높이 ③ 수직운동 저항에 기인된 응력 집중점

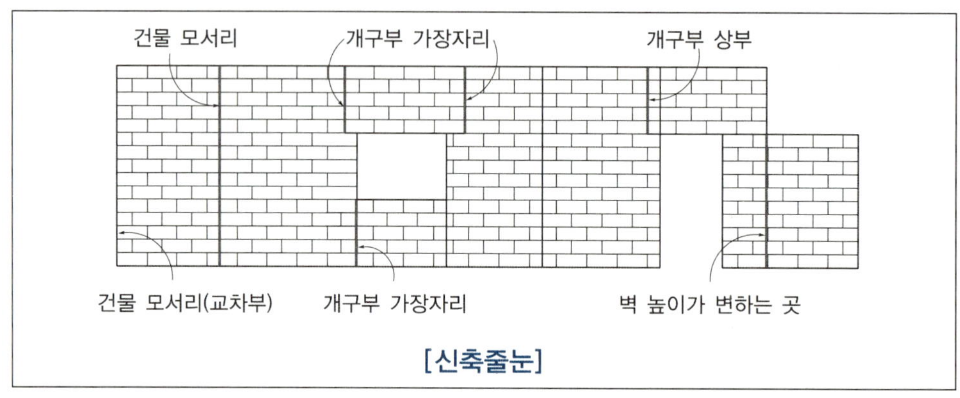

[신축줄눈]

7 벽돌벽 쌓기 후 치장면 청소방법

청소방법	내 용
물세척	벽돌 치장면의 오염을 물과 브러시를 사용하여 제거한다.
세제세척	벽돌 치장면의 오염을 물 또는 온수에 중성세제를 사용하여 제거한다.
산세척	일반적으로 사용하지 않으나 부득이 산세척을 할 경우, 3% 이하의 묽은 염산을 사용한 후 충분히 물세척을 반복한다.

03 콘크리트블록구조

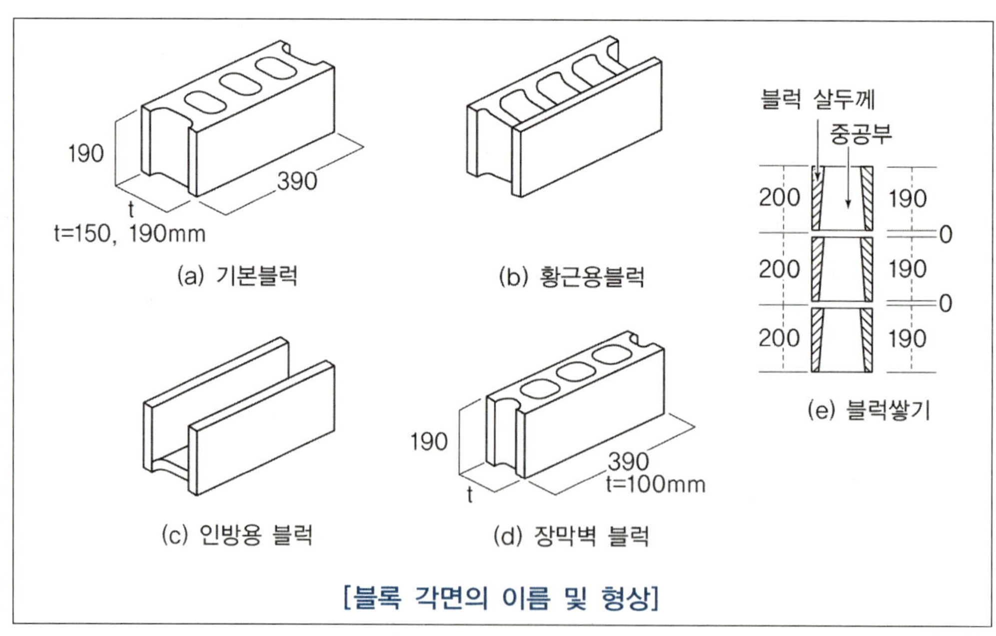

[블록 각면의 이름 및 형상]

우리나라에서 가장 많이 사용되고 있는 블록은 BI형이고, 그 외 BM, BS형이 있다. 블록은 시멘트와 모래(+ 자갈) 비율을 1 : 7이내, 골재의 최대 치수는 살 두께의 1/3 이하, 물·시멘트비(W/C)는 40% 이하로 하고, 습도 100%의 실내에서 500℃h[500도시(℃h)는 약 24시간 21℃로 유지한 수치이다], 야적시 4,000℃h(상온에서 10일 정도) 이상 다습상태에서 양생하여 만든다. 그 후 7일 이상 경과 후 사용한다.

1 블록구조의 특성

장 점	단 점
① 대량생산·경량·불연 구조이다.	① 지진·횡력에 약하다.
② 구조 및 시공이 간편하고 공기가 단축된다.	② 균열이 생기기 쉽다.

💡 블록은 벽돌에 비해 단위재료가 커서 단열성이 우수하고, 단위시간에 보다 넓은 면적을 쌓을 수 있어서 경제적이나 모서리 등이 깨지기 쉽다.

🔗 속빈 콘크리트 블록의 치수

시험항목	기 준		
겉모양	겉모양이 균일하고 비틀림, 해로운 균열 또는 홈이 없어야 한다.		
치수(mm)	길 이	높 이	두 께
	390	190	210, 190, 150, 100
허용오차	± 2		
압축강도(C종)	전단면 $8N/mm^2$ 이상		
흡수율	10% 이하(24시간 수중 침지법)		
투수성	$10m/\ell\,m^3 - h$		
이형 블록	깊이, 높이 및 두께의 최소 크기를 90mm 이상으로 한다. 또, 가로근 삽입 블록, 모서리 블록과 기본 블록과 동일한 크기인 것의 치수 및 허용치는 기본 블록에 따른다.		

2 콘크리트블록조의 종류

(1) 조적식블록조

콘크리트블록을 모르타르로 벽돌을 쌓듯이 벽체를 쌓는 구조이다. 내력벽으로서 소규모 건물 또는 2층 건물에 적당하다.

(2) 블록 장막벽

철근콘크리트조 또는 철골조 등의 구조체에 블록을 쌓는 벽으로 상부에서 오는 하중은 받지 않고 자체의 하중만을 지지하는 비내력벽이다.

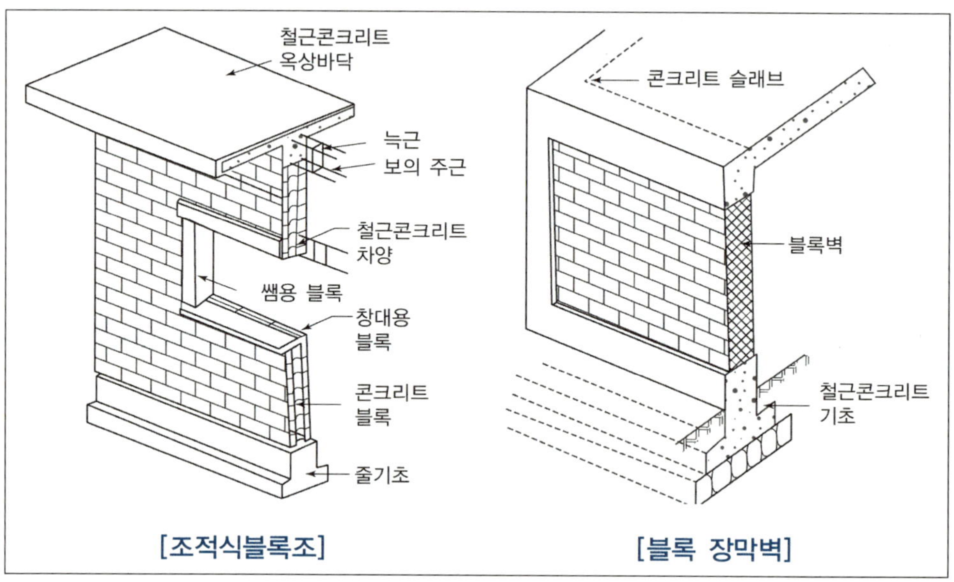

(3) 보강블록조

블록의 빈 공간에 철근을 설치하고 콘크리트로 채워 구조물을 완성하며, 보통 철근을 넣기 위해 통줄눈 쌓기를 하며 블록조구조 중에서 가장 튼튼하다. 내력벽에 적합하다.

(4) 거푸집블록조

속이 비어 있는 ㄱ자, ㄷ자, ㅁ자, T자 형의 블록을 거푸집으로 생각하여 그 안에 철근과 콘크리트를 넣어 완성하는 블록조이다.

OX

1. 블록조는 철근보강을 하더라도 내력벽으로는 적절하지 못하다. (×)
2. 블록을 거푸집처럼 활용하면 콘크리트와 혼용하여 사용할 수 있다. (○)

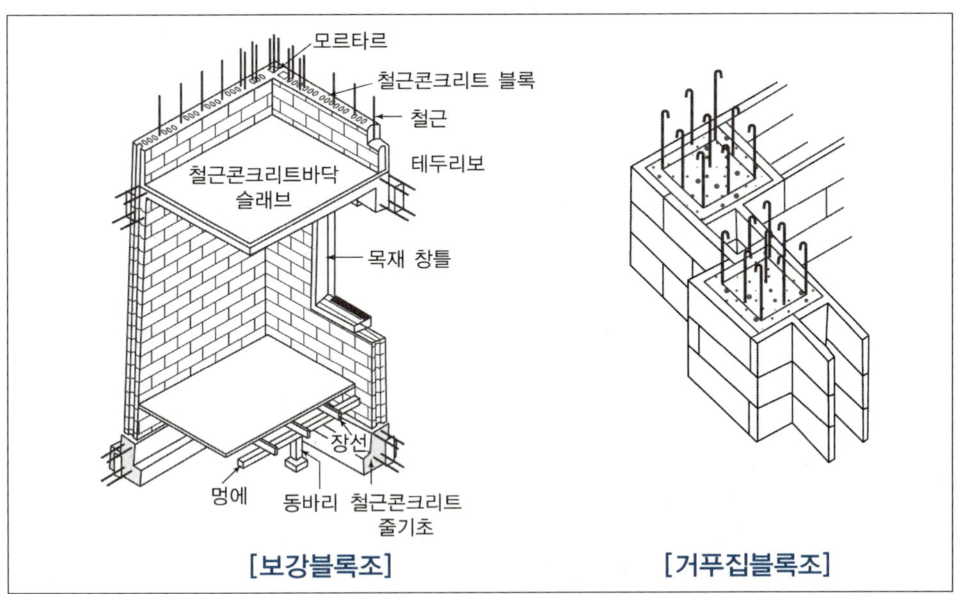

3 내력벽과 벽량(壁量)

(1) 내력벽

① 내력벽은 보강블록조 건물의 주체가 되는 것으로서 고정하중, 적재하중 등의 연직하중, 지진력이나 풍압력의 수평하중을 지지하는 중요한 것이다.

② 벽의 편재를 방지하고 각 내력벽에 균등한 전단력을 전하도록 분할 면적은 되도록 적게 할수록 좋다.

③ 보강블록구조인 내력벽의 두께(마감재료의 두께 제외)는 150mm 이상으로 한다.

④ 그 내력벽의 구조내력에 주요한 지점 간의 수평거리의 50분의 1이상으로 한다.

⑤ 보강블록구조의 내력벽은 그 끝부분과 벽의 모서리부분에 12mm 이상의 철근을 세로로 배치하고, 9mm 이상의 철근을 가로 또는 세로 각각 800mm 이내의 간격으로 배치한다.

⑥ 세로철근의 양단은 각각 그 철근지름의 25배 이상을 기초판 부분이나 테두리보 또는 바닥판에 정착시켜야 한다.

(2) 철근보강의 요령

① 철근은 굵은 것을 조금 넣는 것보다 가는 것을 많이 넣는 것이 좋다.

② 철근의 정착이음은 블록 속에 두기는 무리이므로 기초 보 또는 테두리 보에 둔다.

③ 철근을 배치하는 곳에는 모르타르 또는 콘크리트를 채워 넣어 철근 피복이 충분히 되고 빈틈없게 되어야 한다.

④ 세로근은 모두 줄기초에서 그 위의 보까지 완전한 하나의 철근으로 하는 것이 좋다.

⑤ 보강근의 정착 및 이음길이의 겹친부분의 길이는 25D 이상으로 한다.

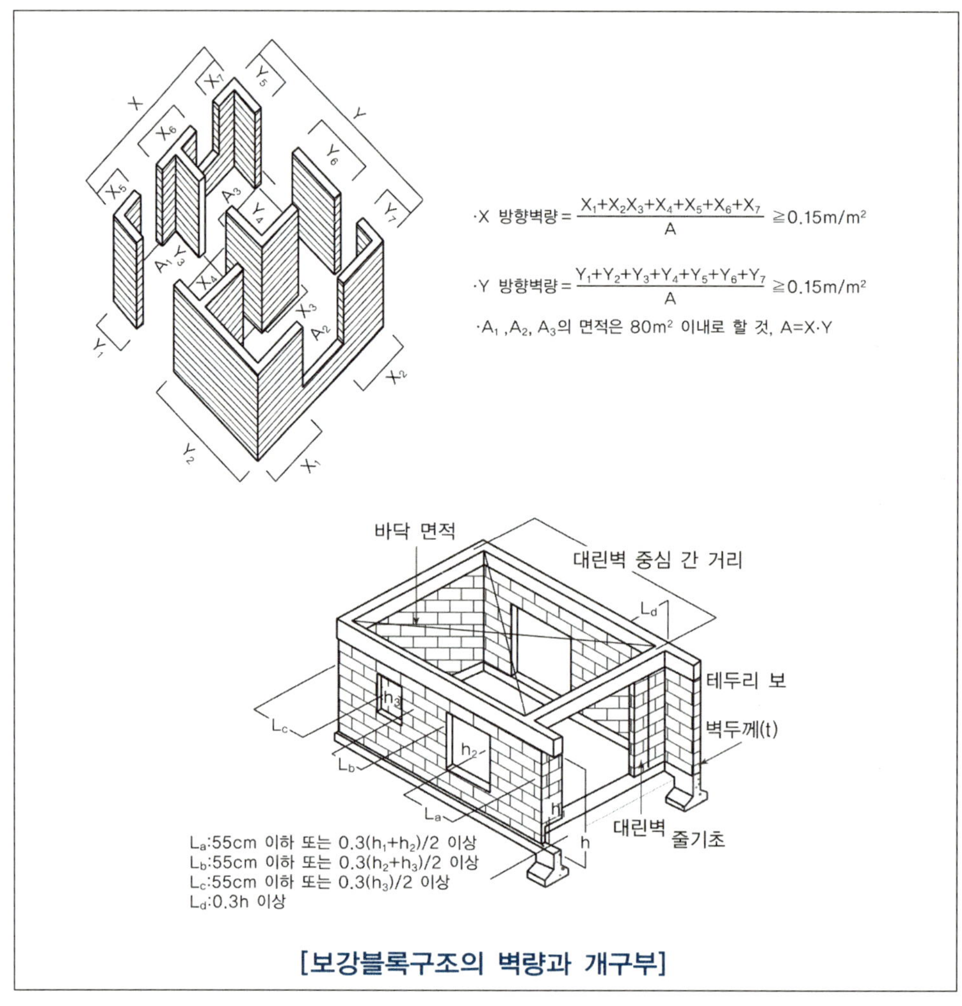

[보강블록구조의 벽량과 개구부]

(3) 벽 량

① 단위면적당 내력벽의 길이로, 내력벽 길이의 합계(X, Y방향)를 그 층의 바닥면적으로 나눈 값을 말한다.

② 유효한 내력벽의 길이는 0.55m 이상, 좌우 창문 평균높이의 30% 이상으로 한다.

③ 보강블록조의 내력벽의 벽량은 0.15m/m² 이상이 되어야 한다.

④ 내력벽의 양이 많을수록 횡력에 대항하는 힘이 커지므로 큰 건물일수록 벽량을 증가할 필요가 있다.

4 모르타르 및 그라우트의 배합

줄눈 모르타르의 배합은 다음과 같다.

종 류		배합비			
		시멘트	석 회	모 래	자 갈
모르타르	줄눈용	1	1	3	−
	사춤용	1	−	3	−
	치장용	1	−	1	−
그라우트	사춤용	1	−	2	3

🔷 **관련기준**
건축표준시방서코드(KCS)
〈KCS 41 34 06 : 2021〉

🖋 알아두기

▮ 모르타르비빔

1. 모르타르나 그라우트의 비빔시간은 기계 믹서를 사용하는 경우 최소 5분 동안 비벼야 하며, 원하는 시공연도가 되도록 한다. 모르타르가 소량일 경우에는 손비빔을 할 수 있다. 모르타르나 그라우트의 비빔은 기계비빔을 원칙으로 한다.

2. 최초 물을 가해 비빈 후 모르타르는 2시간, 그라우트는 1시간을 초과하지 않은 것은 다시 비벼 쓸 수 있다. 그러나 반죽한 것은 될 수 있는 한 빨리 사용하고 물을 부어 반죽한 모르타르가 굳기 시작한 것은 사용하지 않는다. 굳기 시작한 모르타르에 물을 부어 되비빔하는 것은 금한다.

5 블록쌓기의 주의사항

:: 제15회, 제19회

① 블록은 살 두께가 두꺼운 쪽이 위로 가게 쌓는다.

② 하루의 쌓는 높이는 1.5m(블록 7켜 정도) 이내를 표준으로 한다.

③ 블록은 벽돌과 달리 모르타르 접착부분만 물축임 한다(단순블록조). 보강블록공사시 콘크리트용 블록은 물축임 하지 않는다(보강블록조).

④ 줄눈은 10mm를 기준으로 통줄눈은 피하고 막힌줄눈으로 하지만, 보강블록조는 통줄눈으로 하는 것이 시공상 유리하다.

⑤ 세로줄눈과 철근을 넣는 빈속에는 모르타르 또는 콘크리트를 채운다.

⑥ 사춤하는 높이는 블록 3켜 이내로서 담당원의 지시에 따른다. 하루 작업종료시 세로줄눈 공동부에 모르타르 또는 그라우트의 타설 높이는 블록의 상단에서 약 50mm 아래에 둔다.

⑦ 블록이 교차하는 부분은 철망(Wire Mesh), 철근 등으로 보강한다.

⑧ 보강블록조와 라멘구조가 접하는 부분은 보강블록조를 먼저 쌓고 라멘구조를 나중에 시공한다.

6 기초 보(基礎梁 : Footing Beam, Bond Beam)

기초 보는 건물의 최하부에서 각 내력벽의 밑부분을 연결하여 그것을 고정상태로 유지하고 지반의 부동침하나 집중하중에 의한 벽체의 손상을 막는 동시에 지반에 평균적 하중을 전하기 위하여 만들어진 것으로 기초벽이라고도 한다. 기초 보는 춤이 높고 강건한 것이 필요하다.

(1) 블록조의 기초는 줄기초(연속기초)로 하고 넓은 개구부가 있는 곳은 기초 보로 연결하는 것이 좋다.

(2) **기초 보의 크기**(춤)

처마 높이의 1/12 이상 또는 1층은 45cm 이상, 2층은 60cm 이상으로 한다.

(3) **기초판의 크기**

기초판의 두께는 12cm 이상, 기초판의 크기는 1층 건물이 25~30cm, 2층 건물은 40~45cm 정도로 한다.

(4) 기초 보의 주근은 D13 이상을 사용하며, 늑근은 D6 이상을 30cm 이하로 배근한다.

🖉 **수치 정리**

종 류		수치 정리
내력벽 두께	벽 돌	• 1/20h
	블 록	• 1/16h
	보강블록조	• 1/50L
내력벽 최소폭		55cm, 좌우 창문높이 평균의 30%
테두리 보	춤	• 벽두께의 1.5배 또는 30cm 이상(단층 25cm)
	너 비	• 벽체 두께 이상 또는 내력벽길이의 1/20L
기초 보		1/12h

1. 블록공사

① 사춤 모르타르, 그라우트의 연도는 사춤하는 공동부 크기, 사춤 높이, 블록의 흡수성, 사춤 방법 등을 고려하여 공동부를 빈틈없이 충전할 수 있도록 정한다.

② 사춤 모르타르, 그라우트에 혼화재료를 사용하는 경우의 혼화재량, 비빔 방법은 공사시방서에 의한다.

③ 블록 보강용 철망은 #8∼#10 철선을 가스압점 또는 용접한 것을 사용하고, 그 형상, 치수, 기타는 도면 또는 공사시방서에 따른다.

④ 도면 또는 공사시방서에서 정한 바가 없을 때에는 철선은 #10으로 한다.

⑤ 블록의 적재 높이는 1.6m를 한계로 하며, 바닥판 위에 임시로 쌓을 때는 1개소에 집중하지 않도록 한다. 야적시의 블록은 흙 등으로 오염되지 않도록 하고, 또한 우수를 흡수하지 않도록 저장한다.

⑥ 시멘트는 우수 및 습기에 영향을 받지 않도록 저장하며, 적재높이는 13포대를 한계로 하며 검사가 용이하도록 적재한다.

⑦ 블록을 쌓은 후는 어떠한 때라도 이동시켜서는 안 된다. 또한 줄눈 모르타르 및 사춤 모르타르, 그라우트는 충분히 경화될 때까지 충격 및 기타 하중을 주지 않도록 주의한다.

⑧ 블록을 쌓을 때에 기온이 2℃ 이하로 내려가거나 그 우려가 있을 때에는 쌓아 올림 켜수(단수), 기타 필요한 사항에 대하여 담당원의 지시를 받아야 한다.

⑨ 기온이 4℃ 이하일 때는 모르타르나 그라우트의 온도가 4℃ 이상 49℃ 이하가 되도록 골재 및 물을 데운다. 비빔판 위의 모르타르 온도는 동결온도보다 높게 해야 한다.

⑩ 단순조적블록공사에서 줄눈은 도면 또는 공사시방서에서 정한 바가 없을 때에는 가로 및 세로 각각 10mm를 표준으로 한다.

⑪ 줄기초, 연결보 및 바닥판, 기타 블록을 쌓는 밑바탕은 정리 및 청소를 하고 물축임을 한다.

⑫ 블록에 붙은 흙, 먼지, 기타 더러운 것은 제거하고 모르타르 접착면은 적당히 물로 축여 모르타르의 경화수가 부족하지 않도록 한다.

⑬ 모르타르나 그라우트의 비빔시간은 기계믹서를 사용하는 경우 최소 5분 동안 비벼야 하며, 원하는 시공연도가 되도록 한다. 모르타르가 소량일 경우에는 손비빔을 할 수 있다. 모르타르나 그라우트의 비빔은 기계비빔을 원칙으로 한다.

⑭ 최초 물을 가해 비빈 후 모르타르는 2시간, 그라우트는 1시간을 초과하지 않은 것은 다시 비벼 쓸 수 있다. 그러나 반죽한 것은 될 수 있는 한 빨리 사용하고 물을 부어 반죽한 모르타르가 굳기 시작한 것은 사용하지 않는다. 굳기 시작한 모르타르에 물을 부어 되비빔하는 것은 금한다.

⑮ 단순조적 블록쌓기의 세로줄눈은 도면 또는 공사시방서에서 정한 바가 없을 때에는 막힌 줄눈으로 한다.

✦ 관련기준
건축공사표준시방서(KCS)
〈KCS 41 34 06 : 2021〉
〈KCS 41 34 07 : 2021〉

OX

1. 블록조의 개구부에는 되도록 인방을 설치하는 것이 좋다. (○)

2. 콘크리트 블록을 쌓을 때, 살 두께가 큰 편이 위로 가게 쌓는다. (○)

3. 블록쌓기 줄눈너비는 가로 및 세로 각각 10mm를 표준으로 한다. (○)

4. 그라우트 사춤하는 높이는 5켜로 한다. (×)

5. 콘크리트 블록의 하루 쌓는 높이는 1.5m 이내를 표준으로 한다. (○)

⑯ 살두께가 큰 편을 위로 하여 쌓는다.

⑰ 하루의 쌓기 높이는 1.5m(블록 7켜 정도) 이내를 표준으로 한다.

⑱ 줄눈 모르타르는 쌓은 후 줄눈 누르기 및 줄눈파기를 한다.

⑲ 특별한 지장이 없으면 줄눈은 10mm가 되게 한다. 치장줄눈을 할 때에는 흙손을 사용하여 줄눈이 완전히 굳기 전에 줄눈파기를 한다.

⑳ 블록의 조적에서 생기는 세로줄눈 공동부에 모르타르 또는 그라우트를 충전시에는 충전 압력으로 미끄러지거나 이동하지 않도록 한다. 모르타르 또는 그라우트의 충전을 가느다란 둥근 막대를 사용하여 곰보나 틈새가 생기지 않도록 밀실하게 다진다.

㉑ 모서리 및 개구부의 끝에서 거푸집을 사용하여 콘크리트를 부어 넣을 때에는 거푸집을 대기 전에 밑창에 모인 흙, 먼지 및 모르타르 등을 제거하고 청소한다.

㉒ 모르타르 또는 그라우트를 사춤하는 높이는 블록 3켜 이내로서 담당원의 지시에 따른다. 하루 작업종료시 세로줄눈 공동부에 모르타르 또는 그라우트의 타설높이는 블록의 상단에서 약 50mm 아래에 둔다.

㉓ 인방블록은 가설틀을 설치하고, 그 위에 쌓는다. 인방블록면은 수평이 되게 하고, 턱지지 않게 한다.

㉔ 인방블록은 창문틀의 좌우 옆 턱에 200mm 이상 물리고, 도면 또는 공사시방서에서 정한 바가 없을 때에는 400mm 정도로 한다.

㉕ 인방보의 양 끝을 벽체의 블록에 200mm 이상 걸치고, 또한 위에서 오는 하중을 전달할 충분한 길이로 한다. 인방보 상부의 벽은 균열이 생기지 않도록 주변의 벽과 강하게 연결되도록 철근이나 블록 메시로 보강연결하거나 인방보 좌우단 상향으로 컨트롤 조인트를 둔다.

㉖ 보강 블록공사에서 콘크리트용 블록은 물축임하지 않는다.

㉗ 보강 블록공사에서 세로근은 원칙으로 기초 및 테두리 보에서 위층의 테두리 보까지 잇지 않고 배근하여 그 정착길이는 철근 직경(D)의 40배 이상으로 하며, 상단의 테두리 보 등에 적정 연결 철물로 세로근을 연결한다.

㉘ 보강 블록공사에서 테두리 보 위에 쌓는 박공벽의 세로근은 테두리 보에 40D 이상 정착하고, 세로근 상단부는 180°의 갈구리를 내어 벽 상부의 보강근에 걸치고 결속선으로 결속한다.

㉙ 보강 블록공사에서 가로근을 블록 조적 중의 소정의 위치에 배근하여 이동하지 않도록 고정한다.

🔷 **관련기준**
건축표준시방서코드(KCS) 2021
〈KCS 41 34 09 : 2021〉

2. ALC블록 공사

① ALC블록 공사에서 이 시방은 건축물의 내·외벽에 사용되는 고온고압 증기양생한 경량기포콘크리트블록(Autoclaved Lightweight Aerated Concrete Block)을 건축물 또는 공작물 등의 외벽, 칸막이벽 등으로 사용하는 공사 및 부속 재료에 관한 품질, 보관 및 시공 기준 등에 대해 적용한다.

② 블록(ALC블록)의 저장은 원칙적으로 옥내에 하고, 옥외에 저장할 때는 덮개를 덮어 보호한다.

③ 블록의 저장은 원칙적으로 옥내에 하고, 옥외에 저장할 때는 덮개를 덮어 보호한다.

④ 사용하고 남은 블록은 습기나 파손 방지를 위해 항상 받침목 위에 적재·보관한다.

⑤ 지표면 이하에는 블록을 사용하지 않는 것을 원칙으로 하며, 부득이하게 흙에 접하거나 부분적으로 지표면 이하로 매설될 경우에는 반드시 표면처리제 등으로 방수되도록 마감하여야 한다.

⑥ 슬래브나 방습턱 위에 고름 모르타르를 10~20mm 두께로 깐 후 첫 단 블록을 올려놓고 고무망치 등을 이용하여 수평을 잡는다.

⑦ 쌓기 모르타르는 블록의 두께와 동일한 폭을 갖는 전용 흙손을 사용하여 바른다. 또한, 시공시 흘러나온 모르타르는 경화되기 전에 빨리 긁어낸다.

⑧ 줄눈의 두께는 1~3mm 정도로 한다.

⑨ 블록 상·하단의 겹침길이는 블록 길이의 1/3~1/2을 원칙으로 하고 100mm 이상으로 한다. 단, 보강블록쌓기의 경우에는 공사시방서에 따른다.

⑩ 블록은 각 부분이 가급적 균등한 높이로 쌓아가며, 하루 쌓기 높이는 1.8m를 표준으로 하고, 최대 2.4m 이내로 한다. 벽체길이가 긴 경우는 담당원과 협의한 후 적정 조치를 취한 후 쌓기를 한다.

⑪ 모서리 및 교차부 쌓기는 끼어쌓기를 원칙으로 하여 통줄눈이 생기지 않도록 한다. 직각으로 만나는 벽체의 한편을 나중쌓을 때는 층단쌓기로 하며, 부득이한 경우 담당원의 승인을 얻어 층단으로 켜걸름들여쌓기로 하거나 이음보강철물을 사용한다.

⑫ 신축줄눈을 통한 열손실 방지, 방음성능 및 내화성능 확보가 요구될 경우에는 암면 등의 광물섬유를 채워 넣고 실란트 또는 내화용 줄눈재로 충전한다.

04 돌구조

돌구조는 가공된 돌을 쌓아 올려 구조체를 만드는 조적식구조법의 일종이다. 현재는 주요 구조부를 돌구조로 쌓는 일은 드물고 주로 내·외장재로 사용되고 있다.

1 장·단점

(1) 돌구조의 장점

① 내화성·내구성·내수성이 양호하다.

② 압축 강도가 크고, 내마모성이 우수하다.

③ 방한(防寒)·방서(防暑)적이다.

④ 종류가 다양하며 특유의 색조와 광택이 있어 외관이 장중·미려하다.

(2) 돌구조의 단점

① 시공이 까다로우며, 비교적 고가이다.

② 인장 강도는 압축 강도의 $1/20 \sim 1/40$ 정도로 약하다.

③ 횡력에 약하다.

④ 비중 크고, 가공이 어려운 편이다.

:: 제16회

2 석재의 종류

(1) **화강암**(花崗巖, Granite)

경도·강도·내마모성·내구성·빛깔·광택 등이 우수하여 구조용·장식용에 가장 우수하다. 다만, 팽창계수를 달리하는 여러 성분이 조합된 결정체(結晶體)로 되어 있고 결정방향도 다르므로 화열에 균열이 생기고 푸석하게 붕괴하는 결점이 있다.

(2) **대리석**(大理石, Marble)

연마하면 광택과 빛깔, 무늬가 아름다워 장식용 또는 조각용으로 우수한 석재이다. 그러나 산과 열에 약하고 풍화·마모성·내구성이 작으므로 외장용으로 써는 좋지 않다.

(3) **안산암**(安山岩, Andesite)

빛깔이 좋지 않고 갈아도 광택이 나지 않으나, 내화도은 화강암보다 크고 강도와 내구성이 크므로 주로 구조용 재료로 쓰인다.

PART **02**

(4) 사암(砂岩, Sand Stone)

거칠게 된 것은 흡수율이 크고, 풍화·변색도 잘 되며 내구력이 극히 약하다. 다만, 내화도는 안산암과 비등하고, 톱으로 켜서 그대로 사용할 때가 많다.

(5) 응회암(凝灰岩, Tufa, Tuff)

강도가 약하고 흡수율은 높고 외관도 좋지 않으나 연질·경량이므로 채석·가공이 용이하고, 가격이 저렴하여 흔히 쓰인다.

(6) 점판암(粘板岩, Clay Slate Stone)

얇게 쪼개지므로 지붕 재료, 구들장 재료로 쓰인다.

3 돌 가공

(1) 표면 마무리 순서

① **메다듬** : 마름돌(原石)의 두드러진 부분을 쇠메로 쳐서 큰 요철이 없게 다듬는 정도의 거친면 마무리로 한 것이다. 혹의 크기에 따라 큰 혹두기, 중혹두기, 작은 혹두기가 있다.

② **정다듬** : 정으로 쪼아 평평하게 다듬은 것으로서 그 정도에 따라 거친다듬, 중다듬, 고운다듬으로 구분한다.

③ **줄정다듬** : 정을 줄지어 쪼아 돌표면에 평행골이 지게 다듬는 것이다.

④ **도드락다듬** : 도드락 망치로 정다듬면을 더욱 평탄하게 하는 것 나중에 물갈기로 마무리할 경우에는 부스러질 우려가 있고 자국이 남게 되므로 물갈기 등에는 쓰지 않는 것이 좋다.

⑤ **잔다듬**(날망치다듬) : 날망치로 정다듬 또는 도드락다듬면 위를 일정방향, 평행선으로 나란히 찍어 다듬어 평탄하게 마무리한 것이다.

⑥ **물갈기** : 금강사, 모래, 카보런덤 등을 이용하여 돌면에 물을 주어 갈아 광택이 나게 하는 것

⑦ **광내기** : 돌면에 광내기 가루를 버프(Buff)로써 갈아 광내는 것

(2) 표면 마무리 종류

① **버너 피니시**(Burner Finish) : 보통 톱으로 켜낸 돌면을 산소불로 굽고, 물을 끼얹어 돌표면이 엷은 껍질이 벗겨지게 한 면을 마무리재로 사용한 것을 속칭 버너 피니시라 부른다.

② **플래너 피니시**(Planner Finish) : 철판을 깎는 기계로서 돌표면을 대패질하듯 훑어서 평탄하게 마무리하는 방법으로서 잔다듬 대신으로 사용하는 경우가 많다.

💡 **돌가공 순서(표면 마무리 순서)**

메다음 ⇨ 정다듬 ⇨ 줄정다듬 ⇨ 도드락다듬 ⇨ 잔다듬 ⇨ 물갈기

💡 **버프**(Buff)

철제품이나 단단한 물건을 닦는 데 쓰는 기구

💡 **OX**

버너마감은 석재표면을 화염으로 가열하여 조면마감을 하는 방법이다. (○)

⑶ 표면 형상에 의한 종류

① **혹두기**: 거친 돌면을 가공해 요철이 없게 한 것
② **모치기**: 돌의 줄눈 부분의 모를 접어 잔다듬하는 것

4 돌 쌓기

⑴ 석재의 설치공법에 따른 분류

화강석이나 대리석 등을 일정한 크기로 가공하여 붙이는 것으로 붙임돌 공사 또는 돌붙임이라고 하며, 최근에는 돌붙임이 공간벽쌓기, 커튼월 공사에도 이용되고 있다. 시멘트 모르타르를 사용해서 석재와 구조체를 접합시키는 습식공법과 구조체와 석재판을 볼트·앵커볼트·띠쇠 등을 사용하여 긴결시키는 건식공법으로 나뉜다.

① **습식공법**: 석재의 상하좌우 맞댐 사이에 촉, 꺽쇠 등으로 안벽 구조물과 연결·고정시키고 모르타르로 채워 일체화시키는 방법이다. 공사비가 비교적 저렴하나 가설공사가 필요하고 안전상 결함이 발생할 우려가 있어 잘 쓰이지 않으며, 주택이나 소규모 건축물에 적합한 방법이다. 공법의 종류로는 전체 모르타르 주입공법과 부분 모르타르 주입공법이 있다.

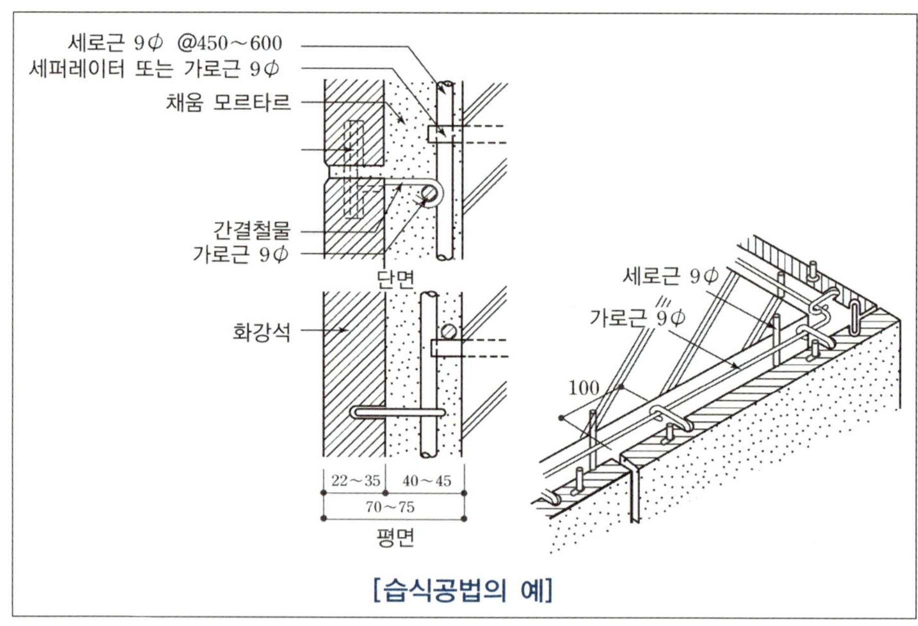

[습식공법의 예]

② **건식공법**

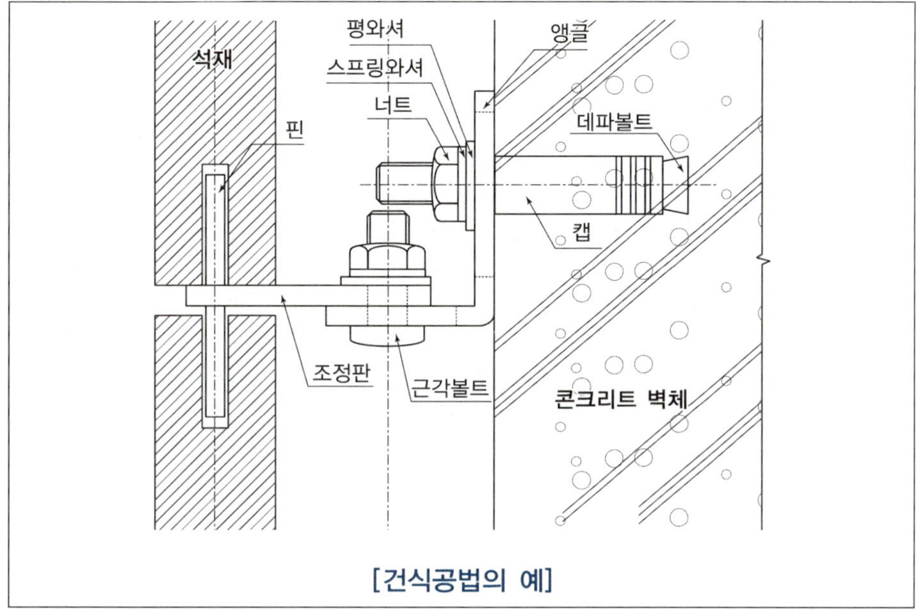

[건식공법의 예]

㉠ 앵커긴결공법: 커튼월이나 벽에 석재를 붙일 때 모르터를 사용하지 않고 앵커, 볼트, 연결철물(Fastener)을 사용하여 고정하는 방법이다. 연결철물(Fastener)은 석재의 중량을 하부로 전달되지 않도록 하기 위해 지지강도가 필요하므로 내구성이 있는 스테인레스, 아연도금강재가 사용되며, 연결철물에 녹막이 방청처리를 하고, 석재의 하부에는 지지용, 상부에는 고정용을 사용한다.

㉡ 강재 트러스 지지공법(Metal Truss System): 미리 조립된 강재 트러스에 여러 장의 석재를 지상에서 짜 맞춘 후 현장에서 설치하는 공법으로 물을 전혀 사용하지 않아 동절기에도 시공할 수 있다. 대형 패널도 가능하여 한 장씩 설치하는 경우보다 균질한 외관을 갖출 수 있고, 시공속도도 빠르다.

㉢ 화강석 선부착 PC판공법(GPC; Granite Veneer Precast Concrete): 화강석 뒷면에 철근을 조립한 후 콘크리트를 타설하여 일체화시킨 것으로 PC로 제작하여 건축물 외벽에 부착한다. 공장생산으로 공기가 단축되고, 석재의 두께가 얇게 시공되어 원가가 절감된다.

💡 **OX**

1. 석재 선부착 PC공법은 콘크리트 공사와 병행 시공을 통한 공기단축이 가능한 공법이다. (○)
2. 외벽 건식공법은 연결용 철물 등을 사용하므로 동절기 공사가 가능한 공법이다. (○)
3. 앵커긴결공법으로 시공할 경우, 상부 석재의 하중이 하부 석재에 전달되지 않는다. (○)
4. 앵커긴결공법에서 긴결재(Fast-ner)의 시공시 석재 하부의 것은 고정용, 상부의 것은 지지용으로 사용한다. (×)

알아두기

■ 건식 석재 공사

1. 석재의 하부는 지지용으로, 석재의 상부는 고정용으로 설치한다.

2. 상부 석재의 고정용 조정판에서 하부 석재와의 간격을 1mm로 유지하며, 촉구멍 깊이는 기준보다 3mm 이상 더 깊이 천공하여 상부 석재의 중량이 하부 석재로 전달되지 않도록 한다.

3. 건식 석재 붙임공사에는 석재 두께 30mm 이상을 사용하며, 구조체에 고정하는 앵글은 석재의 중량에 의하여 하부로 밀려나지 않도록 심패드를 구조체와 앵글 사이에 끼우고 단단히 너트를 조인다.

4. 석재 내부의 마감면에서 결로가 생기는 경우가 많으므로 습기가 응집될 우려가 있는 부위의 줄눈에는 눈물구멍 또는 환기구를 설치하도록 한다.

Memo

지붕공사

물매와 홈통부분에서 주로 1문제 출제되었습니다. 지붕의 기울기와 홈통부분이 출제되다가 최근에는 지붕의 종류에 관한 문제가 출제되고 있어 이 부분은 그림을 중심으로 보는 것이 도움이 될 것이고 지붕의 기울기 관련 숫자부분의 암기가 필요합니다. 홈통공사부분은 시방서의 중요 부분에 대하여 정리하며 익힐 필요가 있습니다.

개 요

01 지붕 재료의 조건

02 지붕의 물매

01 개 요

지붕은 벽·바닥과 같이 공간을 구성하는 중요한 부위이다. 지붕의 모양에는 경사지붕, 평지붕, 특수 형태 지붕의 세 가지로 볼 수 있다. 지붕은 지붕재료를 얹거나 방수를 하여 빗물 등의 침입을 막을 뿐만 아니라 이 밖에 열과 음향을 차단하는 성능도 요구되는데, 이 성능은 천장과 짝이 되어 분담하는 경우가 많다.

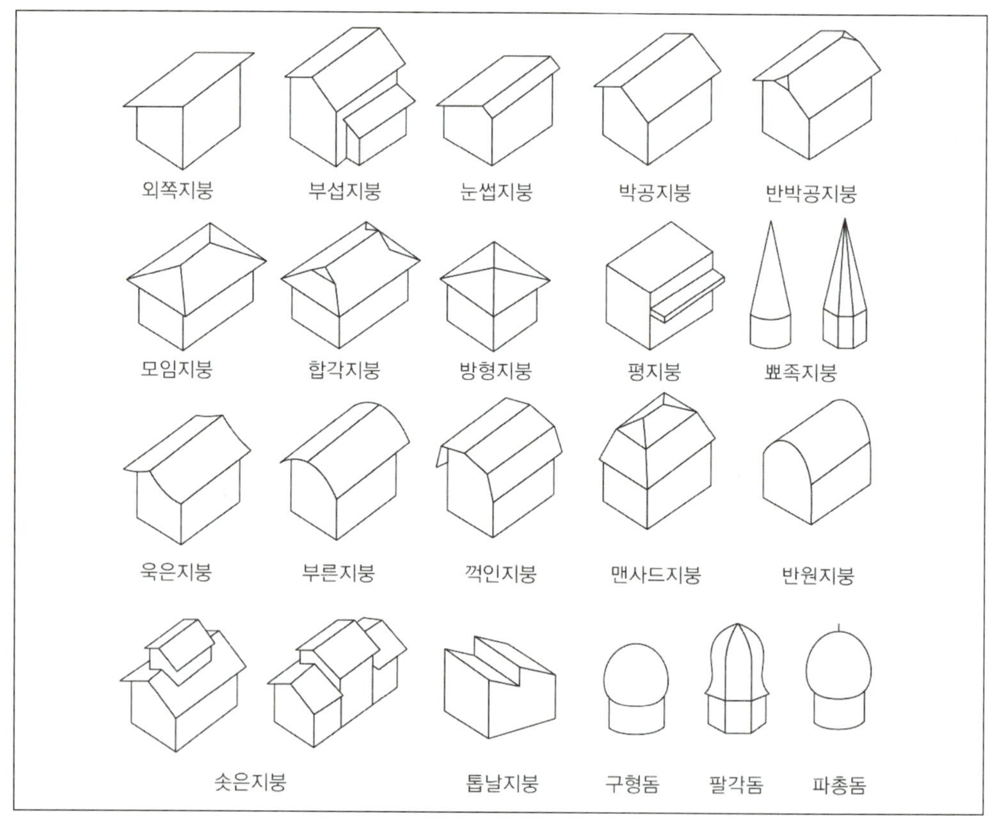

∷ 제19회, 제23회, 제25회, 제27회

🔖 알아두기

∎ 대표적 한식 지붕

1. **박공지붕** : 양쪽 방향으로 경사진 지붕 형태를 가진다.
2. **모임지붕(우진각지붕)** : 네 면에 모두 지붕면이 만들어진 형태로 전, 후면에서 볼 때는 사다리꼴 모양이고 양측면에서 볼 때는 삼각형의 지붕형태이다.
3. **합각지붕(팔작지붕)** : 우진각 지붕 위에 맞배지붕을 올려놓은 것과 같은 형태의 지붕이다.

🔍 예제

모임지붕 물매의 상하를 다르게 한 지붕으로 천장 속을 높게 이용할 수 있고, 비교적 큰 실내구성에 용이한 지붕은?
제25회

① 합각지붕　　　　② 솟을지붕　　　　③ 꺾임지붕
④ 맨사드(Mansard)지붕　　　　⑤ 부섭지붕

해설

④ 맨사드(Mansard)지붕 : 지붕의 위쪽 물매는 완만하게, 아래쪽은 급경사로 설계되어 급경사인 아래쪽 부분의 공간 활용도가 높다는 장점이 있지만, 다른 지붕 구조에 비해 설치가 비싸고 비용 대비 실용성이 낮아 일반 주택에서는 잘 활용하지 않는다.

🔖 정답 ④

---

1 지붕 재료의 조건

① 수밀성 있고 내수적일 것
② 경량이면서 내구성과 내풍성이 클 것
③ 방화·내한적이고 열 차단 성능이 우수할 것
④ 시공성이 좋고 수리가 용이할 것
⑤ 모양과 빛깔이 보기 좋으며 건물과 잘 조화될 것

∷ 제16회, 제27회

2 지붕의 물매

(1) 물매의 정의 및 원칙

① 빗물이 잘 흐를 수 있도록 지붕에 적당한 경사를 두는 것을 말한다.
② 지붕이 클수록 지붕 물매는 되게(급하게) 한다.
③ 강우량, 적설량이 많은 지역의 지붕 물매는 되게 한다.
④ 지붕 재료의 크기가 클수록 지붕 물매는 뜨게(완만하게) 한다.
⑤ 지붕 재료의 내수성이 클수록 지붕 물매는 완만하게 한다.

💡 OX

1. 지붕의 재료는 수밀하고, 내수적이고 습도에 의한 신축이 적어야 한다. (○)
2. 지붕의 기울기는 지붕의 형태, 재료의 성질 및 강우량 등에 의해 결정된다. (○)
3. 지붕재료는 열전도율이 큰 것일수록 좋은 품질이다. (×)
4. 박공지붕은 지붕마루에서 네 방향으로 경사진 지붕이다. (×)
5. 지붕 위에 작은 지붕을 설치하는 것은 박공지붕이다. (×)

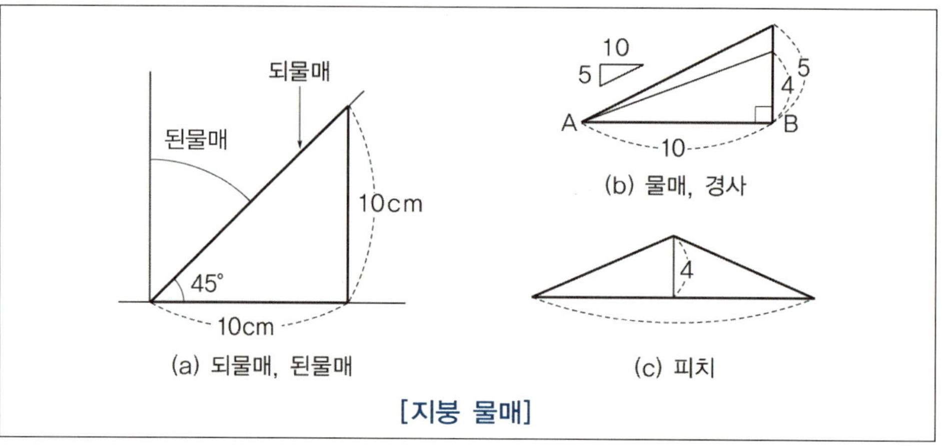

(2) 물매의 구분

① **되물매**: 물매 중 45°의 물매를 말한다. 즉, 밑면이 10cm 일 때 높이가 10cm 인 물매

② **된물매**: 물매 중 45° 이상의 물매로서 급경사 물매를 말한다. 즉, 밑변이 10cm일 때 높이가 10cm를 초과하는 물매

③ **뜬물매**: 물매 중 45° 미만의 물매로서 완경사 물매를 말한다. 즉, 밑변이 10cm일 때 높이가 10cm 미만의 물매

물매 종류	내 용
되물매	45° 경사의 물매
된물매	45° 경사보다 큰 물매
평물매	45° 경사보다 작을 때의 물매로 수평길이보다 높이가 작을 때의 물매
반물매	평물매의 1/2의 물매
귀물매	지붕틀 추녀의 물매로 일반 지붕면의 물매(평물매)를 a라 할 때 귀물매는 $a / \sqrt{a} (= 0.7 \times a)$이다.

(3) 물매의 최소한도

지붕의 경사(물매): 지붕 구조에서 수평 방향에 대한 높이의 비
1. **평지붕**: 지붕의 경사가 1/6 이하인 지붕
2. **완경사 지붕**: 지붕의 경사가 1/6에서 1/4 미만인 지붕
3. **일반 경사 지붕**: 지붕의 경사가 1/4에서 3/4 미만인 지붕
4. **급경사 지붕**: 지붕의 경사가 3/4 이상인 지붕

:: 제27회

⬥ 관련기준
건축표준시방서코드(KCS) 2021
〈KCS 41 56 01 : 2021〉

💡 OX
:: 제29회
1. 수평거리와 수직거리가 같은 물매를 된물매라고 한다. (×)
2. 강우량과 적설량이 많은 지방에서는 물매를 크게 한다. (○)
3. 지붕 면적이 클수록 기울기를 가파르게 한다. (○)
4. 지붕면적이 클수록 물매는 크게 한다. (○)
5. 되물매는 경사 1:2 물매이다. (×)
6. 평물매는 경사 45° 미만의 물매이다. (○)
7. 반물매는 평물매의 1/2 물매이다. (○)
8. 지붕경사란 수직방향의 높이에 대한 수평방향 길이의 비이다. (×)

알아두기

■ 지붕의 경사(물매)

지붕의 경사는 설계도면에 지정한 바에 따르되 별도로 지정한 바가 없으면 1/50 이상으로 한다.

지붕의 경사	지붕의 종류
1/2 이상	평잇기 금속 지붕
1/3 이상	기와 지붕 및 아스팔트 싱글. 단, 강풍 지역인 경우에는 1/3 미만으로 할 수 있음
1/4 이상	• 금속 기와, 금속판 지붕: 일반적인 금속판 및 금속패널 지붕 • 금속 절판(단, 금속 지붕 제조업자가 보증하는 경우: 1/50 이상)
1/50 이상	• 합성고분자 시트 지붕 • 아스팔트 지붕 • 폼 스프레이 단열 지붕사

02 지붕 잇기

1 기와 잇기

(1) 특 징

장 점	단 점
① 비교적 가격이 저렴하다. ② 열전도율이 낮다. ③ 내구적이고 불연성이 있다. ④ 쉽게 구할 수 있고 외관이 보기 좋다.	① 태풍에 날리기 쉬우므로 시공상 주의를 요한다. ② 지붕의 중량이 무거워진다. ③ 재료 크기가 작아 시공 불량이 생길 가능성이 크다.

(2) 기와의 종류

① **재료에 따라**: 점토 소성품, 시멘트 제품
② **형식에 따라**: 한식기와, 일식기와

지붕 잇기

01 기와 잇기

02 금속판 잇기

03 아스팔트 싱글

♡ OX

1. 지붕의 경사는 설계도면에 별도로 지정하지 않은 경우는 1/50 이상이다. (○)
2. 금속기와 지붕의 경사는 1/2 이상으로 한다. (×)
3. 아스팔트 싱글 지붕(강풍 이외 지역)은 1/3 이상이다. (○)

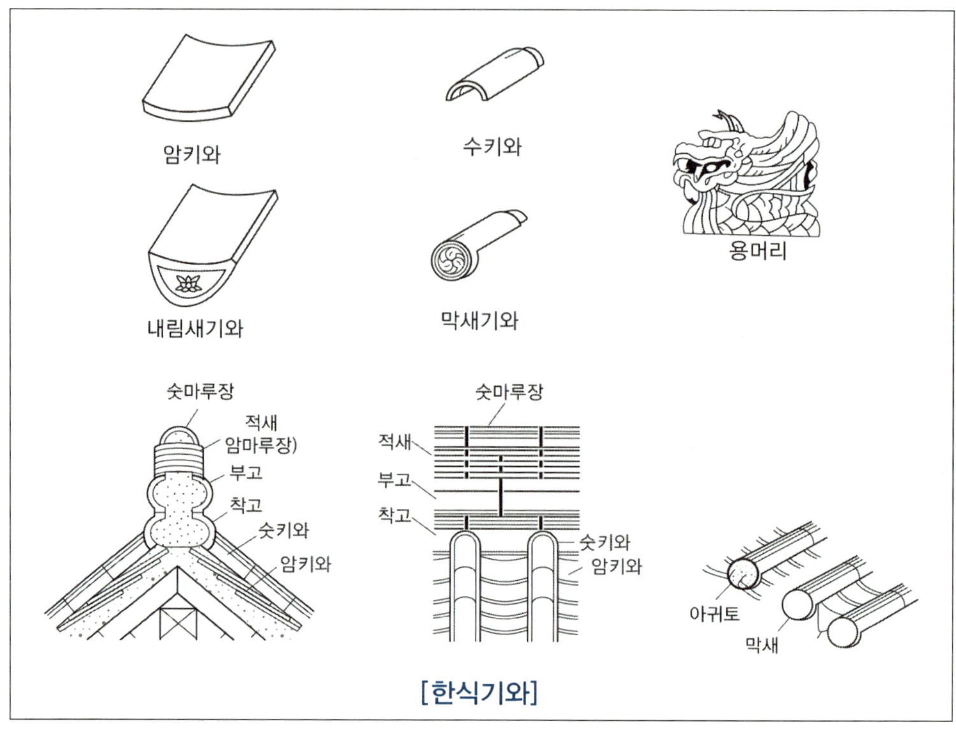

2 금속판 잇기

금속판의 종류로는 아연도금강판, 동판, 알루미늄판, 아연판, 납판, 합금속판 등이 있다.

(1) 금속판의 특징

① 경량이며, 물매를 작게 하여도 빗물이 잘 새지 않는다.
② 자유롭게 가공을 할 수 있다.
③ 열전도가 크고, 불에 약하다.
④ 신축이 크고, 화학변화(공중산화 · 염류 · 가스 · 부식 등)가 심하다.
⑤ 폭풍 · 강우시에 발생음이 많다.

(2) 금속판의 종류

① 함석판
  ㉠ 아연도금 한 얇은 강판을 함석판이라고 한다.
  ㉡ 모양은 평판과 골판이 있다.
  ㉢ 가벼우며 가공성이 우수하다.
  ㉣ 무연탄 가스에 약하고 부식하기 쉽다.

② **동 판**

   ㉠ 산에는 강하나 알칼리에는 약하다.

   ㉡ 암모니아 가스가 발생되는 변소, 화학공장 등에는 부적당하다.

   ㉢ 청록색으로 변하므로 지붕에 좋은 풍미를 준다.

   ㉣ 내구성 및 가공성이 우수하다.

③ **합성수지 강판**

   ㉠ 강판 기타 금속판에 합성수지를 칠하거나 필름 압착·적층(Lamination)하여 만든다.

   ㉡ 두께는 보통 0.5~0.9mm 정도가 사용되며 단면의 모양은 여러 가지가 있다.

   ㉢ 내식성·내후성이 좋으며 외관도 미려하다.

④ **아연판**

   ㉠ 가벼우며 가공하기가 쉽다.

   ㉡ 수중이나 공기 중에서도 내구력이 크다.

   ㉢ 산과 알칼리에 약하며, 온도에 대해 신축이 크다.

⑤ **연 판**

   ㉠ 산에는 강하나 목재, 회반죽에는 약하다.

   ㉡ 온도에 대한 신축성이 크다.

   ㉢ 지붕, 처마홈통 등의 특수한 부분에 이용된다.

   ㉣ 가격이 비싸다.

⑥ **알루미늄판**

   ㉠ 가벼운 경금속이고 많이 사용된다.

   ㉡ 염에 약하므로 해안 지역에는 부적당하다.

(3) **평판 잇기**

① **판의 크기**: 60 × 90cm, 60 × 45cm, 45 × 45cm

② 처마 끝 부분은 거멀띠, 밑창판을 약 25cm 간격으로 못을 박아 대고, 감싸 기판을 거멀띠에 접어 건다.

③ 평이음 부분은 4방 거멀접기로 하고 각 판마다 거멀쪽 4개 이상으로 한다.

④ 일자이음과 마름모이음이 있고 일자이음이 일반적이다.

🔷 **관련기준**
건축표준시방서코드(KCS) 2021
〈KCS 41 56 05 : 2021〉

∷ 제14회

3 아스팔트 싱글

(1) 아스팔트 싱글을 목조지붕에 방수층으로 사용할 경우에는 지붕의 경사가 1/3 에서 3/4 이내인 지붕에 한하여 적용한다.

(2) 풍압이 강한 지역에서는 고정 못을 사용하여 고정하고 추가로 제조업체가 추천하는 플라스틱 아스팔트 시멘트를 사용하여 아스팔트 싱글 하단부의 아랫면을 점착한다.

(3) 아스팔트 싱글을 콘크리트 지붕에 시공할 경우에는 제조업체가 권장하는 공사방법 또는 공사시방서에 따른다.

(4) 각 자재는 제조업자명, 상품명, 기타 상표 등이 부착된 개봉되지 않은 묶음이나 포장된 상태로 현장에 반입되어야 한다. 아스팔트 싱글은 승인된 제품자료에 따라 저장 및 보관하되 천막지 등으로 덮어두고 건조상태를 유지하며 외기로부터 보호한다.

(5) 두루마리 형태의 제품은 반드시 수직으로 세워서 보관한다.

(6) 아스팔트 싱글을 설치하기 이전에 1/3 이상의 경사를 가진 지붕에는 아스팔트 함침펠트로 외겹 바탕펠트를, 그리고 경사가 1/6 내지 1/3 미만의 지붕에는 두겹 바탕펠트를 지붕널 위에 설치한다. 또한 지붕에 물의 고임이나 흐름이 예상되는 장소로서 특별히 방수를 겸한 아스팔트 싱글을 설치해야 하는 경우에는 시방서에 의하여 두 겹 바탕펠트 깔기를 한다.

(7) 아스팔트 싱글은 싱글용 못이나 거멀못으로 고정한다.

(8) 아스팔트 싱글 작업은 지붕 경사면과 직교방향으로 설치하며, 전체적인 작업의 진행은 대각선 방향으로 지붕의 상부쪽 방향으로 진행한다.

03 홈 통

홈 통

01 홈통의 종류

02 홈통 시공

∷ 제19회, 제20회

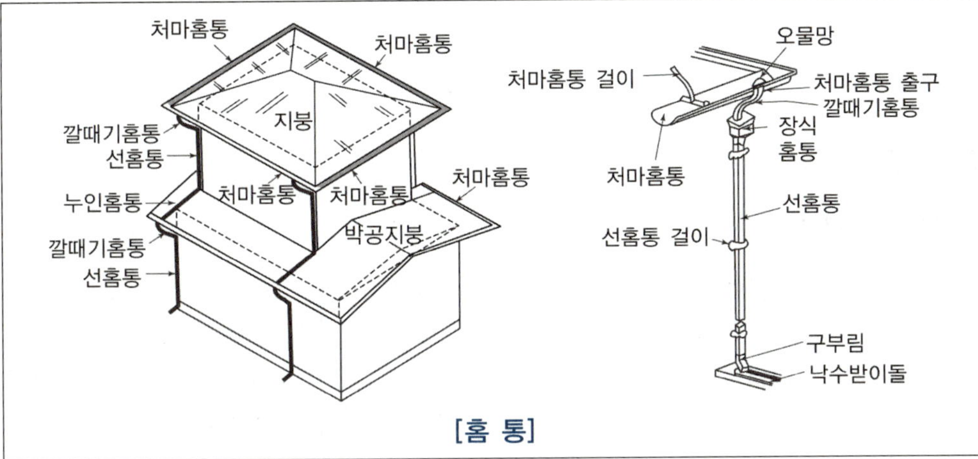

[홈 통]

1 홈통의 종류

(1) 처마홈통

처마 끝에 댄 홈통을 말한다.

(2) 깔때기홈통

처마홈통에서 선홈통을 연결하는 것으로 약 15° 정도 경사지게 하여 장식통을 댈 수 있게 한다.

(3) 장식홈통

선홈통 상부에 설치되어 우수방향을 돌리고, 집수 등에 따른 넘쳐흐름을 방지하며, 장식적인 역할을 한다.

(4) 선홈통

벽체와 평행하게 수직으로 부착시켜 위쪽으로 깔때기홈통과 연결되고, 아래로는 낙수받이 돌 위에 빗물이 떨어지게 한다.

(5) 누인홈통

위(상부)층 선홈통의 빗물을 받아 아래(하부)층 지붕의 처마홈통이나 선홈통에 넘겨주는 홈통을 말한다.

∷ 제27회

(6) 지붕골홈통

두 개의 지붕면이 만나는 자리 또는 지붕면과 벽면이 만나는 수평지붕골에 쓰이는 홈통을 말한다.

2 홈통 시공

◈ 관련기준
건축표준시방서코드(KCS) 2021
〈KCS 41 56 14 : 2021〉

:: 제17회

(1) 성능 조건 및 보관

① 구리, 알루미늄 원자재 및 알루미늄 도금, 소부 에나멜 도장 등과 같이 금속 표면을 영구 방식 처리한 표면에는 도료를 칠하지 않는다.

② 동판으로 제작한 처마홈통 및 선홈통 등으로 흐르는 물이 직접 조적벽이나 석재면 또는 다른 종류의 금속면과 접촉하지 않도록 한다.

③ 임시 시설 또는 조건이 허락하는 경우에는 아연도 강판을 사용한다.

④ 모든 금속판 가공 및 설치 작업은 물이 새지 않는 형태로 만들어져야 하며 굴곡, 비틀어짐, 휨, 과도한 조임에 의한 변형이 없어야 하고 신축이 가능한 구조로 접합 및 설치한다.

⑤ 각 제품은 흙에 직접 닿지 않도록 보관한다. 특히, 드레인류의 제품은 흙 등의 이물질이 묻지 않도록 한다.

⑥ 금속판 재료는 지면에 직접 접촉하거나 손상이 가지 않도록 보관한다.

⑦ 재료는 설치하기 바로 전까지 건조하고 환기가 잘되는 장소에 보관한다.

(2) 맞댐용접 및 거멀접기

① 맞댐용접은 노출면에 납땜 자국이 보이지 않도록 하고 일정한 폭과 높이를 갖도록 조립한다.

② 수평 거멀접기의 겹침 폭은 최소 20mm 이상으로 한다.

③ 겹침 용접의 폭은 최소 25mm 이상으로 한다.

④ 신축이음(Expansion Seam)의 폭은 75mm 이상으로 하고 최소 25mm 정도의 거동을 허용하도록 조립한다. 외부에 노출되는 이음부는 적합한 재질의 실란트를 사용하여 두께는 최소 3mm 이상으로 충전한다.

⑤ 수직 거멀접기의 높이는 최소 25mm 이상으로 하고 이중 거멀접기를 한다.

⑥ 수평 거멀접기는 이음 방향이 배수 방향과 평행한 방향으로 설치한다.

:: 제27회

⑶ 팽창 및 수축 이음

① 금속재의 신축 팽창을 완충하기 위한 신축이음의 적정 간격은 알루미늄 강재는 최대 10m 이하, 기타 금속재는 12m 이하로 설치한다.

② 철재 부재의 끝단과 이웃한 신축이음 간에 거리가 상기한 거리의 절반 이상인 경우에는 추가로 신축이음을 설치하여 모든 신축이음은 일정한 간격으로 배치되도록 한다.

③ 알루미늄 처마돌림 및 처마 거멀띠의 신축이음은 최대 3,600mm 이하의 간격으로 설치한다.

⑷ 처마홈통

① 처마홈통은 열팽창 및 수축에 의한 변형이 허용되는 지정된 단면 형태와 지지 형태로 제작 · 설치한다. 처마홈통이 직각으로 만나는 귀퉁이는 연귀이음으로 제작 · 설치한다.

② 처마홈통은 끝단 막이, 물받이 통 연결부, 깔때기관 이음통 및 홈통걸이 등 모든 부속물을 연결 부착할 수 있도록 조립된 상태로 설치한다.

③ 처마홈통 제작시의 단위 길이는 2,400~3,000mm 이내로 제작 · 설치한다. 이음부의 겹침 폭은 25mm 이상으로 경사 방향에 위치한 부재의 이음부가 아래에 위치하도록 설치한다.

④ 처마홈통의 양단 및 신축이음 간의 최장 길이는 15m 이내로 제작한다.

⑤ 처마홈통의 외단부의 높이는 처마 쪽 처마홈통의 높이보다 최소 25mm 또는 처마홈통 최대 폭의 1/12 중 큰 치수 이상으로 높이가 낮게 제작한다.

⑥ 경사 지붕의 처마홈통의 바깥쪽 상단부의 높이는 지붕 경사의 연장선과 일치하도록 제작하며 지붕의 경사면을 자연적으로 흘러내리는 빗물이 유속으로 인하여 처마홈통의 외부로 넘치지 않도록 제작 · 설치한다.

⑦ 처마홈통의 폭은 최소 100mm 이상으로 제작하고 폭(최대 폭)과 깊이의 비례는 최소 4(폭) : 3(깊이)의 비례로 제작한다.

⑧ 처마홈통의 신축이음은 매 15m 간격으로 설치하고 연속적인 외관을 위하여 신축이음 사이의 공간은 처마홈통과 동일한 재료를 사용하여 밀봉한다.

⑨ 신축이음 사이에는 최소 1개 이상의 선홈통을 설치하며 신축이음은 선홈통과 처마홈통의 모서리로부터 가장 멀리 위치하도록 제작 · 설치한다.

⑩ 처마홈통 걸이는 최대 강우량시의 중량을 감안하여 구조적으로 안전하도록 제작 · 설치한다.

⑪ 처마홈통의 이음부는 겹침 부분이 최소 30mm 이상 겹치도록 제작하고 연결철물은 50mm 이하의 간격으로 설치 · 고정한다.

(5) 선홈통 설치

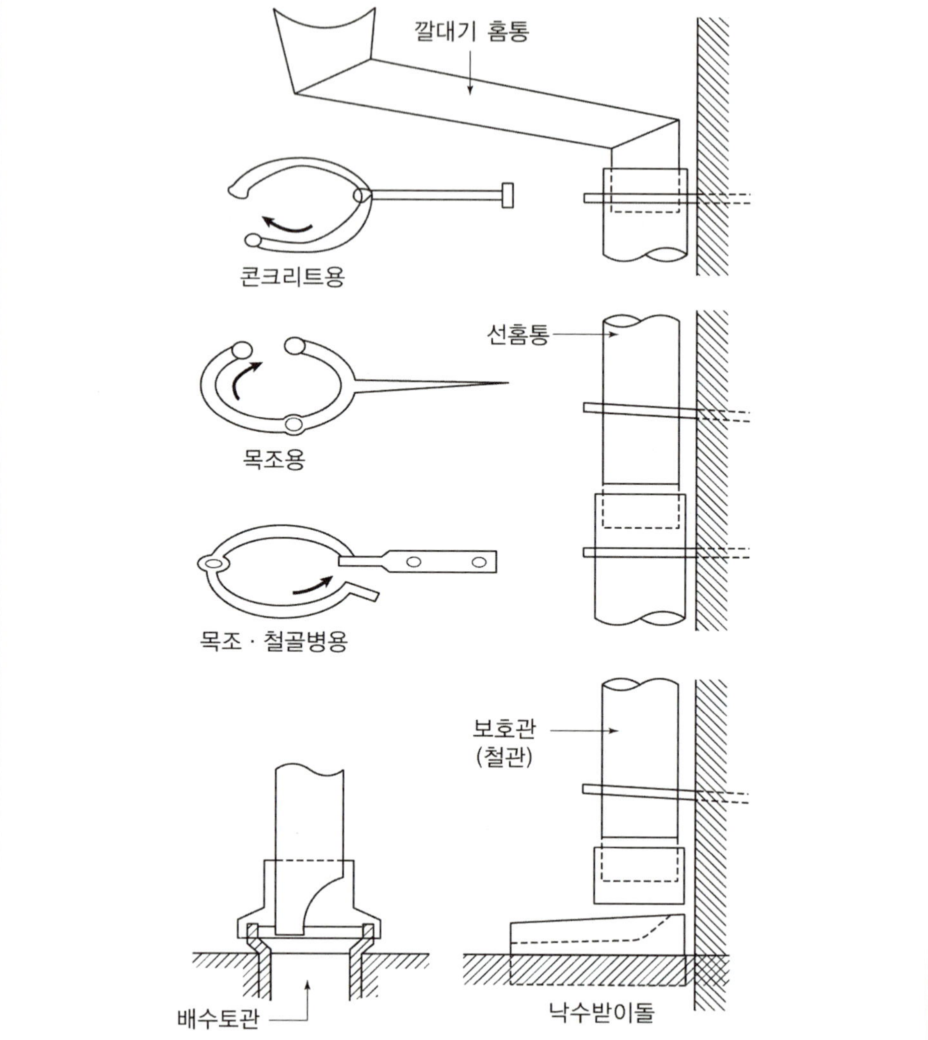

① 선홈통 걸이는 제조업체의 표준제품을 사용한다.

② 선홈통 걸이의 종류 및 규격은 설계도면에 지정한 바에 따른다.

③ 선홈통의 방향이 바뀌는 위치에는 공장에서 성형 제작한 부품을 사용한다.

④ 선홈통의 최장 길이는 3,000mm 이하로 제작·설치한다.

⑤ 선홈통의 끝단은 길이 방향으로 최소 15mm 이상 끼워 잠글 수 있는 구조로 제작·설치한다.

⑥ 선홈통의 모든 배출구에는 탈착형 철망 여과기를 설치한다.

⑦ 선홈통과 벽면 사이에 이격거리는 최소 30mm 이상의 간격을 유지한다.

⑧ 선홈통 걸이의 설치는 상단과 하단에서 거리 200mm 정도 되는 위치에 설치하고 그 중간에는 1,500mm 정도의 간격으로 등거리가 유지되도록 설치한다.

⑨ 선홈통의 하단부 배수구는 45도 경사로 건물 바깥쪽을 향하게 설치한다.

⑹ 우배수관 연결

① 선홈통의 하단부 배수구는 우배수관에 직접 연결되어 배수되도록 연결하고 연결부 사이의 빈틈은 시멘트 모르타르로 채운다. 상부의 노출면은 바깥쪽으로 경사진 깔때기 형태로 마감한다.

② 45도 이형관을 장착한 경우 상부 표면이 건물 바깥 방향으로 경사진 콘크리트 물받이에 직접 낙수되도록 설치한다.

⑺ 처마 물받이홈통 및 홈통 연결관

① 처마 물받이홈통 및 연결관은 선홈통과 동일한 재료를 사용하여 제작·조립한다.

② 처마홈통 연결관의 연결부 깊이는 처마 홈통 폭의 2/3가 되도록 제작·설치한다.

③ 처마홈통 연결관과 선홈통 연결부의 겹침 길이는 최소 100mm 이상이 되도록 한다.

④ 지붕 배수구와 처마홈통의 연결에 물받이홈통을 사용하는 경우에 물받이홈통의 폭은 배수구의 직경 또는 폭보다 최소 50mm 이상 넓게 제작·설치한다.

⑤ 물받이홈통은 콘크리트 파라펫이나 벽체에 직접 연결하여 견고하게 고정·설치한다.

⑻ 장식홈통 설치

① 접합은 10mm 내외에 거멀접기를 원칙으로 하고 작은 것은 겹쳐서 납땜한다.

② 큰 것은 견고하게 유지되도록 그 안쪽에 힘살을 붙인다. 내부에는 흔들리지 않게 깔때기를 끼워대며 꼭대기에 청소구멍을 둘 때에는 덮개를 정첩식으로 한다.

③ 밑창에는 꽂이홈통을 조짐못(간격 300mm 내외)으로 조지고 납땜하여 선홈통에 60mm 이상 꽂아 넣는다.

④ 장식통을 건물에 고정하는 방법은 설계도서에서 정한 바가 없을 때에는 내부에서 볼트, 나사못 등으로 고정한다.

대부분 2문제가 출제되었고 방수공법에 대하여 주로 출제되며, 최근에는 방습공사에 대해서도 출제가 계속되고 있습니다. 제28회에는 방수바탕에 관한 문제로 1문제가 출제되었습니다. 전반적인 방수 관련 내용과 방습공사에 대한 정리가 필요합니다.

∷ 제27회

방수공사란 다양한 재료 및 공법을 사용하여 장기간에 걸쳐 물을 통과시키지 않는 방수성능을 가진 층을 형성하여 구조물의 외부에 면하는 지붕·외벽 등을 대상으로 빗물의 침입을 방지하고, 지하실·공동구·피트·터널 등을 대상으로 지하수의 침입을 방지하며, 욕실·수조 등의 누수를 막는 공사를 말한다.

작업환경과 방수바탕

01 작업환경

02 방수바탕

☉ 관련기준

건축표준시방서코드(KCS) 2021
〈KCS 41 40 01 : 2021〉

∷ 제18회

01 작업환경과 방수바탕

1 작업환경

(1) 강우 및 강설 후 바탕이 아직 건조되지 않은 경우에는 방수시공을 하지 않는 것을 원칙으로 한다.

(2) 기온이 5℃ 미만, 바탕이 동결되어 있어서 시공에 지장이 있다고 예상되는 경우에는 방수시공을 하지 않는 것을 원칙으로 한다.

2 방수바탕

(1) **물매와 배수**

노출방수 외에는 1/100 구배가 적당하다.
① 콘크리트 또는 블록 등의 누름층이 있는 경우 : 1/100~1/50
② 도장마감 또는 누름층이 없는 경우 : 1/50~1/20

(2) 바탕 형상

① 오목모서리는 아스팔트 방수층의 경우에는 삼각형으로, 아스팔트 외의 방수층은 직각으로 면처리되어 있어야 한다.

② 볼록모서리는 각이 없이 완만하게 면처리되어 있어야 한다.

(3) 바탕의 상태

① 건조를 전제로 하는 방수공법을 적용할 경우의 바탕표면 함수상태는 8% 이하로 충분히 건조되어 있어야 하고, 습윤상태에서도 사용 가능한 방수공법을 적용할 경우에는 바탕의 표면 함수 상태가 30% 이하이어야 한다.

② RC 또는 PC 바탕면은 평탄하고 들뜸, 레이턴스, 취약부 및 현저한 돌기부 등의 결함이 없어야 하며, 방수층의 접착력을 저하시킬 우려가 있는 지나치게 치밀한 표면은 고압수세척기 등을 이용하여 거칠게 하는 등 접착력 확보를 위한 적절한 조치가 취해져 있어야 한다.

③ 치켜올림부 표면은 요철이 없도록 단차가 있는 곳은 연마기 등으로 평탄하게 조정되어 있어야 한다.

④ 바탕 표면에 돌출된 철선 등은 바탕면까지 절단하여 연마기 등으로 조정되어 있고, 녹슬지 않도록 처리되어 있어야 한다.

⑤ 바탕의 청소는 방수층의 접착력을 떨어뜨리는 먼지, 유지류, 오염, 녹 또는 거푸집 박리제 등이 없도록 세심하게 되어 있어야 한다.

(4) 드레인, 관통파이프 등 돌출물 주변의 상태

① 드레인은 RC 또는 PC의 콘크리트 타설 전에 거푸집에 고정시켜 콘크리트에 매립하는 것을 원칙으로 한다.

② 드레인 설치시에는 드레인 몸체의 높이를 주변 콘크리트 표면보다 약 30mm 정도 내리고, RC 또는 PC의 콘크리트 타설시 반경 300mm를 전후하여 드레인을 향해 경사지게 물매를 두고 표면 고르기 한다.

③ 드레인은 기본 2개 이상 설치한다. 설계도서 및 공사시방서 등에 특별한 지시가 없는 경우에는 6m 간격으로 설치하는 것을 권장한다.

④ 관통파이프와 바탕이 접하는 부분은 폴리머 시멘트 모르타르나 실링재 등으로 수밀하게 처리되어 있어야 한다.

⑤ 관통파이프 또는 기타 돌출물이 방수층을 관통할 경우 동질의 방수재료(보수면적 100 × 100mm) 또는 실링재 또는 고점도 겔(Gel)타입 도막재 등으로 수밀하게 처리하여야 한다.

🔷 관련기준
건축표준시방서코드(KCS) 2021
〈41 40 01 : 2021〉

PART

02

💡 OX

1. 건조한 바탕을 전제로 할 때, 바탕면 함수상태는 12% 이하로 관리하여야 한다. (×)

2. 구배는 방수층보다는 구조체에 두어 하중증가를 막고 배수를 원활하게 한다. (○)

∷ 제16회, 제18회, 제19회, 제20회, 제21회, 제24회, 제25회, 제26회

♀ **멤브레인방수**

1. 아스팔트 방수
2. 시트방수
3. 개량 아스팔트시트 방수
4. 도막방수
5. 시트 − 도막 복합방수

♀ **OX**

1. 아스팔트방수, 도막방수 및 시트방수는 멤브레인방수에 속한다. (○)
2. 아스팔트방수 공사는 결함부 발견이 용이하다. (×)
3. 멤브레인 방수는 불투수성 피막을 형성하는 방수공사이다. (○)

---

02 재료에 따른 방수공사

1 아스팔트방수

아스팔트와 루핑을 교대로 발라서 만드는 방식인데, 중간에 균열방지를 위하여 망상 루핑을 한층 두는 경우도 있다. 다만, 초벌은 콘크리트에 밀착케 하기 위해서 프라이머를 칠하고, 밑바탕은 고르게 모르타르로 바르고 물이 잘 흐르게 1/50〜1/100의 물매를 둔다. 표면 마무리는 잔자갈 뿌리기 또는 경량 콘크리트(신더 콘크리트) 등으로 보호 누름층을 형성한다.

(1) 아스팔트방수 재료

① 아스팔트

　㉠ 아스팔트 프라이머(Asphalt Primer)

　　ⓐ 아스팔트와 휘발성 용제를 혼합하여 만든 아스팔트이다.

　　ⓑ 방수 시공시 콘크리트면에 도포해 콘크리트와 아스팔트의 부착이 잘 되게 한다.

　㉡ 스트레이트 아스팔트(Straight Asphalt)

　　ⓐ 신축력(伸縮力)이 좋고 교착력이 우수하다.

　　ⓑ 연화점이 낮아 지하실 공사 외에는 잘 사용하지 않는다.

　　ⓒ 석유의 원유를 증류하여 생긴 반액체의 상태이다.

　㉢ 블로운 아스팔트(Blown Asphalt)

　　ⓐ 응집력이 크고 온도에 의한 변화가 적고 연화점이 높아 주로 건축물의 방수공사에 많이 사용된다.

　　ⓑ 석유의 원유를 증류하여 공기를 흡입하고 성분의 탄화수소를 변화시킨 것으로 반고체이다.

　　ⓒ 아스팔트 컴파운드(Asphalt Compound) 및 아스팔트 프라이머(Asphalt Primer)의 원료가 된다.

⌆ **스트레이트 아스팔트와 블로운 아스팔트의 비교**

종 류	용융점	신장도	침입도	감열도	교착력	항장력	충격저항	용 도
SA	낮다	대	대	대	강	강	약	지하실용 · 방수지 침투용
BA	높다	소	소	소	약	약	강	지붕용 · 지하실용 · 방수지정 벌먹임용

보충학습

침입도

1. 모체에 아스팔트가 침입해 들어가는 비율로서 25℃에서 100g 추를 5초 동안 누를 때 0.1mm 들어간 것을 침입도 1이라 한다.
2. 옥상방수용 아스팔트는 침입도가 크고(20~30), 연화점이 높은 것(75℃ 이상) 사용한다.
   ① 일반적으로 연화점과 침입도는 반비례한다.
   ② 추운 지역에선 저연화점 재료, 더운 지역은 고연화점 재료를 사용한다.

   ㉣ 아스팔트 컴파운드(Asphalt Compound)
      ⓐ 블로운 아스팔트 등에 동·식물성 기름을 혼합하여 유동성 있게 한 것이다.
      ⓑ 연화점이 높고 교착력, 신도가 양호하며 방수공사용으로 많이 이용된다.

② **방수지**
   ㉠ 아스팔트 펠트: 유기성 섬유에 아스팔트를 도포한 것을 아스팔트 펠트라 한다.
   ㉡ 아스팔트 루핑: 섬유성 원지에 아스팔트를 침투·도포하고 광물질을 입힌 것이다.

(2) 방수층 시공순서

① **제1층**: 아스팔트 프라이머 뿜칠 또는 솔칠
② **제2층**: 아스팔트 펴 붙이기
③ **제3층**: 아스팔트 펠트
④ **제4층**: 아스팔트
⑤ **제5층**: 아스팔트 루핑
⑥ **제6층**: 아스팔트
⑦ **제7층**: 아스팔트 루핑
⑧ **제8층**: 아스팔트
⑨ 층수만큼 반복한다.

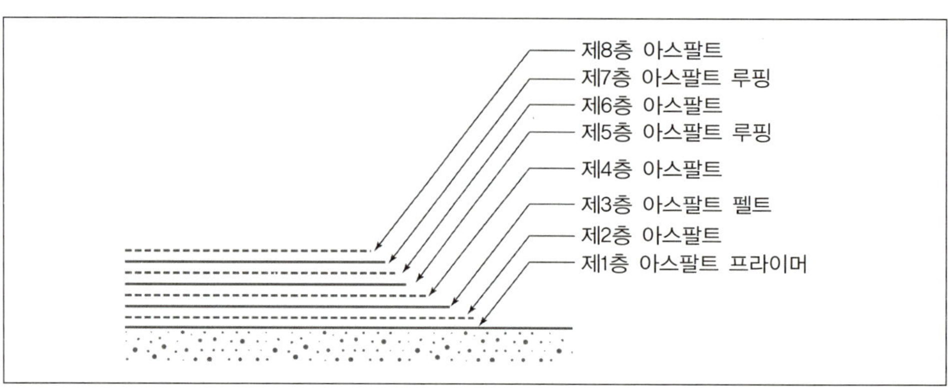

🔹 **관련기준**
건축표준시방서코드(KCS) 2021
〈KCS 41 40 02 : 2021〉

▪▪ **제22회**

(3) 아스팔트방수 시공방법

① **아스팔트 프라이머의 도포**: 바탕을 충분히 청소한 다음 솔, 롤러 또는 뿜칠기구 등으로 시공 범위 전면에 균일하게 도포하여 건조시킨다. 단, 결함 부위와 미세 핀홀이 많은 바탕면에는 붓 또는 롤러로 문질러 핀홀 내부까지 프라이머가 도포되도록 충전 작업을 선행하여야 하며, 미세 핀홀이 많은 바탕면에서는 뿜칠기구 사용을 자제한다.

② **아스팔트 용융 및 취급**

　㉠ 아스팔트의 용융온도는 표 3.2−1의 용융온도를 표준으로 하며, 용융 중에는 최소한 30분에 1회 정도로 온도를 측정하고, 접착력 저하 방지를 위하여 200℃ 이하가 되지 않도록 한다.

　📎 **표 3.2−1**

종 류[1]	온도(℃)
1종	220~230
2종	240~250
3종	260~270
4종	260~270

1) KS F 4052의 종류

　㉡ 용융한 아스팔트가 인화되지 않도록 주의함은 물론 미리 용융 솥 가까운 곳에 소화기 등을 준비해 둔다.

　㉢ 아스팔트 용융 솥은 가능한 한 시공 장소와 근접한 곳에 설치한다. 특히, 방수층 위에 용융 솥을 두지 않으며, 용융 솥의 열이 주변에 영향을 주지 않도록 적절한 조치를 취하여야 한다.

　㉣ 용융한 아스팔트 취급에 있어서는 작업원의 안전을 확보하고, 건물을 오염시키지 않도록 충분히 주의한다.

③ **루핑 붙임**

㉠ 볼록, 오목모서리 부분은 일반 평면부 루핑을 붙이기 전에(단열재 삽입 전면접착공법 A−ThF에서는 6층 시공 전), 너비 300mm 정도의 스트레치 루핑을 사용하여 균등하게 덧붙임한다. 다만, 보행용 부분접착(A−PrS), 노출용 부분접착(A−MiS) 및 ALC 바탕용 부분접착(A−AlS) 공법에서의 평면부와 치켜올림 또는 감아내림부와의 교차부(볼록 및 오목 모서리)에는 너비 700mm 정도의 스트레치 루핑을 평면부에 500mm 정도 걸쳐서 덧붙임한다.

㉡ 보행용 전면접착(A−PrF), 단열재 삽입 전면접착(A−ThF) 및 실내용 전면접착(A−InF) 공법에서의 콘크리트 이음타설부는 일반 평면부 루핑을 붙이기 전에 너비 75mm 정도의 절연용 테이프를 붙인 후, 너비 300mm 정도의 스트레치 루핑으로 덧붙임한다.

㉢ 보행용 전면접착(A−PrF) 공법에서의 PC 패널 부재의 이음 줄눈부는 일반 평면부의 루핑을 붙이기 전에 PC 부재의 거동에 따른 파손방지를 위해 PC 패널 양측 부재에 각각 100mm 정도 걸친 폭으로 스트레치 루핑으로 절연 덧붙임한다.

㉣ ALC 패널 지지부는 모래 붙은 구멍 뚫린 아스팔트 루핑을 붙이기 전에 너비 75mm 정도의 절연용 테이프를 붙인다. 다만, 박공지붕의 용마루는 모래 붙은 아스팔트 루핑을 붙인 후, 너비 500mm 정도의 스트레치 루핑으로 덧붙임한다.

㉤ 일반 평면부의 루핑 붙임은 흘려 붙임으로 한다. 또한 루핑의 겹침은 길이 및 너비 방향 100mm 정도로 하고, 겹침부로부터 삐져나온 아스팔트는 솔 등으로 균등하게 바른다. 다만, 보행용 부분접착(A−PrS), 노출용 부분접착(A−MiS) 및 ALC 바탕 부분접착(A−AlS) 공법에 사용하는 모래 붙은 구멍 뚫린 루핑은 70mm 정도의 겹침을 두거나 통기가 방해받지 않도록 귀맞춤하여 붙인다. 또한 모래 붙은 구멍 뚫린 루핑은 오목 및 볼록 모서리의 덧붙임 스트레치 루핑과 100mm 정도 겹쳐 붙인다.

㉥ 루핑은 원칙적으로 물 흐름을 고려하여 물매의 아래쪽에서부터 위쪽을 향해 붙이고, 또한 상·하층의 겹침 위치가 동일하지 않도록 붙인다. 어쩔 수 없이 물매의 위쪽에서 아래로 붙이는 경우에는 루핑의 겹침을 150mm로 한다.

㉦ 치켜올림부의 루핑을 평면부와 별도로 하여 붙이는 경우에는 평면부 루핑을 붙인 후, 그 위에 150mm 정도의 겹침을 두고 붙인다. 단, 모래 붙은 스트레치 루핑의 경우에는 치켜올림부를 먼저 붙이고, 평면부의 스트레치 루핑을 겹침 150mm 정도로 하여 붙인다.

◎ 치켜올림부의 루핑은 각층 루핑의 끝이 같은 위치에 오도록 하여 붙인
후, 방수층의 상단 끝 부분을 누름철물로 고정하여 고무 아스팔트계 실
링재로 처리한다. 다만, 실내에서 방수층의 치켜올림 높이가 낮을 경우
(500mm 이하)에는 누름철물을 직조망 아스팔트 루핑으로 바꿀 수도
있다. 이때 직조망 아스팔트 루핑의 틈새가 보이지 않도록 아스팔트를
바른다.

④ **단열재 깔기**

㉠ 단열재 삽입 전면접착(A-ThF) 공법에서의 단열재는 아스팔트를 바르
면서 틈새가 생기지 않도록 깔아야 한다.

㉡ 보행용 전면접착(A-PrF) 및 보행용 부분접착(A-PrS) 공법의 방수층
위에 단열재를 적층할 경우에는 최상층 아스팔트 바름이 끝난 후, 아스
팔트를 부분적으로 발라 단열재를 붙여 간다.

⑤ **절연용 시트 깔기**: 절연용 시트는 방수층 완성 후 검사가 끝난 다음, 겹침
100mm 정도로 하여 깔고, 점착테이프 또는 기타 테이프로 고정시킨다.

⑥ **특수 부위의 처리**

㉠ 드레인 주위의 처리

ⓐ 드레인 주위는 일반 평면부 루핑을 붙이기 전에, 너비 200mm 정도
의 스트레치 루핑으로 드레인의 몸체와 평면부 양쪽에 걸치듯이 덧
붙임한 후, 평면부의 루핑을 겹쳐 붙인다. 드레인에 붙인 루핑류의
끝 부분은 각 층의 루핑을 정리하고 고무 아스팔트계 실링재로 처리
한다.

ⓑ 보행용 부분접착(A-PrS), 노출용 부분접착(A-MiS) 및 ALC 바탕
용 부분접착(A-AlS)공법의 2층 공정의 모래 붙은 구멍 뚫린 아스
팔트 루핑은 먼저 덧붙임한 스트레치 루핑의 끝 부분과 일치시켜 붙
인다.

ⓒ 단열재 삽입 전면접착(A-ThF)공법의 단열재 붙이기는 드레인 몸
체의 300mm 정도 앞에서 끝낸다.

㉡ 파이프 주위의 처리

ⓐ 파이프 주위는 일반 평면부의 루핑을 붙이기 전에 파이프와 평면부
에 걸치듯이 직조망 아스팔트 루핑을 덧붙임하고, 아스팔트로 틈새
가 보이지 않도록 바른 후, 파이프에 1층의 스트레치 루핑을 붙인 다
음 일반 평면부의 방수층을 파이프의 외주부까지 붙이고, 그 위에 2층
의 스트레치 루핑을 붙이고 마감한다.

ⓑ 파이프에 붙인 방수층의 치켜올림 상단 끝 부분은 너비 70mm 정도의 직조망 아스팔트 루핑으로 둥글게 감아 아스팔트로 틈새가 없도록 칠한 다음, 금속제의 밴드 등으로 고정시켜 고무 아스팔트계 실링재로 처리한다. 다만, 모래 붙은 스트레치 루핑의 마감은 금속제 밴드로 고정하기 전에 먼저 모래 붙은 스트레치 루핑을 덧붙임한다. 파이프와 평면부가 만나는 부위의 주변은 고무 아스팔트계 실링재로 처리한다.

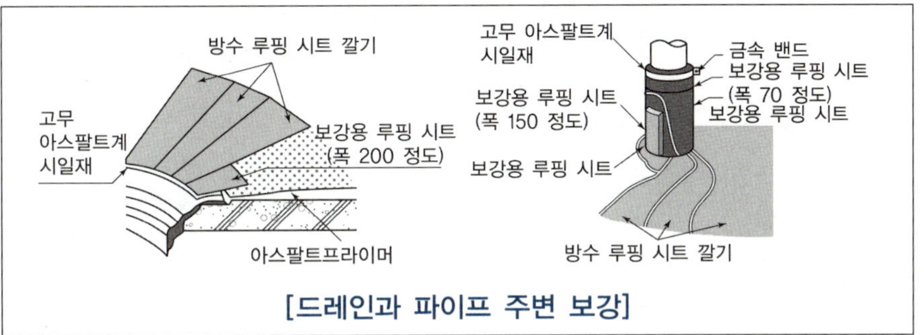

[드레인과 파이프 주변 보강]

⑦ **보호 및 마감** : 아스팔트 방수층의 보호 및 마감은 표 3.1−2, 표 3.1−3에 따르고, 종류는 공사시방서에 따른다.

표 3.1−1 용도별 아스팔트 방수층의 종류

종 별 \ 방수층	보행용 전면접착(A−PrF) a	b	c	보행용 부분접착 (A−PrS)	노출용 부분접착 (A−MiS)	ALC 바탕 부분접착 (A−AlS)	단열재 삽입 전면접착 (A−ThF)
1층	아스팔트 프라이머 (0.4 kg/m²)	아스팔트 프라이머 (0.4 kg/m²)	아스팔트 프라이머 (0.4 kg/m²)	아스팔트 프라이머 (0.4 kg/m²)	아스팔트 프라이머 (0.4 kg/m²)	아스팔트 프라이머 (0.4 kg/m²)	아스팔트 프라이머 (0.4 kg/m²)
2층	아스팔트 (2.0 kg/m²)			모래 붙은 구멍 뚫린 루핑	모래 붙은 구멍 뚫린 루핑	모래 붙은 구멍 뚫린 루핑	아스팔트 (2.0 kg/m²)
3층	아스팔트 펠트	아스팔트 펠트	아스팔트 루핑	아스팔트 (2.0 kg/m²)	아스팔트 (2.0 kg/m²)	아스팔트 (2.0 kg/m²)	아스팔트 루핑
4층	아스팔트 (1.5 kg/m²)	아스팔트 (1.5 kg/m²)	아스팔트 (1.5 kg/m²)	아스팔트 루핑	아스팔트 루핑	스트레치 루핑	아스팔트 (2.0 kg/m²)

5층	아스팔트 루핑	아스팔트 루핑	스트레치 루핑	아스팔트 (1.5 kg/m²)	아스팔트 (1.5 kg/m²)	아스팔트 (1.5 kg/m²)	단열재
6층	아스팔트 (1.5 kg/m²)	아스팔트 (1.5 kg/m²)	아스팔트 (1.5 kg/m²)	스트레치 루핑	스트레치 루핑	스트레치 루핑	아스팔트 (1.7 kg/m²)
7층	아스팔트 루핑	아스팔트 루핑	스트레치 루핑	아스팔트 (1.5 kg/m²)	아스팔트 (1.7 kg/m²)	아스팔트 (1.7 kg/m²)	스트레치 루핑
8층	아스팔트 (1.5 kg/m²)	아스팔트 (2.1 kg/m²)	아스팔트 (2.1 kg/m²)	스트레치 루핑	모래 붙은 스트레치 루핑	모래 붙은 스트레치 루핑	아스팔트 (1.7 kg/m²)
9층	아스팔트 루핑	–	–	아스팔트 (2.1 kg/m²)	–	–	모래 붙은 스트레치 루핑
10층	아스팔트 (2.1 kg/m²)	–	–	–	–	–	–
보호 및 마감	현장타설 콘크리트 및 콘크리트 블록	자갈 및 아스팔트 콘크리트	마감도료 또는 없음				

1) 보행용 전면접착공법(A-PrF)의 경우. a, b, c의 3종류가 있으며 부위에 따라 선택하여 적용할 수 있다.

2) 배관, 설비물 등 복잡한 부위가 많은 바탕에서의 루핑류 사용량은 바탕면적에 대해 1.2 kg/m²로 한다.

3) 표 중, ( )의 수치는 사용량을 나타낸다.

🔖 표 3.1-2 실내적용 아스팔트 방수층의 종류

종 별 방수층	실내용 전면접착(A-InF)	
	a	b
1층	아스팔트 프라이머 (0.4kg/m²)	아스팔트 프라이머 (0.4kg/m²)
2층	아스팔트(2.0kg/m²)	아스팔트(2.0kg/m²)
3층	스트레치루핑	아스팔트루핑
4층	아스팔트(1.5kg/m²)	아스팔트(1.5kg/m²)
5층	스트레치루핑	아스팔트루핑
6층	아스팔트(2.1kg/m²)	아스팔트(2.1kg/m²)
보호 및 마감	현장타설 콘크리트, 시멘트 모르타르, 콘크리트 블록, 아스팔트 콘크리트	

💡 1) 실내용 전면접착공법(A-InF)에는 a, b의 2종류가 있으며 부위에 따라 선택하여 적용할 수 있다.
 2) 배관, 설비물 등 복잡한 부위가 많은 바탕에서의 루핑류 사용량은 바탕면적에 대하여 1.2 kg/m²로 한다.

🔖 표 3.1-3 치켜올림부의 아스팔트 방수층

종 별	치켜올림부의 공정
보행용 전면접착 (A-PrF)	평면부 공정과 같은 공정으로 한다.
보행용 부분접착 (A-PrS)	평면부의 2층을 생략한다. 4층의 아스팔트 루핑을 스트레치 루핑으로 바꾸고, 아스팔트를 1.5kg/m²으로 한다. 8층의 스트레치 루핑을 모래 붙은 스트레치 루핑으로 바꾸고, 아스팔트를 1.7kg/m²로 한다. 9층은 생략한다.
노출용 부분접착 (A-MiS)	평면부 공정의 2층을 생략하고, 3층의 아스팔트를 1.5kg/m²으로 한다.
ALC바탕 부분접착 (A-AIS)	평면부 공정의 2층을 생략하고, 3층의 아스팔트를 1.5kg/m²으로 한다.
단열재 삽입 전면접착 (A-ThF)	평면부 공정의 2층~5층을 생략하고, 6층의 아스팔트를 1.5kg/m²으로 한다.
실내용 전면접착 (A-InF)	평면부 공정과 같은 공정으로 한다.

💡 1) 치켜올림부를 보호누름으로 할 경우에는 방수층 상단 끝 부분을 누름철물로 고정하여 고무 아스팔트계 실링재로 실링처리한다. 또한 실내에서 방수층 치켜올림 높이가 낮을 경우에는 누름철물을 직조망 아스팔트 루핑으로 바꾸어 아스팔트를 치밀하게 바른다.
 2) 감아내림부는 누름철물로 고정하여 고무 아스팔트계 실링재로 처리한다.

3) 평면부와 치켜올림부의 오목 및 볼록모서리에는 너비 300 mm 정도의 스트레치 루핑을 바름한다(아스팔트 사용량은 2.0kg/m²). 다만, 보행용 부분접착(A-PrS), 노출용 부분접착(A-MiS), ALC바탕용 부분접착(A-AIS)에서의 평면부와 치켜올림 및 감아내림의 교차부에는 너비 700mm 정도의 스트레치 루핑으로 평면부를 500mm 걸치게 하여 덧바름한다.

4) ALC의 지지부는 2층을 시공하기 전에 너비 75mm 정도의 절연용 테이프를 붙인다.

5) 단열재 삽입 전면접착(A-ThF)공법에서 바탕이 ALC패널인 경우에는 아스팔트 프라이머를 0.6kg/m²로 한다.

6) 보행용 전면접착(A-PrF)에서 바탕이 PC부재인 경우에는 2층 시공 전에 PC접합부를 스트레치 루핑으로 덧바름한다. 스트레치 루핑의 폭은 양측의 PC부재에 각각 100mm 정도 걸치게 하고, 아스팔트 사용량은 2.0kg/m²로 한다.

7) 단열재 삽입 전면접착(A-ThF) 공법에서 단열재의 두께는 공사시방에 의한다.

8) 보행용 전면접착(A-PrF), 보행용 부분접착(A-PrS) 공법에서 단열재를 사용하는 경우에는 보호 및 마감층과 방수층 사이에 두고, 두께는 공사시방서에 의한다.

9) 노출용 부분접착(A-MiS)에서는 탈기장치를 설치한다. 탈기장치의 종류 및 개수는 공사시방서에 따른다.

⑧ **지붕의 공법**

㉠ 현장타설 콘크리트

ⓐ 방수층이 완성된 다음, 단열재를 깔고 그 위에 절연용 시트를 깔아 점착테이프 또는 기타 테이프로 고정한다.

ⓑ 그 위에 KCS 14 20 00에 따라 콘크리트를 시공하며, 콘크리트에는 균열방지를 위한 와이어 메시를 타설 두께의 중간 위치에 삽입한다.

ⓒ 평면부 콘크리트에는 3m 내외로 신축줄눈을 설치하고, 파라펫 및 펜트하우스 주변 및 치켜올림면으로부터 평면부쪽으로 0.6m 내외의 적당한 위치에도 신축줄눈을 설치한다.

ⓓ 신축줄눈은 너비 20mm 정도, 깊이는 콘크리트의 밑면까지 도달하도록 설치한다.

ⓔ 신축줄눈의 설치방법은 KS F 9004를 참고하고, 콘크리트, 와이어 메시 및 줄눈재의 종류는 공사시방에 의한다.

ⓕ 치켜올림부의 보호 및 마감은 시멘트 모르타르로 기초를 만들어 KCS 41 34 00에 따라 벽돌이나 블록을 방수층으로부터 20mm 이상 간격을 둔 위치에서 쌓아올리고, 각 단별로 방수층과의 사이에 시멘트 모르타르로 공극이 생기지 않도록 충전하여 표면은 KCS 41 46 00에 따라 시멘트 모르타르를 발라서 마감한다.

ⓖ 치켜올림부의 보호 및 마감을 건식공법으로 할 경우에는 공사시방에 따른다.

ⓛ 아스팔트 콘크리트 : 50mm 이상의 아스팔트 콘크리트를 2층으로 나누어 전압장비 등으로 가압하여 시공한다. 아스팔트 콘크리트의 배합과 치켜올림부의 보호공법은 공사시방에 따른다.

ⓒ 콘크리트 블록 : 방수층이 완성된 다음 방수층이 손상되지 않도록 블록을 깐다. 블록의 종류 및 시공법은 공사시방에 따른다.

ⓔ 자갈 : 방수층이 완성된 다음 아스팔트를 바르면서 둥근 모양을 한 직경 20~30mm 정도의 콩자갈을 깔며, 자갈층의 두께는 50mm 내외로 한다. 다만, 배수구, 드레인 주위는 자갈을 깔기 전에 자갈의 흘러내림을 방지하는 턱을 만든다.

⑨ 아스팔트계 또는 합성수지계의 접착제를 사용하여 상온에서 자갈을 고정하는 경우에는 공사시방에 의하며 방수층 위에 자갈을 쌓아둘 때는 합판 등으로 양생한다. 특히 집중하중이 작용하지 않도록 적정하게 분산시킨다.

⑩ **마감도료** : 방수재 제조자가 지정하는 마감도료를 솔, 롤러 또는 뿜칠기구 등을 사용하여 규정량을 균일하게 도포한다.

⑪ **실내의 공법**

ⓐ 현장타설 콘크리트 : 옥상의 공법에 준하며, 신축줄눈은 설치하지 않는다. 신축줄눈을 설치할 경우에는 KS F 9004 및 공사시방에 의한다.

ⓑ 시멘트 모르타르 : 방수층이 완성된 다음 평면부에는 와이어 메시를 치켜올림부에는 방수층에 200mm 정도의 간격으로 지그재그로 부착한 고정철물에 메탈라스 또는 와이어 메시를 고정한 다음 KCS 41 46 00에 따라 시멘트 모르타르를 바른다. 메탈라스 또는 와이어 메시의 치켜올림 상단 끝 부분은 철물로 바탕에 고정한다.

🔍 예 제

아스팔트방수 공법에 관한 설명으로 옳지 않은 것은?　　　　제24회

① 아스팔트 용융공정이 필요하다.
② 멤브레인방수의 일종이다.
③ 작업 공정이 복잡하다.
④ 결함부 발견이 용이하다.
⑤ 보호누름층이 필요하다.

해설

④ 결함부 발견이 용이하지 않다.

　　　　　🗂 정답 ④

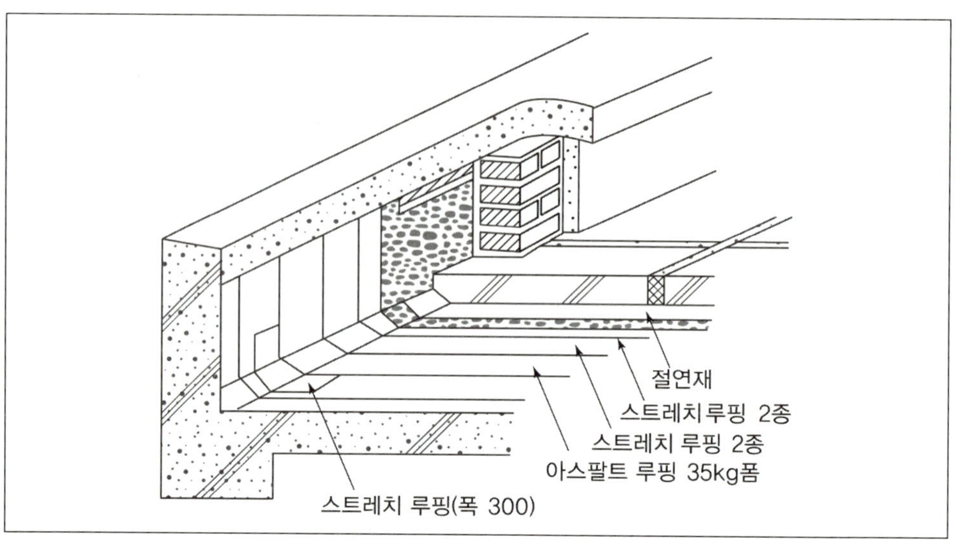

제14회, 제25회, 제26회

열공법

용융아스팔트(아스팔트를 가열 용융한 것)을 이용하여 아스팔트 루핑을 밀착해서 용융아스팔트와 아스팔트 루핑류를 서로 적층시킨다.

상온(냉)공법

용융아스팔트 대신 용제나 접착제를 활용하여 개질아스팔트 루핑시트를 접착시켜 방수층을 형성하는 공법이다.

2 시멘트 액체방수

방수제(방수제)를 물에 타서 충분히 섞은 다음에 콘크리트 또는 모르타르를 섞어 방수층을 시공하는 공법을 시멘트 액체방수라 한다. 방수제의 종류에는 액체 방수제, 분말 방수제 등이 있다.

시멘트 액체방수층의 보조재료

보조 재료	용 도
지수제	바탕 결함부로부터의 누수를 막기 위하여 사용한다. 시멘트에 혼화하는 액체형, 물과 혼련하는 분체형 및 가수분해하는 폴리머 등이 있다.
접착제	바탕과의 접착 효과 및 물적 시기 효과를 증진시키기 위하여 사용하며, 고형분 15% 이상의 재유화형 에멀션으로 한다.
방동제	한랭시의 시공시, 방수층의 동해를 방지할 목적으로 사용한다.
보수제	보수성 향상과 작업성 향상을 목적으로 사용한다.
경화촉진제	공기단축을 위하여 경화를 촉진시킬 목적으로 사용한다.
실링재	바탕의 균열부 충전 및 접합철물 주위를 실링할 목적으로 사용, KS F 4910에 적합한 것을 사용한다.

(1) 방수제의 배합 및 비빔

① 방수제는 방수제 제조자가 지정하는 비율로 혼입하고, 모르타르 믹서를 사용하여 충분히 비빈다. 이때, 방수 시멘트 페이스트의 경우에는 시멘트를

먼저 2분 이상 건비빔한 다음에 소정의 물로 희석시킨 방수제를 혼입하여 균질하게 될 때까지 5분 이상 비빈다. 방수 모르타르의 경우에는 모래, 시멘트의 순으로 믹서에 투입하고 2분 이상 건비빔한 다음에 소정의 물로 희석시킨 방수제를 혼입하여 균질하게 될 때까지 5분 이상 비빈다.

② 믹서의 회전을 멈춘 다음 모르타르 내의 수분이나 모래의 분리가 없어야 하며, 불순물 등이 포함되지 않아야 한다.

③ 방수 시멘트 모르타르의 비빔 후 사용 가능한 시간은 20℃에서 45분 정도가 적정하며, 그 외에는 방수제 제조자의 지정에 따른다.

⑵ 방수층 바름

① 방수층 시공 전에 다음과 같은 부위는 실링재 또는 폴리머 시멘트 모르타르 등으로 바탕면처리를 한다(이하 '방수 바탕면정리' 작업으로 분류).

  ㉠ 콘크리트 곰보

  ㉡ 콜드 조인트, 이음타설부, 콘크리트 표면 단순 균열

  ㉢ 콘크리트를 관통하는 거푸집 고정재에 의한 구멍, 볼트, 철골, 배관 주위

  ㉣ 콘크리트 표면의 방수층 시공 후 품질을 저해한다고 판단되는 취약부

② 바탕이 건조할 경우에는 시멘트 액체방수층 내부의 수분이 과도하게 흡수되지 않도록 바탕을 물로 적신다.

③ 방수층은 흙손 및 뿜칠기 등을 사용하여 소정의 두께(부착강도 측정이 가능하도록 최소 4mm 두께 이상을 표준으로 한다)가 될 때까지 균일하게 바른다.

④ 각 공정의 바름 간격은 방수제 제조자의 지정에 따른다.

⑤ 치켜올림 부위에는 미리 방수 시멘트 페이스트를 바르고, 그 위를 100mm 이상의 겹침폭을 두고 평면부와 치켜올림부를 바른다.

⑥ 각 공정의 이어 바르기의 겹침폭은 100mm 정도로 하여 소정의 두께로 조정하고, 끝부분은 솔로 바탕과 잘 밀착시킨다.

⑦ 각 공정의 이어 바르기 또는 다음 공정이 미장공사일 경우에는 솔 또는 빗자루로 표면을 거칠게 마감한다.

⑶ 양생 및 점검

직사일광이나 바람, 고온 등에 의한 급속한 건조가 예상되는 경우에는 살수 또는 는 시트 등으로 보호하여 양생한다.

⊙ **관련기준**

건축표준시방서코드(KCS) 2021
〈KCS 41 40 08 : 2021〉

3 폴리머 시멘트 모르타르방수

(1) 방수제의 배합 및 비빔

① 폴리머 시멘트 모르타르의 폴리머 분산제의 혼입비율 및 물·시멘트비 − 폴리머 시멘트 모르타르의 폴리머 분산제의 혼입비율은 10% 이상으로 정하고, 물시멘트비는 30~60%의 범위 내에서 용도에 따른 작업가능성을 고려하여 최적비의 시험비빔으로 결정한다.

② **폴리머 시멘트 모르타르의 비빔 및 사용 가능 시간**

 ㉠ 폴리머 시멘트 모르타르의 비빔은 배처 믹서에 의한 기계비빔을 원칙으로 한다.

 ㉡ 비빔 전에 소정량의 폴리머 분산제와 시험비빔에 의하여 결정한 물을 혼합한다. 이때 필요한 경우에는 보조재료를 첨가한다.

 ㉢ 모래, 시멘트, 필요에 따라 혼화재료의 순으로 믹서에 투입하고, 전체가 균질하게 되도록 건비빔한다. 다만, 이때의 모래는 함수율이 작은 것을 사용한다.

 ㉣ 상기의 건비빔한 혼합체에 소정량의 물로 희석한 폴리머 분산제를 첨가하여 폴리머 시멘트 모르타르의 색상이 균등하게 될 때까지 비빈다.

 ㉤ 폴리머 시멘트 모르타르는 비빔 후, 20℃의 경우에 45분 이내의 사용을 기준으로 한다.

(2) 방수층 바름

① 바탕의 상태는 평탄하고 휨, 단차, 들뜸, 레이턴스, 취약부 및 현저한 돌기물 등의 결함이 없는 것을 표준으로 한다.

② 방수층 시공 전에 다음과 같은 부위는 실링재 또는 폴리머 시멘트 모르타르 등으로 바탕면처리를 한다(이하 '방수 바탕면정리' 작업으로 분류).

 ㉠ 콘크리트 곰보

 ㉡ 콜드 조인트, 이음타설부, 콘크리트 표면 단순 균열

 ㉢ 콘크리트를 관통하는 거푸집 고정재에 의한 구멍, 볼트, 철골, 배관 주위

 ㉣ 콘크리트 표면의 방수층 시공 후 품질을 저해한다고 판단되는 취약부

③ 표면의 취약층, 먼지, 기름기 및 거푸집 박리제 등과 같은 방수층의 접착을 저해하는 것은 미리 제거한다.

④ 바탕이 건조할 경우에는 폴리머 시멘트 모르타르의 수분이 과도하게 흡수되지 않도록 바탕을 물로 적신다.

⑤ 방수층은 흙손 및 뿜칠기 등을 사용하여 소정의 두께가 될 때까지 균일하게 바른다.

⑥ 각 층의 시공간격은 방수제 제조자의 지정에 따른다.

⑦ 각 층의 이어 바르기 겹침폭은 100mm 정도로 하여 소정의 두께로 조정하고, 끝부분은 솔로 바탕과 잘 밀착시킨다.

(3) 양생 및 점검

직사일광이나 바람, 고온 등에 의한 급속한 건조가 예상되는 경우에는 살수 또는 시트 등으로 보호하여 양생한다.

🔗 아스팔트방수와 시멘트 액체방수의 비교

비교 내용	아스팔트방수	시멘트 액체방수
방수의 수명	비교적 수명이 길다.	비교적 수명이 짧다.
외기에 대한 영향	적다.	직감적으로 영향을 받는다.
방수층의 신축성	크다.	거의 없다.
균열 발생 정도	비교적 안 생긴다.	잘 생긴다.
시공 용이도	복잡하다.	간단하다.
공사 기간	길다.	짧다.
공사비 · 보수비	비싸다.	싸다.
보호누름	반드시 필요하다.	안 해도 된다.
중량(重量)	무겁다.	가볍다.
모체(母體)상태	모체가 나빠도 시공이 용이하다.	모체가 나쁘면 시공이 곤란하다.
결함부 발견	용이하지 않다.	용이하다.
보수범위	광범위하고 보호누름도 재시공한다.	국부적으로 보수할 수 있다.
바탕처리	완전건조 · 보수처리 · 바탕바름을 한다.	보통건조 · 보수처리를 엄밀히 하고 바탕바름이 필요 없다.

→ 보충학습

| 시멘트 액체방수와 폴리머 시멘트 모르타르방수

1. 방수층의 종류와 적용구분

종 류		시멘트 액체방수층		폴리머 시멘트 모르타르방수층		시멘트 혼입 폴리머계 방수층
공 정		바닥용	벽체/천장용	1종	2종	
1층		바탕면 정리 및 물청소	바탕면 정리 및 물청소	폴리머 시멘트 모르타르	폴리머 시멘트 모르타르	프라이머 (0.3kg/m²)
2층		방수액 침투	바탕접착재 도포	폴리머 시멘트 모르타르	폴리머 시멘트 모르타르	방수재 (0.7kg/m²)
3층		방수시멘트 페이스트	방수시멘트 페이스트	폴리머 시멘트 모르타르	–	방수재 (1.0kg/m²)
4층		방수 모르타르	방수 모르타르	–	–	보강포
5층		–	–	–	–	방수재 (1.0kg/m²)
6층		–	–	–	–	방수재 (0.7kg/m²)
적용부위	실 내	○	○	○	○	○
	지하 내면	△	△	○	△	○
	지하 외면	×	×	×	×	○
	수조 외면	×	×	×	×	×
	수조 내면	×	×	×	×	△
	옥 상	×	×	△	×	△

💡 1. ○ 적용가능, △ 적용 가능하나 사용 환경(수압, 태양열, 진동, 대기 온도 등)에 따라 주의를 요함. × 적용 불가, 특히 음료용 수조 내부에서의 사용은 피한다.
2. 차양 또는 옥상의 배수 홈 등의 소면적 부위 사용
3. 지하벽체 외면에 적용할 경우에는 다음의 공정에 의하여 실시한다.

공 정	1층	2층	3층
종 류	방수재(1.0kg/m²)	방수재(1.0kg/m²)	방수재(1.0kg/m²)

2. 폴리머 시멘트 모르타르방수

(1) 방수 공법 개요

① 폴리머방수제는 시멘트의 물을 빼앗아 탈수, 건조시켜 자착성(自着性)과 접착성이 있는 수지나 고무질의 연속한 필름을 만들어 시멘트 경화체와 골재를 강고하게 결합시킨다. 따라서, 부착성능이 우수하며 투수 및 흡수에 대하여 저항성이 증대하고 방수효과가 커진다.

② 시멘트 액체방수와는 달리 탄성을 가진 유기질의 고분자 성분을 포함하고 있기 때문에 건조수축 등의 영향을 크게 받지 않으며, 자체 강도가 높다.

🔗 **시멘트 액체방수와의 비교**

구 분	폴리머 시멘트 모르타르방수	시멘트 액체방수
배합구성	시멘트 + 모래 + 폴리머액(물포함)	시멘트 + 모래 + 방수제 + 물
방수이론	차수성 이용	발수성 이용
시공성	• 공정이 단순(2~3공정) • 품질관리 용이	• 공정이 복잡(6~8공정) • 현장배합비 및 시공품질 관리 곤란
방수성능	투수비, 흡수비, 부착성능 우수	−

(2) 시공시 유의사항

① 폴리머 분산제의 혼입 비율은 10% 이상, 물·시멘트비는 30~60% 범위에서 가능한 적게 적용

② 배합시 물을 첨가하여서는 안 되며 기계비빔 원칙

③ 비빔 후 20℃에서 45분 이내 사용

④ 5℃ 이하 온도에서 시공을 금지한다.

⑤ 바탕면 건조시 물축임을 하여 습윤상태에서 시공한다.

⑥ 각 층의 바름 간격은 방수제 제조자의 시방 준수

3. 무기질탄성도막방수 : 특수시멘트를 주원료로 폴리머 분산제를 혼합한 무기질계로 시멘트계 바탕면과 접촉성이 좋고 통기성이 있어 Air Pocket 현상의 우려가 적으며, 바탕면 습윤상태에서도 시공이 용이하다.

4. 침투방수를 적용하기 위해서는 근본적으로 밀실한 콘크리트 구조체가 필수적이며 구조적 균열이 없어야 한다.

① 침투방수는 모체의 양함이 방수성능 확보의 핵심 사항이므로 방수 전 결함부의 확실한 보수를 반드시 실시한다.

② 침투성 도포방수의 종류로는 무기질계, 유기질계, 무기·유기 혼합계가 있다.

4 시트방수

내수성이 있는 시트상(장판지 모양)의 물질을 접착제로 깔아 붙이는 방수방법으로 재료로는 주로 합성수지, 합성고무계 물질이 많이 쓰이며 두께는 0.05~2mm 정도이다.

(1) 시트 재료는 신축성이 좋고 강도가 크며, 바탕의 변동에 대한 적응성을 갖춘 합성고무계 플라스틱 시트를 사용한다.

(2) 아스팔트와 같이 다층방식의 방수법이 아니고, 시트 1층으로써 방수 효과를 내는 공법이다.

(3) 접착은 접착제나 같은 재료의 용접봉을 사용하며, 물·알칼리의 영향을 받지 않아야 한다(상온에서 접착제를 도포한 후 20분 있다가 압착).

(4) 난간벽의 치켜올린 부분은 30cm 정도로 한다.

(5) 시트접착 방법으로는 온통접착, 줄접착, 갓접착, 점접착법이 있다.

(6) 바탕 고르기 ⇨ 방수층 조성 ⇨ 방수층 보호의 순으로 아스팔트 방수와 같은 시공 순서로 한다.

🔗 시트방수 공법의 접착법

가황 고무계 시트방수·접착공법(S − RuF, S − RuTF)					
종 별 **공 정**	평탄부(물매 1/50~1/20)				치켜올림부
	S − RuF(단열재 없음)		S − RuTF(단열재 있음)		
1	프라이머 도포(0.2kg/m²)		프라이머 도포(0.2kg/m²)		프라이머 도포(0.2kg/m²)
2	접착제 도포 (0.4kg/m²)	바탕면 (0.25kg/m²) 시트면 (0.15kg/m²)	접착제 도포 (0.4kg/m²)	바탕면 (0.25kg/m²) 시트면 (0.15kg/m²)	접착제 도포 (0.4kg/m²) / 바탕면 (0.25kg/m²) 시트면 (0.15kg/m²)
3	가황 고무계 시트 접착		치켜올림 모서리, 비가황 고무계 시트 접착		가황 고무계 시트 접착
4	−		단열재 접착 깔기		−
5	−		접착제 도포 (0.3kg/m²)	바탕면 (0.15kg/m²) 단열재면 (0.15kg/m²)	−
6	−		가황 고무계 시트 접착		−
보호 및 마감	마감도료 도장 (0.25kg/m²)		마감 도료 도장 (0.25kg/m²)		마감도료 도장(0.25kg/m²)

💡 주의사항

1. 시트의 접합부는 원칙적으로 물매 위쪽의 시트가 물매 아래쪽 시트의 위에 오도록 겹친다.
2. 시트 상호 간의 접합폭은 종·횡으로 가황고무계 시트는 100mm, 비가황고무계 시트는 70mm로 하며 염화비닐수지계 시트는 40mm로 하나, 전열용접일 경우에는 70mm로 한다.

관련기준
건축표준시방서코드(KCS) 2021
〈KCS 41 40 03 : 2021〉

제15회, 제25회

개량아스팔트시트 붙이기

1. 프라이머(아스팔트 프라이머)는 또는 합성고무나 합성수지로 개량한 아스팔트를 주원료로 하는 용제계 및 에멀션계의 것으로, 솔, 고무주걱 등으로 도포하는데 지장이 없고, 8시간 이내에 건조되는 품질의 것으로 개량아스팔트시트 제조자가 지정하는 것으로 한다.

2. 개량아스팔트시트 붙이기는, 토치로 개량아스팔트시트의 뒷면과 바탕을 균일하게 가열하여 개량아스팔트를 용융시키면서 잘 밀착시키는 방법을 표준으로 한다.

3. 일반부의 개량아스팔트시트가 상호 겹쳐진 접합부는 개량아스팔트가 베어나올 정도로 충분히 가열 및 용융시켜 눌러서 붙인다.

4. 개량아스팔트시트의 상호 겹침은 길이방향으로 200mm 정도, 너비방향으로는 100mm 이상으로 하고, 물매의 낮은 부분에 위치한 시트가 겹침시 아래면에 오도록 접합시킨다.

5. 보행용 전면접착(M − PrF), 노출용 전면접착(M − MiF, b), 노출용 단열재 삽입(M − MiT) 공법의 경우에는 상층 개량아스팔트시트의 접합부와 하층 개량아스팔트시트의 접합부가 겹쳐지지 않도록 한다.

6. ALC 패널의 단변접합부 등 큰 움직임이 예상되는 부위는 미리 폭 300mm 정도의 덧붙임용 시트로 처리한다.

7. 치켜올림의 개량아스팔트시트의 끝부분은 누름철물을 이용하여 고정하고, 실링재로 처리한다.

8. 지하외벽 및 수영장 등의 벽면에서의 개량아스팔트시트 붙이기는, 미리 개량아스팔트시트를 2m 정도로 재단하여 시공한다. 높이가 2m 이상인 벽은 같은 작업을 반복한다. 재단하지 않고 개량아스팔트시트를 붙이는 경우에는 늘어뜨리는 장치를 이용하여 시공한다. 개량아스팔트시트의 겹침폭은 길이·폭방향 모두 100mm 이상으로 하고 최상단부 및 높이가 10m를 넘는 벽에서는 10m마다 누름철물을 이용하여 고정한다.

9. 바탕에 부분적으로 융착시키는 경우의 시공법은 공사시방에 따른다.

---

5 도막방수

도막방수는 내수성이 있는 물질을 페인트 공사하듯이 구조체에 도막을 형성하는 방수법이다. 재료로는 주로 합성수지, 합성고무계 물질이 많으며, 방수의 부위 및 정도에 따라서 2~3회 정도 도포한다.

(1) 재 료

용제형·유제형·실리콘계·에폭시계 등이 있다.

(2) 도막방수의 적용성

① 균열 및 진동이 심한 건축물에서의 적용이 가능하다.

② 조인트 부분이나 배관이 많은 화장실 방수 등에 유효하다.

③ 돌출이 많은 부분에서도 이음새 없이 시공할 수 있다.

④ 바탕재의 습기와 반응하는 재료와 반응하지 않는 재료를 잘 구분하여 사용한다.

⑤ 구조물의 용도에 따라 방수층의 두께를 임의로 조절할 수 있다.

⑥ 붓이나 흙손으로 바르기만 하면 시공이 되므로 작업이 간단하다(공기단축).

⑦ 액상의 재료이므로 욕실, 베란다, 발코니 등의 작업이 복잡한 장소에서 시공이 용이하다.

⑧ 유지보수가 다른 방수공법보다 간편하다.

⑨ 보행감이나 색채감이 뛰어나다.

⑩ 핀홀의 우려가 있다.

⑪ 도막방수는 곡면이 많은 지붕도 시공 용이하다.

⑫ 도막방수는 뿜칠기로 시공하면 능률이 좋으며 수직부분의 시공이 용이하다.

⑬ 도막방수는 고른 바탕면이 필요하다.

⑭ 아스팔트방수나 시트방수는 복잡한 형상은 시공이 곤란하다.

(3) 시공상 문제점

① 바탕면의 균질한 방수층 시공이 어렵다.

② 모재의 균열에 대한 추종성이 저하된다.

③ 단열을 요하는 옥상층에는 불리하다.

④ 내구성 있는 보호층이 필요하다.

⑤ 신뢰도에 문제가 있다.

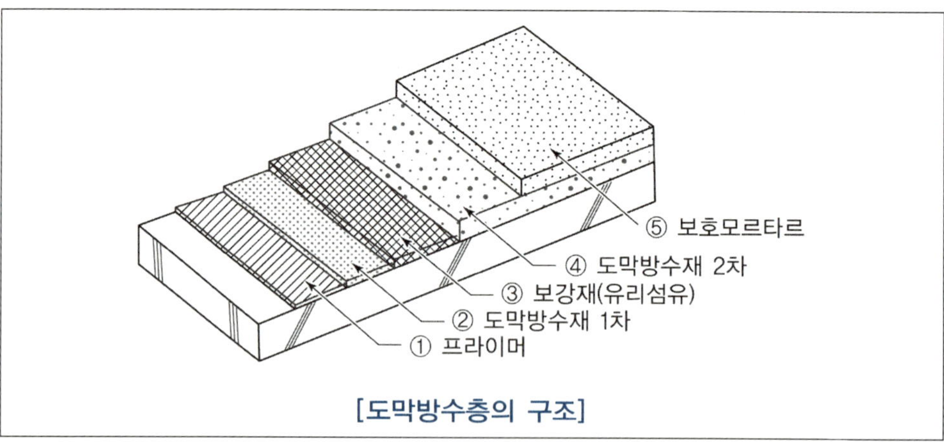

[도막방수층의 구조]

도막방수 공사

1. 1회의 혼합량은 시공시기 · 면적 · 능률 및 재료의 사용 가능시간 등을 고려하여 36kg 이하를 표준으로 하며, 혼합시간은 3~5분 정도의 짧은 시간 내에 마칠 수 있도록 한다.

2. 5℃ 이하 시공을 금지한다.

3. 2액형 도막방수제는 시공 중 혼합 후 점도조절을 목적으로 용제를 첨가해서는 안 된다.

(1) 보강포 붙이기

① 보강포 붙이기는 치켜올림부 · 오목모서리 · 볼록모서리 · 드레인 주변 및 돌출부 주위에서부터 시작한다.

② 보강포는 밑바탕에 잘 붙여 주름이나 구김살이 생기지 않도록 방수재 또는 접착제로 붙인다.

③ 보강포의 겹침폭은 50mm 정도로 한다.

(2) 방수재의 도포

① 방수재는 핀홀(Pin Hole)이 생기지 않도록 솔 · 고무주걱 · 뿜칠기구 등으로 균일하게 치켜올림부와 평면부의 순서로 도포한다.

② 치켜올림부를 도포한 다음, 평면부위의 순서로 실시한다.

③ 보강포 위에 도포할 경우는 불침투 부분이 생기지 않도록 주의한다.

④ 방수재의 겹쳐 바르기는 원칙적으로 앞 공정에서의 겹쳐 바르기 위치와 동일한 위치에서 하지 않으며, 도포방향은 앞 공정에서의 칠 방향과 직교하여 실시하며, 겹쳐 바르기 또는 이어 바르기의 너비는 100mm 내외로 한다.

⑤ 우레탄 – 우레아고무계 또는 우레아수지계 도막방수재를 스프레이 시공할 경우, 분사각도는 항상 바탕면과 수직이 되도록 하고, 바탕면과 300mm 이상 간격을 유지하도록 한다. 또한 소정 두께를 얻기 위해 두 번으로 나누어 겹쳐 도포할 경우, 두 번째의 스프레이 방향은 첫 번째의 도포방향과 직교하여 스프레이 도포한다.

⑥ 고무 아스팔트계 도막방수재의 지하외벽에 대한 시공은 위에서 아래의 순서로 실시한다.

🔩 **관련기준**

건축표준시방서코드(KCS) 2021 〈KCS 41 40 06 : 2021〉

PART

02

💡 **OX**

1. 2액형 도막방수제는 시공 중 점도조절을 목적으로 용제를 첨가하여서는 안 된다. (○)

2. 바닥평면 부위를 도포한 다음 치켜올림 부위의 순서로 도포한다. (×)

3. 고무아스팔트계 도막방수제의 벽체에 대한 스프레이 시공은 위에서부터 아래의 순서로 실시한다. (○)

방수공사에 관한 설명으로 옳지 않은 것은? 제27회

① 아스팔트 프라이머는 바탕면과 방수층을 밀착시킬 목적으로 사용한다.
② 안방수는 바깥방수에 비해 수압이 작고 얕은 지하실 방수공사에 적합하다.
③ 멤브레인 방수는 불투수성 피막을 형성하는 방수공사이다.
④ 시멘트 액체방수시 치켜올림 부위의 겹침폭은 30mm 이상으로 한다.
⑤ 백업재는 실링재의 줄눈깊이를 소정의 위치로 유지하기 위해 줄눈에 충전하는 성형 재료이다.

해설
④ 시멘트 액체방수시 치켜올림 부위의 겹침폭은 100mm 이상으로 한다.

정답 ④

6 실링(Sealing)방수

(1) 개 요

① 틈이나 구멍 등을 점성이 있는 액상의 합성수지 계통의 재료로 막아 그 부위를 방수 하는 것으로 코킹방수라고도 한다.
② 충진용 도구인 코킹건(Caulking Gun)을 이용하여 충진하며, 틈이 깊거나 관통되었을 때에는 백업재(틈을 메꾸는 대상의 재료)를 사용하며 틈이 얕을 경우에는 본드 브레이커(테이프 모양의 재료)를 붙이기도 한다.
③ 백업재의 삽입이나 본드 브레이커의 부착은 프라이머 도포 전에 행한다.

(2) 실링재의 조건

① 부재와의 접착성이 좋고 수밀성이 있을 것
② 조인트 부위의 변형에 추종할 수 있을 것
③ 불침투성 재료일 것
④ 내부 응집력 변화에 따른 내부 파괴가 없을 것

(3) 시공 관련 용어

① **마스킹 테이프**

   ㉠ 실링재의 충전부위 이외에 오염방지

   ㉡ 줄눈면의 선 마무리

   ㉢ 프라이머 도포 전, 정해진 위치에 곧게 설치

② **백업(Back Up)재**: 발포폴리에틸렌이나 폴리우레탄의 원형 또는 사각형 제품이다.

   ㉠ 실링재의 두께를 일정하게 유지하도록 일정한 깊이에 설치

   ㉡ 당일 실링재 충전부위만 설치

③ **본드 브레이커(Bond Breaker)**: 실링재를 접착시키지 않기 위하여 줄눈 바닥에 붙이는 테이프형의 재료이다.

(4) 실링방수의 작업금지 조건

:: 제15회

① 강우, 강설시 또는 예상될 경우

② 피착체의 표면온도가 50℃ 이상, 기온 5℃ 이하 또는 30℃ 이상

③ 습도 85% 이상

(5) 충전줄눈

실링재를 충전하는 줄눈으로 무브먼트가 큰 워킹조인트와 무브먼트가 없거나 무시할 논워킹조인트가 있다.

(6) 시공순서

피착면의 청소 ⇨ 백업재의 충전 또는 본드 브레이커 바름 ⇨ 매스킹 테이프 바름 ⇨ 프라이머 도포 ⇨ 실링재의 충전 ⇨ 주걱마감 ⇨ 매스킹 테이프 제거 ⇨ 청소 ⇨ 양생

실링재의 고장방지

1. **워킹 조인트**(거동이 큰 줄눈): 2면 접착
2. **논워킹 조인트**: 3면 접착의 줄눈구조로 하는 것이 좋다.
3. 2면 접착은 줄눈이 벌어져도 실링재는 무리없이 변형할 수 있으므로 파단을 일으키지 않는다.
4. 커튼월 등의 줄눈에는 줄눈바닥에 접착시키지 않도록 백업재나 본드 브레이커를 사용하여 2면 접착으로 되어있다.
5. 콘크리트 외벽과 같이 거의 거동이 생기지 않는 줄눈에서는 줄눈 바닥에도 접착시켜 3면 접착으로서 확실히 방수가 가능하도록 한다.

💡 **OX**

백업재는 실링재의 줄눈깊이를 소정의 위치로 유지하기 위해 줄눈에 충전하는 성형 재료이다.

(○)

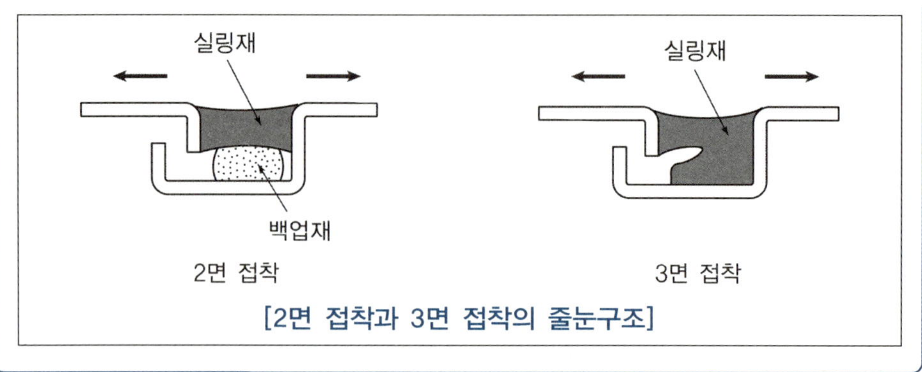

03 시설개소에 따른 방수공사

1 지하실방수

지하실의 방수는 크게 지하실 구조체 안쪽에 방수층을 시공하는 안방수, 지하실 구조체 바깥쪽에 방수층을 시공하는 바깥방수는 구분하며, 수압이 큰 곳은 수밀 콘크리트 방수제를 첨가하여 시공하는 구체방수(構體放水)로 시공한다.

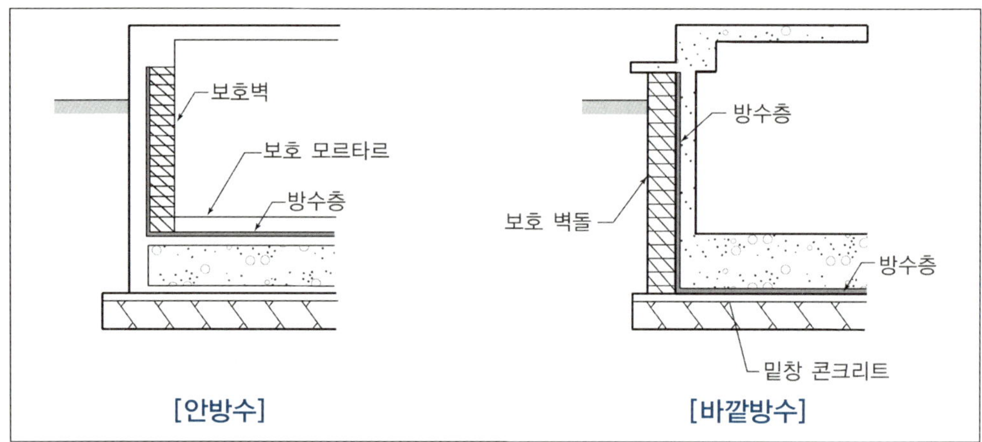

(1) 바깥방수

① 바닥의 밑창 콘크리트 위에 벽돌이나 콘크리트로 방수층 보호벽을 만들고 이 벽의 안쪽에 방수층을 구성한 다음 구조물 주체를 시공한다.

② 시공이 복잡하고 적당한 시기에 임의로 할 수 없으나 수압에 강하므로 깊은 지하실에 쓰인다.

③ 버팀대 등이 여러 단으로 되어 있어 밑에서 제거하여 벽방수층을 하게 되므로 완전시공에는 주의가 필요하다.

(2) 안방수

① 시공이 용이하고 공사비도 싸며, 적당한 시기에 할 수 있으나, 수압에 대하여 약하므로 수압이 작은 얕은 지하실에 적합하다.

② 누름벽을 할 필요가 있고 유효면적이 감소된다.

⊘ 안방수와 바깥방수의 비교

구 분 \ 방수방법	안방수	바깥방수
사용 장소	수압이 작은 지하실에 적당하다.	수압에 관계없이 할 수 있다.
공사 용이성	간단하다.	복잡하다.
공사시기	방수공사에 관계없이 본공사 추진한다.	방수공사 완료 후 본공사를 추진한다.
경제성	싸다.	비싸다.
내수압 처리	수압에 견디기 곤란하다.	내수압으로 된다.
보호누름	필요하다.	없어도 무방하다(단, 되메우기시 방수층의 손상 우려시에는 누름층으로 보호).
방수층의 수리	가능하다.	전혀 불가능하다.

♡ 바깥 방수공사 시기는 밑창콘크리트 타설 후 실시한다.

예제

방수공사에 관한 설명으로 옳은 것은? 제26회

① 기상조건은 방수층의 품질 및 성능에 큰 영향을 미치지 않는다.
② 안방수 공법은 수압이 크고 깊은 지하실 방수공사에 적합하다.
③ 도막방수 공법은 이음매가 있어 일체성이 좋지 않다.
④ 아스팔트 프라이머는 방수층과 바탕면의 부착력을 증대시키는 역할을 한다.
⑤ 아스팔트방수는 보호누름이 필요하지 않는다.

해설

① 기상조건은 방수층의 품질 및 성능에 큰 영향을 미친다.
② 바깥방수 공법은 수압이 크고 깊은 지하실 방수공사에 적합하다.
③ 시트방수 공법은 이음매가 있어 일체성이 좋지 않다.
⑤ 아스팔트방수는 보호누름이 필요하다.

▯ 정답 ④

♡ OX

1. 외벽의 바깥방수는 안방수에 비해 방수효과가 우수하다. (○)
2. 지하실 안방수는 수압이 작은 지하실에 적당하다. (○)
3. 지하실 바깥방수는 본 공사에 선행하는 것이 일반적이다. (○)
4. 안방수 공법은 수압이 크고 깊은 지하실 방수공사에 적합하다. (×)

2 옥상방수

① 물흘림 경사는 1/50~1/100 이내로 루프 드레인(Roof − drain)등을 향하게 한다.

② 난간, 옥탑층 등의 방수층 치켜올림은 300mm 이상으로 한다.

③ 아스팔트방수를 할 경우 지하실방수보다 아스팔트의 침입도가 크고 연화점이 높은 것을 사용한다.

④ 루프 드레인(Roof − drain)의 부위의 방수 처리에 유의하여야 한다.

간접방수

- **01** 방습층
- **02** 이중벽
- **03** 드라이 에어리어

관련기준

건축표준시방서코드(KCS) 2021
〈KCS 41 41 00 : 2021〉

:: 제17회, 제22회, 제27회

---

04 간접방수

1 방습층(D.P.C ; Damp Course)

지반으로부터의 습기나 수분 상승을 차단할 목적으로 조적조의 벽이나 직접 지반에 닿는 콘크리트 등의 줄기초 위에 내수성 있는 물질을 설치하는 것을 말한다. 주로 사용되는 물질로 아스팔트 루핑, 합성수지, 합성고무, 방수 모르타르가 이용된다.

> **방습공사**
> **1. 자 재**
> ① 박판시트계 방습재료
> ㉠ 종이 적층 방습재료
> ㉡ 적층된 플라스틱 또는 종이 방습재료
> ㉢ 펠트, 아스팔트 필름 방습층
> ㉣ 플라스틱 금속박 방습재료
> ㉤ 금속박과 종이로 된 방습재료
> ㉥ 금속박과 비닐직물로 된 방습재료
> ㉦ 금속과 크라프트지로 된 방습재료
> ㉧ 보강된 플라스틱 필름 형태의 방습재료
> ② 아스팔트계 방습재료
> ③ 시멘트 모르타르계 방습재료
> ④ 신축성 시트계 방습재료
> ㉠ 비닐 필름 방습지
> ㉡ 폴리에틸렌 방습층
> ㉢ 교착성이 있는 플라스틱 아스팔트 방습층
> ㉣ 방습층 테이프

OX

1. 방습공사 시공법에는 박판 시트계, 아스팔트계. 시멘트 모르타르계, 신축성 시트계 등이 있다. (○)
2. 신축성 시트계 방습재료에는 비닐필름방습지, 플라스틱 금속박 방습재료, 폴리에틸렌 방습층 등이 있다. (×)

2. **일반사항**
   ① 콘크리트, 블록벽돌 등의 벽체가 지면에 접하는 곳은 지상 100~200mm 내외 위에 수평으로 방습층을 설치한다.
   ② 그 재료, 공법의 지정은 설계도서에 따르고, 공사시방에 정한 바가 없을 때는 방수 모르타르 바름(10~20mm)으로 한다.
   > 💡 방수모르타르의 바름 두께 및 횟수는 정한 바가 없을 때 두께 15mm 내외의 1회 바름으로 한다.

3. **아스팔트 펠트, 아스팔트 루핑 등의 방습층**
   ① 아스팔트 펠트, 아스팔트 루핑 등으로 할 때는 밑바탕 면을 수평지게 평탄히 바르고 아스팔트로 교착하여 댄다.
   ② 아스팔트 펠트, 아스팔트 루핑 등의 너비는 벽체 등의 두께보다 15mm 내외로 좁게 하고, 직선으로 잘라 쓴다.
   ③ 이음은 100mm 이상 겹쳐 아스팔트로 교착한다.

4. **바닥 밑 방습층**
   아스팔트 펠트, 비닐지의 이음은 100mm 이상 겹치고 필요할 때는 접착제로 접착한다.

5. **아스팔트계 방습공사**
   ① 아스팔트 경사끼움 스트립: 수직 방습공사의 밑부분이 수평과 만나는 곳에는 밑변 50mm, 높이 50mm 크기의 경사끼움 스트립을 설치한다.
   ② 수직 방습공사는 벽을 따라 지표면부터 기초의 윗부분까지 연장하고, 기초 위 부분에는 최소한 150mm 정도 기초의 외면까지 돌려 덮는다. 벽이 서로 만나는 부분이나 기초에서는 300mm 정도 방습면을 연장하여야 하지만 공사가 완공되었을 때 외부로 나타나는 부분까지 연장해서는 안 된다.
   ③ 외벽 표면의 가열 아스팔트 방습
      ㉠ 보통 지표면 아래 구조벽에 사용된다.
      ㉡ 바탕면에 거품이 생길 경우에는 가열 아스팔트를 사용하지 않는다.
   ④ 외부 및 내부 표면의 냉각 아스팔트 방습
      ㉠ 외부 표면에는 피치나 아스팔트 방습제 중에 어느 하나를 사용토록 한다. 실내 표면에는 아스팔트만을 사용토록 한다.
      ㉡ 방습도포는 첫 번째 도포층을 24시간 동안 양생한 후에 반복하여야 한다. 두 번째 도포는 첫 번째 도포가 부드럽고 수밀하면서도 광택성이 있는 도포층이 되지 않았을 경우에는 다시 두 번 도포를 하여야 하며, 그 두께는 두 배로 해야 한다.

∷ **제22회**

🔷 **관련기준**
건축표준시방서코드(KCS) 2021
〈KCS 41 41 00 : 2021〉

💡 **OX**

1. 콘크리트, 블록, 벽돌 등의 벽체가 지면에 접하는 곳은 지상 100~200mm 내외 위에 수평으로 방습층을 설치한다. (○)
2. 방습층에 방수모르타르 바름을 할 경우 바름두께 및 횟수는 정한 바가 없을 때 두께 15mm 내외의 1회 바름으로 한다. (○)
3. 콘크리트 다짐바닥, 벽돌깔기 등의 바닥면에 방습층을 둘 때에 사용되는 아스팔트 펠트, 비닐지의 이음은 50mm 이상 겹치고 필요할 때는 접착제로 접착한다. (×)
4. 방습도포는 첫 번째 도포층을 12시간 동안 양생한 후에 반복해야 한다. (×)
5. 드라이 에어리어는 채광, 통풍, 환기 및 간접방수에 효과가 있다. (○)
6. 외벽방수에 있어서 벽을 두껍게 하거나 공간을 두어 이중으로 하면 어느 정도 방수 효과가 있다. (○)

방수공법에 관한 설명으로 옳지 않은 것은?　　　　제25회

① 시멘트 액체방수는 모체에 균열이 발생하여도 방수층 손상이 효과적으로 방지된다.
② 아스팔트방수는 방수층 보호를 위해 보호누름 처리가 필요하다.
③ 도막방수는 도료상의 방수재를 여러 번 발라 방수막을 형성하는 방식이다.
④ 바깥방수는 수압이 강하고 깊은 지하실 방수에 사용된다.
⑤ 실링방수는 접합부, 줄눈, 균열부위 등에 적용하는 방식이다.

해설

① 시멘트 액체방수는 모체에 균열이 발생하면 방수층의 손상이 불가피하기 때문에 확실한 바탕처리가 필요하다.

정답 ①

2 이중벽(Double Wall)

방습을 목적으로 지하실 벽체의 외벽을 2중으로 설치하여 투수가 되어도 실내에는 직접적인 영향이 적도록 하며 공간에 들어온 물은 적당히 배수처리 되도록 한다.

3 드라이 에어리어(Dry Area)

지하실 외부에 흙막이 벽을 설치하고 그 사이를 공간으로 만든 부분을 말하며 채광, 통풍, 환기의 효과가 있다. 공간에 스며든 물은 배수구를 통해 밖으로 배수한다.

Memo

창호 및 유리공사

창호공사와 유리공사로 크게 대별한다면 매회 각각 1문제씩 모두 2문제가 출제 됩니다.
2문제가 출제되는 장은 통상 1문제는 심도있게 다른 1문제는 어렵지 않은 수준으로 출제됩니다. 창호의 종류와 철물, 주요 유리의 종류와 고정법에 대하여 전반적인 지식을 필요로 합니다. 다만, 제28회에는 표준시방서의 내용으로, 특히 창호공사는 출제되지 않았던 표준시방서가 나왔습니다. 그럼에도 위에서 강조되는 부분 위주로 정리하면 큰 무리가 없을 것입니다.

01 창호의 종류

창과 문을 총칭하여 창호(窓戸)라 한다. 문은 사람이나 물건의 출입에 쓰이고, 창은 주로 채광환기 등으로 쓰인다. 창문틀은 창 또는 출입문 등의 문에 창문을 다는 틀을 말한다.

1 기능상의 분류

여닫이문(창), 접문, 자재문, 미닫이문(창), 미서기문(창), 회전문(창), 오르내리창, 붙박이창 등이 있다.

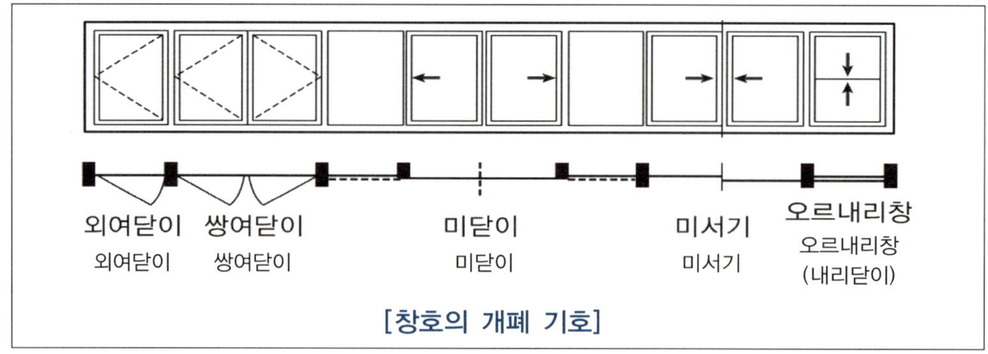

[창호의 개폐 기호]

분 류	내 용
여닫이문	문지도리(정첩, 돌쩌귀)를 문선틀에 달고 여닫는 문
미서기문	미닫이문과 비슷한 구조이며, 문 한 짝을 다른 한 짝에 밀어붙이는 문
미닫이문	문짝을 상하 문틀에 홈을 파서 끼우고 옆벽에 붙이는 문이다.
회전문	① 문짝을 회전시켜 출입하는 문이다. ② 은행, 호텔 등의 출입구에 통풍, 기류를 방지하고 출입인원을 조절하기 위해 사용된다.
접 문	칸막이용으로 실을 구분하기 위해 사용하는 문이다.
주름문	문을 닫았을 때 창살처럼 되는 문으로 방범용으로 사용된다.
자재문	① 자유문이라고도 한다. ② 자유정첩을 달고 안팎 자유로이 열리며 저절로 닫혀진다.
기타문(창)	오르내리창, 미들창, 젖힘창, 들창, 붙박이창 등이 있다.

2 재료에 따른 분류

목재, 금속재(철, 알루미늄, 스테인레스, 황동 등), 합성수지 창호 등이 있다.

3 목재 창호

(1) 특 징

① 재료의 사용

㉠ 문틀은 곧은 결의 건조재를 사용한다.

㉡ 옹이나 갈라짐이 없는 것을 사용한다.

㉢ 설계도면에서 창문틀 치수는 제재 치수로 하고 창문짝은 마무리 치수로 하는 것이 보통이다.

② 장·단점

㉠ 가볍고 가공이 쉬우며, 비교적 가격이 저렴하다.

㉡ 무늬결을 살리면서 아름답고 친밀감을 준다.

㉢ 불에 약하며 부패하기 쉽다.

㉣ 내구성이 적은 편이다.

(2) 문틀의 구조

① 문틀은 위틀・선틀・밑틀(문지방)로 구성되고 고창이 있으며 중간틀, 옆문이 있을 때에는 중간선대를 넣는다. 또한 문턱이 없을 때에는 밑틀을 쓰지 아니하기도 한다.

② 문틀세우기는 조적조는 먼저세워대기를 하고, 목조・철근콘크리트에는 나중세워대기를 한다.

③ **문선**: 문꼴을 보기 좋게 만들고, 주위 벽과의 마무리를 잘하기 위하여 설치한다.

④ **문선굽**: 문선의 하부에 걸레받이와 같은 의미로 구분하는 것이나 최근에는 전혀 쓰이지 않는다.

⑤ **마중대**: 미닫이, 여닫이문에서 문짝이 서로 맞닿는 선대를 말한다.

⑥ **여밈대**: 미서기창, 오르내리창에서 서로 여며지는 선대를 말한다.

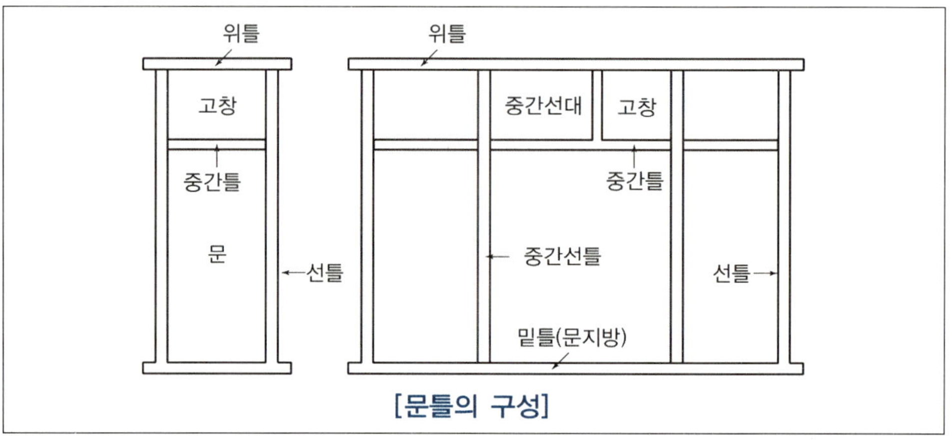

[문틀의 구성]

| 용어 해설

1. **제재 치수**: 목재 제재소에서 톱켜기한 치수. 즉, 톱날로 절단하여 톱날 두께만큼 본치수에서 빠진 치수로 문틀, 창틀의 치수는 제재 치수로 사용한다. 구조재, 수장재에 쓰인다.
2. **마무리 치수**: 대패질 마무리한 치수. 즉, 목재 제재소에서 톱날로 절단하여 나온 것을 대패질 등의 마감을 하고 난 정미치수로 문짝, 창짝의 치수는 마무리 치수를 사용한다. 창호재, 가구재에 쓰인다(도면 또는 특기시방에 정한 바 없을 때).
3. **이음**: 재(材)의 길이 방향으로 두 재를 길게 접하는 것
4. **맞춤**: 재(材)와 서로 직각 또는 일정각으로 접하는 것
5. **쪽매**: 마루널은 붙여대는 것, 또는 옆으로 대어 부착하는 것, 쪽매의 방법에는 널위에서 못박는 것(맞댄쪽매, 반턱쪽매, 틈막이대쪽매, 오니쪽매, 양끝못맞댄쪽매, 빗쪽매 등)과 널 옆에서 못박는 것(제혀쪽매, 단혀쪽매 등)이 있다.
6. **마름질**: 창문크기에 따라 부재를 소요 길이로 자르는 일
7. **바심질**: 마름질한 부재를 구멍, 장부내기, 홈파기, 면접기 등의 다듬는 일
8. **접 합**
   ① 이음: 목재를 길이로 잇는 것
   ② 맞춤: 수직재, 수평재 등을 각을 지어 맞춤
   ③ 쪽매: 사용널재를 옆으로 이어 댐
9. **박배**(朴排): 창문을 창문틀에 다는 일
10. **풍소란**(風小欄): 방풍목적으로 사용하는 것으로 마중대, 여밈대가 서로 접하는 부분의 틈을 막아 여미게 하는 소란대
11. **비막이소란**: 창문에 빗물이 들이치지 않게 윗틀에 물끊기 역할을 위해 덧대는 부재

(3) 각종 목재 창호

:: 제16회

① 기능에 의한 분류

㉠ 여닫이 창호: 창·문의 한쪽에 경첩(Hinge)을 달아서 사용하며 문단속은 용이하나 여닫을 때 실내 유효면적이 감소한다.

㉡ 자재문: 자재문은 자유경첩으로 안팎 자유로 여닫을 수 있는 문으로 문단속이 어렵다.

㉢ 회전문: 회전문은 0.8m~1m의 네짝을 + 자로 짜서 심대를 중심으로 회전하는 것으로 외풍이나 출입통제에는 적당하나 실내공간을 차지하는 결점이 있다.

㉣ 미닫이 창호: 창호 아래위의 한 줄 홈을 파 창·문을 이 홈에 넣어서 미닫게 한 것이다. 문짝이 벽체 사이로 들어가게 함으로써 미닫이 하는 면적이 필요하지 않을 때 좋다. 방음과 기밀성이 부족하다.

♀ OX

1. 미서기창은 창호받이재에 홈을 한 줄 파거나 레일을 붙여 문을 이중벽 속 등에 밀어 넣는 것이다. (×)
2. 오르내리창은 수직 홈에 문을 달아 상하로 슬라이딩 시키는 창으로 추를 매달아 균형을 유지한다. (○)
3. 회전문은 통풍, 기류를 방지하고 출입인원을 조정하는 목적으로 사용한다. (○)
4. 풍소란은 마중대와 여밈대가 서로 접하는 부분에 방풍 등의 목적으로 사용한다. (○)

ⓜ 미서기창 : 웃틀과 밑틀에 두 줄로 홈을 파서 문 한짝을 다른 한짝 옆에 밀어 붙이게 한 것으로 문꼴 전체를 열 수 없다. 홈너비는 문 두께보다 3mm 크게 하고 문짝은 30~100mm 겹치게 한다.

ⓑ 오르내리창 : 두 짝의 미서기창을 아래위로 오르내릴 수 있도록 만든 것으로서 취급이 편리하며 통풍과 환기의 조절에 편리한 장점이 있으나 창 전체를 열 수 없고 공작하는 데 시간이 많이 드는 단점이 있다. 창의 개폐는 추·도르래·와이어 로프로 구성된다.

② **구조에 의한**(제작방법) **분류**

㉠ 양판문(Panel Door) : 문울거미로 짜고 널을 그 정간에 양판(넓은 판)을 끼워 넣은 문이다.

㉡ 징두리 양판문 : 문의 징두리에 양판을 대고 위쪽에는 유리를 끼운 것으로 채광을 필요로 하는 곳에 쓰인다.

㉢ 플러시문(Flush Door)·합판문 : 플러시문은 울거미를 짜고 중간살을 간격 25cm 이내로 배치하여 양면에 합판을 부착한 문이나, 합판문은 울거미 중간에 합판 한 장을 끼운 것이다.

㉣ 널도듬문 : 합판문 한 면에 종이를 붙인 문이다.

㉤ 도듬문 : 울거미를 짜고 그 중간에 약 20cm 간격으로 가는 살을 세로·가로로 짜대고 종이를 두껍게 바른 것이다.

㉥ 비늘살문 : 루버 또는 갤러리(Gallery)라고도 하며 차양 및 통풍이 가능한 문이다. 울거미를 짜고 그 안쪽에 얇고 넓은 살을 약 3cm 간격으로 떼어 45°로 선대에 빗대어 설치한 것(비늘살의 경사가 적으면 들여다보이고, 빗물이 들이치게 되므로 보통 45~60° 정도로 한다)이다.

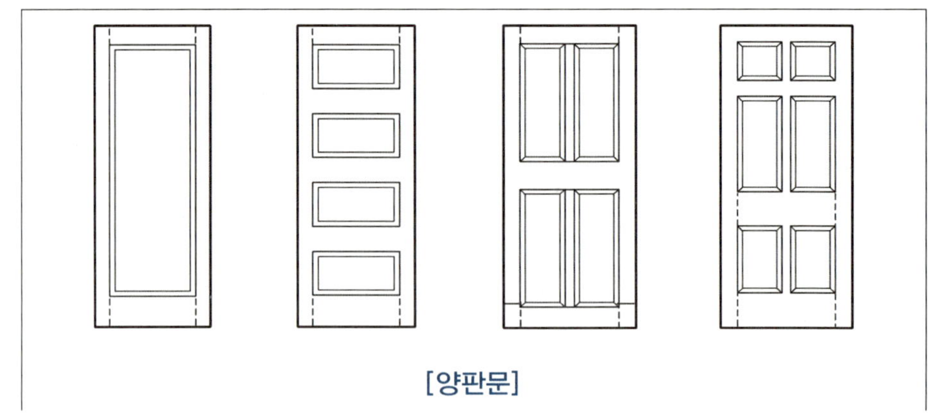

[양판문]

[플러시문]

문틀을 짜고 문틀 양면에 합판을 붙여서 평평하게 제작한 문은?   제25회

① 플러시문   ② 양판문   ③ 도듬문
④ 널문   ⑤ 합판문

해설

① 울거미를 짜고 중간살을 보강한 후 양면에 합판을 부착한 문이다.

정답 ①

4 철재 창호

(1) 철재 창호의 특징

① 강도가 높고 파손이 잘 되지 않는다.
② 내화성이 있고 건물 본체의 장치에 영향을 받지 않는다.
③ 녹슬기 쉬우므로 도장을 하여야 한다.
④ 무겁고 개폐·운반·시공에 난점이 있다.
⑤ 단면형상에 한계가 있고 알루미늄 합금에 창호에 비해서 성능이 다소 떨어진다.

(2) 스틸도어(Steel Door)

① **철판문**: 앵글로 울거미를 짜고 한 면에 철판을 댄 것
② **철재 양판문**: 철판을 중공형(中空形)으로 꺾어 문틀 울거미를 만들어 사용하는 문이다. 바닥에 지도리(Floor Hinge), 위에 돌쩌귀 지도리(Pivot Hinge)를 달아 사용한다.
③ **주름문**(Folding Gate): 차고나 승강기 등에 쓰이는 창살형의 문이다.

④ **셔터**(Shutter)

　　㉠ 방화 셔터 : 방화구획 · 방풍 · 도난방지 · 차음 등에 이용된다.

　　㉡ 그릴 셔터 : 방화 셔터와 비슷하나 단지 방화용으로는 사용할 수 없다.

⑤ **스틸새시**(Steel Sash)

　　㉠ 스틸새시바

　　　ⓐ 중공식 : 강판을 중공으로 가압하여 만든 것이다.

　　　ⓑ 압연식 : 압연하여 소정의 단면으로 만든 것이다.

　　　ⓒ 판철식 : 철판을 구부려 유리를 끼우게 만든 것으로 가장 얇게 만들 수 있다.

　　㉡ 불연재이다.

　　㉢ 멀리온(Mullion) : 사무실 등의 건물에 창 면적이 클 때 스틸바만으로는 약하므로 이것을 보강하기 위해 중공형의 선대를 댄 것이다.

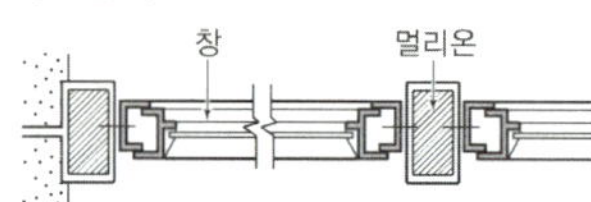
💡 **멀리온**

5 경금속제 창호(알루미늄새시)

(1) 경금속제 창호의 특징

장 점	단 점
① 비중은 철의 1/3 정도이다. ② 녹슬지 않고 사용연한이 길다. ③ 공작이 자유롭고 기밀성이 유리하다. ④ 아름답고 여닫음이 경쾌하다. ⑤ 미닫이, 미서기창으로 만들어 쓰는 것이 일반적이다.	① 철제에 비해 강도가 약하다(표면과 용접부가 철보다 약하다). ② 모르타르, 콘크리트, 회반죽 등의 알칼리에 약하다(따라서 알칼리성 접촉면과 직접 접촉시키지 않고 접촉면에 중성제를 도포하거나 격리제로 완전 차단하여 설치한다). ③ 시멘트물이 묻으면 닦아도 얼룩이 남는다. ④ 알루미늄새시 표면은 도장시 칠이 잘 부착되지 않으므로 먼저 바탕처리를 하고 칠한다. ⑤ 강제창호에 비해서 내화성이 약하다. ⑥ 동일 재질의 못으로 접합하는 것이 좋다.

(2) 경금속제 창호의 구조

① 출입문은 지도리(Floor Hinge)를 달기로 한다.

② 경첩달기, 미들창 등은 피한다.

③ 미닫이, 미서기로 많이 쓰인다.

④ 기밀성을 고려하여 유리는 고무퍼티를 쓴다.

💡 **OX**

경금속제 창호에 대하여

1. 산 및 알칼리에 대한 내식성이 우수하다. (×)
2. 모르타르 콘크리트와 부착이 원활하다. (×)
3. 미닫이, 미서기창으로 만들어 쓰는 것이 일반적이다. (○)
4. 내화성이 좋지 않다. (○)
5. 콘크리트나 모르타르에 직접적인 접촉을 피하는 것이 좋다. (○)

⑤ 중간살로 울거미를 보강한다.
⑥ 강도가 약하므로 큰 창문에 통유리를 끼우는 것은 피한다.

6 특수문

(1) 무테문(Frameless Door)

두께 10~20mm 정도의 강화 유리판을 사용한 문과 12~18mm 정도의 아크릴판을 사용한 문이 있다.

(2) 아코디언 도어

병풍과 같이 접어 여닫는 문으로 칸막이문에 쓰인다.

(3) 차음문

강판 또는 합판 사이에 유리·섬유·암면 등을 끼워 차음(遮音)을 주목적으로 하는 문이다.

(4) 자동개폐문

전동장치와 센서에 의해서 자동으로 개폐가 되는 문이다. 외여닫이, 쌍여닫이, 미서기 등으로 할 수 있다. 가격이 고가이나 편리하여 고급건물에 이용된다.

(5) 에어 도어(Air Door)

에어 커튼(Air Curtain)이라고도 하며, 개구부 상부에서 공기를 압축하고 하부에서 흡입하는 장치가 있어 실내의 온도 보존 및 먼지 등의 침입을 차단하는 효과가 있다.

(6) 주름문(Folding Door)

자동차의 차고나 승강기 등에 사용되는 창살형의 문이다.

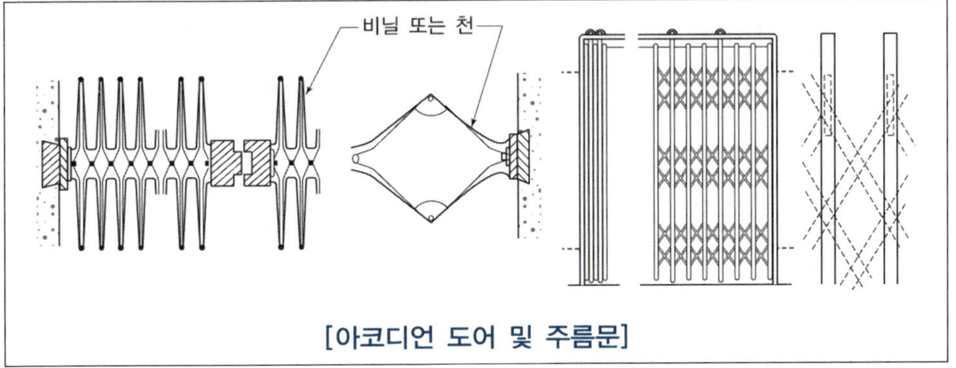

[아코디언 도어 및 주름문]

■■ 제17회, 제21회, 제27회

■■ 제26회

■■ 제22회

02 창호철물

1 여닫이 창문의 철물

(1) 경 첩

① **보통경첩**

② **자유경첩**(Spring Hinge) : 안팎으로 개폐할 수 있게 된 경첩

③ **레버토리 힌지**(Lavatory Hinge) : 저절로 닫혀지지만 15cm 정도는 약간 열린 상태를 유지하는 것으로 공중전화 Box, 공중용 화장실에 사용한다.

④ **피봇 힌지**(Pivot Hinge) : 문지도리로서 용수철을 쓰지 않고 문장부식으로 된 것으로 가장 무거운 문에 사용한다.

(2) 플로어 힌지(Floor Hinge)

바닥면 내에 묻어버린 케이스 내부의 스프링 및 유압의 작용에 따라 문의 개폐 작용을 자동으로 추진하는 구조로 사람의 출입이 많은 출입구의 중량문(중량의 자재문, 강화유리문)용으로 사용된다.

(3) 도어 클로저(Door Closer, Door Check)

도어체크라고도 하며 문 윗틀과 문짝에 설치하여 열린 여닫이문이 자동적으로 닫히게 하는 장치이고 문을 여닫는 경첩은 아니다. 문의 개폐속도 등을 조절할 수 있다.

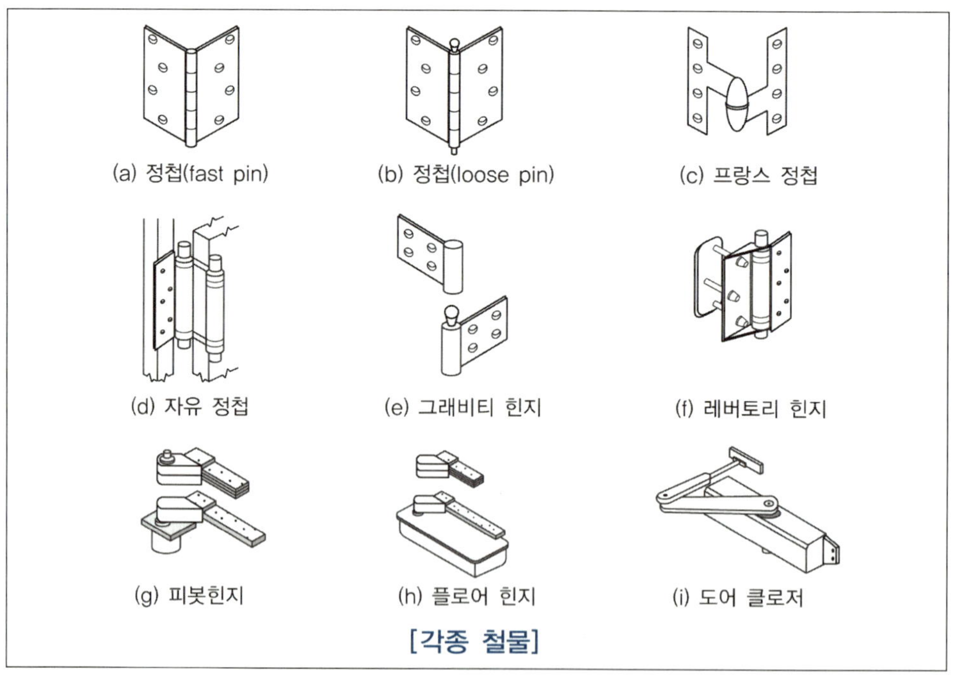

(4) 창개폐 조절기

여닫이창에 쓰이며, 창짝이 바람에 여닫히는 것을 방지하기 위하여 창을 열어 고정시키는 철물

(5) 함 자물쇠·실린더 자물쇠

① **함 자물쇠**: 자물통·손잡이·밑판이 한 조이며, 손잡이를 돌리면 열리는 래치 볼트와 열쇠로 잠그는 데드볼트가 수장되어 있다.
② **실린더 자물쇠**: 자물통이 실린더로 된 것으로, 핀 텀블러 록크라고도 한다.
③ **나이트 래치**(Night Latch): 외부에서는 열쇠로 열고, 내부에서는 작은 손잡이를 틀어서 여는 것으로 대문 출입구나 화장실문 등에서 쓰인다.

> **용어 해설**
> 1. **헛자물쇠**(Latch): 열쇠를 쓰지 않고 걸게만 한 자물쇠
> 2. **본자물쇠**(Dead Lock): 열쇠로 걸어 잠그게 된 자물쇠

(6) 오르내리 꽂이쇠

쌍여닫이 창문의 손잡이가 없는 문짝 상·하에 달아 고정하는 것

(7) 도어 홀더(문받이·문잡이)

문 하부에 부착하여 열려진 문이 닫히지 않도록 지지하는 역할을 하는 것

(8) 도어 스톱

열려진 문을 받아 벽을 보호하는 철물

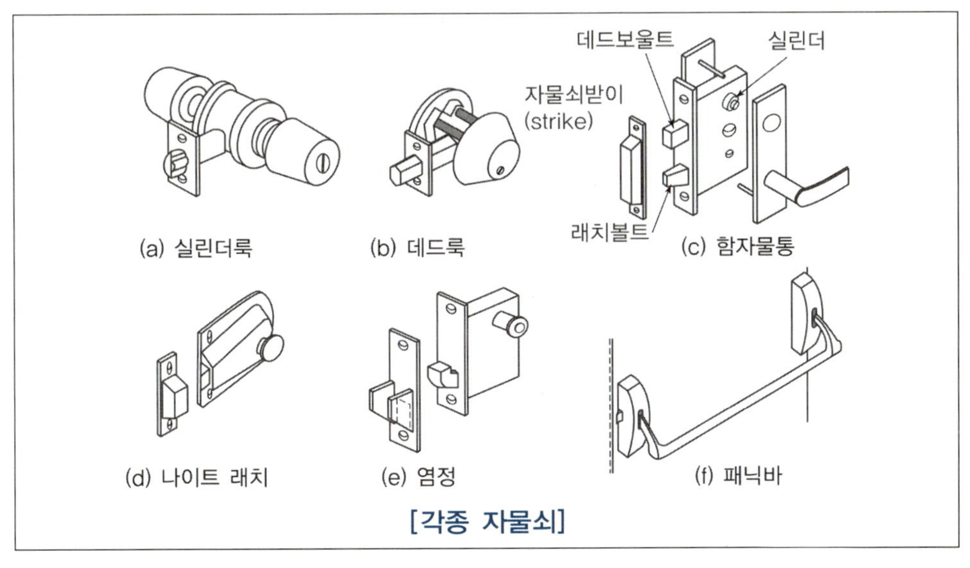

2 미서기 · 미닫이 창호용 철물

레일, 문바퀴(호차), 오목손걸이, 꽂이쇠, 도어행거(접문의 상부에 부착되어 있는
이동 장치)

3 오르내리창용 철물

① **달끈** : 와이어로프 또는 면사로 꼰 끈
② **도르래**(고패)
③ **크레센트** : 오르내리창이나 미서기창을 잠그는 데 이용되는 것
④ **추**
⑤ **손걸이**

종 류	사용장소
레버토리 힌지	공중화장실, 공중전화
도어체크(도어 클로저)	여닫이 문
플로어 힌지	무거운 자재문
크레센트	미서기창, 오르내리창
바퀴(창호바퀴), 레일	미서기 · 미닫이창
여닫이문	경첩, 꽂이쇠, 도어 체크
미닫이문	창호바퀴, 창호레일
오르내리창	크레센트, 창도르레, 달끈, 추
중량의 여닫이문	피봇 힌지

예제

창호공사에 관한 설명으로 옳은 것을 모두 고른 것은? 제24회

보기

㉠ 알루미늄 창호는 알칼리에 약하므로 모르타르와의 직접 접촉을 피한다.
㉡ 여닫이 창호철물에는 플로어 힌지, 피벗 힌지, 도어 클로저, 도어 행거 등이 있다.
㉢ 멀리온은 창 면적이 클 때, 스틸바(Steel Bar)만으로는 부족하여 이를 보강하기 위해 강판을 중공형으로 접어 가로 또는 세로로 대는 것이다.
㉣ 레버토리 힌지는 자유정첩(경첩)의 일종으로 저절로 닫히지만 10~15cm 정도 열려 있도록 만든 철물이다.

① ㉠, ㉡   ② ㉠, ㉢   ③ ㉡, ㉣
④ ㉢, ㉣   ⑤ ㉠, ㉢, ㉣

해설

㉡ 여닫이 창호철물에는 피벗 힌지, 도어 클로저, 도어스톱 등이 있다. 플로어힌지는 중량의 자재문에 도어행거는 접문 등에 사용된다.

정답 ⑤

03 유리공사

1 유리 종류

(1) 안전유리

<table>
<tr><td rowspan="5">망입유리</td><td>① 성형시에 금속제의 망을 유리 내부에 삽입한 판유리이다.</td></tr>
<tr><td>② 화재시에 가열로 인해 파괴되어도 유리 파편이 금속망에 그대로 붙어 있어 떨어지지 않으므로 화염이나 불꽃을 차단하는 방화성이 우수하다.</td></tr>
<tr><td>③ 소화전, 방화구획, 방화문의 유리 등 화재시 연소의 방지가 요구되는 곳에 사용된다.</td></tr>
<tr><td>④ Sash 내 물이 들어가지 않도록 유의한다.</td></tr>
<tr><td>⑤ Sash 하단에 배수공을 설치할 것</td></tr>
<tr><td rowspan="3">접합유리</td><td>① 2장 이상의 판유리 사이에 접합 필름인 합성수지 막을 삽입하여 가열 압착한 안전유리이다.</td></tr>
<tr><td>② 충격 흡수력이 강하고, 파손시 유리 파편의 비산을 방지한다.</td></tr>
<tr><td>③ Sash 내에 물이 들어가지 않도록 유의한다.</td></tr>
</table>

유리공사

01 유리 종류
02 창호의 열 파손
03 유리 고정법
04 유리 홈 관련
05 일반사항

∷ 제15회, 제18회, 제19회
　　제21회, 제24회, 제27회

OX

1. 접합유리는 2장 이상의 판유리 사이에 접합필름을 삽입하여 가열 압착한 것이다. (○)
2. 유리가 파괴되어도 중간막(합성수지)에 의해 파편이 비산되지 않도록 한 안전유리는 접합유리이다. (○)

∷ 제22회

∷ 제20회

∷ 제26회

강화유리	일반 서냉 유리를 연화점 이상으로 재가열한 후 찬 공기로 급속히 냉각하여 제조하며 파편상태가 작은 팥알조각 모양으로 일반유리의 3~5배 정도의 강도를 갖는 유리이다.
배강도 유리	플로트판유리를 연화점 부근(약 700℃)까지 가열 후 양 표면에 냉각공기를 흡착시켜 유리의 표면에 20 이상 60 이하(N/mm²)의 압축응력층을 갖도록 한 가공유리, 내풍압 강도, 열깨짐 강도 등은 동일한 두께의 플로트판 유리의 2배 이상의 성능을 가진다. 그러나 제품의 절단은 불가능하다. 🔵 예 고층빌딩의 유리

(2) 에너지 절약형 유리

열선흡수 판유리	① 태양광의 적외선 성분 및 가시광선 일부가 흡수되도록 하기 위해 원료의 투입과정에서 금속산화물이 배합된 원료를 첨가하여 착색한 판유리 ② 커튼 등의 내장물을 밀착시키지 않고, 도장과 종이나 테이프 붙임을 삼간다. ③ 냉난방의 토출 공기가 직접 닿지 않도록 유의한다. ④ 불량한 절단은 열깨짐의 원인이 될 수 있으므로 반드시 클린컷(Clean − Cut)을 확인한다.
열선반사유리	① 판유리의 한쪽 면에 금속·금속산화물인 열선 반사막을 표면 코팅하여 얇은 막을 형성함으로써 태양열의 반사 성능을 높인 유리이다. ② 실내에서는 밖을 볼 수 있지만 외부에서는 실내가 안보이고 거울처럼 보인다. ③ 거울효과로 주위 경관이 광선조건 및 시각에 따라 다양하게 투영된다. ④ 코팅면에 유해한 시멘트 모르타르, 산·알칼리성 물질, 솔벤트류, 금속물질 등은 절대 코팅면에 닿지 않도록 적절한 보양 조치한다. ⑤ 복층유리 사용시 코팅면이 외판유리의 안쪽에 오도록 설치한다. ⑥ 단판유리 사용시 코팅면이 실내측에 오도록 설치한다. ⑦ 색유리 사용시 열파손이 우려되므로 강화 및 배강도 처리한다.
Low − E 유리 (Low − Emissivity Glass)	① 일반 유리의 표면에 장파장 적외선 반사율이 높은 금속(일반적으로 은)을 코팅시킨 것으로 어느 계절이나 실내·외 열의 이동을 극소화시켜 주는 에너지 절약형 유리이다. ② 열적외선(Infrared)을 반사하는 은소재 도막으로 코팅하여 방사율과 열관류율을 낮추고 가시광선 투과율을 높인 유리로서 일반적으로 복층유리로 제조하여 사용한다.
복층유리	2장 이상의 판유리

💡 OX

1. 강화유리는 사각형이나 원형 등의 상자형 유리를 고열로 융착시켜 일체로 만든 유리로서 채광과 구조 겸용으로 사용된다. (×)
2. 열선반사유리는 판유리의 한쪽 면에 열선반사막을 코팅하여 일사열의 차폐성능을 높인 유리이다. (○)
3. 로이유리는 유리의 한쪽 면에 금속코팅을 하여 반사율을 높인 유리로서 시선차단에는 효과가 있으나 난방과 보온 성능은 저하된다. (×)
4. 열선흡수유리는 판유리에 소량의 금속산화물을 첨가하여 제작한 유리로서, 적외선이 잘 투과되지 않는 성질을 갖는다. (○)
5. 복층유리는 단열, 보온, 방음, 결로 방지 효과가 우수하다. (○)
6. 열선반사유리는 소량의 금속산화물을 첨가하여 적외선이 잘 투과되지 않는 성질을 갖는다. (×)
7. 강화유리는 판유리를 연화점 이상으로 가열 후 서서히 냉각시켜 열처리한 유리이다. (×)

예제

유리에 관한 설명으로 옳지 않은 것은?   제26회

① 강화유리는 판유리를 연화점 이상으로 열처리 한 후 급랭한 것이다.
② 복층유리는 단열, 보온, 방음, 결로 방지 효과가 우수하다.
③ 로이(Low-E)유리는 열적외선을 반사하는 은소재 도막을 코팅하여 단열효과를 극대화한 것이다.
④ 접합유리는 유리사이에 접합필름을 삽입하여 파손시 유리 파편의 비산을 방지한다.
⑤ 열선반사유리는 소량의 금속산화물을 첨가하여 적외선이 잘 투과되지 않는 성질을 갖는다.

해설

⑤ 열선흡수유리는 소량의 금속산화물을 첨가하여 적외선이 잘 투과되지 않는 성질을 갖는다.

정답 ⑤

(3) 기타 유리

제12회

① **스팬드럴유리**: 불투명 강화유리로 온도변화에 강하여 단열 기능을 높이기 위한 단열재 사용이 가능하며 건물 외벽 각 층간이나 천장의 빈 공간, 기둥이나 칸막이 등 자재나 건물 구성 요소들이 밖에서 보이지 않게 만든다.

   💡 열 응력에 의한 파손 방지를 위하여 배강도 유리로 사용되며 치수 및 형상은 도면에 명시한 것으로 한다.

② **포도유리**(Prism Glass): 지하실 천장의 채광용

③ **유리 블록**: 벽에 쌓아 채광과 외관을 갖추는 데 쓰임

④ **에칭유리**(샌드블라스트 글라스): 유리의 표면을 다양한 디자인으로 도안 특수 가공처리(샌드블라스트 처리)하여 유리를 입체감 있게 사용하는 방법으로 거실, 주방 칸막이 등에 사용된다.

⑤ **프린트유리**: 일반유리에 유기질 도료(페인트)를 이용하여 실크스크린 또는 스프레이 코팅 등의 방식으로 색상 또는 문양을 입히는 제품으로 치수 및 형상은 도면에 명시한 것으로 한다.

⑥ **무늬유리**: 뜨거운 유리를 평평한 판 위에 두고 그 위에 무늬가 새겨진 롤러로 밀어주면 표면에 간단하게 여러 가지 무늬가 새겨진 판유리로 몇 가지의 색깔이 있는 유리가 생산된다.

⑦ **갈은유리**: 판유리의 한면 또는 양면을 갈아 고급 건축용이나, 거울로 사용한다.

⑧ **조광유리**: 블라인드를 친 것처럼 직사광선을 차단할 수 있는 유리로 낮은 온도에서는 빛이 그대로 통과하나 온도가 올라가면 햇빛을 난반사하면서 하얗게 보인다.

OX

스팬드럴유리는 유리내부에 철, 알루미늄 등의 망을 넣어 압착 성형한 유리로 파손을 방지하고 도난 및 화재예방에 쓰인다. (×)

⑨ **발열유리** : 스스로 열을 발하면서 이슬이 맺히는 현상을 방지하는 유리로 쉽게 차가워지는 창가를 따뜻하게 만들어, 실내 난방효율을 높여주는 기능을 갖는다.

⑩ **조광유리** : 블라인드를 친 것처럼 직사광선을 차단할 수 있는 유리로 유리 2장 사이에 물엿처럼 생긴 수용성 고분자 물질을 집어넣고 접착시키면 이 물질 속에 들어있는 분자는 낮은 온도에서는 제각각 흩어져 있기 때문에 빛이 그대로 통과하나 온도가 올라가면 이 분자들은 서로 모여 햇빛을 난반사하면서 하얗게 보인다.

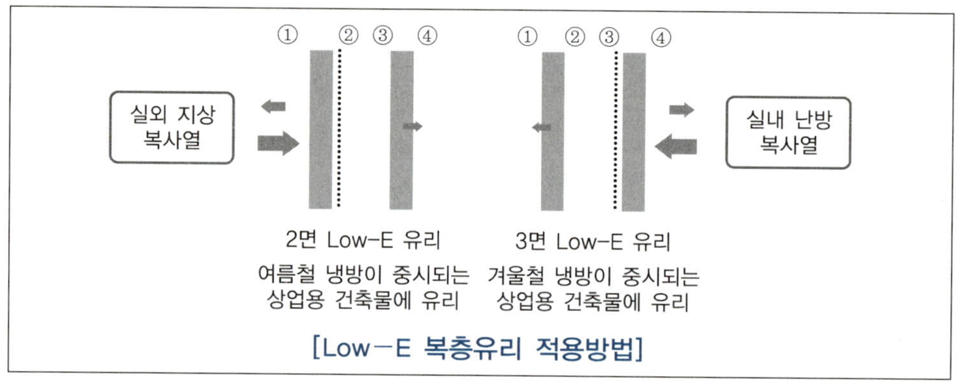

2 창호의 열 파손

(1) 열 파손의 정의

유리의 중앙부와 주변부(프레임에 면하는 부위)와의 온도차로 인한 팽창성 차이가 응력을 발생시켜 유리가 파손되는 현상으로 프레임에 직각으로 시작, 이후는 사행(蛇行)으로 갈라지는 경향이 있다.

(2) 열파손의 요인

① 두꺼운 열선흡수유리일수록 파손되기 쉽다.

② 커튼이나 블라인드가 있으면 파손되기 쉽다.

③ 겨울의 맑은 날에 파손되기 쉽다.

④ 유리면에 그늘이 생기면 파열되기 쉽다.

⑤ 유리가 난방면의 환기구를 향하면 파열되기 쉽다.

창호기호의 표시방법

보 기	해 설		보 기	해 설	
(1) S|W	창호번호		(2) S|D	창호번호	
	재료기호	창호기호		재료기호	창호기호

유리공사 용어의 정의

구조 가스켓	① 클로로프렌 고무 등으로 압출성형에 의해 제조되어 유리의 보호 및 지지기능과 수밀기능을 지닌 가스켓으로서 지퍼 가스켓이라고도 불린다. ② 일반적으로 PC콘크리트에 사용되는 Y형 가스켓과 금속프레임에 사용되는 H형 가스켓이 있다.
그레이징 가스켓	염화비닐 등으로 압출성형에 의해 제조된 유리끼움용 부자재로서 U형 그레이징 채널과 J형 그레이징 비드가 있다.
단열간봉 (Warm − Edge Spacer)	① 복층 유리의 간격을 유지하며 열 전달을 차단하는 자재로, 기존의 열전도율이 높은 알루미늄 간봉의 취약한 단열문제를 해결하기 위한 방법으로 Warm − Edge Technology를 적용한 간봉이다. ② 고단열 및 창호에서의 결로방지를 위한 목적으로 적용된다.
백업재	실링 시공인 경우에 부재의 측면과 유리면 사이의 면 클리어런스 부위에 연속적으로 충전하여 유리를 고정하고 시일 타설시 시일 받침 역할을 하는 부자재로서 일반적으로 폴리에틸렌 폼, 발포고무, 중공솔리드고무 등이 사용된다.
샌드 블라스트 가공	유리면에 기계적으로 모래를 뿌려 미세한 홈집을 만들어 빛을 산란시키기 위한 목적의 가공이다.
세팅 블록	새시 하단부의 유리끼움용 부자재로서 유리의 자중을 지지하는 고임재이다.
스페이서	유리 끼우기 홈의 측면과 유리면 사이의 면 클리어런스를 주며, 유리의 위치를 고정하는 블록이다.
에 칭	화학약품에 의한 부식현상을 응용한 가공으로서 유리에는 주로 산을 사용하는 경우가 많다.
열깨짐	태양의 복사열 작용에 의해 열을 받는 부분과 받지 않는 부분(끼우기홈 내)의 팽창성 차이 때문에 발생하는 응력으로 인하여 유리가 파손되는 현상이다.
완충재	충격시 유리 절단면과 새시의 직접적인 접촉을 방지하기 위해서 새시의 좌우측면에 끼우는 고무블록으로서 주로 개폐창호에 사용된다.
접 착	지지철물 병용 고정법: 거울, 장식유리 등의 뒷면을 바탕면에 접착하고 유리 단부를 지지철물로 고정하는 방법이다.
측면 블록	새시 내에서 유리가 일정한 면 클리어런스를 유지토록 하며, 새시의 양측면에 대해 중심에 위치하도록 하는 재료로 품질관리를 위해 새시 공장 생산시 부착하여 출고하는 것을 원칙으로 한다.

공사시기

1. 외부에 접한 유리: 미장공사 직전
2. 내부유리: 내부 마감공사 직전

관련기준

건축표준시방서코드(KCS) 2021 〈KCS 41 55 09 : 2021〉

PART 02

OX

1. 백업재는 실링 시공시 부재와 유리면 사이에 충전하여 유리고정 등을 하는 자재이다. (○)
2. 세팅 블록은 유리폭의 1/4 지점에 각각 1개씩 설치하여 유리의 하단부가 하부 프레임에 닿지 않도록 해야 한다. (○)
3. 구조가스켓(Gasket)은 건(Gun) 형태의 도구로 유리 사이에 시공하는 자재이며, 정형과 부정형으로 나뉜다. (×)
4. 가스켓(Gasket)은 유리 끼우기에 사용되는 탄성재로 방수성, 기밀성을 갖는 밀봉재이다. (○)

3 유리 고정법

구조 가스켓 고정법		① 구조 가스켓 고정법에는 Y형 가스켓 고정법, H형 가스켓 고정법이 있다. ② Y형 가스켓 고정법은 콘크리트, 돌 등의 U형 홈에 Y형 구조 가스켓을 설치하여 유리를 끼우는 고정법이다. ③ H형 가스켓 고정법은 금속프레임 등에 H형 가스켓을 사용해서 유리를 설치하는 방법이다.
그레이징 가스켓 고정법	그레이징 채널 고정법	금속 또는 플라스틱의 U형 홈에 유리를 끼우는 경우에 U형 그레이징 채널을 사용하는 고정법이다.
	그레이징 비드 고정법	① 금속 또는 플라스틱의 누름고정용 홈에 유리를 끼우는 경우에 J형 그레이징 비드를 사용하는 고정법이다. ② 이 밖에 금속 또는 플라스틱의 끼우기 홈에 유리를 끼우는 경우에 가스켓을 사용하는 고정법이다.
부정형 실링재 고정법		부정형 실링재 고정법에는 탄성 실링재 고정법이 있다. 탄성 실링재 고정법은 금속, 플라스틱, 나무 등의 U형 홈 또는 누름고정용 홈에 유리를 끼우는 경우에 탄성 실링재를 사용하는 고정법이다.
대형 판유리 고정법		① 대형 판유리 고정법에는 현수 그레이징 시스템과 리브 보강 그레이징 시스템 및 이들을 복합한 시공방법이 있다. ② 리브 보강 그레이징 시스템 공법은 금속 멀리언 대신에 리브유리를 측부 보강재료로 사용하는 시공법이다. ③ 현수 그레이징 시스템 공법은 금속 클램프를 이용하여 보나 슬래브에 매다는 고정법이다.
유리펜스 고정법		계단의 측판 또는 바닥에 매입된 철물을 사용하여 강화 유리, 접합 유리 등을 세워 난간, 실내 칸막이, 요벽 등을 구성하는 고정법이다.
접착 고정법		거울, 장식유리 등을 양면 접착테이프 및 접착제를 이용하여 부착하는 고정법이다.

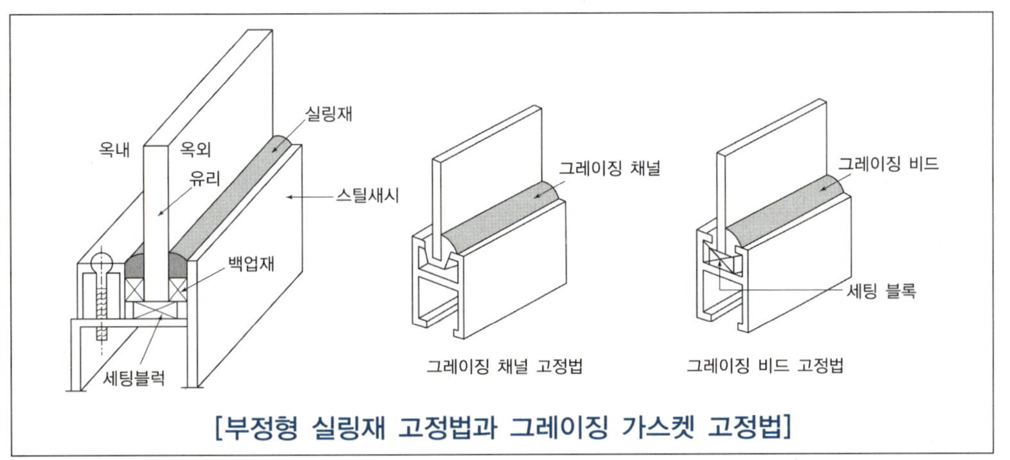

[부정형 실링재 고정법과 그레이징 가스켓 고정법]

4 유리 홈 관련

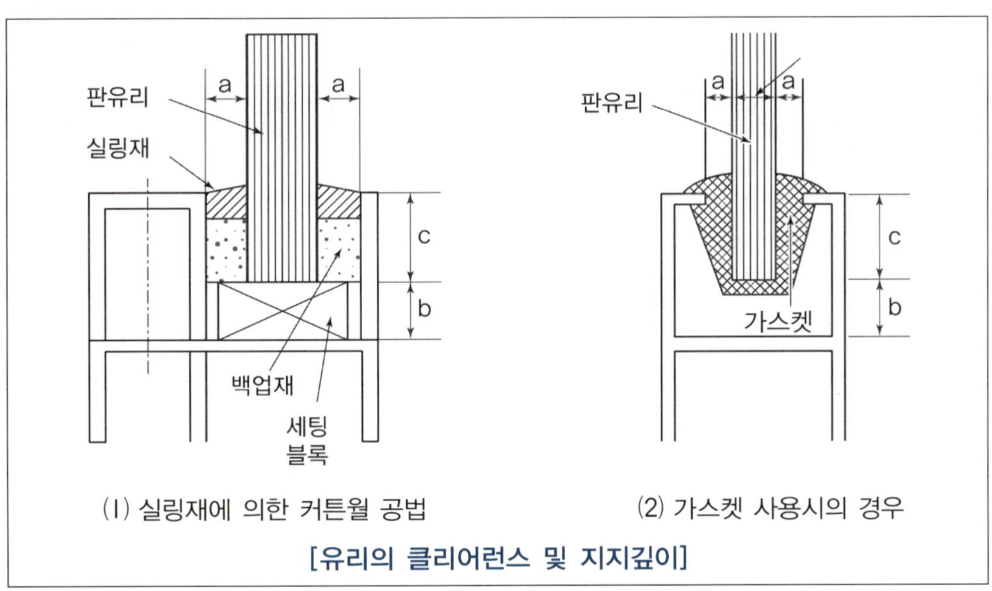

(1) 실링재에 의한 커튼월 공법   (2) 가스켓 사용시의 경우

[유리의 클리어런스 및 지지깊이]

면 클리어런스(a)	창호의 기밀성, 수밀성을 확보하기 위하여 유리고정재의 기능을 충분히 발휘할 수 있는 치수이다. 유리고정재의 종류에 따라서 기밀성, 수밀성 값이 변한다.
단부(엣지) 클리어런스(b)	창호의 내진성을 확보하고, 유리의 삽입이 무리 없이 이루어지며 창호 아래에 세팅블록의 두께도 확보할 수 있는 치수를 말한다.
설치깊이(c)	창호의 기밀성, 수밀성을 확보하기 위해 유리 고정재의 기능을 충분히 발휘할 수 있고, 유리의 내풍압성을 확보하는 치수이다. 여기서 유리의 내풍압성을 확보하는 치수란 강풍시 유리가 뒤틀리거나 그 영향으로 틀에서 빠져나가지 않기 위해 필요한 치수이다. 면 클리어런스와 같이 유리 고정재의 종류에 따라 바뀌는 값이다. 실링재의 경우에는 백업재의 치수, 형상에도 영향을 준다.
세팅 블록	창호 아래의 유리 설치 홈 내에 놓이고, 유리의 자중을 지지하며, 창호와 유리의 접촉을 막는 소판이다. 일반적으로 유리 가로폭 치수의 약 1/4인 곳에 2개 설치한다.

🔗 가스켓 구법과 실링 구법의 차이

항 목	가스켓 구법	실링 구법
수밀성능	구성재에 접촉되어 있는 것이기 때문에 가스켓의 압축 복원성이 없어지면 누수가 발생한다.	구성재에 접착되어 있어, 실링재에서 박리나 균열이 발생하지 않는 한 우수하다.
내후성·내구성	종류에 따라 다르지만 가스켓의 성능은 우수하다. 공장생산이기 때문에 재료의 품질이 안정되어 있고, 시공조건에 의존하는 면이 적어 기대한 성능을 확보할 수 있다.	재료 자체의 성능은 우수하다. 그러나 현장시공, 현장양생이기 때문에 시공조건이나 시공 기능 등에 의해 성능이 좌우된다.
내오염성	종류에 따라 다르지만 재료 자체의 오염, 구성재의 오염을 발생시키는 경우가 적다.	실링재 자체도 오염되고, 구성재도 오염될 가능성이 있다.
시공성	시공이 비교적 간단하다. 시공조건이 시공 후의 성능에 영향을 주는 경우가 적다.	시공 공정이 복잡하다. 시공조건이나 시공 기술이 시공 후의 성능에 영향을 준다.

5 일반사항

(1) 환경마크, 탄소마크, 환경성적표지 등 공인된 친환경 재료를 우선 사용한다.

(2) 유리공사 재료는 전과정에 걸쳐 에너지 소비와 이산화탄소 배출량이 적은 것을 우선적으로 선정한다.

(3) 항상 4℃(40℉) 이상의 기온에서 시공하여야 하며, 더 낮은 온도에서 시공해야 할 경우, 실란트 시공시 피접착 표면은 반드시 용제로 닦은 후 마른 걸레로 닦아 내고 담당원의 승인을 받은 후 시공해야 한다.

(4) 시공 도중 김이 서리지 않도록 환기를 잘 해야 하며, 습도가 높은 날이나 우천시에는 담당원의 승인을 받은 후 시공해야 한다. 실란트 작업의 경우 상대습도 90% 이상이면 작업을 하여서는 안 된다.

(5) 유리면에 습기, 먼지, 기름 등의 해로운 물질이 묻지 않도록 한다.

(6) 나사, 볼트, 리벳, 용접시의 요철 등으로 유리의 면 클리어런스 및 단부 클리어런스는 최소값 이하가 되지 않도록 한다.

(7) 배수 구멍이 막히지 않도록 하며, 배수구멍은 일반적으로 5mm 이상의 직경으로 2개 이상 있어야 하며, 복층유리, 접합유리, 망유리 등의 경우 단부가 습기 및 침투구에 장기간 노출되지 않도록 한다.

(8) 실란트 시공부위는 청소를 깨끗이 한 후 건조시켜 접착에 지장이 없도록 한다. 이 때 청소를 위해 톨루엔, 아세톤 등의 용제를 사용할 수 있다.

(9) 유리의 보관은 시원하고 건조하며 그늘진 곳에 통풍이 잘 되게 하고, 직사광선이나 비에 맞을 우려가 있는 곳은 피해야 한다.

(10) 복층유리는 20매 이상 겹쳐서 적치하여서는 안 되며 각각의 판유리 사이는 완충재를 두어 보관한다.

🔖 알아두기

▪ 유리의 절단
1. 강화유리와 복층유리는 현장에서 절단할 수 없다(배강도 유리 포함).
2. 접합유리는 양면을 유리칼로 자르고 중간에 끼워진 필름은 컷팅칼로 절단한다.
3. 망입유리는 유리면을 유리칼로 자르고 꺾기를 반복하여 절단한다.
4. 반사유리와 로이유리를 취급할 때에는 항상 마스크를 착용한다.

💡 **OX**

4℃ 미만에서 실란트 시공시, 피접착 표면은 반드시 용제로 닦은 후 마른 걸레로 닦아내고 담당원의 승인을 받은 후 시공해야 한다. (○)

04 목재 창호공사(표준시방서 부분 발췌)

1 목 재

(1) 목재는 수심이 없어야 한다.

(2) 목재의 건조 정도에 따른 함수율은 공사시방서에 정한 바가 없는 경우에는 함수율 18% 이하로 한다.

(3) 플러시문의 울거미재는 라왕류, 소나무류, 삼나무류, 낙엽송류 및 잣나무류 등으로 한다.

(4) 공사시방서에 정한 바가 없는 경우의 창문목재는 KS F 3108에 합격한 것으로 하고, 플러시 문틀재는 KS F 3109에 적합한 제품으로 한다.

2 집성재

(1) **종 류**

집성재의 종류는 용도별, 표면치장 가공의 유무, 재면의 품질 및 외관에 따라서 다음과 같이 구분한다.

① **용도에 따른 구분**
- ㉠ 수장용: 구조물 등의 내부 수장에 사용되는 것
- ㉡ 구조용: 강도를 필요로 하는 구조물의 부재로 사용되는 것

② **표면치장 가공의 유무에 따른 구분**
- ㉠ 보통: 치장가공을 하지 않은 것
- ㉡ 치장: 치장재의 도포 등 치장가공을 한 것

③ **재면의 품질 및 외관에 따른 구분**
- ㉠ 1급
- ㉡ 2급

(2) **치수의 허용치**

치수의 허용치는 표 2.1−4와 같다.

표 2.1－4 치수의 허용치

구 분	허용치(단위 : mm)	
	수장용	구조용
두 께	±1.0 이하	±1.5 이하
너 비	±1.0 이하	±1.5 이하
길 이	∞ 0	∞ 0

(3) 품 질

집성재의 접착강도, 함수율, 휨, 홈가공, 모서리 가공 및 절삭가공, 재면 및 외관의 품질기준은 표 2.1－5에 따른다.

표 2.1-5 수장용 집성재의 품질 기준

구 분	품질 기준
접착 강도	침지박리 시험에서 횡단면의 박리율이 10% 이하이고, 동시에 접착층의 박리길이가 각 길이의 1/3 이하일 것
함수율	동일 시료 집성재로부터 채취한 시험편의 함수율 평균치가 15% 이하일 것
굽음(통직재에 한함) 뒤말림 및 비틀림	0.1% 이하일 것
홈가공, 모서리가공 및 절삭가공	가공 정도가 극히 양호하게 마무리 가공되어 결점이 눈에 띄지 않을 것
표면균열에 대한 저항성	표면 균열에 대한 저항성 시험에서 표면 균열이 생기지 않을 것
치장 단판의 두께	문턱, 마루귀틀 및 계단판 윗면 : 1.5 mm 이상

3 창호철물류의 설치

① 시공상세도에 따라 창호철물류를 소정의 위치에 설치한다.
② 앵커간격은 모서리 150 mm, 중앙 500 mm 내외로 한다.
③ 창호철물류의 설치는 공사시방서에 따른다.

목재 창호공사에 관한 설명으로 옳지 않은 것은?   제28회

① 수장용 집성재의 두께 및 너비에 대한 치수의 허용치는 ± 2.0mm 이하이다.
② 창호철물류의 설치에서 모서리의 앵커간격은 150mm 내외, 중앙의 앵커간격은 500mm 내외로 한다.
③ 문틀은 위틀, 선틀, 밑틀 등으로 구성되며 고창 및 옆문 등이 있을 때에는 중간틀, 중간 선틀이 추가로 구성된다.
④ 합판, 집성재가 아닌 목재의 건조 정도에 따른 함수율은 설계도서에 정한 바가 없는 경우에 18% 이하로 한다.
⑤ 풍소란은 방풍을 목적으로 미서기 창호의 마중대에 턱솔 등을 두어 서로 접하는 부분에 틈새가 발생하지 않도록 하는 것이다.

해설

① 수장용 집성재의 두께 및 너비에 대한 치수의 허용치는 ± 1.0mm 이하이다.

정답 ①

Memo

수장공사

단·원·열·기

잘 출제되지 않는 부분이지만 제28회에는 경량철골반자와 관련하여 1문제가 출제되었습니다. 시설 개론의 특성은 중요한 부분을 제외하면 되도록 문제의 중복을 피하는 경향이 있습니다.
잘 출제되지 않는 장이지만 언제든 출제될 수 있기 때문에 벽과 관련된 용어정리, 방음과 단열 정도를 우선 정리한 후 천장, 계단관련 용어 등을 정리해서 익히면 됩니다.

수장(修裝)공사는 건물에 뼈대 위에 치장을 겸하여 끝마무리를 하는 공정이며, 건물 내외를 모두 포함하여 벽·바닥·천장·계단·창문틀 등 이에 관련되는 공사를 총칭한다.

01 벽

1 외부의 판벽

벽면의 보호 및 장식 등의 목적으로 널을 포개지 않고 못 박아 맞대 붙인 벽이다. 공동주택에서는 화재의 위험성 때문에 거의 사용치 않고 있다.

(1) 가로 판벽

영식 비늘 판벽, 턱솔 비늘 판벽, 누름대 비늘 판벽

(2) 세로 판벽

빗물이 들기 쉬우므로 외벽에는 피한다.

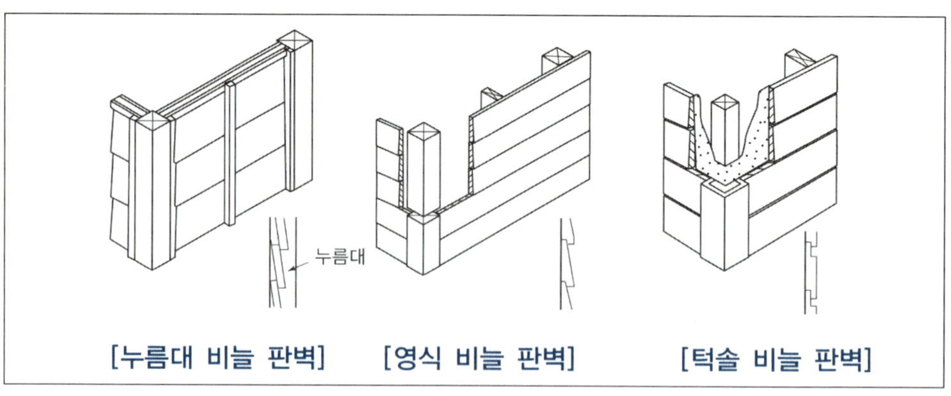

2 징두리 판벽

내부벽 하부에서 높이 1~1.5m 부분까지의 판벽을 말한다. 널은 띠장에 못을 박아 대고, 밑은 걸레받이에, 위는 두겁대에 홈을 파서 넣는다.

3 걸레받이

걸레가 닿는 부분, 즉 안벽과 바닥이 접하는 더러워지기 쉬운 부분을 청소 등의 어려움을 극소화하고 장식을 겸해 벽과 바닥을 잘 마무리한다. 높이 20cm 정도로 벽면보다 1~2cm 정도 내밀거나 드러밀기로 한다.

4 고막이

바깥 벽 부분의 지면에 닿는 부분을 지면에서 약 50cm 정도를 일반 벽면보다 약 1~3cm 정도로 나오게 하거나 들어가게 한 것

5 코펜하겐 리브(Copenhangen Rib)

너비 10cm 이하의 오림목을 특수한 단면으로 쇠시리(Moulding)하여 벽에 붙인 것으로서 음향효과·의장으로 많이 사용한다. 방송국·극장 등에 사용되며 목제 루버라고도 한다. 리브의 너비는 10cm 이하이므로 벽면의 곡면처리도 용이하다.

6 벽체의 단열

(1) 단열재의 구비조건

① 열전도율이 낮아야 한다.
② 흡수율이 낮아야 한다.
③ 내화성이 커야 한다.
④ **비 중**
 ㉠ 재료가 밀실하여 비중이 커지면 열전도율도 커지는 경향이 있다.

ⓛ 예외 : 유리면, 암면 등과 같은 섬유질 단열재는 겉보기 비중과 섬유량이 작아지면, 내부에 간극이 많아지므로, 대류가 발생하여 열전도율은 증대한다. 이 때문에 섬유질 단열재는 겉보기 비중이 클수록 단열성이 좋아진다. 또한, 다공질 단열재의 경우에는 독립기포가 미세하고 균일하며, 기포막이 얇을수록 열전도율은 작아진다.

(2) 단열부위

내단열	외단열
간헐난방	지속난방
① 고온측에 방습층 설치 ② 외단열보다 내부결로 발생가능성이 큼 ③ 강당이나 집회장에 유리	① 내단열보다 공사비가 고가, 한냉지 시공에 적합 ② 벽체의 결로에 유리하고 단열효과 우수 ③ 장기간 거주하는 거실용도로 적합

(3) 각 재료의 열전도율

(단위 : kcal/mh℃)

동 판	320	플라스터	0.3
보통 콘크리트	1.4	ALC	0.15
모르터	1.2	질 석	0.1
유 리	1.0	목 재	0.1
벽 돌	0.5~0.8	스티로폼, 유리섬유	0.035

:: 제16회

7 방음벽

(1) 차음재

① 재료는 밀실하고 무거운 것을 쓴다(외벽).

② 음을 차단하는 것으로 콘크리트, 벽돌, 철판 등이 있다.

③ 벽체는 이중벽, 공기누출 없도록 할 것

④ 음의 투과손실이 큰 재료이다.

(2) 흡음재

음을 흡수하는 것(내벽)으로 비중이 작은 유리면, 암면, 펠트, 코르크, 연질 섬유판, 석면시멘트판, 석고판 등이 있다.

OX

1. 흡음성능이 우수한 재료는 대부분 차음성능도 우수하다. (×)

2. 칸막이벽을 상층 바닥까지 높이고 방음재로 벽면을 시공하면, 내부 발생음에 대한 차단성능이 향상된다. (○)

3. 이중벽을 설치하거나 건물의 기밀성을 높이면 차음성능은 향상된다. (○)

8 흡음판(吸音板)

음향조절을 위해 설치한 것으로 섬유판에 작은 구멍을 뚫어서 만든 널로 벽에 공간을 두고 나무를 위해 부착한다. 섬유판, 석면 시멘트판, 석고판 등이 있다.

9 경량 칸막이벽

내벽구조는 엄청난 공사량을 차지하므로 현장작업의 단순화, 인력절감, 공기단축 및 건물의 경량화를 위해서 공장에서 제작한 제품을 조립식으로 설치하는 경향이 있다. 이 중에서 경량 칸막이벽의 구성형식은 판넬형과 스터드(Stud) 형식이 사용되고 있다.

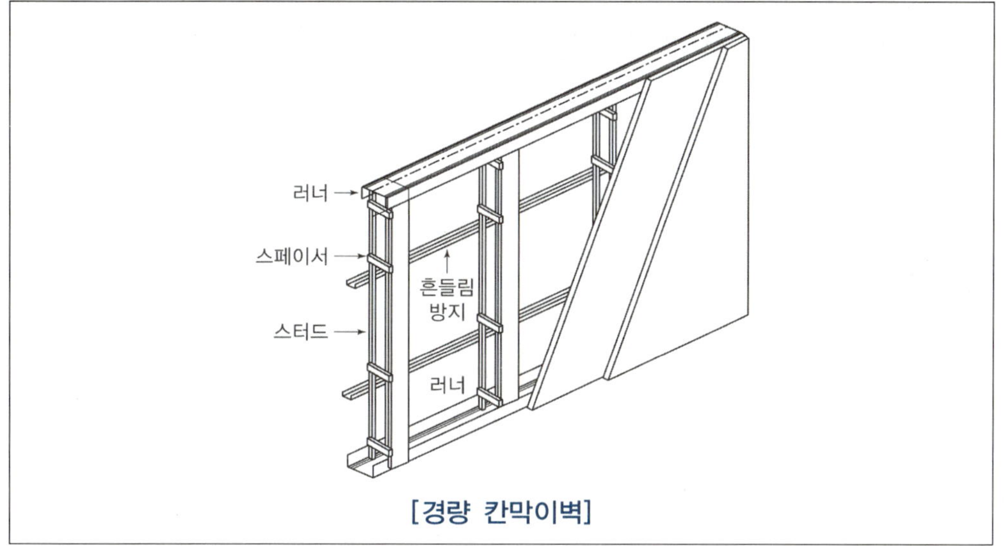

[경량 칸막이벽]

02 바 닥

1 다짐바닥

콘크리트 다짐바닥과 석회 다짐바닥이 있으며 창고, 차고 등 비거주 공간에 주로 사용한다. 거주공간은 다짐바닥 위에 타일 붙임, 리놀륨 붙임 등의 마감재를 사용한다.

2 마루널쪽매

너비 10cm, 두께 1.5~2.4cm 정도의 마루널을 장선에 옆대워 붙이고 숨은 못치기를 하는 것으로 맞댄쪽매, 반턱쪽매, 틈막이대쪽매, 딴혀쪽매, 양끝못댄쪽매, 제혀쪽매, 왜쪽매 등이 있다.

03 천장(天障)

천장을 가리어지게 댄 구조체는 크게 반자와 반자틀로 구성된다. 반자는 지붕 밑, 마루 밑을 감추어 보기 좋게 하고, 각종 설비의 배선과 배관을 감추며 먼지 등을 방지하며 열과 소음을 차단하는 역할을 한다.

1 반자틀

목조 반자틀은 반자돌림대, 반자틀, 반자틀받이, 달대받이로 구성된다.

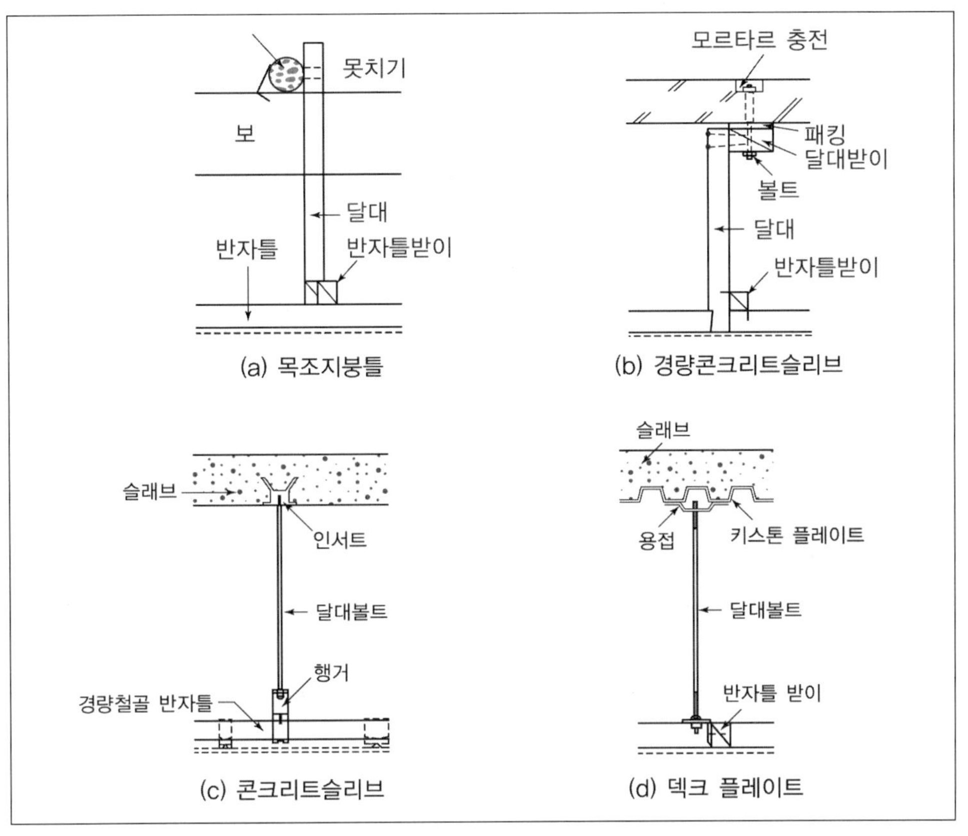

🔗 목재 반자를 짜는 순서

달대받이 ⇨ 달대 ⇨ 반자틀받이 ⇨ 반자틀 ⇨ 반자돌림대

(1) 달대받이

약 지름 9cm 정도의 통나무각재 사용, 설치간격 90cm, 바닥판 밑에 묻어둔 볼트 등에 고정한다.

(2) 달 대

약 4.5cm 정도의 각재 사용, 설치간격 90~120cm, 달대받이에 걸어 못을 박아 댄다.

(3) 반자틀받이

약 4.5cm 정도의 각재 사용, 설치간격 90cm, 달대에 못 박아 댄다.

(4) 반자틀

약 4.5cm 정도의 각재 사용, 설치간격 45cm, 반자틀받이에 못 박아 댄다.

(5) 반자돌림대

벽과 반자가 맞닿는 가장자리 부분에 벽과 반자를 잘 마무리하고 장식겸 반자돌림대를 댄다.

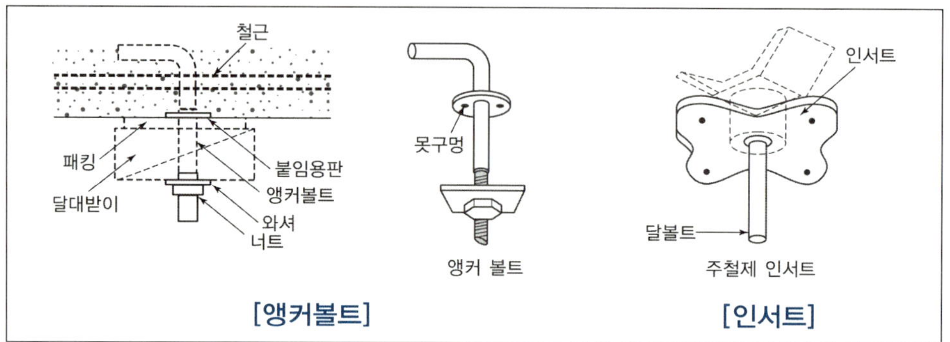

▶ 보충학습

│ 경량 철골 반자틀

경량 철골 반자틀을 반자틀, 반자틀받이는 경량 철골(C형강, Mbar)로 구성한다. 달대는 행거볼트(Hanger Bolt)로 콘크리트에 묻어둔 인서트(Insert)에 달아맨다. 사무소, 공공건물 등에 많이 사용된다.

설치순서

행거볼트 ⇨ 등라인 설치 ⇨ 캐링 채널 설치 ⇨ 마이너 채널 설치 ⇨ 재형 클립바 설치 ⇨ 마감판 설치 및 커튼박스 설치

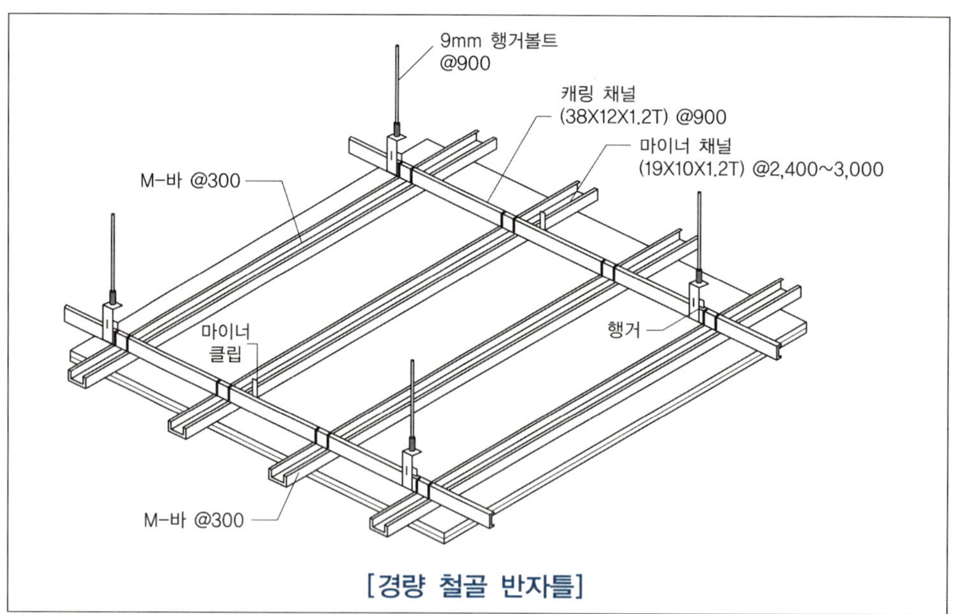

⑹ M−Bar와 T−Bar 공법

① M−Bar 공법은 가장 견고하고 일반적으로 사용되는 제품이며 집성보드와 암면흡음판, 아연도 착색강판 제품 등의 마감재 선택이 자유로우며 bar가 보이지 않아 시원하며 탁 트인 공간을 연출해 주므로 사무실, 상가, 주상복합 등 거의 모든 건축물에 사용될 수 있으며, 매립형으로 외관이 미려하며, 우수한 방음효과 등을 얻을 수 있다.

② T−Bar공법은 노출형 시공으로 보수와 점검이 용이한 구조로 다양한 천장재와 설비를 통합하여 설치가 가능하고 경제적이며, 대형 공간에서도 효율적으로 사용이 가능하다.

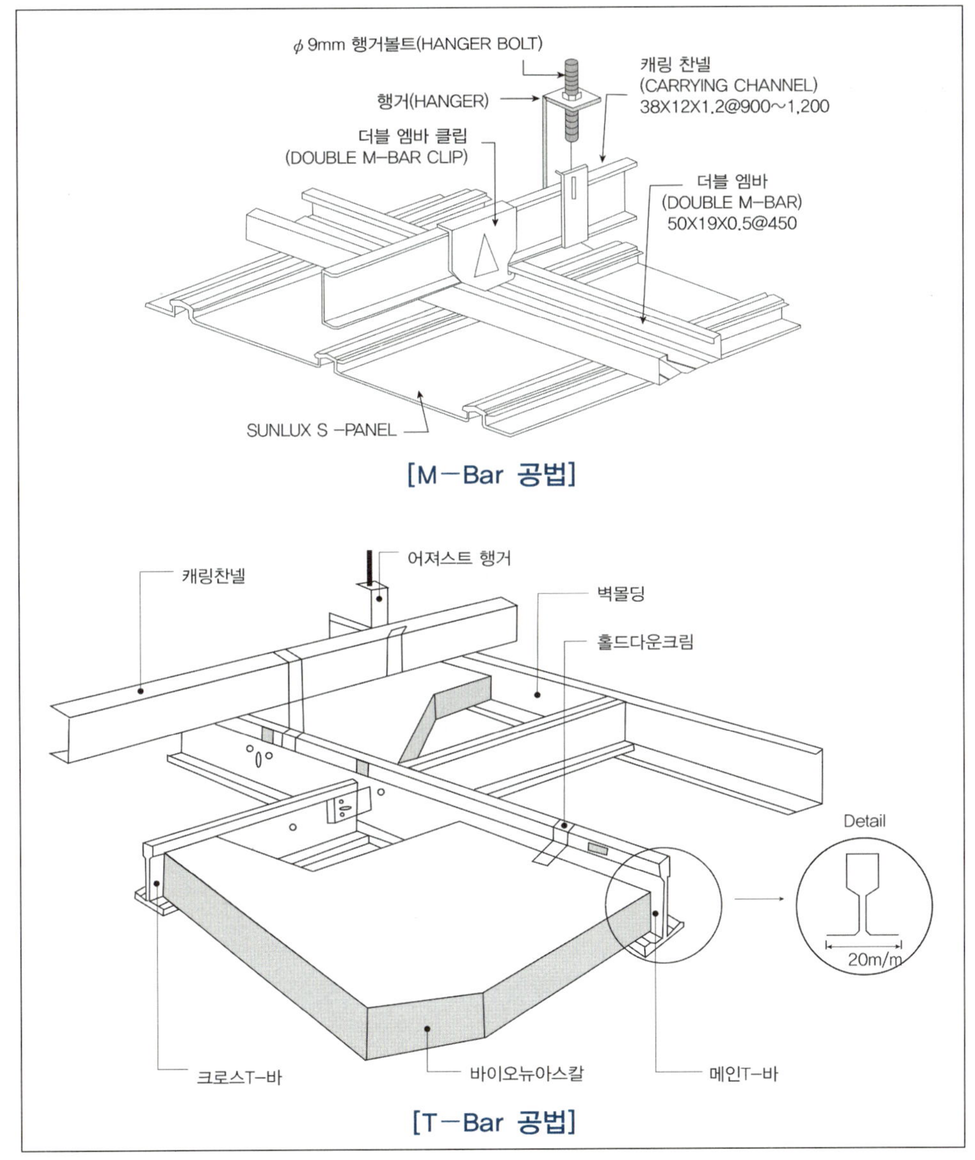

천장판의 이음이 밀착되어 우수한 방음효과를 얻을 수 있는 매립형 경량천장 공법은? 제28회

① A-Bar공법　　　　② I-Bar 공법　　　　③ L-Bar 공법
④ M-Bar공법　　　　⑤ T-Bar공법

해설

④ M-Bar 공법은 가장 견고하고 일반적으로 사용되는 제품이며 집성보드와 암면흡음판, 아연도 착색강판 제품 등의 마감재 선택이 자유로우며 bar가 보이지 않아 시원하며 탁 트인 공간을 연출해 주므로 사무실, 상가, 주상복합 등 거의 모든 건축물에 사용될 수 있으며, 매립형으로 외관이 미려하며, 우수한 방음효과 등을 얻을 수 있다.

▸정답 ④

2 반 자

(1) 회반죽반자

반자틀에 졸대를 약 7.5mm 정도 간격으로 떼어 못 박아 대고 그 위에 수염을 약 30cm²당 1개소씩 설치한 후에 회반죽을 바른다.

(2) 널반자

① **치받이널반자**: 반자틀 밑에 널두께 9mm 너비 9~15cm 정도의 널을 반턱 쪽매로 반자틀 밑에 쳐 올려 못 박아 붙여 대는 반자이다.
② **살대반자**: 반자틀 밑에 널두께 9mm 정도의 합판이나 널을 대고 그 밑에 45cm 간격으로 살대를 박는다. 통맞춤을 사용한다.
③ **우물반자**: 바둑판 모양의 격자를 형태로 짜서 만든 반자 연귀맞춤을 사용한다.

(3) 구성반자

응접실이나 거실 등에 장식 겸 음향 효과가 있게 천장을 층단으로 구성한 반자이다. 단차를 이용하여 조명장치를 은폐하여 간접조명을 위한 수단으로 사용한다.

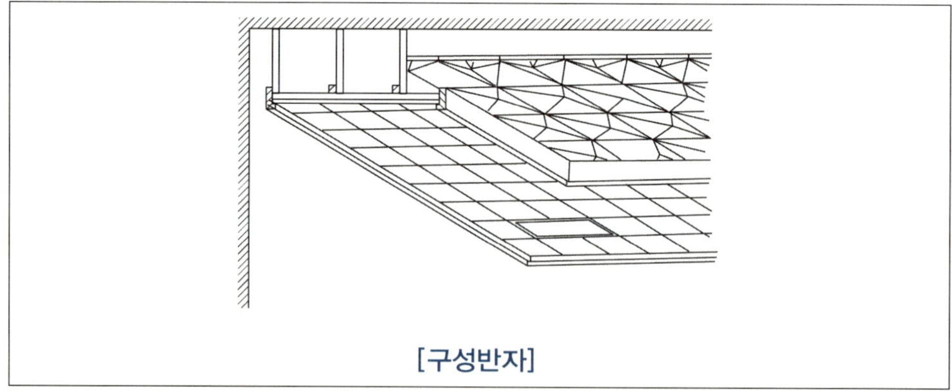

[구성반자]

04 계 단

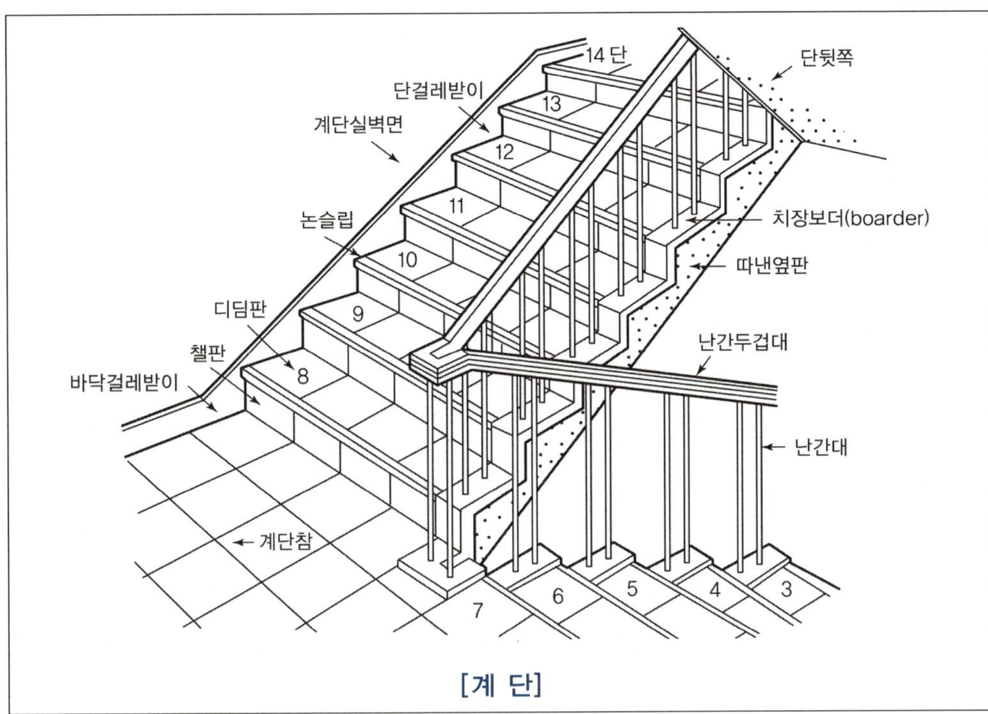

[계 단]

1 계단의 종류

① **형상의 의한 분류**: 곧은 계단, 꺾은 계단, 돌음 계단, 나선 계단, 경사로 등이 있다.

② **재료에 의한 분류**: 목조 계단, 돌 또는 벽돌조 계단, 철근콘크리트조 계단, 철골조 계단 등이 있다.

2 계단의 구조

① **디딤면**(Tread): 계단의 수평 바닥면

② **챌판**(Riser): 계단의 수직면

③ **계단참**(Stair Landing Space): 계단의 중간 또는 돌음 부분에 넓게 설치된 수평 바닥면

3 건축법상의 계단의 설치 규준

(1) 계단의 구조

① 높이 3m를 넘는 계단은 높이 3m 이내마다 너비 1.2m 이상의 계단참을 설치하여야 한다.

② 높이 1m를 넘는 계단 및 계단참의 양옆에는 난간(벽 또는 이에 대치되는 것을 포함)을 설치하여야 한다.

③ 너비 3m를 넘는 계단에는 계단의 중간에 너비 3m 이내마다 난간을 설치하여야 한다. 다만, 계단의 단높이가 15cm 이하이고, 계단의 단너비가 30cm 이상인 것은 그렇지 않다.

④ 승강기 기계실용 계단·망루용 계단 등 특수한 용도에만 쓰이는 계단에는 위의 사항을 적용하지 않는다.

(2) 계단 및 계단참의 구조

① **계단 및 계단참의 폭**: 건축법상 75cm 이상에서부터 150cm 이상까지 용도와 계단의 종류에 따라 각각 별도의 규정이 되어 있다.

② **단높이 단너비**: 건축법상 용도와 계단의 종류에 따라 각각 별도의 규정이 되어 있다.

🔍 **예 제**

계단 각부에 관한 명칭으로 옳은 것을 모두 고른 것은?   제25회

> **보기**
>
> ㉠ 디딤판   ㉡ 챌판
> ㉢ 논슬립   ㉣ 코너비드
> ㉤ 엔드탭

① ㉠, ㉡, ㉢   ② ㉠, ㉡, ㉤
③ ㉠, ㉢, ㉣   ④ ㉡, ㉣, ㉤
⑤ ㉢, ㉣, ㉤

해설

① 계단 관련 용어로는 엄지기둥, 동자기둥, 난간두겁대, 챌판, 디딤판, 계단참 등이 있다.

📑 **정답** ①

4 도배공사

(1) 초배지의 종류

① **참지**: 닥펄프로 발을 떠서 만든 수초지인 참의 경우 매우 질기며, 색상이 희고 깨끗해서 상급지로 쓰인다.

② **피지**: 색상이 누렇지만 질기다.

③ **백지**: 색상이 희고 깨끗해서 주로 많이 쓰인다.

(2) 붙임의 종류

① 온통붙임(전체풀칠)

② 갓 둘레 풀칠(봉투바름)

③ 눈 바름

④ 비늘 바름(한쪽 풀칠)

(3) 초배하기 공정도표

횟 수	공 정	공정내용	A종	B종	C종
1	초벌	온통붙임	참지	피지, 백지	백지, 마분지, 신문지
2	재벌	온통붙임	참지, 피지	백지, 마분지, 신문지	마분지, 신문지, 갱지
3	재벌	비늘붙임	참지, 백지	백지, 마분지, 신문지	−
4	재벌	온통붙임	참지, 백지	−	−
5	재벌	봉투붙임	참지, 백지	−	−
6	밑바름	온통붙임	참지, 백지	백지, 갱지	백지, 갱지
붙임 횟수			6	4	3

💡 1. 밑붙임에 사용하는 종이는 깨끗한 흰종이로 하고 풀도 희고 맑은 것으로 한다.
2. 비늘붙임, 봉투붙임의 공정은 습기의 우려가 있거나 담당원이 승인할 때에는 온통붙임으로 할 수 있다.
3. 초벌, 재벌 붙임에 사용하는 종이는 담당원의 승인을 받아 헌 종이를 쓸 수 있다.

(4) 시 공

① 콘크리트 바탕처리
② 면의 어긋남, 요철은 퍼티 작업 시행

(5) 일반공법

① 도배지의 보관장소의 온도는 항상 5℃ 이상으로 유지되도록 하여야 한다.
② 도배지는 일사광선을 피하고 습기가 많은 장소나 콘크리트 위에 직접 좋지 않으며 두루마리 종이, 천은 세워서 보관한다.
③ 도배공사는 도배공사를 시작하기 72시간 전부터 시공 후 48시간이 경과할 때까지 시공장소의 온도는 담당원과 협의하여 적정온도를 유지하도록 하여야 한다.
④ 접착제를 이용하는 경우에 시공 도중 또는 접착제 경화 전에 실온이 5℃ 이하가 될 경우에는 난방 등의 장치를 준비한다.
⑤ 실내 온도나 습기가 높은 경우에는 통풍이나 환기를 실시한다.
⑥ 도배지를 완전하게 접착시키기 위하여 접착과 동시에 롤링을 하거나 솔질을 하여야 한다.
⑦ 초배지 붙임은 온통붙임 또는 봉투붙임을 실시하며 그 지정은 공사시방에 의한다.
⑧ 정배지붙임은 직접 붙임 공정에 따라서 정배지를 붙이며 코너 부위는 본드 시공을 실시하여 인장에 의한 벽지의 찢어짐을 방지한다.
⑨ 창호지는 여러장 이어 붙일 때에는 밑에서부터 위의 순서로 붙이고, 문풍지 및 손잡이의 갓둘레는 담당원의 지시에 따른다.

(6) 장판지

① 장판지는 물축이거나 풀칠하여 맞접어 일정시간 경과 후 충분히 늘어난 다음 다시 고르게 풀칠하여 붙인다. 바탕은 사발 등으로 밀어 모래알 등이 없도록 깨끗이 청소한 다음 붙인다.
② 장판지는 나누기를 하여 위치가 정확하게 하고 중앙에서부터 헝겊으로 갓둘레로 풀을 밀어내듯이 붙이고, 주름살, 들뜬 곳, 기포 등이 없게 사발 등으로 평활하게 밀어붙인다.

OX

1. 마감두께는 손질바름을 포함한 바름층 전체의 바름두께를 말한다. (×)
2. 미장두께는 각 미장층별 발라 붙인 면적의 평균 바름두께를 말한다. (○)
3. 덧먹임은 바르기 접합부 또는 균열 틈새 등에 반죽된 재료를 밀어 넣어 때워주는 것이다. (○)
4. 덧먹임이란 작업면의 종석이 빠져나간 자리를 메우기 위해 반죽한 것을 작업면에 발라 채우는 작업이다. (×)

15회 이후 매회 미장과 타일공사에서 각각 1문제씩 2문제가 출제었습니다. 이럴 때 1문제가 쉽다면 다른 한 문제는 비교적 까다로운 문제가 될 가능성이 큽니다. 제28회 미장에 관한 종합적인 내용을 다룬 문제와 타일의 보양 및 검사 관련 1문제가 출제되었습니다. 미장과 타일 부분에서 용어와 시공과정에 대한 전반적 내용을 알아둘 필요가 있습니다. 무턱대고 암기하려 하지 마시고, 차분히 원리를 이해하면 암기량은 그만큼 줄어들게 됩니다.

01 미장공사

미장공사(美裝工事)는 벽·반자·바닥 등에 진흙·회반죽·모르타르 등을 바르는 일로서 바름질이라고도 한다.

> **용어 해설**
> 1. **결합재**: 시멘트, 플라스터, 소석회, 벽토, 합성수지 등으로서, 잔골재, 종석, 흙, 섬유 등 다른 미장재료를 결합하여 경화시키는 것
> 2. **고름질**: 바름두께 또는 마감두께가 두꺼울 때 혹은 요철이 심할 때 초벌바름 위에 발라 붙여주는 것 또는 그 바름층
> 3. **눈먹임**: 인조석 갈기 또는 테라조 현장갈기의 갈아내기 공정에 있어서 작업면의 종석이 빠져나간 구멍부분 및 기포를 메우기 위해 그 배합에서 종석을 제외하고 반죽한 것을 작업면에 발라 밀어 넣어 채우는 것
> 4. **덧먹임**: 바르기의 접합부 또는 균열의 틈새, 구멍 등에 반죽된 재료를 밀어 넣어 때워주는 것
> 5. **라스먹임**: 메탈 라스, 와이어 라스 등의 바탕에 모르타르 등을 최초로 발라 붙이는 것
> 6. **마감두께**: 바름층 전체의 두께를 말함. 라스 또는 졸대 바탕일 때는 바탕 먹임의 두께를 제외
> 7. **미장두께**: 각 미장층별 발라 붙인 면적의 평균 바름두께
> 8. **물축이기**: 모르타르, 플라스터 등의 응결경화에 필요한 비빔시의 물이 바탕면으로 과도하게 흡수되지 않도록 바탕면에 미리 물을 뿌리는 것
> 9. **바탕처리**: 요철 또는 변형이 심한 개소를 고르게 손질바름하여 마감 두께가 균등하게 되도록 조정하고 균열 등을 보수하는 것 또는 바탕면이 지나치게 평활할 때에는 거칠게 처리하고, 바탕면의 이물질을 제거하여 미장바름의 부착이 양호하도록 표면을 처리하는 것

10. **손질바름**: 콘크리트, 콘크리트 블록 바탕에서 초벌바름하기 전에 마감두께를 균등하게 할 목적으로 모르타르 등으로 미리 요철을 조정하는 것

11. **실러바름**: 바탕의 흡수조정, 바름재와 바탕과의 접착력 증진 등을 위하여 합성수지 에멀젼 희석액 등을 바탕에 바르는 것

🔍 예 제

미장공사에서 콘크리트, 콘크리트블록 바탕에 초벌 바름하기 전 마감두께를 균등하게 할 목적으로 모르타르 등으로 미리 요철을 조정하는 것은? _제24회_

① 고름질
② 라스 먹임
③ 규준 바름
④ 손질 바름
⑤ 실러 바름

해설

④ 손질 바름 : 콘크리트, 콘크리트 블록 바탕에서 초벌바름하기 전에 마감두께를 균등하게 할 목적으로 모르타르 등으로 미리 요철을 조정하는 것

⬜ 정답 ④

1 재 료

(1) 수경성 재료

:: 제20회

① 경화과정에서 물을 필요로 하는 재료를 말한다.

② 시멘트 모르타르, 석고 플라스터 등

③ **특 징**

　㉠ 경화가 빠른 특성이 있다.

　㉡ 시공이 어려우나 강도가 크다.

(2) 기경성 재료

① 경화과정에서 공기 중의 이산화탄소, 탄산가스와 반응하여 굳어지는 재료를 말한다.

② 진흙, 회반죽 바름, 돌로마이트 플라스터 등

③ **특 징**

　㉠ 경화가 느리다.

　㉡ 강도가 약하다.

　㉢ 시공이 용이하다.

💡 **OX**

1. 수경성 재료는 경화과정에 물이 필요한 재료로서 시멘트 모르타르, 석고 플라스터 등이 있다. (○)
2. 석고 플라스터는 회반죽에 비하여 경화가 빠르고 단단하다. (○)
3. 소석회, 돌로마이트 플라스터 등은 수경성 재료로서 가수에 의해 경화한다. (×)
4. 경석고 플라스터는 무수석고, 모래, 여물 등을 물에 혼합한 것으로 경화속도가 빠르고 수축이 거의 없다. (○)

(3) 미장재료의 분류

구 분		종 류	구성재료 및 특성
기경성	진흙질	진 흙	① 진흙 + 모래 + 짚여물을 섞어서 물반죽 한 것 ② 외엮기 바탕의 흙벽시공, 초벽, 재벽바름 사용
		새벽흙	① 새벽흙 + 모래 + 여물 + 해초풀을 섞어 만든다. ② 흙벽의 재벌, 정벌바름에 쓰인다. ③ 노랗고 차진 고운 흙에 모래를 섞어서 만든 미장재이며 사벽이라고도 한다.
	석회질	회반죽	① 소석회 + 모래 + 여물을 해초풀로 반죽한 것 ② 물은 사용 안 함 (해초풀: 접착력증대, 여물: 균열방지)
		회사벽	① 석회죽 + 모래(시멘트, 여물 등도 섞음) ② 흙벽의 정벌바름, 회반죽 고름, 재벌바름(회사물)
		마그네시아 석회	① 해초풀을 사용하지 않는다. ② 돌로마이트석회 + 모래(석회죽이나 돌로마이트 등도 배합) ③ 수축균열이 크고 물에 약해 외벽에 사용하지 않는다.
수경성	석고질	순석고 플라스터	① 순석고 + 모래 + 물 ② 경화가 빠르다. ③ 중성이다.
		혼합석고 플라스터	① 약알칼리성이다. ② 경화속도는 보통이다. ③ 현장에서 정벌용은 물만 첨가 사용 ④ 초벌용은 물 + 모래를 혼합 사용
		경석고 플라스터	① 경화가 빠르다. ② 경도가 높다. ③ 수축이 거의 없다. ④ 벽, 바닥, 바름재료로 사용 ⑤ 석회계, 다른 소석회와 혼합금지 ⑥ 철을 녹슬게 한다. ⑦ 아연도금, 황동제는 사용하지 못 함 ⑧ 산성이다.

용액성 간수 ($MgCl_2$)	고토질	마그네시아 시멘트	① 착색이 용이하고 물을 가해도 경화하지 않는다. ② $MgCl_2$(염화마그네슘)을 물 대신 사용(간수)하고 철재를 녹슬게 하며, 리그노이드의 원료가 된다. 간수($MgCl_2$)용액에 넣어 반죽한 바름재료인 리그노이드의 주원료가 되는 재료는 마그네시아 시멘트이다[리그노이드(Lignoid) : 마그네시아 시멘트 모르타르에 탄성재인 콜크분말, 안료 등을 혼합한 미장재료로서 바닥포장재에 주로 사용된다].

2 미장공사시 주의사항

:: 제17회

(1) 양질의 재료를 사용하여 배합을 정확하게, 혼합은 충분하게 한다.

(2) 바탕면의 적당한 물축임과 면을 거칠게 해 둔다.

(3) 바름면은 거친 면이 없이 평활하게 하는 것이 좋다.

(4) 초벌 바름 후 충분한 시간을 두고 균열 발생 후 재벌을 한다.

(5) 초벌, 재벌, 정벌의 순으로 3번 칠한다.

(6) 1회 바름두께는 바닥을 제외하고 6mm를 표준으로 한다(바름두께는 균일하게 한다).

(7) 시공시 온도는 5℃ 이상에서 하는 것이 좋다.

(8) 급격한 건조를 피하고, 시공 중이나 경화 중에는 진동을 피한다.

(9) 미장용 모래는 지나치게 가는 것은 금지한다.

(10) 미장공사는 위에서 아래로 한다(실내 : 천장 ⇨ 벽 ⇨ 바닥, 외벽 : 옥상난간 ⇨ 지층).

(11) 벽, 기둥 등의 모서리를 보호하기 위하여 미장바르기를 할 때 보호용 철물로 코너비드(Corner Bead)를 사용한다.

♀ OX

1. 모르타르의 1회 바름두께는 2.5cm 정도로 한다. (×)
2. 미장바르기는 2주 이상 양생시킨다. (○)
3. 바탕을 거칠게 하고 모르타르를 한 번에 두껍게 발라 접착력을 높이는 것이 좋다. (×)
4. 바름두께를 얇게 하여 여러 번 바르는 것이 좋다. (○)
5. 실내 모르타르 바르기의 순서는 벽, 천장, 바닥의 순으로 한다. (×)
6. 시멘트 모르타르 바름 공사에서 시멘트 모르타르 1회의 바름 두께는 바닥의 경우를 제외하고 6mm를 표준으로 한다. (○)

미장 관련 주의사항

1. 비드는 시멘트 모르타르 미장면적이 넓을 때 벽면의 모르타르 마감두께를 조정하거나, 시공 후 미장면의 각진 부위, 모서리면, 구석진 면 등의 파손 방지 및 이질바탕면의 경계)나 미장면이 넓어 균열이 예상되는 위치에 설치하여 미장면의 시공을 정밀하게 하고 하자 발생을 줄이기 위해 설치한다.

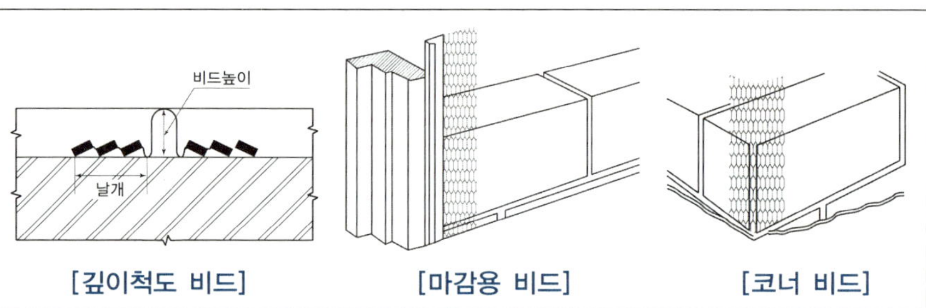

2. 미장의 초벌은 중벌 및 정벌보다 강한 층으로 한다.
3. 바름두께는 균일하게 하고, 너무 두꺼운 바름은 피한다.
4. 미장재료의 마감면에 대해서는 미장재료가 건조수축함에 따라 발생하는 균열의 발생 부위를 조절하기 위하여 균열유발줄눈을 설치한다. 또한 미장재료가 열팽창하여 면의 방향으로 부풀어오르는 것을 방지하기 위하여 신축줄눈을 설치하는 것도 일반적이다.
5. 옥상의 방수 누름콘크리트에는 신축줄눈을 설치하는 것이 일반적이다.
6. 미장공사 품질 요구조건
    ① 마감면이 편평도를 유지해야 한다.
    ② 필요한 부착강도를 유지해야 한다.
    ③ 편리한 유지관리성이 보장되어야 한다.
    ④ 주름이 생기지 않아야 한다.
    ⑤ 균열을 방지하기 위해 줄눈의 폭과 간격을 일정하게 유지한다.

■■ 제22회

바름공정

바탕조정 ⇨ 초벌바름 ⇨ 고름질 ⇨ 재벌바름 ⇨ 정벌(마감)바름 ⇨ 마감부처리

♀ OX

스터코(Stucco) 바름이란 소석회에 대리석가루 등을 섞어 흙손바름 성형이 가능한 외벽용 미장마감이다. (○)

→ 보충학습

| 미장공사 균열 원인과 방지법

1. **미장공사시 균열, 박리 원인**
   ① 구조체의 변형에 의한 것
   ② 바름 바탕에 원인이 있는 것(나무토막을 함부로 버리거나, 라스 이음의 불량)
   ③ 바름면에 원인이 있는 것(재료수축, 재료불량, 두께차이, 수염 및 여물의 불균등)
2. **균열 방지법**
   ① 시멘트 등의 진한 배합(부배합)을 하지 않는다.
   ② 물을 많이 첨가하지 않는다.
   ③ 모래는 초벌과 재벌 바름에서는 굵은 것을 사용한다.
   ④ 1회의 바름두께를 얇게 한다.

③ 미장공사 일반

(1) 탈락 안정성 확보

① 콘크리트 슬래브의 천장바탕에 시멘트 모르타르, 석고 플라스터 및 돌로마이트 플라스터를 바를 때는 콘크리트 균열, 크리프, 진동에 의한 탈락의 우려가 있으므로 그 공법 등은 담당원과 협의하여 결정한다.

② 콘크리트 바탕의 경우에는 바탕면에 묻어 있는 거푸집 박리제, 레이턴스 등 부착저해물을 와이어 브러시 등으로 면을 거칠게 처리하고, 물축임한 후 바름한다.

④ 시 공

(1) 바탕 일반조건

① 미장바름을 지지하는 데 필요한 강도와 강성이 있어야 한다.

② 통상시 및 진동 등의 환경조건에서 미장바름을 지지하는 데 필요한 접착강도를 유지할 수 있는 재질 및 형상이어야 한다.

③ 미장바름의 종류 및 마감두께에 알맞은 표면상태로서 유해한 요철, 접합부의 어긋남, 균열 등이 없어야 한다.

④ 미장바름의 종류에 화학적으로 적합한 재질로서 녹물에 의한 오염과 손상, 화학반응, 흡수에 의한 바름층의 약화가 생기지 않아야 한다.

⑤ 미장바름에 적합한 바탕은 내·외벽 등의 부위조건 및 사용조건을 고려하여 선택한다.

(2) 미장재료의 취급

① 미장용 재료는 섞이거나 오손되지 않도록 보관한다.

② 시멘트, 석고 플라스터 등과 같이 습기에 약한 재료는 지면보다 최소 300mm 이상 높게 만든 마룻바닥이 있는 창고 등에 건조상태로 보관하고, 쌓기단수는 13포대 이하로 한다.

③ 폴리머 분산제 및 에멀션 실러를 보관하는 곳은 고온, 직사일광을 피하고 또한 동절기에는 온도가 5℃ 이하로 되지 않도록 주의한다.

(3) 재료의 배합

① 재료의 배합은 마무리의 종류, 바름층 등에 따라 다르지만 원칙적으로 바탕에 가까운 바름층일수록 부배합, 정벌바름에 가까울수록 빈배합으로 한다.

② 결합재와 골재 및 혼화재의 배합은 용적비, 혼화제, 안료, 해초풀 및 짚 등의 사용량은 결합재에 대한 질량비로 표시하는 것을 원칙으로 한다.

(4) 재료혼합의 제한

① 석고 플라스터에 시멘트, 소석회, 돌로마이트 플라스터 등을 혼합하여 사용하면 안 된다.

② 결합재, 골재, 혼합재료 등을 미리 공장에서 배합한 기배합재료를 사용할 때는 제조업자가 지정한 폴리머 분산제 및 물 이외의 다른 재료를 혼합해서는 안 된다.

(5) 바탕의 점검 및 조정

① 바름작업에 선행하여 바탕의 균열, 요철 등 미장공사에 지장이 없는지 점검한다. 지장이 있는 경우는 담당원과 협의하여 적절한 조치를 강구한다.

② 콘크리트바탕 등의 표면 경화 불량은 두께가 2mm 이하의 경우 와이어 브러시 등으로 불량부분을 제거한다. 2mm를 넘거나 그 범위가 넓은 경우는 담당원의 지시에 따른다. 기타 바름면에 이상이 확인된 경우는 담당원과 협의한다.

③ 바탕은 바름하기 직전에 잘 청소한다. 외벽의 콘크리트 바탕 등 오래 방치되어 먼지가 붙어 있는 경우는 초벌바름작업 전날 물로 청소한다. 콘크리트, 콘크리트 블록 등의 바탕 및 시멘트 모르터, 플라스터 등의 초벌바름이 건조한 것은, 미리 적당히 물축임 한 후 바름작업을 시작한다.

④ 물기가 많은 바탕면은 통풍, 기계적 건조 등에 의해 물기를 조정한 후 바름작업을 시작한다.

(6) 바름 일반

① 흙손바름

    ㉠ 초벌바름은 바탕의 강성과 부착성을 고려하여 적합한 흙손을 선택하며, 흙손으로 충분히 누르고, 눈에 띌 정도의 틈이 생기지 않도록 한다.

    ㉡ 재료를 바름하는 경우 흙손의 조작은 각 방향으로 균등하게 한다.

    ㉢ 바름면의 흙손작업은 갈라지거나 들뜨는 것을 방지하기 위해 바름층이 굳기 전에 끝낸다.

    ㉣ 바름표면의 흙손바름 및 흙손누름 작업은 물기가 걷힌 상태를 보아가며 한다. 백색 혹은 유색의 치장 바름층 표면에 흙손바름을 하는 경우는 물기 얼룩에 주의하여 색얼룩이나 흙손에 의한 변색얼룩 등이 생기지 않도록 한다.

② 뿜 칠

    ㉠ 뿜칠은 얼룩, 흘러내림, 공기방울 등의 결함이 없도록 작업한다. 노즐의 구경, 분사거리 등 뿜칠의 조건은 재료 혹은 무늬에 따라 다르므로 제조업자의 지정에 따른다.

    ㉡ 압송뿜칠기계로 바름하는 두께가 20mm를 넘는 경우는 초벌, 재벌, 정벌 3회로 나누어 뿜칠바름을 하고, 바름두께 20mm 이하에서는 재벌뿜칠을 생략한 2회 뿜칠바름을 하며, 두께 10mm 정도의 부위는 정벌뿜칠만을 밑바름, 윗바름으로 나누어 계속해서 바른다.

(7) 보 양

① 건물의 진동 : 기계운전 등으로 인해 진동이 심하고, 작업이 어려운 경우 및 보양에 지장을 주는 경우에 담당원과 협의하여 처리한다.

② 시공 전의 보양

    ㉠ 바름작업 전에 근접한 다른 부재나 마감면 등은 오염 또는 손상되지 않도록 종이붙임, 널대기, 포장덮기, 거적덮기, 폴리에틸렌 필름 덮기 등으로 적절히 보양한다.

    ㉡ 바름면의 오염방지 외에 조기건조를 방지하기 위해 통풍이나 일조를 피할 수 있도록 한다.

    ㉢ 외장뿜칠바름면에서는 바름 전에 직사일광, 바람, 비 등을 막기 위한 시트보양을 한다. 특히, 파라펫과 발판 사이에는 비가 들이치지 않도록 덮개를 씌운다.

③ **시공시의 보양**

  ㉠ 미장바름 주변의 온도가 5℃ 이하일 때는 원칙적으로 공사를 중단하거나 난방하여 5℃ 이상으로 유지한다.

  ㉡ 외부 미장공사를 여름에 시공하는 경우는 바름층의 급격한 건조를 방지하기 위하여 거적덮기 또는 폴리에틸렌 필름 덮기를 한 다음 살수 등의 조치를 강구한다.

  ㉢ 강우, 강풍 혹은 주위의 작업으로 바름작업에 지장이 있는 경우는 작업을 중지한다.

  ㉣ 공사 중에는 주변의 다른 부재나 작업면이 오염 또는 손상되지 않도록 적절하게 보양한다.

④ **시공 후의 보양**

  ㉠ 바람 등에 의하여 작업장소에 먼지가 날려 작업면에 부착될 우려가 있는 경우는 방풍보양을 한다.

  ㉡ 조기에 건조될 우려가 있는 경우에는 통풍, 일사를 피하도록 시트 등으로 가려서 보양한다.

⑻ **균열 및 박리 방지**

① 문선, 걸레받이, 두겁대 및 돌림대 등의 개탕 주위는 흙손 날의 두께만큼 띄어 둔다.

② 개구부의 모서리나 라스, 목모시멘트판, 석고라스보드, 고압증기양생 경량 기포콘크리트 패널 접합부 등, 균열이 발생하기 쉬운 곳에는 종려털 바름, 헝겊 씌우기를 하고, 시멘트 모르타르 바름일 때는 메탈 라스 붙여대기 등을 한다.

③ 콘크리트, 콘크리트 블록 및 목조 바탕 등의 이종바탕 접속부의 균열을 방지하기 위한 줄눈설치 등의 방법은 담당원의 지시에 따른다.

④ 각종 부위가 충격, 진동 등에 의해서 박리의 우려가 있는 경우는 미리 바탕의 전면에 KS D 7017(용접철망)의 규정에 적합한 금속망을 덮고 적절한 조치를 강구한다.

💡 **개 탕**
장지, 빈지, 판자 따위를 끼우기 위하여 문틀에 판 홈

5 시멘트 모르타르

(1) 바탕의 처리 및 청소

① 콘크리트, 콘크리트 블록 등의 바탕으로 덧붙임 손질을 요하는 것은 [표 3.3 − 1]의 바탕바름에 나타내는 모르타르로 요철을 조정하고, 긁어놓은 다음 2주 이상 가능한 한 오래 방치한다. 모르타르를 부착하기 어려운 때는 혼화제를 넣은 시멘트 페이스트를 미리 엷게 문지르고 난 후 덧붙여 모르타르를 바른다.

② 바탕은 바름하기 직전에 잘 청소한다. 콘크리트, 콘크리트 블록 등은 미리 물로 적시고 바탕의 물 흡수를 조정하고 나서 초벌바름한다.

(2) 바름두께

① 바름두께 표준은 [표 3.3 − 2]에 따른다. 다만, 바름횟수는 필요에 따라서 공사시방서에 따른다.

② 마무리두께는 공사시방서에 따른다. 다만 천장, 차양은 15mm 이하, 기타는 15mm 이상으로 한다. 바름두께는 바탕의 표면부터 측정하는 것으로서, 라스 먹임의 바름두께를 포함하지 않는다.

③ 1회의 바름두께는 [표 3.3 − 2]에 따른다. 다만, 메탈 라스 및 와이어 라스의 라스 먹임의 경우는 제외한다.

> **시멘트 모르타르 미장의 부위별 바름두께**
> 1. **바닥층** : 24mm
> 2. **벽 체**
>   ① 안벽 : 18mm
>   ② 바깥벽 : 24mm
> 3. **천장 및 차양** : 15mm

(3) 공 법

① 1회 비빔량은 2시간 이내 사용할 수 있는 양으로 한다. 바탕은 모르타르 요철면을 조정하고 바름하기 직전에 잘 청소한다. 콘크리트, 콘크리트 블록 등은 미리 물을 적시고 바탕의 물 흡수를 조정하고 나서 초벌바름 한다.

② **초벌바름**
　　㉠ 강도가 크고 균열이 없고 소요의 두께를 얻기 위해 응고재료를 활용 조골재를 많이 넣어 흙손에 힘을 주어 바르며 구석구석이 잘 메꾸어지도록 한다. 흙손으로 충분히 누르고 눈에 뜨일 만한 빈틈이 없도록 한다. 바른 후에는 쇠갈퀴 등으로 전면을 거칠게 긁어 놓는다.

관련기준
건축표준시방서코드(KCS) 2021
〈KCS 41 46 02 : 2021〉

제23회

ⓛ 초벌바름 및 라스바름 및 라스먹임은 2주일 이상 방치하여 바름면 또는 라스의 겹침 부분에서 생길 수 있는 균열이나 처짐 등 흠을 충분히 발생시키고, 심한 틈새가 생기면 다음 층바름 전 덧먹임을 한다. 다만, 온도 변화에 따른 기상조건이나 바탕 종류 등에 따라서는 담당원의 확인 후 전술한 방치기간을 조정할 수 있다.

③ **고름질**: 바름두께가 너무 두껍거나 얼룩이 심할 때 면을 평탄하게 하는 작업이며, 초벌바름이 이어서 고름질을 한 다음에는 초벌바름과 같은 방치기간을 둔다. 고름질 후에는 쇠갈퀴 등으로 전면을 거칠게 긁어 놓는다.

④ **재벌바름**: 강도가 있고 수축이 적게 또는 초벌의 요철을 없애며 접착을 좋게 하기 위하여 재벌바름을 한다. 재벌바름에 앞서 구석, 모퉁이, 개탕 주위 등은 규준대를 대고 평탄한 면으로 바르고, 다시 규준대 고르기를 한다. 단, 재벌바름을 한 다음에는 쇠갈퀴 등으로 전면을 거칠게 긁어 놓은 후 초벌바름과 같은 방치기간을 둔다.

⑤ **정벌바름**: 충분한 강도가 있고 소기의 색조, 촉감을 살릴 수 있게 순마감 재료를 사용하든지 또는 혼합물을 적게 한 재료로 엷게 평탄하고 얼룩이 없게 바른다. 재벌바름의 경화정도를 보아 면 개탕 주위에 주의하고 얼룩, 처짐, 돌기, 들뜸 등이 생기지 않도록 바른다. 마무리는 공사시방서에 따른다.

> **시공 일반원칙**
> 1. 위에서 밑으로 한다.
> 2. 실내는 천장 ⇨ 벽 ⇨ 바닥, 외벽은 옥상난간 ⇨ 지층의 순으로 한다.
> 3. 수직과 수평이 만나는 곳은 수평 먼저 바르고 수직면을 바른다.
> 4. **표면 마무리**
>   ① 거친 마무리: 솔칠 마무리, 긁어내기, 뿜칠 마무리 등이 있다.
>   ② 평활 마무리: 흙손으로 표면을 평활하게 마무리 한다.

⑷ 특 징

① 단단하고 내구적이다.

② 시공이 용이하다.

③ 표면이 거칠어 부드러운 맛이 없다.

④ 잔금이 가기 쉽고 음향 효과도 좋지 않다.

6 석고 플라스터

(1) 종 류

① **순석고 플라스터** : 석고 플라스터에 현장에서 석회죽 또는 돌로마이트를 배합하여 사용할 수 있는 것으로 중성이며 경화가 빠르다.

② **혼합석고 플라스터** : 석고 플라스터와 석회가 혼합되어 있는 것으로 초벌용, 정벌용으로 쓰인다. 약알칼리성으로 경화속도는 보통이다.

③ **경석고 플라스터**(무석고, 킨즈 시멘트) : 약산성으로 강도가 크지만 철제를 녹슬게 하는 단점이 있다.

(2) 시공 · 특징

① 미장재료 중 경화속도가 가장 빠르고 팽창성이 있다.

② 혼합석고 플라스터, 보드용 플라스터는 가수 후 초벌, 재벌용은 2시간 이내, 정벌용은 1시간 30분 이내에 사용한다.

③ 바름 작업 중에는 될 수 있는 한 통풍을 방지하고, 작업 후에도 석고가 굳어질 때까지 통풍을 피하도록 한다. 그 후는 적당한 통풍으로 바름면을 건조시킨다.

④ 실내온도가 5℃ 이하일 때는 공사를 중단하거나 난방하여 5℃ 이상으로 유지한다. 정벌바름 후 난방할 때는 바름면이 오염되지 않도록 주의한다. 또한 실내를 밀폐하지 않고 가열과 동시에 환기하여 바름면이 서서히 건조되도록 한다.

7 돌로마이트 플라스터

(1) **재료** : 돌로마이트(마그네샤질 석회) + 모래 + 여물

(2) 시공 · 특징

① 교착력이 우수하고 점성이 커서 해초풀을 쓰지 않아도 잘 발라진다.

② 균열이 크고, 경화가 느리나, 점도가 커서 시공이 용이하다.

③ 유성 페인트를 잘 받고 내부 마감에 쓰인다.

8 회반죽 바름

(1) 재료 : 소석회, 해초풀(점착력 증대) 모래, 여물(잔금 방지)

(2) 시공 · 특징

① 공사시방서에 정한 바가 없는 경우의 마감두께는 벽에서는 15mm, 천장과 차양에서는 12mm로 한다.

② 바탕에 생긴 흠이나 균열은 완전히 보수하고 심하게 두드러진 곳은 평탄하게 고르고 우묵한 곳은 시멘트 모르타르로 내살려 바르기를 하고, 2주 이상 방치한 다음 바른다.

③ 해초풀을 끓인 다음 1일 이상 방치하게 될 때에는 표면에 소량의 석회를 뿌려서 부패를 방지하며, 사용시는 표층 부분을 제거한 후 사용한다. 단, 석회를 뿌리더라도 2일 이상 두어서는 안 된다.

④ 석회와 모래를 물 없이 섞은 것에 여물을 풀어 넣은 해초풀을 부어 괭이로 잘 섞는다. 이 때는 물을 넣지 않는다.

⑤ 고름질, 재벌바름은 초벌바름 후 10일 이상 두고, 초벌바름면이 건조한 후에 평탄하게 바른다. 재벌바름시 나온 모서리, 들어간 구석, 개구부 주변, 기타의 요소는 규준대를 대고 개탕 주위에 정확히 바른다.

⑥ 초벌바름에 균열이 생긴 경우에는 고름질을 한 다음 다시 5일 이상 두고 덧먹임을 하여 재벌바름 한다. 마무리 두께가 12mm 이하의 경우는 고름질을 생략한다.

⑦ 바름작업 중에는 가능한 한 통풍을 피하는 것이 좋지만, 초벌바름 및 고름질 후 특히 정벌바름 후 적당히 환기하여 바름면이 서서히 건조되도록 한다.

⑧ 실내온도가 5℃ 이하일 때는 공사를 중단하거나 난방하여 5℃ 이상으로 유지한다. 정벌바름 후 난방할 때는 바름면이 오염되지 않도록 주의한다. 또한 실내를 밀폐하지 않고 가열과 동시에 환기하여 바름면이 서서히 건조되도록 한다.

⑨ 기경성이다.

⑩ 경화속도가 느리며 강도가 작다.

🔍 예 제

미장공사에 관한 설명으로 옳지 않은 것은?　　　　　　　　제28회

① 바름면의 흙손작업은 갈라지거나 들뜨는 것을 방지하기 위해 바름층이 굳기 전에 끝낸다.
② 압송뿜칠기계로 바름하는 두께가 20mm를 넘는 경우에 초벌, 정벌 2회로 나누어 뿜칠 바름을 한다.
③ 콘크리트바탕의 표면 경화 불량은 두께가 2mm 이하의 경우에 와이어 브러시 등으로 불량부분을 제거한다.
④ 미장바름 주변의 온도가 5℃ 이하일 때는 공사를 중단하거나 난방하여 5℃ 이상으로 유지한다.
⑤ 경석고 플라스터는 무수석고, 모래, 여물 등을 물에 혼합한 것으로 경화속도가 빠르고 수축이 거의 없다.

해설

② 압송뿜칠기계로 바름하는 두께가 20mm를 넘는 경우에 초벌, 재벌, 정벌 3회로 나누어 뿜칠 바름을 한다.

🔎 정답 ②

⑨ 박락 및 균열

(1) 원 인

① 구조체의 수축 및 변형
② 재료의 불량 및 수축
③ 이음부 및 이질재와 접합부
④ 바탕면 처리불량
⑤ 바름두께 초과 및 미달

(2) 박락 방지대책

① 바름두께를 얇게 한다.
② 바름 바탕면을 거칠게 한다.
③ 모르타르를 충분히 충전한다.
④ 붙임 모르타르의 접착강도를 확보한다.
⑤ 오픈 타임을 준수한다.
⑥ 충분한 공기를 확보한다.
⑦ 양생 및 경화를 철저히 한다.

(3) 균열 방지대책

① 바름두께(마감두께)를 두껍게 한다.

② 바름 바탕면을 거칠게 한다.

③ 시멘트 사용량을 축소한다.

④ 완전 건조 후 다음 바름을 한다.

⑤ 급속한 건조를 피한다.

⑥ 조골재의 사용량 증대시킨다.

예제

미장공사에서 바름면의 박락(剝落) 및 균열원인이 아닌 것은?　제19회

① 구조체의 수축 및 변형　　　　　② 재료의 불량 및 수축
③ 바름 모르타르에 감수제의 혼입 사용　④ 바탕면 처리불량
⑤ 바름두께 초과 및 미달

해설

③ 바름 모르타르에 감수제의 혼입 사용은 건조수축을 줄여줘 박락 및 균열 원인이 아니라 방지대책
이 된다.

정답 ③

관련기준
건축표준시방서코드(KCS) 2021
〈KCS 41 46 02 : 2021〉

표 3.3 − 1 모르터의 현장배합(용적비)

바 탕	바르기 부 분	초벌바름 시멘트 : 모래	라스먹임 시멘트 : 모래	고름질 시멘트 : 모래	재벌바름 시멘트 : 모래	정벌바름 시멘트 : 모래
콘크리트, 콘크리트 블록 및 벽돌면	바 닥	−	−	−	−	1 : 2
	내 벽	1 : 3	1 : 3	1 : 3	1 : 3	1 : 3
	천 장	1 : 3	1 : 3	1 : 3	1 : 3	1 : 3
	차 양	1 : 3	1 : 3	1 : 3	1 : 3	1 : 3
	바깥벽	1 : 2	1 : 2	−	−	1 : 2
	기 타	1 : 2	1 : 2	−	−	1 : 2
각종 라스바탕	내 벽	1 : 3	1 : 3	1 : 3	1 : 3	1 : 3
	천 장	1 : 3	1 : 3	1 : 3	1 : 3	1 : 3
	차 양	1 : 3	1 : 3	1 : 3	1 : 3	1 : 3
	바깥벽	1 : 2	1 : 2	1 : 3	1 : 3	1 : 3
	기 타	1 : 3	1 : 3	1 : 3	1 : 3	1 : 3

OX

타일붙임용 모르타르의 배합비
는 용적비로 계상한다. (○)

📎 **표 3.3 − 2 바름두께의 표준**(단위 : mm)

바탕	바름 부분	바름두께					
		초 벌	라스먹임	고름질	재 벌	정 벌	합 계
콘크리트, 콘크리트 블록 및 벽돌면	바 닥	–	–	–	–	24	24
	안 벽	7	7	–	7	4	18
	천 장	6	6	–	6	3	15
	차 양	6	6	–	6	3	15
	바깥벽	9	9	–	9	6	24
	기 타	9	9	–	9	6	24
각종 라스바탕	안 벽	라스두께보다 2mm 내외 두껍게 바른다.		7	7	4	18
	천 장			6	6	3	15
	차 양			6	6	3	15
	바깥벽			0 ~ 9	0 ~ 9	6	24
	기 타			0 ~ 9	0 ~ 9	6	24

🔖 **관련기준**

건축표준시방서코드(KCS) 2021
〈KCS 41 46 05 : 2021〉

1. 단열 모르타르 바름

① 건축물의 바닥, 벽, 천장 및 지붕 등의 열손실 방지를 목적으로 외벽, 지붕, 지하층 바닥면의 안 또는 밖에 경량골재를 주재료로 하여 만든 단열 모르타르를 바탕 또는 마감재로 흙손바름, 뿜칠 등에 의하여 미장하는 공사에 적용한다.

② 단열 모르타르는 적절한 열전도율, 부착강도 및 내화성 또는 난연성이 있는 재료로서, 외부마감용의 경우는 내수성 및 내후성이 있는 것으로 한다.

③ 바름두께는 별도의 시방이 없는 한 1회에 10mm 이하로 하고, 총 바름두께는 소요열관류율을 만족하는 두께로서 공사시방서에 따른다.

④ 프라이머 도포 또는 접착 모르타르 바름 : 단열 모르타르의 부착력을 증진시키기 위한 흡수조정제는 필요에 따라 솔, 롤러, 뿜칠기 등으로 균일하게 도포한다. 단, 바탕과 단열 모르타르 접착재로 시멘트 페이스트를 바를 경우, 단열 모르타르 자체가 접착성이 충분하다고 판단될 때에는 신뢰할 수 있는 자료에 의하여 담당원의 승인을 받아 생략할 수 있다.

⑤ 재료의 비빔 : 재료는 충분히 숙성되도록 손비빔 또는 기계비빔하고, 그 후 1시간 이상 또는 제조업자의 시방에 규정된 가사용 시간 이상이 경과된 재료는 사용할 수 없다.

⑥ 보강재 설치 : 보강재를 설치하는 경우는 바탕에 들뜸이 생기지 않도록 밀착하여 부착하고, 접착재에 완전히 함침되도록 한다. 이 경우 접착재는 내화용 접착재를 사용한다.

🔖 **관련기준**

건축표준시방서코드(KCS) 2021
〈KCS 41 46 14 : 2021〉

💡 **OX**

단열 모르타르는 외단열이 내단열보다 효과적이다. (○)

⑦ 단열판을 설치하는 경우는 바탕면의 먼지와 이물질을 제거하고, 지정된 접착재를 충분하게 바르고 바탕과 밀착되게 부착한다. 이때 인접한 단열재와 틈이 벌어지지 않도록 대각선으로 밀면서 부착시키고, 틈이 발생한 경우는 단열재를 재단하여 메운다.

⑧ 초벌바름 : 단열 모르타르는 재료와 바름 부위에 따라 흙손, 뿜칠 또는 펌프압송 등으로 시공할 수 있으며, 제조업자의 시방에 적합한 공법을 사용한다.

　㉠ 초벌바름은 10mm 이하의 두께로 천천히 압력을 주어 기포가 생기지 않도록 바른다.

　㉡ 지붕에 바탕단열층으로 바름할 경우는 신축줄눈을 설치한다.

⑨ 정벌바름 : 단열 모르타르 바름이 마감바름면이 될 경우는 수평면 작업과 질감을 내는 작업은 한 번에 연속으로 이루어져 질감에 차이가 나거나 얼룩이 생기지 않아야 한다.

⑩ 보강 모르타르 바름 : 단열 모르타르의 표면정리 및 강도보정이 요구되는 경우는 강화 모르타르를 바를 수 있으며 재료 및 시공법은 공사시방서에 의한다.

⑪ 보양 : 보양기간은 별도의 지정이 없는 경우는 7일 이상으로 자연건조 되도록 하며, 바름층별 양생시간은 지정된 경과시간을 준수한다.

⑫ 주의사항

　㉠ 재료의 저장은 바닥과 벽에서 150mm 이상 띄워서 흙 또는 불순물에 오염되지 않도록 해야 하며, 특히 수분에 젖지 않도록 한다.

　㉡ 외기온이 5℃ 이하인 경우는 작업을 중지하고 필요시에는 난방 보정 등에 대한 것을 담당원의 승인을 얻은 후에 작업한다.

　㉢ 단열 모르타르를 외부 마감용으로 사용하는 경우는 우천시 흡수, 흡습 등을 방지하기 위하여 방수성이 있는 마감재(도장재, 타일 등)를 사용해야 한다.

02 | 타일공사

1 개 요

(1) 타일의 종류

종 류	소성온도	소 지		투명정도	건축재료
		흡수율	색		
토기(土器)	700~900℃	20% 이상	유색	불투명	기와, 벽돌, 토관
도기(陶器)	1,000~1,300℃	15~20%	백색/유색	불투명	타일, 테라코타타일
석기(石器)	1,300~1,400℃	8% 이하	유색	불투명	바닥타일, 클링커타일
자기(磁器)	1,300~1,450℃	0~1	백색	반투명	타일, 위생도기

도기질타일	세라믹타일이라고도 한다. 접착성이 좋고 수분 흡수율이 높아 보통 내장벽에 사용된다. 경도나 강도는 자기질타일보다 약하지만, 두께가 얇고 무게가 가벼우며, 다양한 색상과 디자인이 있다.
석기질타일	점토나 장석 등을 1,200도 전후로 연소시킨 타일로, 수분 흡수율 5% 이하인 타일이다. 자기질타일에 비하면 흡수성은 높지만 소재는 딱딱하며, 내후성이 뛰어나다는 장점을 가지고 있다. 유약을 사용하지 않고 질그릇의 소박한 느낌을 살린 수수함을 연출하는 자연소재이다.
자기질타일	도기질타일보다 단단하고 무게가 나가며 수분 흡수율이 낮아 바닥과 외장타일로 주로 쓰인다. 색상이 다양하지 않고 대부분이 무광이다. 유약처리 유·무에 따라 시유·무유타일로 구분된다.

(2) 타일의 구분

구 분	건식타일	습식타일
성형법	프레스성형법	압출성형법
형 태	단순 형태	복잡한 형태
정밀성	정밀도가 크고 고능률성	정밀도가 낮음
용 도	내장타일, 바닥모자이크	외장용, 바닥타일

타일공사

01 개 요
02 타일의 선정
03 용 어
04 타일공사

제27회

OX

1. 타일의 흡수율은 자기질이 석기질보다 작다. (○)
2. 도기질타일은 불투명하며, 두드리면 탁음이 난다. (○)
3. 타일의 최종 소성온도는 자기질이 도기질보다 높다. (○)

(3) 성형법

① **건식 및 반건식 성형** : 3~10%의 수분을 함유한 분말을 프레스의 금형에 넣어, 고압(200~300kg/cm^2)을 가해 성형한다. 이 방법으로 성형시킨 타일로는 내장타일, 모자이크타일 등이 있다.

② **습식 성형** : 반죽한 원료를 오거 머신(Auger Machine)에서 뽑아내어 성형시킨다. 오거 머신 속에 있는 나선의 스크류가 회전하여 원료를 출구 쪽으로 밀어낸다. 이 방법으로 성형시킨 타일로는 외장타일, 바닥타일 등이 있다.

(4) 시유 및 소성

① 시유타일은 건조 전 또는 건조 후 유약을 바르는데, 이 공정을 시유라 한다.

② 유약(釉藥)은 타일 표면에 유착되어 있는 얇은 유리질로서 타일의 미관을 향상시키고, 오염을 방지하며, 기계적 강도를 증진시킨다.

③ 자기질이나 석기질로 된 외장타일, 바닥타일, 모자이크타일 등은 유약을 발라 소성하지만(1차 소성), 내장타일과 같은 도기질은 한번 소성한 후 유약을 발라 다시 소성한다.

호칭명	소지질
내장타일	자기질, 석기질, 도기질
외장타일	자기질, 석기질
바닥타일	자기질, 석기질
모자이크타일	자기질, 석기질

(5) 특수타일의 종류

파스텔타일	소지에 안료를 혼합하여 고온소생한 색소지 자기질 무유타일로, 흡수율이 0%이다.
폴리싱타일	자기질 무유타일을 연마하여 대리석 질감과 흡사하게 만든 타일이다.
복합타일	대리석을 얇게 절단하여 세라믹타일 위에 붙인 타일로 접합타일이라고도 한다.
파벽돌	사전적 의미로 부서진 벽돌을 의미하지만 타일의 한 종류로 벽돌로 시공한 효과를 내기 위해 잘려진 벽돌 또는 인조로 만든 벽돌 타일이다.
테라코타 (Terracotta)	자토를 반죽하여 조각의 형틀로 찍어내어 소성한 속이 빈 대형의 점토 제품으로 구조용과 장식용이 있음. 건물의 외장에 쓰이는 복잡한 모양이 있는 대형의 점토제품, 혹은 외벽면에 붙이는 대형 타일이다.
보더타일 (Border Tile)	가늘고 길게 된 봉형의 시유제품으로 걸레받이나 징두리용으로 사용된다.

논슬립타일	미끄럼막이용으로 계단의 디딤판 끝 부분에 사용한다.
스크래치타일	표면이 긁힌 모양으로 외장용으로 사용한다.
클링커타일	고온으로 소성한 타일로 표면에 요철 무늬가 있다. 외부바닥에 주로 사용한다.
태피스트리타일	천무늬 타일이다.
모자이크타일 (Mosaic Tile)	5cm 각 이하의 소형타일을 30cm 각 대지에 줄눈을 미리 나누어 붙인 상태로 모자이크처럼 만든 타일이다.

2 타일의 선정

타일은 모양, 성능, 시공, 가격 등을 고려하여 선정한다.

(1) 모 양

타일 사용의 최대 이유는 모양의 훌륭함에 있다. 형상, 크기, 색조, 짜임새 등 각종 여러 면에서 큰 효과를 가진다.

(2) 성 능

타일을 사용하는 부위에 따라 필요한 성능을 검토하여 선정할 필요가 있다.

① **외 벽**

　㉠ 일반적으로 내동해성(耐凍害性)이 요구되므로 자기질, 석기질의 타일을 사용한다. 단, 석기질의 경우 시유품은 2% 미만, 무유품은 3% 미만의 흡수율을 가진 타일을 사용한다.

　㉡ 타일의 박리 방지를 위해서 뒷발이 있는 타일을 사용한다. 뒷발은 사족형으로 된 것을 사용하며 외장타일은 뒷발 높이가 1.5mm 이상을, 모자이크타일은 0.7mm 이상의 것을 사용한다.

　㉢ 투수성(透水性)이 있는 타일은 백화를 발생시킬 가능성이 높다.

② **내 벽**

　㉠ 한냉지에서는 자기질 또는 석기질의 내동해성이 있는 타일을 사용한다. 한냉지 외의 곳에서는 도기질 타일의 사용도 가능하다.

　㉡ 더러워지기 쉬운 장소에서는 조면(粗面, 거친 면) 타일은 적합하지 않으며, 평활한 시유타일을 사용한다.

③ **바 닥**

　㉠ 외부와 한냉지에서는 내동해성이 있는 자기질, 석기질타일을 사용한다 (외벽의 경우와 같다).

바닥용타일은 유약을 바르지 않고, 재질은 자기질 또는 석기질로 한다.

ⓛ 미끄러짐, 마모, 오염성 등을 고려해서 결정한다.

ⓐ 무유품이 시유품보다 미끄러지지 않는다.

ⓑ 조면이 있는 타일이 평활한 타일보다 미끄러지지 않는다.

ⓒ 시유품은 마모에 의해 유약이 떨어져 소지의 색이 나오는 것이 있다.

ⓓ 무유타일로서 흡수성이 있는 것은 더러워지기 쉽다.

ⓔ 자기, 시유타일은 잘 더러워지지 않는다.

구 분	내 용	재 질
외장타일	주로 건물의 외벽에 사용되는 중형타일과 대형타일	주로 자기질과 석기질
내장타일	주로 건물의 내부에 사용되는 5.4cm 각 이상의 정형·중형타일	주로 반자기질
바닥타일	① 바닥용 타일로 5.4cm 각 이상의 중형타일 ② 계단용의 논슬립타일도 여기에 포함	주로 자기질과 석기질

타일의 크기, 줄눈폭 및 두께

사용부위	재 질	크기(mm)	두께(mm)	줄눈폭(mm)
욕실바닥	자기질	200 × 200 이상	7 이상	4
욕실벽	유색시유도기질	200 × 250 이상	6 이상	2
현관바닥	자기질 (무유색소지 또는 시유타일)	300 × 300 이상	7 이상	5
세탁실바닥	자기질	150 × 150 이상	7 이상	4
주방벽 발코니	유색시유도기질	200 × 200 이상	6 이상	2
바닥(60m² 이상 전면 발코니)	자기질	200 × 200 이상	7 이상	4
홀	자기질	250 × 250 이상	7 이상	4
외부바닥	지정	150 × 150 이상	좌동	좌동
외벽타일	지정	지정크기 90 × 90 이상 (1변이 190 이상인 경우는 60 이상)	11 이상 (석기질 15 이상)	지정 크기
외부바닥 (테라스 현관)	지정	200 × 200 이상	11 이상	지정 크기

3 용 어

(1) 균열유발줄눈

철근콘크리트구조에 발생하는 건조수축균열을 계획적으로 발생되도록 콘크리트구조에 설치하는 줄눈

(2) 뒷 굽

시멘트 모르타르 또는 접착제와 접착이 잘 되게 하기 위하여 혹은 제조 과정에서 타일의 뒷면에 만들어진 발굽 또는 오목, 볼록하게 튀어나온 것

(3) 마스크 붙임

유닛(Unit)화된 50mm 각 이상의 타일 표면에 모르타르 도포용 마스크를 덧대어 붙임 모르타르를 바르고 마스크를 바깥에서부터 바탕면에 타일을 바닥면에 누름하여 붙이는 공법

(4) 살두께

① 실제 부재의 두께
② 소지는 타일의 주체를 이루는 부분으로, 시유타일의 경우에는 표면의 유약을 제거한 부분

(5) 신축 줄눈

압출성형 시멘트판이나 ALC 패널 상호 간의 줄눈

(6) 신축조정 줄눈

온도변화나 수분변화 또는 외력 등에 의하여 건물이나 건물 부위에 발생되는 변형이 타일에 영향을 적게 미치게 하기 위한 바탕면 및 바름층에 설치하는 줄눈

(7) 타일 유닛

일정한 줄눈 간격을 설치하여 바닥에 나열한 소정 매수의 타일 표면에 플라스틱 필름 또는 그라우트 사포 등을 부착하여 유닛화한 것

(8) 치장줄눈

벽돌이나 시멘트 블록의 벽면을 치장으로 할 때 줄눈을 곱게 발라 마무리한 줄눈

(9) 흡수 조정재

모르타르의 수분 건조를 방지하기 위해 사전에 바탕면에 도포하는 합성수지 에멀션 재료

♀OX

1. 타일붙임면의 모르타르 바탕 바닥면은 물고임이 없도록 구배를 유지하되 1/100을 넘지 않도록 한다. (○)
2. 바탕고르기 모르타르를 바를 때에는 타일의 두께와 붙임 모르타르의 두께를 고려하여 2회에 나누어서 바른다. (○)

4 타일공사

(1) 바탕만들기

① **모르타르 바탕**

㉠ 바탕고르기 모르타르를 바를 때에는 타일의 두께와 붙임 모르타르의 두께를 고려하여 2회에 나누어서 바른다.

㉡ 바름두께가 10mm 이상일 경우에는 1회에 10mm 이하로 하여 나무흙손으로 눌러 바른다.

㉢ 바탕 모르타르를 바른 후 타일을 붙일 때까지는 여름철(외기온도 25℃ 이상)은 3~4일 이상, 봄, 가을(외기온도 10℃ 이상, 20℃ 이하)은 1주일 이상의 기간을 두어야 한다.

㉣ 타일붙임면의 바탕면은 평탄하게 하고, 바탕면의 평활도는 바닥의 경우 3m당 ±3mm, 벽의 경우는 2.4m당 ±3mm로 한다.

㉤ 바닥면은 물고임이 없도록 구배를 유지하되, 1/100을 넘지 않도록 한다.

② **콘크리트 바탕 및 기타 바탕**: 콘크리트 타설면, 콘크리트 블록면, 경량기포 콘크리트면, 시멘트 압출성형판, 석고보드 등을 바탕으로 사용하는 경우는 공사시방서에 따른다.

(2) 바탕처리(물축이기 및 청소)

① 타일을 붙이기 전에 바탕의 들뜸, 균열 등을 검사하여 불량 부분은 보수한다.

② 타일을 붙이기 전에 불순물을 제거하고 청소한다.

③ 여름에 외장타일을 붙일 경우에는 하루 전에 바탕면에 물을 충분히 적셔둔다.

④ 타일붙임 바탕의 건조상태에 따라 뿜칠 또는 솔을 사용하여 물을 골고루 뿌린다. 이때 물의 양은 바탕의 습윤상태에 따라 공사시방서에 따른다.

⑤ 흡수성이 있는 타일에는 제조업자의 시방에 따라 물을 축여 사용한다.

⑥ 타일을 붙이는 모르타르에 시멘트 가루를 뿌리면 시멘트의 수축이 크기 때문에 타일이 떨어지기 쉽고 백화가 생기기 쉬우므로 뿌리지 않아야 한다.

⑦ 타일붙임은 타일의 백화, 탈락, 동결융해 등의 결함사항에 대하여 충분히 검토하여야 한다. 타일면은 우수의 침투를 방지할 수 있도록 완전히 밀착시켜 접착력을 높이며, 일정간격의 신축줄눈을 두어 백화, 탈락, 동결융해 등의 결함사항을 방지할 수 있도록 한다.

(3) 타일의 재질과 용도

외장용타일	자기질 또는 석기질로 하고, 내동해성이 우수한 것으로 한다.
내장용타일	도기질 또는 석기질 또는 자기질
한랭지 및 이와 준하는 장소의 노출된 부위	자기질, 석기질
바닥용타일	유약을 바르지 않고(무유타일), 재질은 자기질 또는 석기질로 한다.

(4) 타일붙이기 일반사항

① 줄눈 너비는 도면 또는 공사시방서에서 정한 바가 없을 때에는 표에 따른다. 다만 창문선, 문선 등 개구부 둘레와 설비기구류의 마무리 줄눈 너비는 10mm 정도로 한다.

🔗 줄눈 너비의 표준
(단위: mm)

▦ 제24회

타일 구분	대형 벽돌형(외부)	대형(내부일반)	소 형	모자이크
줄눈 너비	9	5~6	3	2

② 도면에 명기된 치수에 상관없이 징두리벽은 온장타일이 되도록 나누어야 한다.

③ 벽체 타일이 시공되는 경우 바닥 타일은 벽체 타일을 먼저 붙인 후 시공한다.

④ 타일의 박리 및 백화현상이 발생하지 않도록 시공하고, 이 시방서(보양 및 청소)에 따라 보양한다.

⑤ 벽타일붙이기에서 타일 측면이 노출되는 모서리 부위는 코너 타일을 사용하거나 모서리를 가공하여 측면이 직접 보이지 않도록 한다.

⑥ 벽체는 중앙에서 양쪽으로 타일 나누기를 하여 타일 나누기가 최적의 상태가 될 수 있도록 조절한다. 달리 도면에 명기되어 있지 않다면 동일한 폭의 줄눈이 되도록 한다.

(5) 붙임 공법의 종류

공법	내용
떠붙이기 공법	가장 기본적인 공법으로 타일 뒷면에 붙임 모르타르를 바르고 빈틈이 생기지 않게 콘크리트 바탕에 눌러 붙이는 방법으로 백화가 발생하기 쉽기 때문에 외장용으로는 사용하지 않는 것이 좋다.
개량떠붙이기 공법	기존 떠붙이기 공법의 단점을 보완한 것으로 평탄한 바탕 모르타르를 먼저 조성한 후 타일 뒷면 전체에 붙임 모르타르를 얇게 발라서 시공한다.
압착 공법	평탄하게 마무리한 바탕 모르타르면에 붙임 모르타르를 바르고, 나무망치 등으로 타일을 두들겨 붙이는 방법이다.
개량압착 공법	먼저 시공된 모르타르 바탕면에 붙임 모르타르를 도포하고, 모르타르가 부드러운 경우에 타일 속면에도 같은 모르타르를 도포하여 벽 또는 바닥 타일을 붙이는 공법이다.
밀착 공법 (동시줄눈 공법)	붙임 모르타르를 바탕면에 도포하여 모르타르가 부드러운 경우에 타일 붙임용 진동공구를 이용하여 타일에 진동을 주어 매입에 의해 벽타일을 붙이는 공법으로 솟아오르는 모르타르로 줄눈 부분을 시공하는 공법이다.
모자이크타일붙임 공법	붙임 모르타르를 바탕면에 도포하여 직접 표면 붙임의 유닛화된 모자이크 타일을 시멘트 바닥면에 누름하여 벽 또는 바닥에 붙이는 공법이다.
마스크붙임 공법	개량 모자이크타일 공법이라고도 불리는 이 공법은 모자이크 유닛 타일의 뒷면에 줄눈부를 씌우는 마스크(줄눈부분을 남겨 구멍을 뚫은 것)를 사용하여 붙임 모르타르를 바르고 바탕에 똑바로 눌러 담는 것처럼 하여 타일을 붙이는 공법이다.
판형붙이기 공법	낱장붙이기와 같은 방법으로 하되 타일 뒷면의 표시와 모양에 따라 그 위치를 맞추어 순서대로 붙이고 모르타르가 줄눈 사이로 스며나오도록 표본 누름판을 사용하여 압착한다. 줄눈 고치기는 타일을 붙인 후 15분 이내에 실시한다.
접착 공법	거의 압착공법과 동일한 방법으로 유기질 접착제 또는 수지 모르타르를 바탕면에 도포하고, 이것에 타일을 세차게 밀어 넣어 바닥면에 누름하여 붙이는 공법이다. ① 내장공사에 한하여 적용한다. ② 붙임 바탕면을 여름에는 1주 이상, 기타 계절에는 2주 이상 건조시킨다.

OX

1. 개량압착 공법은 바탕면에 붙임 모르타르를 바르고 타일 뒷면에도 붙임 모르타르를 발라 눌러 붙이는 타일 벽붙임공법이다. (○)
2. 타일의 탈락(박락)은 떠붙임 공법에서 가장 많이 발생하며 모르타르의 시간경과로 인한 강도저하가 주요 원인이다. (×)
3. 동시줄눈붙이기(밀착붙임 공법)는 바탕면에 붙임 모르타르를 발라 타일을 붙인 다음, 충격공구로 타일면에 충격을 가하여 붙이는 방법이다. (○)
4. 접착 공법은 합성수지 계통의 접착제를 바탕에 바르고 타일을 눌러 붙이는 공법이다. (○)
5. 벽타일붙이기에서 내장타일 붙임 공법에는 압착붙이기, 개량압착붙이기, 동시줄눈붙이기가 있다. (×)

타일 선부착 PC판 공법(TPC : Tile Precast Concrete)	공장에서 PC판 제조시 PC 패널의 몰드에 타일을 선부착하고 콘크리트를 부어넣은 후 증기 양생하여 PC판과 타일을 일체화하여 만드는 방법이다.
MCR 공법	거푸집에 전용 시트를 붙이고, 콘크리트 표면에 요철을 부여하여 모르타르가 파고 들어가는 것에 의해 박리를 방지하는 공법이다.
거푸집 선부착 공법	건물의 외벽·기둥 등에 타일을 붙일 때 거푸집에 미리 타일 또는 유닛 타일을 부착한 후 철근배근을 하고 거푸집을 조립하여 콘크리트를 타설하는 방법으로 구조체와 일체화된 벽면을 구성할 수 있다.

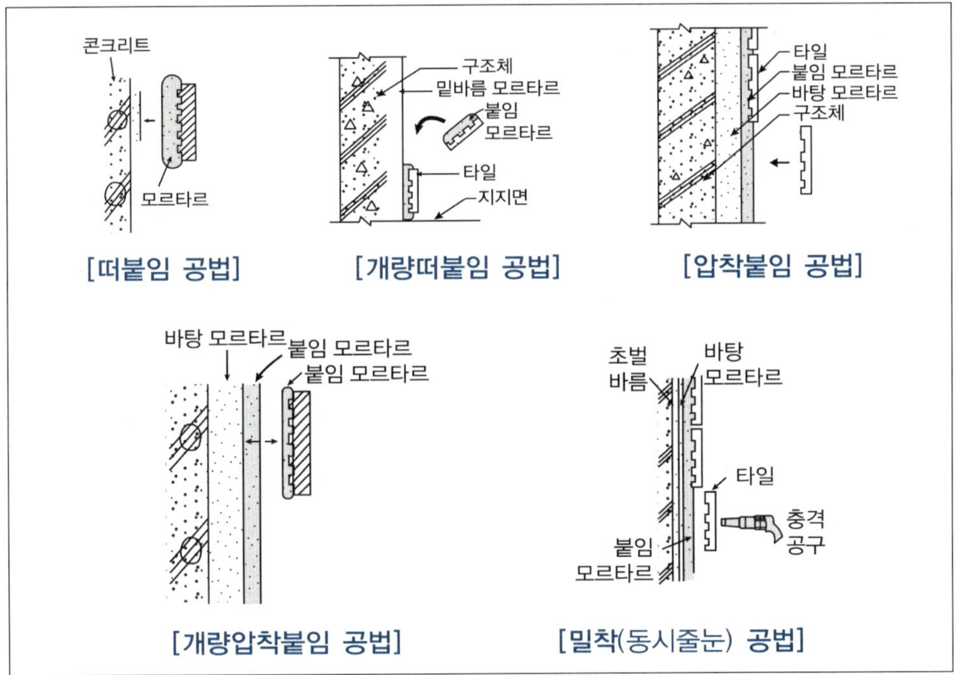

⌕ 공법별 타일 크기 및 바름두께

공법 구분		타일 크기(mm)	붙임 모르타르의 두께(mm)
외 장	떠붙이기	108 × 60 이상	12~24
	압착붙이기	108 × 60 이상 108 × 60 이하	5~7 3~5
	개량압착붙이기	108 × 60 이상	바탕쪽 : 3~6 타일쪽 : 3~4
	판형붙이기	50 × 50 이하	3~5
	동시줄눈붙이기	108 × 60 이상	5~8
내 장	떠붙이기	108 × 60 이상	12~24
	낱장붙이기	108 × 60 이상 108 × 60 이하	3~5 3
	판형붙이기	100 × 100 이하	3
	접착제붙이기	100 × 100 이하	—

(6) 치장줄눈

① 타일을 붙이고, 3시간이 경과한 후 줄눈파기를 하여 줄눈부분을 충분히 청소하며, 24시간이 경과한 뒤 붙임 모르타르의 경화 정도를 보아, 작업 직전에 줄눈 바탕에 물을 뿌려 습윤케 한다.

② 치장줄눈의 폭이 5mm 이상일 때는 고무흙손으로 충분히 눌러 빈틈이 생기지 않게 시공한다.

(7) 신축줄눈

① 신축줄눈에 대하여 도면에 명시되어 있지 않을 때에는 이질바탕의 접합부분이나 콘크리트를 수평방향으로 이어붓기한 부분 등 수축균열이 생기기 쉬운 부분과 붙임면이 넓은 부분에는 담당원의 지시에 따라 그 바탕에까지 닿는 신축줄눈을 약 3m 간격으로 설치하여야 한다.

② 타일의 신축줄눈은 구조체의 신축줄눈, 바탕 모르타르의 신축줄눈의 위치가 가능한 일치하도록 설계 요구사항에 따라 줄눈을 맞추고 줄눈의 실링재는 타일씻기 완료 후 건조상태를 확인하고 설치한다.

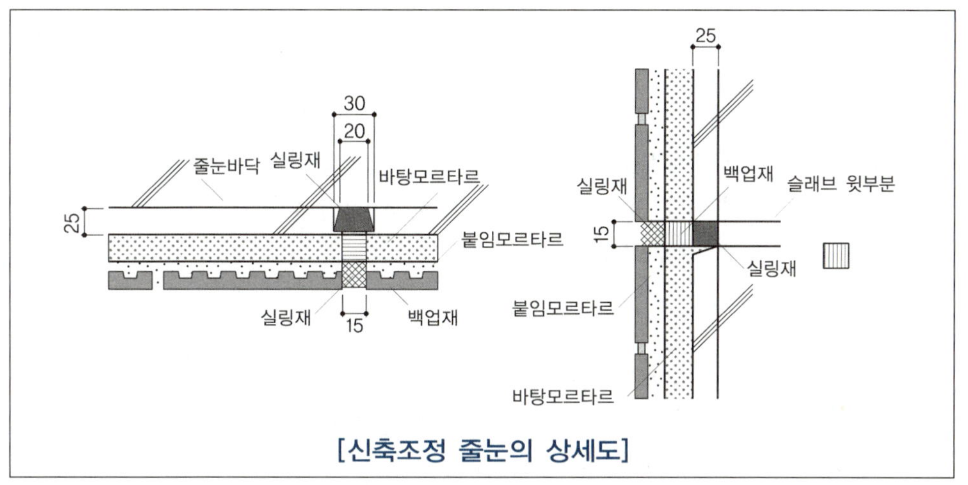

[신축조정 줄눈의 상세도]

(8) 타일의 보양

① 외부 타일 붙임인 경우에 태양의 직사광선 또는 풍우 등으로 손상받을 우려가 있는 곳은 담당원의 지시에 따라 시트 등 적절한 것을 사용하여 보양한다(직사광선은 피한다).

② 한중공사시에는 시공면을 보호하고 동해 또는 급격한 온도변화에 의한 손상을 피하도록 하기 위해 외기의 기온이 2℃ 이하일 때에는 타일작업장 내의 온도가 10℃ 이상이 되도록 임시로 가설 난방 보온 등에 의하여 시공부분을 보양하여야 한다.

③ 타일을 붙인 후 3일간은 진동이나 보행을 금한다. 다만, 부득이한 경우에는 담당원의 승인을 받아 보행판을 깔고 보행할 수 있다.

④ 줄눈을 넣은 후 경화 불량의 우려가 있거나 24시간 이내에 비가 올 우려가 있는 경우에는 폴리우레탄 필름 등으로 차단·보양한다.

⑤ 타일의 마감작업 후 균열, 칩핑, 깨어짐, 접착 불량 등이 없도록 깨끗하게 설치가 완료된 상태로 유지하여야 한다.

(9) 청 소

① 치장줄눈 작업이 완료된 후 타일면에 붙은 불결한 재료나 모르타르, 시멘트 페이스트 등을 제거하고 손이나 헝겊 또는 스펀지 등으로 물을 축여 타일면을 깨끗이 씻어 낸 다음 마른 헝겊으로 닦아낸다.

② 공업용 염산 30배 희석용액을 사용하였을 때에는 물로 산성분을 완전히 씻어낸다.

③ 접착제를 사용하여 타일을 붙였을 때에는 담당원의 지시에 따라 승인된 용제로 깨끗이 청소한다.

④ 줄눈넣기가 완성되면 세라믹 타일 전체를 청소한다.

　　㉠ 가능한 한 빨리 타일에 묻어 있는 시멘트 모르타르 등 오염물질을 제거한다.

　　㉡ 유약을 바르지 않은 타일은 담당원의 승인을 받은 경우에 산성 용해제로 청소해도 무방하다.

⑽ **검 사** 제28회

① **시공 중 검사**: 하루 작업이 끝난 후 비계발판의 높이로 보아 눈높이 이상이 되는 부분과 무릎 이하 부분의 타일을 임의로 떼어 뒷면에 붙임 모르타르가 충분히 채워졌는지 확인하여야 한다.

② **두들김 검사**

　　㉠ 붙임 모르타르의 경화 후 검사봉으로 전면적을 두들겨 검사한다.

　　㉡ 들뜸, 균열 등이 발견된 부위는 줄눈 부분을 잘라내어 다시 붙인다.

③ **접착력 시험**

　　㉠ 타일의 접착력 시험은 일반건축물의 경우 타일면적 200m²당, 공동주택은 10호당 1호에 한 장씩 시험한다. 시험 위치는 담당원의 지시에 따른다.

　　㉡ 시험할 타일은 먼저 줄눈 부분을 콘크리트면까지 절단하여 주위의 타일과 분리시킨다.

　　㉢ 시험할 타일은 시험기 부속 장치의 크기로 하되, 그 이상은 180×60mm 크기로 콘크리트 면까지 절단한다. 다만, 40mm 미만의 타일은 4매를 1개조로 하여 부속 장치를 붙여 시험한다.

　　㉣ 시험은 타일 시공 후 4주 이상일 때 실시한다.

　　㉤ 시험결과의 판정은 타일 인장 부착강도가 0.39N/mm² 이상이어야 한다.

예 제

타일공사에 관한 설명으로 옳지 않은 것은? 제26회

① 치장줄눈은 타일 부착 3시간 정도 경과 후 줄눈파기를 실시한다.
② 타일붙임용 모르타르의 배합비는 용적비로 계상한다.
③ 타일 제품의 흡수성이 높은 순서는 토기질, 도기질, 석기질, 자기질의 순이다.
④ 타일붙이기는 벽타일, 바닥타일의 순서로 실시한다.
⑤ 모르타르로 부착하는 타일공법의 붙임시간(Open Time)은 모두 동일하게 관리한다.

해설

⑤ 모르타르로 부착하는 타일공법의 붙임시간(Open Time)은 붙임공법에 따라 다르다.

정답 ⑤

OX

1. 벽타일 압착 붙이기에서 타일의 1회 붙임면적은 모르타르의 경화속도, 작업성을 고려하여 1.2m² 이하로 한다. (○)
2. 타일의 접착력 시험 결과 인장 부착강도는 0.39MPa 이상이어야 한다. (○)
3. 타일 1장의 기준 치수는 타일치수의 줄눈치수를 합한 것으로 한다. (○)
4. 접착력 시험은 타일 시공 후 3주 이상일 때 실시한다. (×)
5. 접착력 시험할 타일의 크기가 40mm 미만인 경우, 타일 4매를 1개조로 하여 부속장치에 붙여 시험한다. (○)

붙임 모르타르 두께 등

붙임공법	붙임 모르타르 두께 등
압착 붙이기	① 타일 두께의 1/2 이상으로 하고, 5~7mm를 표준 ② 타일의 1회 붙임 면적은 1.2m^2 이하 ③ 벽면의 위에서 아래로, 붙임 시간은 모르타르 배합 후 15분 이내 　㉠ 시공능률이 양호하고 타일과 붙임재와의 사이에 공극이 없어 백화가 발생하지 않는다. 　㉡ 오픈타임(Open Time)이 길면 접착력의 저하로 인한 타일의 탈락이 발생한다.
개량압착 붙이기	① 붙임 모르타르를 바탕면에 4~6mm ② 1회 바름 면적은 1.5m^2 이하, 붙임 시간은 모르타르 배합 후 30분 이내 ③ 타일 뒷면에 붙임 모르타르를 3~4mm 　㉠ 접착성이 좋고 균열이 발생하지 않는다. 　㉡ 타일과 붙임재와의 사이에 공극이 없어 백화가 발생하지 않는다. 　㉢ 압착공법에 비해 작업능률이 떨어진다. 　㉣ 타일붙이기 비용의 상승요인이 된다. 　㉤ 붙임 모르타르가 얇기 때문에 시공정밀도가 요구된다.
동시 줄눈 붙이기 (밀착 공법)	① 붙임 모르타르를 바탕면에 5~8mm ② 1회 붙임 면적은 1.5m^2 이하, 붙임 시간은 20분 이내 ③ 줄눈의 수정은 타일 붙임 후 15분 이내에 실시하고, 붙임 후 30분 이상이 경과했을 때에는 그 부분의 모르타르를 제거하여 다시 붙인다. 　㉠ 압착공법에 비해 가사시간의 영향이 작다. 　㉡ 균열이 적고, 작업이 쉽고 능률이 좋다. 　㉢ 바탕고르기가 정밀해야 한다. 　㉣ 진동시 타일의 어긋남이 발생할 수 있다. 　㉤ 타일표면의 정밀도를 만들기 어렵다. 　㉥ 외부 우수에 노출되는 부위에 사용시 백화현상의 하자발생 예가 많다. ⇨ 줄눈시공의 부실로 인한 것
모자이크 타일 붙이기	① 붙임 모르타르를 바탕면에 초벌과 재벌로 두 번 바르고, 총 두께는 4~6mm를 표준 ② 붙임 모르타르의 1회 바름면적은 2.0m^2 이하로 하고, 붙임 시간은 모르타르 배합 후 30분 이내
떠붙임공법	① 접착강도의 편차가 작다. ② 붙임 모르타르가 빈배합이므로 경화시 수축에 의한 영향이 작다. ③ 시공시 상당한 숙련을 요한다. ④ 시공능률이 나쁘다. ⑤ 밑에서 붙여 올라가므로 시공높이에 한계(약 1.2m/일)가 있다. ⑥ 뒷면에 공극이 생기지 않도록 하는 것이 시공상 중요하다.

♀ OX

모르타르로 부착하는 타일공법의 붙임시간(Open Time)은 모두 동일하게 관리한다. (×)

박리의 가능성이 높은 부위

1. 탈락된 타일 부위
2. 백화발생 부위(특히 상부)
3. 이질재와 접하는 부위
4. 균열부의 양측
5. 개구부 주위
6. 돌출부위 두겁대
7. 시공이음(Construction Joint)/신축이음(Expansion Joint)
8. 강우에 젖은 상태에서 색상이 변한 부위

➡ 보충학습

1. 치장줄눈은 건물 미관에 중요한 역할을 하는 것으로, 타일 뒷면에 우수의 침입을 방지하고 타일을 고정시켜 탈락현상을 방지한다.

2. **신축줄눈**
   ① 모르타르의 건조수축, 외기온도에 따른 골조와 모르타르의 신축으로 타일의 부착력 약화와 타일의 내부응력 발생으로 타일의 박리현상 발생 방지를 목적
   ② 바탕면 재료가 상이한 부분은 반드시 신축줄눈을 설치
   ③ 두 벽이 만나는 오목모서리 부위는 반드시 신축줄눈을 설치한다.
   ④ 골조의 설치된 줄눈과 타일의 신축줄눈은 가능한 일치되게 설치한다.
   ⑤ 타일 신축줄눈과 시공이음(Construction Joint)의 위치가 다른 경우는 타일 신축줄눈을 하부에 설치한다. ⇨ 역으로 하면 줄눈을 타고 침입은 물이 실내측으로 누수될 우려가 있다.

◈ 관련기준

건축표준시방서코드(KCS) 2022
〈KCS 41 48 01 : 2022〉

모르타르 비교

1. **벽돌공사**
   ① 현장에서 원하는 시공연도를 얻을 수 있을 만큼의 물을 넣고 모르타르나 그라우트를 비비는 경우에 비빔기계 안에서의 비빔시간은 3분 미만이나 10분 이상이어서는 안 된다.
   ② 어떤 경우에도 처음 물을 넣고 비빈 후 두 시간이 지난 모르타르나 한 시간이 지난 그라우트를 사용해서는 안 된다.
   ③ 그라우트나 모르타르는 성형 가능할 때까지 비빔기계에서 비벼야 하며, 이때의 비빔시간은 10분을 넘지 않도록 한다.

2. **단순조적 블록공사**
   ① 모르타르나 그라우트의 비빔시간은 기계믹서를 사용하는 경우 최소 5분 동안 비벼야 하며, 원하는 시공연도가 되도록 한다. 모르타르가 소량일 경우에는 손비빔을 할 수 있다. 모르타르나 그라우트의 비빔은 기계비빔을 원칙으로 한다.

② 최초 물을 가해 비빈 후 모르타르는 2시간, 그라우트는 1시간을 초과하지 않은 것은 다시 비벼 쓸 수 있다. 그러나 반죽한 것은 될 수 있는 한 빨리 사용하고 물을 부어 반죽한 모르타르가 굳기 시작한 것은 사용하지 않는다. 굳기 시작한 모르타르에 물을 부어 되비빔하는 것은 금한다.

3. 시멘트 모르타르 바름(미장공사)

① 시멘트와 모래를 혼합하고, 물을 부어서 잘 섞는다. 혼화재료로서 분말모양의 것은 섞을 때에 그대로 혼입하고 합성수지계 혼화제, 방수제 등 액상의 것은 미리 물과 섞는다. 비빔은 기계로 하는 것을 원칙으로 한다.

② 1회 비빔량은 2시간 이내 사용할 수 있는 양으로 한다.

4. 타일공사

① 모르타르 배합 : 모르타르는 건비빔한 후 3시간 이내에 사용하며, 물을 부어 반죽한 후 1시간 이내에 사용한다. 1시간 이상 경과한 것은 사용하지 않는다.

② 기타 붙임 모르타르에 합성수지 에멀션 또는 합성고무 에멀션을 사용할 때에는 설계도서 또는 담당원의 지시에 따른다.

도장공사

제28회에는 출제되지 않았지만 매회 1문제 정도 출제된다고 생각하면 됩니다.
도장재료와 시방서에서 골고루 출제되니 특별히 어려운 내용은 제외하고 일반적인 내용을 잘 정리하면 되겠습니다.

도장공사

01 도장공사

02 표준시방서에 따른 도장공사

:: 제27회

♀ OX

1. 내열성을 고려할 경우 유성 페인트나 비닐 페인트 등을 선택한다. (×)
2. 콘크리트에 직접 접하는 면은 알칼리성이 강하므로 유성 페인트의 사용을 피한다. (○)
3. 외장용으로는 수용성 페인트가 적절하다. (×)
4. 래커(Lacker)는 내수성, 내후성, 내산성 및 내알칼리성 측면에서 불리하다. (×)
5. 내수성을 고려할 경우 수성 페인트를 선택한다. (×)
6. 가소제는 건조된 도막의 내구력을 증가시키는데 사용된다. (○)
7. 안료는 분산제로서 도장의 색상을 내며 햇빛으로부터 결합재의 손상을 방지한다. (×)
8. 수지는 물이나 용체에 녹지 않는 무채 또는 유채의 분말이다. (×)

---

01 도장공사(칠공사)

1 도장공사

도장재료	도료의 구성	도막형성 요소	도막형성 주요소	건조·고화하여 광택이 있는 강인한 피막을 형성하는 요소 ♀ 유류(油類)와 수지(樹脂)가 있다.
		도막형성 부요소	도료, 도막의 형성, 도막의 성능을 개선하거나 향상시키기 위한 첨가제 ♀ 가소제, 건조제, 경화제, 광택부여제, 방부제, 방충제 등
	전색제(展色劑)	안료가 액체상태로 있을 때 안료를 분산·현탁시키고 있는 매질의 부분 ♀ 불휘발성 성분과 휘발성 성분으로 나뉨
	안료	① 착색안료(무기안료, 유기안료) ② 체질안료(피복에 은폐력 부여)
	도막형성 조요소	① 도료의 유동성을 조절하여 시공을 쉽도록 하는데 사용 ② 도료를 구성하는 성분이지만 건조 중에 증발하여 형성된 도막에는 잔류하지 않음. ③ 용제(溶劑), 희석제(稀釋劑)
선택시 유의사항	① 내후성을 고려하여 니스, 수용성 페인트는 외장용으로 사용할 수 없다. ② 콘크리트와 같은 알칼리성 재료에는 유성 페인트를 사용할 수 없다. ③ 고온 작용시 유성 페인트나 비닐 페인트 등을 사용할 수 없다.
유성 페인트 ♀ 알칼리 바탕칠금지, 내후성이 좋아 외부 칠 가능	① 기름(Oil): 도막을 형성 ② 안료(Pigment): 색, 바탕을 기밀하게 하고 내구력 증진 ③ 건조제: 리사지 등, 많이 사용하면 도막에 균열 발생 ④ 희석제: 도료의 점도 조절

도장재료	수성 페인트 (알칼리 바탕에 칠 가능)	카제인 수성 페인트	① 회반죽, 모르타르 면 적당 ② 외부 칠 부적당
		에멀전 수성 페인트	외벽에 칠 가능
	바니시 (수지＋용제 투명도료, 목재바탕, 내후성 떨어짐)	유성 바니시 (용제 : 유성 솔벤트)	① 유성바니시 ＋ 안료 ② 에나멜 페인트 : 광택 우수, 내수성, 내유성, 내약품성 우수 ♀ **스테인**(Stain) 주로 목재 바탕 곁에 직접 칠 먹임(Wood Filling)을 하거나 색을 입히기 위해 사용. 목재에 사용하는 착색제.
		휘발성 바니시 (용제 : 휘발성 용제, 주정 바니시라고도 함)	① 래크(Lake) : 셸락을 알콜에 용해시킨 것 ② 클리어 래커(Clear Lacquer) : 셀룰로오스 소재 수지를 용제로 녹인 것으로 투명한 피막 형성 ③ 래커 에나멜(Lacquer Enamel) : 투명 락카에 안료를 가한 것. 실내용과 실외용 ④ 하이솔리드래커
	본타일		① 모르타르면에 스프레이를 이용하여 뿜칠도장으로 요철모양을 형성한 후 마감처리한 것 ② 치장용 뿜칠용 도료인 복층무늬 도료로서 수성 본타일, 아크릴본타일과 에폭시 본타일이 있다.
	녹막이 칠 (방청도료)		① 광명단 : 주로 철재에 사용 ② 징크로메이트 도료 : 크롬산아연 ＋ 알키드수지, 알루미늄판 초벌용 ③ 연시안아미드 도료 : 주철제품의 녹막이칠에 사용 ④ 그래파이트 도료 : 정벌칠에 쓰이나 자체는 녹막이 효과가 있다 ⑤ 이온교환수지 도료 : 전자제품, 철재면 녹막이 도료로 사용 ⑥ 그래파이트 도료 : 정벌칠에 쓰이나 자체는 녹막이 효과가 있다 ⑦ 이온교환수지 도료 : 전자제품, 철재면 녹막이 도료로 사용 ⑧ 알루미늄 도료 : 방청의 효과 및 광선이나 열을 반사하는 효과 ⑨ 역청질 도료 : 일시적 방청효과
	목재의 방부재		콜타르, 크레오소트

유성바니시(유성니스)에 페인트용 안료를 섞은 것으로 일반 유성페인트보다 도막이 두껍고 광택이 좋은 도료는?

제19회

① 수성 페인트(Water Paint)
② 멜라민 수지 도료(Melamine Resin Paint)
③ 래커(Lacquer)
④ 에나멜 페인트(Enamel Paint)
⑤ 에멀션 페인트(Emulsion Paint)

해설

④ 에나멜 페인트는 유성바니시에 안료를 섞은 것으로 도막이 두껍고 광택이 우수하며 주로 금속바탕에 사용한다.

🗋 정답 ④

∷ 제14회

칠하기시 주의사항	① 습도가 85% 초과면 중지한다. ② 기온이 5℃ 미만에서는 공사를 하지 않는다. ③ 바람이 강하게 부는 날에는 칠 작업을 중지한다. ④ 칠막의 각층은 얇게 하고 충분히 건조시킨다. ⑤ 도장 후 서서히 건조시킨다. ⑥ 건조제를 많이 첨가하면 도막에 균열이 발생한다. ⑦ 야간작업은 금하는 것이 좋다. ⑧ 초벌에는 연한 색으로 칠해서 진한 색으로 시공한다. ⑨ 초벌, 재벌, 정벌의 3공정으로 이루어지는데 초벌인 경우 동일재의 유성이면 다른 색으로 칠해도 관계없다. ⑩ 불투명한 도장일 때에는 하도, 중도, 상도공정의 각 도막 층별로 색깔을 될 수 있는 한 달리하여 몇 번째의 도장도막인가를 판별할 수 있도록 한다. ⑪ 처음 1회째의 녹막이도장은 가공장에서 조립 전에 도장함을 원칙으로 하고, 화학처리를 하지 않은 것은 녹제거 직후에 도장한다. ⑫ 바탕재가 소나무, 삼송 등과 같이 흡수성이 고르지 못한 바탕재에 색올림을 할 때에는 흡수방지 도장을 한다. ⑬ 마감된 금속표면은 별도의 지시가 없으면 도금된 표면, 스테인리스강, 크롬도금판, 동, 주석 또는 이와 같은 금속으로 마감된 재료는 도장하지 않는다. ⑭ 움직이는 품목 및 라벨의 움직이는 운전부품, 기계 및 전기부품으로 밸브, 댐퍼 동작기, 감지기 모터 및 송풍기 샤프트는 특별한 지시가 없으면 도장하지 않는다. 단, 라벨에는 도장하지 않는다.

💡 **OX**

1. 강한 바람이 불 때에는 먼지가 묻게 되므로 외부공사를 하지 않는다. (○)
2. 초벌부터 정벌까지 같은 색으로 시공해야 한다. (×)
3. 야간에는 색을 잘못 칠할 염려가 있으므로 칠하지 않는다. (○)
4. 바탕의 건조가 불충분하거나 기타 공기의 습도가 많을 때에는 칠공사를 하지 않는다. (○)
5. 기온이 낮거나 습도가 높은 날은 작업을 피한다. (○)
6. 줄눈은 줄 바르고 티가 없게 바른다. (○)

도장공법	솔 칠	① 위에서 아래로, 왼쪽에서 오른쪽으로 칠하고, 먼저 이음새 틈서리를 바르고 중간을 칠한다. ② 보편적으로 사용하고, 초기 건조가 빠른 래커에는 부적당하다.
	롤러칠	롤러도장은 붓도장보다 도장속도가 빠르다. 그러나 붓도장 같이 일정한 도막두께를 유지하기가 매우 어려우므로 표면이 거칠거나 불규칙한 부분에는 특히 주의를 요한다.
	스프레이 도장	① 래커타입의 도료일 때에는 스프레이의 공기압은 0.2~0.4N/mm²를 표준으로 하고 사용재료의 묽기 정도에 따라 적절히 조절한다. ② 도장거리는 스프레이 도장면에서 300mm를 표준으로 하고 압력에 따라 가감한다. ③ 항상 평행이동하면서 운행의 한 줄마다 스프레이 너비의 1/3 정도를 겹쳐 뿜는다. ④ 매 회의 에어스프레이는 붓도장과 동등한 정도의 두께로 하고, 2회분의 도막두께를 한 번에 도장하지 않는다. ⑤ 도면과 건의 거리가 너무 가까우면 얼룩이 지고, 너무 멀면 도면이 거칠고 손실이 많아진다. ⑥ 에어레스 스프레이 도장은 1회 도장에 두꺼운 도막을 얻을 수 있고 짧은 시간에 넓은 면적을 도장할 수 있고, 무용제 초속경화형 도장에는 고온 고압의 충돌혼합 스프레이를 사용하면 빠른 시간에 도장 및 건조 작업을 완료할 수 있다.

♀ 도장공사시 균열의 원인

1. 초벌건조가 불충분할 때와 건조제를 과다 사용했을 때
2. 금속면에 탄력성이 작은 도료를 사용할 때
3. 안료에 유성분의 비율이 적을 때
4. 초벌이 연약하고 재벌피막이 강인할 때

∷ 제17회, 제23회

🔖 관련기준
건축표준시방서코드(KCS) 2023
〈KCS 41 47 00 : 2023〉

2 표준시방서에 따른 도장공사

용어 해설

1. **바탕처리** : 바탕에 대해서 도장에 적절하도록 행하는 처리. 즉 하도를 칠하기 전 바탕에 묻어 있는 기름, 녹, 흠을 제거하는 처리 작업
2. **하도**(프라이머) : 물체의 바탕에 직접 칠하는 것. 바탕의 빠른 흡수나 녹의 발생을 방지하고, 바탕에 대한 도막 층의 부착성을 증가시키기 위해서 사용하는 도료
3. **중도**(Under Coat, Fround Coat, Surfacer, Texture Coat) : 하도와 상도의 중간층으로서 중도용의 도료를 칠하는 것, 하도 도막의 상도 도막 사이의 부착성의 증강, 조합 도막층 두께의 증가, 평면 또는 입체성의 개선 등을 위해서 한다.
4. **상도** : 마무리로서 도장하는 작업 또는 그 작업에 의해 생긴 도장면
5. **배합비율** : 도장재료를 도장작업에 적합한 점도로 희석하는 희석재나 물 등의 도장재료에 대한 질량비 〈2023년 표준시방서에서 삭제됨〉
6. **눈먹임** : 목부 바탕재의 도관 등을 메우는 작업
7. **도막두께** : 건조 경화한 후의 도막의 두께
8. **조색** : 몇 가지 색의 도료를 혼합해서 얻어지는 도막의 색이 희망하는 색이 되도록 하는 작업
9. **퍼티** : 바탕의 파임·균열·구멍 등의 결함을 메워 바탕의 평편함을 향상시키기 위해 사용하는 살붙임용의 도료, 안료분을 많이 함유하고 대부분은 페이스트 상이다.
10. **희석제** : 도료의 유동성을 증가시키기 위해서 사용하는 휘발성의 액체
11. **안료**(Pigment) : 물이나 용체에 녹지 않는 무채 또는 유채의 분말로 무기 또는 유기 화합물, 착색·보강·증량 등의 목적으로 도료·인쇄 잉크·플라스틱 등에 사용한다. 굴절률이 큰 것은 은폐력이 크다.
12. **용제**(Solvent) : 도료에 사용하는 휘발성 액체 도료의 유동성을 증가시키기 위해서 사용한다. 좁은 의미로 도막 형성 요소의 용매를 말하고, 달리 조용제·희석제가 있다
13. **희석제** : 도료의 유동성을 증가시키기 위해서 사용하는 휘발성의 액체
14. **퍼티** : 바탕의 파임·균열·구멍 등의 결함을 메워 바탕의 평편함을 향상시키기 위해 사용하는 살붙임용의 도료, 안료분을 많이 함유하고 대부분은 페이스트 상이다.
15. **눈먹임** : 목부 바탕재의 도관 등을 메우는 작업
16. **도막두께** : 건조 경화한 후의 도막의 두께
17. **조색** : 몇 가지 색의 도료를 혼합해서 얻어지는 도막의 색이 희망하는 색이 되도록 하는 작업
18. **착색** : 바탕면을 각종 착색제로 착색하는 작업
19. **지촉건조**(Set to touch) : 도막을 손가락으로 가볍게 대었을 때 접착성은 있으나 도료가 손가락에 묻지 않는 상태

💡 **OX**

1. 도료의 배합비율 및 시너의 희석비율은 용적비로 표시한다. (×)
2. 별도의 지시가 없을 경우 스테인리스강, 크롬판, 동, 주석 또는 이와 같은 금속으로 마감된 재료는 도장하지 않는다. (○)

20. **블리딩**(Bleeding) : 하나의 도막에 다른 색의 도료를 겹칠 했을 때, 밑층의 도막 성분의 일부가 위층의 도료에 옮겨져서 위층 도막 본래의 색과 틀린 색이 되는 것

21. **색분리**(도막의/Flooding) : 도료가 건조하는 과정에서 안료 상호간의 분포가 상층과 하층이 불균등해져서 생긴 도막의 색이 상층에서 조밀해진 안료의 색으로 강화되는 현상

22. **표면 건조**(Sand dry, Surface Dry) : 칠한 도료의 층이 표면만 건조 상태가 되고 밑층은 부드럽게 점착이 있어서 미건조 상태에 있는 것

23. **핀홀**(Antiskinning agent) : 도막에 생기는 극히 작은 구멍

24. **황변**(Yellowing) : 도막의 색이 변하여 노란 빛을 띄는 것. 일광의 직사, 고온 또는 어둠, 고습의 환경 등에 있을 때에 나타나기 쉽다.

(1) 도료의 배합

① 도료의 배합은 제출된 도료 설명서를 참조하고, 희석제는 전용 희석제를 사용하도록 한다.

② 친환경(환경부하 저감) 제품 적용시 배합은 담당원의 승인을 받아 조정 할 수 있다.

(2) 건조시간

건조시간(도막양생시간)은 온도 약 20℃, 습도 약 75%일 때, 다음 공정까지의 최소 시간이고, 온도 및 습도의 조건이 많이 차이 날 경우에는 담당원의 승인을 받아 건조시간을 결정한다.

(3) 도료의 표준량

도료의 표준량은 평편한 면의 단위면적에 도장하는 도료의 양이고, 실제의 사용량은 도장하는 바탕면의 상태 및 도료의 손실 등을 참작하여 여분을 두어야 한다.

> **바탕 및 바탕면의 건조**
> 도장의 바탕 함수율은 도장의 종류 및 바탕의 소재에 따라 처리 후 충분한 양생기간을 두어 건조시킨다. 이때 적합한 함수율이 시방에 명기되어 있지 않은 경우 최소 8% 이하의 함수율 여부를 확인 후 다음 공정의 작업을 진행한다.

⑷ 도장하지 아니하는 부분

① 마감된 금속표면은 별도의 지시가 없으면 도금된 표면, 스테인리스강, 크롬 도금판, 동, 주석 또는 이와 같은 금속으로 마감된 재료는 도장하지 않는다.

② 움직이는 품목 및 라벨의 움직이는 운전부품, 기계 및 전기부품으로 밸브, 댐퍼 동작기, 감지기 모터 및 송풍기 샤프트는 특별한 지시가 없으면 도장하지 않는다. 단, 라벨에는 도장하지 않는다.

⑸ 유해물질

⑹ 도료의 견본품

① 도료의 견본품 및 도장된 샘플을 제출하여 색상 및 광택 등에 대하여 담당원의 승인을 받는다.

② 도료의 견본품 및 도장된 샘플은 변색하지 않게 보존해 둔다.

③ 다만, 견본품 크기의 치수는 담당자의 지시에 따르되 다음 치수의 것을 권장한다.

    ㉠ 철재 바탕일 때는 $300 \times 300mm$의 것으로 하고 색채와 광택, 색상의 질감이 요구하는 수준에 도달해야 하고 하도, 중도, 상도를 $10mm$ 간격으로 도장면이 나타나도록 나누어 도장한 견본품을 2개 제출한다.

    ㉡ 모르타르, 콘크리트 바탕일 때는 $100 \times 100mm$의 크기의 것으로 하고, 종류가 각기 다른 마감 및 색채를 지닌 것으로 한다. 그리고 퍼티재, 하도용 도료 및 상도용 도료를 $10mm$ 간격으로 도장면이 나타나도록 나누어 도장한 견본품을 2개 제출한다.

    ㉢ 목재 바탕일 때는 목재 표면 위에 도장한 견본품은 $100 \times 200mm$ 크기로 하고, 목재면 자연상태를 나타내고, 하도, 중도, 상도 도장면을 순서대로 $10mm$ 간격으로 도장면이 나타나도록 나누어 도장한 견본품 2개를 제출한다.

⑺ 도료의 배합 및 배합장소

① 도료는 바탕면의 조밀, 흡수성 및 기온의 상승 등에 따라 배합 규정의 범위 내에서 도장하기에 적당하도록 조절한다.

② 도료를 배합하기 전 용기에 침전물이 생기지 않도록 반드시 흔들어 준 다음에 배합하는 것을 원칙으로 한다.

③ 도료의 배합은 담당원이 지정하는 장소에서 담당원의 입회하에 실시한다.

⑻ 환경 및 기상

도장하는 작업 중이거나 도료의 건조기간 중, 도장하는 장소의 환경 및 기상조건이 아래와 같아서 좋은 도장 결과를 기대할 수 없을 때는 담당원이 승인할 때까지 도장해서는 안 된다.

① 도장하는 장소의 기온이 낮거나, 습도가 높고, 환기가 충분하지 못하여 도장건조가 부적당할 때, 주위의 기온이 5℃ 미만이거나 상대습도가 85%를 초과할 때 눈, 비가 올 때 및 안개가 끼었을 때. 다만, 별도로 재료, 제조업자의 설계도서에 별도로 표시한 경우에는 예외로 한다.

  💡 수분 응축을 방지하기 위해서 소지면 온도는 이슬점보다 높아야 한다.

② 강설우, 강풍, 지나친 통풍, 도장할 장소의 더러움 등으로 인하여 물방울, 흙먼지 등이 도막에 부착되기 쉬울 때

③ 주위의 다른 작업으로 인해 도장작업에 지장이 있거나 도막이 손상될 우려가 있을 때

⑼ 바탕만들기

① **목재면**: 목재도장은 금속도장과 같이 바탕조정에 따라 양부가 결정된다. 목재의 바탕은 목재의 종류, 벌채시기 등에 따라 상이하므로 사전에 그 재질에 맞는 적당한 방법을 선택하여야 한다. 목재의 연마는 바탕 연마와 도막마무리 연마 2단계로 행한다.

② **철재면**

  ㉠ 금속 표면에는 유지나 녹, 흑피, 기계유 등 여러 종류의 오염물이 부착되어 있으며, 이들 오염물은 도막의 접착력을 저하시키는 원인이 된다.

  ㉡ 철재면 바탕만들기의 정도는 도장종별, 도장환경, 도장개소, 바탕재의 형상 등에 따라 담당원지시를 받아 결정하고, 새시 바, 얇은 강판 등은 특히 정밀하게 한다. 녹 제거 또는 화학처리를 한 다음은 곧 담당원의 검사를 받아야 한다.

  ㉢ 바탕만들기는 일반적으로 가공장소에서 바탕재 조립 전에 한다.

  ㉣ 금속바탕 처리용 프라이머 도장은 시공기준의 도장번호에 규정하는 금속바탕 처리용 프라이머를 도장솔로 고르게 1회 얇게 도장한다.

③ **아연도금면**: 표면의 유지분을 용제로 닦아주어야 하며, 오래 노출된 표면에는 백색의 아연염이 생성되어 있으므로 비눗물로 제거하거나 다시 깨끗한 물로 세척해야 한다. 2~3% 염산으로 세정해도 좋고 인산염 피막처리(화학처리)를 하면 밀착이 우수하다.

  💡 바탕만들기는 바탕재의 설치 후에 하여도 무방하다.

💡 **OX**

1. 목재면 바탕만들기에서 목재의 연마는 바탕연마와 도막마무리 연마 2단계로 행한다. (○)
2. 철재면 바탕만들기는 일반적으로 가공 장소에서 바탕재 조립 후에 한다. (×)
3. 아연도금면 바탕만들기에서 인산염 피막처리를 하면 밀착이 우수하다. (○)

④ **경금속, 동합금면**

㉠ 철재에 비해 표면이 평활하여 화학처리하는 것이 좋다. 탈지는 트리클렌 증기나 알칼리액을 사용하고 부착이 우수한 인산염 피막처리를 한다.

㉡ 경금속 및 동합금부의 바탕만들기 정도는 철재면 바탕만들기에 준하고, 금속면을 손상하지 않도록 주의한다.

⑤ **플라스터, 모르타르, 콘크리트면**: 건축물의 플라스터, 모르타르 및 콘크리트면은 시공 초기에 다량의 수분과 알칼리성을 함유하고 있어, 도막의 변색이나 박리 등을 일으킬 수 있으므로 도장하기 전 충분히 건조시켜야 한다.

⑽ **도장공법**

① **솔 칠**

㉠ 위에서 아래로, 왼쪽에서 오른쪽으로 칠하고, 먼저 이음새 틈서리를 바르고 중간을 칠한다.

㉡ 보편적으로 사용하고, 초기 건조가 빠른 래커에는 부적당하다.

② **롤러칠**: 롤러도장은 붓도장보다 도장속도가 빠르다. 그러나 붓도장 같이 일정한 도막두께를 유지하기가 매우 어려우므로 표면이 거칠거나 불규칙한 부분에는 특히 주의를 요한다.

③ **주걱**(헤라) **및 레기**(Rake)

㉠ 주걱도장: 표면의 요철이나 홈, 빈틈을 없애기 위하여 주로 점도가 높은 퍼티나 충전제를 메우거나 훑고 여분의 도료는 긁어 평활하게 한다.

㉡ 레기도장: 자체 평활형 도료 시공에 사용한다. 도장면적과 도막두께에 의해 계산된 도료를 바닥에 부어 두께를 조절하여 레기를 긁어 시공한다.

④ **스프레이 도장**

㉠ 스프레이 도장기구

ⓐ 스프레이 도장에는 도장용 스프레이건을 사용한다.

ⓑ 래커타입의 도료일 때에는 노즐구경 $1.0 \sim 1.5\text{mm}$, 스프레이의 공기압은 $0.2 \sim 0.4\text{N/mm}^2$를 표준으로 하고 사용재료의 묽기 정도에 따라 적절히 조절한다.

ⓒ 스프레이건에 쓰이는 압축공기는 유분, 수분, 먼지 등이 섞이지 않게 하고, 또한 공기압이 사용 중 0.02N/mm^2 이상 증감되지 않도록 적절한 장치를 한다.

ⓓ 도료 자체를 고압(14.7N/mm^2 전후)으로 가압하여 도장을 작은 유출관으로 배출시켜 안개처럼 뿜어내는 에어레스 스프레이 방법도 있다.

    ⓔ 에어레스 스프레이 노즐팁은 0.02~0.1mm의 것이 사용되며, 수치가 커짐에 따라 도막두께도 두껍게 할 수 있다.

ⓛ 스프레이 도장방법

    ⓐ 도장거리는 스프레이 도장면에서 300mm를 표준으로 하고 압력에 따라 가감한다.

    ⓑ 스프레이할 때에는 매끈한 평면을 얻을 수 있도록 하고, 항상 평행이동하면서 운행의 한 줄마다 스프레이 너비의 1/3 정도를 겹쳐 뿜는다.

    ⓒ 각 회의 스프레이 방향은 전회의 방향에 직각으로 한다.

    ⓓ 매 회의 에어스프레이는 붓도장과 동등한 정도의 두께로 하고, 2회분의 도막두께를 한 번에 도장하지 않는다.

    ⓔ 에어레스 스프레이 도장은 1회 도장에 두꺼운 도막을 얻을 수 있고 짧은 시간에 넓은 면적을 도장할 수 있고, 무용제 초속경화형 도장에는 고온 고압의 충돌혼합 스프레이를 사용하면 빠른 시간에 도장 및 건조 작업을 완료할 수 있다.

ⓒ 도면과 건의 거리가 너무 가까우면 얼룩이 지고, 너무 멀면 도면이 거칠고 손실이 많아진다.

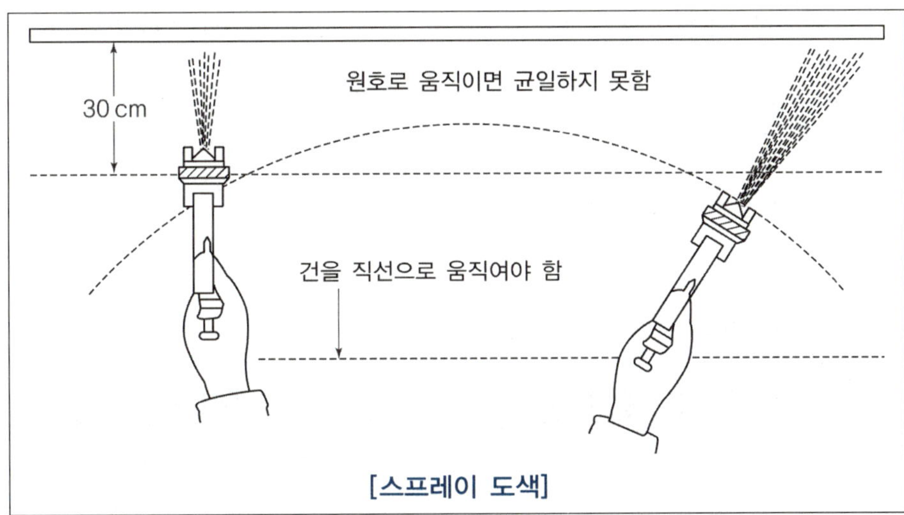

도장 시공 순서

1. 철재(아연도금판) 유성페인트칠 순서

바탕만들기(연마지 F120) ⇨ 녹막이도장(1~2회) ⇨ 재벌도장(1회) ⇨ 연마(철재 생략) ⇨ 정벌도장

2. 목재 유성페인트칠

바탕만들기(연마지 F120) ⇨ 초벌(1회) ⇨ 나무결메우기 ⇨ 연마(F180) ⇨ 재벌(1회) ⇨ 정벌도장(2회)

3. **목재 바니시칠**(내부)

바탕만들기 ⇨ 초벌(1회) ⇨ 연마(F180) ⇨ 재벌(1회) ⇨ 연마 ⇨ 정벌(1회)

4. **목재 래커칠**(목부투명)

바탕만들기 ⇨ 초벌(1회) ⇨ 재벌(1회) ⇨ 재벌(2회) ⇨ 연마(F180) ⇨ 재벌(1회) ⇨ 연마 ⇨ 정벌(1회) ⇨ 정벌(2회) ⇨ 정벌(N회)

가연성 도료의 보관 및 장소

가연성 도료는 전용 창고에 보관하는 것을 원칙으로 하며, 적절한 보관온도를 유지하도록 한다.

1. 반입한 도료 및 사용 중인 도료는 현장 내에서 담당원이 승인하는 창고에 보관하고 도료창고에 '화기엄금'표시를 한다.

2. 도료창고는 특히 화재에 주의하고, 창고 내와 그 주변에서의 화기 사용을 엄금한다. 도료창고 또는 도료를 둘 곳은 아래사항을 구비한다.
   ① 독립한 단층건물로서 주위 건물에서 1.5m 이상 떨어져 있게 한다.
   ② 건물 내의 일부를 도료의 저장장소로 이용할 때는 내화구조 또는 방화구조로 된 구획된 장소를 선택한다.
   ③ 지붕은 불연재로 하고, 천장을 설치하지 않는다.
   ④ 바닥에는 침투성이 없는 재료를 깐다.
   ⑤ 희석제를 보관할 때에는 위험물 취급에 관한 법규에 준하고, 소화기 및 소화용 모래 등을 비치한다.

3. 사용하는 도료는 될 수 있는 대로 밀봉하여 새거나 엎지르지 않게 다루고, 샌 것 또는 엎지른 것은 발화의 위험이 없도록 닦아낸다.

4. 도료가 묻은 헝겊 등 자연발화의 우려가 있는 것을 도료보관 창고 안에 두어서는 안 되며, 반드시 소각시켜야 한다.

도장 하자유형 〈건축기술지침 Rev2.〉

도장하자는 복합적인 요인으로 발생하므로 시방에 맞게 시공하여야 한다.

구 분	도장공사 하자유형	방지대책
들 뜸	• 바닥에 유지분이 남았거나 초벌칠단계에서 연마가 불충분할 때 • 온도가 너무 높을 때 도장한 경우 • 함수율이 높은 나무면에 도장한 경우 • 한 번에 두껍게 도장했을 경우	• 유류 등 유해물을 닦아낸 뒤 휘발유, 벤졸 등으로 닦아내기 실시 • 목부일 경우 면을 평활하게 연마(F120~180) • 온도, 습기, 환기상태 고려하여 도장 • 나무의 기건 함수율이 13~18%일 때 도장 • 점도를 낮게 하여 여러 번 나누어 칠함

흘림, 끰, 얼룩	• 균등하지 않게 두껍게 도장할 경우 • 바탕처리가 잘 안되었을 경우	• 얇게 여러 차례(3회) 칠한다. • 바탕면의 녹, 흡집 등은 사전에 제거하고 퍼티를 채운 후 연마
오그라듬 (주름)	• 지나치게 두껍게 칠한 경우 • 초벌칠 건조가 불충분한 경우	• 얇게 여러 차례 균등하게 칠하고 건조시간 내에 겹쳐바르기를 금한다. • 적정 건조시간 : 24시간~28시간
거 품	• 용제의 증발속도가 지나치게 빠른 경우 • 솔질을 지나치게 빨리 했을 경우	• 도료의 선택을 신중히 하고 솔질(풀칠)이 뭉침, 거품이 일지 않도록 천천히 바름
백 화	• 도장시 온도가 낮을 경우 공기 중의 수증기가 도장면에 응축, 흡착되어 백화현상 발생	• 도장시 기온이 5℃ 이하이거나 습도 85% 이상이며 환기가 충분하지 못한 곳에서는 작업 중지
변 색	• 바탕이 충분히 건조하지 않은 경우 • 유기안료가 무기안료보다 큼	• 바탕면의 건조를 충분히 한다. ─ 함수율 8% 이하, pH9 이하 • 도료의 현장배합 금지
부풀어 오름	• 도막 중 용제가 급격하게 가열되거나 물과 접촉하여 가열성 물질이 용해로 인해 도막이 부풀어오르는 현상 • 도막 밑에 녹이 생긴 경우 • 초벌, 정벌칠의 도료질이 다른 경우	• 도장 후 직사광선이 직접 닿지 않게 보양 • 바탕이 녹물 등 유해물 제거 • 도료의 질이 같은 동일회사 제품 사용 • 초벌칠 후 바탕이 충분히 건조된 후 재벌칠
균 열	• 초벌칠 건조가 불충분할 경우 • 초벌칠과 재벌칠의 재질이 다른 경우 • 바탕물체가 도료를 흡수할 경우 • 기온차가 심한 경우 • 직사광선에 노출된 경우 • 저온에서 도장했을 경우	• 초벌칠 후 건조시간 준수 • 도료의 종류 및 배합률 등 도료질이 같은 도료의 사용 • 바탕면은 퍼티 등으로 연마 후 도장 • 기온이 5℃ 이하, 습도 85% 이상 환기가 충분하지 못한 곳은 피할 것

적산(표준품셈)

적산은 매회 2문제 정도 출제되며, 적산의 종류 관련, 할증률, 계산문제인 수량산출 등이 주로 출제됩니다. 적산의 정의와 종류 등 기본적인 개념을 알아야 하며, 할증률은 반드시 암기해야 합니다. 최근에는 공사원가에 대한 내용이 많이 출제되어 반드시 정리해야 하며 또한, 재료의 수량산출도 반드시 계산할 수 있어야 합니다.

개 요

01 적 산

02 공사비 산출 관련

03 견적의 종류

04 품셈과 일위대가

05 공사원가

06 할증률

07 수량의 계산

💡 적 산

1. 품셈은 어떤 물체를 인력이나 기계로 만드는데 들어가는 단위당 노력 및 재료의 수량이다.
2. 일위대가는 재료비에 가공 및 설치비 등을 가산하여 단위단가로 작성한 것이다.

💡 OX

1. 개산견적은 공사비의 정확도를 높이기 위한 산출방법이다. (×)
2. 개산견적은 입찰가격을 결정하는데 기초가 되는 정밀견적으로 입찰견적이라고도 한다. (×)
3. 견적의 정확도는 명세견적보다 개산견적이 높다. (×)
4. 표준품셈이란 단위작업당 소요되는 재료수량, 노무량 및 장비사용시간 등을 수치로 표시한 견적기준이다. (○)

01 개 요

1 적산(Quantity Survey)

일반적으로 어떤 공사를 완성하는데 소요되는 비용. 즉, 공사비를 산출하는 업무. 공사를 하기 전에 설계도서 및 시방서, 현장설명, 질의응답 등에 따라 공사목적에 맞는 세부 공정별로 재료(Materials) 및 품(Labour)의 수량을 산출하고 여기에 단가(Unit Price)를 곱하여 해당 공사비를 산출하는 행위를 총칭하여 적산 또는 견적이라 한다.

2 공사비 산출 관련

(1) 건축공사에서 적산은 공사용 재료 및 품의 수량 즉 공사량을 산출하는 기술활동이고 견적은 공사량에 단가를 곱하여 공사비를 산출하는 기술활동이다.

(2) 발주자와 수급자에 따라 발주자는 공사비의 산출을 적산이라 하고 수급자는 견적이라 한다.

③ 견적의 종류

견적은 그 목적과 필요한 시기 및 조건에 따라 그 정밀도가 달라지며 다음 두가지 방식이 있다.

(1) 명세견적

완성된 설계도서, 현장설명, 질의응답에 의거하여 정밀한 적산. 견적을 하여 공사비를 산출하는 것으로 정밀견적이라고도 한다. 여기서 산출된 공사비는 입찰가격의 결정 및 계약의 기초가 되는 것이다.

(2) 개산견적

설계도서가 미완성 또는 시간부족으로 정밀한 적산을 할 수 없을 때 하는 견적으로서 건물의 용도. 구조마무리의 정도를 충분히 검토하고 과거의 비등한 건물의 실적통계 등을 참고로 하여 공사비를 개략적으로 산출하는 방법이다.

④ 품셈과 일위대가

(1) 품셈은 어떤 물체를 인력이나 기계로 만드는 데 들어가는 단위당 노력 및 재료의 수량이다. 표준품셈은 각 공종별로 표준적이고 보편적인 공법 및 공종을 기준으로 단위면적당 소요되는 재료수량, 노무량을 정하여 정부 및 지방자치단체, 정부투자기관이 공사의 예정가격을 산정하기 위한 기준이다.

(2) 일위대가(一位代價)

표준품셈에서 제시된 재료수량 및 노무량에 각각 해당되는 단가를 곱하여 재료비, 노무비 등을 산출하여 이를 집계해서 단위당 공사비로 계산하는 것을 일위대가라 한다.

⑤ 공사원가

(1) 공사원가

공사 시공과정에서 발생하는 재료비, 노무비, 경비의 합계액이다.

(2) 재료비

재료비는 공사원가를 구성하는 다음 내용의 직접재료비 및 간접재료비로 한다.

💡 도장공사의 하자에는 은폐불량, 백화, 기포, 핀홀, 들뜸, 흘림, 오그라듬, 변색, 부풀어오름, 균열 등이 있다.

:: 제22회, 제26회, 제27회

① **직접재료비**

㉠ 공사목적물의 실체를 형성하는 물품의 가치이며, 주요재료비와 부분품비 등이 있다.

㉡ 목적물 형성을 위해 필요한 시멘트, 모래, 철근, 목재, 벽돌등의 비용이다.

② **간접재료비** : 공사목적물의 실체를 형성하지는 않으나 공사에 보조적으로 소비되는 물품의 가치로서 소모재표비, 소모공구·기구·비품비 및 가설재료비 등이 있다.

(3) 노무비

① **직접노무비** : 제조현장에서 계약목적물을 완성하기 위하여 직접 작업에 종사하는 종업원 및 노무자에 의하여 제공되는 노동력의 대가이다.

② **간접노무비** : 직접 제조작업에 종사하지는 않으나, 작업현장에서 보조작업에 종사하는 노무자, 종업원과 현장감독자 등의 기본급과 제수당, 상여금, 퇴직급여충당금의 합계액으로 한다.

(4) 경 비

경비는 공사의 시공을 위하여 소요되는 공사원가 중 재료비, 노무비를 제외한 원가를 말하며, 기업의 유지를 위한 관리활동부문에서 발생하는 일반관리비와 구분된다.

(5) 일반관리비

① 일반관리비는 기업의 유지를 위한 관리활동부문에서 발생하는 제비용으로서 제조원가에 속하지 아니하는 모든 영업비용 중 판매비 등을 제외한 비용을 말한다.

② 일반관리비는 공사규모별로 공사원가에 정해진 일반관리비율을 곱하여 산정한다.

③ 일반관리비 = (재료비 + 노무비 + 경비) × 일반관리비율

④ 일반관리비 = 적접공사비와 간접공사비의 합계액에 일반관리비율을 곱하여 계산한다. 다만, 일반관리비율은 공사규모별로 규정에서 정한 비율을 초과할 수 없다.

(6) 이 윤

① 영업이익을 말한다.

② 공사원가 중 노무비, 경비와 일반관리비의 합계액에 이윤율을 곱하여 산정한다.(재료비는 이윤의 대상에서 제외된다.)

③ 이윤 = (노무비 + 경비 + 일반관리비) × 이윤율

④ 이윤율은 15%를 초과하여 계상할 수 없다.

(7) 외주비

공사 중 일부를 위탁하고 그 대가로 지불되는 비용이다.

(8) 직접공사비

직접공사비란 계약목적물의 시공에 직접적으로 소요되는 비용을 말하며, 재료비, 직접노무비, 직접공사경비를 포함한다.

(9) 간접공사비

간접공사비란 공사의 시공을 위하여 공통적으로 소요되는 법정경비 및 기타 부수적인 비용을 말하며, 직접공사비 총액에 비용별로 일정요율을 곱하여 산정한다.

총공사비	총원가	공사원가	직접공사비	재료비
				노무비
				외주비
				경 비
			간접공사비	현장경비
		일반관리비부담금		
	이 윤			

💡 **현장경비**
공사의 실시에 있어서 현장의 관리 기능면에 투입되는 경비, 현장 경비와 일반관리비 등을 합쳐 제경비라 한다.

▪▪ 제15회, 제17회, 제18회 제21회, 제23회, 제27회

6 할증률

(1) 공사에 사용되는 재료는 운반·가공중에 손실량이 발생하게 된다. 재료의 수량은 설계도서에 의해 산출된 재료의 정미량에 손실량을 가산하여 주는 백분율(%)이 재료의 할증률(割增率)이 되며 이는 재료에 따라 일정하게 정해져 있다. 따라서, 재료의 정미량에 할증률을 가산한 수량이 재료의 소요수량(실소요량)이 된다.

(2) 재료의 할증률은 재료의 소요수량산출에 적용되며 재료수량에 대응되는 품을 산출한다거나 시공수량에 해당되는 품을 산출할 때에는 소요수량이 아닌 정미수량을 대상으로 할증률을 적용한다는 것에 유의하여야 한다.

💡 **OX**
공사원가는 일반관리비와 이윤을 포함한다. (×)

(3) 품셈에 할증률이 포함 또는 표시되어 있는 것에 대하여는 본 할증률을 적용하지 아니한다.

7 수량의 계산

(1) 수량의 단위 및 소수자리는 표준품셈 단위표준에 의한다.

(2) 수량의 계산은 지정 소수자리 아래 1자리까지 산출하여 반올림한다.

(3) 계산에 쓰이는 분도(分度)는 분까지, 원둘레율(圓周率), 삼각함수(三角函數) 및 호도(弧度)의 유효숫자는 3자리(3位)로 한다.

(4) 곱하거나 나눗셈에 있어서는 기재된 순서에 의해 계산한다.

(5) 면적 및 체적의 계산은 측량 결과 또는 설계도서를 바탕으로 수학적 공식에 의해 산출함을 원칙으로 한다.

(6) 다음에 열거하는 것의 체적과 면적은 구조물의 수량에서 공제하지 아니한다.
① 콘크리트 구조물 중의 말뚝머리
② 볼트의 구멍
③ 모따기 또는 물구멍(水切)
④ 이음줄눈의 간격
⑤ 포장공종의 1개소당 $0.1m^2$ 이하의 구조물 자리
⑥ 강(鋼)구조물의 리벳 구멍
⑦ 철근콘크리트 중의 철근
⑧ 기타 전항에 준하는 것
⑨ 성토 및 사석공의 준공토량은 성토 및 사석공 설계도의 양으로 한다. 그러나 지반침하량은 지반성질에 따라 가산할 수 있다.
⑩ 절토(切土)량은 자연상태의 설계도의 양으로 한다.

🔗 단위 표준(부분인용)

종 목	규 격		단위수량	
	단 위	소수자리	단 위	소수자리
공사연장	m	2	m	−
공사폭원	−	−	m	1
직공인부	−	−	인	2
공사면적	−	−	m^2	1
용지면적	−	−	m^2	−

모래, 자갈	cm	−	m³	1
벽 돌	mm	−	개	−
블 록	mm	−	개	−
시멘트	−	−	kg	−
모르터	−	−	m³	2
콘크리트	−	−	m³	2
아스팔트	−	−	kg	−
도료(塗料)	−	−	ℓ 또는kg	2
도장(塗裝)	−	−	m²	1
방수면적	−	−	m²	1

💡 1. 설계서 수량의 단위와 소수자리 표시는 본 표에 따르며, 반올림하여 적용한다.
   2. 품셈 각 항목에서 제시한 소수자리가 본 표의 내용과 상이할 경우 항목에서 제시하는 자리를 우선하여 적용한다.
   3. 본 표에 제시하지 않은 품의 경우 유사 품의 규격과 단위수량을 참고하여 적용하며, C.G.S단위로 하는 것을 원칙으로 한다.

→ 보충학습

재료의 할증률

공사용 재료의 할증률은 일반적으로 다음표의 값 이내로 한다. 다만, 품셈의 각 항목에 할중률이 포함 또는 표시되어 있는 것에 대하여는 본 할증률을 적용하지 아니한다.

1. 강재류

종 류	할증률(%)	종 류	할증률(%)
원형철근	5	강판(板)	10
이형철근	3	강관(옥외수도용 강관제외)	5
일반볼트	5	리벳(제품)	5
고장력볼트(H.T.B)	3	대형형강(形鋼)	7

2. 기타재료

재료별		할증률(%)
목 재	각 재	5
	판 재	10
합 판	일반용합판	3
	수장용합판	5
도 료		2

벽 돌	붉은 벽돌	3
	시멘트벽돌	5
	내화벽돌	3
	시멘트블록	4
레디믹스트콘크리트타설	철근구조물	1
현장혼합콘크리트타설		2
텍 스		5
석고판(못붙임용)		5
석고판(본드붙임용)		8
단열재		10
유 리		1
테라코타		3
블 록		4
기 와		5
슬레이트		3
타 일	모자이크	3
	도 기	3
	자 기	3
	아스팔트	5
	리놀륨	5
	비 닐	5
위생기구(도기, 자기류)		2

🔗 할증률 요약

할증률	종 류
1%	유리
2%	도료
3%	이형철근, 고장력볼트, 일반용 합판, 붉은 벽돌, 타일(모자이크, 도기, 자기), 테라코타, 슬레이트
4%	블록
5%	원형철근, 일반볼트, 리벳, 수장용 합판, 시멘트 벽돌, 아스팔트 타일, 리놀륨타일, 강관, 동관, 목재(각재), 기와
7%	대형 형강
10%	강판, 목재(판재), 단열재

3. **노임의 할증**

   (1) 노임은 관계법령의 규정에 따른다.

   (2) 근로시간을 벗어난 시간외, 야간 및 휴일의 근무가 불가피한 경우에는 근로
      기준법 제50조, 제56조, 유해 위험작업인 경우 산업안전보건법 제139조에
      정하는 바에 따른다.

4. **품의 할증**

   품의 할증은 필요한 경우 다음의 기준 이내에서 적정공사비 산정을 위하여 공사
   규모, 현장조건 등을 감안하여 적용한다.

   (1) 할증의 중복가산요령

   > $$W = 기본품 \times (1 + a_1 + a_2 + a_3 \cdots\cdots + a_n)$$
   > 단, 동일성격의 품할증요소의 이중적용은 불가함.
   >   여기서 W : 할증이 포함된 품
   >   기본품 : 각 항 [주]란의 필요한 할증·감 요소가 감안된 품
   > $a_1 \sim a_n$: 품할증요소

   (2) 작업지연

   공사 수행시 특정 시공조건 발생(출입통제, 중단, 이동 등)하여 일일 작업시
   간에 제약을 받는 경우를 대상으로 한다.

   도서지역 : 본토와 도서지구간 인력의 이동(출·퇴근) 발생으로 작업에 지장
   을 받는 경우 : 50%

   (3) 건물 층수

구 분	적용조건	할증률
지상층	2층~5층 이하	1%
	10　〃	3%
	15　〃	4%
	20　〃	5%
	25　〃	6%
	30　〃	7%
	30층을 초과	5층마다 1%씩 가산
지하층	지하 1층	1%
	지하 2~5층	2%
	지하 6층 이하	별도 계상

   ① 시설(건물 등) 내부에서 작업자의 이동에 따라 작업 능률이 저하되는 경
      우에 적용한다.

   ② 층의 구분을 할 수 없는 경우 층고를 3.6m로 기준하여 환산한다.

   (4) 지세/지형

   시공위치의 형상(산지 등), 환경(교통, 주거 등) 등의 조건에 의해 작업효율에
   영향을 받는 경우를 대상으로 한다.

   (5) 위 험

   작업 위치 및 환경에 따른 위험요소의 발생과 위험의 노출로 인해 작업능률의
   저하가 예상되는 경우에 적용한다.

   고소작업, 교량상 작업, 터널 내 작업, 유해 작업(정화조, 축전지실 등 유해가
   스 발생장소 : 10%)

💡 **재료의 일반적인 추정 단위 중량(kg/m^2)**

1. 철근콘크리트 : 2,400
2. 보통 콘크리트 : 2,300
3. 시멘트 모르타르 : 2,100
4. 시멘트(자연상태) : 1,500
5. 물 : 1,000

PART **02**

OX

할증률

1. 단열재 : 5% (×)
2. 유리 : 1% (○)
3. 목재(각재) : 3% (×)
4. 고장력볼트 : 5% (×)

(6) 작업제한

휴전, 단수, 설로사용 중지 등 작업시간 제한 발생 또는 1일 작업시간 제한 발생 또는 1일 작업물량 미만의 소규모 시공 등 일일 작업시간(8시간) 미만의 시공이 발생하는 경우를 대상으로 한다.

1) 작업시간 제한

구 분	적용조건	할 증
작업가능 시간	2시간 이하	50%
	3시간 〃	35%
	4시간 〃	25%
	5시간 〃	20%
	6시간 〃	15%

① 휴전, 단수, 선로사용 중지 등 일일 작업시간이 제한되는 경우에 적용한다.
② 작업가능시간은 작업준비, 대기 등을 제외한 실질적인 시공위치의 점유가 가능한 시간이다.

2) 소규모(작업물량 제한)

"시공량/일"으로 명시된 항목 중 총 시공량이 본 품(시공량/일)의 기준 미만인 소규모 공사인 경우 다음과 같이 적용하며, "시공량/일"이 제시되지 않는 항목의 경우 시공수량의 투자자원(인력, 장비)의 작업능력을 고려하여 산정한다(재료량에는 적용하지 않는다). －표 생략－

(7) 작업환경

공사외적 시공환경[작업 시간대, 환경(소음·진동 등), 위치 이동 및 분산 등] 변화 또는 특수작업이 발생하는 경우를 대상으로 한다.

1) 야 간

구 분	적용조건	할 증
야 간	• 정상작업시간에 추가하여 야간공사 수행(돌관공사) • 공사성격에 따라 야간작업으로 계획	25%

공정계획에 의해 정상작업(정상공기)에 의한 작업이 불가능한 경우 또는 공사성격상 야간작업을 수행하는 경우에 적용한다.

2) 특수작업

구 분	적용조건	할 증
특수작업	중요기기 및 설비의 분해, 가공 또는 조립작업 특별한 사양 및 공법에 의한 작업 기타 중요한 기기 및 설비를 취급하는 작업	5~10%
비 고	원자력 발전소와 같이 작업단계별 품질 및 안전도 검사 등이 엄격히 적용되는 공정의 경우에는 각 공정에 따라 품 할증을 별도 가산한다.	

작업의 중요도가 높거나 특별 시방에 따라 특수한 기술의 안전관리가 필요한 작업(원자력 발전소 등)에 적용한다.

3) 기 타

구 분	적용조건	할 증
기 타	• 작업공간의 협소(작업간섭) • 동일장소에서 수종의 장비가동 • 소음 · 진동 발생 • 위험 발생	50%
	• 원거리, 계속이동작업, 분산작업 등 이동시간 과다발생	50%

① 현장 조건에 따라 작업능력 저하가 발생하는 경우에 적용한다.
② 1개 이상의 적용조건이 발생하는 경우 개별 할증을 중복 가산하지 않으며, 현장 전반의 작업환경을 종합적으로 고려하여 할증율을 적용한다.
③ 이동으로 인한 작업시간 손실이 1시간 이내의 경우는 할증을 적용하지 않는다.
④ 작업환경에 따라 작업시간 감소가 예상되는 경우 '1−4−6 작업제한/작업시간제한' 할증율 참고하여 적용한다.
⑤ 재료의 단위 중량

> **재료의 일반적인 추정 단위중량**(kg/m²)
> ① 철근콘크리트 : 2,400　　② 보통 콘크리트 : 2,300
> ③ 시멘트 모르타르 : 2,100　　④ 시멘트(자연상태) : 1,500
> ⑤ 물 : 1,000

02 공사별 수량 산출

1 벽돌공사 수량 산출

벽돌수량은 쌓기 면적을 계산하고 여기에 면적당 장수를 곱하여 정미수량을 계산한다.

> **용어 해설**
> 1. **정미수량**(절대 소요수량) : 공사에 실제로 설치되는 자재량이 정미량이며 외주공사 시 노임금액의 기준이 된다.
> 2. **실소요수량** : 시공수량이며 자재발주시 기준이 된다.
>
> > 소요수량 = 정미수량 + 정미수량 × 할증률(시공손실량)

공사별 수량 산출

01 벽돌공사 수량 산출
02 타일공사 수량 산출
03 유리공사 적산
04 도장공사 수량 산출

:: 제14회, 제19회, 제20회, 제21회, 제22회, 제23회, 제27회

(1) 벽돌 수량 산출 방법

> • 벽돌 정미수량 = 벽돌쌓기 면적 × 단위 면적당 장수
> • 벽돌 소요수량 = 정미수량 + 정미수량 × 할증률

① **조적벽의 면적당 수량 산출(1m²당)**

㉠ 정미수량(장/m²) $= \dfrac{L}{(1+n)(d+m)}$

- • L : 벽돌 벽길이(m)
- • d : 벽돌 벽두께
- • m : 가로 줄눈 너비(m)
- • n : 세로 줄눈 너비(m)

㉡ 소요수량(장/m²) = (정미수량) × (할증률)

- • 할증률 : 붉은벽돌일 때 3%, 시멘트벽돌일 때 5%

② **조적벽의 체적당 수량 산출(1m³당)**

㉠ 정미수량(장/m³) $= \dfrac{L}{(1+n)(b+m)(d+m)}$

- • L : 벽돌 벽길이(m)
- • d : 벽돌 벽두께
- • b : 벽돌 너비(m)
- • m : 가로 줄눈 너비(m)
- • n : 세로 줄눈 너비(m)

㉡ 소요수량(장/m³) = 정미수량 + 정미수량 × 할증률

- • 할증률 : 붉은벽돌일 때 3%, 시멘트 벽돌일 때 5%

⊘ 벽돌벽 면적 1m²당 벽두께에 따른 정미수량

벽두께	0.5B	1.0B	1.5B	2.0B	2.5B	3.0B
190 × 90 × 57	75	149	224	298	373	447
210 × 100 × 60	65	130	195	260	325	390

블록은 할증률 4%를 가산한 소요량은 m²당 13매로 계산한다.

예제

다음 조건에서 벽면적 150m²에 소요되는 콘크리트(시멘트)벽돌의 정미량(매)은? (단, 재료의 할증은 없으며, 소수점 첫째자리에서 반올림한다)　　　　제19회

> **보기**
>
> 조건: 표준형벽돌($190 \times 90 \times 57$mm), 벽두께 1.0B, 줄눈 너비 10mm

① 11,250매　　　　　　　　② 11,813매
③ 22,350매　　　　　　　　④ 23,468매
⑤ 33,600매

해설

③ 표준형벽돌($190 \times 90 \times 57$mm)의 벽두께 1.0B에서 단위면적(m²)당 매수는 149매이므로 정미량 = 벽면적 $\times$ 1m² 사용량 = 150m² $\times$ 149(매/m²) = 22,350매

정답 ③

(2) 벽돌쌓기 면적 계산

① 전체 벽돌쌓기의 면적계산에서 산출한 면적에 개구부와 인방보의 면적은 공제한다.

② 창문틀 상하와 옆창 쌤벽의 면적은 가산한다.

③ 개구부의 면적 계산은 알루미늄 창호와 목제 창호로 구분하여 계산하고 벽돌쌓기 면적에서 감한다.

④ 조적벽체의 개구부위에 인방보를 설치하면 면적을 계산하여 조적벽체의 면적에서 감한다.

⑤ 인방보의 길이는 벽돌조에서 양쪽 깊이가 40cm 매입한 것으로 계산한다.

2 타일공사 수량 산출　　　제26회

타일공사에서 타일 붙임은 설계도면에 의한 설계치수로 타일을 붙이는 벽이나 바닥의 붙임면적(m²)을 산출한다. 타일 붙임면적은 벽과 바닥면적의 정미면적을 산출한다.

> • 타일 붙임면적(정미면적) = 바닥 붙임면적 + 벽 붙임면적
> • 타일 붙임면적(소요면적) = 정미면적 + 정미면적 $\times$ 할증률

(1) 건물내부의 바닥타일 면적은 구조체의 안목치수로 계산한다.

(2) 구조체에서 내부벽과 구석기둥은 일반벽면과 같게 계측한다.

(3) 구조체에서 독립기둥은 마감치수로 계산한다.

(4) 타일 붙임면적의 계산치수는 소수 이하 세 번째 자리를 4사 5입한다.

(5) 할증률은 표를 참조하여 적용한다.

(6) 외벽타일에서 개구부 면적은 창호 안목치수의 합계면적으로 한다.

(7) 내벽타일에서 욕실장과 거울 부착면은 감하지 아니한다.

3 유리공사 적산

유리는 소요 유리면적이 정미면적에 가능한 근접될 수 있도록 유리나누기도를 작성하며 유리의 재질과 규격별로 사용하는 한 장의 면적에 장수를 곱하여 합계면적(m^2)을 산출한다. 그리고 유리의 소요량은 생산품의 치수가 정미면적에 가깝거나 배수가 되는 장수로 계산한다.

> • 유리합계 면적 = 사용유리 1장의 면적 × 장수
> • 사용유리 1장의 면적 = 생산유리 치수 중 정미면적에 가장 가까운 1장의 면적
>   = 생산유리 치수 중 정미면적에 배수가 되는 1장의 면적

4 도장공사 수량 산출

(1) 평면도장 = 칠하는 평면적(m^2)

(2) 요철, 곡면도장 = 편개면적(扁開面積)

(3) 지붕도장 = 지붕면적 × 도장면적 배율

(4) 창호도장 = 창호의 안목치수면적(창호내부면적) × 도장면적 배율

(5) 천장도장 = 천장의 안목치수면적 − 조명기구 매입설치면적

03 예정가격 작성기준

1 공사원가 계산

(1) (순)공사원가

공사원가라 함은 공사시공과정에서 발생한 재료비, 노무비, 경비의 합계액을 말한다.

① 재료비(직접재료비, 간접재료비)

② 노무비[직접노무비, 간접노무비(보조작업자와 현장감독자의 인건비)]

③ 경비

(2) 총(공사)원가 = 재료비 + 노무비 + 경비 + 일반관리비 + 이윤

(3) 일반관리비

기업의 유지를 위한 관리활동부문에서 발생하는 제비용으로서 제조원가에 속하지 아니하는 모든 영업비용 중 판매비 등을 제외한다.

(4) 이윤은 영업이익을 말하며 공사원가 중 노무비, 경비와 일반관리비의 합계액(이 경우 기술료 및 외주가공비는 제외한다)에 이윤율 15%를 초과하여 계상할 수 없다.

$$이 윤 = (노무비 + 경비 + 일반관리비) \times 이윤율$$

(5) 공사손해보험료

총공사원가에 공사손해보험료율을 곱하여 계상한다.

> 1. 공사 원가
>   ① 재료비(직접재료비, 간접재료비)
>   ② 노무비[직접노무비, 간접노무비(보조작업자와 현장감독자의 인건비)]
>   ③ 경비
> 2. 총공사원가 = 공사원가 + 일반관리비 + 이윤
> 3. 총공사비 = 공사총원가 + 공사손해보험료 + 부가가치세
> 4. 직접공사비 = 재료비 + 직접노무비 + 직접공사경비

일반관리비는 임직원 급료 등 기업유지를 위하여 발생하는 제비용으로 공사원가에 일정비율을 곱하여 구하는 항목이다. (○)

🔗 공사원가의 구성

공사원가	공사시공과정에서 발생한 재료비, 노무비, 경비의 합계액을 말한다.

재료비		직접재료비 및 간접재료비로 한다.
	직접 재료비	공사목적물의 실체를 형성하는 물품의 가치로서 다음 각 호를 말한다. ① 주요재료비: 공사목적물의 기본적 구성형태를 이루는 물품의 가치 ② 부분품비: 공사목적물에 원형대로 부착되어 그 조성부분이 되는 매입부품, 수입부품, 외장재료 및 외주가공비에 의해 경비로 계상되는 것을 제외한 외주품의 가치
	간접 재료비	공사목적물의 실체를 형성하지는 않으나 공사에 보조적으로 소비되는 물품의 가치로서 다음과 같다. ① 소모재료비 ② 소모공구·기구·비품비: 내용년수 1년 미만으로서 구입단가가 「법인세법」 또는 「소득세법」 규정에 의한 상당 금액 이하인 감가상각대상에서 제외되는 소모성 공구·기구·비품의 가치 ③ 가설재료비: 비계, 거푸집, 동바리 등 공사목적물의 실체를 형성하는 것은 아니나 동 시공을 위하여 필요한 가설재의 가치
		① 재료의 구입과정에서 해당재료에 직접 관련되어 발생하는 운임, 보험료, 보관비 등의 부대비용은 재료비에 계상한다. 다만 재료구입 후 발생되는 부대비용은 경비의 각 비목으로 계상한다. ② 계약목적물의 시공 중에 발생하는 작업설, 부산물 등은 그 매각액 또는 이용가치를 추산하여 재료비에서 공제하여야 한다.

노무비	노무비의 내용 및 산정방식은 「원가계산에 의한 예정가격 작성기준」의 비목별 가격결정의 원칙과 「제조원가계산」의 노무비를 준용하며, 간접노무비의 구체적 계산방법 등에 대하여는 다음의 표를 참고하여 계산한다.

💡 **원가계산에 의한 예정가격 작성기준의 비목별 가격결정의 원칙**

1. 재료비 = 재료량 × 단위당가격
2. 노무비 = 노무량 × 단위당가격
3. 경비 = 소요(소비)량 × 단위당가격

💡 **제조원가계산의 노무비**

1. **직접노무비**: 제조현장에서 계약목적물을 완성하기 위하여 직접작업에 종사하는 종업원 및 노무자에 의하여 제공되는 노동력의 대가로서 다음 각 항의 합계액으로 한다. 다만, 상여금은 기본급의 년 400%, 제수당, 퇴직급여 충당금은 근로기준법상 인정되는 범위를 초과하여 계상할 수 없다.

💡 **OX**

1. 소모재료비, 소모공구·기구·비품비는 간접재료비에 속한다. (○)
2. 노무비는 직접노무비와 간접노무비로 구분한다. (○)

노무비	① 기본급(통계법 제15조의 규정에 의한 지정기관이 조사·공표한 단위당가격 또는 기획재정부장관이 결정·고시하는 단위당가격으로서 동 단가에는 기본급의 성격을 갖는 정근수당·가족수당·위험수당 등이 포함된다) ② 제수당(기본급의 성격을 가지지 않는 시간외 수당·야간수당·휴일수당 등 작업상 통상적으로 지급되는 금액을 말한다) ③ 상여금 ④ 퇴직급여충당금 2. **간접노무비** : 직접 제조작업에 종사하지는 않으나, 작업현장에서 보조작업에 종사하는 노무자, 종업원과 현장감독자 등의 기본급과 제수당, 상여금, 퇴직급여충당금의 합계액으로 한다. 3. **간접노무비** = 직접노무비 × 간접노무비율
경 비	공사의 시공을 위하여 소요되는 공사원가 중 재료비, 노무비를 제외한 원가를 말하며, 기업의 유지를 위한 관리활동부분에서 발생하는 일반관리비와 구분된다. ① 전력비, 수도광열비　② 운반비 ③ 기계경비　④ 특허권사용료 ⑤ 기술료　⑥ 연구개발비 ⑦ 품질관리비　⑧ 가설비 ⑨ 지급임차료　⑩ 보험료 ⑪ 복리후생비 : 계약목적물을 시공하는 데 종사하는 노무자·종업원·현장사무소직원 등의 의료위생약품대, 공상치료비, 지급피복비, 건강진단비, 급식비 등 작업조건 유지에 직접 관련되는 복리후생비를 말한다. ⑫ 보관비 ⑬ 외주가공비 : 재료를 외부에 가공시키는 실가공비용을 말하며 외주가공품의 가치로서 재료비에 계상되는 것은 제외한다. ⑭ 산업안전보건관리비 : 작업현장에서 산업재해 및 건강장해 예방을 위하여 법령에 따라 요구되는 비용을 말한다. ⑮ 소모품비 : 작업현장에서 발생되는 문방구, 장부대 등 소모용품 구입비용을 말하며, 보조재료로서 재료비에 계상되는 것은 제외한다. ⑯ 여비·교통비·통신비　⑰ 세금과공과 ⑱ 폐기물처리비　⑲ 도서인쇄비 ⑳ 지급수수료 ㉑ 환경보전비 : 계약목적물의 시공을 위한 제반환경오염 방지시설을 위한 것으로서, 관련법령에 의하여 규정되어 있거나 의무지워진 비용을 말한다. ㉒ 보상비 : 해당 공사로 인해 공사현장에 인접한 도로 하천·기타 재산에 훼손을 가하거나 지장물을 철거함에 따라 발생하는 보상·보수비를 말한다. 다만, 해당공사를 위한 용지보상비는 제외한다. ㉓ 안전관리비 ㉔ 건설근로자퇴직공제부금비 ㉕ 관급자재 관리비 ㉖ 기타 법정경비

> **작업설**
> 제작과정에서 남는 재료를 팔았을 때 남은 수익을 재료비에서 빼는 것을 말한다.

일반 관리비	기업의 유지를 위한 관리활동부분에서 발생하는 제비용을 말한다. ① 일반관리비에 속하는 제비용은 임원급료, 사무실 직원의 급료, 제수당, 퇴직급여충당금, 복리후생비, 여비, 교통·통신비, 수도광열비, 세금과 공과, 지급임차료, 감가상각비, 운반비, 차량비, 경상시험 연구개발비, 보험료 등이다. ② 일반관리비는 공사규모별로 공사원가에 정해진 일반관리비율을 체감 적용한다.
이 윤	이윤은 영업이익을 말하며 공사원가 중 노무비, 경비와 일반관리비와 합계액(이 경우에 기술료 및 외주가공비는 제외한다)의 15%를 초과하여 계상할 수 없다.
공사손해 보험료	계약예규 「공사계약일반조건」 제10조에 의하여 공사손해보험에 가입할 때에 지급하는 보험료를 말하며, 보험가입대상 공사부분의 총공사원가(재료비, 노무비, 경비, 일반관리비 및 이윤의 합계액을 말한다)에 공사손해 보험료율을 곱하여 계상한다.

예제

적산 및 견적에 관한 설명으로 옳지 않은 것은? 제26회

① 할증률은 판재, 각재, 붉은벽돌, 유리의 순으로 작아진다.
② 본사 및 현장의 여비, 교통비, 통신비는 일반관리비에 포함된다.
③ 이윤은 공사원가 중 노무비, 경비, 일반관리비 합계액의 15%를 초과 계상할 수 없다.
④ 10m² 이하의 소단위 건축공사에서는 최대 50%까지 품을 할증할 수 있다.
⑤ 품셈이란 공사의 기본단위에 소요되는 재료, 노무 등의 수량으로 단가와는 무관하다.

해설

② 본사의 여비, 교통비, 통신비는 일반관리비에 포함되지만 현장의 비용은 현장경비에 포함된다.
③ 이윤은 영업이익을 말하며 공사원가중 노무비, 경비와 일반관리비의 합계액(이 경우에 기술료 및 외주가공비는 제외한다)의 15%를 초과하여 계상할 수 없다.

정답 ②

OX

1. 산업안전보건관리비는 작업현장에서 산업재해 및 건강장해를 예방하기 위한 비용으로 경비에 포함된다. (○)
2. 이윤은 공사원가 중 노무비, 경비, 일반관리비 합계액의 15%를 초과 계상할 수 없다. (○)

🔗 공사원가계산서

공사명 :　　　　　　　　공사기간 :

💠 **관련기준**
(계약예규) 예정가격작성기준
[별표 2]

비 목		구 분	금 액	구성비	비 고
순공사 원가	재료비	직접재료비			
		간접재료비			
		소 계			
	노무비	직접노무비			
		간접노무비			
		소 계			
	경 비	전력비			
		수도광열비			
		운반비			
		기계경비			
		특허권사용료			
		기술료			
		연구개발비			
		품질관리비			
		가설비			
		지급임차료			
		보험료			
		복리후생비			
		보관비			
		외주가공비			
		산업안전보건관리비			
		소모품비			
		여비 · 교통비 · 통신비			
		세금과공과			
		폐기물처리비			
		도서인쇄비			
		지급수수료			
		환경보전비			
		보상비			
		안전관리비			
		건설근로자퇴직공제부금비			
		기타법정경비			
		소 계			
일반관리비[(재료비 + 노무비 + 경비) × ( )%]					
이윤[(노무비 + 경비 + 일반관리비) × ( )%]					
총원가					
공사손해보험료[보험가입대상공사부분의총원가 × ( )%]					

💡 총공사원가 = 재료비 + 노무비 + 경비 + 일반관리비 + 이윤

2 표준시장단가에 의한 예정 가격 작성

(1) 예정가격 = 직접공사비 + 간접공사비 + 일반관리비 + 이윤 + 공사손해보험료 + 부가가치세

예정가격	총공사원가	순공사원가	재료비	직접재료비
				간접재료비
			노무비	직접노무비
				간접노무비
			경 비	전력비 등 25개 비목으로 한정
		일반관리비	(직접공사비 + 간접공사비) × 일반관리비율	
		이 윤	[직접공사비 + 간접공사비 + 일반관리비] × 이윤율	
	공사손해보험료	공사총원가 × 손해보험료율		
	부가가치세	[총원가 + 공사손해보험료] × 10%		
— 원가계산체계 —				

💡 예정가격이란 계약담당 공무원이 국가가 당사자가 되는 계약을 체결할 때에 낙찰자 또는 계약자의 결정기준으로 삼기 위하여 입찰 또는 계약체결시에 미리 작성, 비치하여 두는 가격

① 직접공사비 : 계약목적물의 시공에 직접적으로 소요되는 비용

② 직접공사비 = 공종별단가 × 수량

③ 직접공사비는 다음의 비용을 포함한다.

㉠ 재료비	재료비는 계약목적물의 실체를 형성하거나 보조적으로 소비되는 물품의 가치
㉡ 직접노무비	공사현장에서 계약목적물을 완성하기 위하여 직접작업에 종사하는 종업원과 노무자의 기본급과 제수당, 상여금 및 퇴직급여충당금의 합계액으로 한다.
㉢ 직접공사경비	공사의 시공을 위하여 소요되는 기계경비, 운반비, 전력비, 가설비, 지급임차료, 보관비, 외주가공비, 특허권 사용료, 기술료, 보상비, 연구개발비, 품질관리비, 폐기물처리비 및 안전점검비를 말하며, 비용에 대한 구체적인 정의는 제19조(경비)를 준용한다.

공종별 단가를 산정함에 있어 재료비 또는 직접공사경비 중의 일부를 제외할 수 있다. 이 경우 제외할 수 있는 금액의 산정은 별도로 당해 계약목적을 시공 기간의 소요(소비)량을 측정하거나 계약서, 영수증 등을 근거로 하여야 한다.

(2) 간접공사비

공사의 시공을 위하여 공통적으로 소요되는 법정경비 및 기타 부수적인 비용을 말한다.

① 직접공사비 총액에 비용별로 일정요율을 곱하여 산정

② 간접공사비 = 직접공사비 총액 × 비용별 일정요율

> **간접공사비**
> 1. 간접노무비
> 2. 산재보험료
> 3. 고용보험료
> 4. 국민건강보험료
> 5. 국민연금보험료
> 6. 건설근로자퇴직공제부금비
> 7. 안전관리비
> 8. 환경보전비
> 9. 기타 관련법령에 규정되어 있거나 의무 지워진 경비로서 공사원가계산에 반영토록 명시된 법정경비
> 10. 기타간접공사경비(수도광열비, 복리후생비, 소모품비, 여비, 교통비, 통신비, 세금과공과, 도서인쇄비 및 지급수수료를 말한다)

(3) 일반관리비

기업의 유지를 위한 관리활동부문에서 발생하는 제비용을 말한다. 일반관리비는 직접공사비와 간접공사비의 합계액에 일반관리비율을 곱하여 계산한다.

(4) 이 윤

이윤은 영업이익을 말하며 직접공사비, 간접공사비 및 일반관리비의 합계액에 이윤율을 곱하여 계산한다. 다만, 이윤율은 10% 초과할 수 없다.

(계약예규) 예정가격작성기준
[별표 6]

⬢ 총괄집계표

공사명 : 공사기간 :

구 분		금 액	구성비	비 고
직접공사비				
간접공사비	간접노무비			
	산재보험료			
	고용보험료			
	안전관리비			
	환경보전비			
	퇴직공제부금비			
	수도광열비			
	복리후생비			
	소모품비			
	여비 · 교통비 · 통신비			
	세금과공과			
	도서인쇄비			
	지급수수료			
	기타법정경비			
일반관리비				
이 윤				
공사손해보험료				
부가가치세				
합 계				

부 록

도시기호

부록　도시기호

1　배관 도시기호

종 류		도시기호	종 류		도시기호
급수 · 급탕	급수관		나사 산업형 이음	플랜지	
	급수주철관			유니언	
	상수도관		신축 이음	슬리브형	
	우물물관			벨로스형	
	급탕관			곡관형	
	반탕관		밸 브	밸 브	
배 수	배수관			슬루스밸브	
	통기관			글로브밸브	
	배수주철관			앵글밸브	
소 화	옥내·외 소화전			체크밸브	
	스프링클러		밸 브	공기빼기 밸브	
	스프링클러 헤드 지관			전자밸브	
소화 기구	옥내소화전		위생 기구	세정밸브	
	옥외소화전 (스탠드형)			볼 탭	
	옥내소화전 (매설형)				
	송수구				

2 전기 도시기호

1. 전 선

기 호	명 칭	기 호	명 칭
——————	천장은폐배선		통과
------	노출배선		접지
— — —	바닥은폐배선		전선접속
—··—··—	지중매설선		점검구
—///—	전선수 표시		수전함

2. 개폐기 및 기기

기 호	명 칭	기 호	명 칭
S	개폐기	WH	적산전력계
Ⓢ	전자개폐기	T_F	안정기
⊙$_F$	플로트 스위치	T_B	벨용 변압기
⊙$_P$	압력 스위치	M	전동기
E	누전차단기	H	전열기
F	컷아웃 스위치		정류기
G	발전기		퓨즈
M	전동기		피뢰기
M$_{kW}$	전동기(용량표시)		개폐기
	유입개폐기	A	전류계
	계기용 변압기	V	전압계

3. 스위치 및 배분전반

기 호	명 칭	기 호	명 칭
S	단극 스위치	SD	자동 스위치
S2	2극 스위치		안전개폐기
SP	풀 스위치		배전반
SPL	스위치 겸 표시등		분전반
SRC	조정 스위치		제어반
SWP	방수용 스위치		

4. 화재경보장치

기 호	명 칭	기 호	명 칭
	백열등	F	화재경보벨
	형광등		화재경보 수신반(A급)
	차동식 스포트형 감지기		화재경보 수신반(B급)
	보상식 스포트형 감지기		경보누름단추
	정온식 스포트형 감지기		경보수신반
S	연기감지기	A	경보벨

5. 전 등

기 호	명 칭	기 호	명 칭
	백열전등		외등
	형광등(20W×1)		형광등(벽)
	형광등(20W×2)		비상등
	형광등(20W×3)		백열전등(벽)

참고문헌

01. 건축설계기준, 국토교통부, 국가건설기준센터
02. 건축공사표준시방서, 국토교통부, 국가건설기준센터
03. 건축기술지침, 사단법인, 대한건축학회
04. 건축시공학, 技文堂, 건축시공기술연구회
05. 건축시공학, 구미서관, 강병두 저
06. 건축시공학, 한솔아카데미, 이찬식·김선국 등 공저
07. 개정 건축시공학, 技文堂, 정상진·정재영 등 공저
08. 건축시공학, 문운당, 신현식·김문한 등 공저
09. 건설시공학, 구미서관, 박홍태 저
10. 최신 건축재료학, 형설출판사, 손순채·송창영·장철인 공저
11. 실내건축재료학, SEOWOO, 임긍한·강인철 등 공저
12. 콘크리트재료공학, 普成閣, 정재동
13. 최신콘크리트공학, 구미서관, 이용구·이수철 등 공저
14. 강구조공학, 형설출판사, 송기범
15. 기초공학, 구미서관, JOHN N. CERNICA
16. 건축기초구조, 도서출판 世進社, 오사키 요리히코
17. 강구조의 이해, 대한건축학회, 대한건축학회 편
18. 방수공사 핸드북, 대한전문건설협회, 미장방수공사업협의회
19. 최신 건축적산, 한국이공학사, 유원대·이상우 등 공저
20. 건축적산학, 예문사, 이학기
21. 건축 급배수·위생설비, 세진사, 이용화·박효석 공저
22. 신 건축급배수설비, 성안당, 김명일· 정광석 등 공저
23. 건축설비계획, 普文堂, 임만택
24. 건축 급배수설비, 예문사, 정광섭·홍문재 공저
25. 건축 급배수·위생설비, 세진사, 이철구·이응직 공저
26. 급배수위생설비 계획·설계, 東和技術, 공기조화·위생공학회편
27. 급배수 위생설비, 세진사, 김재수
28. 건축설비, 대한건축학회, 대한건축학회 편
29. 공기조화설비, 世進社, 이철구·박승기 등 공저
30. 공기조화설비, 건기원, 김세환
31. 건축기계설비에 대한 이해와 운전관리, 예문사, 보냉가설기술연구회
32. 최신 피뢰시스템과 접지기술, 성안당, 강인권 편저
33. 밸브입문서, 청문각, 최병권
34. 수질환경요론, 성안당, 장준영
35. 배관공학, 세진사, 김동우·윤경열
36. 건축설비재료, 技文堂, 유성종
37. 소방시설의 이해, 소방문화사, 김태완
38. 건축전기설비, 북두출판사, 안창환·김휘칠 등 공저

연구 집필위원

김용규   이우진

2026 제29회 시험대비 전면개정

박문각 주택관리사 기본서 1차 공동주택시설개론

초판인쇄 | 2025. 9. 15.   **초판발행** | 2025. 9. 20.   **편저** | 김용규 외 박문각 주택관리연구소
발행인 | 박 용   **발행처** | (주)박문각출판   **등록** | 2015년 4월 29일 제2019-000137호
주소 | 06654 서울시 서초구 효령로 283 서경 B/D 4층   **팩스** | (02)584-2927
전화 | 교재 주문 (02)6466-7202, 동영상문의 (02)6466-7201

판 권
본 사
소 유

정가 44,000원

ISBN 979-11-7519-209-6 | ISBN 979-11-7519-207-2(1차세트)